Die Individualisierungs-These

Jürgen Friedrichs (Hrsg.)

Die Individualisierungs-These

Leske + Budrich, Opladen 1998

Gedruckt auf säurefreiem und altersbeständigem Papier.

ISBN 3-8100-2180-6

© 1998 Leske + Budrich, Opladen

Satz: Berthold GmbH, Offenbach
Druck: Druck Partner Rübelmann, Hemsbach
Printed in Germany

Inhalt

Einleitung:
„Im Flugsand der Individualisierung"?

Jürgen Friedrichs

Die Arbeiten von Ulrich Beck und Elisabeth Beck-Gernsheim haben in der Soziologie eine beträchtliche Aufmerksamkeit gefunden. Es ist insbesondere die These einer zunehmenden Individualisierung, die von zahlreichen Autoren aufgegriffen wurde. Bereits in den Rezensionen der „Risikogesellschaft" haben sowohl Esser (1987), Joas (1989) als auch Mackensen (1988) ambivalente Urteile abgegeben: Sie halten die Diagnose, die Beck vornimmt, für eine ungewöhnliche Synthese von ansonsten disparat abgehandelten Sachverhalten, bemängeln aber gleichzeitig die mangelnde Präzisierung des Konzeptes „Individualisierung", ebenso die fehlenden historischen Analysen und empirischen Belege.

Daran hat sich in den folgenden Jahren zumindest eines geändert: Die Zahl der empirischen Studien hat zugenommen – allerdings nicht von Beck selbst. Zugleich hat die These einer Individualisierung begonnen, ein Eigenleben zu führen; sie hat sich als eine einflußreiche Diagnose der gegenwärtigen Gesellschaft durchgesetzt. Das, so lehrt dieser Fall, ist offensichtlich auch ohne empirische Grundlagen, auch ohne strenge Explikation, möglich. Mehr noch: Die Individualisierungsthese wird häufig in einer Weise verwendet, als wäre sie längst empirisch bewährt, was sich dann so liest: „Im Zuge der steigenden Individualisierung der Gesellschaft" (Beck 1986).

Nun wäre es verfehlt, solche Formulierungen dem Autor anzulasten. Sie zeigen aber die Neigung, eine These für empirisch gültig zu halten, wenn sie nur oft genug wiederholt wird und – dies ist das wahre Problem – wenn sie so plausibel erscheint. Die Mitläufer der These stützen sich auf die scheinbare Plausibilität, die die These hat, vielleicht, weil sie meinen, im Alltag mehr Differenzierung und weniger normengeleitetes Verhalten zu erleben. Man könnte vermuten: Die Individualisierungsthese entspricht eher einem Zeitgeist und weniger einer wissenschaftlichen Hypothese. Es ist eine Wunschvorstellung gebildeter Individuen, der Zeitgeist der 80er und 90er Jahre.

Die These ist aber weder hinreichend expliziert, noch hinreichend empirisch untersucht. Einer empirischen Prüfung allerdings steht Beck skeptisch gegenüber. Ähnlich wie Adorno und Horkheimer meinten, „das Ganze" sei nicht der empirischen Prüfung zugänglich, schreiben Beck und Beck (1994: 39, Fußnote):

„Bemerkenswert ist das methodenpragmatische Apriori der Massendaten-Soziologie: Quantitative Methoden setzen Kategorisierungen, Gruppenbegriffsbildungen voraus (selbst wenn sie nominal entschärft werden). Eine sich individualisierende Gesellschaft entzieht sich aber diesen untersuchungstechnischen Standardisierungszwängen (was heute schon beispielsweise in den Flexibilisierungen von Arbeitszeit und Arbeitsvertrag zu undurchschaubaren Verwicklungen führt). Deshalb ist es für eine auf ihre technische Brillanz stolze Soziologie schwer, sich über ihren eigenen Schatten hinweg für die Fragen der sich individualisierenden Gesellschaft zu öffnen. Gleichzeitig wird aber auch hier wieder deutlich, wie sehr die Frage bislang sträflich vernachlässigt wurde, welche Art soziologischer Empirie, wissenschaftlich-gesellschaftlicher Selbstbeobachtung für eine Gesellschaft im Flugsand der Individualisierung angemessen ist".

Ungeachtet – oder eben angesichts – eines solchen Diktums erscheint sinnvoll, über den Forschungsstand zur Individualisierungs-These zu informieren. Es erscheint zwölf Jahre nach dem Erscheinen der „Risikogesellschaft" angebracht, eine vorläufige theoretische und empirische Bilanz zu ziehen – sowohl der ursprünglichen These als auch der ihr folgenden Literatur.

Die Absicht des Bandes ist daher, die Individualisierungs-These zu explizieren und empirisch zu prüfen bzw. sie zumindest einer empirischen Überprüfung zugänglich zu machen. Es sind im wesentlichen fünf Probleme, die Individualisierungsthese aufwirft:

1. Welches ist der historische Geltungsbereich? Ist der Sachverhalt einer Individualisierung neu oder hat es frühere Epochen gegeben, in denen ähnliche Prozesse zu beobachten sind – wie Beck es konzediert? Ist dann die Individualisierung nach 1950 in Deutschland tatsächlich soviel grundlegender, wie Beck meint? War das Handeln von Handwerkern im 16. Jahrhundert weniger „individuell" als das derer im 20. Jahrhundert?

   Es ist überaus fraglich, ob der – wie im einzelnen jeweils definierte – Sachverhalt einer Individualisierung ein historisches Novum darstellt. Gab es in der Renaissance, durch die französische Aufklärung oder im 19. Jahrhundert nicht ebenfalls eine Individualisierung oder gar einen „Individualisierungsschub"? Sind die Arbeiten von Nietzsche, darunter die „Genealogie der Moral", nicht ein bedeutsamer Beitrag zur Individualisierung? Sind diese Bewegungen, die sich vor allem gegen die Vorherrschaft der Kirche richteten, nicht ebenfalls eine Befreiung von Zwängen einer Institution – beginnend mit der Gründung der Universitäten Bologna und Paris im 11. und 12. Jahrhundert? Die damit verbundene Eigenrationalität eines neuen Teilsystems vermindert den universalen Anspruch der Kirche, ihre Normen in allen Handlungsbereichen durchzusetzen.

   Noch genauer ist zu untersuchen, welche Handlungsoptionen einem Mann, welche einer Frau, welche einem Bauern und welche einem Adligen in der feudalen Gesellschaft zur Verfügung standen. Allgemeiner formuliert, lautet die Frage: Unter welchen Handlungsoptionen und unter welchen von wem gesetzten Restriktionen handelten die Mitglieder welcher sozialen Gruppen?

   Es geht hier nicht darum, diese Fragen zu beantworten. Sie sollen nur darauf hinweisen, die Aufgaben und Schwierigkeiten zu skizzieren, die sich einer empirischen Prüfung der Thesen von Beck stellen. Sie zu prüfen, erfordert eine an der soziologischen Theorie orientierte Sozialgeschichte.

2. Welches ist der räumliche Geltungsbereich? Diese Frage ist eng verbunden mit der vorangegangenen, gewinnt jedoch ihre Berechtigung aus den sehr häufigen Bezügen zu Deutschland nach dem Zweiten Weltkrieg, die Beck vornimmt. Ist aber das Nachkriegs-Deutschland ein schlechtes Beispiel für historische Analysen und führt zu einer falschen Sicht? Ist es eine spezifisch deutsche Sicht, „verzerrt" durch die Rekonstruktionsphase der Republik in der Adenauer-Ära – während sich in Wirklichkeit die seit Ende der 60er Jahre beobachteten Trends

schon in den 20er Jahren abzeichnen? Was ist in anderen Ländern geschehen? Sind es vielleicht ein universaler, an die Entwicklung marktwirtschaftlicher und durch den Kapitalismus begünstigte Entwicklungen?

3. Wie ist das Konzept „Individualisierung" definiert? Ist Individualisierung ein Prozeß und/oder die Beschreibung eines (individuellen) Zustands? Welche Dimensionen umfaßt „Individualisierung"? Läßt sich eine Individualisierung in verschiedenen Handlungsbereichen (z.B. Partnerschaft, Berufsausbildung, Freizeitverhalten, Wahlverhalten) beobachten? Bestehen Korrelationen zwischen dem Ausmaß „individualisierten" Verhaltens in diesen Verhaltensbereichen?

Welche Beziehung besteht zwischen dem Prozeß der Individualisierung und dem der Modernisierung? Folgt man Lepsius (1988: 218) so sind die Analysen der Modernisierung von zwei Schwächen geprägt: Zum einen ist es die Unklarheit der Indikatoren und der Messung angesichts fehlender Zeitreihen-Daten, zum anderen die empirisch nicht belegte Annahme einer simultanen Veränderung in unterschiedlichen Dimensionen. Wenn aber keine simultane Veränderung nachweisbar ist, sondern vielmehr ungleichzeitiger Wandel einzelner Bereiche – welcher Teilprozeß führt dann zu einer stärkeren Individualisierung?

4. Variiert das Ausmaß der Individualisierung mit dem sozialen Status, sei er über Bildung, Einkommen oder Macht gemessen? Welche geschlechtsspezifischen Unterschiede lassen sich nachweisen?

5. Welche gesellschaftlichen Bedingungen sind es genau, aus deren Zwängen das Individuum entlassen wurde und – wichtiger noch – in welcher Form haben sie das Verhalten der Individuen beeinflußt? Es sind demnach sowohl die Art der Verhaltensrestriktionen als auch deren Wirkungsmechanismus zu bestimmen.

Die Beiträge des Bandes nehmen diese Fragen auf und vereinigen theoretisch-methodologische Arbeiten und theoretisch-empirische Analysen[1]. Die Beiträge von Wolfgang Jagodzinski und Markus Klein sowie von Jürgen Friedrichs richten sich auf eine Explikation der Individualisierungs-These. Jagodzinski und Klein geben eine grundsätzliche Explikation und stellen damit die Bedingungen dar, unter denen die These überhaupt empirisch überprüft werden kann. Friedrichs gibt eine Explikation der These im Rahmen der Rational-Choice-Theorie. Dies liegt nahe, weil diese Theorie sich nachgerade anbietet, um die vagen Konzepte und Aussagen zu präzisieren. Dabei geht er auch auf eine genauere Darstellung des Problems der (Re-)Institutionalisierung ein.

Der Beitrag von Matthias Junge nimmt das mit der Individualisierung verbundene Problem der Institutionalisierung auf. Die zentrale These seines Beitrags ist, daß Beck das Problem der Re-Integration nur unzureichend löst und zudem eine – überflüssig – moralisierende Position bezieht.

Zu einem anderen Ergebnis kommt Lutz Leisering in seiner Analyse sozialstaatlicher Institutionen. Er stellt nicht nur den Wandel dieser Institutionen dar, sondern belegt, daß die Expansion des Wohlfahrtsstaates zu einer Pluralisierung der Lebensformen beigetragen hat.

In knappen Thesen führt Michael Mitterauer aus, welche historischen Veränderungen das Heiratsalter und die Jugendphase erfahren hat. Für ihn führt eine zunehmende Individualisierung auch zu einer komplexeren Identitätsbildung.

---

1   Da sich die Abfassung der Beiträge über einen längeren Zeitraum erstreckte, konnten nur wenige Beiträge die Arbeiten in dem Sammelband von Beck und Sopp (1997) berücksichtigen.

Johannes Huinink und Michael Wagner nehmen eine Operationalisierung des Konzeptes der „Pluralisierung" vor und wenden sie auf eine Analyse der Lebensformen für den Zeitraum 1871 bis 1991 an. Wie sie zeigen können, hat die Pluralisierung eher abgenommen; sie variiert nach Teilgruppen der Gesellschaft. Ferner ist Individualisierung keine notwendige und hinreichende Bedingung der Individualisierung.

Günter Burkart greift auf seine frühere Explikation und Überprüfung der Individualisierungs-These zurück und erweitert sie, um die kritischen Kommentare hieran von Beck aufzunehmen. Er zeigt, daß die These, überprüft u.a. am Übergang in die Elternschaft, eher als Segmentierung denn als Individualisierung zu bestimmen ist.

Wie die Geschlechtsnormen sich auf Paarbeziehungen auswirken, untersuchen Cornelia Koppetsch und Maja S. Maier. Sie finden, daß solche Normen noch wirksam sind und differenzieren diesen Befund an drei unterschiedlichen Milieus, ergänzt durch je ein Fallbeispiel.

Matthias Sacher untersucht die Individualisierungs-These am Beispiel des Berufseinstiegs. Dazu vergleicht er fünf Kohorten, die empirische Basis sind Daten des SOEP. Die Ergebnisse sind gemischt: Bei dem Zeitpunk des Berufseinstiegs zeigen sich zwischen den Kohorten kaum Veränderungen, wohl aber bei dem Erwerbsstatus („Volleinsteiger") der ersten Arbeitsstelle.

Gunnar Otte erörtert die Frage, ob sich Lebensstile in Form einer (neuen) sozialen Integration bestimmen lassen. In seinem empirischen Teil untersucht er, ob sich Lebensstile oder Klassen besser eignen, die Mitgliedschaft in freiwilligen Vereinigungen, Parteien und Gewerkschaften zu erklären. Dies ist weitgehend der Fall, so daß Lebensstilgruppen – als ein Ergebnis der Individualisierung – als soziale Einheit interpretiert werden können.

Der Beitrag von Rainer Schnell und Ulrich Kohler, der hier abgedruckt wird, ist der wohl wichtigste Versuch, die Individualisierungs-These in einer historisch-quantitativen Analyse zu testen. Auch sie explizieren die These zunächst, um sie überhaupt empirisch prüfen zu können. Am Beispiel des Wahlverhaltens ist das Ergebnis eine partielle Bewährung der These.

Dieser Aufsatz hat nun eine beträchtliche Diskussion ausgelöst – an der sich leider nicht die Anhänger der Beckschen These oder der Autor selbst, sondern theoretisch orientierte und quantitativ forschende Soziologen beteiligt haben. Dazu gehört die hier abgedruckte „Widerrede" von Walter Müller, der zeigt, daß die ansatzweise Bestätigung der Individualisierungs-These von Schnell und Kohler – in einem engen Spektrum von politischen Verhaltensweisen – keineswegs eindeutig ist. Verwiesen sei auch auf den Aufsatz von Jagodzinski und Quandt (1997), die in ihrer Replik zu der Arbeit von Schnell und Kohler belegen, daß die Individualisierungsthese allenfalls für die letzten 30 Jahre zutreffen mag, aber kaum als säkularer Prozeß.

Der – lange – Beitrag von Michael Tonn wurde aufgenommen, weil er eine Wirkung der These von Beck diskutiert: die ebenso wirksame Rezeption durch Heitmeyer, der sie verwendet, um rechtsextreme Reaktionen zu erklären. Tonn erörtert daher nicht nur die Mängel der Erklärung des Rechtsextremismus bei Heitmeyer, sondern direkt und indirekt auch die der ursprünglichen These von Beck. Sein entscheidendes Argument ist, daß die Individualisierungsthese, sei es in der Version von Beck oder von Heitmeyer, nicht präzise genug ist, um Rechtsradikalismus unter Jugendlichen zu erklären.

Es ist nicht möglich, die Ergebnisse der Analysen dieses Bandes knapp zusammenzufassen. Drei Folgerungen erscheinen jedoch gerechtfertigt: 1. Die Individualisierungs-These kann auch im Rahmen bestehender anderer Theorien formuliert werden. 2. Die empirischen Befunde sprechen eher gegen als für die These. 3. Der sozialhistorische Gehalt der Thesen ist räumlich auf Deutschland und zeitlich auf die Zeit nach dem Zweiten Weltkrieg beschränkt; eine exakte sozialhistorische Prüfung steht aus.

Das etwas vereinfachte Fazit der differenzierten Analysen in dem Band wäre demnach „Im Flugsand der Individualisierungs-These". Die Absicht, die sich mit dem hier vorgelegten Band verbindet, ist es, die Diskussion über die Individualisierungs-These methodologisch präziser und empirisch gehaltvoll weiter zu führen – diesseits von Aussagen, die nur zum alsbaldigen Verbrauch bestimmt sind.

Danksagung. Ich danke Alexandra Kabelitz, Dr. Robert Kecskes und Lars Lankes dafür, mir bei der Erstellung des druckfertigen Manuskriptes geholfen zu haben. Der Kölner Zeitschrift für Soziologie und Sozialpsychologie danke ich für die Möglichkeit, die Beiträge von Walter Müller und von Rainer Schnell und Ulrich Kohler wieder abdrucken zu können.

Literatur

Beck, Ulrich und Peter Sopp (Hg.), 1997: Individualisierung und Integration. Neue Konfliktlinien und neuer Integrationsmodus? Opladen: Leske + Budrich.

Esser, Hartmut, 1987: Rezension von Ulrich Beck „Risikogesellschaft". Kölner Zeitschrift für Soziologie und Sozialpsychologie 39: 806-811.

Joas, Hans, 1988: Das Risiko der Gegenwartsdiagnose. Soziologische Revue 11: 1-6.

Lepsius, M. Rainer, 1988: Soziologische Theoreme über die Sozialstruktur der „Moderne" und die „Modernisierung". S. 211-231 in: ders.: Interessen, Ideen und Institutionen. Opladen: Westdeutscher Verlag.

Mackensen, Rainer, 1988: Die Postmoderne als negative Utopie. Soziologische Revue 11: 6-12.

1)

Z.B. Milieu

Erlebnisgesellsch.

Postmoderne

Norbert Elias: Zivilisationstheorie

Individualisierungskonzepte aus individualistischer Perspektive.
Ein erster Versuch, in das Dickicht der Individualisierungskonzepte einzudringen[*]

Wolfgang Jagodzinski und Markus Klein

1. Einleitung: Mikro- und Makroperspektive

Mit dem Begriff der Individualisierung wird in der Mikrosoziologie häufig ein Prozeß bezeichnet, in dessen Verlauf die Einstellungen, Werte und Verhaltensweisen der Individuen in zunehmendem Maße auf deren autonomer Entscheidung basieren und nicht länger von gesellschaftlichen Traditionen, Institutionen und Großgruppen abhängig sind (van den Broek und Heunks 1994: 72). Individuen orientieren sich nicht mehr an althergebrachten institutionalisierten Werten und Normen, sondern machen in immer stärkerem Maße ihre persönlichen Aspirationen zur Grundlage ihres alltäglichen Denkens und Handelns (Ester, Halman und de Moor 1994: 1, 7). Als Ergebnis dieses Prozesses wird auf der gesellschaftlichen Aggregatebene eine größere Vielfalt bzw. Pluralität an Einstellungen, Lebensstilen und Verhaltensweisen beobachtet.

Obwohl bei dieser Betrachtungsweise die Individualebene im Vordergrund steht, wird Individualisierung also als Mehrebenenprozeß konzipiert. Auf der Mikroebene wird eine erhöhte Autonomie der Individuen bei der Auswahl ihrer handlungsleitenden Werte und Ziele postuliert, auf der Mesoebene eine nachlassende Bindungs- und Prägekraft gesellschaftlicher Institutionen und Großgruppen sowie auf der Makroebene ein zunehmender gesellschaftlicher Pluralismus in einer ganzen Reihe von Lebensbereichen.

Andere soziologische Arbeiten gehen von einer Makroperspektive aus. Aus dieser Sicht zeichnet sich die individualisierte Gesellschaft durch veränderte äußere Rahmenbedingungen für individuelles Handeln sowie durch Gesellschaftsmitglieder aus, die mit anderen psychischen und sozialen Fähigkeiten ausgestattet sind als die Menschen früherer Gesellschaften. Zu den veränderten Rahmenoptionen würde u.a. die Vielfalt von Handlungsoptionen gehören, unter denen das moderne Individuum zu wählen und – nach Auffassung einiger Soziologen – auch zu leiden hat. Zur besonderen psychischen und sozialen Ausstattung des modernen Menschen würden der gesamte internalisierte Zwangs- und Kontrollapparat, insbesondere das Gewis-

---

[*]   Der Aufsatz baut auf Thesen und Überlegungen auf, die Wolfgang Jagodzinski im Experten-Seminar „Individualism, Civil Society, and Civil Religion" an der Vrije Universiteit Amsterdam vom 3.-6. Februar 1998 unter dem Titel „Concepts of Individualism in Empirical Research" vorgetragen hat.

sen sowie die Fähigkeit zur Langsicht (vgl. zu alledem Elias 1980, 1982), gehören. Die individuelle Zurechnung von Verantwortlichkeit für Handlungsfolgen hätte – wie wohl viele solcher Eigenschaften – doppelten Charakter: Wenn uns etwa die Gerichte für unser Tun individuell verantwortlich machen, so ist das eine äußere Rahmenbedingung für unser Handeln. Gleichzeitig korrespondiert damit aber auch unsere Fähigkeit, durch individuelle Entscheidungen und Handlungen die Zukunft zu gestalten und die Überzeugung, für unser Schicksal in mehr oder minder großem Ausmaß verantwortlich zu sein.

Die makrosoziologische Perspektive ist primär an Strukturen und langfristig veränderbaren menschlichen Eigenschaften interessiert, weniger dagegen an individuellen Entscheidungen und den ihnen zugrunde liegenden Absichten und Motiven. Die besonderen Probleme dieses Zugangs liegen darin, daß (1) die Merkmale der individualisierten Gesellschaft nur skizzenhaft beschrieben werden, daß (2) allein aus diesem Grunde die historischen Anfangs- und Endpunkte des Individualisierungsprozesses immer strittig bleiben und daß (3) die Zweifel nie ausgeräumt werden können, daß die historische Entwicklung so – wie behauptet – abgelaufen ist.

Je nachdem, welcher Perspektive man folgt, wird man andere Anforderungen an den Nachweis von Individualisierungsprozessen stellen. Auf den berechtigten Einwand von Wohlrab-Saar (1997), daß Pluralisierung und zunehmende Heterogenität nicht hinreichend für Individualisierung seien, wird der Makrotheoretiker mit der Suche nach anderen Strukturelementen individualisierter Gesellschaften reagieren. Er wird solche vielleicht in der Ausweitung des Restitutionsprinzips im Schadensersatzrecht, des Verschuldensprinzips im Strafrecht, der Rechtsprechung zu Art. 1 GG, der literarischen Auseinandersetzung mit Liebe und Gewissen seit dem 17. Jahrhundert, der oft behaupteten Personalisierung von Wahlkämpfen oder in anderen Faktoren entdecken. Wir befürchten allerdings, daß ein – wie immer gearteter – Makrobegriff der individualisierten Gesellschaft mehr Verwirrung als Klarheit stiftet, besonders dann, wenn lediglich solche Strukturen bezeichnet werden sollen, die Heterogenität und Pluralismus produzieren. Denn dafür stehen in der Soziologie eine Vielzahl von anderen Konzepten parat. Der Mikrotheoretiker wird demgegenüber versuchen, zunächst einen mikrosoziologischen Individualismusbegriff einzuführen, wobei ein Desiderat dieser Explikation sein wird, daß gesellschaftlicher Pluralismus und Heterogenität durch Aggregation individualistischer Verhaltensweisen entstehen.

Es wäre – wie wir meinen – schon sehr viel damit gewonnen, wenn Sozialwissenschaftler zunächst einmal offenlegten, ob sie nun der makro- oder mikrosoziologischen Perspektive (oder beiden) folgen. Denn je nach Perspektive gelangt man zu anderen Individualismusbegriffen. Wir werden, um die vielfältigen Bedeutungsnuancen auf der Individualebene zu betonen, zugegebenermaßen etwas penetrant jeden neuen Individualismusbegriff mit einem anderen Index versehen. Würde unsere Mikroperspektive durch eine Makroperspektive ergänzt, so würde die Zahl der Individualisierungsbegriffe beträchtlich vermehrt.

Die verschiedenen Individualismus- und Individualisierungsbegriffe wären wenigstens insoweit zu präzisieren, daß klar wird, über welch unterschiedliche Phänomene jeweils geredet wird. In Teil 2 werden wir zunächst begründen, weshalb wir Individualismus Personen zuschreiben und nicht Handlungen oder Situationen (2.1). Sodann wenden wir uns solchen Individualismusdefinitionen zu, die auf dem Verhalten oder anderen direkt beobachtbaren Eigenschaften von Personen fußen (Abschnitt 2.2). Dabei wird zu prüfen sein, ob sich auf dieser Basis ein Begriff defi-

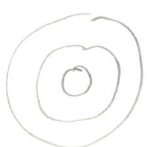

nieren läßt, der Individualismus trennscharf von Egoismus, abweichendem Verhalten, Nonkonformismus oder Normlosigkeit unterscheidet.

Im nächsten Abschnitt (2.3) werden wir Definitionen diskutieren, die auf „inneren" Eigenschaften von Personen aufbauen und die relativ nahe bei dem liegen dürften, was man gemeinhin unter Individualismus versteht. Wir sprechen insoweit in Ermangelung eines besseren Ausdrucks vom subjektiven Individualismus. Dagegen mögen nicht nur Behavioristen einwenden, daß es innere Befindlichkeiten entweder nicht gibt oder daß sie letztlich aus dem beobachtbaren Verhalten abgeleitet werden müssen. Aber selbst wenn man konzediert, daß Werte, Einstellungen oder andere Orientierungen zum Beispiel aus Antworten auf Interviewfragen erschlossen werden[1], haben diese inneren Dispositionen einen anderen Status als direkt beobachtbare Eigenschaften. Schon deshalb ist zwischen der inneren Befindlichkeit und dem äußeren Verhalten zu unterscheiden. Es macht eben einen Unterschied, ob man tatsächlich unabhängig ist oder dies zu sein glaubt. Es könnte ja auch ein Zug unserer sogenannten individualistischen Gesellschaft sein, daß sich alle autonom wähnen, aber es niemand wirklich ist.

Wenn Individualismus im Aggregat aus Phänomenen wie sinkenden Vereinsmitgliedschaften („bowling alone"), wachsender Heterogenität vormals homogener Gruppen oder hohen Kriminalitätsraten „inferiert" wird, dann beziehen sich auch diese Indikatoren zunächst einmal auf beobachtbares aggregiertes Verhalten. Damit stellt sich im 3. Teil die Frage, wie das Aggregatverhalten mit dem Individualismus auf der Mikroebene verknüpft ist. Wir werden uns dabei mit jenen Aggregatphänomenen beschäftigen, die bislang als Paradebeispiele für Individualisierungsprozesse gelten, nämlich der wachsenden Heterogenität im Wahlverhalten und anderen Pluralisierungstendenzen.

2. Individualismuskonzepte auf der Mikro-Ebene

Wir wollen in diesem Beitrag dafür plädieren, die Individualisierungsthese auch und vorrangig auf der Ebene zu prüfen, auf die sie sich aus der theoretischen Perspektive des methodologischen Indiviualismus bezieht, nämlich auf der Mikro-Ebene. Da der Begriff der Individualisierung einen historisch-sozialen *Prozeß* meint, wollen wir in diesem Zusammenhang vorschlagen, das zu analysierenden Konstrukt als „Individualismus" zu bezeichnen.

2.1 Was ist individualistisch: Situationen, Handlungen oder Personen?

Auch auf der Mikroebene stellt sich zunächst die Frage, ob man eine *Person*, eine *Handlung* oder eine *Situation* als individualistisch bezeichnen will. Vermutlich beziehen sich viele Autoren auf die Situation, ohne sich dessen bewußt zu sein. Wenn etwa als ein besonderes Kennzeichen die Optionenvielfalt genannt wird (vgl. z.B. Pollack 1996), so ist damit in der Regel gemeint, daß in der Gegenwart viele Handlungsalternativen (oder alternative Handlungsketten) gleichermaßen attraktiv

---

1   Dies ist keine deduktive Folgerung.

sind, während in der Vergangenheit nur eine einzige möglich oder attraktiv war (Jagodzinski und Quandt 1997). Aus diesem Grunde breiten sich unterschiedliche Formen des Zusammenlebens aus, wird die Konfessionszugehörigkeit nicht mehr „vererbt", sondern gewählt und ersetzt die Bastelbiographie den standardisierten Lebenslauf. In die Rational-Choice-Terminologie übersetzt, bedeutet dies, daß sich durch Fortfall von Handlungsrestriktionen die Erwartungsnutzen der verschiedenen dem Akteur zur Wahl stehenden Handlungsalternativen angleichen. In der Vergangenheit mag dieser Erwartungsnutzen nur bei einer Handlungsalternative hoch gewesen sein, nun aber entsteht die Qual der Wahl, weil alle Alternativen gleichermaßen in Betracht kommen. Ob die eine oder andere Alternative günstiger ist, hängt vom Eintritt weiterer Ereignisse ab, den wir nicht so genau vorhersagen können. Ob nun aber solche Handlungsrestriktionen aus der moralischen Mißbilligung bestimmter Verhaltens- und Lebensweisen, aus dem Mangel an materiellen Ressourcen oder aus anderen sozialen Gründen resultieren, in jedem Fall würde das veränderte Verhalten allein aus dem Wandel der Opportunitätsstrukturen erklärt und nicht aus veränderten Eigenschaften der Person.

Aus der Mikroperspektive scheint es äußerst irreführend, in solchen und gleichgelagerten Fällen von *individualistischen Opportunitätsstrukturen* bzw. Handlungssituationen zu sprechen. Wir werden daher im folgenden den Weg nicht näher in Betracht ziehen, Individualismus als eine Eigenschaft von Situationen zu definieren. Genausowenig halten wir es für fruchtbar, bestimmte Handlungen als individualistisch auszuzeichnen, obwohl auch dies möglich wäre. Vielmehr werden sich unsere Bemühungen darauf konzentrieren, Individualismus als eine Eigenschaft von Personen einzuführen.

2.2 Direkt beobachtbarer („objektiver") Individualismus

Definiert man auf der Ebene des Individuums Individualismus ohne irgendeinen Bezug zur inneren Befindlichkeit, dann muß auf beobachtbare individuelle Eigenschaften oder auf individuelles Verhalten zurückgegriffen werden. Ein erster Individualismusbegriff läßt sich definieren, wenn man die Lebensgeschichte eines einzelnen Individuums verfolgt und hier eine größere Heterogenität bzw. Wechselhaftigkeit von Verhaltensweisen im Zeitablauf beobachten kann. Die im Begriff der „Bastelbiographie" angelegte Feststellung, daß immer mehr Menschen in ihrer Lebensplanung von einer vormals existenten gesellschaftlichen Normalbiographie abweichen, ist ein Beispiel dafür. Ein erstes Definitionsschema (DS) von Individualismus könnte deshalb wie folgt aussehen:

DS 1.1:   Eine Person wird *dann und nur dann* individualistisch$_{1.1}$ genannt, wenn sie im Lebensverlauf eine große Bandbreite an Verhaltensweisen aufweist und von der gesellschaftlichen Normalbiographie abweicht.

Das zentrale Problem dieser Definition ergibt sich bereits aus den zuvor angestellten Überlegungen: Wenn sich nämlich die mehr oder minder „große Bandbreite" an Verhaltensweisen allein aus der Opportunitätsstruktur erklären läßt, dann wird man dies nicht als Form von Individualismus akzeptieren. Man wird darauf insistieren, daß irgendwelche Merkmale der Person selbst – und das können wohl nur „innere" Eigenschaften sein – für das breitere Verhaltensrepertoire verantwortlich sind und daß diese eben die entscheidenden Definitionsmerkmale sein müßten.

Dieses Problem zieht sich durch alle folgenden Definitionsvorschläge. Da Individualismus auf der Mikroebene häufig mit der Entscheidungsautonomie des Einzelnen in Verbindung gebracht wird, liegt die Frage nahe, ob sich diese nicht objektiv erfassen läßt. Ein mögliches Kriterium wäre, daß sich eine Person anders als die sie umgebende Gruppe verhält. Wer also von der Norm oder von dem modalen Verhalten abweicht, gilt als Individualist. Wer keinen Gartenzwerg hat, ist in einer Gesellschaft der Gartenzwergbesitzer Individualist. Oder genereller gesprochen:

DS 1.2: Eine Person wird *dann und nur dann* individualistisch$_{1,2}$ genannt, wenn sie nicht der Norm ihrer Gruppe folgt, sondern sich abweichend verhält.

Individualismus wird also gleichgesetzt mit Nonkonformismus oder abweichendem Verhalten. Allein dies werden viele als inakzeptabel empfinden, weil man so den Kriminellen zum Individualisten erhebt. Außerdem ist in der Definition unterstellt, daß die Gruppennorm von der Mehrheit der Gruppenmitglieder geteilt wird. Man müßte zusätzlich festlegen, ob in Gruppen ohne mehrheitlich geteilte Normen alle Gruppenmitglieder Individualisten sind, oder ob es solche dann überhaupt nicht gibt. Schließlich kehrt auch hier das Problem wieder, ob der Nonkonformismus nicht einzig und allein darauf zurückzuführen ist, daß der Abweichler unter anderen Handlungsrestriktionen agiert als der Konformist. Ökonomische Theorien der Kriminalität erklären ja ganz generell die unterschiedliche Neigung zu kriminellem Verhalten mit unterschiedlichen Opportunitätskosten.

Der Versuch, Autonomie über fehlende soziale Kontrolle zu erfassen, führt schon deshalb nicht weiter, weil letztere in aller Regel aus dem abweichenden Verhalten erschlossen wird. Aber selbst wenn man ein unabhängiges Kriterium hätte, so könnte es wiederum allein auf die unterschiedlichen äußeren Rahmenbedingungen zurückzuführen sein, ob sich jemand der Kontrolle entzieht oder nicht.

Man kann auch das Vorhandensein von Sanktionen zum Kriterium machen:

DS 1.3: Eine Person ist *dann und nur dann* individualistisch$_{1,3}$, wenn sie sich trotz negativer Sanktionen abweichend verhält.

Leitende Idee wäre hier also, daß eine Person um so mehr Unabhängigkeit demonstriert, je weniger sie sich durch Sanktionen abschrecken läßt. Aber natürlich kann man sich auch hier fragen, was der Person und was der Situation geschuldet ist. Wer wenig zu verlieren hat, wird sich durch eine Sanktion weniger abschrecken lassen als derjenige, für den viel auf dem Spiel steht.

Stand bei den bislang eingeführten Konzepten neben dem Problem der Opportunitätsstrukturen die Abgrenzung zum abweichenden Verhalten im Vordergrund, so geht es im folgenden auch um die Abgrenzung zu Apathie und Anomie. Häufig wird die fehlende Bereitschaft, sich in Gruppen zu engagieren, als Ausdruck des Individualismus gewertet (vgl. Dogan 1998):

DS 1.4: Eine Person ist *dann und nur dann* individualistisch$_{1,4}$, wenn sie an keine Gruppen gebunden ist.

Unabhängig davon, ob man diese Definition auf Primärgruppen einschränkt oder nicht, bleibt natürlich die Frage, wie sich Individualismus in diesem Sinne von Apathie, Anomie oder sozialer Desintegration unterscheidet. Wenn die Gruppenbindung über die Befolgung der Gruppennormen erfaßt wird, geht DS 1.4 in DS 1.1 über.

Um Individualismus von Anomie abzugrenzen, könnte man versuchen, den Individualisten mit dem „Innovator" im Sinne Granovetters gleichzusetzen:

DS 1.6:   Eine Person wird *dann und nur dann* individualistisch$_{1.6}$ genannt, wenn sie zu mehreren Netzwerken schwache Bindungen hat, aber zu keinem einzigen Netzwerk starke.

Doch auch diese Definition scheint nicht genau zu treffen. Da alle bislang besprochenen Definitionsvorschläge den Kreis der Individualisten zu weit ziehen, kann man in verschiedene Modifikationen der Definitionsschemata in Betracht ziehen. Man könnte etwa in DS 1.2 fordern, daß Individualisten sich nicht nur in einer Beziehung, sondern in vielerlei Hinsicht abweichend verhalten müssen. Oder man könnte in DS 1.3 den Individualismus von der Schwere der Sanktion abhängig machen. Man könnte auch versuchen, den Individualismus auf gewisse Klassen von Normen, z.B. kulturelle Normen, zu beschränken, um nicht jeden Straftäter als Individualisten bezeichnen zu müssen[2]. Wir glauben jedoch nicht, daß man durch derartige Maßnahmen die beiden Grundprobleme löst, die bei Definitionen des objektiven Individualismus auftreten. Für das eine, nämlich die Differenzierung zwischen Individualismus einerseits, Anomie, Apathie, Egoismus oder Kriminalität andererseits, scheint es eine befriedigende Lösung nur zu geben, wenn man zugleich subjektive Motive und andere „innere" Eigenschaften in die Definition einbezieht. Für das andere Problem, die Berücksichtigung unterschiedlicher Handlungsrestriktionen, gibt es immerhin abstrakt eine Lösung, indem man nämlich zu komparativen Begriffen der folgenden Art übergibt:

DS 1.2*:   Eine Person x wird *dann und nur dann* individualistischer$_{1.2*}$ als eine Person y genannt, wenn sich x in der (gleichen) Handlungssituation s abweichender verhält als y (alternativ: wenn sich x ..... abweichend verhält und y nicht).

Analog könnte man die anderen Schemata umformen. Das Schema DS 1.2* könnte man im Prinzip auch benutzen, um einen Wandel zum Individualismus zu präzisieren: Eine Person wäre dann zu einem späteren Zeitpunkt individualistischer geworden, wenn sie sich bei gleichen Handlungsrestriktionen später abweichender verhält als früher. Und von Individualisierung könnte man sprechen, wenn ein größerer Teil der Bevölkerung individualistischer geworden ist.

Daß dieser Vorschlag praktisch nicht zum Tragen kommen kann, sieht man schon daran, daß sich nach Ansicht aller Individualisierungstheoretiker in den letzten Jahrzehnten die Handlungsrestriktionen ganz entscheidend verändert haben. Die größere Heterogenität im Verhalten ist zum großen Teil auf die gewandelte Opportunitätsstrukturen zurückzuführen. Damit steht man dann wieder vor der Frage, inwieweit die beobachteten Verhaltensänderungen durch Veränderungen der Personen und inwieweit sie durch Veränderung der Opportunitätsstrukturen hervorgerufen wurden. Es scheint schwer vorstellbar, daß sich durch eine präzise Bestimmung der Handlungsbeschränkungen und der sich verändernden Personenmerkmale darauf eine Antwort geben läßt.

---

2   Dies würde allerdings voraussetzen, daß das Strafrecht selbst nicht zu den kulturellen Normen rechnet.

2.3 Subjektiver Individualismus

Ohne Anspruch auf Vollständigkeit ziehen wir im folgenden einige Möglichkeiten in Betracht, Individualismus auf der Basis von Bedürfnissen, Einstellungen, Überzeugungen, Werten oder der Eigenschaften kognitiver Strukturen zu definieren.

(a) Da ist zunächst einmal der Vorschlag, als Individualisten solche Personen zu bezeichnen, deren *Einstellungen und Überzeugungen sich von denen der Mehrheit unterscheiden.* Im Grunde besteht der einzige Unterschied zu DS 1.2 darin, daß jetzt innere Zustände an die Stelle von beobachtbaren Verhaltensweisen treten. Wer also andere Werte und Überzeugungen hat als der Durchschnitt, gilt als Individualist:

DS 2.1:   Wenn in einer Gruppe G ein dominantes Glaubens- bzw. Wertesystem existiert, das von der Mehrheit der Gruppenmitglieder geteilt wird, wird eine Person *dann und nur dann* individualistisch$_{2.1}$ genannt, wenn ihr persönliches Glaubens- bzw. Wertesystem von diesem dominanten System abweicht.

Wir haben hier die Form der bedingten Definition gewählt, weil Gruppen ohne gemeinsam geteilte Glaubens- und Wertsysteme durchaus vorkommen können, während Gruppen ohne Gruppennormen schwer vorstellbar sind.[3] So wie wir zuvor argumentiert hatten, daß das abweichende Verhalten allein durch äußere Umstände verursacht sein könne (andere Handlungsrestriktionen), so kann man auch jetzt argumentieren, daß die Homogenität und Vielfalt der in einer Gesellschaft verbreiteten Werte und Überzeugungen gesellschaftlich produziert sei. In der Tat ist es plausibel, daß in einer pluralistischen Gesellschaft auch vielfältige Wertvorstellungen an die nachfolgenden Generationen weitergegeben werden. Wir werden diesen Aspekt hier und bei den nachfolgenden Definitionen aber nicht weiter berücksichtigen.

(b) Zweitens kann man aber auch solche Personen als Individualisten bezeichnen, die *individualistische Werte verinnerlicht* haben oder akzeptieren.

DS 2.2:   Eine Person wird *dann und nur dann* individualistisch$_{2.2}$ genannt, wenn sie indivdiualistischen Werten anhängt.

Die Definition sieht zirkulär aus, ist es aber nicht, solange man nur sagt, was unter individualistischen Werten zu verstehen ist. Generell sind Werte Konzeptionen einer wünschenswerten Gesellschaft. Konkret könnte man von einem akzeptierten oder internalisierten Wert dann sprechen, wenn der einzelne

– Freiheit gegenüber Gleichheit den Vorrang gibt,
– in der Selbständigkeit des Kindes ein hochrangiges Erziehungsziel sieht,
– das autonome Individuum für ein gesellschaftliches Leitbild hält,
– der liberalen Marktwirtschaft gegenüber dem Sozialismus den Vorrang gibt, etc.

Die Liste ließe sich beliebig verlängern, wobei mit jedem neuen Wert eine neue Definition von Individualismus erzeugt würde. Gewiß hofft man, daß die so definierten Formen von subjektivem Individualismus hoch miteinander korrelieren, doch trifft das nicht zu. In der Tat sind unterschiedliche Positionen miteinander verträglich, z.B. kann jemand, der Freiheit gegenüber Gleichheit den Vorrang gibt,

---

3   Es wäre genauso möglich, die vorangegangenen Schemata als bedingte Definitionen einzuführen.

ebenso für Autonomie sein wie jener, der umgekehrt Gleichheit den Vorrang gibt. Es müssen auch nicht logisch notwendig Werte und reale Situation miteinander korrelieren, ja man könnte – etwa mit Blick auf die Freiheit – argumentieren, daß dieser Wert eine um so höhere Priorität erlangt, je mehr er bedroht ist.

(c) Weiter müßte man, um die Komplexität weiter zu erhöhen, Werte von *Bedürfnissen* unterscheiden:

DS 2.3:   Eine Person wird *dann und nur dann* individualistisch$_{23}$ genannt, wenn sie individualistische Bedürfnisse hat.

Daß man selbst ein großes Bedürfnis nach Freiheit hat, bedeutet nicht unbedingt, daß man Freiheit als einem gesellschaftspolitischem Ziel eine hohe Priorität beimißt. Die Bedürfnisse einer Person können also von ihren Werten abweichen.

(d) Während es bei Werten und Bedürfnissen um die Zielzustände geht, die ein Individuum erreichen will, knüpfen andere Definitionen an *individuelle Überzeugungen* an. Eine erste derartige Definition basiert auf der Überzeugung einer Person, Kontrolle über ihre Handlungen zu haben. Sie ist nicht außen- sondern innengesteuert:

DS 2.4:   Eine Person wird *dann und nur dann* individualistisch$_{24}$ genannt, wenn sie glaubt, Kontrolle über ihre Handlungen zu haben.

Es kommt also weder darauf an, ob die Person tatsächlich unabhängig ist, noch darauf, was sie in Zukunft erreichen möchte, sondern darauf, ob sie glaubt, gegenwärtig eine Kontrolle über ihre Handlungen zu haben. Diese Kontrollüberzeugung kann durch Verallgemeinerung von Situationen entstehen, in denen wir glauben, autonom und unabhängig gehandelt zu haben. Man kann sich selbst für frei halten und trotzdem von anderen abhängig sein.

Der Gedanke der inneren Kontrolle läßt sich auch im Sinne einer wahrgenommenen Unabhängigkeit von Außengruppen definieren oder an der Orientierung an den eigenen, inneren Überzeugungen und Werten:

DS 2.4':   Eine Person wird *dann und nur dann* individualistisch$_{24'}$ genannt, wenn sie glaubt, von anderen Personen oder Gruppen unabhängig zu sein.

Man kann auch zum Kriterium machen, ob aufgrund der eigenen Überzeugungen entschieden wurde oder ob man sich von (äußeren) Autoritäten hat leiten lassen:

DS 2.4'':   Eine Person wird *dann und nur dann* individualistisch$_{24''}$ genannt, wenn sie aus inneren Überzeugungen handelt und nicht von äußeren Autoritäten geleitet ist.

Nunner-Winkler (1998) versucht, „Autonomie" auf diese Weise zu definieren. Ähnlich versucht Dobbelaere, autonome Individuen zu identifizieren, indem er sie fragt, ob sie ihren akademischen Bereich aufgrund ihres eigenen Interesses gewählt haben. Die verschiedenen Definitionsschemata unterscheiden sich nur in Nuancen, generieren aber möglicherweise sehr unterschiedliche Antwortmuster.

Im Prinzip könnten wir fortfahren und alle objektiven Eigenschaften des vorherigen Abschnitts in subjektive Eigenschaften umwandeln, wir könnten z.B. den (objektiven) Nonkonformismus ersetzen durch den wahrgenommenen, die objektive Gruppenbindung durch die subjektiv empfundene etc. Wir wollen dies jedoch nicht ausarbeiten.

Unabhängigkeit bedeutet positiv, daß das Individuum keinem Gruppenzwang unterworfen ist. Unabhängigkeit kann aber auch bedeuten, daß das Individuum sich nicht um Gruppennormen und soziale Verpflichtungen kümmert, daß es keinerlei Verantwortung für die Gruppe oder Pflichten fühlt. Man könnte also auch versuchen, die fehlende soziale Verantwortung oder das Fehlen einer Gemeinwohlorientierung zum Definitionskriterium zu machen. Wir wollen diesen Gesichtspunkt hier nicht weiter führen.

(e) Eine weitere Form des subjektiven Individualismus wollen wir dagegen explizit aufführen, weil sie nur relativ sparsame Annahmen über das Innenleben einer Person macht:

DS 2.5:   Eine Person wird *dann und nur dann* individualistisch$_{2.5}$ genannt, wenn sie bewußt unter mehreren Entscheidungsalternativen wählt bzw. das Bewußtsein hat, unter mehreren Alternativen wählen zu müssen.

Wir vermuten, daß sich der subjektive Individualismus bei vielen Autoren in dieser Annahme erschöpft.

(f) Eine andere Individualismusdefinition stellt auf den Glauben oder die Überzeugung ab, daß die Selbstverwirklichung durch besondere Mittel erreicht wird, etwa durch eine asketische Lebensführung oder durch Aufopferung für den Beruf. Die Person muß in diesem Fall nicht nur objektiv asketisch leben, sie muß damit bestimmte Ziele verbinden. Bellah (1986), Dobbelaere (1998) oder Halman (1998) nennen den daraus resultierenden Individualismus „instrumentell" oder „utilitaristisch". Neben Opferbereitschaft wird auch die Kreativität als ein Mittel gesehen, dieses Ziel zu erreichen. Im Grunde fließen in diese Definition Überzeugungen, Bedürfnisse und Ziele gleichermaßen ein. Wir verzichten darauf, insoweit ein eigenes Definitionsschema zu entwickeln.

(g) Einen neuen Begriff von Individualismus gewinnt man, wenn man solche Bedürfnisse nicht inhaltlich faßt, sondern formal als *Differenzierungsbedürfnis*. Individualismus entspricht dann dem Wunsch oder Bedürfnis, anders zu sein als andere. Dann ist Individualismus nicht länger eine Frage von objektiven Unterschieden, sondern von subjektiven Überzeugungen.

DS 2.6:   Eine Person wird *dann und nur dann* individualistisch$_{2.6}$ genannt, wenn sie das Bedürfnis hat, anders zu sein als andere.

Jedoch wird aus dem subjektiven Bedürfnis eine objektive Eigenschaft im Sinne von DS 1.2, wenn wir es aus objektivem Verhalten ableiten wie z. B. dem Tragen von modischer Kleidung, dem Karrierestreben oder dem Wunsch nach einem extravaganten Partner (vgl. Dobbelaere 1998). Das Problem tritt aber beispielsweise bei Individualisierungsbegriffen nach Schema DS 2.1 in gleicher Weise auf. Solange wir aus einer einzigen beobachtbaren Reaktion erschließen, daß die Person von der Norm oder vom Durchschnitt abweicht, können wir den subjektiven Individualismusbegriff genaugenommen durch einen objektiven ersetzen.

Das Bedürfnis nach Einzigartigkeit und Unterscheidbarkeit mag in letzter Konsequenz dazu führen, daß das Individuum Züge des Numinosen annimmt. Nicht ohne Grund ist ja der Individualismus zur Religion der Moderne erklärt worden. Das Selbst wird nicht jedem offenbart, es ist letztlich unverletzlich und unantastbar und vielleicht sogar unsterblich. Man könnte versuchen, auf der Grundlage derartiger

Überzeugungen einen weiteren subjektiven Individualismusbegriff einzuführen, was wir hier aber nicht weiter verfolgen wollen.

(h) Ein ganz anderer Individualismusbegriff entsteht, wenn man etwa mit Schimank (1985) von der These ausgeht, daß sich die Struktur einer Gesellschaft in irgendeiner Weise in den Überzeugungen und kognitiven Strukturen ihrer Mitglieder widerspiegelt. Mit der funktional differenzierten Gesellschaft korrespondiert dann ein subjektiver Individualismus oder reflexiver Subjektivismus, der an einer Reihe von Charakteristika festgemacht werden kann. Wir wollen in die folgende Definition nur zwei besonders prominente Merkmale aufnehmen:

DS 2.7:   Eine Person wird *dann und nur dann* individualistisch$_{27}$ genannt, wenn sie Letztbegründungen – insbesondere in der Religion und Moral – für unmöglich hält und wenn sich ihr Überzeugungs- und Wertsystem entsprechend den Prinzipien funktionaler Differenzierung in voneinander relativ unabhängige Sektoren gliedert (compartmentalization).

Die Abschottung und Unabhängigkeit der einzelnen kognitiven Subsysteme könnte zum Beispiel darin zum Ausdruck kommen, daß Individualisten relativ strikt zwischen beruflicher Sphäre und privater Sphäre oder zwischen Wissenschaft und Religion trennen.

(i) Mikrosoziologen sind häufig der Auffassung, daß auf einen Individualisten im subjektiven Sinne viele der eben aufgeführten Merkmale gleichzeitig zutreffen. Genauer gesagt verlangt man nicht unbedingt, daß ein Individualist alle vorstehenden Merkmale hat, sondern nur, daß er mehr von diesen Eigenschaften aufweist als andere Personen. Solche Überlegungen führen weg von einer expliziten Definition hin zu Operationalisierungen, die nicht als analytischer Satz qualifiziert werden können. Denn es ist eine empirische Frage, ob der Glaube an innere Kontrolle hoch mit der Präferenz für Freiheit etc. korreliert. Große Antwortwahrscheinlichkeiten bei der Analyse latenter Klassen oder hohe Faktorladungen werden jetzt zum Kriterium für eine akzeptable oder reliable Operationalisierung. Es ist nicht erforderlich, sich hier in Einzelheiten zu vertiefen. Allerdings sollte es klar sein, daß wir jetzt zu einem neuen Kriterium für subjektiven Individualismus übergehen, denn die Position auf dem latenten Kontinuum fällt nicht mit irgendeinem der vorstehend erwähnten Merkmale zusammen. Allerdings können wir die Position einer Person auf dem latenten Kontinuum nur schätzen, aber nicht mit Sicherheit bestimmen, weil wir die deterministische Welt verlassen haben.

OP.[4] 1:   Auf der individuellen Ebene ist eine Person *wahrscheinlich* individualistisch$_{27}$ falls sie im Meßmodell M der latenten Klasse der Individualisten zugeordnet wird (oder in anderen Modellen eine Position nahe beim individualistischen Pol einer latenten Individualismus-Kollektivismus Dimension hat).

Das Meßmodell M schätzt die (wahrscheinlichste) Position auf einem latenten Kontinuum auf der Basis der Antworten auf Fragen zu den individualistischen Orientierungen. Die bisherigen empirischen Untersuchungen zeigen, daß die verschiedenen Kriterien für subjektiven Individualismus nicht sehr hoch miteinander korrelieren und daß deshalb die Meßmodelle für Individualismus nicht gut zu den Daten passen.

---

4   OP: Operationalisierung. Wir vermeiden die Bezeichnung „operationalisierte Definition", weil dies keine Definition im strikten Sinn ist.

Der Glaube an innere Kontrolle korreliert nicht mit der Präferenz für Freiheit etc. Es ist allgemein üblich, jene Indikatoren fallen zu lassen, die nur niedrige Reliabilitäten aufweisen. Es ist auch üblich, die Idee eines generellen Individualismus aufzugeben und verschiedene Individualismusdimensionen zu unterscheiden: den ökonomischen und den kulturellen Individualismus, den instrumentellen und einen expressiven, usw. Dies alles garantiert, daß die Zahl der subjektiven Individualismusbegriffe noch weit über die Zahl der Definitionen hinausgehen wird, die wir vorstehend präsentiert haben.

3. Individualistische Theorien zur Erklärung von Heterogenität und Pluralismus in modernen Gesellschaften

In einer mikrosoziologischen Interpretation besteht Individualisierung in einer Veränderung des Entscheidungsmodus auf der Mikro-Ebene des einzelnen Individuums. Gleichwohl lassen sich aber auch aus einem solchen „individualistischen" Individualisierungsbegriff Erwartungen hinsichtlich der gesellschaftlichen Meso- und Makro-Ebene ableiten. So impliziert eine höhere Entscheidungsautonomie und Schwächung der Gruppenbindung im Sinne der objektiven Individualismusdefinitionen einen Mitgliederschwund in gesellschaftlichen Großgruppen und Organisationen wie Gewerkschaften oder politischen Parteien auf der Meso-Ebene. Ebenso könnten sich diejenigen Individuen, die weiterhin einer bestimmten Gruppe zugehörig sind, in ihren Einstellungen und Verhaltensweisen nur noch schwach von den Gruppennormen beeinflussen lassen. Auf der Meso-Ebene kann also möglicherweise auch eine abnehmende *Inter*gruppenheterogenität und eine zunehmende *Intra*gruppenheterogenität auf den wachsenden Individualismus zurückgeführt werden.

Die wachsende Vielfalt und Heterogenität von Lebensformen und Verhaltensweisen kann geradezu als paradigmatisches Anwendungsbeispiel von Individualisierungstheorien gelten. Wir wollen aber zunächst einmal kritischer danach fragen, ob sie nicht allein aus veränderten Opportunitätsstrukturen erklärt werden können. Gemäß Abbildung 1 hieße dies, daß man nur die Beziehung (1) in Betracht ziehen müßte. Erst wenn man zusätzlich auch die Beziehungen (9) und (11) berücksichtigen muß und ergänzend vielleicht sogar noch die Beziehungen (3), (5), (7) und (8), dann könnte man wirklich von einer individualistischen Theorie der Heterogenität und des Pluralismus sprechen. Generell muß man natürlich in Betracht ziehen, daß Heterogenität und Individualismus auf die Opportunitätsstrukturen zurückwirken können, weshalb wir jeweils Pfeile in umgekehrter Richtung vorgesehen haben.

Wir wollen zunächst am Beispiel der Diskussion um die Arbeit von Schnell und Kohler (1995) zeigen, wie man die dort gemachten Befunde in der Tat allein aus veränderten Opportunitätsstrukturen erklären kann. Ein Rekurs auf Individualisierung im von uns definierten Sinne wäre dort also überhaupt nicht notwendig. Wir werden anschließend allgemeine Überlegungen darüber anstellen, welchen Beitrag ein individualistischer Indivdualismusbegriff zur Erklärung von Differenzierungs- und Pluralisierungstendenzen in modernen Gesellschaften leisten kann.

Abbildung 1: Möglichkeiten der Erklärung von Heterogenität und Pluralismus in
              modernen Gesellschaften

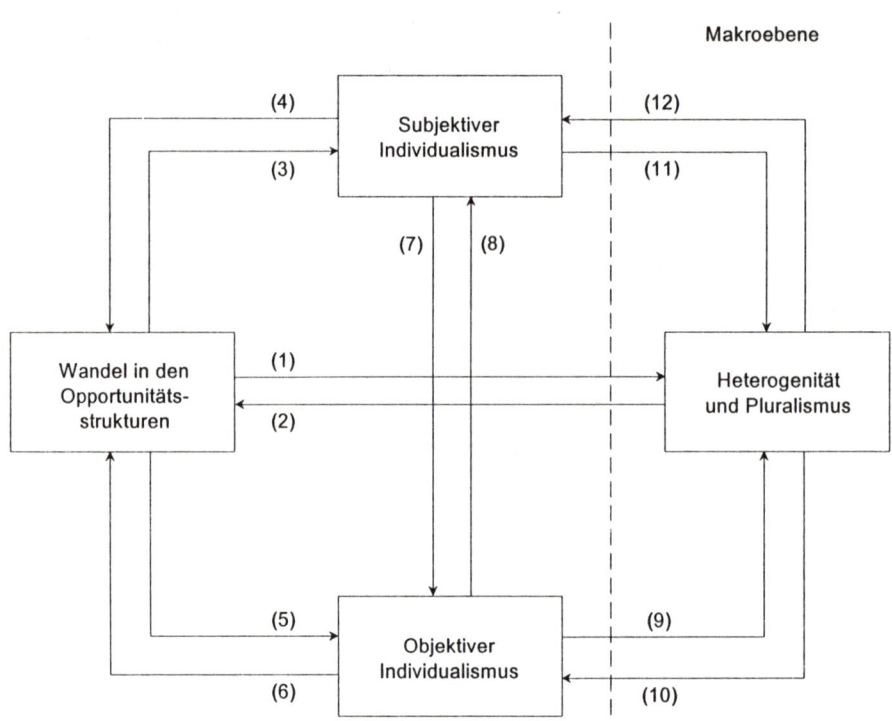

3.1 Die Diskussion um die Befunde von Schnell und Kohler

Rainer Schnell und Ulrich Kohler haben unlängst versucht, die Individualisierungsthese am Beispiel der Parteipräferenz für den Zeitraum zwischen 1953-1992 empirisch zu untersuchen. Sie gingen dabei von der Annahme aus, daß sich der Prozeß
der Individualisierung in einer rückläufigen Erklärungskraft soziodemographischer
Variablen für das Wahlverhalten niederschlagen müsse, da Individualisierung in
ihrem Verständnis zu einer zunehmenden Binnengruppenvarianz in Hinblick auf
individuelle Handlungen führt. Sie gelangen in ihrer Analyse zu folgender Schlußfolgerung: „Die Erklärungskraft sozio-demographischer Variablen (wie Konfessionszugehörigkeit, Alter, Geschlecht, berufliche Stellung und Bildung) in statistischen Modellen zur Erklärung der in Umfragen bekundeten individuellen Wahlabsicht nimmt 'im Laufe der Zeit' (also mit zunehmender gesellschaftlicher Differenzierung) ab" (Schnell und Kohler 1995: 636).
     Von der Tatsache einmal abgesehen, daß die Autoren zur Untersuchung ihrer
These mit dem Determinationskoeffizienten eine ungeeignete Maßzahl heranziehen

(vgl. hierzu ausführlich Müller 1997; Jagodzinski und Quandt 1997),[5] können ihre Befunde völlig ohne Rekurs auf die von uns entwickelten Individualismusbegriffe allein durch veränderte Opportunitätsstrukturen erklärt werden. Auf diesen Aspekt weist indirekt Müller (1997) hin, wenn er an Schnell und Kohler kritisiert, daß sie die Wirkungsmechanismen nicht spezifizieren, die der rückläufigen Erklärungskraft sozio-demographischer Variablen zugrunde liegen. So führen Schnell und Kohler (1995) wie auch Jagodzinski und Quandt die wachsende Statusinkonsistenz als möglichen Grund für die abnehmende Erklärungskraft an. Träfe dieses Argument zu, dann wären Individuen nun dem Einfluß konkurrierender sozialer Gruppen und Interessen ausgesetzt und würden sich nicht mehr länger in einem mehr oder minder homogenen Kräftefeld externer Einflüße befinden. Der Erwartungsnutzen der in einer Situation wahrgenommenen Handlungsalternativen sollte sich aus mindestens zwei Gründen angleichen. Zum einen kann in einer heterogener gewordenen sozialen Umwelt die Verletzung von Gruppennormen schon deshalb nicht mehr so scharf sanktioniert werden, weil sie nicht mehr so klar und eindeutig wahrgenommen werden. Vor allem aber fällt es dem einzelnen viel leichter, sich dem Konformitätsdruck durch Exit zu entziehen. Jagodzinski und Quandt (1997) weisen auf die Möglichkeit hin, daß auch die Entwicklung von SPD und CDU/CSU zu sogenannten Volks- bzw. Allerweltsparteien eine Erklärung für die abnehmende Homogenität der katholischen Wählerschaft sein könnte. Auch hierdurch würde aber die Opportunitätsstruktur verändert, weil diese Parteien dann nicht mehr länger als Anwälte bestimmter gesellschaftlicher Partikularinteressen wahrgenommen würden. Pollack (1996) nennt unter Berufung auf die Arbeiten von Kaufmann weitere Gesichtspunkte, die allein eine Veränderung der Handlungssituation bewirkt haben könnte: Wenn nämlich Katholiken nicht länger gesellschaftlich benachteiligt sind, dann benötigen sie keine spezifische Interessenvertretung mehr, ist mithin der Anreiz zur Wahl einer dem Katholizismus nahestehenden Partei verschwunden. Verallgemeinert würde der Zusammenhang lauten, daß mit der Lösung bzw. Abmilderung der großen gesellschaftlichen und sozialen Konflikte sich notwendigerweise auch die entlang dieser Konflikte entstandenen Cleavages auflösen. Auch dieser Mechanismus würde eine zunehmende Intragruppenheterogenität nach sich ziehen, ohne daß man dies als Individualisierung im Sinne des von uns oben entwickelten Verständnisses deuten könnte.

Wir führen – um in diesem Punkte nicht mißverstanden zu werden – vorläufig eine hypothetische Diskussion. Denn in den meisten der eben vorgetragenen Argumente wird vorausgesetzt, daß die Homogenität im Wahlverhalten langfristig abgenommen hat. Das ist, wie Jagodzinski und Quandt (1997) gezeigt haben, nicht der Fall. Vielmehr hat die Homogenität in den fünfziger und sechziger Jahren zunächst zugenommen, um dann wieder zu sinken. Um dem Argument kleiner Fallzahlen vorzubeugen, haben wir in Abbildung 2 die Konzentration der Wählerstimmen im Parteiensystem anhand der amtlichen Wahlergebnisse aller Bundestagswahlen seit 1949 berechnet (Herfindahl-Index[6]). Dabei reproduzieren wir ziemlich genau jene

---

5   In ihrer Erwiderung wenden Schnell und Kohler (1997) ein, daß die von Jagodzinski und Quandt verwendeten Maßzahlen empfindlich auf kleine Stichproben reagieren. Selbst wenn das zuträfe, wäre es ja noch kein Argument, an einem Maß festzuhalten, das nicht gültig ist.

6   Der Herfindahl-Index ist einfach definiert als die Summe der quadrierten Stimmenanteile aller Parteien. Der Index hat eine Untergrenze von 1/n, wobei n die Zahl der Parteien bezeichnet, und eine Obergrenze von 1, wenn eine Partei 100% aller Stimmen auf sich vereinigt. Ein hoher Indexwert

kurvilineare Beziehung, die auch Jagodzinski und Quandt gefunden haben. Leider kann man die Stimmenanteile der einzelnen Parteien nicht mehr nach Konfession oder Kirchgangshäufigkeit aufteilen. Abbildung 2 gibt somit nur eine Art Obergrenze der Konzentration wieder, die man bei weiterer Aufteilung erhalten würde. Nichts berechtigt jedoch zu der Annahme, daß der kurvilineare Zusammenhang verschwände, wenn man die Daten in der gebotenen Weise aufgliedern könnte.[7]

Abbildung 2:   Homogenität bzw. Heterogenität des Wahlverhaltens bei den Bundestagswahlen in der BRD zwischen 1949 und 1994

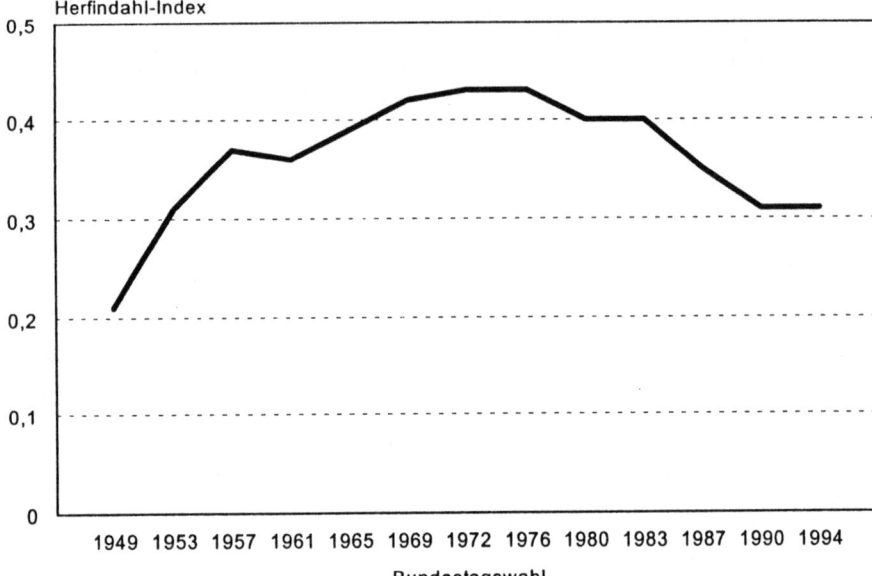

Dieser Befund kann unseres Erachtens wiederum auf eine Veränderung der Opportunitätsstruktur zurückgeführt werden: Das bundesdeutsche Parteiensystem unterlag bis in die sechziger Jahre hinein einem Konsolidierungsprozeß, in dessen Verlauf die Konfliktdimensionen nach und nach reduziert wurden. Während zunächst viele kleine Parteien spezifische Repräsentationsangebote an kleinere soziale Gruppen formulierten, fand nach und nach eine Generalisierung auf einige große Konfliktlinien mit gleichzeitiger Reduktion der Zahl der zur Wahl stehenden Parteien statt. Die Entwicklung der SPD und der CDU hin zu Volksparteien führte dann dazu, daß bis in die Mitte der siebziger Jahre hinein der Konzentrationsgrad des deutschen Parteiensystems relativ hoch blieb. Erst seit der Mitte der siebziger Jahre ist ein sehr leichter Rückgang in der Homogenität des Wählerverhaltens zu beobachten, der

---

reflektiert also eine hohe Konzentration/Homogenität, während ein niedriger Indexwert eine große Heterogenität anzeigt.

7   Schnell und Kohler haben diese kurvilineare Beziehung in ihrer Erwiderung auf Jagodzinski und Quandt mit der Tatsache begründet, daß der Datensatz von 1953 einen „Ausreißer" (Schnell und Kohler 1997: 789) darstelle und man dementsprechend den Befund von Jagodzinski und Quandt nicht substantiell interpretieren dürfe. Das ist, wie unsere Analyse zeigt, unzutreffend. Es zeigt sich in diesem Hinweis einmal mehr die Neigung der Autoren, inhaltliche Einwände unter Verweis auf mögliche methodische Probleme zurückzuweisen.

zum Teil mit dem Aufkommen der GRÜNEN als neuer Alternative erklärt werden kann. Eine zunehmende Heterogenität des Wahlverhaltens wäre folglich erst seit Ende der siebziger Jahre zu beobachten und kein linearer Prozeß seit der Gründung der Bundesrepublik.

Wir behaupten, wohlgemerkt, nicht, daß Schnell und Kohler die Ansicht vertreten hätten, man könne die Entwicklung allein aus den veränderten Rahmenbedingungen oder Opportunitätsstrukturen erklären. Wir sagen nur, daß dies objektiv möglich ist und daß man deshalb auf Individualisierungsprozesse überhaupt nicht Bezug nehmen muß.

3.2 Welchen Stellenwert könnten individualistische Individualismusbegriffe in Modellen zur Erklärung von Pluralismus und Heterogenität haben?

Wie das vorangegangene Beispiel zeigt, führen Soziologen die wachsende Pluralität und Vielfalt der Lebensweisen relativ häufig auf Veränderungen in den Opportunitätsstrukturen zurück. Wozu benötigt man dann aber überhaupt noch das Individualismuskonzept?

(a) Der objektive Individualismus vor allem im Sinne des Definitionsschemas DS 2.1* könnte in formalen Modellen beispielsweise dazu benutzt werden, um den Anfang eines Pluralisierungsprozesses zu erklären. Es sind dann die „harten" Individualisten, die den Prozeß der Auflösung sozialer Milieus in Gang setzen. Sobald andere ihrem Beispiel folgen, senkt das häufig auch die Kosten abweichenden Verhaltens, weil es immer schwerer wird, die wachsende Gruppe der Nichtkonformen als Außenseiter abzustempeln und sozial zu sanktionieren. Das Modell würde also eine Rückwirkung auf die Opportunitätskosten behaupten (Pfeil 6 in Abb. 1). Für praktische Zwecke jedoch ist ein Begriff nach DS 2.1* unbrauchbar, weil die Voraussetzung der gleichbleibenden Handlungssituation nie erfüllt ist. Problematisch bleibt an den objektiven Individualismusbegriffen aber auch, daß sie den Kreis der Individualisten nicht eng genug fassen können.

(b) Geht man zu den subjektiven Individualisierungsbegriffen über, so kann man zunächst feststellen, daß sie keineswegs durchgängig mehr Heterogenität und Pluralismus implizieren.

(aa) Mit gewissen Einschränkungen könnte man eine entsprechende Beziehung bei DS 2.1 bejahen, weil mit der Differenzierung der Überzeugungssysteme mehr Heterogenität nicht nur in den Einstellungen, sondern wahrscheinlich auch im Verhalten verbunden sind.

(bb) Individualistische Werte (DS 2.2) und individualistische Bedürfnisse (DS 2.3) implizieren keineswegs mehr Heterogenität. Zunächst gilt der triviale Sachverhalt, daß die Bevölkerung im Hinblick auf eben diese Werte und Bedürfnisse um so homogener wird, je weiter sie sich ausbreiten. Aber diese Form des Individualismus kann gleichförmiges Verhalten auch auf anderen Ebenen nach sich ziehen. Wenn beispielsweise alle Frauen unter Selbständigkeit auch die ökonomische Unabhängigkeit von ihrem Lebenspartner verstehen, so würde aus diesem Selbständigkeitsstreben eine hohe Konformität im Verhalten folgen, weil alle Frauen zunächst nach einer qualifizierten Ausbildung und danach nach einer Erwerbstätigkeit streben, die freilich unter den gegenwärtigen Arbeitsmarktbedingungen nicht realisierbar ist.

(cc) Was die subjektiven Kontrollüberzeugungen (DS 2.4) anbelangt, so lassen sich Beziehungen zu Heterogenität und Pluralismus nur schwer entdecken. Gewiß kann ein Grund für die Entstehung solcher Kontrollüberzeugungen darin liegen, daß die Menschen die Notwendigkeit sehen, unter mehreren Alternativen wählen zu müssen. Aber dann wäre die Beziehung (11) in Abb. 1 der Sache nach eher eine Scheinbeziehung, weil der Wegfall von Handlungsrestriktionen sowohl die Entstehung von Kontrollüberzeugungen wie auch die größere Bandbreite des Verhaltens bedingt. Ähnlich könnte man die Beziehung zwischen dem Individualismus als innerer Überzeugung (DS 2.4′) und dem Individualismus als Gruppenunabhängigkeit (DS 2.4′′) einerseits und der Heterogenität im Aggregat andererseits konstruieren.

(dd) Das in DS 2.5 angesprochene Bewußtsein der Wahlmöglichkeiten ist ebenfalls eher als Reflex der Tatsache zu werten, daß sich die Erwartungsnutzen verschiedener Handlungsalternativen angeglichen haben. Daß allein dieses Bewußtsein Heterogenität zur Folge hat, erscheint unplausibel.

(ee) Das Distinkts- oder Differenzierungsbedürfnis (DS 2.6) hingegen könnte durchaus erklären, warum die Verhaltensweisen vielfältiger werden. Wenn sich alle von allen im Hinblick auf die gewählten Handlungen unterscheiden, dann besteht hinsichtlich der Entscheidungshandlung maximale Heterogenität, hinsichtlich des Bedürfnisses selbst allerdings vollständige Homogenität. Distinktionsbedürfnisse wurden in der Vergangenheit aber immer nur als Bedürfnis zur Abgrenzung von anderen Gruppen oder Gemeinschaften postuliert, so daß sich die Frage stellt, warum es in der Gegenwart nun sehr viel weiter gefaßt sein sollte. Dafür könnte man vielleicht abnehmende Gruppenbindungen verantwortlich machen.

(ff) Die Definition DS 2.7 steht wiederum in einer komplexen Beziehung zu Heterogenität und Pluralismus. Wenn Absolutheitsansprüche tatsächlich aufgegeben werden, so sollte die Bereitschaft zunehmen, andere Religionen und andere Moralvorstellungen zu tolerieren. Mithin würden insoweit soziale Sanktionen wegfallen (Pfeil 4 in Abb. 1) und dies könnte eine Angleichung des Erwartungsnutzens verschiedener Handlungsalternativen nach sich ziehen und damit zum Pluralismus beitragen (Pfeil 1 in Abb. 1). Andererseits impliziert die These aber auch, daß die kognitiven Strukturen moderner Individuen insofern gemeinsame Züge aufweisen, als sie in Parallele zur funktionalen Differenzierung strukturiert sind.

4. Schlußbemerkung

Es ist leicht, die Schlußfolgerung aus unserer kurzen Untersuchung zu ziehen. Ausgehend von der Frage, ob man als individualistisch Handlungen, Situationen oder Personen bezeichnen soll, haben wir uns für die dritte Alternative entschieden. Wir haben dann verschiedene Möglichkeiten untersucht, Individualismus entweder allein auf der Basis äußeren Verhaltens oder äußerer Merkmale zu definieren (objektiver Individualismusbegriff) oder unter Hinzuziehung von Einstellungen, Werten oder anderen „inneren" Merkmalen (subjektiver Individualismus). Die objektiven Individualisierungsbegriffe blieben unbefriedigend zunächst insofern, als sie keine Abgrenzung von Nonkonformismus, Egoismus oder Apathie erlauben. Außerdem werden in den meisten dieser Definitionen Handlungsrestriktionen nicht in geeigneter Weise berücksichtigt. Daß heute mehr Vielfalt und weniger Standardisierung zu herrschen scheint als früher, muß seinen Grund nicht darin haben, daß Menschen heute individualistischer sind als früher, sondern schlicht und einfach darin, daß einzelne Handlungsalternativen weniger kostenträchtig geworden sind oder die besonderen Anreize anderer Alternativen weggefallen sind und daß sich infolgedessen die Erwartungsnutzen verschiedener Alternativen aneinander angeglichen haben. Verändert hätte sich mithin die Handlungssituation oder die Opportunitätsstruktur, nicht aber irgendwelche Eigenschaften von Personen. Man kann dieses Problem durch Bildung komparativer Individualismusbegriffe, in denen explizit eine gleiche Handlungssituation vorausgesetzt wird, zu lösen suchen, nimmt dann aber in Kauf, daß dieser Begriff für alle praktischen Zwecke wertlos wird. Denn in allen Individualisierungstheorien wird unterstellt, daß sich auch die Handlungsrestriktionen verschoben haben.

Ein objektiver Individualismusbegriff mag vielleicht in modelltheoretischen Diskussionen einen gewissen Stellenwert behalten, wenn man etwa zeigen will, wie homogene in heterogene Zustände übergehen. In solchen Modellen könnte der objektive Individualist die Funktion des Initiators oder des auslösenden Moments des Prozesses übernehmen. Durch geeignete Annahmen über Stärke und Verteilung des Individualismus in einer Gesellschaft und mit der weiteren Annahme, daß durch Hinzutreten von immer mehr Abweichlern der Konformitätsdruck immer mehr sinkt, könnte man möglicherweise ein Modell entwickeln, das den Wandel von Homogenität und Heterogenität klärt. Aber würde damit mehr erreicht, als das Ausgangsproblem um eine Stufe nach hinten zu verlagern? Denn unbeantwortet bliebe in einem solchen Modell, wodurch eine ausreichende Zahl von starken Individualisten in die Gesellschaft kommt, die den Prozeß in Gang zu versetzen mag. Wir glauben daher nicht, daß objektive Individualismusbegriffe zur Erklärung von Vielfalt und Pluralismus wirklich viel beitragen können.

Die subjektiven Individualismusbegriffe sind zur Erklärung von Heterogenität und Pluralismus bislang kaum herangezogen worden. Das mag darin liegen, daß für die meisten Soziologen die Veränderung der Opportunitätsstrukturen die eigentlich zentrale Variable ist. Sie gehen davon aus, daß dieser Wandel auch die subjektiven Befindlichkeiten der Individuen verändert, und sei es nur in dem Sinne, daß sich Individuen zunehmend der Wahlmöglichkeiten bewußt werden und darunter leiden (!). Heterogenität wäre aber nicht Folge des gestiegenen subjektiven Individualismus sondern der gewandelten Opportunitätsstruktur. Heterogenität und Pluralismus könnte man erklären, ohne den Begriff Individualismus überhaupt in den Mund nehmen zu müssen.

Wenn also auch der subjektive Individualismus bei der Erklärung von Heterogenität ververzichtbar ist, warum will man dann den schwammigen Begriff der Individualisierung überhaupt noch verwenden? Die Soziologie hält ein reiches Repertoire an Begriffen bereit, um einen Wandel in den Opportunitätsstrukturen zu beschreiben. Wenn man aber die Individualisierungsansätze zu Theorien ausbauen will, die diesen Namen wirklich verdienen, dann müßte man sich weit mehr als bisher auf die subjektiven Individualisierungsbegriffe konzentrieren. Bislang hat man sich weder darauf geeinigt, welcher Aspekt von Individualisierung dabei im Vordergrund stehen soll, noch sind bislang irgendwelche anerkannten Verfahren zur Messung von Individualismus entwickelt worden. Wie immer aber der Prozeß der Theoriebildung in diesem Bereich fortschreiten wird, wir erwarten nicht, daß Formen der subjektiven Individualisierung zur Erklärung von gesellschaftlicher Heterogenität und Vielfalt einen ähnlich großen Beitrag leisten können wie das Konzept der Handlungsrestriktion und der Opportunitätsstruktur.

Literatur

Beck, Ulrich, 1986: Risikogesellschaft. Auf dem Weg in eine andere Moderne. Frankfurt a.M.: Suhrkamp.

Beck, Ulrich, 1994: Jenseits von Stand und Klasse. S. 43-60 in: Ulrich Beck und Elisabeth Beck-Gernsheim (Hg.): Riskante Freiheiten, Frankfurt a.M.: Suhrkamp.

Berger, Peter A., 1996: Individualisierung. Opladen: Westdeutscher Verlag.

Beyer, Peter, 1996: Individualisierung. Opladen: Westdeutscher Verlag.

Blau, Peter M. und Joseph M. Schwartz, 1984: Crosscutting Social Circles. Orlando u.a.: Academic Press.

Dobbelaere, Karel, 1981: Secularization: A Multi-Dimensional Concept, Current Sociology. Band 29, Heft 2.

Dobbelaere, Karel, 1998: Individualization and Secularization: Types of Individualization? Paper presented on the Expert Seminar „Individualism, Civil Society, and Civil Religion" at Vrije Universiteit Amsterdam, February, 3-6.

Dogan, Mattei, 1998: Individualization as Affranchisement from Primordial Ties and Traditional Identities. Paper presented on the Expert Seminar „Individualism, Civil Society, and Civil Religion" at Vrije Universiteit Amsterdam, February, 3-6.

Elias, Norbert, 1980: Über den Prozeß der Zivilisation. Band 1: Wandlungen des Verhaltens in den weltlichen Oberschichten des Abendlandes. Frankfurt: Suhrkamp.

Elias, Norbert, 1982: Über den Prozeß der Zivilisation. Band 2: Wandlungen der Gesellschaft. Frankfurt: Suhrkamp.

Ester, Peter, Loek Halman und Ruud de Moor, 1994: Value Shift in Western Societies. S. 1-20 in: dies. (Hg.): The Individualizing Society. Value Change in Europe and North America. Tilburg: Tilburg University Press.

Halman, Loek, 1998: Individualism in Contemporary Europe. Exploring the Individualistic Ethos of Western and Eastern Europeans. Paper presented on the Expert Seminar „Individualism, Civil Society, and Civil Religion" at Vrije Universiteit Amsterdam, February, 3-6.

Jagodzinski, Wolfgang und Markus Quandt, 1997: Wahlverhalten und Religion im Lichte der Individualisierungsthese. Anmerkungen zu dem Beitrag von Schnell und Kohler, Kölner Zeitschrift für Soziologie und Sozialpsychologie 49: 761-782.

Magidson, Jay, 1981: Qualitative Variance, Entropy, and Correlation Ratios for Nominal Dependent Variables. Social Science Research 10: 177-194.

Müller, Walter, 1997: Sozialstruktur und Wahlverhalten. Eine Widerrede gegen die Individualisierungsthese, Kölner Zeitschrift für Soziologie und Sozialpsychologie 49: 747-761.

Nunner-Winkler, Gertrud, 1998: Devices for Identity Maintenance in Modern Society. Paper presented on the Expert Seminar „Individualism, Civil Society, and Civil Religion" at Vrije Universiteit Amsterdam, February, 3-6.

Pappi, Franz Urban, 1985: Die konfessionell-religiöse Konfliktlinie in der deutschen Wählerschaft: Entstehung, Stabilität und Wandel. S. 236-290 in: Dieter Oberndörfer, Hans Rattinger und Karl Schmitt (Hg.): Wirtschaftlicher Wandel, religiöser Wandel und Wertwandel. Berlin: Duncker & Humblot.

Pollack, Detlef, 1996: Individualisierung statt Säkularisierung? Zur Diskussion eines neueren Paradigmas in der Religionssoziologie. S. 57-85 in: Karl Gabriel (Hg.): Religiöse Individualisierung oder Säkularisierung? Biographie und Gruppe als Bezugspunkte moderner Religiosität. Gütersloh: Gütersloher Verlagshaus.

Schimank, Uwe, 1985: Funktionale Differenzierung und reflexiver Subjektivismus. Zum Entsprechungsverhältnis von Gesellschafts- und Identitätsform. Soziale Welt 36: 447-473.

Schmitt, Karl, 1985: Religiöse Bestimmungsfaktoren des Wahlverhaltens: Entkonfessionalisierung mit Verspätung? S. 291-329 in: Dieter Oberndörfer, Hans Rattinger und Karl Schmitt (Hg.): Wirtschaftlicher Wandel, religiöser Wandel und Wertwandel. Berlin: Duncker & Humblot.

Schmitt, Karl, 1989: Konfession und Wahlverhalten in der Bundesrepublik Deutschland. Berlin: Duncker & Humblot.

Schnell, Rainer und Ulrich Kohler, 1995: Empirische Untersuchung einer Individualisierungsthese am Beispiel der Parteipräferenz von 1953-1992. Kölner Zeitschrift für Soziologie und Sozialpsychologie 47: 634-657 .

Schnell, Rainer und Ulrich Kohler, 1997: Zur Erklärungskraft sozio-demographischer Variablen im Zeitverlauf. Entgegnung auf Walter Müller sowie auf Wolfgang Jagodzinski und Markus Quandt. Kölner Zeitschrift für Soziologie und Sozialpsychologie 47: 783-795.

van den Broeck, Andries und Felix Heunks, 1994: Political Culture. Patterns of Political Orientations and Behaviour. S. 67-69 in: Peter Ester, Loek Halman und Ruud de Moor (Hg.): The Individualizing Society. Value Change in Europe and North America. Tilburg: Tilburg University Press.

Wohlrab-Sahr, Monika, 1997: Individualisierung: Differenzierungsprozeß und Zurechnungsmodus. S. 23-36 in: Ulrich Beck und Peter Sopp (Hg.): Individualisierung und Integration. Opladen: Leske + Budrich.

Die Individualisierungs-These.
Eine Explikation im Rahmen der Rational-Choice-Theorie

Jürgen Friedrichs

Die Individualisierungsthese von Beck ist weder hinreichend expliziert, noch hinreichend empirisch untersucht. Daher erscheint es lohnend und wichtig, eine solche Explikation vorzunehmen. Das Problem hierbei ist, daß angesichts der Komplexität der These nur jeweils ein Teil der Annahmen expliziert oder vielmehr: interpretiert werden kann. Das Ziel einer solchen Explikation und Interpretation kann nur darin bestehen, die These so präzise in einzelne Hypothesen zu überführen, daß sie empirisch überprüfbar wird. Das haben auch andere Autoren getan, u.a. Burkart (u.a. in diesem Band), Mayer und Müller (1994), Schnell und Kohler (in diesem Band) – und als Reaktion darauf Jagodzinski und Quandt (1997) und Walter Müller (in diesem Band).

Meine Interpretation erfolgt im Rahmen der Rational Choice-Theorie (RCT). Diese Theorie hat sich in den letzten Jahrzehnten als eine sehr erfolgreiche Theorie erwiesen; sie hat zudem den Vorzug, nicht nur in der Soziologie, sondern auch in anderen Wissenschaften, so z.B. der Ökonomie, der Psychologie und der Politischen Wissenschaft, angewendet zu werden (u.a. Coleman 1990; Heap u.a. 1992; Kirchgässner 1991; Little 1991; Opp 1986; die Beiträge in Ramb und Tietze, 1993).

Wenn ich einige zentrale Annahmen von Beck expliziere, so handelt es sich nicht allein um eine Transformation in eine andere Sprache. Vielmehr verbinden sich damit zwei grundsätzlichere Ziele: zum einen Anschluß an eine allgemeine Theorie zu finden und als Implikation zu weiteren Hypothesen, die diese Theorie enthält, zu gelangen, zum anderen Aussagen zu formulieren, die empirisch prüfbar sind. Als Beispiele ziehe ich jene drei Bereiche heran, die auch Beck vor allem in der „Risikogesellschaft" verwendet, um seine Thesen zu belegen:

- wissenschaftlicher Fortschritt und Umweltrisiken,
- der Arbeitsmarkt als zentrales individuelles Risiko,
- die veränderte Bedeutung von Familie und Partnerschaft.

Ich werde im folgenden knapp auf seine Aussagen zu diesen Bereichen eingehen und sie sowohl auf die RCT als auch auf das Mehrebenen-Modell beziehen.

1. Modernisierung, Individualisierung und Risiken

Die Kernthese von Beck lautet: Im Zuge einer steigenden Modernisierung nimmt auch die Individualisierung zu, mit ihr wiederum nehmen die Risiken der Individuen zu. Um die „analytischen Dimensionen von Individualisierung" zu bestimmen, führt Beck (1986: 206) an, die Modernisierung habe zu einer „dreifachen Individualisierung" geführt – und dies ist wohl als Definition zu verstehen (1986: 206):

„Herauslösung aus historisch vorgegebenen Sozialformen und -bindungen im Sinne traditionaler Herrschafts- und Versorgungszusammenhänge ("Freisetzungsdimension,,), Verlust von traditionalen Sicherheiten im Hinblick auf Handlungswissen, Glauben und leitenden Normen ("Entzauberungsdimension,,) und – womit die Bedeutung des Begriffes gleichsam in ihr Gegenteil verkehrt wird – eine neue Art der sozialen Einbindung ("Kontroll- bzw. Reintegrationsdimension,,)".

Dies bezeichnet er als ein „ahistorisches Modell der Individualisierung" (1986: 206). Seine Definition ist methodologisch nicht haltbar. Sie zeigt aber, warum die These von Beck so verwirrend ist: Es werden Ursachen, Beschreibung und Folgen in einer vermeintlichen Definition vermengt. Daher sind die Thesen schwer zu diskutieren und nicht zu widerlegen. Was ist unter „Individualisierung" genau zu verstehen? Es stellen sich mehrere Fragen:

1. Für welchen historischen Zeitraum gelten die Aussagen von Beck? Er selbst verweist mehrfach darauf, daß es sich um kein neues Phänomen handle, aber der eigentliche „gesellschaftliche(r) Individualisierungsschub von bislang unerkannter Reichweite und Dynamik" (1986: 116) sei nach dem 2. Weltkrieg erfolgt – wobei er sich allein auf Deutschland bezieht.
2. Welche Beziehungen bestehen zwischen der „objektiven" Sicht der Individualisierung und deren subjektiver Wahrnehmung durch die Individuen?
3. Wie ist die Abfolge von De-Institutionalisierung und Re-Institutionalisierung („alte" und „neue" Abhängigkeiten)? Ist eine gegebene Institution nun noch eine „alte" oder schon wieder eine „neue"?
4. Wie läßt sich der Prozeß in einem Mehrebenen-Modell formaler darstellen?

Die erste Frage will ich hier nicht behandeln; ebensowenig prüfen, welche der Aussagen von Beck nicht bei Simmel schon klarer formuliert wurden. Ich behandle vielmehr die anderen drei Probleme.

2. Die Beziehungen zwischen objektiver und subjektiver Sicht

Beck erkennt, daß die „objektiven" Veränderungen, die zu einer Individualisierung führen, nicht auch von den Individuen wahrgenommen (werden müssen). Daher erscheint es ihm sinnvoll, die drei „Momente": „Freisetzung", „Stabilitätsverlust" und „neue Art der sozialen Einbindung" bzw. Kontrolle, „entlang einer zweiten Dimension begrifflich zu differenzieren" (1986: 206). Das Ergebnis zeigt die nachfolgende Tabelle (1986: 207), die Buchstaben A bis F in den Zellen habe ich hinzugefügt.

Momente	Individualisierung	
	Lebenslage objektiv	Bewußtsein/Identität subjektiv
Freisetzung	A	D
Stabilitätsverlust	B	E
Art der Kontrolle	C	F

Es ist schwer vorstellbar, dies könne *eine* Dimension sein, die dann die beiden Pole „Lebenslage" und „Bewußtsein" hätte. Wie wäre das unterstellte Kontinuum beschaffen? Wie könnte es gemessen werden?

Vermutlich ist es viel sinnvoller, dies als zwei Dimensionen zu betrachten, nämlich die objektive Lebenslage als das Marxsche „An sich" und die subjektive Wahrnehmung der Lebenslage als das „Für sich". Nur wenn man so vorgeht, entsteht auch die Möglichkeit, eine Diskrepanz zwischen objektiver und subjektiver Lage ermitteln zu können.

An diesem Schema, das in Abbildung 1 wiedergegeben ist, ist jedoch noch mehr beachtlich. Die hinzugefügten Buchstaben in den einzelnen Zellen verweisen darauf, welche unterschiedlichen Sachverhalte zu untersuchen wären, z.B.: Gibt es eine Kovariation von A und B oder A und C? Welche Folgen hätte eine Diskrepanz zwischen A und D?

Nun ist aber die gesamte subjektive Dimension völlig unberücksichtigt geblieben; wie Beck selbst schreibt: „über die ganze rechte Seite wurde bislang wenig oder gar nichts ausgesagt. Dies wäre ein eigenes Buch" (1986: 207). Das Problem ist jedoch, daß Beck in seinem Buch ständig unterstellt, daß die von ihm gegebene Diagnose der Gesellschaft auch ebenso von den Individuen wahrgenommen würde. Beck muß unterstellen, daß Individuen die Veränderungen, die auf der Meso-Ebene eintreten, auch wahrnehmen, damit sie eine eigenverantwortliche Existenz führen können.

Es bleibt demnach offen, ob die Individuen die Chancen, Optionen und Risiken auch so wahrnehmen, wie Beck es unterstellt. Wie die RCT gezeigt hat, ist es zwingend, bei der Erklärung des Handelns von Akteuren nicht von objektiven Gegebenheiten, sondern von der subjektiven Wahrnehmung der Gegebenheiten durch die Akteure auszugehen.

Was Beck ebenfalls nicht leistet, ist, die linke Spalte mit Inhalten zu füllen. Welche sozialen Gruppen sind in welcher Form von Freisetzung, Stabilitätsverlust und einer jeweiligen Art der Kontrolle betroffen?

3. Definitionen und Phasen der Individualisierung

Die obige „Definition" und einige ähnlich lautende Textstellen bei Beck lassen sich so interpretieren, daß der Wandel der Gesellschaft in drei Phasen vor sich gegangen wäre:

1. hohe Institutionalisierung;
2. eine steigende De-Institutionalisierung und sinkende Vorsorge, als Folge eine steigende Zahl von individuellen Optionen; und deshalb (?)
3. eine Re-Institutionalisierung.

In Abbildung 1 ist der Zusammenhang dieser drei Phasen mit dem Ausmaß der Restriktionen dargestellt. Die Frage ist nun: Gibt es die Zwischenphase O oder gibt es sie nicht? Gibt es sie nicht, lautet also die Folge nicht I → D/O → R, sondern D/O → R, dann ist die Hypothese von den steigenden Optionen und der „Bastelbiographie" falsch, weil D/O gleich wieder durch R kassiert wird. Das wäre eine sehr unwahrscheinliche Hypothese, denn die Individuen werden nicht nach neuen Institutionen verlangen, wenn sie nicht a) die gestiegene Zahl der Optionen wahrgenommen hätten und b) sich von diesen überfordert fühlten. Die Individuen stürzen sich wohl kaum blind in die nächsten oder neuen Abhängigkeiten.

Abbildung 1: Individualisierungsphasen und Ausmaß der Restriktionen

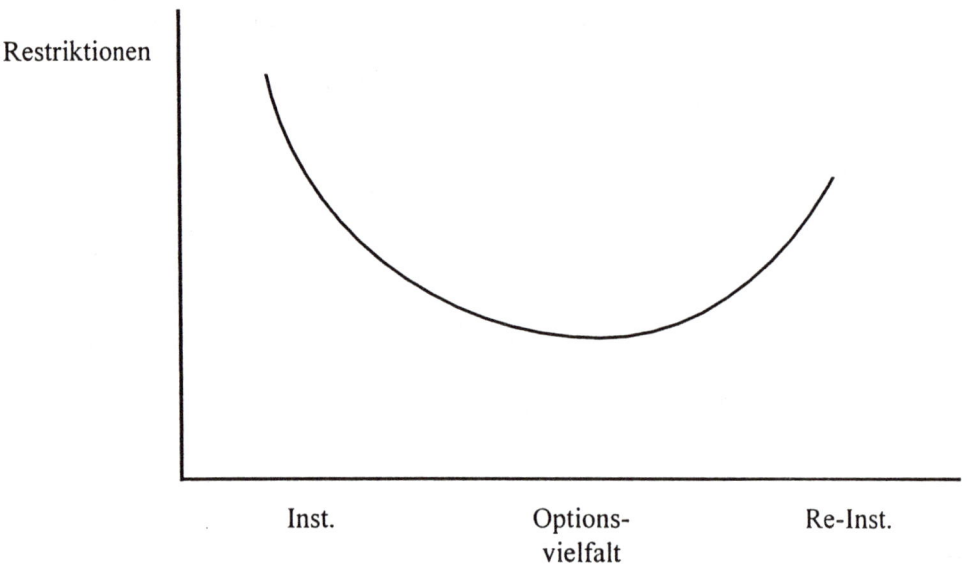

Ferner zeigt Abbildung 1 Restriktionen in allgemeiner Form, also ungeachtet der Frage, welcher Art sie jeweils sind. Es ist daher zu untersuchen, ob die jeweiligen Restriktionen für alle Institutionen in der Phase I gleich sind, ob sie in der Phase R gleich sind und inwieweit diejenigen von Phase I denen von Phase R entsprechen. An einem Beispiel verdeutlicht: Sind die Restriktionen der Klasse (oder des sozialen Status) in Phase I die gleichen wie die der Familie? Sind beide wiederum die gleichen wie die der Medien in Phase R?

4. De-Institutionalisierung und Optionsvielfalt

Welche Institutionen lösen sich nach Beck auf? Seine Antwort lautet: Gewerbeordnung, Stand, (Groß)Familie, Nachbarschaft und Kirche. An deren Stelle tritt die vollständige Abhängigkeit vom Arbeitsmarkt. Wechsel von Stand zu Klasse, von

Klasse zu Familie, von Familie zu Arbeitsmarkt und Individuum. Der Prozeß, den er unterstellt, läßt sich in drei Annahmen spezifizieren:

1. die Abhängigkeit von traditionellen Institutionen sinkt;
2. es entsteht eine Optionsvielfalt, bis hin zur Planung der eigenen Biographie;
3. es entstehen neue institutionelle Abhängigkeiten, die bedeutsamste ist der Arbeitsmarkt.

Zu 1 und 2 (verringerte Abhängigkeit, Optionsvielfalt und deren Effekte auf die Biographie):

„Ständisch geprägte Sozialmilieus und klassenkulturelle Lebensformen verblassen. Es entstehen der Tendenz nach individualisierte Existenzformen und Existenzlagen, die die Menschen dazu zwingen, sich selbst – um des eigenen materiellen Überlebens willen – zum Zentrum ihrer eigenen Lebensplanung und Lebensführung zu machen. Individualisierung läuft in diesem Sinne auf die Aufhebung der lebensweltlichen Grundlagen eines Denkens in traditionalen Kategorien von Großgruppengesellschaften hinaus – also soziale Klassen, Stände oder Schichten" (1986: 116f.).

„Chancen, Gefahren, Unsicherheiten der Biographie, die früher im Familienverbund, in der dörflichen Gemeinschaft, im Rückgriff auf ständische Regeln oder soziale Klassen definiert waren, müssen nun von den einzelnen selbst wahrgenommen, interpretiert, entschieden und bearbeitet werden. Die Folgen – Chancen wie Lasten – verlagern sich auf die Individuen, wobei diese freilich, angesichts der hohen Komplexität der gesellschaftlichen Zusammenhänge, vielfach kaum in der Lage sind, die notwendig werdenden Entscheidungen fundiert zu treffen, in Abwägung von Interesse, Moral und Folgen" (Beck und Beck-Gernsheim 1994: 15).

„Zu den entscheidenden Merkmalen von Individualisierungsprozessen gehört derart, daß sie eine aktive Eigenleistung der Individuen nicht erlauben, sondern fordern. In erweiterten Optionsspielräumen und Entscheidungszwängen wächst der individuell abzuarbeitende Handlungsbedarf, es werden Abstimmungs-, Koordinations- und Integrationsleistungen nötig. Die Individuen müssen, um nicht zu scheitern, langfristig planen und den Umständen sich anpassen können, müssen organisieren und improvisieren, Ziele entwerfen, Hindernisse erkennen, Niederlagen einstecken und neue Anfänge versuchen. Sie brauchen Initiative, Fähigkeit, Flexibilität und Frustrationstoleranz" (Beck und Beck-Gernsheim 1994: 14f.).

Zu 3 (neue Abhängigkeiten):

„Das Neue liegt in den Konsequenzen. Sehr schematisch gesprochen: an die Stelle von Ständen treten nicht mehr soziale Klassen, an die Stelle sozialer Klassen tritt nicht der stabile Bezugsrahmen der Familie. *Der oder die einzelne selbst wird zur lebensweltlichen Reproduktionseinheit des Sozialen.* Oder anders formuliert: die Individuen werden innerhalb und außerhalb der Familie zum Akteur ihrer marktvermittelten Existenzsicherung und der darauf bezogenen Biographieplanung und -organisation" (1986: 119).

„Erwerbsbeteiligung wiederum setzt Bildungsbeteiligung, beides Mobilität und Mobilitätsbereitschaft voraus, alles Anforderungen, die nichts befehlen, aber das Individuum dazu auffordern, sich gefälligst als Individuum zu konstituieren: zu planen, zu verstehen, zu entwerfen, zu handeln – oder die Suppe selbst auszulöffeln, die es sich im Falle seines 'Versagens' dann selbst eingebrockt hat" (Beck und Beck- Gernsheim 1994: 14).

Die „institutionenabhängige Individualisierung" bezeichnet bei Beck zwei Sachverhalte: das Individuum ist von Institutionen abhängig und durch die Abhängigkeit von Institutionen werden die Individuen immer ähnlicher – es entsteht eine „standardisierte Individualisierung".

Was läßt sich unter der Abhängigkeit von Institutionen verstehen? Zunächst wird aus diesen Zitaten erkennbar, daß Beck implizit ein Mehrebenen-Modell verwendet, in dem als Meso-Ebene die Institutionen eine zentrale Bedeutung haben. Diese Interpretation ist in Abbildung 2 dargestellt.

Abbildung 2: Das Mehrebenen-Modell

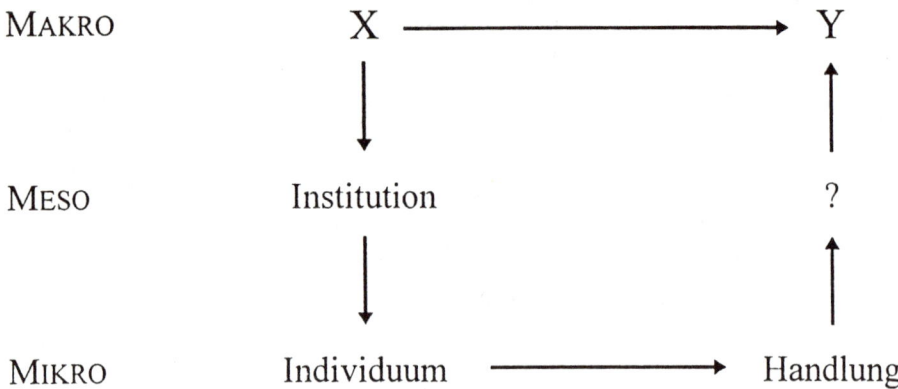

4.1 De-Institutionalisierung

Beck führt nicht aus, welcher Art die Restriktionen sind, die Institutionen seinen Thesen zufolge einerseits das Handeln der Individuen beschränken und ihnen andererseits zugleich Verhaltenssicherheiten geben.

Nun wird der Begriff in der Soziologie sehr unterschiedlich definiert (vgl. Schülein 1987). Allen Definitionen gemeinsam ist jedoch, daß es gesellschaftlich legitimierte Handlungsregeln für einen Handlungsbereich sind, die die Individuen internalisiert haben und an denen sich ihr Handeln in Situationen (des Handlungsbereichs) orientieren soll. Die Regeln gelten auch nicht für alle Handlungsbereiche, so z.B. die einer Ehe nicht für die kapitalistische Wirtschaftsweise. Die Regeln gelten „nur innerhalb eines abgegrenzten Handlungskontextes" (Lepsius 1997: 59). Im Gegensatz dazu hat(te) die katholische Kirche den Anspruch, Regeln für alle Lebensbereiche zu setzen. Von Lepsius (1997: 58) werden diese Handlungsregeln auch als „Handlungsmaximen" bezeichnet, von Hechter (1990: 14) im Rahmen des Rational Choice-Paradigmas als „regularity in collective behavior".

Ferner bedarf die Institution einer Legitimierung. Hierzu führt Göhler (1997: 32) aus, „in der Neuzeit" ginge die Legitimation auf die Bürger selbst zurück; sie „stehen für die grundlegenden Werte und Ordnungsprinzipien ihres Gemeinwesens, und wenn sie sie nicht von sich aus formuliert und in Kraft gesetzt haben (was der Ausnahmefall ist), so müssen sie sie doch als solche akzeptieren und verinnerlichen, wenn sie in Geltung bleiben sollen".

Diese Überlegungen erlauben es, den Wandel von Institutionen zu erklären. Er wird zumindest immer dann eintreten, wenn die Legitimation der Institution sinkt, ihre Werte und Normen also von immer weniger Personen akzeptiert werden. Die Institution mag dann einen „Bedeutungsverlust" oder einen „Bedeutungswandel" erfahren, wie dies von der Familie von zahlreichen Autorinnen und Autoren diagnostiziert wurde. Dabei ist es wahrscheinlicher, daß ein Funktionswandel eintritt: die Institution kann sich differenzieren, indem nun für je spezifische Regeln für die differenzierten Teile gelten, z.B. „Ehe" und „Partnerschaft". Damit verringert sich der ursprünglich umfassendere Handlungsbereich in z.B. zwei geringere, wie es das Beispiel von Ehe und Partnerschaft zeigt. Diese werden eine Eigenrationalität ausbilden und solche Probleme und Handlungsfolgen aus ihrem „Geltungskontext" ausscheiden, „die im Rahmen der Institution nicht bearbeitet" werden können (Lepsius 1997: 60).

Die Differenzierung der Institutionen schwächt nicht nur deren Geltungsbereich, sondern führt auch zu einer offenkundigeren Vielfalt, ja Relativität oder gar Konkurrenz der Normen. (Lepsius 1997: 61 spricht hier von einem „Konfliktpotential" der Institutionen, da ihre Wertvorstellungen „inkompatibel" seien, denn sonst wären die Institutionen nicht differenziert.) Hierdurch wiederum werden Anforderungen an die Individuen größer, unterschiedliche Normen in der Gesellschaft hinzunehmen, ebenso ihre individuellen Leistungen, für sich einen angemessenen Handlungsmaximen zu bestimmen.

Unter diesen Bedingungen entstehen individuelle Dilemmata oder Entscheidungsprobleme; aus ihnen gibt es im Prinzip zwei Auswege: die Akzeptanz neuer oder ausdifferenzierter Institutionen oder individuelle Entscheidungen quasi außerhalb von Institutionen. Dabei dürfte es von den Handlungsbereichen abhängen, welche der beiden Lösungen überwiegt; dies näher zu untersuchen, ist fraglos ein wichtiges Problem empirischer Forschung.

Dennoch lassen sich Hypothesen darüber formulieren, welche der beiden Lösungen wahrscheinlicher ist. Zunächst ist zu prüfen, wie denn eine nichtinstitutionelle Lösung aussähe. Die Individuen würden dann im Sinne der RCT ihren Nutzen maximieren und ihre Ziele ohne die Hilfe von institutionellen Regelungen verfolgen. Nimmt man die Terminologie von Schülein (1987: 134-136) auf, so hieße das, die sekundäre Handlungsrelation „Institution" wäre nicht erforderlich, weil eine Koordination des Handelns in den primären Handlungsrelationen ausreicht. Die Individuen fielen – um einen Bestandteil der Definition von Institutionen durch Berger und Luckmann (1970: 56) zu verwenden – auf „Habitualisierungen und Typisierungen, die bislang noch den Charakter von ad-hoc-Konzeptionen zweier Individuen" (Berger und Luckmann 1970: 56) haben, zurück.

Ein Beispiel: Es bedürfte keiner Verkehrsregeln, weil die Verkehrsteilnehmer angemessen aufeinander reagieren. Verallgemeinert hieße das, die Orientierungen vollzögen sich auf einem Markt (wobei der Markt als Modell selbst eine Institution ist). Die Massenmedien stellen einen solchen Markt dar und deshalb ließe sich Becks These, die Individuen würden ihr Verhalten neuerlich standardisieren, indem sie sich an den Massenmedien orientierten, auch im Rahmen der hier entwickelten Annahmen interpretieren: Die Massenmedien seien das beste Beispiel für einen Markt der Orientierungen. Dann allerdings ist eine weitere Annahme erforderlich, daß nämlich dieser Markt in Teilmärkte oder Subkulturen jeweils unterschiedlicher Orientierungen differenziert ist.

Die Annahme, eine außer-institutionelle Lösung stelle erhebliche Anforderungen an die Individuen, kann im Rahmen der RCT als Kosten der Entscheidung und des Handelns reformuliert werden. Die Individuen können demnach nur dann „individuell" handeln, wenn entweder 1. die Kosten als gering oder als erheblich unter den Nutzen liegend wahrgenommen werden oder 2. die Kosten externalisiert werden können.

Dazu bedarf es aber wiederum neuer (oder veränderter) Institutionen. Eine ReInstitutionalisierung ist demnach nicht abwendbar. Auch ein Markt rationaler Egoisten erfordert kollektive Güter, wie z.B. Sicherheit und Vorsorge, mithin der Kollektivgüter, die erstellt werden müssen, wozu sie wiederum der Einwilligung der Individuen bedürfen – und sie auch erhalten, wie Vertreter der RCT belegt haben (vgl. Hechter 1990).

Durch diese Annahmen läßt sich auch präzisieren, was Beck (1986: 208) mit „Verlust traditionaler Sicherheiten" meinen könnte. Genauer wären dies geschwächte oder gar nicht mehr gültige Normen, z.B. Heiratsregeln von Zünften oder die Abschaffung des Kuppeleiparagraphen. Wenn also keine mit Sanktionen versehenen Erwartungen (= Normen) bestehen, dann wird das ursprünglich negativ sanktionierte Verhalten nun zu einer gefahrlosen Handlungsoption.

Derart interpretiert, wird auch eine theoretische Lücke in der Arbeit von Beck erkennbar: näher zu bestimmen, welche Leistungen Institutionen erbracht haben und welche sie nicht mehr erbringen. Dabei ist anzumerken, daß die von Beck erwähnten Institutionen „Klasse" und „Stand" keine Institutionen sind, wohl aber über Institutionen verfügen – diese hätten spezifiziert werden und auf sie hätte sich seine Argumentation richten müssen. Gleichzeitig wird aber auch deutlich, wie sie geschlossen werden kann. Es sind Analysen des Ausmaßes und die Stärke (Höhe der Sanktionen) der Normen erforderlich, die einzelne Institutionen setzen. Auf diese Weise können auch die weiter oben gestellten Fragen beantwortet werden, nämlich ein Vergleich der Verhaltenssteuerung der Individuen durch unterschiedliche Institutionen zu unterschiedlichen historischen Zeitpunkten.

4.2 Optionsvielfalt

Aus diesen Zitaten wird ferner erkennbar, daß Beck mit zahlreichen impliziten Annahmen arbeitet. Die hier wichtigsten sind, daß 1. für die Individuen die Zahl der Optionen oder Handlungsalternativen gestiegen und 2. diese gestiegene Optionsvielfalt von den Individuen nicht beherrscht werden kann, sie vielmehr überfordert. Meine These ist, daß sich ein Teil der Beckschen Aussagen als eine Zunahme einer *doppelten Komplexität von Entscheidungen* (historisch sowohl individuell mehr Handlungsalternativen als auch für mehr Individuen) formulieren läßt – und dies in dem einfacheren Paradigma der RCT.

Die erste Hypothese beruht ihrerseits auf der Annahme, die prägende Kraft von Institutionen sei geringer geworden, das Individuum sei weniger durch Kollektive eingeschränkt und daher freier in seinen Entscheidungen (vgl. van der Loo und van Reijen 1992: 32, 184f.). Selbst wenn diese Hypothese empirisch zutreffen sollte, so ist zusätzlich zu fragen, ob sich die Optionen für alle Individuen gleichermaßen erhöht haben. Beck selbst schreibt, dies sei schichtabhängig. Man kann daher seine These folgendermaßen präzisieren: Je höher der soziale Status einer Person, desto höher ist die Zahl der Handlungsalternativen, die ihr zur Verfügung stehen. Das führt auf die generelle Frage, ob Beck nicht „nur" die Handlungsmöglichkeiten, die Individualisierung der Mittel- und Oberschicht behandelt. Auf dieses Problem hat schon Wohlrab-Sahr (1992: 6) hingewiesen.

Die Annahmen Becks lassen sich im Rahmen der RCT folgendermaßen formulieren:

- Den Individuen stehen im historischen Vergleich in mehr Situationen mehr Handlungsalternativen zur Verfügung.
- Die Zahl der (in einer Klasse von Situationen) vorhandenen Handlungsalternativen nimmt mit dem sozialen Status des Akteurs zu.
- Die Akteure nehmen die vorhandenen Handlungsalternativen auch wahr (denn sonst wären sie nicht überfordert).
- Je mehr Handlungsalternativen einem Akteur zu Verfügung stehen, desto stärker ist er überfordert.
- Die Überforderung besteht a) in der Zahl der Alternativen und b) der Zahl der Konsequenzen der einzelnen Alternativen.
- Sie sind zusätzlich überlastet, weil die Verantwortung für die Wahl einer Alternative ausschließlich bei ihnen selbst liegt.
- Damit sind die Entscheidungen sehr häufig solche unter Unsicherheit und vermutlich auch von „post-decisional regret" geprägt.

Hiervon ausgehend, lassen sich auch eine Reihe möglicher Auswege aus derartigen Dilemmata nennen:

1. Entscheidungen so zu treffen, daß deren Rücknahme nicht zu hohe Kosten verursacht, z.B. keine Heirat, sondern Zusammenleben, kein Kind. Die Verbindlichkeit von Entscheidungen sinkt.
2. Kostenreiche Konsequenzen einer ansonsten nutzenbringenden Alternative zu externalisieren. Die Risiken, d.h. Unsicherheit über die Wahrscheinlichkeit, mit der eine Konsequenz von hohen Kosten eintritt, werden an staatliche Institutionen oder Formen institutioneller Vorsorge delegiert.
3. Sich die Entscheidungen von anderen abnehmen zu lassen, indem man deren Entscheidung übernimmt.

Eng verbunden mit dem Problem der Optionsvielfalt ist der Risikobegriff. Beck führt zahlreiche Risiken auf, denen einzelne ausgesetzt sind und die sich vervielfacht haben. Hierzu gehören z.B. Umweltrisiken. Dabei unterscheidet Beck nicht zwischen Risiko und Gefahr, wie das Zitat belegt. Diese Trennung vorzunehmen, ist jedoch theoretisch fruchtbar, wie Luhmann (1993: 327) zeigt:

> „Als Gefahr kann man jede nicht allzu unwahrscheinliche negative Einwirkung auf den eigenen Lebenskreis bezeichnen, etwa die Gefahr, daß ein Blitz einschlägt und das Haus abbrennt. Von Risiko sollte man dagegen nur sprechen, wenn die Nachteile einer eigenen Entscheidung zugerechnet werden müssen. Das Risiko ist mithin, anders als die Gefahr, ein Aspekt von Entscheidungen, eine einzukalkulierende Folge der eigenen Entscheidung."

Von der technologischen Entwicklung meint Luhmann (ibid.: 328), sie führe dazu, daß das Risiko größer werde:

> „Sie transformiert Gefahren in Risiken einfach dadurch, daß sie vorher nicht gegebene Entscheidungsmöglichkeiten schafft. Wenn es Regenschirme gibt, kann man nicht mehr risikofrei leben: Die Gefahr, daß man durch Regen naß wird, wird zum Risiko, das man eingeht, wenn man den Regenschirm nicht mitnimmt. ... Zunächst ergibt sich also die Zunahme von Risiken aus der Zunahme von Entscheidungsmöglichkeiten und speziell aus der Zunahme von Gefahrabwendungsmöglichkeiten".

Luhmanns Differenzierung der Konzepte „Gefahr" und „Risiko" ist sehr produktiv für die Analysen der Individualisierung insofern, als nun die Risiken nicht außerhalb des Individuums liegen, sondern „in ihm". Dem Individuum sind die Risiken bekannt; damit trägt es auch die Verantwortung für die Folgen seines Handelns. Es kann sich nicht herausreden – eben weil es sich nicht um eine Gefahr handelt. Die Individuen geraten somit in die angenehme Situation erweiterter Handlungsmöglichkeiten, aber zugleich der weniger angenehmen Folge, die Risiken der jeweiligen Entscheidung zumindest kennen zu können, in jedem Falle aber tragen zu müssen. Der wahre Kern der Individualisierung-These wäre demnach, daß die Individuen auch die Kosten der Individualisierung selbst tragen müssen. Das ist zweifellos keine angenehme Einsicht. Die Radikalität dieser Einsicht scheut Beck jedoch. Er diskutiert diese Kompetenz nicht eingehend, sonder überspringt sie zugunsten der Annahmen, es träte eine Re-Institutionalisierung ein. Das eigentliche Problem ist indes, ob die Individuen diese Freiheit aushalten oder ob sie mit den verfügbaren – und perzipierten – Handlungsalternativen überfordert sind.

5. Re-Institutionalisierung

Die vorangegangenen Überlegungen zeigten bereits, daß Beck wohl die Ansicht unterstellt werden könne, die Individuen seien durch diese Bedingungen bzw. in solchen Entscheidungssituationen überfordert. Beck muß implizit annehmen, die Individuen könnten die (wahrgenommene) Optionsvielfalt nur dadurch bewältigen, daß sie nach Mechanismen suchen, die ihnen die Entscheidungen erleichtern oder abnehmen. Dies sei durch die folgenden Zitate belegt:

„Diese Ausdifferenzierung von 'Individuallagen' geht aber gleichzeitig mit einer hochgradigen Standardisierung einher. Genauer gesagt: Eben die Medien, die die Individualisierung bewirken, bewirken auch eine Standardisierung. Dies gilt für Markt, Geld, Recht, Mobilität, Bildung usw. in jeweils unterschiedlicher Weise. Die entstehenden Individuallagen sind durch und durch (arbeits)marktabhängig" (1986: 210).

„Der Einzelne wird zwar aus traditionalen Bindungen und Versorgungsbezügen herausgelöst, tauscht dafür aber die Zwänge des Arbeitsmarktes und der Konsumexistenz und der in ihnen enthaltenen Standardisierungen und Kontrollen ein. An die Stelle traditionaler Bindungen und Sozialformen (soziale Klasse, Kleinfamilie) treten sekundäre Instanzen und Institutionen, die den Lebenslauf des einzelnen prägen und ihn gegenläufig zu der individuellen Verfügung, die sich als Bewußtseinsform durchsetzt, zum Spielball von Moden, Verhältnissen, Konjunkturen und Märkten machen" (1986: 211).

„Individualisierung meint in diesem Sinne auch nicht den Anfang der Selbsterschaffung der Welt aus dem wiederauferstandenen Individuum. Sie geht vielmehr einher mit Tendenzen der *Institutionalisierung und Standardisierung* von Lebenslagen. Die freigesetzten Individuen werden arbeitsmarktabhängig und *damit* bildungsabhängig, konsumabhängig, abhängig von sozialrechtlichen Regelungen und Versorgungen, von Verkehrsplanungen, Konsumangeboten, Möglichkeiten und Moden in der medizinischen, psychologischen und pädagogischen Beratung und Betreuung. Dies alles verweist auf die besondere Kontrollstruktur 'institutionsabhängiger Individuallagen', die auch offen werden für (implizite) politische Gestaltungen und Steuerungen" (1986: 119).

„Individualisierung bedeutet Marktabhängigkeit in allen Dimensionen der Lebensführung. Die entstehenden Existenzformen sind der vereinzelte, sich seiner selbst nicht bewußte Massenmarkt und Massenkonsum für pauschal entworfene Wohnungen, Wohnungseinrichtungen, tägliche Gebrauchsartikel, über Massenmedien lancierte und adoptierte Meinungen, Gewohnheiten, Einstellungen, Lebensstile. M.a.W., Individualisierungen liefern die Menschen an eine Außensteuerung und –

standardisierung aus, die die Nischen ständischer und familialer Subkulturen noch nicht kannten" (1986: 212).

Zum einen suchen die Individuen nach Entscheidungsmodellen oder lassen sich von den Entscheidungen anderer – soziologisch formuliert: ihrer Bezugsgruppe – leiten. Ob das als „Abhängigkeit" oder „Standardisierung" zu bezeichnen ist, erscheint mir eine überflüssige Wertung. Zum anderen aber entstehen neue Institutionen als Folge der individuellen Unsicherheit oder „Risiken", wie Beck es nennt.

„Die 'Qualität von Gemeinsamkeit' ändert sich von Klassen- zur Risikogesellschaft: Klassengesellschaften bleiben in ihrer Entwicklungsdynamik auf das Ideal der *Gleichheit* bezogen (in seinen verschiedenen Ausformulierungen von der 'Chancengleichheit' bis zu Varianten sozialistischer Gesellschaftsmodelle). Nicht so die Risikogesellschaft. Ihr normativer Gegenentwurf, der ihr zugrundeliegt und sie antreibt, ist die *Sicherheit*. An die Stelle des Wertsystems der 'ungleichen' Gesellschaft tritt also das Wertsystem der 'unsicheren' Gesellschaft. Während die Utopie der *Gleichheit* eine Fülle inhaltlich-*positiver* Ziele der gesellschaftlichen Veränderung enthält, bleibt die Utopie der Sicherheit eigentümlich *negativ* und *defensiv*: Hier geht es im Grunde genommen nicht mehr darum, etwas 'Gutes' zu erreichen, sondern nur noch darum, das Schlimmste zu *verhindern*" (1986: 65).

Hier ist zuerst zu fragen, ob eine „unsichere" Gesellschaft ein Wertsystem aufweisen kann. Im Rahmen der RCT ist dies nicht möglich. Im Gegenteil: Unter solchen Bedingungen gibt es keine klaren Präferenzen der Individuen und schon gar nicht ein vorherrschendes oder nur modales Präferenzsystem in „der Gesellschaft". Die Aussagen gestatten unterschiedliche Interpretationen, hier allein im Paradigma der RCT vorgenommen. Zum einen ist denkbar, die Individuen verfügen nicht länger über ein über-situationales Präferenzsystem, sondern entscheiden sich abhängig von der jeweiligen Situation. Das hätte die Konsequenz inkonsistenter Entscheidungen und eines hohen Aufwandes, weil in jeder Situation neu entschieden werden müßte. Die Entscheidungskosten wären hoch, es gäbe nur wenige Entscheidungsroutinen und wenige Gewohnheiten (habits). Diese Interpretation wäre empirisch unwahrscheinlich aufgrund der hohen Kosten für jede Entscheidung und der Kosten zwangsläufig inkonsistenter Entscheidungen.

Eine zweite Interpretation erscheint daher einsichtiger: Die Individuen haben keine von den Institutionen der Gesellschaft mehr vorgegebenen Präferenzen. In dieser Situation externer Unabhängigkeit oder Freiheit wählen sie jene Handlungsalternativen, die die Kosten minimieren – aber nicht jene, die den höchsten Nettonutzen versprechen (sie wenden „das Schlimmste" ab.) Warum sollten sie aber so handeln? Abgesehen davon, daß eine solche Annahme der RCT völlig widerspräche, ist zu fragen, ob denn die Individuen als Entscheidungsheuristik nur die Kostenminimierung verwenden. Warum sollten sie angesichts einer historisch gestiegenen Anzahl von Handlungsalternativen so hilflos, genauer: präferenzlos, sein, nun nicht nach der nutzenträchtigsten, sondern der Vermeidung der kostenträchtigsten Alternative ihre Wahl vornehmen? Dies ist eine wenig plausible Annahme; sie bedürfte einer eingehenden Begründung.

Ferner ist zunächst wenig plausibel – wenngleich konsistent in Becks Argumentation –, daß die Individuen die just erworbenen Wahlfreiheiten zugunsten einer neuerlichen Abhängigkeit aufgeben und „zum Spielball von Moden, Verhältnissen und Märkten" werden (1986: 211). Becks Individuen halten in der Tat die neue Freiheit nicht aus und flüchten in neue. Warum sie dies tun – diese wichtige Frage beantwortet Beck nicht. Gehlen hätte hierauf noch die Antwort gegeben, daß es aus anthropologischen Defiziten des Menschen erforderlich sei, das Handeln durch Institutionen steuern lassen zu müssen, weil – folgt man Gehlen (1978: 32-37) – die instinktive Basis nicht ausreiche. Beck jedoch konstatiert nur, das Individuum hielte einen solchen Zustand der zu zahlreichen Handlungsalternativen nicht aus, offenbar deshalb, weil ihm in diesem Zustand, unter diesen Bedingungen von hoher Wahlfreiheit *und* fehlenden Institutionen nur eine Entscheidungsunsicherheit bliebe. Deshalb ginge das Individuum neue Bindungen oder Abhängigkeiten ein; es sei zudem von Marktprozessen abhängig, vor allem dem Arbeitsmarkt.

Erneut handelt es sich um Annahmen, die weder hinreichend begründet, noch nachvollziehbar sind. Warum sollten sich die Individuen an Moden und einer neuerlichen Standardisierung ausliefern, sich so rasch der Freiheiten begeben? Auf diese Frage bleibt Beck die Antwort schuldig. Die RCT würde indes ein solches Verhalten nur unter sehr spezifischen Umständen prognostizieren, nämlich nur dann, wenn das Individuum keine eigenen Präferenzen hätte und die einer Gruppe übernähme. Das aber ist sehr unwahrscheinlich. Wenn, so Beck, die Individuen mehr Handlungsalternativen wahrnehmen, warum sollten sie dann gleichzeitig oder als Reaktion darauf, sich sogleich nur durch neue Abhängigkeiten entscheiden können bzw. entscheiden (lassen) wollen? Ist es nicht viel naheliegender, daß sie diese Freiheit nutzen und ihr Verhalten nicht standardisieren? Selbst wenn eine Standardisierung zu belegen wäre – wäre sie nicht immer noch geringer als die von Beck für frühere historische Epochen behaupteten „Abhängigkeiten"?

Folgt man der Argumentation im Abschnitt 4.1, so ist nicht das Marktmodell, sondern eben eine Re-Institutionalisierung eine nachgerade zwingende Folge, wenn alte Institutionen ihre ursprüngliche Geltung verloren haben. Hingegen erscheinen die Annahmen von Beck über eine neuerliche Re-Institutionalisierung als eine kulturpessimistische Aussage, die der empirischen Gültigkeit entbehrt, aber den sich nicht dazu rechnenden Individuen ein gutes intellektuelles Gewissen verschafft.

Das Fragezeichen in Abbildung 2 ist also durch neue Institutionen zu ersetzen. Bezeichnend ist, daß er selbst Vorschläge für neue Institutionen macht. Hierzu ein Beispiel aus dem dritten Bereich, der Familie. Beck nennt das Dilemma: Berufsverzicht der Frau (Langzeitfolgen!) vs. Spagatfamilie (Vorstufe zur Scheidung). Dies werde den „Eheleuten als persönliches Problem zugeschoben" (1986: 202).

„Was sich in die private Form des 'Beziehungsproblems' kleidet, sind – gesellschaftstheoretisch gewendet – *die Widersprüche einer im Grundriß der Industriegesellschaft halbierten Moderne,* die die unteilbaren Prinzipien der Moderne – individuelle Freiheit und Gleichheit jenseits der Beschränkung von Geburt – immer schon geteilt und qua Geburt dem einen Geschlecht vorenthalten, dem anderen zugewiesen hat" (1986: 118).

Instruktiv sind nun Becks Vorschläge, wie man dem begegnen könne, d.h. in der Sprache der RCT, wie man die Kosten der beiden Handlungsalternativen verringern könnte: Er fordert (ibid.),

1. das Arbeitsamt müßte „Berufsberatung und -vermittlung ... *für Familien* organisieren" (kursiv i.O.).
2. Der Staat müßte „partnerschaftliche Beschäftigungsmodelle ... sichern helfen".
3. Ferner schlägt Beck eine „soziale und rechtliche Anerkennung von Immobilität aus familial-partnerschaftlichen Gründen" vor (1986: 202).

Solche institutionellen Veränderungen sollen einen „Möglichkeitsraum schaffen und sichern" (1986: 203). Man sieht also, wie Beck selbst Optionen erweitern und traditionell, nämlich institutionell, sichern will. Die Individuen sollen nicht die Risiken tragen.

Hier wird deutlich, wie Beck (als Wissenschaftler) versucht, einen Ausweg aus dem Dilemma zu konstruieren: Da beide Handlungsalternativen einerseits einen Nutzen haben, andererseits aber auch Kosten, z.B. eine unzufriedene Frau oder eine Scheidung, will er die kostenträchtigen Konsequenzen mindern. Er tut dies, indem er vorschlägt, sie zu externalisieren: Nicht das Individuum, sondern der Staat soll diese Kosten tragen bzw. ist aufgefordert, sie zu senken. Sein Vorschlag als Wissenschaftler entspricht der alltäglichen Logik rationaler Akteure: Man möchte nur den Nutzen einer Handlungsalternative haben, aber nicht um den Preis von Kosten. Obgleich er sieht, daß die von ihm konstatierte Optionsvielfalt den Preis höherer individueller Risiken hat, will er diesen Preis nicht zahlen, die Kosten – um es so flott zu formulieren wie er es tut – so rasch wie möglich in neue Institutionen abschieben.

Das Entstehen neuer Institutionen oder die Erweiterung der Leistung bestehender läßt sich dann als die ungeplante Folge individuell externalisierter Risiken im Aggregat (der Gesellschaft) interpretieren. Die „neuen Abhängigkeiten", wie sie Beck nennt, sind die zwangsläufige Folge davon, daß die Individuen versuchen, ihre Handlungsspielräume und Optionen möglichst risikolos zu erweitern, die Risiken – darin ist Beck zuzustimmen – sollen jedoch institutionell abgesichert werden; diese Aufgabe fällt insbesondere dem Staat zu.

Die in den letzten Jahren in allen hochindustrialisierten Ländern zu beobachtende Rücknahme solcher staatlicher Wohlfahrtsleistungen hat dementsprechend auch zu einer erheblichen Kritik geführt. Was als „Sozialabbau" oder „dismanteling of the welfare state" bezeichnet wird, ist aus der Perspektive des hier vorgestellten Ansatzes ein Vorgang, bei dem die Risiken an die Individuen zurückgegeben werden: sie sollen sie (wieder) internalisieren.

Da aber nun eine Reihe traditioneller nicht-staatlicher Hilfeleistungen nicht mehr vorhanden sind, die vormals u.a. durch die Familie oder die Nachbarschaft geleistet wurden (wie Beck annimmt), muß das Ansinnen des Staates, die Individuen mögen die Risiken internalisieren, um so härter treffen. Dies gilt zudem um so stärker, je mehr das Versprechen der Selbstverwirklichung zum individuellen Programm wurde.

Nicht nur das: die Internalisierung der Kosten und Risiken trifft unter den Bedingungen einer mit ungleichen ökonomischen Ressourcen ausgestatteten Bevölkerung die Individuen auch in ungleich starkem Maße. Das kann zwangsläufig nur dazu führen, die soziale Ungleichheit noch zu verstärken. Wohlfahrtsstaatliche Maßnahmen, gedacht, um Ungleichheit zu verringern, wirken, wenn sie zurückgenommen werden, verstärkend auf die Ungleichheit. Ferner könnte man davon sprechen, die Rücknahme solcher Leistung kränke die Individuen in ihrem Wunsch nach risikoarmer Selbstverwirklichung.

Noch dramatischer wäre die Situation, läge nicht eine „halbierte Moderne" vor (1986: 118). Ist aber die „halbierte Moderne" wirklich halbiert? Was wäre denn eine „ganze Moderne"? In meiner Interpretation wäre sie eine, in der die Phase R nicht eintritt. Zumindest wäre dies eine mögliche Interpretation. Aber welcher Zustand läge dann vor? Die Individuen hätten zahlreiche (wahrgenommene) Optionen und könnten unter ihnen ohne institutionelle Restriktionen wählen. Sie hätten damit die volle Verantwortung für ihr Handeln. Dann hätten sie aber auch alle Konsequenzen ihres Handelns zu tragen. Ein solcher Zustand birgt zahlreiche Probleme:

1. Die Kosten könnten nicht mehr externalisiert werden, es sei denn, um den Preis von Sanktionen, mithin neuer Kosten. Das Individuum hätte keine „Entschuldigung" für sein Verhalten.
2. Restriktionen kommen nicht nur von außen (Institutionen), sondern werden auch im Verlauf des Lebenslaufs von den Individuen selbst geschaffen. Es sind frühere Entscheidungen, die zu einem späteren Zeitpunkt sich dahingehend auswirken, die Handlungsalternativen zu beschränken bzw. einzelne Alternativen auszuschließen. Ein gutes Beispiel ist die Entscheidung, kein Abitur zu machen (sofern es sich um eine individuelle Entscheidung handelt), womit Alternativen wie ein Studium und hierdurch erreichbare Berufe nicht mehr möglich sind.
3. Die Entscheidungslast wäre hoch (Komplexität) und verlangte nach Institutionen (wie oben ausgeführt). Diese Hypothese ließe sich auch aus der Anthropologie von Arnold Gehlen herleiten, worauf bereits Junge (1996: 740ff) hingewiesen hat.

6. Fazit

Die Individualisierungsthese enthält eine Beschreibung individuellen Handelns unter den Bedingungen historisch erweiterter Handlungsoptionen. Die These ist komplex und unzureichend expliziert. Sie enthält zwei Elemente: eine implizite Theorie sozialen Wandels und eine Handlungstheorie. Auf letztere richtete sich dieser Aufsatz; er sollte zeigen, daß sich die Handlungstheorie im Rahmen der Rational Choice-Theorie explizieren läßt. Damit sind nicht nur testbare Hypothesen formuliert, sondern die These auch an eine allgemeine soziologische Theorie angeschlossen. Ferner führt die Explikation auf ein Mehrebenen-Modell, in dem die Effekte gesellschaftlicher Bedingungen – der Handlungsrestriktionen – auf das individuelle Handeln genauer formuliert werden können.

Das aber kann nur ein Anfang sein, die These zu prüfen. So bleibt die implizite Theorie, die des sozialen Wandels, zu spezifizieren. Hierzu hat bereits Junge (1996: 733ff) einen Beitrag geleistet, indem er die Phasen oder „Individualisierungsschübe" expliziert. Dennoch muß geprüft werden, ob sich die Individuen tatsächlich in einer historisch neuen Situation befinden. Darüber hinaus ist unklar, wie die Übergänge von einer zur nächsten Phase vor sich gehen, denn das läßt Beck offen. Ferner ist offen, ob die Individuen, denen eine Vielzahl von Handlungsalternativen zur Verfügung steht, nicht überlastet sind, mithin ungeachtet der historischen Situation nach Entlastungen suchen, eine Re-Institutionalisierung mithin zwangsläufig ist, um Komplexität zu reduzieren. Eng damit hängt ein weiteres Problem zusammen: die Effekte von Institutionen näher zu bestimmen.

Literatur

Beck, Ulrich, 1983: Jenseits von Klasse und Stand. S. 35-74 in: Reinhard Kreckel (Hg.): Soziale Ungleichheiten. Göttingen: Otto Schwartz. (Sonderband 2 der Zeitschrift „Soziale Welt")

Beck, Ulrich, 1986: Risikogesellschaft: Auf dem Weg in eine andere Moderne. Frankfurt/M.: Suhrkamp.

Beck, Ulrich, 1995: Die Individualisierungsdebatte. S. 185-198 in: Bernhard Schäfers (Hg.): Soziologie in Deutschland. Opladen: Leske + Budrich.

Beck, Ulrich und Elisabeth Beck-Gernsheim, 1990: Das ganz normale Chaos der Liebe. Frankfurt/M.: Suhrkamp.

Beck, Ulrich und Elisabeth Beck-Gernsheim, 1993: Nicht Autonomie, sondern Bastelbiographie. Zeitschrift für Soziologie 22: 178-187.

Beck, Ulrich und Elisabeth Beck-Gernsheim, 1994: Individualisierung in modernen gesellschaften – Perspektiven und Kontroversen einer subjektorientierten Soziologie. S. 10-39 in: Dies. (Hg.): Riskante Freiheiten. Frankfurt/M.: Suhrkamp.

Beck-Gernsheim, Elisabeth, 1983: Vom „Dasein für andere" zum Anspruch auf ein Stück „eigenes Leben". Soziale Welt 34: 307-340.

Berger, Peter und Thomas Luckmann, 1970: Die gesellschaftliche Konstruktion der Wirklichkeit. Frankfurt/M.: Fischer.

Coleman, James S., 1990: Foundations of Social Theory. Cambridge, MA: Belknap Press.

Gehlen, Arnold, 1978: Der Mensch. 12. A. Wiesbaden: Athenaion.

Göhler, Gerhard, 1997: Wie verändern sich Institutionen? Revolutionärer und schleichender Institutionenwandel. S. 21-56 in: Gerhard Göhler (Hg.): Institutionenwandel. Opladen: Westdeutscher Verlag.

Habermas, Jürgen, 1994: Individuierung durch Vergesellschaftung. S. 437-446 in: Ulrich Beck und Elisabeth Beck-Gernsheim (Hg.): Riskante Freiheiten. Frankfurt/M.: Suhrkamp.

Hargreaves Heap, Shaun, Martin Hollis, Bruce Lyons, Robert Sudgen und Albert Weale, 1992: The Theory of Choice. A Critical Guide. Oxford: Blackwell.

Hechter, Michael, 1990: The Emergence of Cooperative Social Institutions. S. 13-33 in: Michael Hechter, Karl-Dieter Opp und Reinhard Wippler (Hg.): Social Institutions. Their Emergence, Maintenance, and Effects. Berlin-New York: de Gruyter.

Jagodzinski, Wolfgang und Markus Quandt, 1997: Wahlverhalten und Religion im Lichte der Individualisierungsthese. Anmerkungen zu dem Beitrag von Schnell und Kohler. Kölner Zeitschrift für Soziologie und Sozialpsychologie 49: 761-782.

Junge, Matthias, 1996: Individualisierungsprozesse und der Wandel von Institutionen. Kölner Zeitschrift für Soziologie und Sozialpsychologie 48: 728-747.

Kirchgässner, Gebhard, 1991: Homo Oeconomicus. Tübingen: Mohr.

Lepsius, M. Rainer, 1997: Institutionalisierung und Deinstitutionalisierung von Rationalitätskriterien. S. 57-69 in: Gerhard Göhler (Hg.): Institutionenwandel. Opladen: Westdeutscher Verlag.

Little, Daniel, 1991: Varieties of Social Explanation. Boulder, CO: Westview.

Luhmann, Niklas, 1993: Die Moral des Risikos und das Risiko der Moral. S. 327-338 in: Gotthard Bechmann (Hg.): Risiko und Gesellschaft. Opladen: Westdeutscher Verlag.

Mayer, Karl Ulrich und Walter Müller, 1994: Individualisierung und Standardisierung im Strukturwandel der Moderne. Lebensverläufe im Wohlfahrtsstaat. S. 265-295 in: Ulrich Beck und Elisabeth Beck-Gernsheim (Hg.): Riskante Freiheiten. Frankfurt/M: Suhrkamp.

Opp, Karl-Dieter, 1986: Das Modell des Homo Sociologicus. Eine Explikation und eine Konfrontierung mit dem utilitaristischen Verhaltensmodell. Analyse und Kritik 8: 1-27.

Ramb, Bernd-Thomas und Manfred Tietzel (Hg.), Ökonomische Verhaltenstheorie. München: Vahlen.

Schülein, Johann August, 1987: Theorie der Institution. Opladen: Westdeutscher Verlag.

van den Loo, Hans und Willem van Reijen, 1992: Modernisierung. Projekt und Paradox. München: dtv.

Wohlrab-Sahr, Monika, 1992: Institutionalisierung oder Individualisierung des Lebenslaufs? Anmerkungen zu einer festgefahrenen Debatte. BIOS 5: 1-19.

Subjektivierung der Vergesellschaftung und die Moralisierung der Soziologie*

Matthias Junge

Die Entstehung der Soziologie ist eng mit der Emanzipation von der Moralphilosophie und der Ablösung von einer sich als Moralwissenschaft verstehenden Gesellschaftslehre verbunden (Hirschman 1993 (1981)). Erst durch diesen Befreiungsprozeß wurde es möglich, die Frage nach der gesellschaftlichen Integration ohne die Vorannahme einer sozialintegrativen Wirkung von Moral für den gesellschaftlichen Zusammenhalt zu stellen. Gesellschaftliche Integration konnte als ein vieldimensionaler Prozeß beschrieben werden, der die Teildimensionen von Systemintegration, Inklusion und Sozialintegration umfaßt. So konnte etwa die schottische Aufklärung mit der Idee der invisible hand eine Argumentationsfigur zur Verfügung stellen, die die Entstehung einer integrierten gesellschaftlichen Ordnung aus den Eigeninteressen der Akteure heraus erklärte.

Allerdings blieb dieser Erklärungsversuch nicht unwidersprochen. Insbesondere Émile Durkheim verwies in seiner Studie zur sozialen Arbeitsteilung (1988 (1893)) auf die nicht-kontraktuellen Elemente als Voraussetzung einer vertragstheoretischen oder nutzentheoretischen Lösung des gesellschaftlichen Ordnungsproblems. Er führte aber damit zugleich die Problematik der moralischen Integration wieder in die Soziologie ein, weil er moralische mit sozialen Tatsachen identifizierte und im Gefolge dieser Identifikation die Frage nach der strukturellen Integration der Gesellschaft mit der Frage nach den „sozialen Banden" zwischen individualisierten Individuen ungeschieden behandelte (Tyrell 1985: 209). Émile Durkheims soziologische Überlegungen sind begleitet von einer erneuten Moralisierung des soziologischen Diskurses, denn sein Interesse an einer „Moralpolitik auf sozialwissenschaftlicher Grundlage" (Müller 1991: 333) unterläuft sein soziologisches Programm. Eine der Ursachen für diese Wiedereinführung moralwissenschaftlicher Argumente in die Soziologie war die anwachsende Fortschrittsskepsis und die andauernde Sorge um den Zustand der gesellschaftlichen Moralökologie (vgl. Rammstedt 1985), die durch die Hoffnung auf den „Kult des Individuums" (Durkheim 1986 (1898); vgl. Junge und Krettenauer 1998) und die damit einhergehende Hoffnung auf das Wiedererstarken der moralischen Integrationsfähigkeit der Gesellschaft oder, in anderer Traditionslinie, durch die Hoffnung auf die Zivilgesellschaft (vgl. Bryant 1993) beantwortet wurde.

Aber fortdauernde gesellschaftliche Modernisierungsprozesse ließen die Frage nach dem Zustand der gesellschaftlichen Moralökologie und nach den Möglichkei-

---

* Gefördert von der Stiftung Volkswagenwerk.

ten ihrer Stärkung immer wieder auftreten. Die gesellschaftliche Entwicklung erzeugte das Paradox der Modernität. „The paradox of modernity is that the more
people depend on one another owing to an ever-widening circle of obligations, the
fewer are the agreed-upon guidelines for organizing moral rules that can account for
those obligations" (Wolfe 1989: 5).

An der Lösung dieser Paradoxie arbeitet sich der gegenwärtige Diskurs zwischen „liberals" und „communitarians" ab.[1] Vertreter der kommunitaristischen Sozialtheorie betonen die Bedeutung partikularer Bindungen und fordern eine Stärkung zivilgesellschaftlicher Elemente der modernen Gesellschaft, der „Gemeinschaft der Gemeinschaften" (Etzioni 1997: 256 (1996)), sie fordern die Revitalisierung der Werte der Gemeinschaft und die Zügelung des expressiven und utilitaristischen Individualismus (vgl. Bellah et al. 1985). Sie kritisieren dabei vor allem den
Modellindividualismus des Liberalismus und nehmen dabei das methodologische
Konstruktionsprinzip des Liberalismus für seine Realität (Rehberg 1993: 22).

Die kommunitaristische Sozialtheorie trägt in ihrer Auseinandersetzung mit dem
Paradox der Modernität durch ihre Konzentration auf das zivilgesellschaftliche Element zu einer Moralisierung der Soziologie bei. Kürzlich hat zwar Wolf Lepenies
(1997: 43) darauf hingewiesen, daß es der Soziologie gut anstände, wenn sie „moral
awareness" üben würde, er hat damit allerdings keiner Moralisierung der Soziologie
Vorschub leisten wollen, sondern er wollte die Notwendigkeit der Bindung wissenschaftlicher Arbeit an gesellschaftliche Probleme und Wertdiskussionen betonen.
Moralisierung der Soziologie bedeutet jedoch etwas anderes: daß verstärkt nach
neuen Formen der Gemeinschaftsbindung und der Vergemeinschaftung gesucht
wird, die auf moralischer Kohärenz und moralischem Zusammengehörigkeitsgefühl
beruhen. In dieser Suche kehrt nicht nur Parsons Konzeption der gesellschaftlichen
Gemeinschaft unter der Hand wieder, sondern auch ein Interesse an der Schaffung
neuer oder der Wiederbelebung alter Werte, ein Interesse an „Wertschöpfung", oder
wie es kürzlich Richard Münch (1997: 141) nannte, „Solidaritätsproduktion".

Im Gegensatz zur kommunitaristischen Sozialtheorie will die in der liberalen
Tradition stehende Individualisierungsthese von Ulrich Beck eine andere Auflösung
der Paradoxie der Modernität anstreben. Sie verspricht eine Veränderung der theoretischen Konzepte der Soziologie als Reaktion auf die reflexive Modernisierung
und die Subjektivierung der Vergesellschaftung. Und sie verspricht dies ohne Rückgriff auf Konzepte von Gemeinsinn, Gemeinschaft oder integrierenden Wertbindungen zu tun. Und doch, so die nachfolgend zu begründende These, verfängt sie sich
im Paradox der Modernität und trägt ebenfalls zur Moralisierung der Soziologie bei,
weil sie die Konzepte von Sozialintegration und Gemeinschaft in den Mittelpunkt
der Aufmerksamkeit rücken und dabei übersehen: „Gemeinschaft ist ein moderner
Begriff, der sich auf Vormodernes bezieht, um das moderne Problem der Gestaltung

---

1   Vgl. für einen Überblick über die kommunitaristische Sozialtheorie Honneth (1993); Reese-Schäfer
     (1993; 1996: 236-464, 496-567). Der Begriff kommunitaristische Sozialtheorie wird nachfolgend
     im Sinne eines logischen Oberbegriffs für eine Vielzahl von Autoren, zu denen unter anderem Ro-
     bert N. Bellah, Amitai Etzioni, Philip Selznick, Charles Taylor, Michael Walzer und Alan Wolfe
     gehören, mit unterschiedlichen politischen Vorstellungen benutzt. Diese Verwendung des Begriffs
     übergeht die bestehenden Differenzen zwischen den Vertretern und hebt die Gemeinsamkeiten her-
     vor. Ihre Gemeinsamkeit besteht darin, daß sie die Bedeutung eines starken republikanischen Indi-
     vidualismus für den Erhalt der gesellschaftlichen Moralökologie betonen und die Annahme einer
     über geteilte Wertbindungen der Gesellschaftsmitglieder hergestellten gesellschaftlichen Integrati-
     on teilen.

der Gesellschaft zu bewältigen" (Vobruba 1994: 20). Und dies gilt auch dann, wenn der Versuch zur Konzeptualisierung eines modernen Gemeinschaftsbegriffs, etwa das Konzept „posttraditionaler Gemeinschaft" oder die Konzeption eines „solidarischen Individualismus", unternommen wird. Denn Gemeinschaft weist eine „absolutistische Struktur" auf (Vobruba 1994: 37; Rehberg 1993: 40).

Um die These zu begründen, wird zuerst die Individualisierungsthese von Ulrich Beck als theoretische Reaktion auf eine von ihm vermutete Subjektivierung der Vergesellschaftung skizziert werden (Abschnitt 1). Weil die Individualisierungsthese jedoch die theoretische Reaktion auf die Subjektivierung der Vergesellschaftung nicht konsequent ausführt, mündet sie in eine Moralisierung der Soziologie und eine Moralisierung des Politischen (Abschnitt 2) ein. Der abschließende Abschnitt wird zu begründen suchen, daß diese Entwicklung in der theoretischen Struktur der Individualisierungsthese von Ulrich Beck angelegt ist (Abschnitt 3).

1. Die Individualisierungsthese als theoretische Reaktion auf die Subjektivierung der Vergesellschaftung

Subjektivierung der Vergesellschaftung bedeutet im Rahmen der Individualisierungsthese, daß das Subjekt zum entscheidenden Motor von Vergesellschaftungsprozessen geworden ist und die Form der Vergesellschaftung von den Entscheidungen der mit Handlungs- und Reflexionsfähigkeit ausgestatteten Subjekten abhängig erscheint. Das bedeutet aber auch, daß die handelnden Subjekte in ihrer Subjektivität für die Gestaltung der gesellschaftlichen Verhältnisse und für den Vergesellschaftungsprozeß von entscheidender Bedeutung sind. „Strukturen zerstören Strukturen und räumen so Subjektivität und Handlungen Entfaltungsmöglichkeiten ein" (Beck 1993b: 63). Daraus ergibt sich für die Gesellschaftstheorie die Aufforderung, daß sie die Subjektivität handelnder Akteure stärker als bisher üblich berücksichtigen und einen angemessenen Subjekt- und Subjektivitätsbegriff entwickeln muß, die Aufgabe besteht in der Entwicklung einer „Soziologie des Individuums" (Beck und Beck-Gernsheim 1994: 30).

Das Ziel der Ausführungen von Ulrich Beck besteht kontinuierlich darin, zu verdeutlichen, was die These – „Der oder die einzelne selbst wird zur lebensweltlichen Reproduktionseinheit des Sozialen" (Beck 1986: 209) – soziologisch bedeutet. Und diese Bedeutungssuche strebt nach einer theoretischen Umorientierung der Soziologie, die Ulrich Becks wissenschaftliche Herkunft aus dem Sonderforschungsbereich 101 deutlich zu erkennen gibt, denn „die Abstraktion von den Individuen" (Beck 1993a: 65) in der Soziologie soll ein Ende finden, ein Schlußstrich unter die „Soziologie ohne Individuum" gesetzt werden (Beck 1993a: 65).

Die Subjektivierung der Vergesellschaftung, oder auch mit den Worten Gilles Lipovetskys (1995: 8 (1983)) „Personalisierung der Vergesellschaftung", führt zu einer ansteigenden Bedeutung des Subjekts und seiner Subjektivität für die soziologische Theorie. Die Reaktion der Individualisierungsthese auf diesen Wandel besteht in der Forderung nach einer „Subjektivierung der Soziologie", der Aufforderung zur Berücksichtigung der Subjekte und ihrer Subjektivität im Theorieaufbau der Soziologie.

Allerdings fehlt bislang die grundlagentheoretische Antwort auf diese Aufforderung in den Arbeiten von Ulrich Beck. Vielmehr hat sich seine bisherige Arbeit auf
drei andere Bereiche konzentriert, den institutionentheoretischen, den modernisierungstheoretischen und auf den Bereich der politischen Soziologie. Diese stellen
Anwendungsbereiche für eine noch zu formulierende grundlagentheoretische Veränderung der Soziologie dar. In allen drei Bereichen stellt Ulrich Beck zwar heraus,
daß diese einer Subjektivierung unterworfen sind, das darin zur Anwendung kom-
mende Subjektkonzept bleibt bislang allerdings ungeklärt.

Die institutionentheoretische Anwendung kommt beispielsweise in seiner be-
ständigen Auseinandersetzung mit dem Wandel der Familie und seiner Polemik
gegen die Familiensoziologie zum Ausdruck (Beck 1986: 161-204; 1991; Beck-
Gernsheim 1983, 1985). Viel der Aufregung in der Familiensoziologie über das
Auftauchen der Individualisierungsthese und der beständige Versuch, empirische
Evidenz für deren Falschheit beizubringen, beruht darauf, daß gerade die Familiensoziologie durch die institutionentheoretischen Konsequenzen der Individualisierungsthese ihres Kernkonzeptes, dem Begriff der Institution, verlustig zu gehen
schien. Meines Erachtens ist dies nicht so, der Institutionenbegriff wird bei Ulrich
Beck nicht aufgegeben, sondern er wird implizit unter Rückgriff auf das Konzept
der Subjektivität und der Einbeziehung der „rückprägenden" (Landmann 1984: 124)
Wirkung von Subjekten auf die Institutionen so reformuliert, daß er nun auch die
Einbeziehung der handlungs- und reflexionsfähigen Subjekte in den Geneseprozeß
von Institutionen zu konzeptualisieren erlaubt (vgl. Junge 1996).

Auch in modernisierungstheoretischer Hinsicht treibt Ulrich Beck die Abwendung von systemtheoretischen und funktionalistischen Vorstellungen über Modernisierung voran und gibt dem Individuum einen bevorzugten Platz im Konzept der
reflexiven Modernisierung. Das Konzept der reflexiven, im Gegensatz zur einfachen, Modernisierung, welches eine Loslösung von den funktionalistischen und
evolutionstheoretischen Prämissen der Arbeiten von Talcott Parsons zur gesellschaftlichen Evolution vorbereiten soll (Beck 1993b: 72-80), verliert aber an Wirksamkeit, weil das (handelnde) Subjekte konzeptionell nicht zureichend erfaßt wird.
Zwar ist reflexive Modernisierung ein Oberbegriff zur Individualisierung (vgl. Beck
1993c). Und Ulrich Beck verweist auf das komplexe Faktorenbündel der Einflüsse
von Modernisierungsprozessen, auf Prozesse der Rationalisierung und funktionaler
Differenzierung, die die modernisierungstheoretische Erklärung der Transformation
der Vergesellschaftungsform bereitstellen. Diese Prozesse öffnen das Feld der Gesellschaftsgestaltung den handelnden Subjekten und ihren Gestaltungswünschen.
Aber auch in dieser Konzeption bleibt der Subjektbegriff unbestimmt. Das ist im
modernisierungstheoretischen Zusammenhang eine Konsequenz seiner Rekonstruktion des sogenannten sekundären Individualisierungsschubs: Sie erfaßt nur Rationa-
lisierungs-, Differenzierungs- und Individualisierungsprozesse, läßt aber den entscheidenden Prozeß, die Subjektivierung der Vergesellschaftung, in der theoretischen Explikation unbearbeitet.

Das in den letzten Jahren stärker in den Vordergrund tretende Interesse an einer
politischen Wissenstheorie der Risikogesellschaft, die Erwägungen zum Konzept
der Subpolitik (vgl. 1993; 1997a; 1997c) und das Konzept des „weltbürgerlichen
Republikanismus", auch sie betonen die gestiegen Handlungschancen der Individu-
en, kleiner sozialer Bewegungen und die Beeinflußbarkeit der Politik durch Subpolitik. Auch hier findet sich die Annahme einer wachsenden Bedeutung der Subjekte
im Vergesellschaftungsprozeß, aber keine Analyse des Subjektbegriffs. Individuen

werden zwar in ihrem heroischen Kampf um die Realisierung ihrer politischen und auch existentiellen Ideale und Vorstellungen betrachtet, aber der Subjektbegriff bleibt ungeklärt.

Bislang fehlt eine grundlagentheoretische Auseinandersetzung mit den Konsequenzen der Individualisierungsthese für die Soziologie. Vielfach fordert Beck in seinen Essays zwar eine Veränderung der Soziologie und ihrer begrifflichen Möglichkeiten: „Dringender denn je brauchen wir Begrifflichkeiten, die ... das uns überrollende Neue neu denken und uns mit ihm leben und handeln lassen" (Beck 1994: 21). Aber die grundlagentheoretischen Fragen nach dem Subjektbegriff wird von Ulrich Beck nicht erörtert. Sicherlich, Ulrich Beck sieht, daß sich die Realität und damit auch das Konzept der Institutionen verändert. Auch sieht er, daß weitergehende Modernisierungsprozesse die Möglichkeiten für ein anderes Politikverständnis eröffnen, und er erkennt, daß weitergehende Individualisierungsprozesse zu einer Veränderung des Status der Subjekte im Vergesellschaftungsprozeß führen. Allerdings wird die Bedeutung dieser Beobachtungen nicht eingeholt durch eine angemessene grundlagentheoretische Explikation.

2. Moralisierung der Soziologie

Das Scheitern in der Explikation der Subjektivierung der Vergesellschaftung und der theoretischen Konsequenzen einer solchen Diagnose führt dazu, daß der theoretische Entwurf von Ulrich Beck in einer Moralisierung der Soziologie endet. Und hier nun gleichen sich die Bemühungen im Rahmen der Individualisierungsthese mit denen der kommunitaristischen Sozialtheorie. Das Verbindende beider Positionen ist, daß vergemeinschaftende Prozesse als Basis für die „Erfindung" – im Rahmen der Individualisierungsthese – oder die „Revitalisierung" – in der kommunitaristischen Sozialtheorie – von Gesellschaft, Politik und sozialer Integration angesichts voranschreitender Individualisierungsprozesse angesehen werden. Sowohl in der kommunitaristischen Sozialtheorie als auch in der Individualisierungsthese wird immer häufiger die Vermutung geäußert, daß die moralökologischen Fundamente von Gesellschaften unter dem Einfluß von Individualisierungsprozessen nur durch Formen traditionaler oder posttraditionaler Gemeinschaftsbildungen stabilisiert werden könne.

Zwar verweist Ulrich Beck darauf, daß seiner Meinung nach von einem „Werte-Verfall" nicht gesprochen werden könne, vielmehr stehe ein „Werte-Konflikt" zwischen unterschiedlichen Gesellschafts- und Demokratiebildern zur Diskussion (Beck 1997a: 16), er verweist auf die Möglichkeit der Entstehung neuer Werte und Orientierungen, er betont die Freiwilligkeit einer bewußten (Neu-)Konstruktion von gemeinschaftlichen Zusammenhängen, aber er denkt sie im klassischen Modell des Gemeinschaftsbegriffs. Der Fokus der Schaffung neuer Gemeinsamkeiten besteht in der Frage nach der Möglichkeit der (Wieder)Herstellung neuer bindender und wertintegrierter Gemeinschaften. Aber die Hoffnung auf einen „altruistischen Individualismus" (Beck 1997a: 19), sie spricht das Paradox der Modernität an, ohne es in neuartiger Weise aufzulösen. Vielmehr ist dieser altruistische Individualismus, oder auch der sogenannte „solidarische Individualismus" (Berking 1994: 40) und das Konzept posttraditionaler Gemeinschaften, die Wiederholung der klassischen, be-

reits 1835 von Alexis de Tocqueville (vgl. 1990: 244) gegebenen Antwort auf das
Paradox der Modernität: Die Hoffnung auf ein balanciertes Verhältnis von Eigeninteressen und Gemeinwohlinteressen, elegant umschrieben als „wohlverstandene
Eigeninteressen". Solidarischer Individualismus, oder wie Ulrich Beck neuerdings
(1997a: 15) formuliert hat, „Selbstverwirklichung und Dasein für andere, Selbstverwirklichung als Dasein für andere", den insbesondere Robert Wuthnow (1997)
am amerikanischen Engagement für das volunteering herausgearbeitet hat, soll das
neue Kennzeichen und der Entwicklungsmotor sozialer Netzwerke und sozialer
Bewegungen unterwegs zur „projektiven Integration" sein.

Dieser Befund ist irritierend: Einerseits nimmt diese Diagnose die Freisetzungs-
chancen, die in der Individualisierungsthese impliziert sind, unausgesprochen wieder zurück, weil sie durch neue Einbindungsprozesse abgefedert werden. Weiterhin
ist irritierend, daß es zwar begrifflich einen Unterschied macht, ob die kommunitaristische Sozialtheorie von traditionalen Formen der Gemeinschaftsbildung ausgeht
und die Individualisierungstheorie bevorzugt von nachtraditionalen Formen der
Gemeinschaftsbildung spricht, damit aber inhaltlich ähnliches zum Ausdruck bringt,
wenngleich sie weniger stark die Bedeutung von Lokalität für die Gemeinschaftsbildung hervorhebt.[2] Die kommunitaristische Sozialtheorie bietet eine erneute Voord-
nung der Gemeinschaft und ihrer Werte gegenüber dem Individuum als Lösung für
die sich aus Individualisierungsprozessen ergebenden Probleme an, die Individualisierungsthese sieht Gemeinschaften und Gemeinschaftsbildungen als Konsequenz
des „altruistischen Individualismus" und überläßt das Individuum dann auch der
Vorherrschaft dieser neuen Wert- und Interessengemeinschaften. In beiden Argumentationsfiguren dominiert die Angst vor einem entfesselten Egoismus von Nut-
zenkalkulierer. Denn die Gefahren eines ausufernden utilitaristischen Individualismus werden in der Individualisierungsthese ähnlich wie in der kommunitaristischen
Sozialtheorie gekennzeichnet: „Die Vergötzung des Marktes, der immer aggressive-
re Neoliberalismus ... erzeugt Atomisierung" (Beck 1997c: 395; vgl. Wolfe 1989:
13). Aber es bleibt immer die Hoffnung auf die Entstehung einer „kommunitären
Individualität" (Keupp 1997: 308), die Hoffnung auf Bindung durch Freisetzung.

Aber die Idee „kommunitärer Individualität" überzeugt mich nicht. Denn diese
Konzeption bringt in Form einer Tautologie zum Ausdruck, was im Begriff der
Individualität und dem Konzept der Identität immer bereits vorausgesetzt wird, daß
Identität und Individualität nur im Zuge von wechselseitigen Anerkennungsprozes-
sen konstituiert werden können (vgl. Honneth 1992). Individualität enthält aufgrund
ihres Geneseprozesses immer ein kommunitäres Element.[3] Wenn kommunitäre Individualität mehr als diesen Sachverhalt zum Ausdruck bringen will, dann ist der

---

2   Man beachte aber die Allgemeinheit dieser Kontrastierung. Einschränkend einerseits das Plädoyer
     von Ulrich Beck für eine „Aufwertung des demokratischen Nahbereichs, der Kommunen und der
     Städte" (1997a: 30) und andererseits die kommunitaristische Orientierung an einem nicht mehr aus-
     schließlich als lokale Bindung verstandenen Gemeinschaftskonzept bei Etzioni (1997: 28), Selznick
     (1992: 359) und Wolfe (1989).

3   Dieses Argument wurde ursprünglich von Michael Sandel (1984) gegen die methodologische
     Konstruktion und die Fiktion eines einsamen Individuums als Ausgangspunkt zur Begründung des
     politischen Liberalismus verwendet. Ich halte diesen Einwand gegen den „Modellindividualismus"
     für zutreffend, aber der normative Standpunkt des Liberalismus, die Betonung des Vorrangs proze-
     duraler Gleichheit, bleibt, angesichts fortschreitender funktionaler Differenzierung und eines
     „moralischen Polymorphismus" (Durkheim 1991: 18), die im Vergleich mit der Argumentation der
     kommunitaristischen Sozialtheorie überzeugendere Möglichkeit eines bereichsübergreifenden Ori-
     entierungsprinzips zur Vermittlung konfligierender Interessen.

Verdacht nicht von der Hand zu weisen, daß hier die starke Bedeutung von Gemeinschaft und geteilten Wertbindungen für das Individuum im Sinne der kommunitaristischen Sozialtheorie zum Tragen kommt (Bellah et al. 1985: 75).

Und noch ein weiterer Punkt stimmt skeptisch. Die empirische Plausibilisierung der Hoffnung auf einen „altruistischen Individualismus" wirft die Frage auf, inwiefern solche Befunde aus Amerika bruchlos nach Deutschland übertragen werden können. Denn der amerikanische und der deutsche Individualismus unterscheiden sich grundlegend voneinander, was Richard Münch mit der begrifflichen Differenzierung zwischen einem „angepaßten Individualismus" der amerikanischen Kultur (Münch 1986, I: 398) und einem eher „heroischen Individualismus" im deutschen Kulturkreis (Münch 1986, II: 782) zum Ausdruck bringt.[4] Mir scheinen beide Individualismusformen nicht beliebig gegeneinander austauschbar zu sein, denn die Unterstellung ihrer Austauschbarkeit reduziert die Bedeutung kultureller Faktoren für die konkrete Ausprägung einer vermeintlichen Balance von Eigeninteresse und Gemeinwohlinteresse.

In der kommunitaristischen Sozialtheorie ist der Mittelpunkt gesellschaftlicher Integration und Reproduktion eine kulturspezifische Vorstellung vom Guten, die von den Mitgliedern einer Gemeinschaft geteilt und als erstrebenswert angesehen wird, sie erzeugt ein soziales Band zwischen den Mitgliedern einer Gemeinschaft innerhalb der Dimension der Sozialintegration. Und auch die Individualisierungsthese betont, wenngleich stärker die Zwiespältigkeit der Gemeinschaft hervorhebend, daß aus den gewonnenen Freisetzungsmöglichkeiten auch die Möglichkeit neuer Formen interessen- und wertbasierter Sozialintegration hervorgehen, daß gerade der solidarische Individualismus die Möglichkeit posttraditionaler Gemeinschaftsbildung erzeuge, die Möglichkeit zur Bildung neuer wertintegrierter Gemeinschaften.

Diese Ähnlichkeit zwischen Individualisierungsthese und kommunitaristischer Sozialtheorie wird von einer eigentümlichen Ambivalenz in der Bewertung der kommunitaristischen Sozialtheorie durch Ulrich Beck begleitet. Gewöhnlich wird die kommunitaristische Sozialtheorie skeptisch beurteilt. Und kommunitaristische Bewegungen gelten Ulrich Beck als „Reaktionen auf erfahrene Unlebbarkeiten einer Individualisierung, die anomische Züge annimmt" (Beck 1993b: 151), aber deren politische Strategien „begnügen sich im wesentlichen mit Kosmetik. Sie versuchen den Teufel des Egoismus mit einer weihevollen Rhetorik der Gemeinschaftlichkeit auszutreiben" (Beck 1997a: 26). Aber zugleich findet sich ein Forderungskatalog für einen „weltbürgerlichen Republikanismus", der inhaltlich kaum von den Forderungen der kommunitaristischen Sozialtheorie abweicht, er ist individuumsorientiert, betont die Handlungsfähigkeit weltbürgerlicher Akteure, plädiert für eine Aufwertung der Bedeutung des Lokalen, hebt die Schlüsselbedeutung politischer Freiheit und die Einsicht in die notwendig erscheinenden institutionellen Reformen hervor (Beck 1997a: 28). Ein Unterschied besteht nur darin, daß Ulrich Beck eine weltumspannende Zivil- oder Bürgergesellschaft für möglich hält, während die Vorstellungen der kommunitaristischen Sozialtheorie hier eher zurückhaltend sind.

Solche Ähnlichkeiten zwischen der Strategie der kommunitaristischen Sozialtheorie und der Individualisierungsthese angesichts der Paradoxie der Modernität zeigen sich noch in einem weiteren Bereich: Die Konzeption der Subpolitik von

---

4   Zudem ist die unterschiedliche Bedeutung der Begriffe von community und Gemeinschaft im amerikanischen und deutschen Kulturkreis zu beachten (Joas 1993).

Ulrich Beck (1993; 1997a; 1997b), oder wie es bei Anthony Giddens (1991; 1994) heißt, der life politics, verweisen darauf, daß auch das Verständnis der Politik bzw. des politischen Handelns im öffentlichen Raum verändert wurde (Berger 1995). Und es wurde in eine Richtung verändert, die vergleichbar ist mit dem Konzept der Zivilgesellschaft in der kommunitaristischen Sozialtheorie.

Reflexive Modernisierung soll in den Augen von Ulrich Beck mit der Freisetzung der Individuen aus traditionalen Bindungen und sozialen Verhältnissen einhergehen, die dazu führen, daß unser Verständnis von der Politik als staatlicher Politik so verändert wird, daß Politik nun auch in Form von Subpolitik auftritt. Diese ist unterhalb des Staatspolitischen zu verorten und ist tendenziell die Politik sozialer Bewegungen und kleiner sozialer Netzwerke. „Subpolitik unterscheidet sich von Politik dadurch, daß (a) auch Akteure außerhalb des politischen und korporatistischen Systems auf der Bühne der Gesellschaftsgestaltung auftreten ...; und (b) dadurch, daß nicht nur soziale und kollektive Akteure, sondern auch Individuen mit jenen und miteinander um die entstehende Gestaltungsmacht des Politischen konkurrieren" (Beck 1993b: 162). Und die Zivilgesellschaft gilt ihm wie der kommunitaristischen Sozialtheorie (Wolfe 1989) als ein Bindeglied und ein Gegengewicht gegenüber den ausdifferenzierten Sphären von Markt und Staat, sie ist ihm ein zentraler Bestandteil der Moderne (Beck 1997a: 10). Subpolitik verbindet die Bürger, die sich ihrer politischen Artikulationsfähigkeit bewußt sind und diese nutzen, um an den Möglichkeiten einer „projektiven Integration" (Beck und Beck-Gernsheim 1994: 35) zu arbeiten. Subpolitik und das Interesse an der Erzeugung sozialer Bewegung ist nichts anderes als das Interesse der kommunitaristischen Sozialtheorie an der Erzeugung und Stärkung zivilgesellschaftlicher Bewegungen.

Daher ist es nicht überraschend zu sehen, daß die Individualisierungsthese und die kommunitaristische Sozialtheorie ähnliche Konsequenzen aus ihren Zeitdiagnosen ziehen. Diese Ähnlichkeit liegt insbesondere in der Idee einer Revitalisierung des Politischen: Entweder formuliert als Subpolitik durch die Individualisierungsthese oder als Stärkung kommunitärer Bewegungen durch die kommunitaristische Sozialtheorie.

In der kommunitaristischen Plattform (1991/92) wird als Weg zur Wiederbelebung des Politischen die Revitalisierung der Zivilgesellschaft und des republikanischen Individualismus gefordert. Ansatzpunkte kommunitärer Bewegungen sind die Familie, die Schule, soziale Netze der lokalen Gemeinschaften und die Anerkennung fundamentaler Werte einer übergeordneten Gemeinschaft. Diese politische Position versteht sich als Korrektur einer defizitären liberalen Politik, die demokratietheoretisch als Aufforderung zur Wiederbelebung angegriffener politischer Traditionen der Selbstbestimmung verstanden werden kann (Joas 1995). Dem liegt ein partizipatorisches Politikverständnis voraus, welches das amerikanische Selbstverständnis von Bürgerschaft (Ackerman 1991) im Rahmen eines dualistischen Verfassungsverständnis zwischen den Polen der Regierung und des Volks aufspannt und eine „Starke Demokratie" (Barber 1994 (1984)) aufzubauen erlaubt.

In der Individualisierungsthese wird in ähnlicher Weise davon gesprochen, daß das Politische jenseits unseres herkömmlichen Verständnisses von Politik als Staatspolitik in Form von Subpolitik neu zu erfinden sei. Subpolitik meint dabei die Etablierung einer politischen Sphäre, die sich aus der Artikulation der sozialen Interessen von modernisierungsbetroffenen Individuen ergibt. Auch Subpolitik beruht auf der Auflösung der Gleichsetzung von Politik und Staat und trifft sich von daher mit dem Konzept der Bürgergesellschaft oder der Zivilgesellschaft. „Ort und Subjekt der

Gemeinwohldefinition, der Garantie des öffentlichen Friedens und der geschichtlichen Erinnerung sind weniger innerhalb, mehr außerhalb des politischen Systems zu finden" (Beck 1995: 38). Im Verständnis der Subpolitik bei Ulrich Beck wird ebenfalls partizipatorische Politik und eine Abkehr von einem monistischen Politikverständnis gefordert, welches durch die Betonung der Bedeutung subpolitischer Akteure letztlich auf ein dualistisches Demokratieverständnis hinausläuft. „Während die Demokratie alle Macht, insbesondere auch die der Gesetzgebung, bei der Regierung konzentriert und den einzelnen der Mehrheitsentscheidung unterwirft, beruht die Republik auf Arbeits- und Machtteilung zwischen Staat und Gesellschaft und begründet so überhaupt erst den Raum einer politischen Gesellschaft der Individuen" (Beck 1997b: 356).

Gegen die These der Verwandtschaft von „Erfindung" und „Revitalisierung" des Politischen spricht auch nicht, daß Ulrich Beck dezidiert einen „weltbürgerlichen Republikanismus" in der Tradition Kants fordert, denn mittlerweile hat zumindest Amitai Etzioni (1995: 28; vgl. 1997: 315) eingeräumt, daß ein radikaler Partikularismus im Verständnis von Normen und Werten auch in der kommunitaristischen Sozialtheorie durch den Universalismus bestimmter Norm- und Wertkomplexe zu rahmen sei. „In my opinion, communities are free to follow whatever value consensus they achieve ... but only so long as they do not violate a basic set of overarching values" (Etzioni 1995: 28). Und eine solche Präzisierung in der Auffassung der kommunitaristischen Sozialtheorie kann nur heißen, daß der amerikanische Republikanismus die Möglichkeit eines „weltbürgerlichen Republikanismus des Lokalen" (Beck 1997a: 29) einschließt.

Der Gegensatz zwischen „Revitalisierung" und „Erfindung" des Politischen liegt in der unterschiedlichen Berücksichtigung von Globalisierungsprozessen für die Diagnose der Situation des Politischen. Während die Individualisierungsthese ausdrücklich ihre Berücksichtigung fordert, schweigt, wie Anthony Giddens moniert (Giddens 1994: 125), die kommunitaristische Sozialtheorie zu dieser Dimension. Aber in den pragmatischen Konsequenzen und politischen Handlungsvorschlägen zeigt sich eine deutliche Konvergenz beider Theorien. Beide Vorschläge fordern eine stärkere Beachtung und eine stärkere Aktivierung sozialer Kontexte, kleinräumiger sozialer Bewegungen und die Berücksichtigung dieser Interessengruppen in der Diskussion der politischen Öffentlichkeit. Beide Theorien gehen davon aus, daß ein rein liberales und formalprozedurales Politik- und Demokratieverständnis in modernen Gesellschaften keine hinreichende Basis für das Verständnis des Politischen ist.

Aus dem Blickfeld rückt allerdings dabei, daß möglicherweise die „einigende Kraft gehegter Konfliktaustragung" (Dubiel 1994: 92; 1991: 135) ein ausreichendes Fundament für die Moralökologie moderner Gesellschaften darstellt. Möglicherweise bedarf es gar nicht soviel solidarisierender Vergemeinschaftungen und keiner Stärkung eines im traditionalen Sinne verstandenen moralökologischen Fundaments moderner Gesellschaften, weil bereits die Anerkennung von Differenzen hinreichend ist, um ein schwaches normatives Band zu erzeugen, welches neben anderen nicht normativen Formen der Vergesellschaftung und Integration bestehen kann. Und dieses Argument verweist bereits auf die Frage, warum es zur Moralisierung der Soziologie und des Politischen in der Individualisierungsthese kommt.

3. Warum Moralisierung der Soziologie?

Warum kommt es zu dieser Moralisierung der Soziologie bei der Verfolgung des Ziels einer Subjektivierung der Soziologie als theoretische Reaktion auf die Subjektivierung der Vergesellschaftung? Zwei Gründe sind in meinen Augen von Bedeutung: Erstens, die von Ulrich Beck angestrebte Subjektivierung der Soziologie – grundlagentheoretisch wäre dies die Antwort auf die Forderung nach einer „Soziologie des Individuums" – wird konzeptionell nicht bis in die letzte Konsequenz verfolgt.[5] Und zweitens beschränkt sich die Rekonstruktion der Folgen von Individualisierungsprozessen wie bei Émile Durkheim auf die Dimension der Sozialintegration, ohne die beiden anderen Dimensionen von Vergesellschaftung, Systemintegration und Inklusion, noch angemessen zu berücksichtigen.

Vergesellschaftungsprozesse erzeugen im Zuge der Subjektivierung der Vergesellschaftung in der Dimension der Sozialintegration nur noch lockere Bindungen. Daraus resultiert eine größere Beweglichkeit der sozialen Ordnung und ihrer Binnenstrukturen. Selbst die ohne Subjekt auskommende Systemtheorie von Niklas Luhmann kennt den durch die Subjektivierung der Vergesellschaftung erzeugten Effekt: „Die Lockerung und Deregulierung sozialer Bindungen führt zu mehr oder weniger zufälligen Prozessen der Häufung und Zersetzung von Engagements. Die Individuen sind an ihrer sozialen Justierung stärker beteiligt, dadurch aber auch rückzugsfähig und unzuverlässig geworden, und es scheint, daß eine temporär starke, aber rasch wieder auflösbare Bindung die Form ist, in der das soziale System auf diese Konstellation reagiert" (Luhmann 1989: 255)[6]. Im ersten Moment könnte man den Eindruck haben, daß Individualisierungsprozesse und die Lockerung sozialer Bindungen zur Atomisierung und Auflösung der Gesellschaft führen. Dieser Eindruck täuscht, und Ulrich Beck weist entschieden darauf hin, daß Individualisierung nicht mit Atomisierung gleichgesetzt werden darf. Welche Form aber hat dann der Prozeß, der verhindert, daß Individualisierung in Atomisierung umschlägt?

---

5   Dieser Punkt soll hier nur am Rande erwähnt werden. Die Möglichkeit zur Entwicklung einer „Soziologie des Individuums" ist gebunden an die Einführung eines umfassenden Subjektivitätsbegriffs in die soziologische Theorie. Was ist ein Individuum in soziologischer Perspektive, was ist ein Subjekt? Ein Subjekt ist immer mehr als seine gesellschaftlich konstituierte Subjektivität (Voß 1983: 353), ein Subjekt enthält ein gegenüber den gesellschaftlichen Vorgaben überschießendes Moment. Ein umfassender Subjektbegriff darf daher das Subjekt nicht ausschließlich durch seine Handlungen und Handlungsmuster, so beispielsweise Popitz (1987: 637), definieren. Auch reicht es nicht, die Genese des Subjekts ausschließlich über intersubjektive Konstitutionsprozesse zu erklären, sondern es bedarf, wie Schwinn (1995) gezeigt hat, zugleich der bewußtseinstheoretischen Annahme von Subjektivität. Subjektivität und Intersubjektivität konstituieren gleichursprünglich das Subjekt.
    Auch Georg Simmel versuchte in seinen lebensphilosophischen Spätschriften im Bereich der philosophischen Soziologie den Subjektbegriff, im Sinne eines umfassenden Begriffs vom Individuum, für die Soziologie zu retten, indem er mit dem Konzept des Erlebens arbeitete (Dahme und Rammstedt 1984). Allerdings hat der Vorschlag Georg Simmels den Nachteil, daß eine umfassende Thematisierung des Subjekts in einer Disziplin ausgeschlossen ist, die Differenz von Subjektivität und Intersubjektivität als gleichursprüngliche Konstitutionsbedingungen des Subjekts, sie fällt im analog zu verstehenden Begriffspaar von Erleben und Handeln einmal in die philosophische Soziologie und einmal in die allgemeine Soziologie (Simmel 1917: 29). Eine einheitliche Theorie des Subjekts ist auf dieser Basis nicht möglich.

6   Welche Konsequenzen dies in methodischer Hinsicht für die Praxis der empirischen Sozialforschung hat, das ist ein bislang kaum thematisiertes Problem. Erste Hinweise geben die Überlegungen von Atteslanders (1989).

Die Moralisierung der Soziologie in der Individualisierungsthese hat ihren Grund in der weichenstellenden Antwort auf diese Frage. Zur Beschreibung des Prozesses voranschreitender Individualisierung verwendet Ulrich Beck drei Dimensionen (1986: 206): erstens eine Entzauberungsdimension, zweitens eine Freisetzungsdimension und drittens eine Reintegrationsdimension. Die ersten beiden Dimensionen erscheinen mir unproblematisch, weil die Auflösung traditionaler Sozialformen zu einer Freisetzung aus Klassen und Ständen und den zugehörigen Milieustrukturen führt. Auch die Entzauberungsdimension erscheint unproblematisch, weil voranschreitende Rationalisierung und Säkularisierung dazu führt, daß die Pluralität kultureller Wertsphären im Sinne Max Webers zunehmend bedeutsam wurde. Fraglich ist allerdings die dritte Dimension zur Beschreibung von Individualisierungsprozessen: die Reintegrationsdimension. Warum ist die Reintegrationsdimension erforderlich? Und warum erzeugt gerade die theoretische Konzeption der Reintegrationsdimension die Tendenzen zur Moralisierung der Soziologie?

Bereits die konzeptionelle Einführung der Reintegrationsdimension sollte Skepsis auslösen, denn sie spricht die fundamentale Paradoxie, auf der das Konzept der Individualisierungsthese ruht, offen aus, weil das dritte Merkmal von Individualisierung, die Reintegrationsdimension, „die Bedeutung des Begriffes gleichsam in ihr Gegenteil verkehrt ... – eine neue Art der sozialen Einbindung" herstellt (Beck 1986: 206). Die Reintegrationsdimension bezieht sich auf Folgen von Individualisierungsprozessen, während Freisetzungs- und Entzauberungsdimension sich auf Ursachen von Individualisierungsprozessen beziehen. Warum werden in der theoretischen Rekonstruktion von Individualisierungsprozessen Ursachen und Folgen zusammen behandelt? Sicher, Ulrich Beck will vermeiden, daß Individualisierung als Atomisierung mißverstanden wird, aber auch ohne Reintegrationsdimension würde die Individualisierungsthese keine Atomisierung und Vereinzelung begründen, denn der modernisierungstheoretische Rahmen der Individualisierungsthese umfaßt auch die Prozesse der Systemintegration und der Inklusion von Individuen in den Prozeß der Marktvergesellschaftung.

Aber wenn man den Prozeß der Vergesellschaftung als die Gesamtheit der Prozesse von Systemintegration, Inklusion und Sozialintegration versteht, dann fällt auf, daß die Reintegrationsdimension nur Prozesse der Sozialintegration thematisiert. Denn die gesehenen marktwirtschaftlichen Inklusionsprozesse (Beck 1983: 45) werden nicht weiter behandelt, und auch Probleme der Systemintegration werden trotz der pointierten Absetzung von jeder Form einfacher und funktionalistischer Modernisierungssoziologie (Beck 1993b: 98) nicht weiter verfolgt. Um es überspitzt zu formulieren: Die Individualisierungstheorie konzentriert sich zu sehr auf die Dimension der Sozialintegration, ohne die Frage nach Inklusion und Systemintegration noch weiter zu verfolgen.

Wenn aber Vergesellschaftung auf eine Dimension, die der Sozialintegration, reduziert wird, dann stellt sich für die Individualisierungsthese das bereits von Durkheim durch die Identifikation sozialer mit moralischen Tatsachen gegebene Problem der „sozialen Bande" (Tyrell 1985). Denn in dieser Konzentration auf Werte, Gemeinschaft und soziale Bande scheint implizit eine Formulierung Émile Durkheims auf, der Moral als ein System von Verhaltensregeln definierte, das mit „besonderer Autorität ausgestattet" und „erstrebenswert" ist (1985: 85). In gleicher Weise definierte Durkheim allerdings auch die sozialen Tatsachen: „Die Zwangsgewalt, die wir den soziologischen Tatbeständen zuschreiben, erschöpft ihren Begriff so wenig, daß sie sogar auch das entgegengesetzte Merkmal aufweisen. Denn ebenso wie sich die Institutionen uns aufdrängen, erkennen wir sie an" (Durkheim 1984: 98, Fn.). Die Identifizierung sozialer Tatsachen mit moralischen Tatsachen ist nicht nur ein Beleg für die These, daß Durkheim sich an einer kommunitaristischen Verteidigung des Liberalismus versuchte (Cladis 1992), sondern auch, daß die Individualisierungsthese Durkheims Identifizierung moralischer mit sozialen Tatsachen erlegen ist, ohne den Nachweis für diese Identität führen zu können. Diese Identifikation erzeugt die Moralisierung der Soziologie, weil soziale Bande, begriffen als moralische Bande, nur durch moralischen Appell oder die Hoffnung auf „kommunitäre Individualität" erzeugbar erscheinen.

Aber ist diese Verengung des Vergesellschaftungsbegriffs notwendig? Nur solange, wie die Individualisierungsthese über einen nur unvollständig ausgearbeiteten Vergesellschaftungsbegriff und Subjektbegriff verfügt, und sich daraus ergebend folgerichtig auch nur einen unvollständig ausgearbeiteten Begriff der Subjektivierung der Vergesellschaftung vorschlägt. So wichtig und wegweisend die Überlegungen von Ulrich Beck im Hinblick auf die Annahme einer Subjektivierung der Vergesellschaftung und auf die Zielsetzung einer Subjektivierung der soziologischen Theorie auch sind, so wird dieses Ziel nicht erreicht, weil Ulrich Beck sein Interesse zu sehr auf Prozesse der Sozialintegration gerichtet hat. Man muß nicht bestreiten, daß normative Integration, die Stärkung der sozialen Bande einer Moralökologie, die Revitalisierung zivilgesellschaftlicher Bewegungen oder die Erfindung des Politischen für den Vergesellschaftungsprozeß bedeutsam sind, aber: Sie sind nicht die einzigen Dimension der Vergesellschaftung, sie sind eine Dimension neben anderen. Und zu diesen anderen Dimensionen gehört die Inklusion in die Prozesse der Marktvergesellschaftung und die Problematik der Systemintegration. Diese Problemstellungen werden aber in der Individualisierungsthese nur am Rande und mit abnehmendem Interesse behandelt. Das führt dazu, daß als Antwort auf Individualisierungsprozesse und die vermutete Schwächung der sozialen Bindungen nach neuen Formen der Solidarität gerufen wird, ohne die Möglichkeit in Betracht zu ziehen, daß uns möglicherweise die neuen Solidaritäten nicht gefallen werden (Neckel 1994: 80), oder aber, daß Vergesellschaftungsprozesse relativ unabhängig von der Herstellung sozialer Bande, Bindungen und Solidaritäten verlaufen.

Welche Möglichkeiten gäbe es, um die Moralisierung der Soziologie zu verhindern? In meinen Augen böte sich als Ansatzpunkt eine andere Konzeption von Vergesellschaftung an, etwa Georg Simmels Konzept der Vergesellschaftung als Formen der Wechselwirkung (1992 (1908)). Solidarität und soziale Bindungen sind in dieser Konzeption nur zwei von vielzähligen Vergesellschaftung konstituierenden Wechselwirkungen – unter anderem neben Konflikt, Kampf, Dissens, Neid und Armut. Zwar ist sich auch Georg Simmel nicht schlüssig, ob Kampf wirklich eine Vergesellschaftungsform ist (1992: 284 (1908)), aber festzuhalten bleibt, daß Simmel einen nicht normativen und für Moralisierung nicht anfälligen Begriff der Vergesellschaftung entwickelt hat. Die Individualisierungsthese könnte durch einen systematischen Rückgriff auf diese Konzeption der Vergesellschaftung ein distanzierteres Verhältnis zur Problematik der Sozialintegration gewinnen und würde nicht der Rückkehr der Moral in die Soziologie in der Bearbeitung der Paradoxie der Modernität erliegen.

Daraus ergibt sich das abschließendes Fazit dieser Überlegungen: Die der Individualisierungsthese vorausliegende Diagnose einer Subjektivierung der Vergesellschaftung öffnet die Möglichkeit zur Subjektivierung der soziologischen Theorie. Aber die theoretische Konzeptualisierung der Subjektivierung der Soziologie bleibt unvollständig, weil der Prozeß der Vergesellschaftung auf die Dimension der Sozialintegration reduziert wird und dadurch eine Moralisierung der Soziologie vorangetrieben wird. So bleibt am Ende eine scheinbare Paradoxie: Die Individualisierungsthese beerbt das kommunitaristische Ideal einer wertintegrierten Gemeinschaft von Gemeinschaften, indem sie Hoffnung auf die Entstehung neuer Bindungen durch Freisetzung setzen.

Literatur

Ackerman, Bruce, 1991: We the People. 1. Foundations. Cambridge, MA: The Belknap Press.

Atteslander, Peter, 1989: Soziologie – eine freundliche Wissenschaft? Soziale Welt 40: 284-296.

Barber, Benjamin, 1994: Starke Demokratie. Über die Teilhabe am Politischen. Berlin: Rotbuch (Orig. 1984).

Beck, Ulrich, 1983: Jenseits von Stand und Klasse? Soziale Ungleichheiten, gesellschaftliche Individualisierungsprozesse und die Entstehung neuer sozialer Formationen und Identitäten. S. 35-74 in: Reinhard Kreckel (Hg.): Soziale Ungleichheiten (Soziale Welt, Sonderband 2). Göttingen: Schwartz.

Beck, Ulrich, 1986: Risikogesellschaft. Auf dem Weg in eine andere Moderne. Frankfurt/M: Suhrkamp.

Beck, Ulrich, 1991: Der Konflikt der zwei Modernen. S. 40-53 in: Wolfgang Zapf (Hg.): Die Modernisierung moderner Gesellschaften. Verhandlungen des 25. Deutschen Soziologentages in Frankfurt am Main 1990. Frankfurt/M. -New York: Campus.

Beck, Ulrich, 1993a: Auflösung der Gesellschaft? Theorie gesellschaftlicher Individualisierung revisited. S.63-79 in: Dieter Lenzen (Hg.): Verbindungen: Vorträge anläßlich der Ehrenpromotion von Klaus Mollenhauer. Weinheim: Deutscher Studien Verlag.

Beck, Ulrich, 1993b: Die Erfindung des Politischen. Zu einer Theorie reflexiver Modernisierung. Frankfurt/M.: Suhrkamp.

Beck, Ulrich, 1993c: Risikogesellschaft und Vorsorgestaat – Zwischenbilanz einer Diskussion. S. 535-558 in: Francois Ewald (Hg.): Der Vorsorgestaat. Frankfurt/M.: Suhrkamp.

Beck, Ulrich, 1994: Vom Veralten sozialwissenschaftlicher Begriffe. Grundzüge einer Theorie reflexiver Modernisierung. S. 21-43 in: Christoph Görg (Hg.): Gesellschaft im Übergang. Perspektiven kritischer Soziologie. Darmstadt: Wissenschaftliche Buchgesellschaft.

Beck, Ulrich, 1995: Vom Verschwinden der Solidarität. S. 31-41 in: ders. (Hg.): Die feindlose Demokratie. Ausgewählte Aufsätze. Stuttgart: Reclam, (Orig. 1994).

Beck, Ulrich, 1997a: Kinder der Freiheit: Wider das Lamento über den Werteverfall. S. 9-33 in: ders. (Hg.): Kinder der Freiheit. Frankfurt/M: Suhrkamp.

Beck, Ulrich, 1997b: Väter der Freiheit. S: 333-381 in: ders. (Hg.): Kinder der Freiheit. Frankfurt/M: Suhrkamp.

Beck, Ulrich, 1997c: Ursprung als Utopie: Politische Freiheit als Sinnquelle der Moderne. S. 382-401 in: ders. (Hg.): Kinder der Freiheit. Frankfurt/M: Suhrlamp.

Beck, Ulrich und Elisabeth Beck-Gernsheim, 1994: Individualisierung in modernen Gesellschaften – Perspektiven und Kontroversen einer subjektorientierten Soziologie. S. 10-39 in: dies. (Hg.): Riskante Freiheiten. Individualisierung in modernen Gesellschaften. Frankfurt/M: Suhrkamp.

Beck-Gernsheim, Elisabeth, 1983: Vom „Dasein für andere" zum Anspruch auf ein Stück „eigenes Leben": Individualisierungsprozesse im weiblichen Lebenszusammenhang. Soziale Welt 34: 307-340.

Beck-Gernsheim, Elisabeth, 1985: Das halbierte Leben. Männerwelt Beruf, Frauenwelt Familie. 2.A. Frankfurt/M: Fischer.

Bellah, Robert N. u.a., 1985: Habits of the Heart. Individualism and Commitment in American Life. Berkeley: University of California Press.

Berger, Peter A., 1995: „Life Politics". Zur Politisierung der Lebensführung in nachtraditionalen Gesellschaften. Leviathan 23: 445-448.

Berking, Helmuth, 1994: Solidarischer Individualismus. Ein Gedankenspiel. Ästhetik und Kommunikation 23: 37-44

Bryant, Christopher G. A., 1993: Civil Society and Pluralism: A Conceptual Analysis. Sisyphus 8: 103-119.

Cladis, Mark S., 1992: A Communitarian Defense of Liberalism. Emile Durkheim and Contemporary Social Theory. Stanford, CA: Stanford University Press.

Dahme, Heinz-Jürgen und Otthein Rammstedt, 1984: Die zeitlose Modernität der soziologischen Klassiker. Überlegungen zur Theoriekonstruktion von Emile Durkheim, Ferdinand Tönnies, Max Weber und besonders Georg Simmel. S. 449-478 in: dies. (Hg.): Georg Simmel und die Moderne. Neue Interpretationen und Materialien. Frankfurt/M: Suhrkamp.

Dubiel, Helmut, 1991: Die Ökologie der gesellschaftlichen Moral. S. 123-137 in: Stefan Müller-Doohm (Hg.): Jenseits der Utopie. Theoriekritik der Gegenwart. Frankfurt/M.: Suhrkamp.

Dubiel, Helmut, 1994: Ungewißheit und Politik. Frankfurt/M.: Suhrkamp.

Durkheim, Émile, 1984: Die Regeln der soziologischen Methode (Herausgegeben und eingeleitet von René König). Frankfurt/M.: Suhrkamp (Orig. 1895).

Durkheim, Émile, 1985: Soziologie und Philosophie. (Mit einer Einleitung von Theodor W. Adorno. Übersetzt von Eva Moldenhauer). Frankfurt/M.: Suhrkamp.

Durkheim, Émile, 1986: Der Individualismus und die Intellektuellen. S. 54-70 in: Hans Bertram (Hg.): Gesellschaftlicher Zwang und moralische Autonomie. Frankfurt/M.: Suhrkamp.

Durkheim, Émile, 1988: Über soziale Arbeitsteilung. Studie über die Organisation höherer Gesellschaften. Frankfurt/M.: Suhrkamp, 2.Aufl. (Orig. 1893).

Durkheim, Émile, 1991: Physik der Sitten und des Rechts. Vorlesungen zur Soziologie der Moral. Frankfurt/M.: Suhrkamp.

Etzioni, Amitai, 1995: Old Chestnuts and New Spurs. S. 16-34 in: ders. (Hg.): New Communitarian Thinking. Persons, Virtues, Institutions, and Communities. Charlottesville-London: University Press of Virginia.

Etzioni, Amitai, 1997: Die Verantwortungsgesellschaft. Individualismus und Moral in der heutigen Demokratie. (Aus dem Englischen von Christoph Münz) Frankfurt/M.-New York: Campus (Orig. 1996).

Giddens, Anthony, 1991: Modernity and Self-Identity. Self and Society in the Late Modern Age. Cambridge: Polity Press.

Giddens, Anthony, 1994a: Beyond Left and and Right. The Future of Radical Politics. Stanford, California: Stanford University Press.

Hirschman, Albert O., 1993: Moral und Sozialwissenschaften: Über die Langlebigkeit ihres Spannungsverhältnisses. S. 89-101 in: ders.: Entwicklung, Markt und Moral. Abweichende Betrachtungen. Frankfurt/M.: Fischer (Orig. 1981).

Honneth, Axel, 1992: Kampf um Anerkennung. Zur moralischen Grammatik sozialer Konflikte. Frankfurt/M.: Suhrkamp.

Honneth, Axel (Hg.), 1993: Kommunitarismus: eine Debatte über die moralischen Grundlagen moderner Gesellschaften. Frankfurt/M.-New York: Campus.

Joas, Hans, 1993: Gemeinschaft und Demokratie in den USA. Die vergessene Vorgeschichte der Kommunitarismus-Diskussion. S. 49-62 in: Micha Brumlik/Hauke Brunkhorst (Hg.): Gemeinschaft und Gerechtigkeit. Frankfurt/M.: Fischer.

Joas, Hans, 1995: Der Kommunitarismus – eine neue „progressive Bewegung"? Forschungsjournal Neue Soziale Bewegungen 8: 29-38.

Junge, Matthias, 1996: Individualisierungsprozesse und der Wandel von Institutionen – Ein Beitrag zur Theorie reflexiver Modernisierung. Kölner Zeitschrift für Soziologie und Sozialpsychologie 48: 729-748.

Junge, Matthias und Tobias Krettenauer, 1998: Individualisierung, moralische Sozialisation in der Familie und die Moralökologie moderner Gesellschaften. Berliner Journal für Soziologie, Jg.8, H.2.

Keupp, Heiner, 1997: Die Suche nach Gemeinschaft zwischen Stammesdenken und kommunitärer Individualität. S. 279-312 in: Wilhelm Heitmeyer (Hg.): Was hält die Gesellschaft zusammen? Bundesrepublik Deutschland: Auf dem Weg von der Konsens- zur Konfliktgesellschaft. Frankfurt/M.: Suhrkamp.

Landmann, Michael, 1984: Fundamental-Anthropologie. Bonn: Bouvier, 2. erw. Aufl.

Lepenies, Wolf, 1997: Benimm und Erkenntnis. Über die notwendige Rückkehr der Werte in die Wissenschaften. Die Sozialwissenschaften nach dem Ende der Geschichte. Zwei Vorträge. Frankfurt/M.: Suhrkamp.

Lipovetsky, Gilles, 1995: Narziß oder Die Leere. Sechs Kapitel über die unaufhörliche Gegenwart. Hamburg: Europäische Verlagsanstalt (Orig. 1983).

Luhmann, Niklas, 1989: Individuum, Individualität, Individualismus. S. 149-258 in: ders. (Hg.): Gesellschaftsstruktur und Semantik. Studien zur Wissenssoziologie der modernen Gesellschaft. Bd.3. Frankfurt/M.: Suhrkamp.

Müller, Hans Peter, 1991: Die Moralökologie moderner Gesellschaften. Durkheims 'Physik der Sitten und des Rechts'. S. 307-341 in: Émile Durkheim: Physik der Sitten und des Rechts. Vorlesungen zur Soziologie der Moral. Frankfurt/M.: Suhrkamp.

Münch, Richard, 1986: Die Kultur der Moderne. Band 1: Ihre Grundlagen und ihre Entwicklung in England und Amerika. Band 2: Ihre Entwicklung in Frankreich und Deutschland. Frankfurt/M.: Suhrkamp.

Münch, Richard, 1997: Globale Dynamik, lokale Lebenswelten. Der schwierige Weg in die Weltgesellschaft. Frankfurt/M.: Suhrkamp.

Neckel, Sighard, 1994: Die Macht der Unterscheidung. Beutezüge durch den modernen Alltag. Frankfurt/M.: Fischer.

Popitz, Heinrich, 1987: Autoritätsbedürfnisse. Der Wandel der sozialen Subjektivität. Kölner Zeitschrift für Soziologie und Sozialpsychologie, 39: 633-647.

Rammstedt, Otthein, 1985: Zweifel am Fortschritt und Hoffen aufs Individuum. Zur Konstitution der modernen Soziologie im ausgehenden 19. Jahrhundert. Soziale Welt 36: 483-502.

Reese-Schäfer, Walter, 1993: Kommunitärer Gemeinsinn und liberale Demokratie. Gegenwartskunde 43: 305-317.

Reese-Schäfer, Walter, 1997: Grenzgötter der Moral. Der neuere europäisch-amerikanische Diskurs zur politischen Ethik. Frankfurt/M.: Suhrkamp.

Rehberg, Karl-Siegbert, 1993: Gemeinschaft und Gesellschaft – Tönnies und Wir. S. 19-48 in: Micha Brumlik und Hauke Brunkhorst (Hg.): Gemeinschaft und Gerechtigkeit. Frankfurt/M.: Fischer.

Sandel, Michael, 1984: The Procedural Republic and the Unencumbered Self. Political Theory 12: 81-96.

Schwinn, Thomas, 1995: Wieviel Subjekt benötigt die soziologische Theorie? Sociologia Internationalis, Heft 1: 49-75.

Selznick, Philip, 1992: The Moral Commonwealth. Social Theory and the Promise of Community. Berkeley, CA: University of California Press..

Simmel, Georg, 1917: Grundfragen der Soziologie. (Individuum und Gesellschaft) Berlin; Leipzig: Göschen.

Simmel, Georg, 1992: Soziologie. Untersuchungen über die Formen der Vergesellschaftung. Frankfurt/M.: Suhrkamp (Orig. 1908).

The Responsive Communitarian Platform, 1991/92: The Responsive Communitarian Platform: Rights and Responsibilities. The Responsive Community, Vol.2: 4-20.

Tocqueville de, Alexis, 1990: Über die Demokratie in Amerika. (Ausgewählt und herausgegeben von J.P. Mayer) Stuttgart: Reclam (Orig. 1835).

Tyrell Hartmann, 1985: Emile Durkheim – Das Dilemma der organischen Solidarität. S. 181-250 in: Niklas Luhmann (Hg.): Soziale Differenzierung. Zur Geschichte einer Idee. Opladen: Westdeutscher Verlag.

Vobruba, Georg, 1994: Gemeinschaft ohne Moral. Theorie und Empirie moralfreier Gemeinschaftskonstruktionen. Wien: Passagen-Verlag.

Voß, Gerd-Günter, 1983: Bewußtsein ohne Subjekt? Zur Differenzierung des Bewußtseinsbegriffs in der Industriesoziologie. S. 324-359 in: Karl M. Bolte und Erhard Treutner (Hg.): Subjektorientierte Arbeits- und Berufssoziologie. Frankfurt/M.-New York: Campus.

Wolfe, Alan, 1989: Whose Keeper? Social Science and Moral Obligation. Berkeley, CA: University of California Press.

Wuthnow, Robert, 1997: Handeln aus Mitleid. S. 34-84 in: Ulrich Beck (Hg.): Kinder der Freiheit. Frankfurt/M.: Suhrkamp.

Sozialstaat und Individualisierung

Lutz Leisering

Eine verbreitete Kritik an der Individualisierungsthese läuft darauf hinaus, daß sie eine Vorstellung freischwebender Individualität beinhalte, also eine voluntaristische Sicht von Freiheit und Chancenoffenheit in modernen westlichen Gesellschaften. In der Auseinandersetzung mit Günter Burkart haben Ulrich Beck und Elisabeth Beck-Gernsheim diese Sicht als ein „individualistisches Mißverständnis der Individualisierungsdebatte" bezeichnet (1993: 180) und dazu insbesondere auf die Rolle von *Institutionen* in ihrer Begriffsbildung hingewiesen.[1] Besondere Bedeutung wird hierbei dem Sozialstaat zugemessen, wobei Beck sich vor allem auf den Sozialstaat im Nachkriegsdeutschland bezieht. Dieser habe den schieren Markt-Individualismus substantiell transformiert – gerahmt, demokratisiert und um neue Chancen (und Risiken) erweitert – und erst zu dem gemacht, was Beck als Individualisierung bezeichnet. Individualisierung meint Verhältnisse, „in denen die Individuen ihre Lebensformen und soziale Bindungen unter sozialstaatlichen Vorgaben selbst herstellen, inszenieren, zusammenbasteln müssen" (Beck und Beck-Gernsheim 1993: 178).

Die Wirkungen sozialstaatlicher Institutionen auf das Handeln und die Lebensformen der Individuen hat Beck jedoch nie näher untersucht. Ebensowenig ist er den Spannungen zwischen sozialstaatlich und anderweitig induzierter Individualisierung nachgegangen. Es gibt starke politische, aber auch wissenschaftliche Traditionen, in deren Sicht der Wohlfahrtsstaat gegenläufig zu Beck gerade als Feind einer freiheitlichen, individualistischen Ordnung erscheint. Zwar macht es eine Stärke der Theorie der 'Risikogesellschaft' aus, die unterschiedlichen institutionellen Kontexte von Individualisierung – Arbeitsmarkt, Konsummarkt, Sozialstaat, Medien, Familie – früh zusammen gesehen zu haben im Hinblick auf den resultierenden Wandel von „Lebensformen". Auf diese Weise konnten Perspektiven gewonnen werden, die quer zu konventionellen, markt- oder staatszentrierten Diskursen liegen. Zugleich blieben dadurch aber Verschiedenartigkeiten und Spannungen zwischen diesen Dimensionen im Hintergrund.

Im folgenden soll daher konzeptuell und empirisch der Frage nachgegangen werden, inwieweit der Wohlfahrtsstaat einen Beitrag zum Prozeß der Individualisierung leistet, und auf welche Weise sich dieser Beitrag von den individualisierenden Folgen anderer sozialer Institutionen unterscheidet oder gar in einem Spannungsverhältnis zu ihnen steht. Zugleich soll dadurch die These von Ulrich Beck eines be-

---

1   Vgl. zum folgenden Leisering (1997). Der vorliegende Aufsatz lehnt sich in einigen Passagen an diesen älteren Aufsatz an, führt aber systematisch weiter.

sonders sozialstaatlich gesteuerten Individualisierungsschubs im Nachkriegsdeutschland einer Prüfung und Explikation unterzogen werden.[2]

Nach Monika Wohlrab-Sahr (1997) müssen zwei Prozesse zusammenkommen,
um von Individualisierung zu sprechen: zum einen Prozesse der Differenzierung und
Pluralisierung, die den Raum von Möglichkeiten erweitern, jedoch neue Grenzziehungen und Strukturierungen mit sich bringen, zum anderen die Entwicklung von
individualisierenden Zurechnungsmodi in Kultur und Institutionen, die Deutungs-
muster der Selbststeuerung und Selbstverantwortung betonen. Zu den Institutionen,
die in diesem Sinne einer individualisierenden Zurechnung Vorschub leisten, zählt
auch der Wohlfahrtsstaat. In Anlehnung an Jürgen Friedrichs (in diesem Band), ist
Individualisierungsprozessen im folgenden sowohl auf der Ebene sozialen Wandels
als Veränderung von Institutionen und Gesellschaft nachzugehen als auch auf der
Ebene individuellen Handelns als Veränderung der Parameter und Kalküle des Handelns.

1. Der Sozialstaat als sekundäre Institution

Becks Individualisierungsthese liegen umfassende Annahmen zum Institutionenwandel zugrunde, des Wandels der Formen von Herrschaft, Versorgung, Wissen
und Sinnstrukturen. Individualisierung meint bei ihm nicht eine Freisetzung der
Individuen aus strukturellen und institutionellen Vorgaben, sondern eine Ersetzung
und Überlagerung älterer, kollektiver Institutionen durch neue, individualisierende
Institutionen oder durch veränderte, sich modernisierende, individualisierende traditionale Institutionen. Der ältere Institutionentypus bewirkt eine direktive Handlungs-
steuerung. Zu denken ist an kollektive Moralen, Klassenmilieus, traditionale Familienformen, Korperationen, örtliche Gemeinschaften und traditionelle Geschlechterbeziehungen. Abhängigkeit von diesen primären Institutionen beruht auf relativ
festgefügten Nahbeziehungen und Vergemeinschaftungen und äußert sich unter
anderem in Form von persönlicher Herrschaft.

Die neueren, von Beck als „sekundär" bezeichneten Institutionen steuern dagegen Handeln indirekt, aber nicht weniger wirksam. Sie lassen mehr Raum für
Handlungsbeiträge und Entscheidungen des Einzelnen, fordern solche Selbststeue-
rungsleistungen aber auch ein. Der Einzelne kann diese Chance nutzen, es kann aber
auch zu einer Zumutung werden, an der er scheitert oder durch die 'Verhältnisse'
zum Scheitern verurteilt ist. Er ist nicht unmittelbar fremdgesteuert, wird jedoch in
anonymer Weise „zum Spielball von Moden, Verhältnissen, Konjunkturen und
Märkten" (Beck 1986: 211). Dies ähnelt der Marxschen Vorstellung eines
„stummen Zwangs der Verhältnisse", der das Handeln der „freigesetzten" Individu-
en bestimmt. Abhängigkeit von sekundären Institutionen basiert eher auf unpersön-
lichen Beziehungen zu wechselnden Akteuren mit abstrakten Herrschaftsverhältnis-
sen, realisiert sich über informationelle Kanäle und die mentale Antizipation von
Handlungsspielräumen. Unter solchen Bedingungen ist individuelles Handeln nicht

---

2   Matthias Junges (1996) Analyse zum Zusammenhang von Individualisierung und Institutionen setzt
    dagegen allgemein-institutionentheoretisch an und thematisiert große historische Entwicklungs-
    linien seit dem Mittelalter.

notwendig weniger, aber anderen und abstrakteren Einschränkungen unterworfen, deren Folgen eben dadurch leichter individuell zurechenbar werden.

Beck nennt eine ganze Reihe solcher sekundärer Institutionen. Tatsächlich sind die meisten tragenden Institutionen der modernen Gesellschaft mehr oder weniger in diese Kategorie einzuordnen: Arbeitsmärkte, Konsummärkte, Massenmedien und Werbung, Recht, Bildung, der Lebenslauf als Institution und, nicht zuletzt, der Sozialstaat.

Thomas Humphrey Marshall definierte Sozialstaatlichkeit als Institutionalisierung individueller sozialer Rechte, d.h. als juristisch fixierte und einklagbare individuelle Ansprüche auf Leistungen und zu ihrer Erbringung geschaffene Institutionen und Maßnahmen. Ansprüche auf Leistungen müssen individuell angemeldet, Leistungen individuell in Anspruch genommen und vielfach, so im Fall von Sozialversicherungen im Beitragsverfahren, Ansprüche auch individuell durch Vorleistungen erworben werden, erfordern also in jedem Fall Entscheidungen und zurechenbares Handeln.

Längst sind diese staatlichen Leistungen in das Bewußtsein der Bürger und in die individuelle Lebensplanung als Handlungsparameter eingeflossen. Selbst junge Leute sorgen sich heute schon um ihre Altersrente. Durch die Kombination von Sozialstaat und Demokratie sind die Ansprüche der Bürger potentiell unbegrenzt geworden. Kaum eine Bedarfslage ist nicht politisierbar, könnte nicht als Grundlage von Ansprüchen gegenüber dem Staat genommen werden. In diesem Sinne wird dem Sozialstaat in entwickelten Gesellschaften Westeuropas eine *unlimitierte Verantwortlichkeit für die Lebenslage* seiner Bürger zugeschrieben, ohne daß er sich jedoch tatsächlich jeder Bedarfslage annähme.

Das Arrangement individueller sozialer Rechte und potentiell unlimitierter Ansprüche hat *paradoxe* Folgen: Einerseits kann jedwede Problem- oder Bedarfslage dem Sozialstaat als Versagen angekreidet werden, fast jedes Problem kann ein öffentliches Problem werden. So forderten Urlauber, die infolge einer Insolvenz ihres Reiseveranstalters an ihrem Urlaubsort festsaßen, daß der Staat hier mit Hilfeleistungen eintreten müsse. Andererseits wird jedoch die individuelle Zurechenbarkeit auch gesteigert, ja geradezu geschaffen, nämlich dort, wo strukturelle Defizite anderer Versorgungssysteme eine überindividuelle, strukturelle Zurechnung nahelegen würden, diese Defizite jedoch durch den Wohlfahrtsstaat kompensiert werden oder als zu kompensieren gelten. Wo umfassende staatliche Hilfen verfügbar sind, wird es für den Einzelnen schwieriger, sich auf Defizite etwa des Arbeitsmarkts oder der Familie als Quelle seiner kritischen Lebenslage zu berufen. Verweigert ein Arbeitsloser etwa staatliche Fortbildungsangebote oder die Annahme einer bereitgestellten „zumutbaren" Arbeit, oder verzichtet eine alte Frau auf die Inanspruchnahme von Sozialhilfe, so wird die ursprünglich wirtschaftsstrukturell oder durch das Rentensystem verursachte Notlage individuell zurechenbar. Eine entsprechende Paradoxie findet sich auch in der Bildungspolitik: In dem Maße, wie der Ausbau des Bildungswesens und der Bildungsbeteiligung in der Sicht der Bevölkerung mehr „Chancengleichheit" geschaffen hat, wird es zunehmend dem Einzelnen zugerechnet, was er aus diesem Startkapital macht.

Wenn es eine Tendenz gibt, die Folgen der Wahrnehmung oder Nichtwahrnehmung sozialer Rechte individuell zuzurechnen, so fragt sich, wie sozialpolitische Maßnahmen konkret auf Individuen einwirken. Der Zugriff des Sozialstaats auf die Individuen erfolgt in der Regel in non-direktiver Form. Der Sozialstaat gibt „schwache", rahmende Strukturierungen vor, die individuelle Handlungsmöglichkeiten nicht einschränken, sondern steigern können. Sozialpolitik zielt auf die Person des Einzelnen nur insoweit, wie sie unspezifische Voraussetzungen individuellen Handelns, gleichsam 'Kapitalien', steuert, die für eigene Ziele genutzt werden können. Sie steuert nicht das Handeln selbst.

Franz-Xaver Kaufmann (1988) hat sozialpolitische Maßnahmen in diesem Sinne als sozialpolitische „Interventionen" in vorgeordnete „soziale Verhältnisse" konzeptualisiert, also als Maßnahmen, die nur gebrochen auf Individuen zugreifen, indem sie das Handlungsfeld beeinflussen, in denen die Betroffenen agieren. Kaufmann hat vier solcher Handlungsvoraussetzungen unterschieden, die Gegenstand sozialpolitischer Beeinflussung sein können: Ressourcen, Kompetenzen, Rechte und 'Gelegenheiten'. Geldzahlungen stellen verallgemeinerte *Ressourcen* bereit, deren Verwendung dem Einzelnen überlassen bleibt. Soziale Dienstleistungen wie Beratung und medizinische Versorgung schaffen individuelle *Kompetenzen*. Arbeitsrecht, Mieterschutz und Verbraucherschutz begründen individuelle *Rechte*. Soziale Infrastruktureinrichtungen in der erreichbaren Nahumwelt der Adressaten bieten 'Gelegenheiten'. Es werden also Teilhabechancen eröffnet, nicht 'Ergebnisse' gesteuert. Im Effekt wird die Handlungsfähigkeit der Betroffenen gesteigert, wodurch zugleich die Wahrscheinlichkeit steigt, daß ihr Handeln ihnen selbst zugerechnet wird.

2. Sozialer Wandel: Die institutionelle Expansion des deutschen Sozialstaats nach dem Zweiten Weltkrieg

Der Sozialstaat ist in Deutschland nach dem Zweiten Weltkrieg in jeder Hinsicht massiv expandiert: in Bezug auf Leistungen, Adressatenkreise, Sozialausgaben, Institutionen und rechtlichen Regelungen (als Überblicke s. Schmidt 1998, Schaper und Neumann 1998 und Lampert 1996). Sozialstaatlichkeit avancierte 1949 zum in der Verfassung verankerten Staatsziel, wenn auch konkrete institutionelle Bestimmungen über die Gestalt des Sozialstaats, wie sie noch in der Weimarer Verfassung enthalten waren, in der Bonner Republik entfielen. Zudem stellte das Sozialstaatsziel ein wichtiges Legitimationsmuster gegenüber der kommunistischen Welt des Ostens dar.

Von einem institutionellen Ausbau ist in verschiedener Hinsicht zu reden. Wenige Felder und institutionelle Bereiche der Sozialpolitik wurden nach dem 2. Weltkrieg gänzlich neu geschaffen. Dies erklärt sich daraus, daß Deutschland ein Pionier staatlicher sozialer Sicherung war, dessen erste Vorkehrungen bereits im 19. Jahrhundert einsetzten. Von den heutigen fünf Säulen der deutschen Sozialversicherung wurden drei in den 1880er Jahren eingeführt, eine, die Arbeitslosenversicherung, in der Weimarer Zeit (1927) und nur eine in der Bundesrepublik, die Gesetzliche Pflegeversicherung (1994). Im Vordergrund stand vielmehr ein qualitativer Ausbau der existierenden Systeme, durch Differenzierung und Erweiterung der Leistungsarten und Institutionen, durch Leistungserhöhungen und durch Veränderungen der Zugangskontrollen zu Leistungen. Parallel fand ein massiver quantitativer Ausbau statt, der zu einer nicht unerheblichen Ausweitung des Kreises der Anspruchsberechtigten und Nutzer staatlicher und parastaatlicher Leistungen führte. Dem quantitativen Ausbau, den wir als „Universalierung" bezeichnen wollen, kommt eine besondere Bedeutung für den Zusammenhang von Sozialstaat und Individualisierung zu (s.u.).

Dieser Ausbau, so ist im folgenden zu zeigen, wirkte sich als ein massiver Anschub gesellschaftlicher Individualisierungsprozesse aus, und zwar in beiden Dimensionen, Pluralisierung von Lebensformen wie auch Förderung eines individualisierenden Zurechnungsmodus.

Insoweit Wohlfahrtsstaatlichkeit „arbeitsmarkt-externe Existenzformen" (Lenhardt und Offe 1977: 103) ermöglicht, trägt sie unmittelbar zu einer *Pluralisierung von Lebensformen* bei. Dies ist in Deutschland besonders ausgeprägt, vor allem dort, wo monetäre Leistungen Lohnersatzcharakter haben und damit eine Vollversorgung außerhalb des Marktes – auch der Familie – gewährleisten. Dies ist als Regelfall allerdings nur bei der Altersrente und den Pensionen der Fall, während etwa in der Arbeitslosenunterstützung und der Sozialhilfe eine Dauerversorgung oder eine Vollversorgung nicht der Regelfall ist. Die sozialstaatlichen Angebote werden im allgemeinen von der Bevölkerung wahrgenommen und als Instrumente der Lebensgestaltung genutzt, stellen insofern nicht nur eine abstrakte Vielfalt von Möglichkeiten, sondern konkrete Optionen für individuelle Akteure dar.

Ein grober Durchgang durch die Geschichte der institutionellen Entwicklung des deutschen Sozialstaats zeigt, daß der Sozialstaat in allen wesentlichen Lebensbereichen Individualisierungsprozesse angestoßen hat. Die *Gesetzliche Rentenversicherung* bot bei ihrer Gründung durch Bismarck nur bescheidene Leistungen, die Einkommen aus Erwerbstätigkeit und Familie ergänzen sollten. Erst die große Rentenreform von 1957 (Hockerts 1980) machte die Rente zu einer Lohnersatzleistung, die auf volle Existenzsicherung zielt und dadurch erstmals eine alternative Option zu familialer und arbeitsmarktlicher Daseinssicherung darstellt. Von heute auf morgen wurden die Leistungssätze um 60 % erhöht und durch „Dynamisierung", also Ankopplung an die allgemeine Lohnentwicklung, dauerhaft auf dem Niveau einer Vollsicherung stabilisiert. Ein gesichertes Transfereinkommen in Kombination mit einer sozialstaatlich gestützten Aufrechterhaltung eines hinreichenden Gesundheitszustands ermöglicht vielen alten Menschen erstmals ein Leben ohne direkte familiale Zwänge, aber auch – fast schon vergessen – ohne Zwang zu später Erwerbsarbeit.

In der nächsten großen Rentenreform 1972 wurde die „flexible Altersrente" eingeführt, die für Schwerbehinderte und für Bezieher von Erwerbs- und Berufsunfähigkeitsrenten ab dem 62. Lebensjahr (später auf 60 Jahre reduziert) einen Rentenzugang ermöglichte. Andere Versicherte erhielten die Option, mit 63 Jahren in Rente zu gehen. Dies war die erste Stufe eines gestaffelten Systems frühzeitiger Verrentung. In den 90er Jahren traten weitere Formen der Differenzierung des Rentenzugangs hinzu, vor allem die (aufgrund unattraktiver Ausgestaltung kaum genutzte) „Teilrente", die unterschiedliche Kombinationen von Erwerbs- und Renteneinkommen ermöglichte, und die verschiedensten Formen betrieblicher und überbetrieblicher „Altersteilzeit"-Modelle. Bei den differenzierten Formen des Rentenzugangs verbanden sich in der Regel strukturell-politische Gesichtspunkte, vor allem Arbeitsmarktentlastung und In-Rechnung-Stellung des hohen gesundheitlichen Verschleißes älterer Arbeitnehmer, mit einer gesellschaftspolitisch motivierten Pluralisierung der Optionen, das eigene Leben im Alter zu gestalten. Auch diese Form von Individualisierung beinhaltete somit Chancen und Zumutungen zugleich. In der 1997 verabschiedeten Rentenreform '99 wurde ein früherer Rentenzugang schließlich strikt an versicherungsmathematische Abschläge gekoppelt.

Nach der Reform der Armenpflege zur „Fürsorge" im Jahre 1924 fand 1961 die erste große Reform des Systems statt, das seitdem „*Sozialhilfe*" heißt. Dieser Spätausläufer der „Sozialreform" der 50er Jahre (Heisig 1995) überführte die obrigkeitsstaatliche Fürsorge in die bürgergesellschaftliche Sozialhilfe. Die Reform definierte das letzte Auffangnetz neu: sie zielte auf ein soziokulturelles, relatives Existenzminimum; auf Hilfe als ein individuell einklagbares Recht – richterlich bereits aufgrund eines Urteils des Bundesverwaltungsgerichts 1956 im Rahmen der Fürsorge begründet; und auf eine Angleichung der Praxis der Sozialhilfeverwaltung an die Formen der Verwaltung in 'höheren Stockwerken' sozialer Sicherung. Seit 1974 werden Verwandte 2. Grades von den Sozialämtern nicht mehr finanziell herangezogen, seit 1982 kann vorübergehende Sozialhilfe als Darlehen gegeben werden (bis zu 6 Monaten), und seit den 80er Jahren sind verstärkt reguläre Arbeitsverträge an die Stelle diskriminierender gemeinnütziger Hilfsarbeiten zu Niedrigstlöhnen wie Laubfegen getreten – alles Zeichen einer stärker individualisierenden Behördenpraxis. Auch die Hilfeempfänger, darauf deuten Ergebnisse der Bremer Langzeitstudie über Sozialhilfe hin (Leibfried und Leisering u.a. 1995, Ludwig 1996, Buhr 1995), sind heute stärker als früher aktive und selbstbewußte Bürger und nicht mehr nur Randständige.

Sozialhilfezahlungen sind für eine relevante Minderheit in der Bevölkerung zumindest vorübergehend zu einer realen Option, zu einer Ressource aktiver Lebensgestaltung geworden. Dies legt die Bremer Studie nahe. Insbesondere für Frauen können Handlungsalternativen durch die Sozialhilfe vermehrt werden. Sozialhilfe kann individuell eingesetzt werden, um Zumutungen anderer Institutionen zurückzuweisen und so neue Chancen zu eröffnen. Einigen der Frauen in der Bremer Studie ermöglichte die Verfügbarkeit von Sozialhilfe, eine Ehe mit einem gewalttätigen Mann zu verlassen. Alleinerziehende, teilweise auch von einer Krankheit Genesende, konnten den Zwang zum Verkauf der eigenen Arbeitskraft am Arbeitsmarkt suspendieren und Zeit zur Erziehung eines Kindes oder zur Regeneration finden. Arbeitslose erleben zumindest eine Abmilderung der materiellen Folgen ihrer Ausgrenzung vom Arbeitsmarkt.

Im Bereich der *Arbeitsverwaltung* stellt das Arbeitsförderungsgesetz (AFG) von 1969 nach Schaffung der Arbeitslosenversicherung im Jahre 1927 einen Meilenstein dar im Übergang von einer passiven 'Verwaltung' und Versorgung Arbeitsloser durch Geldzahlungen zu einer aktiven und aktivierenden Politik, die auf die Initiative der Betroffenen setzt. Die Schaffung zweiter und dritter Arbeitsmärkte sowie verschiedenster Formen der Umschulung, Qualifizierung und Fortbildung verstärkten die Pluralisierung von Lebensformen und Lebensphasen. Die „Bastelbiographie" erhielt weitere Komponenten. Gleichzeitig wurde individuelle Zurechnung wahrscheinlicher, auch in dem politisch prekären Sinne, daß Arbeitslosigkeit nicht strukturell, sondern individuell zugerechnet wird, etwa unter Verweis auf eine mangelnde Bereitschaft, 'zumutbare' niedriger qualifizierte Arbeiten anzunehmen.

In der *Gesetzlichen Krankenversicherung* ist der Umfang und die Qualität der angebotenen und in Anspruch genommenen Leistungen in den letzten Jahrzehnten massiv gestiegen. Gleichzeitig ist eine zunehmende Klientenzentrierung in Richtung eines „mündigen Patienten" festzustellen, die jedoch erst spät konkrete Formen angenommen hat. So zielen Reformen der Krankenkassen, die in den 90er Jahren erstmals zu relativ eigenständigen und innovativen Akteuren geworden sind, auf eine neue Funktion als „Lotsen" im Gesundheitswesen, die gegenüber ihren Versicherten als Berater und Anbieter von Möglichkeiten auftreten (Marstedt 1998a, b;

zum Zusammenhang von Gesundheit, Krankenversorgung und Individualisierung Behrens 1997). Damit wird von einem naturwissenschaftlichen zu einem sozialen Gesundheitskonzept übergegangen. Erneut war fiskalischer Druck ausschlaggebender Auslöser, jedoch verbindet sich die Reformbewegung auch mit den Wünschen der Versicherten nach neuen Wegen jenseits der autoritären Apparatemedizin und der schulmedizinischen Wissenssysteme. Die 1994/1995 eingeführte *Gesetzliche Pflegeversicherung* macht die Pflege, die ein Pflegebedürftiger erhält, in hohem Maße abhängig von individuellen Strategien der Nutzung der Pflegeversicherung.

Entscheidend für die Präzisierung und empirische Prüfung der Individualisierungsthese ist die Frage, auf welche Personenkreise sich Individualisierung bezieht. Denn im Bürgertum waren Individualisierungsprozesse bereits im 18. Jahrhundert identifizierbar. Einige Autoren wollen den Individualisierungsbegriff auch in der heutigen Zeit für mittlere und höhere Schichten reservieren. So stellte Günter Burkart (1993) fest, daß die Lebenssituation von Angehörigen der schwarzen Unterschicht in den USA keinen Raum für Individualisierungsprozesse lasse.

Meine These ist, daß der soziale Prozeß der Individualisierung wesentlich in einer quantitativen Verbreitung („*Universalierung*") bestimmter sozialer Formen in der Bevölkerung besteht, also in der Übertragung dieser Formen auf immer mehr soziale Gruppen, und nicht nur in einer qualitativ sich intensivierenden und mehr Lebensbereiche erfassenden Individualisierung. Meine weitere These besagt, daß *insbesondere der Sozialstaat dazu beigetragen hat, breitere Bevölkerungskreise in Individualisierungsprozesse einzubeziehen.* Die Expansion des Sozialstaats führte dazu, daß auch bisher ausgeschlossene Gruppen vom Prozeß der Individualisierung erfaßt wurden: *alte* Menschen infolge eines Ausbaus von Renten- und Krankenversicherung, *Frauen* vor allem infolge des Bildungsbooms und, wie anhand von Ergebnissen der Bremer Langzeitstudie gezeigt werden konnte, auch die Gruppe der *Armen* infolge der modernen Sozialhilfe. Die Chancen von Frauen, eigenes Erwerbseinkommen zu beziehen, sind infolge gesteigerter Qualifikation gewachsen, auch wenn die Übersetzung in das Erwerbssystem derzeit prekär ist. Auch das veränderte Familienverhalten – Rückgang der Kinderzahl mit in der Folge erhöhte Handlungsspielräume für Frauen – steht damit im Zusammenhang. Der Sozialstaat hat also vor allem die *Individualisierung nichterwerbstätiger Gesellschaftsmitglieder* gefördert – im Unterschied zur marktinduzierten Individualisierung des 19. und frühen 20. Jahrhunderts, die sich auf (männliche) Arbeiter bezog, und zur ursprünglichen, vom aufklärerischen Bildungsideal getragenen Individualisierung des 18. Jahrhunderts, die sich im Bürgertum entfaltete (Kohli 1988:38f).

Die historische Ausdehnung der *Sozialversicherung* in Westeuropa (verstanden als Erweiterung des Adressatenkreises) dokumentiert den Prozeß der Universalierung (zum folgenden Alber 1982:151-154, besonders Tabelle 19, 152). In Deutschland hatten sich die verschiedenen Zweige der Sozialversicherung – Alter/Invalidität, Krankheit, Unfall und Arbeitslosigkeit – schon vor 1945 erheblich ausgedehnt. Tatsächlich hatte schon seit dem 1. Weltkrieg in vielen europäischen Ländern der Siegeszug der Sozialversicherung begonnen, in Deutschland als Vorreiter sogar schon im 19. Jahrhundert. 1895 betrug der Anteil der Versicherten an der Erwerbsbevölkerung im Durchschnitt aller Versicherungszweige 41 %. Nach 1945 fand allerdings eine weitere massive Ausdehnung statt, von 64 % im Jahre 1945 auf 82 % im Jahre 1975. Ab 1960 verlangsamte sich das Wachstum, da gleichsam natürliche Grenzen der Erweiterung des Adressatenkreises erreicht waren.

Auch das staatliche *Bildungswesen* hat seinen Adressatenkreis erheblich ausgeweitet. Für die Zeit um 1960 konnte Heiner Meulemann (1982:228) einen „Modernitätsrückstand des Bildungswesens" konstatieren. Das Bildungssystem hatte zu diesem Zeitpunkt einen evolutionären Nachholbedarf, während in der Rentenversicherung bereits vor dieser Zeit erhebliche Erweiterungen auf neue Bevölkerungsgruppen stattgefunden hatten. Die Bildungsbeteiligung stieg seit 1960 explosiv mit Zuwächsen im Bereich von 10-50 Prozentpunkten, was weit über den Zuwächsen des Versicherungsgrades in der Rentenversicherung liegt. Der „Bildungsboom" seit den 60er Jahren beruht vor allem auf einer gewachsenen Bildungsbeteiligung, also eine Zunahme des Anteils von Schülern und Studierenden an den jeweiligen Altersjahrgängen. Hinzu kam zeitweise ein demographischer Faktor in Form geburtenstarker Jahrgänge.

Dies kann am Beispiel der Studienanfänger beleuchtet werden (Leisering 1992:109-114). Bis Mitte der 60er Jahre stieg hier nur die Bildungsbeteiligung, bis in die frühen 80er Jahre stiegen sodann sowohl Bildungsbeteiligung als auch Jahrgangsstärken, und danach haben beide Größen eine gegenläufige Entwicklung eingeschlagen, d.h. die Bildungsbeteiligung wächst weiter, während die Kinder- und Jugendlichenquote in der Bevölkerung eingebrochen sind. Alle Indikatoren verweisen auf eine Chancenausweitung im Bildungswesen: Die Chance, zu studieren, hat sich von 1960 bis 1988 mehr als verdreifacht, die Gesamtquote der Studenten sogar verfünffacht, und die Chance eines höheren Schulbesuchs hat sich verdoppelt. Verweilten 1960 nur 32 % der Bevölkerung bis zu ihrem 18. Lebensjahr in einer allgemeinbildenden oder beruflichen Schulausbildung, so waren es 1986 bereits 81 %. Auch hier sind die Steigerungen nicht die historisch ersten. Die Bezeichnung „Bildungsboom" ist jedoch insofern gerechtfertigt, als es sich in der Tat um einen relativ schlagartig einsetzenden und mit hoher Geschwindigkeit voranschreitenden Prozeß handelte. Gemessen in gewonnenen Prozentpunkten und noch deutlicher bei Messung in Prozent des noch Möglichen (also der Differenz zu 100 % Bildungsbeteiligung) gab es nie zuvor einen vergleichbar schnellen Wandel im Bildungswesen.

Bildung kann in mehrfacher Weise individualisieren. Zum einen wirkt Bildung prospektiv als Steigerung individueller Handlungsfähigkeit im Erwachsenenalter, sei es als Berufsqualifikation am Arbeitsmarkt oder als generelle Steigerung der Disposition zu individueller Lebensplanung, etwa als eine Quelle der zurückgegangenen Kinderneigung von Frauen. Zum anderen verändert das Bildungswesen direkt die Lebensformen der aktuell in ihm verweilenden Personen. Die Verlängerung der Kindheits- und Jugendphase durch erweiterte schulische Bildung (s.u.) ging einher mit einer qualitativen Veränderung dieser Lebensphasen. Insoweit die Handlungsoptionen von Kindern und Jugendlichen vielfältiger wurden und sie zugleich zunehmend als eigenständige Akteure vor allem in Konsummärkten angesprochen werden, erleben wir eine wachsende Einbeziehung von *Kindern und Jugendlichen* in Individualisierungsprozesse.

Die Vermehrung höherer Bildungsabschlüsse hat allerdings auch den bekannten paradoxen Effekt, daß der Wert der Abschlüsse inflationär sinkt und die mit Zertifikaten verbundenen traditionellen Berufsstatusgarantien abgeschwächt werden. Dadurch wird das Verhältnis zwischen Bildungssystem und Arbeitsmarkt näher an das US-amerikanische Modell herangeführt. Wenn der Zusammenhang zwischen Bildung und (Erst-)Ausbildung einerseits und Arbeitsmarktstatus andererseits lockerer geworden ist, so wird eine Arbeitsmarkt-Individualisierung gefördert. Dies ist eine unintendierte Langzeitfolge staatlicher Politik.

Lebensläufe sind insgesamt diskontinuierlicher und weniger planbar geworden. Die Transformation der Zeitstruktur des Lebenslaufs hat zum einen zur Folge, daß sich der Einzelne erhöhten Anforderungen biographischen Handelns und Planens gegenübersieht. Dies ist der zeitliche Aspekt des Zwanges zur „Bastelbiographie". Brose und Hildenbrand sprachen unter Rekurs auf Fuchs von einer „Biographisierung" des Erlebens und Handelns (1988). Diese Veränderungen sind Anzeichen von Individualisierungsprozessen und werden vielfach sozialstaatlich gestützt und damit auch gesteigert. Zum andern resultiert die Veränderung der Lebenszeitstruktur in einer Verlängerung der Freizeit. Man kann annehmen, daß dies einer verstärkten Konsum- und Lebensstilindividualisierung Vorschub leistet. Damit verbunden, gewinnen andere sekundäre Institutionen, vor allem Konsummärkte und Massenmedien, an Einfluß.

3. Folgen des Sozialstaats

Der Sozialstaat als eine prägende Kraft im Prozeß der Individualisierung: Wie verhält sich dieser Befund zu der verbreiteten Kritik, daß der Wohlfahrtsstaat eine kollektive Zwangsveranstaltung sei oder gar sozial unerwünschte Formen von Individualisierung wie Devianz und Anomie auslöse und tragende gesellschaftliche Institutionen, vor allem den Arbeitsmarkt und die Familie, aushöhle?

Tatsächlich beinhaltet der Sozialstaat als eine spezifische Form moderner Staatlichkeit Zwangselemente: Schulpflicht für Kinder, Sozialversicherungspflicht für abhängig Erwerbstätige, Steuer- und Beitragszwang sowie in sozialen Dienstleistungsinstitutionen die Herrschaft von Experten und sozialen Professionen. Neben diesen basalen Zwangsmechanismen gibt es zudem einen direktiven, totalen Zugriff auf Individuen in sozialstaatlichen Sonderwelten wie Anstalten, Heimen und beschützenden Werkstätten. Ferner gibt es Statuslagen und Statusverläufe, die im besonderen Maße institutionell geprägt sind, wie Langzeitbezug von Arbeitslosenhilfe, Sozialhilfe und Kleinrenten, auch deviante Karrieren in den Bereichen Kriminalität, Drogensucht und Geisteskrankheit.

Wir hatten die individualisierende Wirkung des Sozialstaats allgemein daraus abgeleitet, daß sozialstaatliche Institutionen primär non-direktiv auf Individuen zugreifen, also vor allem Handlungs*voraussetzungen* schaffen und so die Handlungsfähigkeit der Individuen steigern. Das dieser Analyse zugrunde liegende Handlungsmodell ist zu präzisieren und zu erweitern.

Zum einen stellt sich die Frage von *Nebenfolgen*. Auch wenn sozialstaatliche Maßnahmen die Fähigkeit von Individuen steigern, bestimmte Handlungen vorzunehmen, so bleibt doch zu fragen, welche anderen Handlungen unter Umständen im gleichen Zuge verhindert oder erschwert werden. Wenn bestimmte Handlungsalternativen eröffnet werden: welche Alternativen werden gleichzeitig verschlossen? Zum anderen ist die *Mehrstufigkeit* von Handlungsprozessen, also die Einbettung des Handelns in *Handlungsketten* zu beachten. Selbst wenn die zukünftige Handlungsfähigkeit erweitert wird, so bleibt zu fragen, ob dies auf eine Weise geschieht, daß der gegenwärtige Handlungsspielraum verengt wird, ob also die unmittelbaren Bedingungen der Inanspruchnahme sozialstaatlicher Leistungen handlungsbeschränkend wirken, selbst wenn ihre Folgen mittel- und langfristig Handlungsspielräume erweitern.

Beide Aspekte können am Beispiel der Gesetzlichen Krankenversicherung veranschaulicht werden. Durch Steigerung individueller physischer und psychischer Kompetenzen erweitert sie die Handlungsfähigkeit der Nutzer dieser Leistungen. Durch Gewöhnung an professionelle Hilfen kann sich jedoch die Fähigkeit des Einzelnen vermindern, seinen Körper zu beobachten und für seine Gesundheit selbst zu sorgen. Eine weitere Nebenfolge ergibt sich aus der Entrichtung von Beiträgen, die die Fähigkeit beschränkt, Versicherungen an privaten Märkten abzuschließen. Der Kompetenzgewinn durch medizinische Behandlung stellt sich in der Zukunft ein, unterstellt jedoch in der Gegenwart die Zwangsmitgliedschaft in der Versicherung, die eine Abwanderung 'guter Risiken' verhindern und die Finanzbasis verstetigen soll. Vorausgesetzt ist zudem die Unterwerfung unter die Fremdbestimmung durch Vertreter sozialer Professionen und deren Expertenwissen und unter organisatorische Strukturen des Krankenhauses.

Die wohlfahrtsstaatlich geförderte Form von Individualisierung unterscheidet sich also von anderen Formen vor allem dadurch, daß sie andere Abschnitte von Handlungsketten betrifft als diese. Auch Märkte beinhalten zwanghafte Abschnitte in Handlungsketten – das Reich der Freiheit des Lohnarbeiters endet mit Eintritt in den Betrieb; ein Privatversicherter überantwortet sich anonymen Pensionsfonds und Finanzmärkten. Der Wohlfahrtsstaat kann den anderen individualisierenden Institutionen also nicht als konträr gegenübergestellt werden. Vielmehr ist er, wie im amerikanischen Sprachraum vor allem Morris Janowitz (1976:Kap. VII) betont hat, *homolog* zu anderen Institutionen der Moderne. Wie diese ist er auf Individualisierung ausgerichtet. Allgemein ist von einer „Wahlverwandtschaft" des Wohlfahrtsstaats mit anderen gesellschaftlichen Institutionen zu reden (Rieger 1992:56-65). Gerade diese erklärt den evolutionären Erfolg des Wohlfahrtsstaates im Zuge gesellschaftlicher Modernisierung.

Wie wohlfahrtsstaatliche und nicht wohlfahrtsstaatliche Formen von Individualisierung interagieren, ist eine empirische Frage, die vielfältig zu beantworten ist und nicht auf ein einseitiges Aushöhlungsverhältnis reduziert werden kann. Zu unterscheiden sind unter anderem folgende Formen: Der Sozialstaat *ersetzt* die Familie und den Arbeitsmarkt dort, wo er monetäre Vollversorgung anbietet, was primär nur im Fall der Alterssicherung gegeben ist. Der Sozialstaat *schwächt* familiale und marktliche Funktionen, insoweit selektive, nicht als Vollversorgung angelegte monetäre Transfers und soziale Dienstleistungen unabhängig vom Familienstand gewährt werden bzw. privatwirtschaftliche Vorsorge entbehrlich machen. Gleichzeitig *stärkt* der Sozialstaat jedoch generell alle Institutionen, insofern er die Handlungsfähigkeit von Individuen steigert und damit auch ihre Fähigkeit, an Institutionen teilzuhaben.

Die Koexistenz unterschiedlicher Stränge von Individualisierung ist also nicht als Nullsummenspiel zu konzeptualisieren, sondern auch als gegenseitige Förderung und simultanes Wachstum. Einige der Auswirkungen staatlicher Sozialpolitik auf andere Institutionen, die von Sozialstaatskritikern als sozial desintegrativ gewertet werden, sind eher als *individualisierende Transformation traditionaler Institutionen* einzustufen. Insoweit Sozialpolitik etwa die Vereinbarkeit von Beruf und Familie durch soziale Dienstleistungen stützt, trägt sie zum Einbezug von Frauen in die lange männlich halbierte Individualisierung des Familienlebens bei.

Konkret erweisen sich zahlreiche der behaupteten negativen Wirkungen sozialstaatlicher Maßnahmen als empirisch wenig oder nicht belegbar. So wurde die Annahme, daß Sozialhilfeempfänger mit fortschreitender Bezugsdauer in einem psychosozialen Sinne von staatlichen Hilfen „abhängig" würden (*dependency*), durch
neuere Methoden der Verlaufsanalyse in Frage gestellt (Leisering und Voges 1992,
Leisering und Leibfried 1998, Kap. 6; für die USA Bane und Ellwood 1994). Für
die Behauptung, die Funktion des Arbeitsmarkts sei durch einen zu geringen Lohn-
abstand der Sozialhilfe beeinträchtigt, konnten empirisch ebenfalls nur marginale
Anhaltspunkte gefunden werden (Hochmuth u.a. 1997: 191-195). Was den angeblichen Zerfall familialer Beziehungen angeht, so ist es mittlerweise ein Gemeinplatz
der neueren Familienforschung, daß auch über räumliche Entfernung und angesichts
stärkerer Autonomie der Lebensführung der Familienmitglieder erhebliche Kontakte
gepflegt werden. Forschungen von Attias-Donfut (1994) und Martin Kohli (1995)
stellten ein unerwartetes Maß an materiellen Transfers von alten Menschen zu ihren
erwachsenen Kindern fest, was unter anderem durch die wohlfahrtsstaatliche Sicherung der alten Menschen möglich geworden ist (Leisering und Motel 1997). Die
durch eine individuelle Rente gewonnene Autonomie alter Menschen hat in dieser
Hinsicht familiale Bindungen gestärkt, nicht geschwächt. Auch diese Prozesse stellen
sich eher als Individualisierung familialer Beziehungen denn als ihre Aushöhlung dar.
Wollte man von Aushöhlung reden, so träfe dies allenfalls auf traditionale, ge-
schlechtlich und im Generationenverhältnis asymmetrische Familienbeziehungen zu.

4. Fazit

Die Analyse der institutionellen Entwicklung des Sozialstaats und der daraus resultierenden Veränderungen des Handlungsfeldes von Personen ergab, daß die Expansion des Sozialstaats in den letzten 50 Jahren tatsächlich den Prozeß der Individualisierung im Wohlrab-Sahrschen Sinne einer *Pluralisierung von Lebensformen* verbunden mit einer *Steigerung individueller Zurechenbarkeit von Handeln* gefördert
hat. Dies ist zurückzuführen auf die Konstruktion des Sozialstaats, der auf einer
allgemeinen Verantwortlichkeit des Staates für die individuelle Wohlfahrt seiner
Bürger und Bürgerinnen basiert und entsprechende soziale Individualrechte und -an-
sprüche einräumt. Die konkreten Instrumente, vor allem Sozialversicherung, Sozialhilfe und Bildungswesen, leisten einer Individualisierung Vorschub. Von besonderer
Bedeutung ist auch die von uns als „*Universalierung*" bezeichnete quantitative Ausdehnung von Leistungen auf Nicht-Erwerbstätige – vor allem Alte, Frauen, Arme
und Kinder –, die dadurch in den historisch bei Minderheiten ansetzenden Individualisierungsprozeß einbezogen wurde.

Dadurch konnte auch die ursprüngliche Individualisierungsthese von Ulrich
Beck in einem wesentlichen Punkt bestätigt und spezifiziert werden: Der Sozialstaat
hat im Nachkriegs-Deutschland tatsächlich als eine „sekundäre", individualisiertes
Handeln ermöglichende wie fordernde Institution gewirkt. Zugleich konnte Becks
gesellschaftsgeschichtliche These eines wesentlich sozialstaatlich bedingten *Individualisierungsschubs* nach dem Zweiten Weltkrieg bestätigt werden. Das Wort
„Schub" bezeichnet treffend die Tatsache, daß hier Prozesse vorangetrieben wurden,
die, was den Sozialstaat angeht, schon vorher ein beträchtliches Ausmaß erreicht

hatten, sich aber nach dem Zweiten Weltkrieg massiv, zum Teil sprunghaft verstärkten. Heute sind teilweise die quasi-natürlichen Grenzen der Ausdehnung erreicht, etwa was den Ausschöpfungsgrad der staatlichen Alterssicherung in der Bevölkerung angeht oder die mittlerweile gleichberechtigte Beteiligung von Frauen an höherer Bildung.

Ein weiteres Ergebnis ist die inhärent mehrdimensionale Struktur von Individualisierung, die man als *„Pluralität von Individualisierungsprozessen"* bezeichnen könnte. Das, was wir als 'Individualisierungsprozeß' bezeichnen, ist ein Gewebe mehrerer konkurrierender und interagierender Individualisierungsstränge, die jeweils durch eine prägende Leitinstitution definiert sind, in Deutschland vor allem den Arbeitsmarkt und den Sozialstaat. Zwischen diesen koexistierenden Versionen von Individualisierung bestehen Spannungsverhältnisse, die Interessenlagen gesellschaftlicher Akteure und unterschiedliche Wertgesichtspunkte spiegeln. Zugleich können sich die verschiedenen Stränge auch gegenseitig verstärken. Im Dreieck Arbeitsmarkt – Sozialstaat – Familie gibt es eine Vielfalt unterschiedlicher Beziehungen gegenseitiger Beschränkung und Förderung. Der Sozialstaat ist ein homologer Teil der institutionellen Infrastruktur von Individualisierungsprozessen in der Moderne. Die Kritik des Wohlfahrtsstaats als kollektivistisch oder in negativer Weise individualisierend beruht dagegen auf einem monistischen und reduktionistischen Individualisierungskonzept, das sich auf die marktgenerierte Variante verkürzt oder gar ein uninstitutionell vorgestelltes 'freies' Individuum konstruiert.

Wenn es stimmt, daß im Nachkriegsdeutschland Sozialstaatlichkeit konstitutiv für Individualisierung war, so ist die aktuelle Infragestellung des deutschen Sozialstaatsmodells auch eine Krise des deutschen Modells eines sozialstaatlichen Individualismus. Durch Arbeitsmärkte, Konsummärkte und Medien geprägte Individualisierungsprozesse scheinen in den 90er Jahren an Gewicht zu gewinnen. Im derzeitigen Umbruch, bei dem selbst in der Sozialdemokratie traditionelle heilige Kühe des Sozialstaats in Frage gestellt werden, ist die Weiterentwicklung offener denn je (Schmidt 1998:145f). Es spricht manches dafür, daß die neuen Pfade gesellschaftlicher Entwicklung nicht aus der pluralistischen institutionellen Verfaßtheit der modernen Gesellschaft und des ihr eigenen Individualismus herausführen werden.

Literatur

Alber, Jens, 1982: Vom Armenhaus zum Wohlfahrtsstaat, Analysen zur Entwicklung der Sozialversicherung in Westeuropa. Frankfurt am Main/New York: Campus.

Attias-Donfut, Claudine, 1996: Renten und Gerechtigkeit zwischen den Generationen. S. 745-763 in: Kaufmann, Franz-Xaver (Hg.): Sozialpolitik im deutsch-französischen Vergleich. Wiesbaden.

Bane, M.J. und Ellwood, D.T., 1994: Welfare Realities: From Rhetoric to Reform. Cambridge, Mass.: Harvard University Press.

Beck, Ulrich, 1986: Risikogesellschaft. Auf dem Weg in eine andere Moderne. Frankfurt am Main: Suhrkamp.

Beck, Ulrich und Beck-Gernsheim, Elisabeth, 1993: Nicht Autonomie, sondern Bastelbiographie. Anmerkung zur Individualisierungsdiskussion am Beispiel des Aufsatzes von Günter Burkart. Zeitschrift für Soziologie 22: 178-187.

Behrens, Johann, 1997: Krankheit/Armut: Individualisierung sichernde Lebenslaufpolitiken. Folgen dynamischer und handlungstheoretischer Untersuchungen für moralische Ökonomien von Gesellschaften mit Sozialstaaten. S. 1054-1074 in: Hradil, Stefan (Hg.): Differenz und Integration. Die Zukunft moderner Gesellschaften. Verhandlungen des 28. Kongresses der Deutschen Gesellschaft für Soziologie in Dresden 1996. Frankfurt am Main, New York: Campus.

Brose, H.-G. und Hildenbrand, B. (Hg.), 1988: Vom Ende des Individuums zur Individualität ohne Ende. Opladen: Leske + Budrich.

Buhr, Petra, 1995: Dynamik von Armut. Dauer und biographische Bedeutung von Sozial-hilfebezug. Opladen: Westdeutscher Verlag.

Burkart, Günter, 1993: Individualisierung und Elternschaft – Das Beispiel USA. Zeitschrift für Soziologie 22: 159-177.

Heisig, Michael, 1995: Armenpolitik im Nachkriegsdeutschland (1945-1964). Die Entwick-lung der Fürsorgeunterstützungssätze im Kontext allgemeiner Sozial- und Fürsorgere-form. Frankfurt am Main: Eigenverlag des Deutschen Vereins für öffentliche und private Fürsorge.

Hochmuth, Uwe, Günther Klee und Jürgen Volkert, 1997: Der Armutsdiskurs aus ökonomi-scher Perspektive. Beitrag und Grenzen der neoklassisch-neoliberalen Konzeption. S. 171-209 in: Müller, Siegfried und Ulrich Otto (Hg.): Armut im Sozialstaat, Gesellschaft-liche Analysen und sozialpolitische Konsequenzen. Neuwied, Kriftel, Berlin: Luchter-hand.

Hockerts, Hans Günter, 1980: Sozialpolitische Entscheidungen im Nachkriegsdeutschland. Alliierte und deutsche Sozialversicherungspolitik 1945 bis 1957. Stuttgart: Klett-Cotta.

Janowitz, Morris, 1976: Social Control of the Welfare State. New York: Elsevier.

Junge, Matthias, 1996: Individualisierungsprozesse und der Wandel von Institutionen. Ein Beitrag zur Theorie reflexiver Modernisierung. Kölner Zeitschrift für Soziologie und So-zialpsychologie 3: 728-747.

Kaufmann, Franz-Xaver, 1988: Sozialpolitik und Familie, Aus Politik und Zeitgeschichte. Beilage zur Wochenzeitung 'Das Parlament', Bd. 13: 34-43.

Kohli, Martin, 1988: Normalbiographie und Individualität: Zur institutionellen Dynamik des gegenwärtigen Lebenslaufregimes. S. 33-54 in: Brose, H.-G./Hildenbrand, B. (Hg.): Vom Ende des Individuums zur Individualität ohne Ende. Opladen: Leske + Budrich.

Kohli, Martin, 1995: Beziehungen und Transfers zwischen Generationen – Vom Staat zurück zur Familie? Freie Universität Berlin (Forschungsbericht 51 der Forschungsgruppe Al-tern und Lebenslauf).

Lampert, Heinz, 1996: Lehrbuch der Sozialpolitik. Springer: Berlin (rev. 4th ed.).

Leibfried, Stephan, Lutz Leisering u.a., 1995: Zeit der Armut, Lebensläufe im Sozialstaat. Frankfurt am Main: Suhrkamp.

Leisering, Lutz, 1992: Sozialstaat und demographischer Wandel. Wechselwirkungen, Gene-rationenverhältnisse, politisch-institutionelle Steuerung. Frankfurt am Main/New York: Campus.

Leisering, Lutz, 1997: Individualisierung und „sekundäre Institutionen" – der Sozialstaat als Voraussetzung des modernen Individuums. S. 143-159 in: Beck, Ulrich/Sopp, Peter (Hg.): Individualisierung und Integration. Neue Konfliktlinien und neuer Integrationsmo-dus? Opladen: Leske + Budrich.

Leisering, Lutz und Stephan Leibfried, 1998: Time, Life and Poverty. Cambridge University Press (in Vorbereitung).

Leisering, Lutz und Andreas Mote, 1997: Voraussetzungen eines neuen Generationenvertrags, Blätter für deutsche und internationale Politik, Heft 10/1997:1213-1224.

Leisering, Lutz und Wolfgang Voges, 1992: Erzeugt der Wohlfahrtstaat seine eigene Klientel? Eine theoretische und empirische Analyse von Armutsprozessen S. 446-472 in: Stephan Leibfried und Wolfgang Voges (Hg.): Armut im modernen Wohlfahrtsstaat. (Kölner Zeitschrift für Soziologie und Sozialpsychologie, Sonderheft 32) Opladen: Westdeut-scher Verlag.

Lenhardt, Gero und Claus Offe, 1977: Staatstheorie und Sozialpolitik. In: von Ferber, Christian, und Franz-Xaver Kaufmann (Hg.): Soziologie und Sozialpolitik. Kölner Zeitschrift
für Soziologie und Sozialpsychologie, Sonderheft 19: 98-127.

Ludwig, Monika, 1996: Armutskarrieren zwischen Abstieg und Aufstieg im Sozialstaat.
Opladen: Westdeutscher Verlag.

Marstedt, Gerd, 1998a: Krankenkassen – die neuen Gesundheitsberater der Risikogesellschaft? In: Ders. und Rainer Müller (Hg.): Gesundheitswissenschaften 2001 – ein neues
Zeitalter mit alten Paradigmen? Bremerhaven: Wirtschaftsverlag NW (im Erscheinen).

Marstedt, Gerd, 1998b: Regulating Life Courses between Work and Health by Health In-
surances in Germany. Manuskript. Bremen.

Meulemann, Heiner, 1982: Bildungsexpansion und Wandel der Bildungsvorstellungen zwischen 1958 und 1979: Eine Kohortenanalyse. Zeitschrift für Soziologie 11: 227-253.

Rieger, Elmar, 1992: Die Institutionalisierung des Wohlfahrtsstaates. Opladen: Westdeutscher
Verlag.

Sainsbury, Diane (Hg.), 1994: Gendering Welfare States. London: Sage.

Schaper, Klaus und Lothar F. Neumann, 1998: Die Sozialordnung der Bundesrepublik
Deutschland. Frankfurt a.M./New York: Campus (4. überarbeitete Auflage).

Schmidt, Manfred G., 1998: Sozialpolitik in Deutschland – Historische Entwicklung und
internationaler Vergleich. (2. überarbeitete Auflage). Opladen: Leske + Budrich.

Wohlrab-Sahr, Monika, 1997: Individualisierung: Differenzierungsprozeß und Zurechnungsmodus. S. 23-36 in: Beck, Ulrich und Peter Sopp (Hg.): Individualisierung und Integration. Neue Konfliktlinien und neuer Integrationsmodus. Opladen: Leske + Budrich.

Europäische Familienentwicklung, Individualisierung und Ich-Identität*

Michael Mitterauer

Der 38. Deutsche Historikertag steht unter dem Generalthema „Identität in der Geschichte". Ich denke, daß diese Themenstellung für unsere konkrete Arbeit in Lehre und Forschung dann besonders fruchtbar sein könnte, wenn wir sie mit der Frage „Identität durch Geschichte" verbinden. Mir geht es letztlich in meinem Referat um das Problem, welche Zugangsweise zur Geschichte die Entwicklung von Ich-Identität stützen und fördern kann. Geschichtswissenschaft und Geschichtsvermittlung war traditionell sehr stark an der Stützung bzw. Ausbildung von Gruppen-Identität orientiert. Ich meine, daß mit sich beschleunigenden Prozessen der Individualisierung im Europa des 20. Jahrhunderts Geschichte für die Ausbildung von Ich-Identität einen zunehmenden Stellenwert gewonnen hat, dem wir als Historiker Rechnung tragen sollten. Der Prozeß der Individualisierung ist tief in der europäischen Geschichte verankert. Zweifellos gehört er zu den gesellschaftlichen Besonderheiten Europas und ist deshalb mit europäischer Identität eng verbunden. Ich möchte einigen seiner Grundlagen auf dem Hintergrund der spezifischen europäischen Familienentwicklung nachgehen. Um von dieser Ausgangsbasis zum Ziel meines Referats „Geschichte und Ich-Identität" zu gelangen, ist es ein weiter Weg. So muß ich mich auf einige zusammenfassende Thesen, stichwortartige Hinweise, skizzenhafte Überblicke beschränken.

1. Die historische Familienforschung hat in den letzten Jahrzehnten einige Besonderheiten der Familienentwicklung im europäischen Raum herausgearbeitet. Als solche können u.a. folgende angesehen werden: Das im interkulturellen Vergleich relativ hohe Heiratsalter, vor allem von Frauen, aber auch von Männern – in der Literatur mit dem Etikett „European marriage pattern" versehen – das Vorherrschen neolokaler Ansiedlung junger Ehepaare, die hohe Flexibilität von Haushalt und Familie als primären Ordnungen des Zusammenlebens, die relativ geringe Bedeutung von Abstammungsordnungen und Verwandschaftssystemen, die Dominanz „einfacher" Familienformen im Vergleich zu „komplexen", die häufige Präsenz nichtverwandter Personen in Haushalt und Familie, insbesondere von Gesinde. Obwohl das Gesindewesen im 20. Jahrhundert seine gesellschaftliche Bedeutung fast völlig verloren hat, erscheint es für die europäische Sonderentwicklung von Famili-

---

* Vortrag in der Sektion „Europäische Identität und gesellschaftliche Besonderheiten Europas im 20. Jahrhundert" am Deutschen Historikertag in Bochum, September 1990, Nachdruck aus: Hudemann, Rainer, Hartmut Kaelble und Klaus Schwage (Hg.): Europa im Blick der Historiker, Historische Zeitschrift, Beiheft 21, 1995 S. 91-98.

enstrukturen sehr wichtig. Die Institution der sogenannten „life-cycle-servants" ist nach dem heutigen Forschungsstand ein europäisches Spezifikum. Sie steht mit den anderen skizzierten strukturellen Merkmalen wie Höhe des Heiratsalters und Neolokalität in engem Konnex. Sie ist eine besonders markante Ausdrucksform für die typisch europäische Loslösung der Familienzusammensetzung von Abstammungsordnung. Sie ist vor allem eine wichtige Voraussetzung für verschiedene Gestaltungsformen der Jugendphase in Arbeitsorganisation und Ausbildungswesen, die bis in die Gegenwart weiterwirken. Die genannten, für die europäische Familienentwicklung charakteristischen Merkmale haben sich mit sehr großen Unterschieden nach Regionen, nach sozialen Schichten sowie im Stadt-Land-Gefälle ausgebildet und verbreitet. Es gibt weite Räume, vor allem im Osten und Südosten des Kontinents, wo sie überhaupt nicht oder erst spät auftreten. Sie sind eben nicht für Europa als geographische Einheit, sondern für Europa als Sozialraum typisch. Mit Prozessen der Europäisierung haben sie weit über den Kontinent hinaus Einfluß ausgeübt.

2. Weit weniger Klarheit als über die strukturellen Merkmale europäischer Familienentwicklung herrscht in der Forschung über deren bedingende Faktoren. Eine weit verbreitete und viel diskutierte These – vertreten vor allem durch den englischen Sozialanthropologen Jack Goody – sucht die Anfänge der europäischen Sonderentwicklung in den seit dem 4. Jahrhundert sich verschärfenden Verboten von endogamen Heiraten, die im Interesse der Besitzakkumulation durch die römische Kirche erlassen worden wäre. Ich persönlich teile diesen Standpunkt nicht, messe aber auch dem Einfluß des Christentums auf den europäischen Sonderweg der Familienentwicklung große Bedeutung zu. Ein entscheidender Punkt scheint mir der spezifische Charakter des frühen Christentums als Bekehrungsreligion zu sein, den dieses mit anderen religiösen Bewegungen der Antike gemeinsam hatte und der es von stärker abstammungsorientierten Religionen unterschied. Erst die Überwindung des religiös fundierten Abstammungsdenkens machte es möglich, daß der Faktor Arbeitsorganisation in der europäischen Familiengeschichte eine so entscheidende Bedeutung gewann. Er ist für die Vielfalt europäischer Familienformen in der neueren Geschichte bestimmend geworden und wirkt noch weit über familienwirtschaftliche Formen der Arbeitsorganisation hinaus bis zur Gegenwart nach. Damit ist allerdings nur einer der langfristig wirkkräftigen Bedingungsfaktoren europäischer Familienentwicklung angesprochen. Die Frage nach solchen Faktoren scheint mir eine für die historische Familienforschung besonders wichtige Aufgabe. Durch sie können wohl auch andere gesellschaftliche Besonderheiten Europas erklärt werden – freilich nicht in einer Beschränkung auf die jüngste Vergangenheit. Will man gesellschaftliche Besonderheiten Europas über die Beschreibung hinaus einer Erklärung näher bringen – etwa im Bereich der Familienentwicklung – so erfordert das eine Zugangsweise im epochenübergreifenden historischen Längsschnitt.

3. Die Frage nach Zusammenhängen zwischen dem europäischen Sonderweg der Familienentwicklung und Prozessen der Identitätsbildung verweist auf Spezifika in der Gestaltung der Jugendphase in diesem Kulturraum. Der Weg vom Kind zum Erwachsenen ist hier besonders lang. Zwischen die Zeit starker Abhängigkeit in der Herkunftsfamilie und die eigene Familien- bzw. Hausstandsgründung tritt eine Phase gelockerter familialer Abhängigkeit und zunehmender persönlicher Autonomie, die sich nach sozialem Milieu und vor allem nach Geschlecht sehr unterschiedlich gestaltet, insgesamt aber besondere Chancen zu eigenständiger Entwicklung und Individuation eröffnet. Für die Geschichte der Jugend in Europa erscheint es charakteristisch, daß in der christlich-abendländischen Tradition eine Initiation als eine

in Anschluß an die Geschlechtsreife erfolgende umfassende Reifeerklärung für alle Bereiche des Erwachsenenlebens fehlt. An ihre Stelle tritt hier eine Vielfalt sukzessive erfolgender partieller Reifeerklärungen, die sich über eine lange Phase des Lebenszyklus erstrecken. In neuerer Zeit hat die Schule bzw. das Bildungs- und Ausbildungssystem eine tragende Rolle in der Gliederung dieses Abschnitts übernommen – mit dem Prozeß der Scholarisierung für immer breitere Bevölkerungsgruppen. Viele wesentliche Zäsuren liegen allerdings außerhalb, denken wir nur an den Führerschein – die europäische Ersatzinitiation des ausgehenden zweiten Jahrtausends. Jugend stellt sich dar als eine Sequenz immer stärker differenzierter Übergänge und Zäsuren, immer vielfältiger werdender Prozesse der Abgrenzung und der Eingliederung. Sie ist in dieser komplexen Ausgestaltung ein Spezifikum der europäischen Sozialentwicklung. Die skizzierten Merkmale der europäischen Familienverfassung sind mit der Gestaltung der Jugendphase in einem kausalen Zusammenhang zu sehen – teils als Ursache, teils als Folge. So kann hohes Heiratsalter Ausdruck der Notwendigkeit langer Ausbildungsphasen oder langen Ansparens auf eigene Hausstandsgründung sein. Umgekehrt kann gesellschaftlich normierte Höhe des Heiratsalters Wartezeiten bedingen, die durch Ausbildung oder durch Dienst in fremdem Haus überbrückt werden müssen. Wie auch immer die Bedingungszusammenhänge zu sehen sind, für die europäische Sonderentwicklung der Familie ist es charakteristisch, daß zwischen Phasen starker familialer Intergration in der Kindheit bzw. im Erwachsenenalter eine relativ lange Phase liegt, in der Bindungen an außerfamiliale Gruppierungen eine große Rolle spielen. Neben dem hohen Heiratsalter sind die hohen Ledigenquoten eine weit zurückverfolgbare Facette des „European marriage pattern". Es hat im europäischen Kulturraum eine lange Tradition, daß Erwachsenenstatus nicht notwendig mit Eheschließung und Familiengründung verbunden sein muß. Dieses Muster gewinnt im Verlauf des 20. Jahrhunderts in Europa enorm an Bedeutung. Die traditionell für die Jugend als Übergangsphase typische Situation gelockerter Familienabhängigkeit wird für viele zum Konzept auf Lebenszeit.

4. Jugend im Kontext europäischer Familienentwicklung eröffnet tendenziell zunehmend mehr Möglichkeit, sich in Einstellungen, Werthaltungen und Verhaltensweisen anders zu orientieren als die Eltern. Alternativen Sozialisationsinstanzen neben der Familie kommt diesbezüglich entscheidende Bedeutung zu, in historischen Zeiten zunächst verschiedenen Formen von Jugendgruppen, dann immer mehr den schulischen Einsichtungen. Alternative Orientierungsangebote können in solchen „face-to-face-groups" in unmittelbarem Kontakt erfolgen, ebenso aber auch in vermittelter Form durch schriftliche oder visuelle Medien. Gesellschaftliche Differenzierung, zunehmender Pluralismus und wachsende Informationsmöglichkeiten – insbesondere im städtischen Milieu – seien nur stichwortartig als Rahmenbedingungen dafür genannt. Auch die Mobilität während der Jugendphase, die im Verlauf des 20. Jahrhunderts eine enorme Steigerung erfahren hat, ist als Faktor alternativer Orientierung gegenüber der Herkunftsfamilie zu bedenken. Traditionell hat sie sich bei männlichen Jugendlichen weit stärker ausgewirkt als bei weiblichen. Zur Gegenwart hin scheint sich diesbezüglich ein Ausgleich zwischen den Geschlechtern abzuzeichnen. Eigenständige Orientierung während der Jugendphase wird nicht nur – nach Geschlechtern wie auch nach sozialen Milieus sehr unterschiedlich – zu einer realen Möglichkeit, sie wird auch in der Ausbildung eines gesellschaftlichen Konzepts von Jugend normativ zum Ziel, das in dieser Lebensphase erreicht werden soll.

Jugend erscheint in der neueren europäischen Geschichte grundsätzlich mit Individuation sowie mit Erlangung persönlicher Autonomie als Aufgabe verbunden.

5. Der für die europäische Gesellschaftsgeschichte so charakteristische Prozeß
der Individualisierung führt langfristig zu einem Abbau einfacher Gruppenidentität
mit relativ klaren, wenig differenzierten Rollenzuordnungen und zum Aufbau komplexer Identitätsstrukturen, innerhalb deren sehr unterschiedliche kollektive und
individuelle Identitäten miteinander zu vereinbaren sind. Nicht nur die Zahl der
Primärgruppen und vor allem der Sekundärgruppen, denen der einzelne angehört,
nimmt in der jüngeren Vergangenheit enorm zu, auch die einzelnen Positionen in
solchen Gruppen lassen sich nicht mehr durch die bloße Übernahme eines tradierten
Rollenkonzepts befriedigend ausfüllen. Diese Entwicklung wird an der nach wie vor
wichtigsten Primärgruppe, nämlich der Familie, besonders deutlich. Traditionelle
nach Geschlecht und Generation differenzierte Rollenbilder verlieren im Alltags-
handeln zunehmend an Relevanz. Was Frau, Mann, Mutter, Vater, Kind, Bruder,
Schwester zu sein jeweils in einem familialen System bzw. einer Entwicklungsphase
desselben heißt, muß viel stärker als in früheren Zeiten immer wieder neu bestimmt
werden. Familienbeziehungen und Familienverantwortlichkeit, Gemeinschaftshandeln und Gemeinschaftsbewußtsein können von Gruppe zu Gruppe in sehr unterschiedlicher Weise gestaltet werden. Für Primärgruppen im Bereich von Arbeitswelt
und Freizeit, auf lokaler Ebene oder im Assoziationswesen gilt ähnliches, erst recht
in umfassenderen Sozialformen wie etwa den in historischen Zeiten die Identität so
stark prägenden Religionsgemeinschaften. Im Spannungsfeld solcher unterschiedlicher Gruppenidentität mit abnehmender Bindekraft für den Einzelnen wird es immer
schwieriger, im Prozeß der Identitätsbildung zu einer ausbalancierten Ich-Identität
zu gelangen. Unter Ich-Identität soll dabei über die Ergebnisse von Individuations-
prozessen hinaus jene personale Instanz verstanden werden, die in kritischer Auseinandersetzung mit einzelnen Identifikationen und Emanzipationen die Integration
zu einer sich selbst bewußten Einheit verbindet.

6. Reflexion über persönliche Entwicklungsprozesse der Identifikation und
Emanzipation sind für historische Zeiten in lebensgeschichtlichen Aufzeichnungen
faßbar. Die Entstehung, Entfaltung und Verbreitung dieses Quellentyps spiegelt
somit gesellschaftliche Tendenzen der Individualisierung bzw. der Ausbildung von
Ich-Identität. Sicher ist nicht jedes Tagebuch, nicht jede Autobiographie Ausdruck
einer reflexiven Persönlichkeit, der eine solche Integrationsleistung gelungen ist.
Das Auftreten solcher den eigenen Lebensweg reflektierenden Selbstzeugnisse kann
jedoch allgemein als ein Indiz dafür gewertet werden, daß in einem bestimmten
sozialen Milieu bzw. in einem bestimmten Kulturraum das Bedürfnis nach einer
solchen Reflexion aufkommt. Nicht zufällig entsteht das Tagebuch und die Autobiographie als Literaturgattung in Zeiten und in gesellschaftlichen Schichten, in
denen Individualisierung und Ausbildung von Ich-Identität zum Problem wird. Beide machen ihrer Genese nach die Jugendphase als Phase der Identitätsbildung zu
ihrem zentralen Thema – das Tagebuch in unmittelbarer Begleitung, die Autobiographie in zusammenfassendem Rückblick. Wenn zunehmend lebensgeschichtliche
Zeugnisse weit über ihr ursprünglich bürgerliches Entstehungsmilieu in den verschiedensten sozialen Gruppierungen auftreten, so kommt darin wohl zum Ausdruck, daß Überdenken des individuellen Lebensweg zunehmend als Bedürfnis
empfunden wird. Die Produktion lebensgeschichtlicher Selbstzeugnisse erscheint so
als ein Indikator gesellschaftlicher Entwicklungsprozesse. Unabhängig davon, ob
solche Reflexionsprozesse einen schriftlichen Niederschlag finden – für das Leben

des Einzelnen werden sie immer wichtiger. Die Beschäftigung mit Lebensgeschichte erscheint zunehmend bedeutungsvoller, um Ich-Identität zu entwickeln bzw. um im Lauf der Identitätsbildung entstandene Brüche oder Fehlentwicklungen aufzuarbeiten.

7. Jede Lebensgeschichte ist von Bedingungen bestimmt, die über selbst erlebtes bzw. aus eigenem Erleben Bewußtes hinausgehen. Trifft die These zu, daß es zur Entwicklung von Ich-Identität der Reflexion der eigenen Lebensgeschichte bedarf, so gilt es, diese über Selbsterlebtes hinausgehenden Bedingungen mitzureflektieren. Für die Vermittlung von Geschichte und indirekt wohl auch für deren Erforschung ergeben sich daraus zusätzliche Aufgaben. Traditionelle Formen kollektiver Identitäten auf der Ebene staatlicher, nationaler, vielleicht auch supranationaler Gemeinschaften aus der Geschichte zu entwickeln und zu stützen, werden diesen persönlichen Bedürfnissen nicht gerecht. Nationalbewußtsein oder auch Europabewußtsein ist in den Schwierigkeiten der Selbstfindung wenig hilfreich. Eher kann es in der Reflexion der eigenen Lebensgeschichte weiterhelfen, sich bewußt zu machen, daß etwa die in der eigenen Familie und im sozialen Umfeld vorgelebten Muster der Geschlechterrollen Produkt einer Jahrtausende alten Entwicklung sind und vielfach unhinterfragt unter völlig veränderten Rahmenbedingungen weitergegeben werden. Ähnliches gilt für Themen wie generatives Verhalten, Kindererziehung, familiales Zusammenleben oder Altersversorgung, um nur einige Beispiele einer für das Alltagsleben relevanten historischen Anthropologie zu nennen. Sich so mit Geschichte zu beschäftigen, ist sicher auch identitätsstiftend, freilich in ganz anderer Weise als in den auf staatliche, national oder supranationale Identität bezogenen Formen. Scheinbare Selbstverständlichkeiten des Alltagslebens werden dadurch in Frage gestellt, naturhaft geglaubte Erscheinungen als gesellschaftlich bedingt gesehen. Solche Relativierungen ermöglichen Neuorientierung. Distanz zu traditionellen Rollenmustern kann erarbeitet und begründet werden – sicher ein wesentlicher Faktor in der Ausbildung von personaler Autonomie und von Ich-Identität. Welche Vermittlungsschritte notwendig sind, um eine Reflexion individueller Lebensgeschichten auf einem historisch-anthropologischen Hintergrund zu ermöglichen, kann hier nicht näher ausgeführt werden. Es bedarf dazu wohl auch neuer didaktischer Konzepte. Inhaltlich sind sicher ganz wesentliche Themen dieser Art angesprochen, wenn man sich Besonderheiten der europäischen Gesellschaftsentwicklung im interkulturellen Vergleich bewußt macht – nicht um aus dem Wissen um solche Besonderheiten ein Wir-Bewußtsein als Europäer zu gewinnen, etwa um spezifische europäische Werte wie Individualismus, Rationalität, Vorstellung von persönlicher Freiheit – sondern gerade im Gegenteil, um solche Traditionen in ihrer Geltung für das eigene Leben überprüfbar zu machen.

Individualisierung und die Pluralisierung von Lebensformen

Johannes Huinink und Michael Wagner

1. Einführung[1]

Häufig werden in der Literatur fast selbstverständlich Individualisierung und die Pluralisierung von Familienformen miteinander in Verbindung gebracht. So wird beispielsweise behauptet, eine abnehmende Relevanz des bürgerlichen Familienmodells mit seinen vormals verbindlichen Vorgaben für die individuelle Lebensplanung und -gestaltung und eine damit einhergehende Freisetzung der Frauen und Männer aus den traditionellen Geschlechterrollen (Beck 1986: 175f.) habe eine zunehmende Vielfalt von Lebens- und Familienformen hervorgebracht (Peuckert 1996: 28ff.)[2]. Dem wird entgegengehalten, daß das „Verhältnis" von Pluralisierung der Familienformen und Individualisierung erheblich komplizierter sei (Nave-Herz 1994, Strohmeier 1993, Burkart 1995).

Je nach begrifflicher Explikation, zeithistorischem Bezug und Analyseperspektive können offensichtlich unterschiedliche Auffassungen begründet werden. Die Verwirrung kommt aber vor allem daher, daß man sowohl den Begriff der Individualisierung als auch den Begriff der Pluralisierung unterschiedlich deutet und mißverständlich interpretiert.

Wir wollen daher in einem ersten Schritt die Frage des Zusammenhangs von Individualisierung und Pluralisierung der Lebens- bzw. Familienformen kritisch betrachten. Anschließend werden wir dazu einige theoretische Überlegungen darlegen, diese historisch differenzieren und schließlich empirisch beleuchten. Im abschließenden Ausblick wird die Pluralisierungsthese vor dem Hintergrund der theoretischen und empirischen Befunde beurteilt.

---

1 Wir möchten uns ausdrücklich bei Gabriele Franzmann (Forschungsinstitut für Soziologie der Universität zu Köln) für die Auswertungen der ALLBUS-Umfragen bedanken.

2 Beck (1986: 164) schreibt hierzu: „Die Einheitlichkeit und Konstanz der Begriffe – Familie, Ehe, Elternschaft, Mutter, Vater usw. – verschweigt und verdeckt die *wachsende Vielfalt* von Lagen und Situationen, die sich dahinter verbergen (z.B. geschiedene Väter, Väter von Einzelkindern, alleinerziehende Väter, uneheliche Väter, ausländische Väter, Stiefväter, arbeitslose Väter, Hausmänner, Väter in Wohngemeinschaften, Wochenendväter, Väter mit berufstätigen Ehefrauen usw.;...)". Hier wird mit einer Reihe von Dimensionen operiert, die zum Teil Aspekte von Lebensformen, zum Teil andere Aspekte individueller Lebenslagen ansprechen. Eine präzise Bestimmung des Begriffs Pluralisierung ist so kaum möglich.

2. Definitionen

2.1 Was heißt Individualisierung?

Beck versteht „Individualisierung" als eine „gesellschaftsgeschichtliche Kategorie".
Er unterscheidet zwischen der *Freisetzungs-, der Entzauberungs- und der Kontroll-
dimension* (Reintegrationsdimension) von Individualisierung (Beck 1986: 206). In
analoger Weise läßt sich, so Beck, der Wandel der objektiven Lebenslage der Individuen und die Veränderung des subjektiven Bewußtseins und Selbstverständnisses
der Menschen im Zuge der Modernisierung charakterisieren. Individualisierung soll
als eine syndromhafte und prozessuale Verknüpfung dieser drei „Momente" zu
verstehen sein.

Dieser Versuch, den Begriff der Individualisierung zu konzeptualisieren, weist
damit über isolierte Betrachtungen von Einzeldimensionen gesellschaftlichen Wandels hinaus. Eine präzise Bestimmung dieser Zusammenhänge wird von Beck jedoch nicht gegeben, obwohl sie unerläßlich ist, um Individualisierung eindeutig und
wohlbegründet definieren zu können. Zunächst stellt sich die Frage, ob überhaupt
eine systematische Beziehung zwischen den genannten Entwicklungsdimensionen
plausibel ist.

Ein langfristiger historischer Wandel ist sicherlich darin zu sehen, daß sich Individuen, deren grundlegende Handlungsziele durch die Erfordernisse der Lebensbewältigung und Lebensgestaltung bestimmt sind, *immer weniger an unbedingten
natürlichen und sozio-kulturellen Vorgaben* ihres Handelns orientieren. Die damit
einhergehende „Bestimmtheitslücke" wird durch neue soziale Strukturen geschlossen, in denen die individuellen Handlungsbedingungen *immer mehr als optionale
und instrumentalisierbare Vorgaben* individueller Interessenverfolgung zu verstehen sind und in deren Zentrum nun der Einzelne als Akteur mit seinen Interessen
und Zielen steht. Man könnte gleichsam von einer *Substitution von Verhalten durch
Handeln* sprechen.

Soziale Ordnung als Grundlage menschlicher Lebensbewältigung und -gestal-
tung wird im Zuge der Loslösung von instinktgeleiteten Verhaltensmustern zunächst
durch absolut akzeptierte „Gesetzmäßigkeiten" im Sinne selbstverständlicher Verhaltensnormen garantiert, wie es der sozialanthropologische Begriff der Institution
unter Bezug auf die traditionale Kultur als „zweite Natur" impliziert (Gehlen 1986).
Starre kulturelle Vorgaben, enge soziale Bindungen und Abhängigkeiten, sowie die
damit einhergehende hohe soziale Kontrolle werden in der Folge dieser ersten Di-
stanzierungsphase selbst als nicht mehr zu rechtfertigende Restriktionen für die
Verwirklichung individueller Ziele unter sich verändernden Knappheitsbedingungen
erfahren und damit als potentielle Produktivitätshemmnisse „erkannt".

Nehmen wir an, daß die Mitglieder einer Gesellschaft in ihren grundlegenden
Handlungszielen und Interessen (vgl. hierzu auch den Begriff der „kulturellen Ziele"
bei Merton 1957) weitgehend übereinstimmen, sich aber im Hinblick auf die für die
Verwirklichung dieser Ziele notwendigen instrumentellen Zwischenziele der Lebensgestaltung unterscheiden. Gehen wir weiter von rationalen Akteuren aus. Dann
werden sich nach dem Abbau unbedingter Verhaltensnormen solche sozialen Strukturen und Denkweisen über soziale Handlungsmuster und -regeln (instrumentelle
Ziele und legitime Mittel) durchsetzen, mit denen die Akteure ihre Ziele erfolgrei-
cher erreichen können als mit anderen. Gleichzeitig ist anzunehmen, daß Einfluß,

Macht sowie andere Handlungsressourcen in der Gesellschaft unterschiedlich verteilt sind und insofern soziale Ungleichheit besteht. Daraus folgt, daß die Durchsetzungschancen von sozialen Handlungsmustern und -regeln, die für die Verfolgung der instrumentellen Ziele der jeweils „Privilegierten" besonders erfolgversprechend sind, vergleichsweise größer sind als die der „Unterprivilegierten"[3].

Die so charakterisierte Entwicklung geht prinzipiell, wenn auch nicht zwangsläufig, mit einer Vergrößerung von *Handlungsoptionen* der Akteure einher. Weiter kann sie, muß sie aber ebenfalls nicht, mit einer Zunahme der Vielfalt von *realisierten Handlungsweisen* einhergehen. Man darf nicht dem, durch die Arbeiten von Beck durchaus geförderten Mißverständnis erliegen, als hätten wir es immer mit einer faktischen Zunahme von Autonomie im Sinne einer höheren situationalen Disponibilität von Handlungsbedingungen seitens der Akteure zu tun. Man kann nur davon sprechen, daß die Vorstellung von und das Potential zu wachsender Handlungsautonomie – auch der Anspruch darauf – und die prinzipielle Hinterfragbarkeit handlungsleitender Regelungen unter dem Gesichtspunkt ihrer Instrumentalität zunimmt. Die durch die Aufgabe traditionaler Selbstverständlichkeiten eröffnete Bestimmtheitslücke wird jedoch durch formale Regelungen und Rechtsnormen sowie durch die „Gesetze" des freien Marktes wieder geschlossen. Sie setzen die neuen (Erfolgs-)Kriterien für individuelles Handeln.

Die traditionale Gewißheit der zielgerechten Adäquanz des Verhaltens geht dabei verloren, man kann sich auch falsch entscheiden. Handlungsrisiken werden offenkundig und bewußt (Beck 1986). Damit tritt ein neues Moment individueller Interessen in den Vordergrund: der Bedarf an Entscheidungs- und Handlungssicherheit. Auch dazu dienen Mechanismen der Re-Integration und Struktur- bzw. Institutionenbildung. Sie sichern letztlich, daß soziales und insbesondere kooperatives Handeln möglich bleibt.

Als Folge der Freisetzung aus der traditionalen „Unmündigkeit" für die subjektive Entwicklung des Individuums läßt sich eine steigende *Chance der Individuierung* in einer Gesellschaft ableiten. Damit ist die mögliche Entwicklung des Einzelnen zu einem autonomen und entscheidungsfähigen Akteur gemeint. Der Grund ist, daß sich individuelle Identität immer weniger aus selbstverständlichen gemeinschaftlichen Gruppenbezügen ableiten kann, der Einzelne in seiner Identitätskonstruktion immer mehr auf seine persönlichen Erfahrungen verwiesen ist, die durch vielfältige soziale Bezüge geprägt sein können.

Der Chance zur Individuierung steht die Bedrohung einer zunehmenden sozialen *Isolierung, Singularisierung* und *Entsolidarisierung* der Individuen gegenüber, die mit der Instrumentalisierung sozialer Beziehungen einhergeht. Soweit die re-integrierenden, rationalen Regelungen den partikularistischen Charakter der traditionalen Strukturen verlieren, führen sie zudem zu einer *Homogenisierung*, wenn nicht *Standardisierung* sozialer Handlungsabläufe. Da der Mensch zunehmend aus traditionalen, gemeinschaftlichen Sozialverbänden herausgeht, droht er sozial zu verarmen, wenn er auf die durch standardisierte Regeln strukturierte oder marktmäßig organisierte Öffentlichkeit verwiesen bleibt.

---

3   Daraus läßt sich schließen, daß die soziale Ungleichheit im Zuge der Individualisierung nicht abnehmen, sondern im Sinne der Wirksamkeit eines „Matthäus-Effektes" sogar eher zunehmen sollte (Mayer und Blossfeld 1990). Dieses wird von vielen Individualisierungstheoretikern nicht genügend bedacht.

2.2 Was heißt Pluralisierung?

Pluralität im Sinne von Vielfalt ist durch die Anzahl verschiedener faktisch vorfindbarer Ausprägungen eines Merkmals in einer Klasse von Einheiten (z.B. die Lebensform als relationales Merkmal von Personen als Einheiten) bzw. der faktisch vorfindbaren Zustände in einer Klasse von Einheiten (z.B. soziale Gruppen) bestimmt.

Betrachten wir für ein Merkmal M den Zustandsraum A_M mit den Merkmalsausprägungen a_i als Elementen, den möglichen Zuständen. Man betrachte eine Klasse K von Einheiten, etwa die Bevölkerung eines Landes, bei denen sich das Merkmal M beobachten läßt. *Pluralisierung in engeren Sinne* soll dann die Vergrößerung der Anzahl der realisierten Ausprägungen des Merkmals M in der Zeit heißen.

Es muß sich nicht (allein) die Zahl realisierter Zustände, sondern es kann sich auch die Verteilung realisierter Zustände verändern. Die Zustände können in K mehr oder weniger gleich verteilt sein. Definitionsgemäß wollen wir von einer mehr oder weniger starken *Heterogenität* von M in K sprechen. *Pluralisierung im weiteren Sinne* soll dann heißen, daß sich diese Heterogenität in der Zeit vergrößert.

Als Maß für die Heterogenität von M in K wählen wir die Entropie H von $P^K(A_M)$, der Wahrscheinlichkeitsverteilung von M in K. Die Entropie H berechnet sich als: $H(P(A_M)) = -\Sigma\ p(a_i)\ log_2(p(a_i))$. Sie ist gerade bei einer Gleichverteilung maximal, bei einer Ein-Punkt-Verteilung ist sie minimal, nämlich gleich null (Coulter 1989: 101 ff.). In diesem Sinne ist eine Konstellation im Vergleich zu einer anderen heterogener, wenn eine geringere Dominanz eines oder weniger Zustände zu beobachten ist.

Man kann eine weitere Erweiterung des Pluralisierungsbegriffs vornehmen und nicht nur die Veränderung der Heterogenität in der gesamten Klasse K, sondern auch für Subklassen von K, etwa K_i, i=1,...n, betrachten Wir wollen dann von Pluralisierung innerhalb von Subklassen sprechen, wenn sich die Heterogenität in einigen oder allen Subklassen erhöht. Damit berücksichtigt man den Fall, daß es unter den Einheiten in einzelnen Subklassen K_i in verschiedenem Ausmaß Pluralisierungstendenzen im engen oder im weiteren Sinne geben könnte. Mit einer Pluralisierung innerhalb von Subklasssen kann vereinbar sein, daß in K insgesamt keine Pluralisierung nachgewiesen werden kann. Bezogen auf unser inhaltliches Problem könnten mit den Subklassen K_i soziale Teilgruppen (sozialen Schichten) gemeint sein, die mehr oder weniger stark selektiv in Bezug auf die realisierte Verteilung von Lebens- bzw. Familienformen sind (Strohmeier 1993: 17). Das Gegenteil von Pluralisierung in K soll als *Homogenisierung* bezeichnet werden.

2.3 Lebens- und Familienformen

Im folgenden übertragen wir die obigen Überlegungen zum Begriff der Pluralisierung auf die Analyse der Vielfalt von Lebensformen. Dieses setzt voraus, daß der Begriff der Lebensform definiert und sein Merkmalsraum A_M bestimmt wird.

Der Begriff der *Lebensform* bezieht sich auf die *Struktur der privaten sozialen Beziehungen* von Individuen. Das Statistische Bundesamt formuliert wie folgt: „Unter Lebensformen werden hier relativ stabile Beziehungsmuster der Bevölkerung im privaten Bereich verstanden, die allgemein mit Formen des Alleinlebens oder Zusammenlebens (mit oder ohne Kinder) beschrieben werden können" (Niemeyer und Voit 1995: 437). Die Typologie der Lebensformen basiert also auf dem

Familienstand und einer Klassifikation von *privaten Haushaltstypen.* Man unterscheidet nach Ein- und Mehrpersonenhaushalten („alleinlebende Personen" und „Personengemeinschaften"). Letztere werden nach Paargemeinschaften, Eltern-Kind-Gemeinschaften und sonstigen Haushaltsgemeinschaften unterschieden. Der Begriff „Familie" ist durch den Begriff der „Eltern-Kind-Gemeinschaft" ersetzt worden. Familienformen wären danach grundsätzlich verschiedene Formen von Eltern-Kind-Gemeinschaften.

Die Konzeptualisierung der Lebensform von Individuen nach Zapf et al. (1987) geht bezüglich der einbezogenen Dimensionen über den Ansatz der amtlichen Statistik hinaus. Er ist in anderer Hinsicht allerdings enger. Anstelle einer allgemeinen Definition werden explizit die Kriterien angegeben, durch die die Lebensform einer Person bestimmt sein soll. Dazu gehört das *Vorhandensein eines eigenen Haushalts, die Generationenzusammensetzung des Haushalts, die sozialrechtliche Stellung der Person und des/der etwaigen Partner/in, der Familienstand und die Kinderzahl* (Zapf et al. 1987: 30). Mit der sozialrechtlichen Stellung, die hier zusätzlich eingebracht wird, ist die Art des individuellen Einkommenserwerbs gemeint.

Fast alle Kriterien sind aus unserer Sicht allerdings zu undifferenziert operationalisiert. Statt des ersten Kriteriums könnte allgemeiner der *Haushaltstyp* betrachtet werden. Die Zusammensetzung des Haushalts wird auf den Aspekt der Generationenzahl eingeschränkt. Hier wäre eine Differenzierung der *Haushaltszusammensetzung* nach den im Haushalt vorfindbaren verwandtschaftlichen Beziehungstypen zu anderen Haushaltmitgliedern angebracht. Es gibt zum Beispiel in der offiziellen Statistik die Kategorie der nichtverwandten Haushaltsmitglieder. Auch der Familienstand wird in der Definition von Zapf et al. sehr eng gefaßt (fünf Kategorien). Man muß den *Partnerschaftsstatus* genauer erfassen und zusätzlich angeben, ob jemand mit oder ohne Partner bzw. Partnerin lebt und ob man mit dem Partner bzw. der Partnerin zusammen in einem Haushalt lebt. Diese modifizierte Definition der Lebensform, die durch Haushaltstyp, Haushaltszusammensetzung, sozialrechtliche Stellung, Partnerschaftstatus und Kinderzahl bestimmt ist, ist sehr umfassend.

Eine *Familienform* läßt sich dann als spezieller Typ von Lebensform begreifen. Familienformen sind dadurch gekennzeichnet, daß die Person in einer Eltern-Kind-Beziehung – als Elternteil oder als Kind – involviert ist. In Bezug auf das Konzept des Statistischen Bundesamts haben wir es hier also mit Eltern-Kind-Gemeinschaften zu tun. Eine instruktive Klassifikation zur *Familienform* gibt Nave-Herz (1994: 7). Sie unterscheidet nach Eltern- und Ein-Eltern-Familien und differenziert diese nach der „Familienbindung". Damit ist gemeint, ob das Kind qua Geburt, Adoption oder Pflegschaft mit den Eltern verbunden ist und welchen Familienstand die Eltern haben. In dieser Klassifikation werden keine weiteren Aspekte des Typs des Familienhaushalts und seiner Zusammensetzung berücksichtigt, was für eine umfassende historisch angelegte Analyse von Familienformen notwendig erscheint, gleichzeitig aber Abgrenzungsprobleme impliziert (Mitterauer 1991: 38ff).

Die Pluralisierung von Lebens- und Familienformen kann in Abhängigkeit von der gewählten Definition des Begriffs Lebensform etwas unterschiedliches bedeuten. Insbesondere muß man entscheiden, ob man Lebensformen allgemein oder Familienformen im speziellen betrachtet.

Ferner ist die Unterscheidung von Querschnitts- und Längsschnittvergleichen zu beachten. Im *Querschnittsvergleich* läßt sich die Pluralisierung der Lebensformen in der Gesamtbevölkerung (oder in gesellschaftlichen Teilgruppen) zu verschiedenen historischen Zeitpunkten betrachten. In einem *Längsschnittsvergleich* werden Geburtsjahrgänge im Hinblick auf die Heterogenität von Lebens- und Familienformen, die sie im Verlauf ihres Lebens durchlaufen, miteinander verglichen. Hier sind zahlreiche sozialstrukturelle Differenzierungen sinnvoll.

Das *Alter* ist immer eine wichtige Differenzierungsdimension, da es als Indikator für verschiedene Lebensphasen verwendet werden kann (Zapf et al. 1987: 31ff), wobei man freilich immer berücksichtigen muß, daß bei Querschnittsvergleichen Alters- und Kohortenunterschiede konfundiert sein können.

Von großer Bedeutung ist, daß die Veränderung der Heterogenität von Lebensformen in einer Gesellschaft *nicht* mit dem Wandel von Lebensstilen vermischt werden darf. Letztere beziehen sich auf faktische Muster und Strategien alltäglicher Lebensgestaltung (vgl. Hradil 1990). Natürlich sind Lebensformen und Lebensstile miteinander verknüpft, die Art dieser Verknüpfung bedarf aber einer sorgfältigen Explikation. Unser Eindruck ist, daß dieses Gebot vor allem von Seiten der Vertreter der Individualisierungstheorie mißachtet wird (Beck-Gernsheim 1998). Dadurch ist ein Teil der oben angesprochenen Begriffsverwirrung begründet.

3. Was hat Pluralisierung mit Individualisierung zu tun? Eine allgemeine theoretische Bestimmung

Um das Verhältnis zwischen Individualisierung einerseits und der Pluralisierung der Lebensformen andererseits genauer angeben zu können, muß zunächst verdeutlicht werden, von welchen Faktoren die individuelle Wahl einer Lebensform abhängt. Nehmen wir an, daß der Lebenslauf als Ergebnis einer ständigen Abfolge miteinander verknüpfter Entscheidungen individueller Akteure verstanden werden kann, die simultan verschiedene Lebensbereiche betreffen. Die Akteure versuchen, unter den gegebenen objektiven situationalen Bedingungen (kulturelle, soziale und ökonomische Opportunitäten), vor dem Hintergrund individueller Präferenzen (psychosoziale Dispositionen) sowie individueller Ressourcen, eine nach subjektiven Maßstäben optimale Lebensgestaltung zu realisieren. Dazu gehört auch eine bestimmte Lebensform.

Lebensformen weisen je unterschiedliche *allgemeine Anreizstrukturen* (Vor- und Nachteile) auf, die durch die erwartbaren Folgen des Lebens in der einen oder anderen Lebensform bestimmt sind. Dazu gehören unterschiedlich große Vorteile bei der Haushaltsproduktion und der Erwirtschaftung individueller Wohlfahrt (Effizienzgewinne durch gemeinsames Wirtschaften) auf der einen, und unterschiedlich große Nachteile durch mögliche negative Externalitäten von mehr oder weniger enger, arbeitsteilig organisierter Kooperation in Lebensgemeinschaften auf der anderen Seite. Lebensformen bieten verschiedene Vorteile im Hinblick auf kurz- und langfristige materielle und soziale Absicherungen der individuellen Lebensgestaltung einerseits und unterschiedliche Grade ökonomischer Abhängigkeit und unterschiedlich hohe Kosten einer Trennung andererseits. Lebensformen bieten unterschiedliche Vorteile im Hinblick auf die Befriedigung emotionaler und seelischer Bedürfnisse, gehen aber auch mit einem unterschiedlichen Grad an persönlicher Bindung und sozialer Kontrolle einher.

Ferner wird die Entscheidung zugunsten einer bestimmten Lebensform von situationalen Gelegenheiten und Restriktionen beeinflußt, die einen wesentlichen

Einfluß auf die aufzubringenden Kosten und den Entscheidungsspielraum für die Akteure haben. Zu dieser „äußeren" *Gelegenheitsstruktur* gehören beispielsweise der Partnermarkt und seine Sozialstruktur, die Ehe- und Scheidungsgesetze, das Jugendhilferecht, familien- und sozialpolitische Regelungen, das Kindschaftsrecht, die familienrelevante Infrastruktur, der Wohnungs- und Arbeitsmarkt, aber auch soziokulturelle Normen und Werte.

Welche Lebensformen Individuen verwirklichen können, hängt in der Regel auch davon ab, über welche *Ressourcen* sie verfügen. Ressourcen sind ökonomisches, kulturelles (Humankapital) und soziales Kapital sowie Beziehungskompetenzen. Darüber hinaus spielen bei der Wahl einer Lebensform askriptive Merkmale eine Rolle, wie Geschlecht, Alter etc.

Schließlich muß man davon ausgehen, daß die Nutzenerwartungen und die Einschätzung der situationalen Handlungsbedingungen von den *individuellen Präferenzen und psychosozialen Dispositionen der Akteure* abhängen. Sie betreffen so unterschiedliche Aspekte wie das Bedürfnis nach partnerschaftlicher Nähe und Intimität, den Kinderwunsch, das Bedürfnis nach existentieller Lebenssicherung und Perspektivensicherung, Lebenserfahrung und Sozialisationseinflüsse, Einstellungen, religiöse und moralische Überzeugungen sowie Persönlichkeitsmerkmale.

Auf der Basis dieser handlungstheoretischen Kategorien kann die Beziehung zwischen Individualisierung und Pluralisierung nun präzisiert werden. Es ist schon angedeutet worden, daß die re-integrativen Elemente sozialer Strukturen unter Abbau nicht-reflexiver durch gesatzte und nun prinzipiell hinterfragbare Formen sozialer Ordnung oder marktmäßiger Strukturen nicht unmittelbar eine Vergrößerung des Handlungsspektrums und der Heterogenität von realisierten Handlungsalternativen von Akteuren beinhalten müssen. Das soll zunächst noch einmal erläutert werden.

Erstens sind traditionale, zumindest stratifikatorisch differenzierte Gesellschaften nicht ohne weiteres „besonders" homogene Gesellschaften. Individuen können auch unter starken kulturellen Vorgaben eine große Verhaltensvielfalt und in einem beträchtlichen Ausmaß abweichende Formen der Lebensgestaltung zeigen. Die homogenisierende Wirkung traditionaler Kultur wird häufig überschätzt. Die traditionale Kultur ist nur ein, wenn auch vielleicht gewichtiger Aspekt der Handlungsbedingungen der Individuen, die unterschiedlich stark das konkrete Optionenspektrum bei der Lebensgestaltung bestimmen. Opportunitäten sind aber nicht nur normativer Art, sondern umfassen ebenfalls sozialstrukturelle und ökonomische Restriktionen. Individuen können deshalb unter den selbstverständlichen Vorgaben traditionaler Kultur in Reaktion auf Knappheitserfordernisse und Anreizstrukturen sehr unterschiedlich handeln oder gar von kulturellen Normen abweichen. Innovative, individuelle Handlungsstrategien, soweit sie „erfolgreich" waren, haben gerade wesentlich zu dem gesellschaftlichen Prozeß beigetragen, der hier Individualisierung genannt wird.

Zweitens muß ein Abbau traditionaler Selbstverständlichkeiten, der vom Aufbau neuer Regelungen, Institutionen neuer Art und Standardisierungen begleitet wird, nicht zu einer geringeren Homogenität und Uniformität von Lebens- und Verhaltensweisen beitragen. Dieses muß auch nicht für alle Teile der Bevölkerung in gleichem Maße gelten. In der Literatur wird die homogenisierende Wirkung der Re-Integrationsmechanismen unterschätzt[4].

Drittens wird aus der Individualisierungsthese häufig geschlossen, daß sich eine Pluralisierung *innerhalb* von Teilgruppen oder Subklassen der Bevölkerung beobachten lassen sollte. Eine geringere Bindung an traditionale Verhaltensmuster in gesellschaftlichen Großgruppen, die durch gruppenspezifische Normensysteme abgesichert sind, dürfte in der Tat eine größere „Durchmischung" gesellschaftlicher Teilgruppen im Hinblick auf Handlungsmuster und Handlungsstrategien ermöglichen. Gleichwohl ist auch dieses nicht selbstverständlich. Ob eine Pluralisierung innerhalb von Subklassen eintritt oder ob sich dort neue Standardisierungen ergeben, hängt von den spezifischen Handlungsbedingungen der jeweiligen Akteure ab. Individuen können innerhalb einer gesellschaftlichen Teilgruppe unter normativ schwachen Vorgaben ein sehr homogenes Verhalten an den Tag legen, wenn dieses sich für sie übereinstimmend als ein instrumentell erfolgreiches Verhalten im Rahmen ihrer Lebenslage erwiesen hat. In unterschiedlichen gesellschaftlichen Teilgruppen kann also selbst im Zuge der Individualisierung jeweils eine bestimmte Lebensform dominieren. Auf der gesamtgesellschaftlichen Ebene ergibt sich dann ein Bild der Vielfalt von Lebensformen, ohne daß Individuen das ganze Optionenspektrum der Lebensformen wirklich zur Verfügung steht.

Die allgemeine Schlußfolgerung der vorangegangenen Erörterungen muß sein, daß Individualisierung weder eine notwendige noch eine hinreichende Voraussetzung für Pluralisierung von Lebensformen insgesamt und innerhalb von Subklassen ist. In jedem Fall müssen zusätzliche Bedingungen erfüllt sein, so daß die behaupteten Zusammenhänge tatsächlich auftreten.

Was ist ausgehend von diesen allgemeinen Überlegungen mit Bezug auf die Frage der Beziehung von Individualisierung und Pluralisierung der Lebensformen zu erwarten? Dieses läßt sich allgemein nicht beantworten. Wir wollen daher in der Betrachtung verschiedener Phasen gesellschaftlichen Wandels vom Übergang der Vormoderne zu heute im einzelnen begründen, welche Erwartungen plausibel sind, und hierfür einige empirische Belege anführen.

4. Zum Wandel der Lebensformen

4.1 Die Vormoderne

Die jüngere Forschung zu den Familienformen vor und zu Beginn der Industrialisierung hat in vielen familienhistorischen Untersuchungen belegt, daß es damals eine außerordentlich große Vielfalt von familialen Lebensformen gegeben hat. Das wird von Mitterauer in der folgenden Weise klargestellt: „*Die* Familie der frühen Neuzeit, die sich über verschiedene Zwischenstufen zu *der* Familie der Gegenwart entwickelt hätte, hat es nie gegeben. Alle derart durch Epochenetiketten definierten Familienvorstellungen sind Begriffsgespenster, die sowohl in der Soziologie als auch in der

---

4   Kritiker der Individualisierungstheorie leiten ihre Kritik bisweilen gerade daraus ab, daß sie fälschlicherweise dem Individualisierungsansatz unterstellen, er vernachlässige die strukturellen Restriktionen individueller Autonomieentfaltung, etwa in Bezug auf die Familienentwicklung (vgl. Burkart 1993). Dieser Vorwurf ist unseres Erachtens allerdings nicht zutreffend.

Geschichtswissenschaft noch ihr Unwesen treiben. Im 16. Jahrhundert gab es nebeneinander eine bunte Vielfalt von sehr unterschiedlichen Familientypen, in ihrer Verschiedenheit wohl viel differenzierter war als in der Gegenwart." (Mitterauer 1989: 179; Hervorhebungen im Original).

Die gängige Darstellung vormoderner Familienformen, in denen Produktion und Haushalt zusammengehörten, legt es nahe anzunehmen, daß sie hochgradig durch die jeweiligen instrumentellen Interessen ihrer Mitglieder geprägt waren. Ökonomische Interessen und Erfordernisse der Haushaltsproduktion bestimmten das Familienverhalten, wie sich zum Beispiel ganz besonders am Heirats- und Geburtenverhalten zeigen läßt (Crenshaw 1989: 184ff.). Es ging in erster Linie um das ökonomische Überleben des Familienhaushalts. Die Handlungsbedingungen der Individuen waren zwar gleichzeitig durch traditionale Institutionen wie ständische und politische Vorgaben geprägt. Diese variierten indessen regional sehr stark, ließen aber eine große Vielfalt von realisierten Formen der Familienstruktur zu. Gerade die ökonomischen und sozialen Knappheitsverhältnisse in den Lebensbedingungen der Bevölkerung waren eine Quelle der Vielfalt innerhalb der ständischen Gruppen.

Auch wenn exakte Berechnungen, etwa auf der Basis des oben skizzierten Operationalisierungsversuchs fehlen, vermittelt sich deutlich der empirische „Eindruck" einer großen Vielfalt von Familienformen in der vormodernen Zeit (Mitterauer 1990, 1991; Rosenbaum 1982). Es dürfte schwer fallen, heute auftretende Lebensformen zu benennen, die nicht schon in dieser historischen Phase existiert hätten, auch wenn sie im Hinblick auf viele Aspekte der Lebenslage der Menschen und ihrer kulturellen Bedeutung nur bedingt vergleichbar sind. Von der Mutter- bzw. Vaterfamilie (Ein-Eltern-Familien) über die nichteheliche Eltern-Kind-Gemeinschaft („Konsensusehen") bis zu komplizierten Stiefelternverhältnissen, von der Kleinfamilie bis zu größeren „komplexen" Familienverbänden, die so heute kaum noch existieren, war das Spektrum gespannt. Hinzu kommen die vielfältigen Haushaltstypen, in denen entfernt verwandte und nichtverwandte Personen lebten.

Die Familienformen unterschieden sich nach Region und sozialem Stand in erheblichem Maße. Die Mutter- und Vaterfamilie sowie die nichtehelichen Lebensgemeinschaft mit und ohne Elternschaft gab es fast nur in den unteren Schichten (Nave-Herz 1994: 12). Auch das Heiratsalter war stark vom sozialen Stand abhängig, im westeuropäischen Raum in großen Teilen der Bevölkerung aber relativ hoch und mit der heutigen Situation vergleichbar (Mitterauer 1991: 61). Die Kinderzahl war zum großen Teil an die ökonomischen Erfordernisse und Möglichkeiten der Familienhaushalte gebunden (Linde 1984, Mitterauer 1991). Bäuerliche Haushalte unterschieden sich untereinander[5] und von Handwerkerhaushalten, diese wiederum von Haushalten aus den oberen sozialen Schichten. Die Gründe dafür können hier nicht im einzelnen ausgeführt werden.

Nach Mitterauer war die vormoderne Vielfalt an Familienformen auch durch die hohe Rollenvielfalt innerhalb der vormodernen Familienhaushalte bedingt. Um die ökonomische Reproduktionsfähigkeit zu erhalten, mußten diese verschiedenen Rol-

---

5　Kingsley Davis verweist in einem richtungsweisenden Artikel zum Beispiel darauf, daß die Geburtenhäufigkeit in vormodernen bäuerlichen Familienhaushalten von zahlreichen, ökonomisch relevanten Faktoren bedingt ist, und nicht in erster Linie von einem bestimmten Vererbungssystem oder anderen ländlichen Traditionen abhängt. „An explanation in terms of 'tradition' has no value in social science, because 'tradition' is merely a name for absence of change" (Davis 1963: 355).

len immer besetzt sein. Wegen der hohen Sterblichkeit der Menschen war damit eine
große Dynamik in der Entwicklung von Familienhaushalten verbunden (Mitterauer
1990).

4.2 Die erste Phase der Individualisierung

Individualisierung bezeichnet die zunehmende Herauslösung aus kulturell geprägten
sozialen Bindungen. Es hat sich gezeigt, daß es wichtig ist zu differenzieren, auf
welcher Ebene die Ursachen der Bindungswirkungen sozialer Beziehungen angesiedelt sind. Die nichtökonomischen Restriktionen der Gestaltungsmöglichkeiten von
Lebensformen hängen nicht nur von gesellschaftlichen Institutionen und Strukturen
ab. Sie sind auch und gerade abhängig von der Qualität der persönlichen Beziehungen in der Privatsphäre, von dem Ausmaß der gegenseitigen emotionalen Bindung
der Partner. Der erste Individualisierungsschub hat die Bedeutung traditionaler
Kultur und ständischer Differenzierung stark verringert. Normative Bindungen an
kulturell festgelegte (Groß-)Gruppenzugehörigkeiten sind damit abgebaut worden.
Die privaten sozialen Beziehungen erlangten nun aber eine neue Qualität. Die Neu-
Institutionalisierung der Lebensformen setzt daher auch hier an und ist durch die
Etablierung eines bürgerlichen Familienideals der ehelichen Lebensgemeinschaft
mit Kindern und einer sehr ausgeprägten Geschlechtsrollendifferenzierung gekennzeichnet. Damit ging ein höherer persönlicher Bindungsgrad der familialen Beziehungen für den einzelnen Akteur einher. Die Bindungen wurden gleichsam aus dem
Raum gesellschaftlicher Großgruppen in den Raum der privaten sozialen Beziehungen in der Familie verlegt (vgl. Beck-Gernsheim 1986: 148).

Als erste Phase der Individualisierung kann man die Zeit ab dem Beginn des In-
dustrialisierungsprozesses bis zur Mitte des 20. Jahrhundert verstehen, eine Phase,
die etwa 150 Jahre andauerte. Die Lebens- und Familienformen verändern ihren
Charakter grundlegend. Die sozialen Beziehungen innerhalb der Familien waren
zunehmend nicht mehr ausschließlich durch die ökonomischen Interessen ihrer Mitglieder aneinander geprägt. Sie sind zu Beziehungen geworden, die durch eine enge
persönliche Bindung und eine damit einhergehende starke soziale Kontrolle bestimmt sind. Das in der Vormoderne gesellschaftlich, an die persönliche Macht eines
Fürsten oder Lehnsherren gebundene, kulturelle und soziale commitment, ist zu
einem großen Teil durch die soziale Kontrolle innerhalb der privaten Lebenszusammenhänge ersetzt worden. Dieses wird durch die Institution der Ehe als der
legitimen Verfassung familialen Zusammenlebens abgesichert.

Die Trennung von Produktion und Haushalt stellt dabei alle Haushalte vor prin-
zipiell vergleichbare Probleme der Organisation des Nebeneinander von Familie und
Engagement in den nunmehr existierenden kapitalistischen Produktionsstrukturen.
Die Grundlagen innerfamilialer Kooperation und die Parameter der Effizienz der
Haushaltsproduktion haben sich grundlegend verändert. Der Druck auf eine spezifi-
sche Form der Arbeitsteilung der Partner ist gestiegen und schlägt sich, soweit öko-
nomisch realisierbar, in der geschlechtstypischen Arbeitsteilung nieder, wie sie im
Idealbild der bürgerlichen Familie fixiert ist (Rosenbaum 1982). Insbesondere die
Lebensformen der Frauen dürften im Verlauf des Übergangs von der Vormoderne
zum Zeitalter der bürgerlichen Familie daher deutlich homogener geworden sein.
Auch die Rolle der Kinder ändert sich radikal, sobald sie ihre Relevanz für die Sicherung der materiellen Grundlagen der familialen Lebensgestaltung verlieren

(Ariès 1975). Sie werden zunehmend in eine behütete Kindheit entlassen, die als Zeit des Lernens und Reifens Raum für die individuelle Entwicklung bieten soll.

Man kann daher annehmen, daß mit der Industrialisierung ein zwar relativ lang andauernder, aber fortschreitender Übergangsprozeß zu beobachten ist, innerhalb dessen die Vielfalt vormoderner Familienformen seit dem 19. Jahrhundert in eine gesellschaftsweite Dominanz der auf spezifische Weise arbeitsteilig organisierten bürgerlichen Kleinfamilie bis zur Mitte des 20. Jahrhunderts übergeht, die auch institutionell ihren Niederschlag findet. Die starke ständische bzw. sozialstrukturelle Segregation sollte sich dabei verringern. Subklassenspezifisch wäre demnach vorübergehend eine Pluralisierung zu erwarten, die schließlich in eine gesellschaftsweite Homogenisierung der Familienformen übergeht, die in der alten Bundesrepublik in den sechziger Jahren etwa ihren Höhepunkt erreicht.

Doch darf man nicht vergessen, daß ökonomische Randbedingungen von Familienhandeln ihre Bedeutung nicht verloren haben und eine Homogenisierung nur dann erwartet werden kann, wenn diese Bedingungen allen Mitgliedern der Gesellschaft die bürgerliche Familienorganisation auch erlauben. Genau dieses war über lange Zeit hin nicht gegeben. Die Übergangsphase selbst ist daher von einer neuen Art von Vielfalt geprägt, die durch die Resistenz traditionaler Formen, die aufkommenden bürgerlichen Familienformen und andere durch das Aufstreben des Industriekapitalismus bedingte Familienformen, wie der proletarischen Familie, begründet ist (Rosenbaum 1982). Erst in der Mitte des zwanzigsten Jahrhunderts „erlaubt" das gestiegene Einkommens- und Wohlstandsniveau der überwältigenden Mehrheit der Bevölkerung die Adaption des bürgerlichen Familienmodells des verheirateten Elternpaares mit Kindern und der nichterwerbstätigen Mutter, das sich nach familienökonomischen Gesichtspunkten unter den Bedingungen der industriekapitalistischen Produktionsweise als besonders effizient erweist (Becker 1991).

Auch das lebenslaufspezifische Muster der Abfolge individueller Lebensformen vereinfacht sich. Man lebt fast durchgängig in einer Familie, zunächst in der Herkunftsfamilie, und tritt dann – gewöhnlich ohne eine längere Übergangsphase nach Verlassen des Elternhauses – in eine eheliche Lebensgemeinschaft ein, in die nach relativ kurzer Zeit Kinder hineingeboren werden.

Insgesamt müßten sich bei einzelnen Dimensionen von Lebens- und Familienformen für den Zeitraum seit Beginn des 19. Jahrhunderts eine Homogenisierung der Verteilungen nachweisen lassen. Nur als grobe empirische Hinweise sollen dazu die folgenden Informationen dienen. Wir betrachten auf der Personenebene Querschnittsinformationen zum Familienstand und zur Erwerbsbeteiligung verheirateter Frauen und auf der Haushaltebene die Verteilung nach der Haushaltsgröße.

Kommen wir zunächst zu den Familienstandsquoten (Tabelle 1). Zu beachten ist, daß sich diese Quoten auf die Gesamtbevölkerung im Alter von 15 Jahren und darüber beziehen und die Veränderung dieser Quoten von der Veränderung der Altersstruktur in der Bevölkerung abhängt. Die hier gezeigten Zahlen sind diesbezüglich nicht bereinigt.

Zu erkennen ist die erwartete, deutlich zunehmende Konzentration der Bevölkerung auf den Familienstand „verheiratet" bis zum Jahr 1970, wobei gleichzeitig der Anteil der Ledigen geringer wird. Diese Entwicklung kann man als eine abnehmende Pluralisierung deuten, doch ändert sich die Entropie als Pluralitätsmaß, das sich auf vier Kategorien des Familienstands bezieht, wenig. Vor allem die Abnahme des Anteils der Verheirateten, die Zunahme bei den Verwitweten, die auf Kriegseinflüsse und Altersstruktureffekte zurückzuführen ist, sowie der Anstieg des Anteils der Geschiedenen wirken dagegen vor allem in den 80er Jahren „pluralisierend".

Tabelle 1:   Bevölkerung im Alter von 15 und mehr Jahren, nach dem Familien-
             stand, in Prozent; bis 1939 Deutsches Reich, danach alte Bundesländer;
             angegeben ist die Entropie nach dem Familienstand.

Zeitpunkt	Ledig	Verheiratet	Verwitwet	Geschieden	Entropie (Max=2)
Dez. 1871	40	51	9	0	1,35
Dez. 1900	38	53	9	0	1,34
Mai 1939	30	61	8	1	1,33
Sept. 1950	28	60	11	2	1,40
Juni 1962	25	62	11	2	1,39
Mai 1970	21	65	11	2	1,36
Dez. 1980	27	59	11	3	1,46
Dez. 1991	28	57	10	5	1,52

Quellen: StaBA 1972: 96; StaBa 1982, StaBa 1993; eigene Berechnungen.

Die Nichtehelichenquote lag in der Zeit von 1871 bis 1910 deutlich unter 10 Prozent, in den Folgejahren aber fast immer darüber (1918: 13,0 Prozent, 1926: 12,6 Prozent). Werte über 10 Prozent erreichte sie dann in Westdeutschland wieder in den Jahren 1946 bis 1948, bis sie dann 1966 mit 4,6 Prozent einen Tiefststand erreichte. 1970 liegt sie bei 5,5 Prozent (StaBa 1972). Dieses unterstützt die These einer abnehmenden Pluralisierung der Lebensformen bis in die 60er Jahre hinein.

Tabelle 2:   Erwerbsquoten verheirateter Frauen in verschiedenen Altersgruppen; bis
             1939 Deutsches Reich, danach alte Bundesländer

Zeitpunkt	Altersgruppe			
	20 bis 30	30 bis 40	40 bis 50	50 bis 60
Juni 1882	9,3	9,1	9,8	9,5
Juni 1907	22,1	25,7	28,9	29,8
Mai 1939	30,9	34,1	35,7	33,2
Sept. 1950	27,3	26,0	26,8	25,1
Juni 1962	43,1	37,1	36,6	29,3
April 1971	50,2	41,0	42,7	35,0
April 1980	57,8	51,0	49,3	36,7

Quellen: StaBA 1972: 144, StaBa 1982.

In Tabelle 2 ist die Veränderung der Erwerbsbeteiligng verheirateter Frauen seit 1882 dokumentiert, die uns über die Bedeutung des bürgerlichen Ehemodells informieren soll. Die Erwerbsquoten verheirateter Frauen waren überraschenderweise gegen Ende des letzten Jahrhunderts noch sehr niedrig. Sie nahmen dann in zwei Wellen deutlich in allen Altergruppen zu. Dieses muß man als Pluralisierungstendenz deuten.

Als dritter Indikator wird die Haushaltsgröße betrachtet (Tabelle 3). Auffällig ist die kontinuierliche Abnahme der großen Haushalte mit fünf und mehr Personen und die Zunahme der Einpersonenhaushalte. In dem hier zunächst betrachteten Zeitraum der Jahre 1900 bis 1970 nimmt die Entropie der Verteilung aus diesem Grund deutlich zu.

Insgesamt erhalten wir auf der Grundlage dieser sehr einfachen empirischen Informationen für den hier betrachteten historischen Zeitraum vom Ende des 19. Jahrhunderts bis zu den 60er und 70er Jahren dieses Jahrhunderts *ein gemischtes Bild über den Verlauf der Pluralisierung der Lebensformen.* Wir haben es zwar mit einer zunehmenden Dominanz der modernen, ehelichen Kleinfamilie zu tun. Diese war aber schon auf dem Weg zu ihrer Blüte einem erheblichen Wandel unterlegen, wie der stetige, nur durch die Nachkriegszeit unterbrochene Anstieg der Erwerbsbeteiligung verheirateter Frauen seit dem Ende des 19. Jahrhunderts zeigt. Die historische Entwicklung der Haushaltsformen nach ihrer Größe zeigt bis zum Jahr 1970 sogar eine zunehmende Pluralisierung an.

Tabelle 3:   Privathaushalte in Deutschland und der Haushaltsgröße, in Prozent aller Haushalte, bis 1939 Preußen, danach: alte Bundesländer; angegeben ist die Entropie nach der Haushaltsgröße

Jahr	Anzahl der Personen im Haushalt					Entropie (Max=2,32)
	eine	zwei	drei	vier	fünf und mehr	
1871	5,57	-	-	-	-	-
1900	6,92	14,65	16,79	16,64	45,00	2,05
1939	9,92	27,56	26,25	17,74	18,53	2,24
1950	19,39	25,28	23,02	16,17	16,14	2,30
1962	22,35	28,67	22,22	14,98	11,78	2,26
1970	25,13	27,10	19,62	15,24	12,91	2,27
1980	30,20	28,71	17,68	14,64	8,77	2,19
1991	35,05	30,55	16,37	12,75	5,28	2,08

Quelle: Rothenbacher 1997 und eigene Berechnungen.

Würde man zusätzlich den Verlauf der Scheidungsziffern betrachten, so fallen diese zwar von einem hohen, unmittelbaren Nachkriegsniveau stark ab und erreichen von Mitte der 50er bis Mitte der 60er Jahre ein „Nachkriegsminimum". Doch zeigt eine langfristige historische Betrachtung, daß in dieser Zeit Ehen doch häufiger geschieden wurden als zwischen 1880 und dem Beginn des Zweiten Weltkriegs. Sofern Scheidungsziffern überhaupt die Geltungskraft des bürgerlichen Familienideals indizieren, kommt man hier also zu unterschiedlichen Aussagen. Bezogen auf die Nachkriegszeit zeigen sie eine hohe normative Verbindlichkeit der bürgerlichen Ehe in den 60er Jahren an, bezogen auf den historischen Zeitraum vom Ende des 19. Jahrhunderts kommt man indessen zu der gegenteiligen Aussage (vgl. ausführlich Wagner 1997: 116 ff).

4.3 Die zweite Phase der Individualisierung

Seit den siebziger Jahren dieses Jahrhunderts setzten sich Individualisierung und familialer Wandel, so die allgemein akzeptierte These, verstärkt fort. Im Zuge dieser Entwicklung wird nun die persönliche Bindung im Privaten für beide Geschlechter prekär. In der Vormoderne hat sie kaum bestanden, in der ersten Phase der Individualisierung trug sie entscheidend zur Stabilität sozialer Ordnung bei, heute wird sie zum Problem. Auf den ersten Blick befördert die fortschreitende Individualisierung Lebensformen, in denen enge soziale Bindungen minimiert werden. Das Soziale kann dann den individuellen Interessen weitgehend untergeordnet werden: Es wird zur Kulisse der individuellen Interessenverfolgung und zur Bühne rationaler Kooperation. Die institutionelle Basis von Partnerschaft und Elternschaft, die Ehe, gerät folgerichtig unter Druck. Die Stabilität von Partnerschaften geht zurück. Es zeichnet sich der „Monopolverlust" der bürgerlichen Familie ab (Meyer 1992).

Die Stärkung der instrumentellen Interessen im Bereich der privaten sozialen Beziehungen scheint auf vormoderne Aspekte persönlicher Beziehungen zu verweisen. Was nun allerdings fehlt, ist die affirmative absolut gesetzte Kultur, an der sich die Individuen orientieren können. Vielmehr kommt es zu einer kulturellen Liberalisierung von Ehe und Familie, die Kaufmann (1995: 96ff.) an der Entkoppelung von Sexualität und Fortpflanzung, von Liebe und Ehe, von Ehe und Elternschaft sowie von biologischer und sozialer Elternschaft festmacht. Auch die Gründe für eine hohe Instabilität von Partnerschaften haben sich verändert. Sind es heute Trennungen und Scheidungen, war es früher die Verwitwung.

Damit ist jedoch nicht das Ende partnerschaftlicher und familialer Lebensformen eingeläutet. Das Bedürfnis nach engen sozialen Primärbeziehungen ist nicht verschwunden, sondern erhält eine neue Aktualität. Die Chancen der Individuierung, die Individualisierung ja ebenso eröffnet oder vergrößert, lassen sich nur einlösen, wenn individuelle Entwicklung in allen Altersphasen in vertrauensvolle, enge soziale Beziehungen eingebettet ist. Heute brauchen Menschen ein Medium zur Individuierung als Prozeß der Herstellung persönlicher Identität – und dieses Medium bieten enge persönliche Beziehungen (Huinink 1995). Das gesteigerte Bedürfnis nach persönlicher Nähe im Zuge der Individualisierung wird auch betont (Beck-Gernsheim 1986). Trotz der skizzierten Probleme sind daher auch heute noch Partnerschaft und Elternschaft herausragende Lebensziele junger Frauen und Männer (Vaskovics/Rost 1995).

Frauen und Männer versuchen aber unter den gegebenen politischen, sozialen, ökonomischen und neuen kulturellen Voraussetzungen, die Familienbildung und die Organisation ihres familialen Lebens in für sie optimaler Weise mit anderen Lebensbereichen zu vereinbaren. Der mit Partnerschaft und Elternschaft verbundene Wert ist nach den obigen Ausführungen nicht als residuale Größe zu betrachten (Huinink 1995). Das individuelle Streben nach Partnerschaft und Elternschaft wird jedoch in Abhängigkeit von der jeweiligen Lebensphase und unter verschiedenen sozio-ökonomischen Randbedingungen sehr unterschiedlich stark ausgeprägt sein. Familienbezogene Präferenzen können (zeitweilig) mit anderen Interessen konfligieren, sie können auch mit ihnen konform gehen, so daß sie sich gegenseitig verstärken. Das unterstützt die *These einer seit den sechziger Jahren identifizierbaren Vergrößerung der Heterogenität von Lebens- und Familienformen.*

Nave-Herz resümiert allerdings ihre Betrachtungen zum familialen Wandel in den letzten Jahrzehnten mit der These, daß man kaum von einer Pluralisierung (im weiteren Sinne) der Familienformen ausgehen könne. Die nichtfamilialen Lebensformen hätten sich jedoch erheblich ausdifferenziert. Dabei verweist sie nicht nur auf die vorfamilialen, sondern auch auf die nachfamilialen Phasen des Lebens, die mit zunehmender Lebenserwartung erheblich an Gewicht gewonnen hätten (Nave-Herz 1994: 16). Strohmeier (1993) deutet seinen empirischen Befund, der in eine ähnliche Richtung weist, als Polarisierungseffekt. Er zeigt auf der Datenbasis der ALLBUS-Erhebungen aus den Jahren 1980 und 1988, daß sich in dem von ihm so benannten Familiensektor (Eltern-Kind-Gemeinschaften) ein stabil hoher Anteil von Befragten in den beiden häufigsten Kategorien von Eltern-Kind-Gemeinschaften leben. Sie sind verheiratet und entweder nur der männliche Partner oder beide Partner sind erwerbstätig (ca. 80 Prozent). In dem nichtfamilialen Sektor läßt sich eine so starke Konzentration auf die zwei häufigsten Lebensformen nicht feststellen. Auf sie entfallen nicht einmal die Hälfte der Befragten.

Betrachten wir zunächst noch einmal die Tabellen 1 bis 3, so zeigen die unteren Zeilen die Entwicklung seit 1970 auf. Die Pluralität der Bevölkerung über 15 nach dem Familienstand sowie die Erwerbsbeteiligung der verheirateten Frauen haben weiter zugenommen. Die Vielfalt der Haushalte nach ihrer Größe hat sich indessen verringert (Tabelle 3). Die Scheidungsziffern steigen bis zum Beginn der 80er Jahre steil an, seitdem verharren sie auf relativ hohem Niveau (Wagner 1997: 116 ff.).

Tabelle 4:   Die Pluralisierung der Lebensformen in Westdeutschland im Vergleich der Jahre 1972 und 1995, in Prozent; angegeben ist die Entropie als Maß der Pluralisierung

Haushaltstyp	1972	1995
I. Haushalte ohne Kinder	**50,6**	**64,5**
Ehepaare	22,9	23,9
nichteheliche Lebensgemeinschaft	0,5	3,6
Einpersonenhaushalte	26,2	35,9
II. Zweigenerationenhaushalte	**46,0**	**34,5**
Ehepaare mit Kindern (1)	38,9	27,6
nichteheliche Lebensgemeinschaft mit Kindern (1)	0,1	0,9
Alleinerziehende (1)	5,5	5,1
Haushalte mit nicht mehr ledigen Kindern	1,5	0,9
III. Drei- und Mehrgenerationenhaushalte	**3,3**	**1,0**
Entropie (alle Haushaltstypen, Max=3)	2,05	2,11
Entropie (Haushalte ohne Kinder, Max=1,58)	1,08	1,23
Entropie (Zweigenerationenhaushalte, Max=2)	0,75	0,93

(1) mit ausschließlich ledigen Kindern
Quelle: Engstler 1997: 39 und eigene Berechnungen.

Im folgenden wollen wir die Frage, ob es seit Beginn der 70er Jahre eine Pluralisierung der Lebensformen gegeben hat, noch etwas genauer untersuchen. Wir unterscheiden insgesamt acht Haushaltstypen, die wir in drei Untergruppen gliedern: Haushalte ohne Kinder, Zweigenerationenhaushalte mit Kindern sowie Drei- und Mehrgenerationenhaushalte (Engstler 1997).

In der Tabelle 4 vergleichen wir die Verteilungen von familialen und nichtfamilialen Haushaltstypen in den Jahren 1972 und 1995. Hier wird ein genereller, wenn auch nur geringer Anstieg der Pluralität im weiteren Sinne ausgewiesen. Er ist begründet durch einen starken Rückgang des Anteils ehelicher Eltern-Kind-Gemeinschaften und durch einen Anstieg bei den nichtehelichen Lebensgemeinschaften mit und ohne Kindern. *Sowohl bei den familialen als auch bei den nichtfamilialen Haushalten nimmt die Heterogenität zu.* Das widerspricht der Polarisierungshypothese von Strohmeier. Der Grund dafür ist ein Anstieg bei den nichtehelichen Eltern-Kind-Gemeinschaften. In der Tat weisen auch die Auswertungen von Strohmeier auf eine steigende Bedeutung dieses Haushaltstyps hin (Strohmeier 1993: 16 f.). In Ostdeutschland ist er ohnehin sehr stark vertreten (Huinink und Wagner 1995). Bemerkenswert ist zudem die zunehmende Konzentration auf kinderlose Haushalte, wohingegen der Anteil der Zweigenerationenhaushalte an allen Haushalten abgenommen hat (berücksichtigt man nur die Oberkategorien I, II und III bei der Berechnung, sinkt die Entropie von 1,18 auf 1,00!).

5. Sozialstruktur und die Pluralisierung der Lebensformen

Die nachfolgenden Analysen richten sich vor allem auf den Zusammenhang zwischen der Sozialstruktur und dem Ausmaß der Pluralisierung von Lebensformen. Dabei gehen wir über die Analyse der Pluralisierung im historischen Zeitablauf hinaus und betrachten den Einfluß sozialstruktureller Faktoren – das Alter, die Bildung, die Ortsgröße sowie die Konfessionszugehörigkeit – auf das Ausmaß der Pluralisierung der Lebensformen.

Wir verwenden als Datenquelle den kumulierten ALLBUS (Allgemeine Bevölkerungsumfrage der Sozialwissenschaften) für Westdeutschland der Jahre 1980 bis 1996[6]. Bis zum Jahr 1990 wurden nur deutsche Staatsbürger befragt, danach auch Ausländer. Um die Vergleichbarkeit der Ergebnisse zu gewährleisten, wurden Ausländer aus den Berechnungen ausgeschlossen. Im Rahmen der ALLBUS-Erhebungen wurde das Verfahren zur Ziehung der Stichproben verändert. Während die Erhebungen bis einschließlich zum Jahr 1992 auf dem ADM-Verfahren beruhten, bei dem die Befragten in einem Auswahlprozeß über Wahlbezirke und Haushalte identifiziert werden, wurde bei den Erhebungen der Jahre 1994 und 1996 zunächst eine Gemeinde- und dann eine Personenstichprobe aus den jeweiligen Einwohnermelderegistern gezogen. Um die Daten aus den verschiedenen Erhebungen anzupassen, wurden sie so gewichtet, daß sie sich auf die Individualebene beziehen. Die Stichprobengröße beträgt dann 26133 Personen. Die Haushaltsklassifikation wurde derjenigen in Tabelle 4 angepaßt.

Betrachtet man die Pluralisierung aller Lebensformen nach dem *Alter* (Tabelle 5), so ergibt sich auf den ersten Blick ein verwirrendes Bild. Die Vielfalt der Lebensformen bezogen auf die acht Haushaltstypen ist im dritten Lebensjahrzehnt erwartungsgemäß am größten und im hohen Alter am niedrigsten. Überraschend ist aber, daß die Abnahme der Pluralisierung mit dem Alter nicht kontinuierlich verläuft. Im Alter zwischen 45 und 59 Jahren ist die Heterogenität der Lebensformen größer als im Alter zwischen 30 bis 44 Jahren. Ein Grund hierfür ist, daß im Alter von 45 bis 59 Jahren häufig der Auszug der Kinder aus dem elterlichen Haushalt stattfindet. Die Anzahl der Ehepaare ohne Kinder im elterlichen Haushalt ist hier im Vergleich zur vorangegangenen Altersgruppe hoch. Dagegen sind die Haushaltstypen bei den 30- bis 44jährigen relativ homogen verteilt. Hier dominiert die Lebensform der Ehepaare mit Kindern.

Betrachtet man die Haushalte ohne Kinder, so nimmt die Pluralisierung bis zur Altersgruppe der 60- bis 74jährigen ab, in der ein besonders hoher Anteil von Ehepaaren ohne Kinder zu verzeichnen ist. Bei den Haushalten mit Kindern nimmt die Pluralisierung hingegen über die Altersgruppen hinweg zu, wobei auch hier die Entwicklung nicht kontinuierlich verläuft, sondern durch den geringen Entropiewert in der Altersgruppe von 30 bis 44 Jahren unterbrochen wird, in der die Ehepaare mit Kindern hervorstechen.

---

6   Der ALLBUS ist in den Jahren 1980 bis 1986 und 1991 von der Deutschen Forschungsgemeinschaft (DFG) gefördert worden. Die weiteren Erhebungen wurden von Bund und Ländern über die GESIS (Gesellschaft sozialwissenschaftlicher Infrastruktureinrichtungen) finanziert. ALLBUS wird von ZUMA (Zentrum für Umfragen, Methoden und Analysen e.V., Mannheim) und dem Zentralarchiv für empirische Sozialforschung (Köln) in Zusammenarbeit mit dem ALLBUS-Ausschuß realisiert. Die Daten sind beim Zentralarchiv für empirische Sozialforschung (Köln) erhältlich.

Ferner wird in der Literatur oft behauptet, daß eine zunehmende Vielfalt der Lebensformen Ergebnis einer allgemeinen Höherqualifizierung der Bevölkerung sei. Mit zunehmendem Bildungsniveau werde die Distanz zu dem Modell der bürgerlichen Familie größer. Demzufolge müßte mit dem Bildungsniveau die Pluralisierung zunehmen. Wie die Tabelle 6 zeigt, variiert die Pluralisierung jedoch kaum nach dem Ausbildungsniveau. Selbst diejenigen, die sich noch in einer Ausbildung befinden, weisen keine große, sondern eher eine geringe Vielfalt in den Lebensformen auf.

Tabelle 5: Altersstruktur und die Pluralisierung der Lebensformen, 1980-1996, in Prozent; angegeben ist die Entropie als Maß der Pluralisierung

Haushaltstyp	18 bis 29 Jahre	30 bis 44 Jahre	45 bis 59 Jahre	60 bis 74 Jahre	75 Jahre und älter	Total
I. Haushalte ohne Kinder	**33,0**	**22,0**	**40,1**	**78,8**	**86,6**	**42,6**
Ehepaare	10,4	11,7	31,4	55,0	38,8	25,8
nichteheliche Lebensgemeinschaft	8,0	2,8	1,3	1,2	0,9	3,2
Einpersonenhaushalt	14,6	7,5	7,4	22,6	46,9	13,6
II. Zweigenerationenhaushalte	**60,9**	**74,5**	**55,3**	**17,8**	**6,6**	**53,0**
Ehepaar mit Kindern (1)	52,0	67,3	47,4	12,1	2,0	45,6
nichteheliche Lebensgemeinschaft mit Kindern (1)	1,4	1,7	0,5	0,3	0,0	1,0
Alleinerziehende (1)	6,5	4,3	4,3	3,1	2,5	4,5
Haushalte mit nicht mehr ledigen Kindern	1,0	1,2	3,1	2,3	2,1	1,9
III. Drei- und Mehrgenerationen-haushalte	**6,1**	**3,5**	**4,6**	**3,4**	**6,8**	**4,5**
N (=100 %)	5573	7135	6673	4541	1174	25096
Entropie (alle Haus-haltstypen, Max=3)	2,18	1,71	1,99	1,87	1,73	-
Entropie (Haushalte ohne Kinder, Max=1,58)	1,54	1,39	0,89	0,97	1,07	-
Entropie (Zweigenerationenhaushalte, Max=2)	0,76	0,58	0,77	1,29	1,58	-

(1) mit ausschließlich ledigen Kindern
Quelle: ALLBUS, eigene Berechnungen.

Tabelle 6: Pluralisierung der Lebensformen nach der Berufsausbildung, 1986-1996; angegeben ist die Entropie als Maß der Pluralisierung

Berufsbildungsabschluß	alle Haushaltstypen (Max=3)	Haushalte ohne Kinder (Max =1,58)	Zweigenerationen-Haushalte (Max=2)
keinen Abschluß	2,18	1,38	0,77
Lehre	2,23	1,42	0,79
Berufs-/Fachschule	2,18	1,35	0,79
Meister	2,22	1,41	0,73
Fach-/Hochschule	2,21	1,39	0,83
sonstige Ausbildung	2,17	1,47	0,70
noch in Ausbildung	2,07	1,38	0,52

Quelle: ALLBUS, eigene Berechnungen.

Diese Befunde unterstützen nicht die Sichtweise, daß die Pluralisierung der Lebensformen Folge der Bildungsexpansion ist oder der sozialen Ungleichheit unterliegt. Empirische Untersuchungen haben immer wieder belegt, daß es im Hinblick auf die Geburtenhäufigkeit ein ausgeprägtes Land-Stadt-Gefälle gibt (Huinink und Wagner

1989). Zudem geht man davon aus, daß die „Neuen Haushaltstypen" stärker in den Großstädten verbreitet sind als in ländlichen Regionen (Droth und Dangschat 1985). Wir betrachten daher regionale Differenzierungen bei der Pluralisierung der Lebensformen. Die These lautet: Je höher der *Urbanisierungsgrad*, desto größer ist die Pluralisierung der Lebensformen. Tabelle 7 zeigt, daß mit der Einwohnerzahl der Anteil der nichtehelichen Lebensgemeinschaften ohne Kinder sowie der Einpersonenhaushalte zunimmt, während der Anteil der Ehepaare mit Kindern und der Drei- und Mehrgenerationenhaushalte abnimmt. Der hohe Grad der Pluralisierung in den Großstädten unterstützt solche Theorien, die zwischen der Größe einer Bevölkerung und ihrer sozialen und kulturellen Differenzierung einen positiven Zusammenhang postulieren (Friedrichs 1977: 121 ff.).

Tabelle 7:   Pluralisierung der Lebensformen nach der Ortsgröße; angegeben ist die Entropie als Maß der Pluralisierung

Ortsgröße (Einwohnerzahl)	Alle Haushaltstypen (Max = 3)	Haushalte ohne Kinder (Max =1,58)	Zweigenerationen-Haushalte (Max=2)
bis 1.999	2,02	1,13	0,68
2.000 – 4.999	2,01	1,14	0,68
5.000 – 19.999	2,05	1,10	0,74
20.000 – 49.999	2,04	1,18	0,72
50.000 – 99.999	2,14	1,20	0,75
100.000 – 499.999	2,16	1,24	0,78
500.000 und mehr	2,17	1,28	0,80

Quelle: ALLBUS, eigene Berechnungen.

Die regional unterschiedliche Vielfalt der Lebensformen ist einerseits Folge einer nach der Lebensform selektiven Zu- bzw. Abwanderung. Land-Stadt-Wanderer sind relativ häufig kinderlos und gründen zudem in den Großstädten verhältnismäßig selten eine Familie. Ferner bringen viele Frauen, die aus einer Großstadt stammen und in eine ländliche Region ziehen, dort ihr erstes Kind zur Welt. Andererseits spielt aber auch eine Rolle, daß Frauen in den Großstädten besonders gute Bildungs-, vor allem aber Arbeitsmarktchancen haben. Sofern sie diese nutzen, verzichten sie auf eine Familiengründung oder schieben diese auf (vgl. ausführlich Huinink und Wagner 1989).

Abschließend betrachten wir die Pluralisierung der Lebensformen zwischen *Mitgliedern einer Religionsgemeinschaft und den Konfessionslosen*. Anzunehmen ist, daß diejenigen, die keiner Religionsgemeinschaft angehören, seltener in den traditionalen Haushaltstypen leben, da sie im Einklang mit christlichen Normen stehen. Es zeigt sich hier in der Tat, daß in der Gruppe der Konfessionslosen die Pluralisierung größer ist (die Entropie bezogen auf alle Haushaltstypen beträgt hier 2,27 versus 2,12). In den beiden Subgruppen der nichtfamilialen und familialen Haushaltstypen ergibt sich ein ähnliches Bild. Konfessionslose leben häufiger alleine (19,6 Prozent versus 13,1 Prozent) oder in einer nichtehelichen Lebensgemeinschaft ohne Kinder (7,7 Prozent versus 2,7 Prozent) und relativ selten verheiratet zusammen mit Kindern (37,0 Prozent versus 46,4 Prozent). Man muß auch hier bedenken, daß wir den Zusammenhang zwischen Konfessionszugehörigkeit und der Pluralisierung der Lebensformen lediglich bivariat betrachten und andere Strukturvariablen, beispielsweise das Alter oder die Kohortenzugehörigkeit, die mit der Konfessionszugehörigkeit assoziiert sein dürften, nicht kontrolliert haben.

6. Schlußfolgerungen

Dieser Beitrag beschäftigte sich mit den folgenden zwei Fragen: Wie hängen Individualisierung und Pluralisierung der Lebensformen zusammen? In welcher Weise hat sich diese Pluralisierung im historischen Zeitablauf verändert und in welchem Ausmaß ist sie mit sozialstrukturellen Faktoren assoziiert?

Ein erstes theoretisches Resultat besteht darin, daß *Individualisierung weder eine notwendige noch ein hinreichende Bedingung für die Pluralisierung der Lebensformen ist.* So bedeutet Individualisierung, verstanden als ein Abbau traditionaler normativer Verbindlichkeiten, nicht per se eine Erweiterung der Optionsvielfalt bei der Wahl der Lebensform.

Erstens können weiterhin restriktive Opportunitäten anderer Art bestehen bleiben oder auch neu entstehen, beispielsweise solche, die eher ökonomische und sozialstrukturelle Dimensionen der Gelegenheitsstruktur betreffen. Die Tatsache, daß eine große Anzahl von Lebensformen „erlaubt" ist, bedeutet nicht, daß diese Lebensformen im Hinblick auf instrumentelle Handlungsziele gleich attraktiv sind.

Zweitens kann eine Schwächung traditionaler Normen durch einen Aufbau neuer Regelungen und Institutionen abgelöst werden. Auch aus diesem Grund muß es nicht unbedingt zu einer wachsenden Vielfalt der Lebensformen kommen. Neue Lebensformen mögen entstehen, aber auch neue Normen, die den Zugang zu diesen Lebensformen regeln.

Drittens kann Individualisierung zu einer Differenzierung der Bevölkerung in Teilgruppen führen, innerhalb derer eine ähnliche Pluralisierung der Lebensformen herrscht, wie in der Gesellschaft insgesamt bevor es zu einer Differenzierung in Teilgruppen kam. Umgekehrt können homogene Teilgruppen zu einem Bild großer Vielfalt auf der Ebene der Gesellschaft führen, ohne daß aber die Mitglieder der einzelnen Teilgruppen zwischen Lebensformen wählen können.

Die Pluralisierung der Lebensformen wurde empirisch in mehrfacher Hinsicht analysiert. Zum einen haben wir versucht, diesbezügliche historische Veränderungen nachzuzeichnen, zum anderen wurde die Pluralisierung der Lebensformen innerhalb verschiedener Teilgruppen der Gesellschaft untersucht. Dabei haben wir das Ausmaß der Pluralisierung durch die Entropie gemessen, die eine Maßzahl qualitativer Varianz ist.

Im Zeitraum vom Ende des 19. Jahrhunderts bis zu den 60er und 70er Jahren der Nachkriegszeit kam es zu einer Homogenisierung in der Verteilung der Lebensformen, wenn man die relativ dominante Stellung der bürgerlichen Kleinfamilie in den ersten Dekaden nach dem Zweiten Weltkrieg betrachtet. Allerdings weisen andere Indikatoren des Wandels der Lebensformen eher auf eine stetige Pluralisierung in diesem Zeitraum hin. Insgesamt ergibt sich hier also kein einheitliches Bild. Seit den siebziger Jahren hat sich die Heterogenität der Lebensformen etwas vergrößert. Hier spricht einiges dafür, daß es nicht nur im nichtfamilialen, sondern auch im familialen Sektor zu einer Pluralisierung gekommen ist.

Ferner variiert die Pluralisierung der Lebensformen deutlich zwischen sozialstrukturellen Teilgruppen der Gesellschaft. Zwar konnten keine kohortenspezifischen Längsschnittdaten einbezogen werden, doch es zeigt sich immerhin, daß die Vielfalt der Lebensformen in einigen *Altersgruppen* größer ist als in anderen. In der Altersgruppe zwischen 20 und 30 Jahren ist die Pluralisierung besonders ausgeprägt, aber auch bei den 45- bis 59jährigen. Darüber hinaus ist erwartungsgemäß die Pluralisierung der Lebensformen in *großen Städten* besonders augenfällig. Dieser Umstand ist wahrscheinlich Folge selektiver Migration und regional unterschiedlicher Opportunitätsstrukturen. Da die Vielfalt der Lebensformen und das *Ausbildungsniveau* der Bevölkerung keine deutlichen Beziehungen zueinander aufweisen, kann man zunächst nicht davon ausgehen, daß die Verteilung sozioökonomischer Ressourcen in einer Gesellschaft die Pluralisierung der Lebensformen beeinflußt. Diese These müßte aber in weiteren Untersuchungen genauer untersucht werden. Die Heterogenität der Lebensformen ist schließlich in solchen Bevölkerungsgruppen besonders deutlich, die keiner *Religionsgemeinschaft* angehören. Dieser Befund läßt sich unter anderem darauf zurückführen, daß in dieser Bevölkerungsgruppe das Alleinleben und das nichteheliche Zusammenleben stärker verbreitet sind.

Das zentrale Ergebnis dieses Beitrags ist, daß es weder zutreffend ist, pauschal von einer deutschen Gegenwartsgesellschaft zu sprechen, in der eine hohe Pluralisierung der Lebensformen herrscht, noch erscheint es angemessen, den langfristigen historischen Wandel der Lebensformen als einen Prozeß zu betrachten, der sich kontinuierlich von einem homogenen zu einem heterogenen Zustand entwickelt hätte. Ebenso kann man den Gründen für eine mögliche Vielfalt von Lebensformen nicht mit bloßen Hinweisen auf Individualisierungsprozesse auf die Spur kommen. Voraussetzung für eine Erklärung der Pluralisierung von Lebensformen ist nicht nur eine präzise Begrifflichkeit, sondern auch die Anstrengung, die Vielfalt der Lebensformen handlungstheoretisch zu erklären. Dieses erfordert wiederum, sich der Komplexität der Theoriebildung zu stellen, die sich dann ergibt, wenn man die Wahl der Lebensform als ein Zusammenspiel verschiedener Typen von Gelegenheitsstrukturen, Ressourcen und Präferenzen betrachtet und Hypothesen darüber formuliert, wie sich dieses im historischen Zeitablauf geändert haben könnte. Die Konstruktion derartiger Theorien kann sicherlich von den empirischen Ergebnissen einer Sozialstrukturforschung profitieren, die soziale Heterogenität in verschiedenen gesellschaftlichen Teilgruppen quantitativ erfaßt. Dieser Beitrag erfüllt seinen Zweck, wenn er zu einer derartigen Forschung anregt.

Literatur

Ariès, Philippe, 1975: Geschichte der Kindheit. München: Hanser.

Beck, Ulrich, 1986: Risikogesellschaft. Auf dem Weg in eine andere Moderne. Frankfurt/M: Suhrkamp.

Beck-Gernsheim, Elisabeth, 1986: Bis daß der Tod euch scheidet? Veränderungen im Verhältnis von Mann und Frau in der modernen Gesellschaft. In: Archiv für Wissenschaft und Praxis der sozialen Arbeit 16: 144-173.

Beck-Gernsheim, Elisabeth, 1998: Was kommt nach der Familie? Einblicke in neue Lebensformen. München: Beck.

Becker, Gary S., 1991: A Treatise on the Family. 2. Ausgabe, Cambridge-London.

Burkart, Günter, 1993: Individualisierung und Elternschaft – Das Beispiel USA. Zeitschrift für Soziologie 22: 159-177.

Burkart, Günter, 1995: Zum Strukturwandel der Familie. Mythen und Fakten. In: Aus Politik und Zeitgeschichte B52-53/95: 3-15.

Coulter, Philip B., 1989: Measuring Inequality. Boulder: Westview Press.

Crenshaw, Edward, 1989: The Demographic Regime of Western Europe in the Early Modern Period: A Review of Literature. Journal of Family History 14: 177-189.

Davis, Kingsley, 1963: The Theory of Change and Response in the Modern Demographic History. Population Index 29: 345-266.

Droth, Wolfram und Jens Dangschat, 1985: Räumliche Konsequenzen der Entstehung „neuer Haushaltstypen". S. 147-180 in: Jürgen Friedrichs (Hg.): Die Städte in den 80er Jahren. Opladen: Westdeutscher Verlag.

Engstler, Heribert, 1997: Die Familie im Spiegel der amtlichen Statistik. Hrsg. vom Bundesministerium für Familie, Senioren, Frauen und Jugend. Brühl: Chudeck.

Friedrichs, Jürgen, 1977: Stadtanalyse. Soziale und räumliche Organisation der Gesellschaft. Reinbek: Rowohlt.

Gehlen, Arnold, 1986: Der Mensch. Seine Natur und seine Stellung in der Welt. Wiesbaden: Athenaion.

Hradil, Stefan, 1990: Lebensführung im Umbruch. Zur Rekonstruktion einer soziologischen Kategorie. S. 183-197 in: Michael Thomas (Hg.): Aufbruch oder Abbruch. Berlin: Akademie Verlag.

Huinink, Johannes, 1995: Warum noch Familie? Zur Attraktivität von Partnerschaft und Elternschaft in unserer Gesellschaft. Frankfurt/M.-New York: Campus.

Huinink, Johannes und Michael Wagner, 1989: Regionale Lebensbedingungen, Migration und Familienbildung. Kölner Zeitschrift für Soziologie und Sozialpsychologie 41: 669-689.

Huinink, Johannes und Michael Wagner, 1995: Partnerschaft, Ehe und Familie in der DDR. S. 145-188 in: Johannes Huinink (Hg.): Kollektiv und Eigensinn. Lebensverläufe in der DDR und danach. Berlin: Akademie Verlag.

Kaufmann, Franz-Xaver, 1995: Zukunft der Familie im vereinten Deutschland. München: Beck.

Linde, Hans, 1984: Theorie der säkularen Nachwuchsbeschränkung 1800 bis 2000. Frankfurt/M.-New York: Campus.

Mayer, Karl Ulrich und Hans-Peter Blossfeld, 1990: Die gesellschaftliche Konstruktion sozialer Ungleichheit. S. 297-318 in: Peter A. Berger und Stefan Hradil (Hg.): Lebenslagen, Lebensläufe, Lebensstile. Göttingen: Schwartz.

Merton, Robert K., 1957: Social Theory and Social Structure. Rev ed. Glencoe: The Free Press.

Meyer, Thomas, 1992: Modernisierung der Privatheit. Differenzierungs- und Individualisierungsprozesse des familialen Zusammenlebens. Opladen: Westdeutscher Verlag.

Mitterauer, Michael, 1989: Entwicklungstrends der Familie in der europäischen Neuzeit. S. 179-194 in: Rosemarie Nave-Herz und Manfred Markefka (Hg.): Handbuch der Familien- und Jugendforschung. Neuwied: Luchterhand.

Mitterauer, Michael, 1990: Historisch-Anthropologische Familienforschung. Wien-Köln: Böhlau.

Mitterauer, Michael, 1991: Vom Patriarchat zur Partnerschaft: Zum Strukturwandel der Familie., 4. A. München: Beck.

Nave-Herz, Rosemarie, 1994: Familie heute. Darmstadt: Wissenschaftliche Buchgesellschaft.

Niemeyer, Frank und Hermann Voit, 1995: Lebensformen der Bevölkerung 1993. Wirtschaft und Statistik 6: 437-445.

Peuckert, Rüdiger, 1996: Familienformen im sozialen Wandel. 2. A. Opladen: Leske + Budrich.

Rosenbaum, Heidi, 1982: Formen der Familie. Untersuchungen zum Zusammenhang von Familienverhältnissen, Sozialstruktur und sozialem Wandel in der deutschen Gesellschaft des 19. Jahrhunderts. Frankfurt/M.: Suhrkamp.

Rothenbacher, Franz, 1997: Historische Haushalts- und Familienstatistik von Deutschland 1815-1990. Frankfurt/M-New York: Campus.

Statistisches Bundesamt [StaBa] (Hg.), 1972: Bevölkerung und Wirtschaft 1872-1972. Stuttgart: Kohlhammer.

Statistisches Bundesamt [StaBa] (Hg.), 1982: Statistisches Jahrbuch für die Bundesrepublik Deutschland 1982. Stuttgart: Kohlhammer.

Statistisches Bundesamt [StaBa] (Hg.), 1993: Statistisches Jahrbuch für die Bundesrepublik Deutschland 1993. Stuttgart: Kohlhammer.

Strohmeier, Klaus P. , 1993: Pluralisierung und Polarisierung der Lebensformen in Deutschland. In: Aus Politik und Zeitgeschichte B17/93: 11-29.

Vaskovics, Laszlo. A. und Harald Rost, 1995: Junge Ehepaare in den alten und neuen Bundesländern – ein Vergleich. S. 137-153 in: Bernhard Nauck, N. Schneider und A. Tölke (Hg.): Familie und Lebensverlauf im gesellschaftlichen Umbruch. Stuttgart: Enke.

Wagner, Michael, 1997: Scheidung in Ost- und Westdeutschland. Zum Verhältnis von Ehestabilität und Sozialstruktur seit den 30er Jahren. Frankfurt/M.-New York: Campus.

Zapf, Wolfgang et al., 1987: Individualisierung und Sicherheit. München: Beck.

Individualisierung und Elternschaft.
Eine empirische Überprüfung der Individualisierungsthese am Beispiel USA und ein Systematisierungsvorschlag

Günter Burkart

Vorbemerkung

Der folgende Beitrag ist in den Abschnitten 1 bis 3 weitgehend identisch mit den entsprechenden Abschnitten der in der Zeitschrift für Soziologie im Juni 1993 veröffentlichten Fassung (Burkart 1993a). Es wäre nicht sinnvoll gewesen, in diesem Kernteil des Aufsatzes wesentliche Veränderungen vorzunehmen, da es sich hier um die detaillierte empirische Überprüfung der Individualisierungsthese handelt, die zu diesem Zweck in eine operationalisierbare Form gebracht werden mußte. Dagegen wurde der frühere Schlußabschnitt vollständig überarbeitet, mit Passagen aus der Replik (Burkart 1993b) und neueren Überlegungen ergänzt. Der 4. Abschnitt faßt nun die Individualisierungskritik zusammen. Der 5. Abschnitt versucht noch einmal, „Individualisierung" auf einer allgemeinen Ebene zu präzisieren und zu systematisieren.

Gegenüber dem ZfS-Aufsatz war von Beck und Beck-Gernsheim (1993) moniert worden, ich hätte nicht die richtige, die gültige Fassung der Individualisierungsthese kritisiert, sondern hätte mir eine Strohmann-Fassung aufgebaut. Doch welches ist die „richtige" Version? Schon die ersten Rezensenten der „Risikogesellschaft" beklagten die Geschmeidigkeit der Theorie-Konstruktion. Es schien mir auch nicht gerechtfertigt, bei der Konstruktion des Modells zum Zweck der empirischen Überprüfung am Beispiel Elternschaft/USA ausschließlich die Schriften von Beck und Beck und Gernsheim heranzuziehen. Meine Absicht war nicht, diese Autoren zu kritisieren, sondern das, was unter dem Stichwort „Individualisierung" in den letzten Jahren verbreitet wurde, zu systematisieren, zu operationalisieren und zu überprüfen bezogen auf den Familienbereich.

1. Die deutsche Individualisierungsdiskussion der achtziger und neunziger Jahre

Spätestens mit dem durchschlagenden Erfolg der *Risikogesellschaft* von Ulrich Beck (1986) hat sich „Individualisierung" zu einer neuen Leitformel der öffentlichen Diskussion innerhalb und außerhalb der Soziologie entwickelt. Innerhalb der Profession blieb die Skepsis groß – zu viele Punkte erschienen fragwürdig. Kaum jemand zweifelt ernsthaft an einem langfristigen Trend dieser Art, doch ist fraglich, ob nach dem Zweiten Weltkrieg tatsächlich ein neuer „Individualisierungsschub" stattgefunden hat. Auch mußte man verwundert zur Kenntnis nehmen, wie schnell scheinbar gesicherte Grundeinsichten der Soziologie, die sich seit den siebziger Jahren auch im öffentlichen Bewußtsein verankert hatten, über Bord geworfen wurden. Auf einmal sollte alles unverbindlich sein, sollten sich alle ganz individuell ihren eigenen Lebensstil patchwork-artig selbst zusammenbasteln können. Von mehreren Seiten wurde außerdem die Behauptung eines *universellen* Individualisierungstrends in Zweifel gezogen: Manche meinten, es handle sich hier um eine Erscheinung großstädtisch-akademischer Milieus, andere betonten die weiterhin bestehende oder in den achtziger Jahren gar noch gesteigerte Wirksamkeit von Schichtdifferenzen. Schließlich wurde zu Recht kritisiert, daß die Individualisierungs-Theorie in hohem Maße ungenau und vieldeutig ist. Neben ihrem hohen Allgemeinheitsgrad ist dies der Hauptgrund dafür, daß bisher nur selten der Versuch gemacht wurde, die Theorie in einem strengen Sinn empirisch zu überprüfen.[1]

Die folgende Analyse knüpft hier an und versucht, die divergierenden Elemente dieser unübersichtlichen und oft unpräzisen Diskussion in eine überprüfbare Form zu bringen. Das so gewonnene Modell des Individualisierungstheorems wird auf den Bereich Elternschaft bezogen und am Beispiel der amerikanischen Entwicklung der letzten dreißig Jahre (etwa 1960 bis 1990) empirisch überprüft. Mit der Gegenhypothese „Segmentierung" werden Reichweite und Grenzen der Individualisierungstheorie ausgelotet. Es wird sich zeigen, daß manche Trends, die gewöhnlich als Indikatoren eines allgemeinen Individualisierungsprozesses interpretiert wurden, entweder anders erklärt werden müssen oder in verschiedenen sozialstrukturellen Zusammenhängen (Milieus) eine unterschiedliche Bedeutung haben. Insgesamt wird die Brauchbarkeit des Individualisierungsbegriffs für die Erklärung familialen Wandels stark in Zweifel gezogen.

Als Kernaussage der Individualisierungsdiskussion läßt sich die Behauptung wachsender individueller Wahl- und Entscheidungsmöglichkeiten identifizieren. Sie kann aus einer Reihe von anderen Annahmen abgeleitet werden, deren Zusammenhang sich – stark vereinfacht – wie folgt darstellen läßt: Mit der – u.a. durch Bildungsexpansion und Frauenbewegung – in den letzten Dekaden beschleunigten *Freisetzung* der Individuen aus traditionalen Bindungen (Klassenmilieu, Familie, Geschlechtsrollen) ist eine *Erosion traditioneller Werte* – insbesondere Familismus und Versorgungsehe – und eine zunehmende *normative Unverbindlichkeit* festzustellen. Damit sind Veränderungen auf demographischer, biographischer und Handlungs-Ebene in Gang gekommen: Eine *Pluralisierung* von Lebensweisen, insbesondere eine zunehmende Bedeutung *individualistischer Lebensstile*; wachsende biographische Instabilität (Verlust der biographischen Perspektive der Dauerhaftigkeit, *Destandardisierung des Lebenslaufs*), aber auch wachsende biographische Autonomie, insbesondere für Frauen (*Individualisierung der weiblichen Biographie*). Schließlich, als wichtigste Konsequenz auf der Handlungsebene, ein *zunehmender Wahl- und Entscheidungsbedarf*, der sich aus einer *Zunahme biographischer Optio-*

---

1   Empirisch fundierte Kritik z.B. bei Mayer und Blossfeld (1990) sowie weiteren Beiträgen in Berger und Hradil (1990).

nen ergibt. Allerdings sind damit auch „Schattenseiten" verbunden: Isolation, Vereinsamung, Sicherheitsverlust.[2]

Eine „Überprüfung" der Individualisierungstheorie (soweit dies überhaupt möglich ist) nach den üblichen Regeln der empirischen Sozialforschung ist ohne aufwendige Primärdatenerhebung nicht durchführbar. Die Ziele dieses Aufsatzes sind bescheidener: Mit Hilfe verfügbarer Daten Reichweite und Grenzen der Kernaussagen des theoretischen Modells auszuloten – beschränkt auf den Bereich „Individualisierung von Elternschaft am Beispiel der USA".

Warum geschieht diese Überprüfung nicht für die Bundesrepublik Deutschland, in der die Individualisierungsdiskussion stattfand, sondern für die Vereinigten Staaten? Zunächst einmal hat die Theorie den Anspruch, die Entwicklung in den fortgeschrittenen Industriegesellschaften der westlichen Welt zu erklären. Allerdings ist bisher in den meisten dieser Länder eine ähnliche Diskussion nicht in Gang gekommen.[3] Es wäre also wünschenswert, die Tragfähigkeit der Theorie an anderen „westlichen" Ländern zu überprüfen. Die USA haben eine individualistische Tradition[4] und eine Reihe von Veränderungen im familialen Bereich, die hierzulande im Zusammenhang mit „Individualisierung" interpretiert werden, waren dort besonders früh oder besonders deutlich zu beobachten, teilweise wesentlich dramatischer: Sinkende Fertilität, steigende „Illegitimität"; sinkende Heirats-, steigende Scheidungsquoten; sinkende Haushaltsgrößen, steigende Anteile von *singles* und *cohabitations*.[5]

Auf der anderen Seite bieten sich die USA zur Überprüfung der *Gegenhypothese* an, die annimmt, daß der Individualisierungsprozeß kein universeller Trend ist (Burkart und Kohli 1989; 1992). Die Vereinigten Staaten sind sozialstrukturell weniger homogen als es die alte Bundesrepublik war, insbesondere in ökonomischer und ethnischer Hinsicht. So könnte es sein, daß auch die Unterschiede zwischen individualisierten Milieus und familistischen Milieus größer sind.

---

2 Die Konstruktion dieses Modells stützt sich hauptsächlich auf folgende Literatur: Beck-Gernsheim (1983), Beck (1986), Zapf et al. (1987), Brose und Hildenbrand (1988), Hoffmann-Nowotny (1988), Herlyn und Vogel (1989), Weymann (1989), Kohli (1989), Heitmeyer und Olk (1990), Beck und Beck-Gernsheim (1990), Meyer (1992).

3 In einem französischen Lehrbuch über die Familie (Segalen 1990) kommt das Thema nicht vor. Und wenn der Begriff einmal auf amerikanische Verhältnisse angewandt wird (z.B. Buchmann 1989), stößt dies eher auf Skepsis (Sorensen 1990). Gängig ist die Rede vom „family decline" (Popenoe 1988). Shorter (1989) sieht sich bestätigt, daß der von ihm bereits 1975 behauptete Trend zur „postmodernen" Familie anhält. Ähnlich auch Stacey (1991). Auch britische Forscher standen der Individualisierungstheorie bisher zurückhaltend gegenüber (Jones und Wallace 1990).

4 Seit Alexis de Tocquevilles Reisebericht über die Demokratie in Amerika (1835/40) ist es gängig, „Individualismus" als besonderen Charakterzug der amerikanischen Gesellschaft anzusehen (McClosky und Zaller 1984). Historisch verschob sich der Bezug des Begriffs vom furchtlosen Pionier der Siedlerzeit über den politischen Bürger des ausgehenden 18. Jahrhunderts, den Unternehmer des 19. Jahrhunderts (utilitaristisch-ökonomischer Individualismus) schließlich – mit dem Aufstieg des expressiven Individualismus – zum therapeutisch geformten Individuum, das nach Selbstverwirklichung strebt. Neben den Arbeiten von Christopher Lasch ist die Diskussion der letzten Jahre besonders von Habits of the Heart (Bellah et al. 1985) angeregt worden.

5 International vergleichende Daten und Analysen finden sich zum Beispiel im Heft 3/1988 des Journal of Family Issues sowie bei Sorrentino (1990).

2. Individualisierung der Elternschaft in den Vereinigten Staaten?

In diesem Abschnitt wird die Hypothese diskutiert, daß der Übergang in die Elternschaft optional geworden sei und im Rahmen biographischer Planung jeweils individuell entschieden werden müsse („Individualisierung der Elternschaft"). Das allgemeine theoretische Modell der Individualisierung wird auf den Bereich Elternschaft zugeschnitten und überprüft (vgl. Abbildung 1).[6] Der Zeitrahmen wird dabei
in der Regel auf die drei Jahrzehnte zwischen 1960 und 1990 festgelegt, da in dieser
Zeitspanne von vielen Beobachtern wesentliche Veränderungen registriert wurden.

Erosion von Werten und Normen hinsichtlich der Normalität
und Universalität von Ehe und Familie?

Der Niedergang des Familismus wird häufig konstatiert. Aber selten wird genauer
untersucht, ob ein Zerfall von familialen *Normen und Werten* festgestellt werden
kann. Der familienpolitische Diskurs zeigt die große Unsicherheit der Forschung in
dieser Frage: Für manche ist „die Familie" bereits untergegangen, für andere steht
sie weiterhin hoch im Kurs (Berger und Berger 1984, Cancian 1987, Cherlin 1987,
Davis 1985, Stacey 1991). Einstellungsdaten geben immerhin Hinweise, daß die
Toleranz gegenüber früher als Abweichung definierten Verhaltensweisen gewachsen
ist. So zum Beispiel gegenüber Kinderlosigkeit, ebenso gegenüber arbeitenden
Müttern oder Frauen, die mit dreißig immer noch unverheiratet sind (McLaughlin et
al. 1988: 169-191, Thornton 1989, Yankelovich 1987). Der Familismus als *Ideolo-*
gie ist zwar ebenso geschwächt wie die *Ideologie* der Frau als Mutter und Hausfrau
(Gerson 1985); „Elternschaft" und „Familie" sind aber dennoch hochbesetzte Werte
geblieben (Thornton 1989). Viele Autoren sehen eine Schwächung von Lebenslauf-
normen (Altersnormen, Übergangsregeln): Das „script of life" ist nicht mehr so ein-
heitlich – nachdem es in der ersten Hälfte des Jahrhunderts immer homogener geworden war.[7] Doch es scheint, daß sich neue Normen bilden, zum Beispiel die Erwartung an Frauen, erst eine Ausbildung abzuschließen, bevor geheiratet werden
kann. Insgesamt läßt sich konstatieren, daß sich familiale und paarbezogene Werte
und Normen gewandelt haben. Für *normative Unverbindlichkeit* des Verhaltens oder
Anomie gibt es jedoch keine klaren Hinweise.

---

6   Eine ausführlichere Darstellung in Form der Testung einzelner Hypothesen findet sich in Burkart
     (1994: 133ff., 167ff.).
7   Modell et. al (1978), Kohli (1985), Modell (1989) zeigen Standardisierungstendenzen; Buchmann
     (1989) und Cooney und Hogan (1991) solche der Destandardisierung.

Abbildung 1:   Elemente von Individualisierung und Segmentierung bezüglich Elternschaft

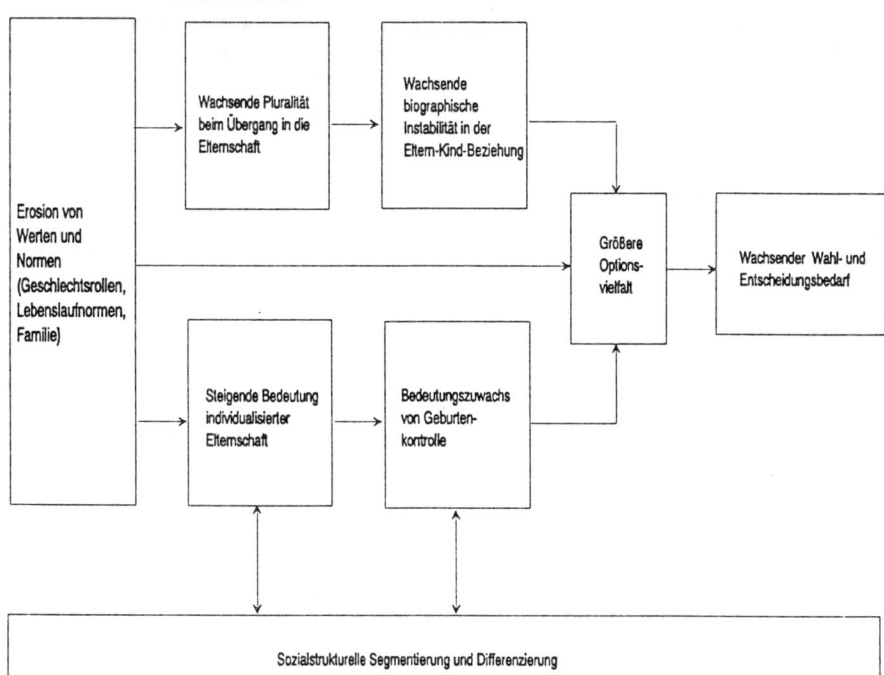

Pluralisierung von Lebensformen?

Als Konsequenz des normativen Wandels ist auf der demographischen Ebene eine größere Verhaltensvarianz zu erwarten: „Pluralisierung" kann als Indikator für Individualisierung angesehen werden, wenn sich zeigen läßt, daß die Spannweite des Verhaltens zunimmt, *weil* die individuellen Entscheidungsspielräume größer geworden sind. Zunächst muß aber geprüft werden, ob die Verhaltensvarianz *tatsächlich* zugenommen hat. Bezogen auf Elternschaft können drei Punkte unterschieden werden – Pluralisierung würde heißen: a) Die Universalität des Übergangs zur Elternschaft geht verloren, Kinderlosigkeit ist keine seltene Anomalie mehr; b) Die Altersspanne in einer Kohorte beim Übergang zur Elternschaft wächst – es gibt kein Standardalter mehr dafür; c) Die Familiengröße (Zahl der Kinder) ist beliebiger geworden.[8]

---

8   Daten für die Analyse von Fertilitätstrends in den USA kommen aus mehreren Quellen: 1. Die amtliche Statistik (vital statistics), verwaltet vom U.S. Bureau of the Census und dem Dept. of Health and Human Services. Daten und Analyseergebnisse werden publiziert in jährlichen Statistical Abstracts und Vital Statistics. Diese Daten sind relativ genau und vollständig, disaggregiert allerdings nur für wenige Standard-Variablen. 2. Current Population Surveys (CPS) geben zusätzliche Informationen über Bildung, Eheverlauf oder Geburtsjahr (vgl. Current Population Reports, Series P-20 und P-23). 3. Verschiedene Fertilitäts-Surveys wie die National Surveys of Family Growth (NSFG, seit 1973) erheben ein wesentlich größeres Spektrum sozio-demographischer Fak-

a) Der Blick über einen etwas längeren Zeitraum zeigt insbesondere zwei Punkte (vgl. Tabelle 1): Das erste bemerkenswerte Ergebnis ist, daß in den Jahrzehnten *vor 1960* (1920-1950) der Anteil kinderloser Frauen unter den 35- und 40jährigen wesentlich höher war als in den jüngsten Dekaden. Selbst wenn sich als richtig erweisen sollte, daß in den letzten dreißig Jahren der Anteil kinderloser Frauen zugenommen hat – er ist auch 1990 noch nicht so hoch wie fast durchgängig in der ersten Hälfte dieses Jahrhunderts.

Tabelle 1: Prozentanteile kinderloser weißer Frauen nach Alter, USA, 1920 bis 1980

Alter	1920	1930	1940	1950	1960	1965	1970	1975	1980
20	81	80	82	75	69	73	77	80	81
25	45	46	51	36	26	27	35	45	55
30	29	28	34	21	15	12	14	20	28
35	24	21	24	19	11	11	9	10	15
40	23	21	21	21	11	9	9	8	10

Daten: Census. Quellen: Heuser 1976; Rindfuss et al. 1988: 62

Das zweite Ergebnis, das sich unmittelbar aus Tabelle 1 ablesen läßt: Kinderlosigkeit hat zwischen 1960 und 1980 zugenommen, doch dies betrifft vor allem die jüngeren Frauen. Das wesentliche Ergebnis ist nicht zunehmende Kinderlosigkeit, sondern biographischer Aufschub der Elternschaft. Bei Tabelle 1 können Perioden- und Kohorteneffekte nicht unterschieden werden. Betrachten wir deshalb Geburtskohorten (Abbildung 2). Die Kohorten der ersten beiden Dekaden des 20. Jahrhunderts hatten Anteile von endgültiger Kinderlosigkeit um 20 Prozent. Dann fiel dieser Anteil bis auf etwa 10 Prozent für die in den frühen dreißiger Jahren geborenen Frauen: Sie waren die Mütter des Baby-Booms. Seither steigt die Kinderlosigkeit von Kohorte zu Kohorte. Der Anteil endgültig kinderloser Frauen liegt bei den jüngsten Kohorten wahrscheinlich bei etwa 15 bis 20 Prozent.[9]

Im Licht der das ganze Jahrhundert durchziehenden Auf- und Abwärtsbewegungen von früher und aufgeschobener Elternschaft bzw. niedriger und hoher Kinderlosigkeit erscheint es zumindest voreilig, den Trend der letzten drei Jahrzehnte als das Ende universeller Elternschaft anzusehen. Dieser Trend ist nicht völlig neu, und für manche Beobachter stellt nicht die hohe Kinderlosigkeit der jüngsten Zeit die Besonderheit dar, sondern die ungewöhnlich niedrige Kinderlosigkeit der Mütter des Baby-Booms. Und einige der führenden amerikanischen Fertilitätsforscher ziehen auch hinsichtlich der zugrundeliegenden sozialen Ursachen Parallelen zwischen den dreißiger und den siebziger/achtziger Jahren.[10]

---

toren. 4. Verschiedene National Longitudinal Surveys. Für eine Bewertung der Qualität dieser Datenquellen siehe Rindfuss et al. 1988: 46-59.

9   Diese Anteile – je nach Schätzmethode – werden für die Geburtskohorte 1954 von Chen und Morgan (1991) erwartet. Diese Autoren zeigen, daß frühere Schätzungen (z.B. Bloom 1982) für die Kinderlosigkeit jüngerer Kohorten zu hoch waren, weil das Ausmaß des biographischen Aufschubs der Elternschaft damals noch unterschätzt wurde. Die Periodendaten der letzten Jahre zeigen einen Anstieg der Kinderlosigkeit fast in allen Altersgruppen. Zwischen 1980 und 1988 zum Beispiel bei den 35-39jährigen Frauen von 12.1 % auf 17.7 %, bei den 40-44jährigen von 10.1 auf 14.7 % (U.S. Bureau of the Census 1989: 10).

10 Cherlin, 1987; McLaughlin et al., 1988; Rindfuss et al., 1988: 87ff zeigen, daß die ökonomischen Probleme in beiden Perioden (in denen die Kohorten der 10er und 50er Jahre ins geburtenfähige Alter kamen) ähnlich waren. Es gibt aber noch eine andere, erstaunlichere Parallele: In den beiden Perioden mit hoher Kinderlosigkeit war das Niveau der Bildungsbeteiligung der Frauen besonders hoch (Rindfuss et al., 1988: 118). Morgan (1991) argumentiert, daß die Gründe für die hohe Kin-

b) Das durchschnittliche Alter der Mütter bei der Geburt des ersten Kindes stieg von 21.8 im Jahre 1960 auf 23.7 im Jahre 1990. Bedeutet Aufschub der Elternschaft nur Verschiebung der Altersnorm oder Auflösung der Altersnorm („Pluralisierung")? Zunächst einmal ist es naheliegend, daß mit der Aufschiebung auch eine gewisse Pluralisierung einhergeht, vor allem, wenn man annimmt, daß längere Ausbildungsphasen für eine wachsende Gruppe von Frauen ein wesentlicher Aufschubfaktor sind (Bloom und Trussell 1984). Doch die Annahme der Auflösung von Altersnormen wird durch die längerfristige Betrachtung erneut relativiert, ähnlich wie für die Untersuchung der Kinderlosigkeit (vgl. Abbildung 3). Zwischen den Kohorten von 1910-14 und denen von 1935-39 läßt sich eine zunehmende Homogenität des Alters bei der Geburt des ersten Kindes beobachten. 60% der Frauen der Kohorten 1935-39 hatten ihre erste Geburt im Alter zwischen 19 und 25. Bei den jüngeren Kohorten nehmen die Anteile der Frauen ab, die im jungen Erwachsenenalter ihr erstes Kind bekommen und die Heterogenität steigt wieder. Die älteren und die jüngeren Kohorten ähneln sich: Die Spannweite ist etwas größer, die Kurve ist flacher. Im Jahrhundertvergleich erscheinen die Geburtskohorten der dreißiger und vierziger Jahre als Abweichung, und die Homogenität ihres Übergangs in die Elternschaft in den fünfziger Jahren ist ungewöhnlich.

c) Auch hinsichtlich der Kinderzahl ist keine Pluralisierung nachzuweisen. Im Gegenteil: Es gibt (in der Periodenbetrachtung) eine zunehmende Konzentration auf Familien mit ein bis zwei Kindern, die Anteile der größeren Familien nehmen ständig ab.[11]

Zusammengenommen ergeben die drei Teilhypothesen zur wachsenden Variabilität zwischen 1960 und 1990 („Pluralisierung") folgendes Bild: Der Übergang zur Elternschaft ist weniger universell – Kinderlosigkeit steigt an. Doch er wird immer noch von etwa vier Fünfteln einer Kohorte vollzogen, in der Regel jedoch zu einem späteren biographischen Zeitpunkt als vor dreißig Jahren. Die Altersspannweite ist dabei nur wenig größer geworden. Das Bild der aufgeschobenen Elternschaft und der höheren Kinderlosigkeit der siebziger und achtziger Jahre ähnelt jenem der zwanziger und dreißiger Jahre. Die Homogenität der fünfziger Jahre mit fast universeller Elternschaft und der Konzentration auf das junge Erwachsenenalter erscheint exzeptionell. Hinsichtlich der Familiengröße ist eine stärkere Konzentration auf kleinere Kinderzahlen zu beobachten. Von „Pluralisierung" läßt sich also in einem gehaltvollen Sinn nicht sprechen.

---

derlosigkeit zu Anfang des Jahrhunderts denen der letzten Dekaden sehr ähnlich seien. Viele Frauen hätten zunächst die Geburt des ersten Kindes aufgeschoben. Aufgrund von Erfahrungen und Umständen sei daraus schließlich zunächst nicht geplante Kinderlosigkeit geworden.

11 So halbierte sich z.B. zwischen 1960 und 1988 bei der Betrachtung von Familien mit eigenen Kindern unter 18 Jahren der Anteil von Drei- und Mehr-Kind-Familien von 20.5 % auf 9.8 % (U.S. Bureau of the Census 1961: 39, 1990: 50). Die Analyse der endgültigen Kinderzahl (completed parity distribution) im Kohortenvergleich bestätigt dieses Ergebnis (Gupta 1985). Und für die jüngste Zeit zeigt sich beim Kohortenvergleich in der Altersgruppe 40-44: Die markanteste Veränderung – neben dem weiteren Rückgang großer Kinderzahlen – ist die zunehmende Konzentration auf zwei Kinder (U.S. Dept. of Health and Human Services 1990, section 1: 22).

Abbildung 2:   Kinderlosigkeit nach Altersgruppen und Geburtskohorten von
               Frauen (1905-1959), USA

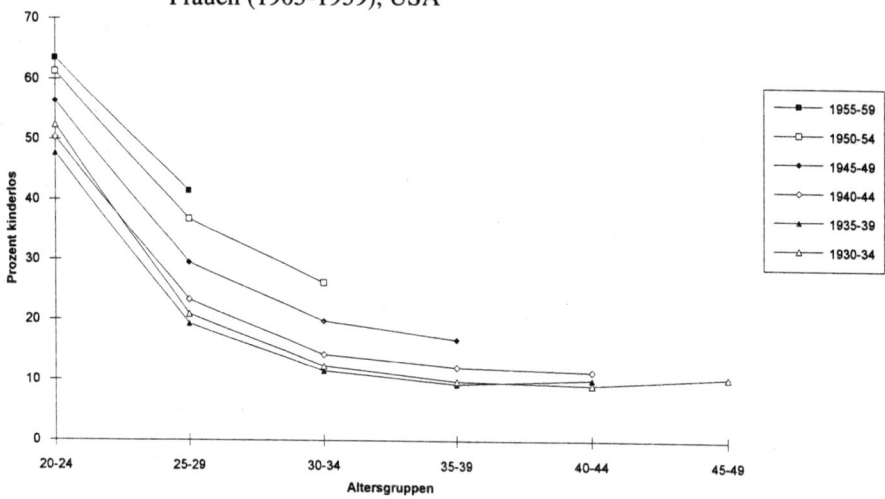

Quelle: US. Bureau of the Census, Current Population Reports, Series P-20, No. 421, Fertility of American women:
June 1986. Washington, D.C. 1987: 6; Gerson 1985: 236, table A.5

Abbildung 3:   Übergang in die Elternschaft nach Altersgruppen und
               Geburtskohorten von Frauen (1910-1959), USA

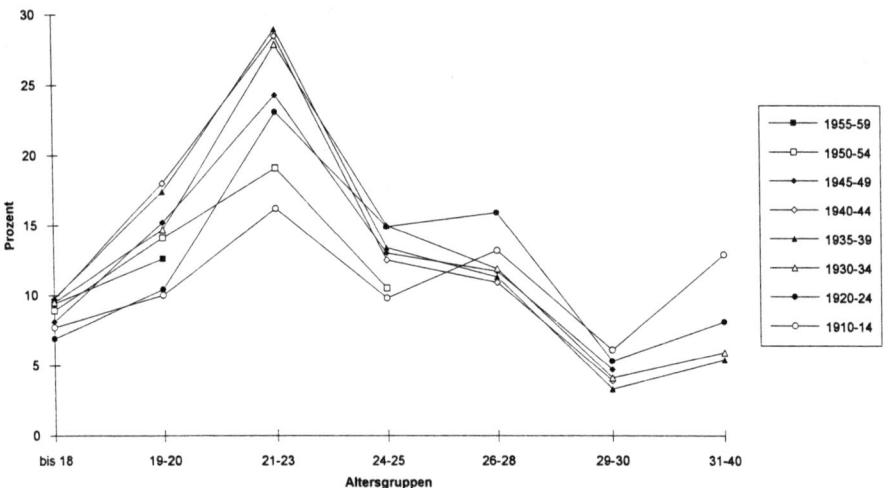

Die Prozentuierung bezieht sich auf alle Frauen der jeweiligen Kohorte, nicht nur auf jene, die Kinder bekamen.Quelle:
US. Bureau of the Census, Current Population Reports, Series P-20, No. 385, Childspacing among birth cohorts of
American women: 1905 to 1959. Washington, D.C. 1984: 2 (dort: Kumulierte Prozente)

Zunehmende biographische Instabilität – wachsende Bedeutung von Single-Elternschaft?

Die „vollmobilen Singles" (Beck, Hoffmann-Nowotny) gelten in der deutschen Diskussion als Inbegriff der neuen Zeit. Alleinleben als Lebensform der Zukunft, die die Familie ablöst. Was bedeutet „Single" im Hinblick auf die Elternschaft? Sind *single-mothers* die neuen autonomen Frauen, die auch als Mütter nicht mehr auf die Ehe bzw. einen Mann angewiesen sind, wie in manchen Untersuchungen behauptet (z.B. Eiduson 1980, vgl. Nave-Herz 1992)? 1988 wurden in den USA mehr als neun Millionen Einelternfamilien gezählt (Mutter mit Kind/ern 8,15 Mio., Vater mit Kind/ern 1,2 Mio.). Zwischen 1970 und 1988 sank der Anteil der Familien mit zwei Eltern von 87.1% auf 72.7%, der Anteil von alleinerziehenden Müttern verdoppelte sich von 11.5% auf 23.7%, der Anteil alleinerziehender Väter verdreifachte sich von 1.3% auf 3.6% (Rawlings 1989). Zweifellos ist dies eine dramatische Veränderung. Doch alle Indizien sprechen dafür, daß es sich hier nicht um „Individualisierung" handelt – weder im Sinne des amerikanischen Verständnisses (Selbstverwirklichung) noch im Sinne der deutschen Diskussion (Zuwachs an Entscheidungsautonomie). Die wenigsten sind *single mother by choice*. Die überwiegende Mehrheit der Alleinerziehenden in den Vereinigten Staaten sind geschiedene oder getrenntlebende Mütter, als Folge familiärer Zusammenbrüche. Und ihre ökonomische Situation ist in der Regel außerordentlich schlecht.[12]

Die Problematik der Scheidungsfolgen für Kinder und der Zunahme von Stieffamilien entwickelte sich zu einem der wichtigsten Forschungsgebiete der amerikanischen Familiensoziologie. Da in den meisten Fällen die Kinder bei den Müttern verbleiben, läßt sich festhalten, daß der Übergang zur Elternschaft vor allem *für Väter* heute keine Gewähr mehr für eine lebenslange Eltern-Kind-Beziehung bietet. Aus der komplementären Perspektive der Kinder gilt entsprechend: Für viele ist die Bindung zu *beiden* Eltern nicht mehr lebenslang gegeben. Kinder aus zerrütteten Ehen beginnen ihren Lebenslauf mit einer instabilen Situation. „The life course of children of divorce" (Cherlin und Furstenberg 1991: 9) ist bereits eine feste Kategorie der Forschung.

Wachsende biographische Kontrolle?

Haben wir heute mehr Kontrolle über unser Leben als die Generationen vor dreißig Jahren? Elternschaft *kann* heute geplant werden, besonders seit der „kontrazeptiven Revolution" (Westoff und Ryder 1977) durch die „Pille". Es könnte also gesagt werden: *„Elternschaft ist heute weit stärker als früher das Ergebnis autonomer, bewußter und rationaler Kontrolle über das eigene Leben. Der deutlichste Indikator dafür ist ein höheres Maß an wirksamer Geburtenkontrolle".*

Im Verlauf der sechziger Jahre stiegen die Akzeptanz und der Gebrauch neuer, wirksamer Kontrazeptiva deutlich an (Westoff und Ryder 1977). Der Anteil uner-

---

12 Es gibt ein für europäische Verhältnisse erstaunlich hohes Maß an Armut unter geschiedenen Frauen (für Männer ist eine Scheidung seltener ein ökonomisches Problem). „Fewer than one custodial mother in four was receiving regular and full child support" (Furstenberg 1990a: 386). Single-Mothers: „No other major demographic group is so poor, and none stays poor longer" (Garfinkel und McLanahan 1986: 167).

wünschter Schwangerschaften sank auf knapp 30% Mitte der achtziger Jahre
(Scanzoni und Scanzoni 1988: 445). Allerdings, so muß man festhalten: Immer noch
dreißig Prozent aller Schwangerschaften sind „unerwünscht", und für einen wesentlich größeren Teil ist zumindest der Zeitpunkt nicht geplant. Die Bedeutung der
„Pille" für den Zuwachs an Autonomie wird oft überschätzt. Ihre Verbreitung stieg
zwischen 1965 und 1976 nur mäßig, sank aber deutlich bei verheirateten Frauen im
Verlauf der siebziger Jahre (U.S. Bureau of the Census 1980: 68, 1989: 69). Den
größten Zuwachs verzeichnete die Sterilisierung, ein deutliches Zeichen für eine
bestimmte Form der Geburtenkontrolle: frühzeitiges Beenden der fruchtbaren Phase.
Zumindest in dieser Hinsicht hat die biographische Kontrolle zugenommen.[13]

Aber es gibt auch Anzeichen dafür, daß das Ausmaß an Geburtenkontrolle *nicht*
gewachsen ist. Studien weisen nach, daß bereits in den zwanziger und dreißiger
Jahren ein hohes Maß an Geburtenkontrolle zu registrieren war: Anders läßt sich die
außerordentlich niedrige Fertilität der erwachsenen Frauen jener Jahre kaum erklären.[14] Es gab also auch früher schon mehr Planung, Aufschub, eheliche Fruchtbar-
keitskontrolle, usw., als die unvorsichtige Gleichsetzung von „traditional = kulturelle Selbstverständlichkeit" und „modern = individuelle Entscheidung" nahelegt.
Und manche argumentieren, daß die Durchsetzung der „Pille" keinen Gewinn an
bewußter Kontrolle darstellt, da man jetzt nicht mehr „aufpassen" müsse. Ein weiterer Indikator dafür, daß die biographische Kontrolle nicht wesentlich gewachsen ist,
ist der Rückgang der Effizienz der kontrazeptiven Kontrolle in den siebziger und
achtziger Jahren, besonders bei Jugendlichen.[15]

Elternschaft als Entscheidung?

Die Individualisierungstheorie geht von einer wachsenden Vielfalt biographischer
Optionen aus. Mehr lebenslaufbezogene Optionen zu haben heißt, sich zwischen
biographischen „Pfaden" entscheiden, an „Gabelungen" eine Wahl treffen zu müssen. Während früher für die weibliche Biographie die Option „Kinderlosigkeit"
nicht bestand, so eine der gängigen Thesen in der Individualisierungsdiskussion,
können sich Frauen heute zwischen Mutterschaft und Kinderlosigkeit entscheiden.[16]

---

13 Unter den verheirateten Frauen, die Geburtenkontrolle praktizierten, stieg zwischen 1973 und 1988
    der Anteil der Sterilisation von 24 % auf 49 %, der Anteil der „Pille" sank von 36 % auf 20 %, die
    Verwendung des Kondoms blieb konstant bei knapp 15 % (Mosher 1990: 199f.).
14 71% der verheirateten weißen Frauen der Geburtskohorten 1901-10 praktizierten Kontrazeption
    (Dawson et al. 1980). Das ist eine vergleichsweise hohe Quote. Der Unterschied zu heute ist, daß
    andere Methoden angewandt wurden. Damals hauptsächlich das Kondom, Irrigation (Spülung) und
    coitus interruptus („withdrawal"). – Auch nach Morgan (1991) sind die hohen Anteile von Kinder-
    losigkeit zu Beginn des Jahrhunderts nur zu erklären, wenn man von erfolgreich praktizierter Emp-
    fängnisverhütung ausgeht. Allerdings kann auch er nur indirekt auf Geburtenkontrolle schließen, da
    genaue Verhaltensdaten fehlen.
15 Zelnik und Kantner (1980) analysierten Sexualverhalten, Kontrazeption und Schwangerschaft bei
    Teenagern in Großstädten in den siebziger Jahren. Sie stellten einen starken Anstieg sexueller Ak-
    tivitäten fest. Die Quote der Schwangerschaften stieg, weil die Benutzung der „Pille" zurückging
    zugunsten weniger effektiver traditioneller Methoden.
16 Die Elternschaft kann hier, streng genommen, nicht länger isoliert betrachtet werden; es müßten
    mehrere Variablen kombiniert werden, um eine komplexe Kategorie Lebenslaufoption zu erhalten:
    Ehe- und Familienstatus, Lebensform, Berufsstatus. Die Hypothese der Individualisierungstheorie
    würde dann etwa lauten: Um 1960 gab es für die meisten Paare nur eine Option: Die Alleinversor-
    ger-Familie. Für die Frauen also: Hausfrau und Mutter. Heute haben Frauen mehrere Wahlmöglich-

Klar ist zunächst, daß die Dominanz der Alleinverdiener-Familie verschwunden ist. Sie fiel zwischen 1940 und 1988 von 70% auf 20%. Im selben Zeitraum stieg der Anteil der Doppelverdiener-Familie von 9% auf 40% und ist heute der häufigste Typus (Hayghe 1990). Im Verlauf der letzten Jahrzehnte, das scheinen diese und andere Daten klar zu bestätigen, haben amerikanische Frauen immer seltener die Option „mother only" gewählt. Sie sind häufiger erwerbstätig, als Mutter ebenso wie als kinderlose Frau.[17] Aber haben sie wirklich zwischen Optionen gewählt?

Erstaunlicherweise findet man kaum klare empirische Belege für diese These. Die Neue Haushaltsökonomie und Rational-Choice-Theorien arbeiten mit der Unterstellung von individuell-rationalen Entscheidungen, aber die soziale Struktur des Entscheidungsprozesses wird dabei in der Regel nicht untersucht, und empirische Belege über historische Veränderungen werden kaum erbracht. Die Kosten-Nutzen-Terminologie ist weit verbreitet, wenn von der „Entscheidung zur Elternschaft" die Rede ist (Scanzoni und Szinovacz 1980, Fox 1982, Scanzoni und Scanzoni 1988: 422ff., Seccombe 1991) – aber es handelt sich dabei in der Regel um Denkmodelle oder fiktive Fallstudien. Niemand hat bisher empirisch gezeigt, daß Paare sich „entscheiden", Eltern zu werden, *nachdem* sie „Kosten" und „Nutzen" kalkuliert haben.[18] Auch in der Frauenforschung wird häufig mit der Annahme gearbeitet, daß Frauen heute größere Autonomie besitzen und Elternschaft nicht mehr „Schicksal" ist. Doch auch zum Beispiel die Studie von Gerson (1985) untersucht nicht, wie der Titel – *Hard Choices* – erwarten läßt, den Entscheidungsprozeß, sondern arbeitet die Bedingungen heraus, unter denen Frauen typischerweise in verschiedene biographische Pfade gelenkt werden. Gerson zeigt *strukturelle Zwänge* auf, die für oder gegen Elternschaft, für einen frühen oder einen späten Zeitpunkt des Übergangs, wirksam sind. Und neben diesem Hinweis auf strukturellen Zwang gibt es zwei weitere Argumente gegen die Behauptung der gewachsenen Entscheidungsfreiheit hinsichtlich Elternschaft: Das eine ist, daß auch in der Vergangenheit wahrscheinlich ein höheres Maß an individueller Entscheidungsfreiheit vorhanden war als wir häufig annehmen, wenn wir an den Typus traditioneller Elternschaft denken (Imhof 1981, Linde 1984, Macfarlane 1986). Elternschaft als Schicksal mit der Konsequenz einer unkontrolliert hohen Fertilität hat es in keiner Kultur jemals gegeben.

Das zweite Argument: Bei den wenigen Studien, die es zu dieser Frage gibt, zeigte sich, daß die Geburt des *ersten* Kindes und der biographische Zeitpunkt des Übergang in die Elternschaft meist keine Konsequenz einer klaren Entscheidung sind.[19] Zwei Grundmodelle sind dabei für die USA charakteristisch: Die *sehr jungen Mütter* nehmen zunächst das Risiko einer Schwangerschaft in Kauf (indem sie auf

---

keiten: Mutter und Hausfrau, kinderlose Erwerbsfrau, erwerbstätige Mutter. Dazu kommen die Optionen unverheiratet zu bleiben und alleine zu leben.

17   Zum Beispiel fiel der Anteil der nichterwerbstätigen Mütter in der Altersgruppe 35-39 von 45% im Jahre 1967 auf 23% im Jahre 1982. Im selben Zeitraum stieg der Anteil berufstätiger Mütter von 41 % auf 58% (McLaughlin et al. 1988, Tabelle D-3). Die Unterschiede in der Erwerbsbeteiligung von ledigen Frauen, verheirateten Frauen und Frauen mit Kindern sind nur noch minimal. Selbst Mütter von Kleinkindern haben Erwerbsquoten um 60 Prozent (U.S. Bureau of the Census 1990: 384, 385; Menaghan und Parcel 1990).

18   Zumindest in einem weit verstandenen Sinn von „Kosten und Nutzen" hat der Geburtenrückgang natürlich viel damit zu tun, daß Kinder „teurer" (in der alten Bedeutung des Wortes: „wertvoller") geworden sind (Zelizer 1985). Diese Grundannahme teilen so unterschiedliche Ansätze wie die Neue Haushaltsökonomie, Rational-Choice-Ansätze, die Individualisierungstheorie, die „biographische Theorie der Fertilität" (Birg et al. 1991).

19   Dafür gibt es inzwischen auch für Deutschland zahlreiche Belege (vgl. Helfferich und Kandt 1996).

sichere kontrazeptive Maßnahmen verzichten), sind dann allerdings zu einer Entscheidung gezwungen – *für oder gegen eine Abtreibung* (Luker 1975). Die *späten Mütter* (vielfach Frauen mit College-Ausbildung) müßten in der Lage sein, den richtigen Zeitpunkt abzuwarten, gleichwohl aufzupassen, daß es nicht zu spät wird: „How late can you wait?" (Menken 1985). Angesichts der Schwierigkeit, sich in dieser Situation richtig zu entscheiden, und angesichts der Tragweite beider Alternativen (Kinderlosigkeit oder Elternschaft) kann man von einer *strukturellen Überforderung* sprechen – und es ist naheliegend, daß selbst hochgebildete, emanzipierte Frauen sich nicht entscheiden können, sondern die Frage dem Schicksal überlassen: wie „Monika Seiler", deren Fall wir andernorts dargestellt haben (Burkart und Kohli 1992: 173ff.).[20]

Zusammenfassend kann man sagen: Die positive Antwort auf die Frage, ob man *überhaupt* Kinder haben will, ist für die meisten amerikanischen Paare nach wie vor selbstverständlich; es gibt kein Entscheidungsproblem. Auch der *Zeitpunkt* des Übergangs in die Elternschaft wird in der Regel nicht genau geplant. Dem *ersten* Kind liegt seltener eine Entscheidung zugrunde als in individualistischen Theorien gewöhnlich angenommen wird. Eine wachsende Gruppe entscheidet sich jedoch für den *Aufschub* der Elternschaft in eine allerdings unbestimmte biographische Zukunft. Viele (etwa 1,5 Mio. pro Jahr legal) entscheiden sich für eine Abtreibung, und viele (etwa 1 Mio. jährlich) entscheiden sich für Sterilisation, nachdem sie die gewünschte Kinderzahl erreicht oder überschritten haben.[21]

3. Grenzen der Individualisierung: Segmentierung und Differenzierung

Für die bisher untersuchten Annahmen der Individualisierungstheorie konnte nur wenig empirische Evidenz gefunden werden, manche wurden stark in Frage gestellt. An mehreren Stellen wurde bereits darauf hingewiesen, daß manche Annahmen der Theorie nur für bestimmte sozialstrukturelle Gruppen oder Milieus gelten. Dies soll nun systematischer untersucht werden.

Die Grundhypothese, die den Analysen dieses Abschnitts zugrundeliegt, lautet: Der Individualisierungsprozeß läßt sich – wenn überhaupt – nicht in allen sozialen Milieus in gleichem Maße feststellen. Die sozialen Strukturen mancher Milieus

---

20 Etwa ein Drittel der von Veevers (1980) interviewten kinderlosen Frauen hatte sich bereits früh entschieden, kinderlos zu bleiben. Doch für die anderen zwei Drittel war Kinderlosigkeit das Ergebnis eines zunächst geplanten Aufschubs bis „die richtige Zeit" für ein Kind gekommen wäre. Doch diese Zeit kam nie, eine Entscheidung wurde nicht getroffen, irgendwann war klar: Jetzt ist es zu spät. Auch hier ist der Buchtitel „Childless by Choice" zumindest irreführend.

21 Für die USA läßt sich daher – über den Daumen gepeilt – folgende Rechnung aufmachen: Es gibt ungefähr 5,5 Mio. Konzeptionen pro Jahr (errechnet aus: 4 Mio. Geburten und 1,5 Mio. legalen Schwangerschaftsabbrüchen). 30 % der Geburten werden als „unerwünscht" eingestuft (Scanzoni und Scanzoni 1988: 445), das wären 1,2 Mio pro Jahr. Lassen wir einmal unberücksichtigt, daß ein insgesamt höherer Anteil auch „ungeplant" sein dürfte. Addieren wir nun die 1,5 Mio. legalen Abtreibungen (lassen auch hier die nicht erfaßten unberücksichtigt), bei denen wir eine ungeplante Schwangerschaft unterstellen dürfen, und die 1,2 Mio. „unerwünschten" Schwangerschaften, so kommen wir auf 2,7 Mio.: knapp die Hälfte der Schwangerschaften ist demnach ungeplant oder unerwünscht.

bremsen oder verhindern das Aufkommen individueller Wahl- und Entscheidungsfreiheit. Entscheidungen hängen von verfügbaren Optionen ab, die wiederum an
strukturelle Bedingungen gebunden sind (Bildung, etc.) und über soziale Faktoren
wie Milieu, Stellung im Lebenszyklus, usw. vermittelt werden. Im Gegensatz zu
einer der Kernaussagen der (radikalen) Individualisierungstheorie, derzufolge Individualisierung ein Trend ist, der früher oder später alle gesellschaftlichen Schichten
und Milieus durchdrungen haben wird, lautet die Prognose dieses Aufsatzes, daß
strukturelle Segmentierung weiterhin bestehen bleibt und sich vielleicht sogar verstärkt.

Die Überprüfung dieser Hypothese erfolgt auf zweifache Weise: Erstens durch
eine Analyse differentieller Fertilitätstrends bezüglich der Variablen Bildungsgrad
und ethnische Herkunft (a). Zweitens durch eine Analyse von qualitativen Fallstudi-
en zur Frage der Lösung des Vereinbarkeitskonflikts Beruf-Familie (b).[22]

(a) Demographische Trends

Schon eine flüchtige Analyse offenbart deutliche Unterschiede in der Fertilität und
dem Zeitpunkt des Übergangs zur Elternschaft für Frauen mit unterschiedlichen
Bildungsgraden und für die Angehörigen verschiedener ethnischer Gruppen. Hier
können nur einige Facetten dieses komplexen Zusammenhangs beleuchtet werden.
Drei Aspekte sollen betrachtet, drei Hypothesen geprüft werden: 1) das Alter beim
Übergang in die Elternschaft, 2) Kinderlosigkeit, 3) Einelternfamilien bzw. Alleinerziehende (single-parents).

1) *Übergang in die Elternschaft.* Betrachten wir zunächst die ethnische Variable. Im Kohortenvergleich zeigt sich: Durchgängig im 20. Jahrhundert war der Anteil schwarzer Frauen mit einer Erstgeburt im frühen Alter wesentlich höher als für
weiße Frauen. Schon mit 18 hatten mehr als 20% der schwarzen Frauen eine erste
Geburt – etwa dreimal häufiger als bei den weißen Frauen. Und im Alter von 20
hatten bereits mehr als 40% aller schwarzen Frauen den Übergang zur Mutterschaft
vollzogen – etwa doppelt so viele als bei den weißen Frauen. Zwar gibt es auch bei
den Schwarzen in den letzten Jahren eine leichte Tendenz zum Aufschub, aber sie
fällt schwächer aus als bei den Weißen: Der Unterschied vergrößert sich (vgl. Abbildung 4).

Für die Hypothese des starken Zusammenhangs zwischen Bildung und Aufschub der Erstgeburt gibt es eine Vielzahl von Belegen. Tabelle 2 zeigt nicht nur
diesen Zusammenhang, sondern darüber hinaus, daß er sich zwischen 1960 und
1980 verstärkte. Schließlich wurde in mehreren Untersuchungen eine starke Korrelation zwischen dem Aufschub der Elternschaft und den *beiden Variablen* Bildungsgrad und ethnische Zugehörigkeit bestätigt (Wilkie 1981, St. John 1982,
Bloom und Trussell 1984, Rindfuss et al. 1988). Und je höher das Bildungsniveau,
desto größer ist die Differenz des zeitlichen Aufschubs der Erstgeburt zwischen den
ethnischen Gruppen (Rindfuss et al. 1988: 120, 128).

---

22 Die Hypothese des milieuspezifischen Individualisierungstrends wurde an der deutschen Situation
entwickelt (vgl. Burkart und Kohli 1989). Für die USA konnte ein solcher Milieuvergleich nicht in
gleicher Weise durchgeführt werden.

Tabelle 2: Aufschub der Elternschaft nach Bildungsdauer, USA, 1960-1980

Schuljahre	1960	1970	1980	Veränderung 1960-80
Unverheiratet				
weniger als 12	1.87	2.07	2.39	.52
12	3.00	3.07	3.85	.85
mehr als 12	4.97	5.20	6.42	1.45
Verheiratet				
weniger als 12	1.70	1.76	1.95	.25
12	2.08	2.41	2.68	.60
mehr als 12	2.17	2.78	2.91	.74

Durchschnittliche Zeitspanne (in Jahren) von Kinderlosigkeit zwischen dem 18. und 29. Lebensjahr für verheiratete und
unverheiratete Frauen nach Länge der Ausbildungszeit (Schuljahre).
Daten: Current Population Survey. Quelle: Sweet und Texeira 1984, Tabelle 8

Abbildung 4:   Übergang in die Elternschaft nach Altersgruppen und ethnischer
                Zugehörigkeit (weiß/schwarz) für Geburtskohorten von Frauen
                (1910-1959), USA

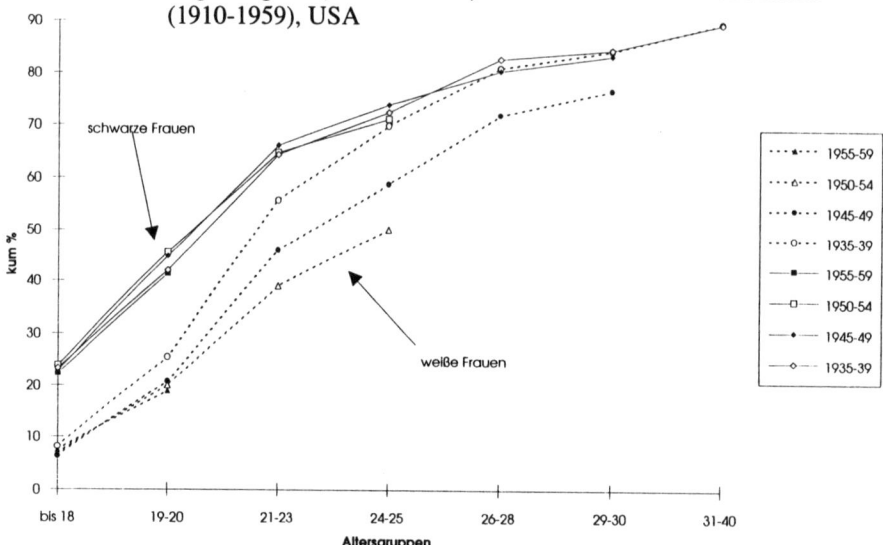

Die Prozentuierung bezieht sich auf alle Frauen der jeweiligen Kohorte, nicht nur auf jene, die Kinder bekamen.
Quelle: US. Bureau of the Census, Current Population Reports, Series P-20, No. 385, Childspacing among birth cohorts
of American women: 1905 to 1959. Washington, D.C.

2) *Kinderlosigkeit.* Im Vergleich der beiden ethnischen Gruppen (weiß/schwarz)
zeigt sich, daß Kinderlosigkeit bei den weißen Frauen der jüngeren Kohorten deutlich höher liegt als bei den Schwarzen (Chen und Morgan 1991). Was sind die weiteren strukturellen Variablen von Kinderlosigkeit? Betrachten wir die Altersgruppe
der 35-44jährigen Frauen, deren fertile Phase weitgehend abgeschlossen ist. In Tabelle 3 sind einige der Extremgruppen (sehr hohe bzw. sehr niedrige Anteile von
Kinderlosigkeit) zusammengestellt. Ganz besonders ausgeprägt ist der Zusammenhang von Kinderlosigkeit und Bildungsniveau. Zum Beispiel waren 1986 über 95%
der unverheirateten Frauen mit mindestens 5jähriger College-Ausbildung im Alter
von 35-44 (immer noch) kinderlos (Ihre absolute Zahl ist zwar nicht sehr hoch, aber

sie wächst: 187 000 im Jahre 1986). Oder betrachten wir die Gruppe der unverheirateten Frauen in dieser Altersgruppe in leitenden bzw. professionellen Berufen (N=364 000): 89.3% kinderlos. Die wichtigste Variable der Kinderlosigkeit ist dabei allerdings die Ehelosigkeit – mit einer späten Ehe ist deshalb auch eine deutliche Reduzierung der Kinderlosigkeit zu erwarten. Dennoch beeinflußt der Bildungsgrad nicht nur den Aufschub des Übergangs zur Elternschaft, sondern auch die endgültige Kinderlosigkeit bzw. die endgültige Kinderzahl in erheblichem Maße.

3) *Single-Parents.* Die Individualisierungstheorie erwartet einen deutlichen Anstieg der Zahl „alleinerziehender" Mütter (*single mothers*) aufgrund gestiegener Unabhängigkeit der Frauen. Da weiße Frauen mit College-Ausbildung über das größte Maß an Autonomie verfügen dürften, wäre zu erwarten, daß in dieser Gruppe die Zahl der *single mothers* besonders hoch ist. Tabelle 4 zeigt, daß in allen drei ethnischen Gruppen der Anteil der vollständigen Familien zurückgegangen ist. Doch das eindrucksvollste Faktum ist, daß inzwischen die *Mehrheit* (über 60%) der Familien innerhalb der *schwarzen* Bevölkerungsgruppe „unvollständig" ist – während dieser Anteil unter den Weißen „erst" bei knapp 23% liegt. Überwiegend handelt es sich dabei um *mother-only families* – als Folge von Trennung und Scheidung, aber auch – in weit stärkerem Maß als bei den Weißen – als Folge von nichtehelicher, früher Mutterschaft (vgl. auch Espenshade 1985).

Tabelle 3: Prozentanteile kinderloser Frauen in der Altersgruppe 35-44 für ausgewählte Gruppen, USA 1986

Ausgewählte Gruppen mit hohen Anteilen von Kinderlosigkeit	
Ledig, fünf oder mehr Jahre College, weiß	96.7
Ledig, Leitende Manager- und professionelle Berufe, weiß	95.5
Ledig, vier Jahre College	91.5
Ledig, Leitende Manager- und professionelle Berufe	89.3
Ledig, ein bis drei Jahre College	75.0
College, jünf und mehr Jahre	28.6
College, vier Jahre	22.1
Ausgewählte Gruppen mit geringen Anteilen von Kinderlosigkeit	
Verheiratet, arbeitslos, schwarz	1.7
Verheiratet, kein High School Abschluß, hispanische Herk.	5.9
Verheiratet, Wohnsitz Farm, hispanische Herkunft	7.1
Verheiratet, in Land-, Fisch- oder Forstwirtschaft tätig	7.2
Verheiratet, nicht erwerbstätig, schwarz	7.7
Kein High School Abschluß	9.9
Verheiratet, alle Beschäftigten, schwarz	10.8

Quelle: US. Bureau of the Census, Current Population Reports, Series P-20, No. 421, Fertility of American women: June 1986. Washington, D.C. 1987: 14-21.

Tabelle 4: Prozentanteile von Familiengruppen mit Kindern unter 18 Jahren nach ethnischer Zugehörigkeit, USA, 1970-1990

	Zwei Eltern			Mutter allein			Vater allein		
	1970	1980	1990	1970	1980	1990	1970	1980	1990
Weiß	89.9	82.9	77.4	8.9	15.8	18.8	1.2	2.0	3.8
Schw.	64.3	48.1	39.4	33.0	48.7	56.2	2.6	3.2	4.3
Hisp.	n.v.	74.1	66.8	n.v.	24.0	29.3	n.v.	1.9	4.0

n.v. = nicht verfügbar. Ethnische Zugehörigkeit des Haushaltsvorstandes. Quelle: US. Bureau of the Census, Current Population Reports, Series P-20, No. 447, Household and Family Characteristics: March 1990 and 1989. Washington, D.C. 1990: 7; vgl. auch Rawlings 1989: 13/14

Widerlegt ist damit die Interpretation von „Alleinerziehenden" als Indikator für
Individualisierung (im Sinne größerer Entscheidungsautonomie und Unabhängigkeit
von Frauen). Tatsächlich käme wohl niemand in den USA auf den Gedanken, den
Anstieg von *single-mothers* in diesem Sinn zu interpretieren. Die Tatsache, daß
Einelternfamilien besonders häufig unter Schwarzen zu finden sind, muß als Indikator für wachsenden sozialen und ökonomischen Problemdruck angesehen werden.
Diese Familien gehören zu den Ärmsten der Armen in den Vereinigten Staaten.
Andererseits sind sie weniger stark „individualisiert" als die Weißen: Verwandtschaftliche und nachbarschaftliche Netzwerke spielen bei den schwarzen single-
mothers eine weitaus bedeutsamere Rolle als bei den weißen Frauen (Cherlin
1992).[23]

Insgesamt ist die Evidenz groß, daß Bildung und ethnische Zugehörigkeit wichtige Faktoren der sozialen Segmentierung sind. Es konnte gezeigt werden, daß einige der Indikatoren, die mit dem Individualisierungstrend in Verbindung gebracht
werden, entweder weitgehend auf die gebildete weiße Bevölkerung beschränkt bleiben oder umgekehrt auf Schwarze mit geringem Bildungsniveau konzentriert sind –
dann aber eine andere Bedeutung haben.

(b) Verschiedene Lösungen des Vereinbarkeitsproblems Familie – Beruf

Demographische Daten können zwar Unterschiede im Fertilitätsniveau und im *timing* des Übergangs zur Elternschaft zwischen verschiedenen sozialen Gruppen
aufdecken, sie können jedoch wenig über den Unterschied in der *Bedeutung* von
Elternschaft sagen. Selbst wenn die Unterschiede auf der Ebene der demographischen Daten verschwinden würden, könnten solche Bedeutungsunterschiede bestehen bleiben. Dies ist einer der Gründe dafür, warum der Individualisierungstrend
nicht mit demographischen Daten allein überprüft werden kann. Deshalb bezieht
sich die weitere Analyse auch auf qualitative Studien; sie konzentriert sich außerdem auf zwei Extremgruppen: Die professionell ausgebildeten weißen Frauen, die
selten vor ihrem dreißigsten Lebensjahr (und dies nur unter ganz bestimmten Bedingungen) Mutter werden, auf der einen Seite, und die jungen Mütter aus den schwarzen Siedlungsgebieten auf der anderen Seite.

Kinderlosigkeit und späte Mutterschaft bei „Karriere-Frauen"

Die meisten Frauen arbeiten – auch als Mütter. Aber je höher der Bildungsgrad und
je anspruchsvoller die berufliche Tätigkeit, desto schwieriger wird die Realisierung
der Mutterschaft (Veevers 1980, Hochschild 1989). Die Studie von Kathleen Gerson
(1985) zeigt, von welchen sozialen Bedingungen das Einfädeln in bestimmte biographische Bahnen abhängt, die zur traditionellen Hausfrau-Mutter, zur Kinderlo-

---

23 Die statistischen Zahlen vermitteln aufgrund der Besonderheiten der sozialen Situation in den
    schwarzen Vierteln nur ein unzureichendes Bild über die tatsächliche Situation der unverheirateten
    Mütter, die in der Regel eben gerade nicht „alleinerziehend" sind (Stack 1974, Furstenberg et al.
    1987). „When is a father really gone?" fragt Mott (1990). Er weist nach, daß die statistisch erfaßte
    Vater-Absenz eines großen Teils schwarzer Kinder, die mit ihren Müttern leben, die Tatsache ver-
    deckt, daß viele dieser Kinder „either had potentially important substitute figures available or else
    had significant continuing contact with their biological father" (514).

sigkeit oder zur modernen Vereinbarkeitslösung führen. Das traditionelle Modell – Hausfrau und Mutter – stellt für junge Frauen mit College-Ausbildung heute offensichtlich keine Option mehr dar. Kinderlosigkeit war für die Frauen in Gersons Studie keine leichte Entscheidung. Häufig blieben sie kinderlos, wenn sie keinen unterstützenden Partner hatten.

Die Ergebnisse anderer Studien legen den Gedanken nahe, daß die Vereinbarkeit von Beruf und Mutterschaft von finanziellen Ressourcen abhängig ist – manche Doppelkarriere-Paare ermöglichen sich Elternschaft durch private Kinderbetreuung und Haushaltshilfen, typischerweise rekrutiert aus den unteren sozialen Schichten (Hertz 1986; Lehrer und Kawasaki 1985, Grant et al. 1990). Doch es gibt auch Gegenmodelle. Während die Studie von Hertz Frauen vorstellt, die trotz Mutterschaft eine hohe Karriere-Orientierung beibehalten (und ihre ökonomischen Ressourcen einsetzen um häusliche Dienste zu kaufen), hebt eine andere Studie hervor, daß gut verdienende Frauen ihre finanziell günstige Situation nutzen, um ihr berufliches Engagement zu reduzieren, solange die Kinder klein sind (Moen und Dempster-McClain 1987). Dafür spricht auch ein gewisser normativer Druck, den Eltern empfinden, ihre Kinder nicht zu lange in fremde Hände zu geben (Mason und Kuhlthau 1988). Dieser Druck lastet offenbar besonders auf den Frauen: Ergebnisse zweier Studien zum Übergang in die Elternschaft bei jungen Ärzten stellten fest, daß sich die Arbeitszeit der weiblichen Ärzte deutlich reduzierte, wenn sie Mütter wurden, während sich die Arbeitszeit der Väter gewordenen Ärzte sogar leicht erhöhte (Weisman und Teitelbaum 1987, Grant et al. 1990). Die Autoren dieser Studien führen dies nicht darauf zurück, daß die Männer vor der Familie flüchteten (sie beklagten im Gegenteil, zu wenig Zeit für ihre Kinder zu haben), sondern darauf, daß es immer noch einen normativen Druck gibt, der Versorger-Ernährer-Aufgabe zu genügen.

Für Karriere-Frauen, so läßt sich resümieren, gibt es im wesentlichen nur zwei Optionen: Kinderlosigkeit und späte erste Mutterschaft. Die Realisierbarkeit der zweiten Option ist von bestimmten Ressourcen und unterstützenden Bedingungen abhängig.

Junge Mütter

Die Entkopplung von Sexualität, Ehe und Elternschaft – einerseits frühere Geschlechtsreife und früherer Beginn sexueller Aktivitäten, andererseits Aufschub von Ehe und Elternschaft – hat zur Folge, daß viele Frauen heute 15 bis 20 Jahre lang (in Einzelfällen bis zu 30 Jahren) sexuell aktiv sind, bevor sie ihr erstes Kind bekommen. Diese Entwicklung konnte nur problemlos verlaufen, wenn sie von einer sorgfältigen Schwangerschaftsverhütung begleitet war. Doch aus verschiedenen Gründen funktionierte dieser Mechanismus in den Vereinigten Staaten nur unzureichend. Die USA fallen mit ihren hohen Geburtenraten von Teenagern völlig aus dem Rahmen der vergleichbaren westlichen Welt. Das gilt für alle, aber in besonderem Ausmaß für die Schwarzen: Wenn sie erwachsen werden, hat fast die Hälfte aller schwarzen Frauen bereits ein erstes Kind![24]

---

24 Ein Vergleich zwischen mehreren westlichen Ländern ergab, daß amerikanische Teenager in den achtziger Jahren nicht nur die höchsten Geburtenraten, sondern auch die höchsten Schwangerschaftsabbruchraten hatten. Die Schwangerschaftsraten der U.S. Teenager waren mit 96 (auf 1000

Im allgemeinen wird das Phänomen der Teenage-Schwangerschaft als ernsthaftes soziales Problem diskutiert, für dessen Bekämpfung eine Vielzahl von öffentlichen Programmen angeboten wird. Es gibt jedoch auch eine andere Beurteilung. Arline Geronimus (1987) zum Beispiel interpretiert frühe Schwangerschaft als eine kulturell und individuell *rationale* Antwort auf Deprivation und Diskriminierung. Diesen jungen Frauen, so argumentiert sie, erscheine es vorteilhafter, Mutter zu werden und damit Anerkennung und Integration im Verwandtschafts- und Nachbarschaftsnetz zu erhalten, als die ohnehin geringen Chancen auf eine Ausbildung zu nutzen und gleichzeitig die Nachteile später erster Mutterschaft in Kauf nehmen zu müssen. Gegen diese „rational-choice"-Interpretation früher Schwangerschaft und Mutterschaft spricht jedoch einiges: Die überwiegende Mehrheit dieser Schwangerschaften ist weder gewollt noch geplant. Diese Teenager nehmen das Risiko in Kauf. Sie planen keine Schwangerschaft, aber sie tun auch wenig, sie zu vermeiden (Furstenberg 1990b).

Wir haben also in den USA zwei Extremgruppen in bezug auf Elternschaft und den Konflikt Beruf-Familie, und die Konsequenzen für Lebenschancen und Lebenslauf könnten kaum unterschiedlicher sein. Für die meisten der jungen schwarzen Frauen ist Kinderlosigkeit keine Option. Mutterschaft ist eine Alternative zur kaum zugänglichen Bildungskarriere, und sie steht an der Schwelle zum Erwachsenenalter im Zentrum ihrer Lebensperspektive. Für die weißen College-Frauen ist frühe Elternschaft keine Option. Sie müssen versuchen, erste Mutterschaft und Berufskarriere in einem Lebensalter zu vereinbaren, in dem viele ihrer unterprivilegierten schwarzen Altersgenossinnen bereits Großmutter geworden sind – kaum älter als dreißigjährig![25]

4. Zusammenfassende Kritik

Die Individualisierungstheorie wurde in den vorangehenden Abschnitten in mehrfacher Hinsicht in Frage gestellt oder relativiert: Im 2. Abschnitt wurde gezeigt, daß viele Annahmen der Theorie – bezogen auf den Übergang zur Elternschaft in den Vereinigten Staaten von Amerika – nicht bestätigt werden können. Im 3. Abschnitt wurde gezeigt, daß der Individualisierungstrend, sofern er nachweisbar ist, nicht universell gilt, sondern auf bestimmte Milieus beschränkt bleibt. Diese Aussage wurde in anderen Arbeiten auch für deutsche Verhältnisse nachgewiesen (Burkart

---

Frauen) mehr als doppelt so hoch wie jene von Ländern wie England (45), Canada (44) oder Frankreich (43), fast dreimal so hoch wie jene von Schweden (35) und fast siebenmal so hoch wie jene der Niederlande (14). Selbst die Rate der weißen U.S. Teenager lag mit 83 immer noch mit weitem Abstand an der Spitze (Jones et al. 1985). – Die demographischen Daten sind eindeutig (Miller und Moore 1990, Furstenberg 1990b), die Gründe sind weniger klar. Manche Beobachter erklären die Situation mit der anhaltenden Wirksamkeit der puritanischen Tradition. Öffentliche Werbung für Kondome oder deren kostenlose Verteilung an Schüler zum Beispiel sind bis heute heftig umstritten. Es scheint, daß die amerikanische Öffentlichkeit immer noch eher versucht, die sexuellen Aktivitäten der Jugendlichen zu begrenzen, statt diese zu akzeptieren und für eine effektive Empfängnisverhütung zu sorgen (vgl. Jones et al. 1985, Hayes 1987, Vinovskis 1988).

25 Das hat insbesondere Konsequenzen für die Generationenfolge: Man kennt die Extremfälle jener Familiensysteme, auf der einen Seite geprägt durch 30jährige Großmütter und 80jährige Ururur-großmütter; auf der anderen Seite durch eine 75jährige Großmutter, deren einzige Tochter erstmals mit 40 Mutter wurde.

und Kohli 1992, Burkart 1994). Die sich aus der vorangehenden Analyse und anderen Studien ergebende Kritik – vor allem hinsichtlich ihrer Erklärungskraft bezüglich der familialen Veränderungen – wurde schon häufig vorgetragen (Burkart 1995c, 1997), so daß es genügt, die wichtigsten Punkte noch einmal kurz zusammenzufassen.

Generell gilt für alle Zerfallsdiagnosen der familialen Entwicklung – und als solche kann ja auch die Individualisierungsthese gelesen werden: Die Entwicklung wurde dramatisiert, weil man nicht erkannte, daß es sich dabei zum Teil nur um historische Nachholeffekte handelte, um Kumulationseffekte längerfristiger Entwicklungen, die durch Krieg und unmittelbare Nachkriegszeit gebremst oder unterbrochen worden waren. Man hat, mit anderen Worten, die Entwicklung seit Mitte der sechziger Jahre immer vor dem Hintergrund der Familie der fünfziger Jahre beurteilt. Die fünfziger Jahre wurden als Normalfall angesetzt – tatsächlich aber stellten sie eine historische Ausnahmesituation dar, denn nie zuvor und natürlich erst recht nicht danach war das klassische Ehe- und Familienmodell in westlichen Ländern so weit verbreitet. Der heutige Verbreitungsgrad von Ehe und Familie ist zwar geringer als damals, aber im historischen Vergleich immer noch ziemlich hoch. Grundsätzlich gilt, daß Zeitgenossen für ihre Gegenwart immer ein höheres Maß an Pluralität sehen als für die Vergangenheit, die in der Regel stärker typisiert und oft über Gebühr vereinfacht wird (historischer Fehlschluß). So gesehen ist es kein Wunder, daß immer wieder von zeitgenössischen Autoren für ihre jeweilige Gegenwart Epochenschwellen konstruiert werden, während die zurückliegende Geschichte mehrerer Jahrhunderte in einer Epochenbezeichnung zusammengefaßt wird.[26] Der historische Fehlschluß ist daher zugleich ein methodologischer Fehlschluß, da er die idealtypische Vergangenheit mit der empirischen Gegenwart vergleicht und die unvermeidliche Diskrepanz zwischen empirischer Vielfalt und idealtypischer Monolithik als Widerlegung des Idealtypus betrachtet. Besonders in der historischen Dimension ist die Individualisierungsthese also äußerst ungenau. Früher, so die Botschaft, war alles geregelt, heute muß man alles selber regeln. Als Beispiele werden manchmal eigentümliche Auflistungen geboten: Von den Heiratsverboten zur Heiratsfreiheit; oder von den Reiseverboten in der DDR zur Reisefreiheit; oder die Entscheidung, welche Angebote des Wohlfahrtsstaates man annehmen solle: Arbeitslosengeld, Bafög, Bausparprämien (Beck und Beck-Gernsheim 1994: 12).

Die unhistorische Betrachtungsweise führte zu einer Inflationierung der Auflösungsmetaphorik. Für manche Vertreter der „Individualisierungs"-These sind wir heute so weit, daß jeder tun und lassen kann, was er (oder sie) will, weil alle Normen unverbindlich geworden seien – man kann heiraten oder nicht, allein leben oder zu mehreren, Kinder in die Welt setzen oder sich auf eine Partnerschaft beschränken – die „Pluralisierung der Lebensstile", die große Beliebigkeit – und: die allmähliche Selbstauflösung der Soziologie. „Erosion von Normen": Wo ist der Nachweis für eine Entwicklung, die anders ist als der normale Lauf der Dinge, auch in weniger dynamischen Gesellschaften, nämlich die permanente Auflösung alter und die Entstehung neuer Normen?

Die Behauptung eines familialen Niedergangs scheint manchmal direkt am „Niedergang" demographischer Kurven abgelesen. Dabei wird übersehen, daß abfallende demographische Kurven eine Wertsteigerung zum Ausdruck bringen können und damit – scheinbar paradox – als Stabilisierung von Ehe und Familie gedeu-

---

26 Nur drei Beispiele: Riesman (1961), Shorter (1975), Lesthaeghe (1992).

tet werden können (demographischer Fehlschluß). Die sinkenden Geburtenraten
zum Beispiel sind – solange man die Kinderlosigkeit ausklammert – Ausdruck einer
normativen Stärkung der Elternschaft, weil sie den modernen Trend fortsetzen, die
Entwicklung der Persönlichkeit des Kindes in den Mittelpunkt der Familie zu rük-
ken. Mehr als zwei Kinder lassen sich mit diesem Familienideal kaum vereinbaren.
Ebenso können die steigenden Scheidungsquoten als Indikator für eine normative
Stärkung der Ehe interpretiert werden – jedenfalls, solange es relativ hohe Wieder-
verheiratungsquoten gibt – insofern, als mit der Scheidung der Anspruch einer höheren Ehe-Qualität zum Ausdruck kommt. Das wird in den USA schon lange so gesehen.

Die „Pluralisierung der Lebensformen", neben der „Individualisierung" wohl
die hartnäckigste aller Verlegenheitsformeln für eine unverstandene Komplexität,
erweist sich bei näherer Betrachtung als biographischer Fehlschluß. Seit langem ist
ja bekannt, daß der Rückgang von Heirats- und Geburtenraten zwischen 1965 und
1975 nicht in erster Linie als Abkehr von Ehe und Familie zu interpretieren ist,
sondern als biographischer Aufschub (aufgrund verlängerter Ausbildungsphasen im
Kontext der Bildungsexpansion). Das gilt auch für die sogenannten alternativen
Lebensformen: Der Zuwachs an Singles und nichtehelichen Lebensgemeinschaften
mag auf den ersten Blick wie eine „Pluralisierung der Lebensformen" aussehen. Bei
genauerer Betrachtung zeigt sich, daß es sich um die Ausdifferenzierung einer neuen
Lebensphase handelt, denn die Pluralisierung – im Sinne eines gleichgewichtigen
Nebeneinanders von Alleinleben, unverheiratet Zusammenleben, Getrenntleben, Ehe
und Familie – läßt sich für Deutschland bisher nur für die Lebensspanne zwischen
dem 25. und dem 30. Lebensjahr eindeutig nachweisen (Diewald und Wehner 1995,
Burkart 1997).

Ein weiterer Fehler, den ich aufgrund meiner eigenen empirischen Forschungen
der letzten Jahre besonders betont habe (vgl. auch Vester 1997): Viele Trends wurden vorschnell als universelle Trends betrachtet, obwohl sie sich auf bestimmte
sozio-kulturelle Milieus konzentrierten (partikularistischer Fehlschluß). Das gilt vor
allem für jene Punkte, die der Niedergangsdiagnose eine solch große Aufmerksamkeit bescherten: Hohe Kinderlosigkeit, hoher Anteil von Singles und von Unverheirateten, die Normalität der Trennung von Partnern nach wenigen Jahren, usw.

Darüber hinaus liegt der Verdacht nahe, daß es sich bei einem erheblichen Teil
der Individualisierungs-Behauptungen um eine verjüngte Variante der alten „bürgerlichen Ideologie" des individuell zurechenbaren Erfolgs und der individuellen
Machbarkeit handelt. Diese Ideologien sind nicht nur in bestimmten Segmenten des
akademischen Milieus besonders stark ausgeprägt[27], sondern haben sich – im Vergleich zu den siebziger Jahren – auch in den öffentlichen Debatten längst wieder
ausgebreitet („Leistung muß sich wieder lohnen"). Vielleicht ist das schon alles: Der
Glaube an die individuelle Machbarkeit ist größer geworden, die individualistische
Ideologie ist stärker geworden, soziologisches Denken wieder aus dem Alltagsbe-
wußtsein verdrängt. Es ist erstaunlich, daß Vertreter der Individualisierungsthese
sich nie mit der Möglichkeit einer individualistischen Ideologie auseinandergesetzt
haben. Vorsichtigere Vertreter der Theorie sprechen immerhin von Individualisierung als einem „Zurechnungs- oder Zuschreibungs"-Modus (Kohli 1988, Wohlrab-
Sahr 1992, 1997).

---

27 Vgl. dazu schon Gouldners „Kultur des kritischen Diskurses" der „Neuen Klasse" (Gouldner 1980);
     vgl. auch Burkart, Koppetsch und Maier (1998).

Erhebliche Unklarheiten gibt es auch beim Entscheidungsbegriff, der für die Argumentation der Individualisierungstheorie so wichtig ist. Die Individualisierungstheorie hat keinen adäquaten Entscheidungsbegriff entwickelt, obwohl doch die ganze Theorie darauf hinausläuft, daß individuelle Entscheidungen immer notwendiger würden. Abgesehen von der Unklarheit in der Theorie, ob es nur einen Zwang zur individuellen Auswahl zwischen Optionen gibt oder eine Chance im Sinne von Wahlfreiheit – ob die Individuen tatsächlich immer wieder kalkulierte Entscheidungen treffen müssen oder ob sie angesichts des Entscheidungsdrucks und der Unmöglichkeit, rational auszuwählen, sich dem Schicksal überlassen[28] – in jedem Fall müßte die Theorie mit der Entwicklung eines eigenen Entscheidungsbegriffs reagieren, wenn sie nicht den rationalistischen Entscheidungsbegriff übernehmen oder weiter, wie bisher, einen einfachen, alltagssprachlichen Begriff verwenden will.[29]

Was auf den ersten Blick Indikator für Individualisierung zu sein scheint, kann sich – wie am amerikanischen Beispiel gesehen – bei genauerer Betrachtung als Ausdruck von Segmentierung erweisen (sozialstruktureller Fehlschluß). Manche Veränderungen, die hierzulande als Beleg für einen fortschreitenden Individualisierungstrend gesehen werden, traten in den Vereinigten Staaten nicht zuerst in den „individualisierten Milieus" der Großstädte und akademischen Zentren auf, sondern in der schwarzen Bevölkerung. Die stabile amerikanische Normalfamilie der fünfziger Jahre war eine weiße Mittelklassen-Familie. In der schwarzen Bevölkerung gab es dagegen auch damals schon jene Phänomene, die in den letzten Jahrzehnten die Aufmerksamkeit der Familienforschung auf sich zogen: Unverheiratete Paare, junge ledige Mütter, hohe eheliche Instabilität. Andere Trends, etwa der Anstieg des Heiratsalters oder des Anteils Lediger, haben sich in der schwarzen Bevölkerung in den letzten Dekaden stärker beschleunigt als in der weißen (Cherlin 1992). Alle diese Phänomene aber haben bei den Schwarzen mit „Individualisierung" nichts zu tun. Erklärungen dieser Phänomene müssen an sozialstrukturellen Bedingungen ansetzen: Der Struktur des Verwandtschaftsnetzes, dem Strukturwandels des Heiratsmarktes (zum Beispiel dem Frauenüberschuß im jüngeren Erwachsenenalter), und nicht zuletzt der anhaltenden Segregation und der wachsenden Armut in den urbanen Ghettos. Armut scheint heute in den USA zunehmend der wesentliche Grund für die Lebensformen, die bei uns oft noch verklärend unter dem Stichwort „Individualisierung" genannt wurden (Ostner 1997).

Daß viele der Theorie-Probleme am Beispiel der Vereinigten Staaten sichtbar werden, hängt damit zusammen, daß es dort einerseits eine lange Tradition des Individualismus gibt – auf der anderen Seite aber eine Reihe von Gegentendenzen: Trotz der Bedeutung des Individuums waren religiöse und familiäre Bindungen sowie solche auf Gemeindeebene immer recht stark. Individualismus und Gemeinwohlorientierung haben sich hier immer ganz gut vertragen.[30] Das hängt auch mit der Vorstellung zusammen, daß eine Anpassung an Gruppenstandards zwar durchaus üblich

---

28 Was für Beck und Beck-Gernsheim ebenfalls eine „Entscheidung" ist: „Wer hin- und hergerissen ... das Planen aufgibt und die Antwort beim Zufall sucht – der oder die fällt stets eine Entscheidung" (1993: 182).

29 Zur Nähe des in der Individualisierungstheorie verwendeten Entscheidungsbegriffs zu jenem der Rational-Choice-Theorie und zur Indaquanz beider für das Problem der Entscheidung bei biographischen Übergängen vgl. Burkart (1995a).

30 Darauf hat die kommunitaristische Diskussion der letzten Jahre vielfach hingewiesen; vgl. auch Burkart (1995b).

ist, aber immer freiwillig, by choice, stattfindet. Und deshalb ist Individualismus die
einzige Ideologie, die von Amerikanern akzeptiert wird (Bertelson 1986: 13).

Es sei dahingestellt, ob der amerikanische Individualismus zur Behauptung eines Individualisierungstrends in Deutschland und Europa beigetragen hat – jedenfalls klingt manche Aussage hierzulande wie eine verspätete Eindeutschung des
amerikanischen Traums: Das Leben „selbst in die Hand nehmen" (to be on your
own, self-reliance), Freiheit, Wahlmöglichkeiten, Selbstverwirklichung. Ein Traum
jedoch mit negativem Unterton: Während die Amerikaner immer schon ihr Leben
lieber selbst in die Hand nahmen und jede Einmischung durch übergreifende
(staatliche) Organisationen ablehnten (und die kommunitaristische Kritik vertraut
auf Zivilreligion, Bürgersinn und Gemeinschaftswerte), sieht man hierzulande eher
die Gefahr, daß die Strukturen das Individuum zwingen, sein Leben selbst in die
Hand zu nehmen.

Die „Individualisierungstheorie" ähnelt einem Chamäleon – mit schneller Zun-
ge werden neue Phänomene einverleibt: Alles Mögliche kann als „Individualisierung" begriffen werden; und bei Gefahr wird die Farbe gewechselt. Der Kritiker
muß dann lernen: „Das haben wir aber mit Individualisierung nicht gemeint" (vgl.
Beck und Beck-Gernsheim 1993). Ulrich Becks Formulierung, den Begriff „Globalisierung" klären zu wollen gleiche dem Versuch, einen Pudding an die Wand zu
nageln, trifft offensichtlich auch auf die Kritik der Individualisierungsthese zu.

5. Ein Systematisierungsversuch

In den letzten Jahren hat die Diskussion nicht aufgehört. Bei der Kritik standen zwei
Aspekte im Vordergrund (vgl. Wohlrab-Sahr 1997, Berger 1997): Die Vermutung,
daß Individualisierung nur für bestimmte Milieus gelte; und die Vermutung, daß es
sich bei „Individualisierung" um eine Zuschreibung (letztlich: eine Ideologie) handle. Die beiden Probleme hängen, wie gesehen, eng zusammen: Vielleicht ist „Individualisierung" die neue Ideologie der aufstrebenden akademischen Mittelschichten?
Demgegenüber wurde ein drittes Problem – die Frage, ob wir es mit den altbekann-
ten Phänomenen der Individualisierung als Grundelement der Modernisierung zu
tun haben oder mit einem qualitativ neuen „Schub" – in den Hintergrund gedrängt;
vermutlich, weil diese Frage nur durch aufwendige historische Analysen zu beantworten ist.

Das eigentliche Problem liegt jedoch auf der Theorie-Ebene: Was genau heißt
Individualisierung, hat das Konzept überhaupt eine analytische Kraft – oder doch
nur eine problemdiagnostische und diskussionsfördernde? So gesehen, stehen wir
immer noch am Anfang der Diskussion. Das wird sich nicht ändern, solange nicht
wenigstens klar ist, welche Ebenen sinnvoll unterschieden werden müssen: Ist
„Individualisierung" eine strukturelle Entwicklung im Sinne von „Freisetzung"; eine
kulturelle Entwicklung im Sinne von Distinktion und Stilisierung von Einzigartigkeit; eine gesteigerte normative Verpflichtung zur Selbstgestaltung des Lebens; ein
Zuwachs an biographischen Angeboten der Selbst-Thematisierung; verschärfte
Selbst-Kontrolle – oder alles zusammen, in systematischem Zusammenhang zueinander? Klare Unterscheidungen von Dimensionen der Individualisierung sind eine
notwendige Grundlage für jede weitere Diskussion, weil nur so die unsinnige Belie-

bigkeit aufhören kann, mit der jeder sich seine individualisierte Bedeutung von „Individualisierung" zusammenbastelt.

Vor allem sind sie eine unabdingbare Grundlage für die empirische Arbeit; denn Unterscheidungen allein sind akademische Spielereien, solange nicht empirisch überprüft wird, ob tatsächlich ein Individualisierungstrend feststellbar ist oder im Gegenteil Standardisierungs- oder Kollektivierungstendenzen wirksam werden; ob Individualisierung vielleicht nur in einem Milieu zu finden ist; und ob man es bei den empirischen Tendenzen nur mit bestimmten Dimensionen zu tun hat: mit strukturellem oder kulturellem Wandel, mit Diskursen oder Praxis, mit Ideologien oder Normen. Die meisten der bisher vorliegenden Systematisierungsversuche begnügen sich mit eindimensionalen Unterscheidungen.

Michel Foucault unterscheidet (anläßlich seiner Analyse eines frühen Individualisierungs-schubes in der Antike) drei Ebenen: Zunächst den „Individualismus" – damit meint er den Wert, den man der Einzigartigkeit des Menschen beimißt, sowie den Grad der Unabhängigkeit, der ihm zugestanden wird. Zweitens die Hochschätzung des Privatlebens. Drittens die Intensität der Selbstbeziehungen, „das heißt der Formen, in denen man sich selbst zum Erkenntnisgegenstand und Handlungsbereich nehmen soll" (Foucault 1989: 59f.). Foucault führt diese Unterscheidung ein um zu betonen, daß es sich um drei Entwicklungsdimensionen handelt, die empirisch nicht notwendigerweise zusammenfallen müssen. Und er führt historische Beispiele an von Gesellschaften, wo nur die eine oder andere dieser Dimensionen entwickelt wurde. Foucault betont also vor allem, daß es sich hier nicht notwendigerweise um eine einheitliche Entwicklung handelt. Bei der „Kultur seiner selber", der „Sorge um sich", handelt es sich nicht so sehr um den Ausdruck eines gesteigerten Individualismus (im Sinne von Unabhängigkeit und Einzigartigkeit) oder der wachsenden Bedeutung des Privatlebens, sondern um den Ausdruck der Intensivierung der Beziehungen zu sich selber (Foucault 1989: 60).

Axel Honneth unterscheidet – in seiner Beck-Rezension – Individualisierung, Privatisierung und Autonomisierung (Honneth 1988: 317f.). Unter Individualisierung seien jene sozialstrukturellen Vorgänge der Freisetzung und Optionsvermehrung zu verstehen, in deren Verlauf die individuellen Entscheidungsspielräume institutionell erweitert wurden. „Unter Privatisierung oder Vereinzelung wäre jener soziokulturelle Vorgang zu verstehen, der auf dem Weg einer Zerstörung von intersubjektiv erlebbaren Gemeinschaftsbezügen die Individuen ihrer gesicherten Sozialkontakte beraubt und somit zunehmend voneinander isoliert; (...) Unter Autonomisierung (...) sind alle die Vorgänge zu verstehen, durch die Individuen dazu befähigt werden, mit vorgegebenen Handlungsalternativen auf eine reflektierte, selbstbewußte Weise umzugehen."

Monika Wohlrab-Sahr (1997: 25ff.) unterscheidet zwei Dimensionen: Einzigartigkeit und Zurechnung. Die erste, „Individualität im Sinne einer unterscheidbaren, besonderen Persönlichkeit", sieht sie als Folge sozialer Differenzierung, im Anschluß an Durkheim und Simmel. Individualisierung als Differenzierung führt zu neuen Grenzziehungen und zur Steigerung der Varianz (Pluralisierung). Die zweite Dimension bezieht sich auf den „gesellschaftlichen Prozeß der Veränderung des Innenlebens" durch einen veränderten Zurechnungsmodus im Sinne von Selbstzuschreibung und Subjektivierung. „Individualisierung" wäre demnach der Bedeutungszuwachs eines Deutungsmusters, „das Selbstkontrolle, Selbstverantwortung und Selbst-Steuerung akzentuiert" (28). Die zweite Dimension läßt sich auf drei Ebenen verorten: a) kulturell: Individuelle Zurechnung (durch die Idee des Individualismus), b) subjektive Erfahrung individuellen Handelns, c) institutionelle Verankerung durch gesellschaftliche Institutionen, die die individuelle Zurechnung und Ver-Innerlichung fördern (z.B. Psychotherapie).[31]

Schon diese wenigen Versuche der Systematisierung sind nur schwer unter ein einheitliches Format zu bringen. Warum unterscheidet Foucault nicht zwischen Einzigartigkeit und Unabhängigkeit, genauer gesagt: Warum subsumiert er beide Begriffe, die er ja nennt, unter einen Begriff? Autonomie-Zuwachs im Prozeß der Freisetzung muß nicht notwendigerweise einhergehen mit Besonderheit und Einzigartigkeit der Person, eine Dimension, die deshalb von Autonomie zu unterscheiden wäre. Wohlrab-Sahr betont die kulturelle Dimension der Zuschreibung, vernachlässigt aber die strukturelle Dimension der Freisetzung und Autonomie beziehungsweise scheint sie als strukturelle Vorbedingung für Individualisierung zu betrachten. Honneth wiederum vernachlässigt die von Foucault so betonte Kultur der Selbstthematisierung und die von Wohlrab-Sahr betonte Zurechnungsdimension.

Auch der folgende Vorschlag kann natürlich nicht den Anspruch einer definitiven Klärung erheben. Eine solche Klärung kann es wohl auch gar nicht geben, weil „Individualisierung" eben keine analytische Theorie ist, sondern ein offener Diskussionsrahmen; weil die unterschiedlichen Elemente kaum in eine einheitliche Theorie integrierbar sein dürften. Jedenfalls müßte die folgende Skizze historisch-empirisch gründlich ausgearbeitet werden, bevor ihre Tragfähigkeit und die notwendigen Modizifierungen klar wären. Drei Dimensionen der Individualisierung werden unterschieden, die gleichzeitig auf mehreren Ebenen (Struktur, Institutionen, Kultur, Subjekt) wirksam werden können (was jeweils empirisch überprüft werden müßte) – und zu denen es systematische Gegentendenzen gibt. Die drei Dimensionen sind: „Freisetzung", „Distinktion" und „Selbstbezug" (vgl. Abbildung 5).

Freisetzung: Individualisierung als Leitprinzip des Modernisierungsprozesses ist seit langem geläufig, insbesondere in dieser Dimension. Nahezu alle Klassiker und die meisten zeitgenössischen Soziologen sehen den Modernisierungsprozeß als Auflösung traditionaler Gemeinschaftsformen und Bindungen, als Herauslösung der Individuen aus größeren Kollektiven und festen Strukturen. Der Prozeß ist im Rahmen der Differenzierungstheorie gut beschrieben, schon in Parsons' Evolutionstheorie finden sich die meisten Hinweise: Der Individualismus setzt sich strukturell in den sich ausdifferenzierenden Sphären durch, auf den Märkten des Wirtschaftssystems (utilitaristischer Individualismus), im politisch-rechtlichen System (individuelle Freiheit, demokratische Teilhabe und Gleichheit, Rechtssicherheit und Menschenwürde) und im Bildungssystem (universalistisches Leistungsprinzip). Individualisierung ist Durchsetzung von Marktförmigkeit, Rechts- und Chancengleichheit. Die Freisetzung erhöht die individuelle Autonomie, erweitert Handlungsmöglichkeiten und Entscheidungsspielräume, zwingt aber auch zu Eigeninitiative und Selbstbehauptung (im Sinne von self-reliance).

Legitimatorisch abgestützt werden diese Prozesse durch die kulturellen Ideen des Individualismus. Die meisten dieser Ideen haben sich im Rahmen der Konzepti-

---

31 Einen weiteren interessanten Vorschlag hat Matthias Junge gemacht. Er faßt Individualisierung als eine Dimension von Modernisierung und schränkt sie auf die Subjekt-Ebene ein, im Sinne „wachsender persönlicher Autonomie" und der „Möglichkeit der Selbstentfaltung" (Junge 1996: 733). Die Kritik an meiner hier veröffentlichten Analyse, Individualisierung werde mit der kulturellen Idee des (amerikanischen) Individualismus gleichgesetzt, ist allerdings unzutreffend. Darüber hinaus ist es problematisch, den amerikanischen Individualismus mit dem Rationalisierungs-prozeß gleichzusetzen.

on der bürgerlichen Gesellschaft entwickelt, wobei sich verschiedene Spielarten des Individualismus (demokratisch, utilitaristisch, expressiv) historisch ablösten (Lukes 1973, Bellah et al. 1985, Burkart 1995b). Es geht hier nicht um bloße „Ideen", sondern um Leitkonzepte und Idealnormen, die normative Ansprüche formulieren und den Glauben an die individuelle Machbarkeit bestärken, und damit auch die Entstehung individualistischer Ideologien der Begabung und Leistung, der Machbarkeit und Entscheidungsautonomie begünstigen: „Selbst ist der Mann ... wer arbeiten will, der findet auch Arbeit ... das muß jeder für sich entscheiden..." Entsprechend kommt es auf der subjektiven Ebene zur Wahrnehmung und Erfahrung von Autonomie und Unabhängigkeit der Person relativ zu sozialen Strukturen, insbesondere aber gegenüber Großgruppen und Gemeinschaften. Die Person erlebt sich als relativ frei in ihrer Entwicklung, ihren Entscheidungen, sie glaubt an ihre Unabhängigkeit und an ihre eigene Gestaltungskraft (to be on my own, self-reliance).

Abbildung 5: Dimensionen der Individualisierung und Gegentendenzen

	„Freisetzung" Autonomie	„Distinktion" Einzigartigkeit	„Selbstbezug" Subjektivität	Gegen- tendenzen
Struktur	Auflösung traditionaler Bindungen	Differenzierung Mobilität (Durchlässigkeit der Sozialstruktur)	Individual-(Privat-)Sphäre	Neue Vergemeinschaftungen
Institutionen	Märkte (Marktförmigkeit) Demokratie, Recht, Bildungssystem	Klassifikations- und Distinktions-Systeme (rankings)	Orte der Privatheit und Subjektivität Wissenschaften vom Subjekt	Soziale Bewegungen Rituale der Gemeinschaft
Kultur	Diskurse des Individualismus Selbstbestimmung	Diskurse der Individualität Selbstdarstellung	Muster der Selbstthematisierung Selbstverwirklichung	Diskurse der Gemeinschaft Kollektivmythen Selbstkontrolle
Erleben und Handeln	Autonomie Unabhängigkeit self-reliance	Singularität (Individualität)	Selbstreflexion Selbstzuschreibung	Disziplinierungs- und Ohnmachtserfahrungen
Gegen-tendenzen	Systemische Inklusion Strukturzwänge Klassenstruktur	Standardisierung von Individualität Segmentierung der Sozialstruktur	Selbstkontrolle Auflösung der Privatsphäre	

Distinktion: Die strukturelle Freisetzung begünstigt weitere Differenzierung, die Klassenstruktur wird durchlässiger, die individuelle Mobilität steigt. Das macht feinere Unterscheidungen notwendig: Statt weniger Klassen immer mehr Milieus, Subkulturen, Lebensstilgruppen. Schließlich setzen die Unterscheidungen direkt am

Individuum an; die Einzigartigkeit, die Besonderheit (Individualität) rückt in den Vordergrund, begleitet von wachsenden Distinktionsbestrebungen. Institutionell entwickeln sich immer raffiniertere Systeme der Distinktion und Klassifikation (Bourdieu 1982). Feine Statusabstufungen und „ranking"-Systeme breiten sich in allen Lebensbereichen aus, vom Bildungssystem über das berufliche Statussystem bis zum Kulturbetrieb, zur Freizeitindustrie, zum Sport. Die Unterschiede werden individualisiert, indem sie psychologisch, biologisch (Genforschung) oder körperlich (gesunde Lebensweise, Ernährung, *body work*) begründet werden. Sie tragen so auch zur Individualisierung und Naturalisierung von Ungleichheit (Neckel 1991) bei.

Man könnte hier noch einmal zwei Tendenzen unterscheiden, die beide schon bei Simmel angelegt sind: Zum einen die Differenzierung und Individualisierung durch Geldwirtschaft und die Erweiterung sozialer Kreise, von der Rollen- und Systemtheorie ausgearbeitet zur Einzigartigkeit im Sinne einer singulären Rollen-Kombination der Personen. Zweitens die Tendenz zur Stilisierung von Einzigartigkeit, die gewissermaßen künstliche Betonung einer Schein-Individualität, etwa von Bourdieu aufgegriffen; oder die Arbeit an der Selbstdarstellung, wie von Goffman thematisiert. Einzigartigkeit ist auch eine Frage der Selbstdarstellung.

Von *kultureller* Seite sind deshalb besonders wichtig zum einen Ideen der Einzigartigkeit des Subjekts, die ihren Höhepunkt im deutschen Idealismus (Fichte) und der Romantik hatten. Das Subjekt ist hier ganz frei von sozialen Strukturen, entwickelt sich seiner inneren Natur gemäß, als ein Besonderes. Diese Ideen stärken den Glauben an die Einzigartigkeit des eigenen Selbst und stützen damit die Idee der individuellen Machbarkeit. Zum anderen sind Formen der Selbstdarstellung notwendig, Mittel der Distinktion und der Stilisierung von Einzigartigkeit, die in Interaktionen notwendig sind und in der subjektiven Wahrnehmung entsprechend auftreten: „Ich bin ich – und dann erst Trägerin eines Geschlechts, Ausübende eines Berufes..."; „Ich bin anders als die anderen". Die Erfahrung und Wahrnehmung von Besonderheit und Einzigartigkeit, beginnend mit der primären Sozialisation, in der die modernen Erziehungsansprüche immer mehr die Persönlichkeit des einzelnen Kindes in den Mittelpunkt rückten, setzt sich in allen Lebensbereichen fort: In der Schule, mit ihrem ranking-System und ihrer individualistischen Pädagogik, am Arbeitsplatz, selbst in der Liebe, die ohne Einzigartigkeit nicht zu bekommen ist.

Selbstbezug (Subjektivierung): Die allgemeine Differenzierung führt nicht nur zu Freisetzung und Distinktion, sondern auch zu verstärktem Selbst-Bezug. Auf *struktureller* Ebene ist dazu die Ausdifferenzierung einer Sphäre der Individualität (Privat- und Intimsphäre) notwendig, in der Selbst-Thematisierungen und Subjektivität gepflegt werden können. Historisch hat sie sich entwickelt mit der demographischen Entwicklung vom „Ganzen Haus" zur Kleinfamilie, in der sich das Individuum in seine Privatsphäre zurückziehen, über sich nachdenken, sich selbst zum Objekt der Betrachtung und der Begierde machen kann.

Selbstbezug ist in differenzierter Weise jedoch nur möglich, wenn *kulturelle* Muster der Selbstthematisierung, Selbstreflexion und Selbstzuschreibung verfügbar sind (Hahn 1982), die natürlich institutionell abgesichert sein müssen (z.B. Selbstbekenntnisformen wie Autobiographie, Tagebuch, Beichte, Psychotherapie, biographisches Interview und Talkshow). Diese Institutionen legen die jeweiligen Grenzen der sanktionsfreien Selbstenthüllung und die entsprechenden Orte oder Situationen fest. Zu den Grundlagen der institutionalisierten Formen der Selbstthematisierung gehören auch, wie Foucault herausgearbeitet hat, die modernen Wissenschaften

(Psychologie, Pädagogik, Psychiatrie, Rechtswissenschaft), die alle am Subjekt ansetzen und somit die Beschäftigung mit der Subjektivität und den Glauben an Autonomie und Individualität fördern. Dies gilt auch für „Liebe" als „Code" für Intimkommunikation (Luhmann 1982), wie überhaupt der Selbstbezug auch in emotionaler Hinsicht wichtig wurde. Nicht nur: Wer bin ich? Sondern auch: Was fühle ich? Und das gilt nicht nur für den Augenblick: Die Lebensgeschichte wird zum Reflexionsgegenstand und erscheint dadurch zunehmend als machbar und planbar. Entsprechend werden biographische Ausdrucksformen entwickelt und verfeinert. Damit wächst die Vorstellung von der Einzigartigkeit und Unverwechselbarkeit des Individuums, biographische Thematisierung bis hin zur Lebensplanung wird immer mehr zur Norm. Auf der subjektiven Ebene, im Erleben und Handeln, nimmt die Selbstthematisierung insbesondere seit den siebziger Jahren enorme Ausmaße an. Man ist auf der Suche nach seinem Selbst, will sich selbst verwirklichen, möchte den inneren Kern finden und das wahre Ich („Authentizität") zur Darstellung bringen. Man schreibt sich alles selber zu, Erfolge und Mißerfolge, die Intensität von Erlebnissen.

Vielleicht würde eine genaue historische Analyse zeigen, daß sich die drei Dimensionen in eine zeitliche Abfolge bringen lassen. Die Freisetzungsdimension hätte dann ihren Höhepunkt im Rahmen der bürgerlichen Revolutionen bereits überschritten. Allerdings wäre das Lutz-Becksche Gegenargument (Lutz 1984) zu prüfen, daß die Marktgesellschaft erst nach dem Zweiten Weltkrieg voll durchgesetzt wurde. Außerdem gibt es immer wieder Schübe der Propagierung von Eigeninitiative, wie nach 1989. Dennoch scheint klar, daß sich im 20. Jahrhundert die beiden anderen Dimensionen in den Vordergrund geschoben haben, Distinktion und Selbstthematisierung. Distinktion wird wichtiger, je höher der Lebensstandard und je mehr der Lebensstil in den Vordergrund rückt. Heute geht es zunehmend um die Darstellung der Besonderheit des Selbst, seiner singulären Existenz, die ihm die entscheidenden Vorteile in den Statuskämpfen verschafft. Insbesondere die Selbstbezugsdimension hat sich erst in der zweiten Jahrhunderthälfte richtig durchgesetzt, abzulesen an Phänomenen wie „Psycho-Boom", Selbsterfahrung, Narzißmus, Authentizität; und schließlich an der Entstehung eines neuen Milieus der Selbstverwirklichung (Schulze 1992). Deshalb wäre auch die Vermutung zu prüfen, ob sich in den drei Dimensionen vielleicht eine Milieu-Differenzierung abbildet: „Selbstbezug" scheint heute vor allem eine Domäne des individualisierten Milieus (bzw. des „Selbstverwirklichungsmilieus") zu sein, genauer gesagt, bestimmter Subkulturen innerhalb dieses Milieus, wie etwa der „Therapie- und Selbsterfahrungsszene". „Distinktion", Exklusivität und Selbstdarstellung sind für bestimmte Kreise des Kleinbürgertums, aber auch für die akademischen Mittelschichten wichtig, vor allem für die individualisierte Kulturszene. Autonomie und Eigeninitiative werden derzeit vor allem in liberalen Kreisen favorisiert.

Doch dies alles ist nur die eine Seite. Wie auch Beck (1986) mehrfach anmerkt, gibt es *Gegentendenzen* der Standardisierung und Reintegration, des Universalismus, der Kollektivierung. Solche Gegentendenzen sind wahrscheinlich ein immanenter Bestandteil des Prozesses, das heißt, es gibt keine Individualisierung ohne gleichzeitige Entindividualisierung (Hondrich 1997). Vor allem die sozialen und psychischen Zumutungen und Folgen der Freisetzungsprozesse, wie sie schon von den Klassikern beschrieben oder beklagt wurden – Anomie, Sinnverlust, Vereinsamung, Orientierungslosigkeit – scheinen die Suche nach neuen Bindungen, Kollektivmythen und standardisierten Lebensformen geradezu zu provozieren. Die eigentliche theoretische und empirische Frage ist also die nach dem jeweiligen Verhältnis von Individualisierung und Standardisierung, von Freiheit und kollektiver Bindung, individualistischer Distinktion und disziplinierter Anpassung.

Ein erster Klärungsversuch dieses Verhältnisses läßt sich mit der Formel fassen: System- oder Milieu-Spezifik der Individualisierung bei gleichzeitiger Entindividualisierung und neuen Vergemeinschaftungen. Die oben dargestellten Ergebnisse machen ja die Vermutung plausibel, daß Individualisierung ein spezifischer Trend sein könnte, der in bestimmten Segmenten der Gesellschaft (Milieus oder Subsystemen) ausprobiert wird, während gleichzeitig in der übrigen Gesellschaft weiterhin oder erneut Kollektivierungsprozesse ablaufen. Das kann zu Segmentierungen und vielleicht zur Polarisierung zwischen Individualismus und kollektiven Lebensformen führen. Eine solche Sichtweise, in der Entindividualisierung und Individualisierung zugleich gesehen wird, ist auch in der von Simmel und Durkheim über Parsons bis Luhmann zunehmend verfeinerten Idee des Zusammenhangs von sozialer Differenzierung und Individualisierung entwickelt: Je weiter der Prozeß gesellschaftlicher Differenzierung von Teilsystemen fortschreitet, desto weniger wird die Person als In-Dividuum, als unteilbare Person, behandelt. Die Inklusion aller in alle Subsysteme ist nur um den Preis der Entindividualisierung möglich. Individualität im Sinne der einzigartigen ganzen Person gibt es dann nur noch im Intimsystem. Doch das scheint nicht auszureichen: In den übrigen Systemzusammenhängen entwickeln sich, als Gegenbewegung sowohl zur entindividualisierenden Inklusion als auch zur übersteigerten Individualität im Intimsystem neue Kollektivformen: neue soziale Bewegungen, Gemeinschaftskulte, Rituale der Vergemeinschaftung, Diskurse der Gemeinschaft (Kommunitarismus, Zivilgesellschaft, Bürgergesellschaft), Kollektiv-Mythen. Die Diskussionen um den Fundamentalismus liefern Anschauungsmaterial für die These, daß die Moderne ihr Gegenstück (Gemeinschaft) immer wieder mit hervorbringt, und auch viele Erörterungen zur Postmoderne lassen sich so lesen. Auch die Wertewandelforschung sieht inzwischen Tendenzen der Entindividualisierung (Duncker 1998).

Eine weitere Tendenz, die der Individualisierung innezuwohnen scheint, ist Standardisierung: Die Individualisierung im Sinne der Distinktion/Einzigartigkeit benötigt als Gegengewicht eine Standardisierung der Individualität. Die einfachste Lösung wäre: Die Individuen werden standardisiert, gleichzeitig mit der Ideologie der Einzigartigkeit und individuellen Besonderheit ausgestattet („Nonkonformismus" als Norm). Der „institutionalisierte Individualismus" (Parsons) ist eine Art kontrollierter Individualismus – dem Individuum wird ein relativ großer Freiheitsspielraum des Handelns gelassen, der aber durch Sozialisationsprozesse („innerer Zwang") soweit eingeschränkt ist, daß der Bestand des Systems nicht durch unkontrollierte und ausufernde individualistische Tendenzen der Abweichung gefährdet ist (Meyer 1986). Außerdem wird der biographische Entscheidungsspielraum durch die Institutionalisierung des Lebenslaufs (Kohli 1985) eingeengt – das individualistische Gegengewicht dazu ist die Biographisierung, vor allem in der Gestalt der Idee der Bastelbiographie.

Der Individualisierung im Sinne verstärkten Selbstbezugs entspricht als immanente Gegentendenz die Selbstkontrolle, die sich subjektiv als Autonomie darstellen mag, aus gesellschaftlicher Sicht aber eine Delegation der sozialen Kontrolle an die Subjekte selber bedeutet, durch Norm-Verinnerlichung und durch Inkorporation von Normalitätsstandards. Diese von so unterschiedlichen Autoren wie Parsons, Foucault oder Elias beschriebenen Prozesse der Selbst-Kontrolle halten die „Individualisierung" in Schranken. Subtilere, besser getarnte Einbindungen und soziale Zwänge, subtilere Mechanismen der sozialen Disziplinierung sind dadurch möglich. Selbst-Kontrolle, verstanden als internalisierter und inkorporierter Mechanismus sozialer Kontrolle verhindert wirkungsvoller als jede äußere Standardisierung und Disziplinierung das Ausufern von Partikularismus, Pluralisierung und Desintegration. Eine Folge davon ist die allmähliche Auflösung der Privatsphäre, weil auch dort die soziale Kontrolle eindringt und so ihre Schutzfunktion im Sinne der Abschirmung von Intimität gegenüber der Gesellschaft verlorengeht.

In der neueren Körpersoziologie (Shilling 1993, Turner 1984) wird betont, daß soziale Kontrolle zunehmend am (disziplinierten und zivilisierten) Körper ansetzt: Die Präsentation des Selbst mittels eines gesunden, attraktiven Körpers wird wichtiger für sozialen Erfolg, für Identität und Integration. Körperliche Attraktivität aber, obwohl sozial hergestellt, wie nicht zuletzt die soziale Differenzierung des Körperausdrucks zeigt (Bourdieu 1982), scheint zutiefst individuell und „natürlich" zu sein. Die soziale Kontrolle durch Selbstkontrolle des Körpers ist das beste Mittel zur Naturalisierung von sozialer Ungleichheit und zur Ent-Soziologisierung des gesellschaftlichen Denkens überhaupt. Wenn Ungleichheit auf quasi natürliche Weise zustande kommt, kann dafür kaum noch die Gesellschaft verantwortlich gemacht werden: Es liegt am Individuum, was aus ihm wird. Dem entsoziologisierten Zeitgeist bietet die Individualisierungstheorie willkommenes Argumentationsfutter, auch wenn das gewiß nicht die Absicht ihrer Proponenten war.

Literatur

Beck, Ulrich und Elisabeth Beck-Gernsheim, 1990: Das ganz normale Chaos der Liebe. Frankfurt/M.: Suhrkamp.

Beck, Ulrich und Elisabeth Beck-Gernsheim, 1993: Nicht Autonomie, sondern Bastelbiographie. Anmerkungen zur Individualisierungsdiskussion am Beispiel des Aufsatzes von Günter Burkart. Zeitschrift für Soziologie 22: 178-187.

Beck, Ulrich und Elisabeth Beck-Gernsheim, 1994: Individualisierung in modernen Gesellschaften – Perspektiven und Kontroversen einer subjektorientierten Soziologie. S.10-39 in: Dies. (Hg.): Riskante Freiheiten. Individualisierung in modernen Gesellschaften. Frankfurt/M.: Suhrkamp.

Beck-Gernsheim, Elisabeth, 1983: Vom „Dasein für andere" zum Anspruch auf ein Stück „eigenes Leben"; Individualisierungsprozesse im weiblichen Lebenszusammenhang. Soziale Welt, 34: 307-340.

Bellah, Robert N., Richard Madsen, William M. Sullivan, Ann Swidler und Steven M. Tipton, 1985: Habits of the Heart. Individualism and Commitment in American Life. Berkeley: University of California Press.

Berger, Brigitte und Peter L. Berger, 1984: In Verteidigung der bürgerlichen Familie. Frankfurt/M.: Fischer.

Berger, Peter A., 1997: Individualisierung und sozialstrukturelle Dynamik. S. 81-95 in: Ulrich Beck und Peter Sopp (Hg.): Individualisierung und Integration. Neue Konfliktlinien und neuer Integrationsmodus? Opladen: Leske + Budrich.

Bertelson, David, 1986: Snowflakes and Snowdrifts: Individualism and Sexuality in America. Lanham: University Press of America.

Birg, Herwig, E.-Jürgen Flöthmann und Iris Reiter, 1991: Biographische Theorie der demographischen Reproduktion. Frankfurt/M.-New York: Campus.

Bloom, David E., 1982: What's Happening to the Age at First Birth in the United States? A Study of Recent Cohorts. Demography 19: 315-334.

Bloom, David E. und James Trussell, 1984: What are the Determinants of Delayed Childbearing and Permanent Childlessness in the United States? Demography 21: 591-611.

Bourdieu, Pierre, 1982: Die feinen Unterschiede. Kritik der gesellschaftlichen Urteilskraft. Frankfurt: Suhrkamp.

Brose, Hanns-Georg und Bruno Hildenbrand (Hg.), 1988: Vom Ende des Individuums zur Individualität ohne Ende. Opladen: Leske und Budrich.

Buchmann, Marlis, 1989: The Script of Life in Modern Society: Entry into Adulthood in a Changing World. Chicago: University of Chicago Press.

Burkart, Günter, 1993a: Individualisierung und Elternschaft – Das Beispiel USA. Zeitschrift für Soziologie 22: 159-177.

Burkart, Günter, 1993b: Eine Gesellschaft von nicht-autonomen biographischen Bastlerinnen und Bastlern? – Antwort auf Beck und Beck-Gernsheim. Zeitschrift für Soziologie 22: 188-191.

Burkart, Günter, 1994: Die Entscheidung zur Elternschaft. Eine empirische Kritik von Individualisierungs- und Rational-Choice-Theorien. Enke: Stuttgart.

Burkart, Günter, 1995a: Biographische Übergänge und rationale Entscheidungen. BIOS – Zeitschrift für Biographieforschung und Oral History 8: 59-88.

Burkart, Günter, 1995b: Individualisierung und Familie in den USA. S. 399-428 in: Bertram, Hans (Hg.): Das Individuum und seine Familie. Opladen: Leske + Budrich.

Burkart, Günter, 1995c: Zum Strukturwandel der Familie. Mythen und Fakten. Aus Politik und Zeitgeschichte, B 52-53: 3-13.

Burkart, Günter, 1997: Lebensphasen – Liebesphasen. Opladen: Leske und Budrich.

Burkart, Günter, Cornelia Koppetsch und Maja S. Maier, 1997: Milieu, Geschlechterverhältnis und Individualität. In: Hans Leu und Lothar Krappmann (Hg.): Das Subjekt zwischen Autonomie und Verbundenheit. Frankfurt/M.: Suhrkamp (im Druck).

Burkart, Günter und Martin Kohli, 1989: Ehe und Elternschaft im Individualisierungsprozeß: Bedeutungswandel und Milieudifferenzierung. Zeitschrift für Bevölkerungswissenschaft 15: 405-426.

Burkart, Günter und Martin Kohli, 1992: Liebe, Ehe, Elternschaft. Die Zukunft der Familie. München: Piper.

Cancian, Fancesca M., 1987: Love in America. Gender and Self-development. Cambridge, UK: Cambridge University Press.

Chen, Renbao und S. Philip Morgan, 1991: Recent Trends in First Birth Timing in the United States. Paper presented at the 1991 annual meeting of the Population Association of America, Washington, D.C.

Cherlin, Andrew, 1987: The Trends. Marriage, Divorce, Remarriage. S. 80-88 in: Skolnick, Arlene S.und Jerome H. Skolnick (Hg.): Family in Transition. Fifth edition. Boston: Little, Brown & Co.

Cherlin, Andrew, 1992: Race and Poverty. Chapter 4 in: Marriage, Divorce, Remarriage. Revised and enlarged edition. Cambridge, Mass.: Harvard University Press.

Cherlin, Andrew J. und Frank F. Furstenberg, 1991: Divided Families. What Happens to Children When Parents Part? Cambridge, UK: Cambridge University Press.

Cooney, Teresa M. und Dennis P. Hogan, 1991: Marriage in an Institutionalized Life Course: First Marriage among American Men in the Twentieth Century. Journal of Marriage and the Family 53: 178-190.

Davis, Kingsley, 1985: The Meaning and Significance of Marriage in Contemporary Society. S. 1-21 in: Ders. (Hg.): Contemporary Marriage. Comparative Perspectives on a Changing Institution. New York: Russell Sage Foundation.

Dawson, D.A., D.J. Meny und J.C. Ridley, 1980: Fertility Control in the United States before the Contraceptive Revolution. Family Planning Perspectives 12: 76-86.

Diewald, Martin und Sigrid Wehner, 1995: Verbreitung und Wechsel von Lebensformen im jüngeren Erwachsenenalter. S. 125-146 in: Wolfgang Zapf, Jürgen Schupp und Roland

Habich (Hg.): Lebenslagen im Wandel: Sozialberichterstattung im Längsschnitt. Frankfurt/M.: Campus.

Duncker, Christian, 1998: Dimensionen des Wertewandels in Deutschland. Eine Analyse anhand ausgewählter Zeitreihen. Frankfurt/M.: Lang.

Eiduson, Bernice T., 1980: Contemporary Single Mothers. S. 65-76 in: Katz, Lilian G. (Hg.): Current Topics in Early Childhood Education. Norwood, N.J.: Phi Delta Kappa

Elias, Norbert, 1969: Über den Prozeß der Zivilisation. Soziogenetische und psychogenetische Untersuchungen. 2 Bände. Frankfurt/M.: Suhrkamp.

Espenshade, Thomas J., 1985: The Recent Decline of American Marriage. Blacks and Whites in Comparative Perspective. S. 53-90 in: Davis, Kingsley (Hg.): Contemporary Marriage. Comparative Perspectives on a Changing Institution. New York: Russell Sage Foundation.

Foucault, Michel, 1976: Überwachen und Strafen. Frankfurt/M.: Suhrkamp.

Foucault, Michel, 1989: Die Sorge um sich. Sexualität und Wahrheit 3. Frankfurt/M.: Suhrkamp.

Fox, Greer Litton (Hg.), 1982: The Childbearing Decision. Fertility Attitudes and Behavior. Beverly Hills: Sage.

Furstenberg, Frank F., 1990a: Divorce and the American Family. Annual Review of Sociology, 16: 379-403.

Furstenberg, Frank F., 1990b: As the Pendulum Swings: Teenage Childbearing and Social Concern. Ms., Philadelphia: Population Studies Center.

Furstenberg, Frank F., Jeanne Brooks-Gunn und S. Philip Morgan, 1987: Adolescent Mothers in later life. Cambridge, UK: Cambridge University Press.

Garfinkel, Irwin und Sara McLanahan, 1986: Single Mothers and their Children. A New American dilemma. Washington, D.C.: Urban Institute Press.

Geronimus, Arline T., 1987: On Teenage Childbearing and Neonatal Mortality in the United States. Population and Development Review 13: 245-279.

Gerson, Kathleen, 1985: Hard Choices: How Women Decide about Work, Career, and Motherhood. Berkeley/Los Angeles: University of California Press,

Gouldner, Alvin, 1980: Die Intelligenz als neue Klasse. 16 Thesen zur Zukunft der Intellektuellen und der technischen Intelligenz. Frankfurt/M.: Campus.

Grant, Linda, Layne A. Simpson, Xue Lan Rong und Holly Peters-Golden, 1990: Gender, Parenthood, and Work Hours of Physicians. Journal of Marriage and the Family 52: 39-49.

Gupta, Prithwis das, 1985: Future Fertility of Women by Present Age and Parity. Analysis of American Historical Data, 1917-80 (US. Bureau of the Census, Current Population Reports, Series P-23, No. 142). Washington, D.C.

Hahn, Alois, 1982: Zur Soziologie der Beichte und anderer Formen institutionalisierter Bekenntnisse: Selbstthematisierung und Zivilisationsprozess. Kölner Zeitschrift für Soziologie und Sozialpsychologie 34: 407-434.

Hayes, Cherly D. (Hg.), 1987: Risking the Future. Adolescent Sexuality, Pregnancy, and Childbearing. Panel on Adolescent Pregnancy and Childbearing. Washington, D.C.: National Academic Press.

Hayghe, Howard V., 1990: Family Members in the Work Force. Monthly Labor Review 113, no. 3: 14-19.

Heitmeyer, Wilhelm und Thomas Olk (Hg.), 1990: Individualisierung von Jugend. Gesellschaftliche Prozesse, subjektive Verarbeitungsformen, jugendpolitische Konsequenzen. Weinheim: Juventa.

Helfferich, Cornelia und Ingrid Kandt, 1996: Wie kommen Frauen zu Kindern. Die Rolle von Planung, Wünschen und Zufall im Lebenslauf. S. 51-78 in: Kontrazeption, Konzeption, Kinder oder keine. Dokumentation einer Expertentagung. Bundeszentrale für gesundheitliche Aufklärung (Hg.): Forschung und Praxis der Sexualaufklärung und Familienplanung, Bd. 6 Köln.

Herlyn, Ingrid und Ulrike Vogel, 1989: Individualisierung. Eine neue Perspektive auf die Lebenssituation von Frauen. Zeitschrift für Sozialisationsforschung und Erziehungssoziologie 9: 162-178.

Hertz, Rosanna, 1986: More Equal than Others: Women and Men in Dual-Career Marriages. Berkeley: University of California Press.

Heuser, Robert L., 1976: Fertility Tables for Birth Cohorts by Color: United States, 1917-73. Washington, D. C.: U.S. Government Printing Office.

Hochschild, Arlie, with Anne Machung, 1989: The Second Shift. Working Parents and the Revolution at Home. New York: Viking.

Hoffmann-Nowotny, Hans-Joachim, 1988: Ehe und Familie in der modernen Gesellschaft. Aus Politik und Zeitgeschichte, B 13: 3-13.

Hondrich, Karl Otto, 1997: Wie werden wir die sozialen Zwänge los? Zur Dialektik von Kollektivisierung und Individualisierung. Merkur 51: 283-292.

Honneth, Axel, 1988: Soziologie. Eine Kolumne [Rezension von Becks Risikogesellschaft]. Merkur, Nr. 470, 42: 315-319.

Imhof, Arthur E., 1981: Die gewonnenen Jahre. Von der Zunahme unserer Lebensspanne seit dreihundert Jahren oder von der Notwendigkeit einer neuen Einstellung zu Leben und Sterben. München: Beck.

Jacobs, Jerry A., 1989: Revolving Doors. Sex Segregation and Women's Careers. Stanford: Standford University Press.

Jones, Elise F. et al., 1985: Teenage Pregnancy in Developed Countries: Determinants and policy Implications. Family Planning Perspectives, 17: 53-63.

Jones, Gill und Claire Wallace, 1990: Jenseits von Individualisierungstendenzen – Zum aktuellen Wandel der Lebenslaufmuster von Jugendlichen in Großbritannien. S. 125-145 in: Peter Büchner, Heinz-Hermann Krüger und Lynne Chisholm (Hg.): Kindheit und Jugend im interkulturellen Vergleich, Opladen: Leske + Budrich.

Junge, Matthias, 1996: Individualisierungsprozesse und der Wandel von Institutionen. Ein Beitrag zur Theorie reflexiver Modernisierung. Kölner Zeitschrift für Soziologie und Sozialpsychologie 48: 728-747.

Kalmijn, Matthijs, 1991: Shifting Boundaries: Trends in Religious and Educational Homogamy. American Sociological Review 56: 786-800.

Kaufmann, Franz-Xaver, 1988: Familie und Modernität. S. 391-415 in: Kurt Lüscher, Franz Schultheis und Michael Wehrspaun (Hg.): Die 'postmoderne' Familie. Konstanz: Universitätsverlag.

Kohli, Martin, 1985: Die Institutionalisierung des Lebenslaufs. Historische Befunde und theoretische Argumente. Kölner Zeitschrift für Soziologie und Sozialpsychologie 37: 1-29.

Kohli, Martin, 1988: Normalbiographie und Individualität: Zur institutionellen Dynamik des gegenwärtigen Lebenslaufsregimes. S. 33-53 in: Hanns-Georg Brose und Bruno Hildenbrand (Hg.): Vom Ende des Individuums zur Individualität ohne Ende. Opladen: Leske + Budrich.

Kohli, Martin, 1989: Institutionalisierung und Individualisierung der Erwerbsbiographie. S. 249-278 in: Dietmar Brock et al. (Hg.): Subjektivität im gesellschaftlichen Wandel. München: Deutsches Jugendinstitut/Juventa.

Lehrer, Evelyn L. und Seiichi Kawasaki, 1985: Child Care Arrangements and Fertility: An Analysis of Two-Earner Households. Demography 22: 499-513.

Lesthaeghe, Ron, 1992: Der zweite demographische Übergang in den westlichen Ländern: Eine Deutung. Zeitschrift für Bevölkerungswissenschaft 18: 313-354.

Linde, Hans, 1984: Theorie der säkularen Nachwuchsbeschränkung 1800 bis 2000. Frankfurt/M.: Campus.

Luhmann, Niklas, 1982: Liebe als Passion. Zur Codierung von Intimität. Frankfurt/M.: Suhrkamp.

Luker, Kristin, 1975: Taking Chances. Abortion and the Decision not to Contracept. Berkeley: University of California Press.

Lukes, Steven, 1973: Individualism. Oxford: Blackwell.

Lutz, Burkart, 1984: Der kurze Traum immerwährender Prosperität. Eine Neuinterpretation der industriell-kapitalistischen Entwicklung im Europa des 20. Jahrhunderts. Frankfurt: Campus.

Macfarlane, Alan, 1986: Marriage and Love in England. Modes of Reproduction 1300-1840. Oxford: Blackwell.

MacIntyre, Alasdair, 1987: Der Verlust der Tugend. Zur moralischen Krise der Gegenwart. Frankfurt/M.: Campus.

Mare, Robert D., 1991: Five Decades of Educational Assortative Mating. American Sociological Review 56: 15-32.

Mason, Karen Oppenheim und Karen Kuhlthau, 1988: Determinants of Child Care among Mothers of Preschool-Aged Children. Research Reports No. 88-126, Population Studies Center, University of Michigan, Ann Arbor.

Mayer, Karl Ulrich und Hans-Peter Blossfeld, 1989: Die gesellschaftliche Konstruktion sozialer Ungleichheit im Lebensverlauf. S. 297-318 in: : Peter A. Berger und Stefan Hradil (Hg.): Lebenslagen, Lebensläufe, Lebensstile. Göttingen: Schwartz. (Sonderband 7 der Sozialen Welt).

McClosky, Herbert und John Zaller, 1984: The American Ethos. Public Attitudes toward Capitalism and Democracy. Cambridge, Mass.: Harvard University Press.

McLaughlin, Steven D., Barbara D. Melber, John O.G. Billy, Denise M. Zimmerle, Linda D. Winges und Terry R. Johnson, 1988: The Changing Lives of American Women. Chapel Hill – London: The University of North Carolina Press.

Menaghan Elizabeth G. und Toby L. Parcel, 1990: Parental Employment and Family Life. Research in the 1980s. Journal of Marriage and the Family 52: 1079-1098.

Menken, Jane A., 1985: Age and Fertility: How Late Can You Wait? Demography 22: 469-483.

Meyer, John W., 1986: Myths of Socialization and Personality. S. 208-221 in: Thomas C. Heller, Morton Sosna und David E. Wellbery (Hg.): Reconstructing Individualism. Autonomy, Individuality, and the Self in Western Thought. Stanford: Stanford University Press.

Meyer, Thomas, 1992: Modernisierung der Privatheit. Differenzierungs- und Individualisierungsprozesse des familialen Zusammenlebens. Opladen: Westdeutscher Verlag.

Miller, Brent C. und Kristin A. Moore, 1990: Adolescent Sexual Behavior, Pregnancy, and parenting: Research through the 1980s. Journal of Marriage and the Family 52: 1025-1044.

Modell, John, 1989: Into One's Own: From Youth to Adulthood in the United States 1920-1975. Berkeley: University of California Press.

Modell, John, Frank F. Furstenberg und Douglas Strong, 1978: The Timing of Marriage in the transition to Adulthood: Continuity and Change, 1860-1975. S. 120-150 in: Demos, John und Sarane S. Boocock (Hg.): Turning Points: Historical and Sociological Essays on the Family. Chicago: University of Chicago Press (Supplement to American Journal of Sociology, Vol 84).

Moen, Phyllis und Donna I. Dempster-McClain, 1987: Employed Parents: Role Strain, Work Time, and Preferences for Working Less. Journal of Marriage and the Family 49: 579-590.

Morgan, S. Philip, 1991: Late Nineteenth- and Early Twentieth-Century Childlessness. American Journal of Sociology 97: 779-807.

Mosher, William D., 1990: Contraceptive Practice in the United States, 1982-1988. Family Planning Perspectives 22: 198-205.

Mott, Frank L., 1990: When is a Father Really Gone? Paternal-Child Contact in Father-Absent Homes. Demography 27: 499-517.

Nave-Herz, Rosemarie, 1992: Ledige Mutterschaft: Eine alternative Lebensform? Zeitschrift für Sozialisationsforschung und Erziehungssoziologie 12: 219-232.

Neckel, Sighard, 1991: Status und Scham. Zur symbolischen Reproduktion sozialer Ungleichheit. Frankfurt: Campus.

Ostner, Ilona: Familie und Zivilgesellschaft. S. 369-383 in: Klaus M. Schmals, Hubert Heinelt (Hg.), 1997: Zivile Gesellschaft. Entwicklung – Defizite – Potentiale. Opladen: Leske + Budrich,

Parsons, Talcott, 1972: Das System moderner Gesellschaften. München: Juventa.

Popenoe, David, 1988: Disturbing the Nest. Family Change and Decline in Modern Societies. New York: Aldine de Gruyter.

Rawlings, Steve W., 1989: Single Parents and their Children. U.S. Bureau of the Census: Current Population Reports, Series P-23, No. 162, Studies in Marriage and the Family. Washington, D.C.: 13-25.

Riesman, David, 1961: The Lonely Crowd. A Study of the Changing American Character. New Haven/London: Yale University Press.

Rindfuss, Ronald R., S. Philip Morgan und Gray Swicegood, 1988: First Births in America. Changes in the Timing of Parenthood. Berkeley: University of California Press.

Rubin, Lilian, 1976: Worlds of Pain: Life in the Working-Class Family. New York: Basic Books.

Scanzoni, John und Maximiliane Szinovacz, 1980: Family Decision-Making: A Developmental sex-Role Model. Beverly Hills: Sage.

Scanzoni, Letha Dawson und John Scanzoni, 1988: Men, Women, and Change. A Sociology of Marriage and Family. Third edition. New York: McGraw-Hill.

Schulze, Gerhard, 1992: Die Erlebnisgesellschaft. Kultursoziologie der Gegenwart. Frankfurt: Campus.

Seccombe, Karen, 1991: Assessing the Costs and Benefits of Children: Gender Comparison among Childfree Husbands and Wifes. Journal of Marriage and the Family 53, 191-202.

Segalen, Martine, 1990: Die Familie. Geschichte, Soziologie, Anthropologie. Frankfurt/M.: Campus.

Shilling, Chris, 1993: The Body and Social Theory. London: Sage.

Shorter, Edward, 1975: The Making of the Modern Family. New York: Basic Books (dt.: Die Geburt der modernen Familie, Reinbek: Rowohlt 1977).

Shorter, Edward, 1989: Einige demographische Auswirkungen des postmodernen Familienlebens. Zeitschrift für Bevölkerungswissenschaft 15: 221-233.

Sorensen, Annemette, 1990: Towards an Individualized Life Course? Contemporary Sociology 19: 297-299.

Sorrentino, Constance, 1990: The Changing Family in International Perspective. Monthly Labor Review 113, no. 3: 41-58.

St. John, Craig, 1982: Race Differences in Age at First Birth and the Pace of Subsequent Fertility: Implications for the Minority Group Status Hypothesis. Demography 19: 301-314.

Stacey, Judith, 1991: Zurück zur postmodernen Familie. Geschlechterverhältnisse, Verwandtschaft und soziale Schicht im Silicon Valley. Soziale Welt 42: 300-322.

Stack, Carol B., 1974: All Our Kin. Strategies for Survival in a Black Community. New York: Harper & Row.

Sweet, James A. und R. Ruy Texeira, 1984: Breaking Tradition: Schooling, Marriage, Work, and Childbearing in the Lives of Young Women, 1960-1980. Center for Demography and Ecology Working Paper 84-13, Madison: University of Wisconsin.

Thornton, Arland, 1989: Changing Attitudes Toward Family Issues in the United States. Journal of Marriage and the Family 51: 873-894.

Turner, Bryan S., 1984: The Body and Society. Oxford: Blackwell.

U.S. Bureau of the Census, 1961: Statistical Abstract of the United States. Washington, D.C.: U.S. Government Printing Office.

U.S. Bureau of the Census, 1980: Statistical Abstract of the United States. Washington, D.C.: U.S. Government Printing Office.

U.S. Bureau of the Census, 1989: Current Population Reports, Series P-20, No. 436, Fertility of American Women: June 1988. Washington, D.C.: U.S. Government Printing Office.

U.S. Bureau of the Census, 1990: Statistical Abstract of the United States. Washington, D.C.: U.S. Government Printing Office.

U.S. Dept. of Health and Human Services, 1989: Vital Statistics of the United States, 1987, Vol. I – Natality. Hyattsville, MD.

Veevers, Jean E., 1980: Childless by Choice. Toronto: Butterworths.

Vester, Michael, 1997: Soziale Milieus und Individualisierung. Mentalitäten und Konfliktlinien im historischen Wandel. S. 99-123 in: Ulrich Beck und Peter Sopp (Hg.): Individualisierung und Integration. Neue Konfliktlinien und neuer Integrationsmodus? Opladen: Leske + Budrich,.

Vinovskis, Maris A., 1988: An „Epidemic" of Adolescent Pregnancy? Some Historical and Policy considerations. New York – Oxford: Oxford University Press.

Wahl, Peter, 1991: Wo der Mann noch ein Mann ist. S. 255-264 in: Lothar Böhnisch et al. (Hg.): Ländliche Lebenswelten. Fallstudien zur Landjugend. Weinheim/München: Juventa /DJI,

Weisman, Carol S. und Martha A. Teitelbaum, 1987: The Work-Family Role System and Physician Productivity. Journal of Health and Social Behavior 28: 247-257.

Westoff, Charles F. und Norman B. Ryder, 1977: The Contraceptive Revolution. Princeton, N.J.: Princeton University Press.

Weymann, Ansgar (Hg.), 1989: Handlungsspielräume. Untersuchungen zur Individualisierung und Institutionalisierung von Lebensläufen in der Moderne. Stuttgart: Enke.

Wilkie, Jane Riblett, 1981: The Trend Toward Delayed Parenthood. Journal of Marriage and the Family 43: 583-591.

Wilson, William J., 1991: Studying Inner-City Social Dislocations: The Challenge of Public agenda Research. American Sociological Review 56: 1-14.

Wohlrab-Sahr, Monika, 1992: Institutionalisierung oder Individualisierung des Lebenslaufs? Anmerkungen zu einer festgefahrenen Debatte. BIOS – Zeitschrift für Biographieforschung und Oral History 5: 1-19.

Wohlrab-Sahr, Monika, 1997: Individualisierung: Differenzierungsprozeß und Zurechnungsmodus. S. 23-36 in: Ulrich Beck und Peter Sopp (Hg.): Individualisierung und Integration. Neue Konfliktlinien und neuer Integrationsmodus? Opladen: Leske + Budrich.

Yankelovich, Daniel, 1987: New Rules: Searching for Self-Fulfillment in a World Turned upside Down. S. 103-106 in: Bellah, Robert N. et al. (Hg.): Individualism and Commitment in American Life. Readings on the Themes of „Habits ot the Heart". New York: Harper & Row.

Zapf, Wolfgang, Sigrid Breuer, Jürgen Hampel, Peter Krause, Hans-Michael Mohr, Erich Wiegand, 1987: Individualisierung und Sicherheit. Untersuchungen zur Lebensqualität in der Bundesrepublik Deutschland. München: Beck.

Zelizer, Viviana A., 1985: Pricing the Priceless Child. The Changing Social Value of Children. New York: Basic Books.

Zelnik, Melvin und John F. Kantner, 1980: Sexual Activity, Contraceptive Use and Pregnancy among Metropolitan-Area Teenagers: 1971-79. Family Planning Perspectives 12: 230-237.

Individualisierung ohne Gleichheit?
Zur aktuellen Lage des Geschlechterverhältnisses

Cornelia Koppetsch und Maja S. Maier

1. Individualisierung und Geschlechterverhältnis

Ausgangspunkt unseres Beitrags ist die These, daß der aktuell stattfindende Wandel im Geschlechterverhältnis schärfer gefaßt werden kann, wenn sozialstrukturelle Differenzierungen und die Bedeutung latenter Regulative im Geschlechterverhältnis berücksichtigt werden. Beide Aspekte werden in der Individualisierungsdiskussion vernachlässigt.

Die Diskussion, wie sie seit den achtziger Jahren zur Situation im Geschlechterverhältnis geführt wurde, war von einer allzu optimistischen Unterstellung einer zunehmenden Angleichung der Geschlechtsrollen und einem Abbau von Ungleichheit geprägt. Man sprach von der „Individualisierung der weiblichen Biographie" und meinte damit eine neue Unabhängigkeit der Frau (vom Mann und von den tradierten Geschlechtsrollen), die sich im wesentlichen der gestiegenen Beteiligung von Frauen im Bildungs- und Beschäftigungssystem verdankte.

Etwas differenzierter haben Elisabeth Beck-Gernsheim und Ulrich Beck die These eines auf Individualisierung basierenden Wandels im Geschlechterverhältnis vertreten. Sie kommen zu einer widersprüchlichen Einschätzung der gegenwärtigen Lage von Frauen und Männern: Insbesondere in den Bereichen Sexualität, Recht und Bildung habe sich eine Angleichung der Geschlechtsrollen vollzogen. Doch der daraus resultierenden Erwartung der Frauen auf mehr Gleichheit in Beruf und Öffentlichkeit stehe auf der anderen Seite eine Konstanz im Verhalten der Männer und in den sozialen Lagen von Frauen und Männern gegenüber. Ein ähnlich widersprüchliches Bild zeige sich innerhalb der Familie und im Privatleben: Demnach treten nun auch die Männer für die Gleichstellung der Geschlechter ein, allerdings ohne Folgen für ihr eigenes Verhalten, zumal sie die Gleichheit der Geschlechter mit der Beibehaltung traditioneller Formen häuslicher Arbeitsteilung für ohne weiteres miteinander vereinbar hielten (Beck und Beck-Gernsheim 1990: 32).

Obwohl die Diagnose von Beck-Gernsheim und Beck zur Lage von Frauen und Männern durch ihre Originalität und ihren Facettenreichtum besticht, halten wir die im Rahmen der Individualisierungsdiskussion für die Aufrechterhaltung der Geschlechterungleichheit angebotenen Erklärungsversuche wie z.B. die Hartnäckigkeit patriarchaler Strukturen oder die „Verhaltensstarre der Männer bei verbaler Aufgeschlossenheit" (Beck 1990) für unbefriedigend. Wir sehen im wesentlichen zwei Gründe für diese Erklärungsschwäche. Zum einen wird der Geschlechterkonflikt in

Intimbeziehungen wie auch im öffentlichen Leben oft nur als einseitiger Kampf individualisierter Frauen gegen patriarchale Strukturen interpretiert, ohne ihren eigenen Anteil – genauer gesagt: die Bedeutung von gemeinsam geteilten Erwartungen hinsichtlich Männlichkeit und Weiblichkeit – an der Konstruktion und Aufrechterhaltung dieser Strukturen zu berücksichtigen. Zum zweiten führt die Nichtberücksichtigung von Klassen- und Milieu-Differenzierungen zu einer falschen Universalisierung des Geschlechterkampfes. Trotz ihrer nicht zu leugnenden Stärken kann die Individualisierungstheorie daher wenig zum Verständnis der informellen, weniger offensichtlichen Schichten im Geschlechterverhältnis und zu den Geschlechterkonflikten in anderen Milieus als dem individualisierten Milieu beitragen.

An diese Fragen anknüpfend soll in unserem Beitrag geklärt werden, wie Geschlechtsnormen in Paarbeziehungen faktisch wirksam werden, differenziert nach sozialen Milieus. Wir stützen uns dabei auf Ergebnisse eines empirischen Projekts.[1] Wir gehen von der Grundannahme aus, daß die privaten Beziehungen zwischen den Geschlechtern in größerem Ausmaß als in der Individualisierungstheorie von Beck-Gernsheim und Beck angenommen, durch Geschlechtsnormen reguliert werden. Dies gilt auch für die gebildeten Paare. Geschlechtsnormen werden hier nicht als Zwangsmechanismus verstanden, sondern als latente Struktur der Beziehungsregulierung, die gemeinsam geteilt, also von beiden Seiten akzeptiert wird, im Sinne einer unproblematischen Selbstverständlichkeit bzw. eines stillschweigenden Konsenses. Im zweiten Abschnitt des Beitrags wird argumentiert, daß Individualisierung vor allem eine Leitvorstellung ist, die in der Praxis nicht immer verwirklicht ist. Darüber hinaus wird die Notwendigkeit einer Milieudifferenzierung aufgezeigt. Die Geschlechterkonzepte von drei Milieus werden im dritten Abschnitt vorgestellt. Dabei zeigt sich, daß schon auf der Kode-Ebene nur in einem Milieu ein Anspruch auf eine individualisierte und gleichberechtigte Paarbeziehung besteht. Im vierten Abschnitt gehen wir auf die Widersprüche zwischen diesen normativen Idealen und der Alltagspraxis ein. Dabei können wir zeigen, daß der Anspruch auf eine gleichberechtigte Paarbeziehung selbst im „individualisierten Milieu" nicht eingelöst werden kann.

2. Geschlechterverhältnis und Milieu-Differenzierung

2.1. „Individualisierte Partnerschaft" als Idee

Männer und Frauen, die eine Partnerschaft eingehen, tun dies heute – so die gängige „individualisierte" Auffassung – ohne explizite Anleihen bei den Geschlechtsrollen. Sie sind autonome Partner, nur die individuelle Vergangenheit, das höchstpersönliche Empfinden und Denken scheint das eigene Ich zu konstituieren, das jenseits gesellschaftlicher Normen und Werte plaziert wird. Die moderne individualisierte Partnerschaft wird auf die persönliche Beziehung und nicht auf Geschlechtsrollen gegründet. Die Gestaltung der Partnerschaft, die Bewältigung der häuslichen Pflichten und die Betreuung von Kindern scheint eine Angelegenheit individueller Aus-

---

1   DFG-Projekt „Geschlechtsnormen in Paarbeziehungen im Milieuvergleich" (vgl. Koppetsch, Maier und Burkart 1997).

handlung geworden zu sein. Damit sinkt die Bereitschaft, das eigene Verhalten durch Rückgriffe auf Rollenstereotype zu deuten bzw. es überhaupt als Resultat von geschlechtsspezifischer Praxis und Zuschreibungsprozessen wahrzunehmen.

Soweit die vorherrschende Idee. Doch heißt dies, daß Geschlechtsrollen und Geschlechterdifferenzen als soziale Regulative nicht mehr wirksam sind? Wohl kaum: Der Umstand, daß der explizite Rekurs auf Geschlechtsrollen seine Legitimität eingebüßt hat, bedeutet nicht zwangsläufig, daß Geschlechtsnormen nun auch ihre praktische Wirksamkeit verloren hätten. Vielmehr ist zu vermuten, daß Geschlechtsnormen unter den gegenwärtigen Bedingungen auf andere Weise als bisher in Paarbeziehungen eingreifen, ihren Zuschnitt und ihre Reproduktionsweise geändert haben. Wir schlagen daher vor, die vielzitierten Tendenzen zur „Individualisierung im Geschlechterverhältnis" oder zur „Befreiung aus geschlechtsständischen Zuschreibungen" nicht in erster Linie als reale Prozesse gesellschaftlichen Wandels, sondern als „semantische" Phänomene, als Leitvorstellungen zu begreifen, die unter den gegenwärtigen Bedingungen zunehmender Bildungsgleichheit zwischen den Geschlechtern an Plausibilität gewonnen haben, ohne mit einem tatsächlichen Rückzug von Geschlechtsnormen aus dem öffentlichen und privaten Leben einherzugehen. Sie konstituieren einen Zwang zur individuellen Gestaltung der Paarbeziehung und der weiblichen Biographie, jenseits von „Einengungen" durch Geschlechtsrollen, ohne dabei aber die Wirkungsweise von Geschlechtsnormen faktisch außer Kraft zu setzen. Diese werden in dem Maße, in dem Frauen wie Männer ihre Lebenslagen als Resultat ihrer individuellen Entscheidungen begreifen, aus dem alltäglichen Interpretationsvorrat verbannt, d.h. sie werden zunehmend unsichtbarer. Leitbilder wie „Individualisierung" und „Partnerschaft" stiften also eine eigene symbolische Realität, hinter die der Einzelne nicht mehr zurück kann. Sie stellen legitime und plausible Modelle des Sprechens und Denkens über die Geschlechterbeziehungen zur Verfügung, durch die Individuen ihr Handeln normativ rechtfertigen und rational begründen. Sie sind deshalb auch sozialer Ballast, weil sie Individuen zumuten, sich ihr Scheitern als Konsequenz ihres eigenen Handelns zuzurechnen.

Statt also die Bedeutung von „Partnerschaft" und „Individualisierung der weiblichen Biographie" für die Gestaltung des privaten Lebens und intimer Beziehungen einfach vorauszusetzen, werfen wir einen Blick auf die Widersprüche und Brüche im Umgang mit diesen Leitbildern, am Beispiel der partnerschaftlichen Praxis. Selbst dort, so unsere These, wo der Diskurs der Individualisierung am stärksten geführt wird und der Intimkode „Partnerschaft" die Gleichheit der Geschlechter suggeriert, also in den urbanen Zentren und in der gebildeten Mittelschicht, wird der Alltag der Paarbeziehung weiterhin auch durch Geschlechtsnormen reguliert. Es ergibt sich eine Diskrepanz zwischen den latenten Regulativen von Intimbeziehungen und den im Partnerschaftskode enthaltenen Leitvorstellungen.

2.2. Milieu-Differenzierung

Neben dieser Mißachtung einer möglichen Diskrepanz zwischen diskursiven Idealen und den die Praxis regulierenden Normierungen besteht ein zweites grundlegendes Problem der Diskussion um „Geschlechterbeziehungen" darin, daß sie weitgehend von der Forschung über soziale Differenzierung, Schichten und Milieus abgekoppelt ist bzw. diese Differenzierungen ausblendet. Sie wird in der Regel auf einem allgemeinen Niveau geführt – „die Frauen, die Männer" –, und häufig kann man sich des Eindrucks nicht erwehren, daß die Diskutanten nur ihr eigenes Milieu zugrunde legen. Deshalb differenzieren wir das Geschlechterverhältnis nach sozialen Milieus und untersuchen es empirisch. Legitime „Weiblichkeit" und legitime „Männlichkeit", so nehmen wir an, sind in verschiedenen Milieus unterschiedlich definiert. Ebenso verschieden sind vermutlich auch die latenten Regulative von Intimbeziehungen in den unterschiedlichen Milieus.

Die bisherige Forschung bietet allerdings wenig Anhaltspunkte für eine milieuspezifische Bestimmung des Geschlechterverhältnisses. Bei Schulze, Bourdieu und den meisten anderen Milieustudien bleibt die Dimension des Geschlechterverhältnisses aus der Klassifikation der Milieus weitgehend ausgeklammert. In anderen Studien wird das Verhältnis von Klasse und Geschlecht häufig – variablentechnisch gesprochen – nach dem Muster der Kreuztabellierung gedacht, das heißt, daß – je nach Ausgangspunkt (klassentheoretisch oder feministisch) – Klasse oder Geschlecht die dominierende („unabhängige") Variable ist, innerhalb derer dann nach anderen Variablen differenziert werden kann. In der feministischen Variante gibt es ein vor und unabhängig von der Klassendifferenzierung bestimmbares Herrschafts- oder Ungleichheitsverhältnis von Mann und Frau, das sich innerhalb jeder Klasse oder jedes Milieus reproduziert. In der klassentheoretischen Variante wäre das Geschlecht eine Subkategorie – etwa so, daß die Männer der Unterschicht zwar über ihren Frauen rangieren, jedoch nicht über den Frauen der Mittelschicht.[2]

Doch es geht um mehr als nur die Differenzierung von Variablen, die in eine Hierarchie gebracht werden können. Wie Bourdieu und andere gezeigt haben, verändert sich mit der Varianz einer Variablen auch die Bedeutung der anderen Variablen im Relationssystem: „Die geschlechtsspezifischen Merkmale sind ebensowenig von den klassenspezifischen zu isolieren wie das Gelbe der Zitrone von ihrem sauren Geschmack: eine Klasse definiert sich wesentlich auch durch Stellung und Wert, welche sie den beiden Geschlechtern... einräumt" (Bourdieu 1982: 185).[3] In diesem Sinn betrachten wir das Geschlechterverhältnis selbst als konstitutiv für „Milieu" – und nicht als „abhängige Variable" einer bereits definierten „unabhängigen Variablen" Milieu. Verschiedene Milieus haben daher nicht nur – oder nicht einfach – unterschiedliche Weiblichkeits- und Männlichkeitsvorstellungen, sondern diese Konzepte können für verschiedene Milieus in unterschiedlicher Weise konstitutiv sein. Bestimmte Milieus gründen ihr Selbstverständnis stärker auf Individualität und Autonomie im Geschlechterverhältnis, während für andere eher Kollektivorientierungen oder Konventionen entscheidend sind. Dieses Selbstverständnis kann auch ein Element des Distinktionskampfes der Milieus sein. Es kann zum Beispiel für die Distinktionsinteressen eines Milieus günstig sein, das Geschlechterverhältnis zu modernisieren (Autonomiegewinn der Frau relativ zum Mann; Aufwertung der Frau als „Subjekt"), während ein anderes Milieu besser fährt, wenn alles beim alten bleibt.[4] Umgekehrt wird Lebensführung und Lebensstil

---

2 Vgl. zu dieser Problematik z.B. Frerichs und Steinrücke (1995).
3 Vgl. zur Kritik an der Methode der Kreuztabellierung zwischen Klasse und Geschlecht, bei der durch die Logik der Klassifikation Bedeutungsgleichheit erzwungen wird, wo keine da ist, auch Connell (1987, 59f.).
4 So ist zum Beispiel das Modell des Hausfrauendaseins nicht zu verstehen, wenn man es bloß als patriarchales Herrschaftsverhältnis betrachtet. Es ist innerhalb der wohlhabenden bürgerlichen Mittelschichten während des 19. Jahrhunderts mit Bezug auf die offen zur Schau getragenen Freizeitbeschäftigungen des Adels entstanden (Singly, 1994: 125) und gab dadurch einem der Ehepart-

eines Milieus stärker als in der bisherigen Diskussion berücksichtigt, von der Gestaltung des Geschlechterverhältnisses beeinflußt. Die Arbeitsteilung zwischen den Geschlechtern entscheidet über mögliche Karriereverläufe, Formen der sozialen und räumlichen Mobilität bis hin zu den alltagsästhetischen Aspekten des Lebensstils bei der Wohnungseinrichtung, der Kleiderpflege und der Haltung zur Häuslichkeit.

Im Anschluß an Connell (1987, 1995) läßt sich dieser Blickwinkel noch radikalisieren. Das Geschlechterverhältnis wird hier als linking concept betrachtet, mit dem die verschiedenen Felder, vor allem die Privatsphäre und die öffentlich-berufliche Sphäre verbunden und aufeinander abgestimmt werden. Connells Annahme ist, daß die kulturellen Konzepte von Männlichkeit und Weiblichkeit tief in die Struktur von Institutionen eingelassen sind und von unterschiedlichen, aufeinander abgestimmten institutionellen Settings hervorgebracht werden. Sie verknüpfen Muster familiärer Arbeitsteilung mit organisierten sozialen Beziehungen in Berufswelt, Bildungssystem und Öffentlichkeit. Dieser Zusammenhang zwischen scheinbar disparaten Elementen eines Lebensstils, zwischen privaten und öffentlichen, kulturellen und sozialstrukturellen, eher subjektiven und eher objektiven Aspekten in der milieuspezifischen Lebensführung und die Art und Weise, wie der Zusammenhang jeweils hergestellt wird, kann allerdings nur sichtbar gemacht werden, wenn das Geschlechterverhältnis bei der Bestimmung sozialer Milieus systematisch berücksichtigt wird.[5]

3. Drei Milieus: Das individualisierte, das familistische und das traditionale Milieu

Diese Überlegungen und erste Hinweise in dem empirischen Material waren ausschlaggebend für unsere Entscheidung, nicht von bereits vorgegebenen Milieuabgrenzungen auszugehen, von definierten Milieus, denen dann sozusagen nur noch die Geschlechtervariable hinzugefügt werden müßte, sondern im Sinne von „theoretical sampling" milieuspezifische Unterschiede in der Normierung und Praxis des Geschlechterverhältnisses in den Mittelpunkt zu rücken und die Abgrenzung der Milieus daran zu orientieren. Diese Vorgehensweise führte uns in einem methodischen Prozeß der wechselseitigen Abstimmung von Struktur-Kategorien – in erster Linie: Bildung und Beruf – und (diskursiven) Idealen (Kodes) zur Unterscheidung dreier Milieus, denen jeweils ein ganz bestimmter Paarbeziehungstypus entspricht: dem individualisierten, dem familistischen und dem traditionalen Mi-

---

ner die Möglichkeit zu einem quasi aristokratischen Lebensstil. Erst als ab den 1950er Jahren auch Frauen aus der Arbeiterschicht vermehrt Zuhause bleiben konnten, wurde dieses Modell immer weiter entwertet und wurde bei den modernistisch eingestellten Paaren der Mittelschicht gerade in seiner volkstümlichen Variante die Verkörperung dessen, was ein Paar in keinem Fall sein möchte.

5   Für die Richtigkeit dieser Annahme können wir – wenn auch in einer durch den zeitlichen und ökonomischen Rahmen der Studie erzwungenen bescheideneren Weise – empirische Hinweise liefern: In unserer Studie konnten wir z.B. zahlreiche Verbindungslinien zwischen häuslicher Arbeitsteilung, Mustern der Partnerwahl, des Übergangs von der Herkunfts- in die Gründungsfamilie, den milieutypischen sozialen Netzwerken, Lebensstilen und den milieutypischen Bildungslaufbahnen und Berufskulturen ausfindig machen.

lieu.[6] In sozialstrukturellen Kategorien ausgedrückt, handelt es sich dabei um die neue gebildete obere Mittelschicht mit urbanem Lebensstil (Akademiker, „Neue Klasse" bei Gouldner 1980); um Dienstleistungs-Berufsgruppen (häufig im pflegerischen Bereich) mit mittlerem Qualifikationsniveau; um das mehr oder weniger traditionale Arbeiter- und Handwerkermilieu.[7] Die Vorstellungen von Weiblichkeit und Männlichkeit, also die Ansprüche, die legtimerweise an die Geschlechter gestellt werden dürfen, sind an die Leitvorstellungen (Kodes) geknüpft bzw. ergeben sich daraus. Wir stellen zunächst diese Kodes der drei Milieus dar, dann gehen wir kurz auf die Bedeutung der milieuspezifischen sozialen Lagen für die Herausbildung der Weiblichkeits- und Männlichkeitskonzepte ein.

Im individualisierten Milieu herrscht auf der Kode-Ebene der Selbstverwirklichungsanspruch, der Gleichheitsdiskurs, das Modell der Autonomie zweier Subjekte im Rahmen der individualisierten Partnerschaft.[8] Der Partnerschaftskode[9] formuliert die Gleichheit der Geschlechter und den Abbau rollenmäßiger Vorregulierungen zugunsten einer Orientierung an individuellen Interessen und Bedürfnissen (Subjektivitätsanspruch). In Abgrenzung zu den Absonderungstendenzen der traditionellen Ehe sieht der Kode vor, daß es auch Bereiche gibt, die außerhalb der Paarbeziehung bleiben (Norm der Autonomie der Partner). Eine Vielzahl außerpartnerschaftlicher Kontakte ist deshalb nicht nur zugelassen, sondern geradezu gefordert. Nicht nur für den Mann steht die eigene Selbstverwirklichung (Autonomie) über dem gemein-

---

6   Die methodische Vorgehensweise erlaubt selbstverständlich nicht, den Anspruch zu erheben, eine umfassende Milieu-Landkarte nachgezeichnet zu haben. Das war auch nicht unsere Absicht. Vielmehr ging es in dieser Forschungsphase darum, anhand einer zunächst einfachen und rudimentären Milieudifferenzierung das komplexe Zusammenspiel von Milieu und Geschlecht zu explorieren. Wir hoffen, in einer zweiten Forschungsphase zu einer stärkeren Differenzierung der Milieus zu gelangen. Was uns hier fehlt ist auf der einen Seite ein Oberschicht-Milieu, ein eher konservatives Akademikermilieu. Auf der anderen Seite eine ausgesprochene Unterschicht (ebenso wie bei Schulze, dessen „Harmonie"- und „Unterhaltungs"-Milieus im großen und ganzen relativ gut situiert sind).

7   Von den neun Paaren, die wir dem traditionalen Milieu zugeordnet haben, waren alle verheiratet und hatten in der Regel die Haupt- oder Volksschule besucht. Die Männer waren meist in Industrie und Handwerk als einfache oder gelernte Arbeiter beschäftigt. Zwei Frauen waren ebenfalls als Arbeiterinnen in der Industrie vollzeitbeschäftigt, die übrigen übten in der Regel Nebenbeschäftigungen als Verkäuferin, Friseuse, Kellnerin oder Putzhilfe aus. Die Vertreter des familistischen Milieus waren ebenfalls verheiratet, hatten Realschulabschluss, manchmal auch Abitur, die Männer arbeiteten in Angestelltenverhältnissen. Die Frauen – zum Zeitpunkt unserer Untersuchung in der „Familienphase" – hatten meist „typische Frauenberufe" wie Erzieherin, Krankenschwester, Hotelfachfrau u.ä. erlernt und nach Abschluß der Berufsausbildung lediglich kurze Zeit (bis zur Geburt des ersten Kindes) oder gar nicht in ihrem Beruf gearbeitet. Die Vertreter des individualisierten Milieus waren entweder Studenten (alle unverheiratet) oder bereits berufstätige Hochschulabsolventen und verheiratet. Letztere arbeiteten als wissenschaftliche Mitarbeiterin und Verkehrsplaner, Lehrerin und Krankengymnast. Anders als im familistischen und im traditionalen Milieu war hinsichtlich der sozio-ökonomischen Stellung (beruflicher Status und Verdienst) Gleichheit zwischen den Partnern in etwa hergestellt.

8   Im Extremfall nimmt die individualisierte Partnerschaft die Form des „living apart together" an, die als solche nur in diesem Milieu vorkommt (wenn Paare in anderen Milieus getrennt leben, hat dies nichts mit Individualisierung zu tun: Es handelt sich dabei meist um Seeleute, Gefangene oder Montagearbeiter; vgl. Burkart 1997: Kap. 7).

9   Vgl. dazu Leupold (1983). Im Unterschied zu Leupold, die den sozialen Sinn von „Partnerschaft" in der gesellschaftsweiten Rückbindung von Intimbeziehungen an gesellschaftliche Relevanzen und Institutionen sieht, müssen wir auf der Grundlage unserer empirischen Forschung eine Einschränkung des Geltungsbereiches des Partnerschaftskodes auf das individualisierte Milieu vornehmen. Im familistischen wie im traditionalen Milieu wird das Zusammenleben stärker von traditionellen Geschlechtsrollen als von Symmetrieidealen geleitet.

samen Interesse; auch die Frau ordnet sich nicht dem gemeinsamen Paar-Interesse (oder dem als gemeinsam deklarierten männlichen Interesse) unter. Wenn Gemeinsamkeiten und Solidaritäten zustande kommen, so nicht durch das Paarsein an sich (durch die Einhaltung der Regeln der Ordnung des Paares), sondern durch Interessen-Konvergenz oder das partnerschaftliche Aushandeln von Kompromissen. Das schließt jedoch ein, daß es häufig zu Interessenskonflikten – zwischen zwei autonomen Subjekten, die tendenziell frei von Geschlechtsrollen sind – kommt, darüber wer die Hausarbeit macht, bis hin zur Statuskonkurrenz auf dem Arbeitsmarkt.

Im familistischen Milieu dominieren der Kode des Familismus und ein Komplementaritätsmodell der Ehebeziehung, das heißt: das männliche und das weibliche Subjekt werden als gleichwertig, aber nicht gleichartig, angesehen. Sie unterscheiden sich auf der psychologischen Ebene im Sinne der bekannten Dichotomie Emotionalität vs. Rationalität. Mann und Frau sind hier weniger individualisiert – zumindest auf der Kode-Ebene, sie müssen sich so ergänzen, daß das Familienideal realisiert werden kann. Beide Partner sollen einen Teil ihrer Autonomie aufgeben (bzw. auf Autonomiegewinn verzichten), zugunsten der familienorientierten Lebensführung – die Frau jedoch in weit höherem Maße. Komplementarität heißt auch, daß die Frau für die Herstellung der familiären Atmosphäre zuständig ist, der Mann für die entsprechende materielle Versorgungsgrundlage. Die Frau ist hier also nicht bloß „Hausfrau", sie ist vielmehr Gestalterin einer komplexen Atmosphäre, in der sich das Familienideal entfalten kann. Sie ist die Gefühlsspezialistin.[10] Das bedeutet auch, daß im Rahmen der häuslichen Arbeitsteilung die Bedeutung der Kindererziehung deutlich über der Hausarbeit steht. Die Tätigkeit im Familienhaushalt ist wertvoller als in den beiden anderen Milieus, wo sie jeweils als lästiges Übel angesehen wird (dem sich die Frau im traditionalen Milieu allerdings eher fügt als die Frau im individualisierten Milieu, weil eine berufliche Tätigkeit im Niedriglohnbereich für sie in der Regel mit einem Autonomieverlust verbunden ist). Verglichen mit dem individualisierten Milieu ist die Frau hier nicht so sehr autonomes Subjekt, gleichwohl ist sie stärker Subjekt als etwa in der klassischen Versorgerehe, wie sie von der Ressourcentheorie ehelicher Machtverhältnisse beschrieben wurde. Sie ist ein Subjekt, das seine hohe psychologische und pädagogische Kompetenz eben vor allem für die Herstellung einer harmonischen familiären Atmosphäre einsetzt. Der Wert der Frau bestimmt sich nicht allein aus der materiellen Bedeutung der häuslichen Versorgung für die Familie, sondern hängt von ihrer Fähigkeit ab, in der häuslichen Sphäre Harmonie und Intimität herzustellen.[11]

Innerhalb des traditionalen Milieus hat weder der reflexive Diskurs über die Gleichheit der Geschlechter oder Selbstverwirklichung noch die Vorstellung einer psychologischen Verschmelzung der Partner eine besondere Bedeutung. Wir finden hier patriarchalische Leitvorstellungen, die eine explizit hierarchische Beziehung zwischen den Geschlechtern vorsehen. Doch die Geschlechtsrollen verweisen nicht auf das Individuum und seine Subjektivität, sondern sind auf die öffentliche Seite

---

10 Im Sinne von Hochschild (1990): vgl. dazu auch Maier; Koppetsch und Burkart (1996). Den Begriff der Atmosphäre verwenden wir in Anlehnung an Hermann Schmitz (1993). Wir betrachten Atmosphäre als Leitmedium des familistischen Milieus, analog zum Diskurs im individualisierten Milieu.

11 Die Haushaltstätigkeit im familistischen Milieu ist eine anspruchsvolle Tätigkeit, für die es fast schon eine Ausbildung benötigt: In einem unserer Fälle sieht es geradezu so aus, als sei die Erzieherinnenausbildung der Frau nicht für ihre eigene berufliche Zukunft, sondern für ihre Zukunft als Mutter und Hausfrau nötig gewesen.

der Person, das äußerlich sichtbare Verhalten von Frau und Mann, bezogen. Männlichkeit und Weiblichkeit kommen vor allem in der Rollenperformanz zum Ausdruck, daher besteht auch kein Bedarf, sie zu „verinnerlichen" und zu „Wesensmerkmalen" zu verdichten oder sie individuell zu verantworten. Wir nennen diese Form der durch symbolische[12] Darstellungsformen konkretisierten Geschlechterhierarchie rituellen Patriarchalismus, denn es geht hier weder um psychologische noch um rational-reflexive Begründungen von Geschlechtsrollenidealen. Das eigene Verhältnis zur sozialen Welt und der Stellenwert, den man den Geschlechtern in ihr zuschreibt, wird vor allem durch körperliche und symbolische Ausdrucksmittel zur Darstellung gebracht, im Sinne einer rituellen Praxis oder einer Inszenierung. „Ritualisierung" sollte hier nicht mißverstanden werden. Gemeint ist ein positiv verstandener Ritual-Begriff, wie er sich in den Arbeiten von Mary Douglas oder Victor Turner findet. Es geht hier nicht um „deep acting" (Hochschild), um inneres Erleben, um den „inneren Kern" (Schulze), sondern um Außendarstellung und Inszenierung.[13] Im Unterschied zum familistischen Milieu ist hier eine größere Unabhängigkeit der Partner zu finden, die aber wenig mit Selbstverwirklichung und Individualität zu tun hat, sondern im Sinne der Sphärentrennung zwischen den Geschlechtern verstanden werden muß: Im Rahmen der verwandtschaftlichen Netzwerke sind Ehemann und Ehefrau relativ stark in den jeweiligen Geschlechtersphären verankert (Autonomie nicht der Subjekte, sondern der Geschlechts-Rollen).

Die Milieus wurden bisher durch die Leitvorstellungen von Geschlechterverhältnis und Paarbeziehung („Kodes") charakterisiert. Die milieuspezifischen Kodes entwickeln sich jedoch nicht unabhängig von der sozialen Lage und der institutionellen Einbindung. Unsere Ergebnisse zeigen, daß sie mit nahezu allen Aspekten der milieuspezifischen Lebensführung verwoben sind. Kodes wie „Partnerschaft", „Familismus" und „Patriarchalismus" werden durch die soziale Lage produziert, reproduziert und abgestützt, und sie wirken auf die soziale Lage und Praxis zurück. Zur sozialen Lage rechnen wir das Herkunftsmilieu (Familie, Verwandtschaftsnetzwerk und peer-group), die Bildungslaufbahn und die Berufsrolle. Herkunftsfamilie und peer-group sorgen im traditionalen Milieu z.B. für die Kontinuität der tradierten (patriarchalen) Wertvorstellungen. Das gelingt um so besser, je geringer die räumliche und soziale Mobilität, d.h. je kürzer der Übergang von der Herkunfts- zur eigenen Familie ist, je weniger dabei das Bildungssystem zwischengeschaltet ist und je kontinuierlicher (in der Biographie) das Netz der privaten Beziehungen innerhalb des Herkunftsmilieus bleibt. Die peer-Sozialisation und „die Straße" sorgen zusätzlich dafür, daß das Geschlechterverhältnis eher traditional bleibt. Das bedeutet auch eine stärkere Betonung der Körperlichkeit bei den Männern.[14]

Das Bildungssystem spielt bei der Formierung milieuspezifischer Geschlechterverhältnisse eine besonders wichtige Rolle, zum einen, weil es z.B. sozialen Aufsteigern als Drehscheibe für den Milieuwechsel[15] dient, aber auch, weil es an der

---

12 Der Symbolbegriff hier in Anlehnung an Douglas (1970) und Langer (1969) im Sinne einer präsentationalen, bildhaften Ausdrucksform.

13 Der Begriff des Ritualismus ist hier also nicht im negativen Sinn gemeint (wie im Kode des Anti-Ritualismus der westlichen Protestbewegungen, die das „leere" Ritual bekämpften; vgl. dazu Douglas, 1970 und Soeffner, 1992).

14 Vgl. die Konzeption der Adoleszenz in gewissen Subkulturen der Arbeiterklasse als „kollektiven Chauvinismus" (Clarke 1981: 155); zur „Straße" als Ort männlicher Inszenierungen vgl. auch Connell (1987, 132f.), ferner Gilmore (1991).

15 Burkart et al. (1998).

Ausformulierung eines egalitären Geschlechterdiskurses im individualisierten Milieu einen maßgeblichen Anteil hat. Lange Ausbildungszeiten legen einen Aufschub von Paarbildung und Familiengründung nahe, weshalb rollenspezifische Festlegungen weniger dringlich sind. Im traditionalen Milieu finden wir umgekehrt eine deutliche Abgrenzung gegenüber dem Bildungssystem.[16] Man distanziert sich hier häufig von „den Studierten", und der eigene Status wird nicht vom Erwerb von Bildungstiteln abhängig gemacht. Entsprechend werden auch die Geschlechtsnormen in Paarbeziehungen weder von den institutionellen Vorgaben langer Ausbildungswege noch von den egalitären Vorstellungen und Demokratieidealen des Bildungsmilieus beeinflußt.

Nicht zuletzt ist auch die Berufsstruktur ein entscheidender Faktor bei der Reproduktion von milieugebundenen Geschlechtsunterschieden, wie sich vor allem an der nach wie vor sehr deutlich ausgeprägten geschlechtsspezifischen Segregation beruflicher Qualifikationen zeigt. In fast allen Berufsrollen in unserer Kultur wird eine enge Verbindung zwischen einer bestimmten Qualifikation und einer spezifischen „Männlichkeit" bzw. „Weiblichkeit" hergestellt. Der Unterschied zwischen dem „klassischen" Arbeiter und dem leitenden Angestellten zum Beispiel ist eben vor allem auch ein Unterschied im Männlichkeitskonzept.[17] Und Berufe wie Sekretärin oder Krankenschwester sind als Kombination von bestimmten technischen Qualifikationen mit einer bestimmten Art von Feminität zu begreifen, die für das familistische Milieu nicht untypisch ist. Jedes Milieu – so ein vorläufiges Ergebnis unserer Studie – reproduziert sein Geschlechterverhältnis auch innerhalb der Berufsstruktur – mit Rückwirkungen auf die Privatsphäre. So ist im familistischen Milieu die Polarisierung von Frauen- und Männerberufen (emotionsnahe und pflegerische Berufe für Frauen, Verwaltungsberufe mit begrenzter Weisungsbefugnis für Männer) fest in die Berufsstruktur eingelassen. Sie wird für selbstverständlich gehalten, da sie mit den komplementären Geschlechtsrollen im Privatleben korrespondiert. Die patriarchalische Sphärentrennung innerhalb der Familien des traditionalen Milieus findet hingegen ihre Entsprechung in einer rigiden sozialen und räumlichen Segmentierung weiblicher und männlicher Berufsrollen. Bei den Männern finden wir häufig körpernahe, gegenstandsorientierte Berufe, wo Körperkraft und Körperpräsenz eingesetzt werden kann; wogegen die weiblichen Arbeitsplätze nicht nur ein geringeres Ausmaß an Körperkraft zu erfordern scheinen und deshalb gegenüber den „Männer-Berufen" als defizitär gelten, sondern in den meisten Betrieben auch sichtbar räumlich von den männlichen Arbeitsplätzen getrennt sind. Im individualisierten Milieu schließlich herrschen akademische Berufe vor, die als geschlechtsneutral gelten (bei noch bestehender Geschlechtssegregation wird Änderungsbedarf reklamiert) – wenn dies auch auf einer informellen Ebene durch Prozesse massiver beruflicher Segmentierung konterkariert wird.

Aus der Gegenüberstellung wird ersichtlich, daß die milieuspezifischen Konzepte von Weiblichkeit und Männlichkeit jeweils verschiedene Institutionen und damit unterschiedliche Bereiche der Lebensführung durchdringen. Im individualisierten Milieu finden wir z.B. eine Übereinstimmung zwischen öffentlicher und privater „Geschlechtermoral". In beiden Feldern tritt der Rekurs auf Geschlechtsrollen zugunsten einer starken Orientierung an der „Persönlichkeit" in den Hinter-

---

16 vgl. dazu auch Willis (1979), Clarke et al. (1981).
17 Connell (1995) unterscheidet in diesem Zusammenhang hegemoniale Männlichkeit von untergeordneter und marginalisierter Männlichkeit.

grund, wird die Gleichheit der Geschlechter zur Norm erhoben. Im traditionalen und familistischen Milieu, in denen die berufliche Segmentierung der Geschlechter viel deutlicher sichtbar und durch geschlechtsspezifische Ausbildungsgänge und Zugangsbarrieren auch institutionell abgesichert ist, finden sich dagegen weder im Beruf noch im Privatleben partnerschaftliche Modelle des Geschlechterverhältnisses.

4. Die Alltagspraxis im traditionalen und im individualisierten Milieu

In den Kodes werden Idealnormen formuliert. Doch die Praxis steht ihrer Realisierung oft im Weg. Wir haben gezeigt, daß nur im individualisierten Milieu der Anspruch auf eine gleichberechtigte Partnerschaft auf der Basis einer von Geschlechtsrollen „freigesetzten" Subjektivität erhoben wird, während im traditionalen und im familistischen Milieu herkömmliche Geschlechtsrollenarrangements nach wie vor als selbstverständlich gelten. Die konkrete Alltagspraxis in allen drei Milieus bietet jedoch ein komplexeres und widersprüchlicheres Bild. Zwar vermitteln die Akteure zunächst durchweg den Eindruck, sich nach den Idealnormen auszurichten und sie mit einigen Abstrichen zu erfüllen. Bei genauerem Hinsehen werden jedoch systematische Abweichungen sichtbar, die eine grundlegende Diskrepanz zu den in den Kodes formulierten Idealen enthüllen. Wir können beispielsweise zeigen, daß selbst im individualisierten Milieu der Anspruch auf eine gleichberechtigte Partnerschaft nicht eingelöst werden kann, sondern auf der Ebene der Praxis durch die latente Wirksamkeit von Geschlechtsnormen ständig unterlaufen wird – was die Praxis der Ungleichheit auf subtile Weise sogar noch stabilisiert. Auch in den anderen Milieus greifen die im Kode verankerten Leitvorstellungen auf höchst paradoxe Weise in die Alltagspraxis ein: Der Patriarchalismus wird mit psychologischen Taktiken unterlaufen (im traditionalen Milieu) und der auf Gemeinschaftlichkeit und Harmonie ausgerichtete Familismus erweist sich als Nährboden für Konflikte (im familistischen Milieu). Wir wollen darauf nun ausführlicher eingehen und die Ebene der Kodes mit der konkreten Alltagspraxis in Paarbeziehungen konfrontieren. Aus Raumgründen möchten wir uns dabei auf die Darstellung des traditionalen und des individualisierten Milieus beschränken.

4.1. Das traditionale Milieu

Für alle Befragten, die wir dem traditionalen Milieu zugeordnet haben, besitzt die geschlechtliche Arbeitsteilung und das darin symbolisierte Machtgefälle zwischen den Geschlechtern eine große Selbstverständlichkeit. Die Geschlechterordnung ist nicht problematisch und damit auch nicht legitimationsbedürftig, sie ist über jede Diskussion erhaben. Daher war der methodische Zugang zu den Wissensformen und Leitvorstellungen (Kodes) des traditionalen Milieus nicht einfach. Die Unantastbarkeit der Geschlechterordnung zeigt sich gerade im Fehlen von sachlichen Argumenten und Begründungen im Diskurs der Interviews.

Das Geschlechterverhältnis wird nicht diskutiert, sondern materialisiert sich in bestimmten Ausdrucksformen und Arrangements. Es kommt insbesondere in der räumlichen Trennung der Geschlechter zum Ausdruck. Die weiblichen und männlichen Bereiche sind fast wie zwei Sphären, die sich selten berühren. Insbesondere Männer werden durch die soziale Trennung der Sphären aufgefordert, sich von weiblichen Tätigkeiten fernzuhalten und nicht zu viel Zeit im Haus bei der Ehefrau zu verbringen: „Das ist ihr Haushalt, ihr Revier, das soll sie machen dann, da will ich gar nicht rein". Die Forderung, daß sich ein Mann überzeugend von seiner Frau abgrenzt und damit seine Männlichkeit unter Beweis stellt, könnte durch nichts deutlicher vor Augen geführt werden als durch die Koketterie, mit der sich die Männer aus dem traditionalen Milieu im Interview ihrer Faulheit in Haushaltsdingen rühmen. Die Männlichkeit eines Mannes, der sich zu sehr um den Haushalt kümmert, muß ernsthaft bezweifelt werden. Auch von den Ehefrauen wird die Hilfestellung in der Regel als Einmischung in ihren Bereich zurückgewiesen: „Dann hätt ich ja gar nichts zu tun".

Umgekehrt ist es auch den Frauen nicht gestattet, sich in die Sphäre des Mannes einzumischen, da dies in gleicher Weise als Bedrohung seines Kompetenzbereichs, letztlich seiner Männlichkeit aufgefaßt würde: „Sie geht auch nicht unter mein Auto und schraubt mir am Auto rum. Das ist mein absolutes Auto und da geht keiner dran". Die eigene Geschlechtsrolle auszufüllen ist gleichbedeutend mit der Fähigkeit, die territorialen Rechte auch des anderen Geschlechts zu schützen und zu wahren. Solange die Frau diese Grenze respektiert, hat auch der Mann kein Recht, in die weibliche Sphäre einzudringen. Geschlechtsrollen werden für alle sichtbar nach außen hin abgegrenzt und mit bestimmten Zuständigkeiten ausgefüllt. Übergriffe in das Territorium des anderen bedeuten, die eigenen Grenzen und die des anderen nicht zu respektieren und letztlich auch die soziale Identität der Frau oder des Mannes zu beeinträchtigen.

Weniger als im familistischen oder individualisierten Milieu besteht der Wunsch nach einer eigenen „kleinen Welt" im Kreis der Familie. Das traditionale Paar lebt niemals isoliert, sondern ist in Nachbarschafts- und Verwandtschaftsnetzwerke eingebunden, die einen hohen Einfluß auf das Paar ausüben. Dies erklärt sich vor allem aus der geringen örtlichen und sozialen Mobilität. Selten verlassen Ehefrau und Ehemann zum Zweck der Ausbildung oder der Heirat ihr angestammtes Herkunftsmilieu. Ausbildung, Ergreifen eines Berufes und Familiengründung findet meist an ein und demselben Ort statt, so daß nachbarschaftliche und verwandtschaftliche Bindungen, und vor allem die Bindung zur Herkunftsfamilie nicht nur erhalten bleiben, sondern häufig auch einen entscheidenden Einfluß auf die individuelle Lebensführung ausüben. Meistens hält die Frau nach der Heirat eine enge Beziehung zur Mutter bei, die ihr seelische Unterstützung bei Eheproblemen, bei Umzügen, bei der Betreuung der Kinder und bei beruflichen Entscheidungen gewährt. Bei den Männern ist der Kontakt auf mehrere Personen aus dem Verwandtschaftsnetzwerk verteilt. Auch sie greifen im Ernstfall auf die Hilfe von Verwandten zurück und unterhalten darüber hinaus freundschaftliche Kontakte zu Schwägern, Brüdern, Cousins. Allerdings unterscheiden sich weibliche und männliche Verwandtschaftsbeziehungen durch ihre sozialen Funktionen: Während Mutter und Tochter sich gegenseitig psychologische Stütze und praktische Hilfen gewähren, ist der eigene Verwandtschaftskreis für den Mann nicht selten ein Forum der Selbstbestätigung und der Austragung männlicher Spiele. Er muß seiner Verwandtschaft zeigen, daß er eine eigene Meinung hat und nicht „unter dem Pantoffel seiner Frau steht".

Der traditionale Mann sträubt sich gegen die Zumutungen der weiblichen Lebenswelt und versucht mit allen Mitteln das zu verhindern, was im familistischen Milieu geradezu als Ideal der Paarbeziehung gilt: Die Verschmelzung der Realitäten von Frau und Mann zu einem gemeinsamen Sinnhorizont (Berger und Kellner 1965). Demgegenüber konstituiert innerhalb des familistischen Milieus jede Familie ihre eigene segregierte Teilwelt, mit ihren eigenen Kontrollen und ihrem eigenen, geschlossenen Wertgefüge. Hier steht stärker als im traditionalen Milieu die Familie im Zentrum der Lebenswelt, und die meisten anderen Beziehungen wie die zu Freunden, Nachbarn und Kirchengemeinde richten sich nach ihr aus. Die Familie bietet hier den größten Schutz gegen Anomie, d.h. gegen den Verlust von Wirklichkeit in einer in ihrem inneren Ablauf unverständlichen und in ihrem Charakter anonymen Gesellschaft.

Die für das traditionale Milieu so typische Kontextuierung der Paarbeziehung in einer größeren Gemeinschaft unterscheidet sich auf der anderen Seite auch von den Systemgrenzen der Paarbeziehung innerhalb des individualisierten Milieus. Während im traditionalen Milieu die Vergesellschaftung der Individuen stark in den durch die Verwandtschaft oder die „Gesetze der Straße" vorgegebenen Bahnen, d.h. in Abschottung von zentralen gesellschaftlichen Institutionen verläuft, so zeichnet sich die Paarbeziehung des individualisierten Milieus gerade durch eine radikale Öffnung zur Gesellschaft hin aus. Die Loyalität gilt weder der Familie, noch einer größeren Gemeinschaft, die die Einhaltung der Normen argwöhnisch beäugt, sondern der Gesellschaft, die Intimität nur solange toleriert, wie ihre Anschlußfähigkeit an zentrale Institutionen gewahrt bleibt.

Die Praxis: Die taktische Klugheit der Frau. Die inoffiziellen Regulative

Im traditionalen Milieu, wo reflexive Subjektivität keinen hohen Wert besitzt, wo es nicht darum geht, gegen den überholten Traditionalismus von Männlichkeit und Weiblichkeit anzukämpfen und diesem diskursiv eine geschlechtsneutrale Individualität entgegenzusetzen, wird auch der Geschlechterkampf nicht frontal und mit diskursiven Mitteln angegangen, vielmehr behauptet die Frau ihre Position in Form des Bloßstellens des ritualisierten Charakters von Männlichkeit oder in der stillschweigenden Durchsetzung eigener Interessen unter Beibehaltung einer Fassade von männlicher Dominanz.

Die Selbstbewertung der Frau ist im traditionalen Milieu von der Hierarchie der Geschlechter in weitaus geringerem Maße betroffen als innerhalb des individualisierten Milieus, wo – aufgrund der Gleichheitsprätention – ein einheitlicher Maßstab der Bewertung von Frauen und Männern vorliegt. Innerhalb des traditionalen Milieus bildet die Ungleichheit der Geschlechter hingegen selbst den Maßstab, an dem die Stellung der Frau bzw. des Mannes bewertet wird. Die Unterlegenheit der Frau ist hier ein kollektiver Status, der von den anderen Frauen geteilt wird und aufgrund äußerer Merkmale und formaler Rollenattribute eindeutig zu bezeichnen ist, dadurch aber keine persönliche Diskriminierung darstellt. Eine persönliche Identifikation mit der untergeordneten Rolle wird von der Frau nicht erwartet. Deshalb ist es auch kein sonderliches Problem, wenn Frauen manchmal öffentlich kritisiert oder abgewertet werden. Diese Abwertung der Frauen durch die Männer dient weniger der Problematisierung der weiblichen Subjektivität als der Bestätigung und symbolischen Stabilisierung der Fassade von männlicher Dominanz.

Die Frauen selbst sind daran interessiert, nach außen einen „starken Mann" vorweisen zu können, der ihr eigenes Prestige erhöht. Dabei kommt es mitunter zu paradoxen Effekten: In manchen Situationen bestehen die Frauen rigider als die Männer auf der Einhaltung der Konventionen, um keinen Zweifel an der Männlichkeit des Ehemannes aufkommen zu lassen. Sofern es ihnen gelingt, ihre Männer – manchmal gegen deren Willen – in die Rolle des überlegenen Partners zu zwingen[18], widersprechen sie auf einer performativen Ebene der eigenen Idealvorstellung von Weiblichkeit: einer Frau, die sich der männlichen Dominanz unterordnet. So ist auf der Ebene der kulturellen Leitbilder und der rituellen Praxis die Dominanz des Mannes also gewährleistet. Auf einer latenten Ebene gibt es jedoch auch vielfältige subversive Strategien der Frauen, Verweigerungshandlungen oder Heimlichkeiten, mit denen sie die dargestellte männliche Dominanz konterkarieren und ihre eigenen Interessen verfolgen. Das auf der Ebene der Rollenperformanz eindeutig hierarchische Geschlechterverhältnis kann also durch geschickte Manöver unterlaufen werden. Die Möglichkeiten, eigene Interessen durchzusetzen, hängen von der taktischen Klugheit der Frau ab, genauer gesagt von ihrem Vermögen, im Hintergrund die Fäden zu ziehen, ohne das offizielle, nach außen hin repräsentierte Statusgefälle zu beeinträchtigen.

Die Frauen verfügen deshalb über zahlreiche Taktiken, auch gegen den Willen des Mannes eigene Interessen zu verfolgen. Das geringe persönliche Commitment gegenüber dem getroffenen Arrangement der Geschlechter zeigt sich anläßlich der innerhalb dieses Milieus so zentralen „Geldkonflikte". Viele Frauen fühlen sich z.B. moralisch in keiner Weise auf einen sparsamen Umgang mit Geld verpflichtet und nutzen daher jede Gelegenheit, ihren Mann über den wahren Umfang ihrer Ausgaben zu täuschen. Eine Frau führt z.B. heimlich Ferngespräche mit ihrer Schwester und täuscht Sonderangebote vor, um größere Ausgaben gegenüber dem Mann zu rechtfertigen. Eine andere läßt gegen den ausdrücklichen Willen des Mannes einen gewissen Teil des Haushaltseinkommens ihrer Mutter zukommen. Auch dies hat in aller Heimlichkeit zu geschehen und zeigt wiederum den für das traditionale Milieu so typischen Loyalitätskonflikt zwischen Herkunftsfamilie und Ehebeziehung. In einem anderen Fall ist die nach außen hin nur notdürftig drapierte männliche Autorität mit geringen Machtchancen im Innenverhältnis ausgestattet, sie ist rein „symbolisch" und eigentlich funktionslos. Die Frau stellt die Vorherrschaft des Mannes in keiner Weise in Frage und sitzt dennoch am längeren Hebel. Sie hat eine „gute Partie" gemacht und verfügt dank der ökonomischen Absicherung nun über genügend Freiräume, ihren Hobbies nachzugehen und die Kontakte zur Herkunftsfamilie zu pflegen. In der Alltagspraxis verbringt sie den Großteil der Zeit ohne ihren Mann und versteht es, die Wünsche ihres Mannes nach sexueller Befriedigung und affektiver Bindung auf Distanz zu halten und gegebenenfalls zu ihren Gunsten zu verwenden. Dabei handelt es sich keinesfalls um einen Verstoß gegen die Norm der partnerschaftlichen Solidarität. Interessensgegensätze zwischen Frau und Mann sind im Unterschied zum familistischen Eheideal durchaus legitim. Ein moralischer Druck hin zur partnerschaftlichen Solidarisierung, das „an-einem-Strang-Ziehen" besteht in einem weitaus geringeren Ausmaß als im familistischen Milieu. Unseres Erachtens ist dies eine der Konsequenzen einer stark am äußeren Verhalten orientierten Konzeption von Geschlechtsrollen. Moralische Verpflichtungen gegenüber dem Ehepartner sind gegenüber der Einhaltung von Konventionen zweitrangig. Es

---

18   Vgl. dazu auch Gather (1996).

geht allein darum, sich nach außen, d.h. für alle sichtbar, geschlechtsrollenkonform zu verhalten.[19] Deshalb wird in viel geringerem Maß als im familistischen Milieu Wahrhaftigkeit und Aufrichtigkeit im Umgang miteinander gefordert.

Für eine Glorifizierung dieser „Listen der Ohnmacht" besteht jedoch keine Veranlassung. Zwar fehlt den Angehörigen des traditionalen Milieus die „Illusion der Emanzipation", wie sie für das individualisierte Milieu charakteristisch ist. Doch diese subversiven Aktionen stabilisieren zugleich die patriarchalen Strukturen, die sie ja nicht offen angreifen, sondern in der Außendarstellung gelten lassen – ähnlich wie im machismo, wo eine normative Komplizenschaft zwischen Mann und Frau die patriarchale Herrschaft stützt, auch wenn es sich dabei nur um ritualisierte Performanzen handelt (Gilmore 1991).

4.2. Das individualisierte Milieu

Im Unterschied zum traditionalen Milieu, in dem herkömmliche Geschlechtsrollen nach wie vor selbstverständlich sind, finden wir in der Paardynamik des individualisierten Milieus die Spuren einer starken Auseinandersetzung um die Neudefinition von Geschlechtsrollen, deren Ausmaß den Beteiligten jedoch in der Regel verborgen bleibt. Obwohl vordergründig die egalitäre Partnerschaft bereits realisiert zu sein scheint, werden auf einer latenten Ebene subtile, von beiden Partnern gestützte Maßnahmen ergriffen, um die geschlechterhierarchische Beziehung wieder herzustellen. Wir werden die Problematik latenter Geschlechtsnormen zunächst am Beispiel der Arbeitsteilung im Haushalt an drei Fallbeschreibungen vorführen. Geht es bei den Fallbeschreibungen eher um die Herausarbeitung dynamischer Konfliktfelder und widersprüchlicher Anforderungsstrukturen von egalitärem Diskurs und konkreter Praxis, so möchten wir im zweiten Teil die aus den Fällen extrapolierten Daten zu einer idealtypischen Charakterisierung des Partnerschaftsmodells (Kode) und der latenten Geschlechtsnormen (Praxis) verdichten.

Drei Fallbeispiele

Der erste Fall ist im individualisierten Milieu in Berlin angesiedelt. Brigitte und Heiko Lichtenberg (verheiratet, zwei Kinder) sind in anspruchsvoller Weise berufstätig. Die Haus- und Erziehungsarbeit soll gleich verteilt sein. Zum Zeitpunkt des Interviews nimmt der Mann Erziehungsurlaub für das zweite Kind, die Frau ist zur Zeit Alleinverdienerin. Nach dem Rotationsverfahren soll damit ein Ausgleich für den Erziehungsurlaub, den Frau Lichtenberg anläßlich des ersten Kindes genommen hat, geschaffen werden. Beide sind überzeugt, den Rollentausch erfolgreich vorgenommen zu haben: In der gegenwärtigen Phase ist der Mann alleine und voll für Haushalt und Kinder zuständig. Bei genauerem Hinsehen zeigt sich, daß die Hausarbeit allenfalls gleich verteilt ist. Der Arbeitstag von Herrn Lichtenberg als Hausmann beginnt, wenn seine Frau das Haus verläßt und endet mit ihrem Wiedereintritt in die häusliche Sphäre. Am frühen Morgen, am Abend und am Wochenende erledigt Frau Lichtenberg einen erheblichen Teil der Hausarbeiten, und sie be-

---

19   Unsere idealtypische Charakterisierung des traditionalen Milieus kann über unser eigenes Interviewmaterial hinaus auch durch diverse Fallstudien aus der Literatur belegt werden. Vgl. z.B. Gather (1996: 93ff.), Clarke u.a. (1981), Connell (1995).

schäftigt sich vor allem mit den Kindern, die ihre Mutter trotz der Anwesenheit des Vaters als Ansprechpartnerin bevorzugen. Sie hebt ausdrücklich hervor, daß sie dies „nicht problematisch" findet. Alle Formulierungen von Frau Lichtenberg sind darauf angelegt, die jetzt erreichte Gleichverteilung der häuslichen Pflichten hervorzuheben – in einer Phase der Rotationsvereinbarung, wo doch der Mann nicht die Hälfte, sondern das ganze Programm übernehmen sollte.[20]

Eine ähnliche Problematik zeigt sich auch im Fall Kreibich und Kalitz, der ebenfalls im individualisierten Milieu (Berlin) angesiedelt ist. Die Beteiligung des Mannes an der Hausarbeit beschränkt sich auf seine „Mithilfe" beim Abwaschen, das Hinuntertragen des Mülleimers und die „groben" Putzarbeiten. Die meisten und zeitaufwendigsten Arbeiten wie die Pflege der Wäsche, das ständige Sauberhalten der Wohnung und die Zubereitung der Nahrung verbleiben dagegen in den Händen der Partnerin. Trotz des Willens zur gewissenhaften Anwendung des Gleichheitsgedankens wird wenig getan, um seine Einhaltung zu kontrollieren, statt dessen wird an der Fiktion der gleichheitlichen Aufteilung festgehalten.

Eine Strategie besteht darin, die Hausarbeiten in „grobe" und „feine" aufzuteilen, um das Thema zunächst von der emotional aufgeladenen Geschlechterfrage abzukoppeln. Beate ist für die feinen, Paul für die groben Arbeiten zuständig. Praktisch bedeutet diese Unterteilung jedoch, daß Beate für das ständige Sauberhalten der Wohnung zuständig ist, während die als grob klassifizierten Arbeiten Pauls lediglich punktuelle Hilfestellungen darstellen. Damit wird die Verteilung der Hausarbeit – in Übereinstimmung mit dem Partnerschaftskode – als das Resultat der Anwendung fairer Regeln gerechtfertigt. Eine andere Strategie besteht in der Verleugnung der häuslichen Ausbeutung durch die Minderung der Ansprüche, die legitimerweise an Sauberkeit und Ordnung im Haushalt gestellt werden dürfen. Der Mann zieht es vor, gepflegte Wäsche und sauberes Geschirr angesichts der Mühen, die für die Partnerin mit dem Waschen und Geschirrspülen verbunden sind, nicht wichtig zu finden. Aus der Distanz kann er sich nun ohne Schuldgefühle der Hausarbeit enthalten und obendrein die niedrige Schmutzschwelle seiner Freundin belustigt kommentieren. Er kann seine Mithilfe „legitimerweise" nun auf jene Tätigkeiten beschränken, die er für „wichtig" hält. Dadurch kommt es zur Verlagerung der Schuld: Aufgrund der größeren Ansprüche der Partnerin scheint sie für die bestehende Situation nun allein verantwortlich. Aber mehr noch: Durch die Trivialisierung von Hausarbeit wird die Überlegenheit des Mannes gefestigt, denn mit der Distanzierung von den Häuslichkeitsvorstellungen und angeblichen Putzzwängen der Freundin verfügt der Mann über ein Distinktionsmerkmal, das ihn im Geschlechterkampf innerhalb der Paarbeziehung als überlegen ausweist.

Beide Partner studieren im gleichen Semester Kunst, wodurch die Partnerschaftsnorm in bestimmter Hinsicht erfüllt ist, gleichzeitig entsteht dadurch eine Konkurrenzsituation, in deren Sog auch die Verteilung der häuslichen Pflichten gerät. Indem der Mann sein Atelier zur Zweitwohnung erklärt und gegen seine eigenen Absichtserklärungen und die Wünsche seiner Freundin eine Vermischung von häuslicher und beruflicher Sphäre inszeniert, unterstreicht er die Ernsthaftigkeit seiner beruflichen Ambitionen. Seine berufliche Arbeit ist – gemessen an der Menge der unterlassenen Hausarbeit – wertvoller. Wir können also beobachten, daß die Verteilung der Hausarbeit, die vordergründig durch Gleichheitsnormen reguliert zu

---

20 Für eine ausführlichere Analyse des Falles siehe Koppetsch und Burkart (1997).

werden scheint, auf einer informellen Ebene als Distinktionsmerkmal im Geschlechterkampf verwendet wird.

Der dritte Fall ist ebenfalls im individualisierten Milieu angesiedelt, wenn auch mit für Freiburger Verhältnisse nicht untypischem konservativem Einschlag. Das Modell der individualisierten und egalitären Partnerschaft wird hier nicht als leerer Anspruch, sondern als unproblematische Wirklichkeit erlebt. Deshalb bleibt auch die Diskussion um die Verteilung der häuslichen Pflichten gänzlich aus der Beziehung ausgeklammert. Trotzdem finden wir auf der Ebene der Praxis die gewohnten Muster geschlechtsspezifischer Arbeitsteilung: Frau Schloß-Walter nimmt den Erziehungsurlaub anläßlich des ersten Kindes und ist, weil sie mehr Zeit als ihr Mann zu Hause verbringt, für Hausarbeit stärker verantwortlich. Was auf der Oberfläche als unreflektierte Übernahme konventioneller Geschlechtsrollen erscheint, erweist sich bei genauerer Analyse und nach einer zweiten Befragung als subtiler Mechanismus der Aufrechterhaltung einer traditionell-hierarchischen Geschlechterordnung, die es offiziell (Kode) nicht mehr zu geben hat, die auf einer latenten Ebene (Praxis) aber durch den beruflichen „Mißerfolg" des Mannes bedroht wird. Herr Walter bekleidet, trotz Hochschulausbildung und wissenschaftlicher Ambitionen, lediglich eine 3/4-Stelle als Krankengymnast und nimmt gegenüber seiner Frau, die als Lehrerin ein höheres Einkommen mit nach Hause bringt, eine untergeordnete Berufsposition ein. Als nicht vollzeitbeschäftigter Berufstätiger mit geringeren Verdienstmöglichkeiten käme er für die Betreuung von Kindern bzw. einen Erziehungsurlaub wohl eher in Frage, zumindest wenn man die in diesen Fällen sonst üblichen Argumentationsmuster anbringt. Diese Situation empfindet Herr Walter als zusätzliche Bedrohung seiner männlichen Geschlechtsrolle. Eine Lösung sucht er in der Anfertigung einer Dissertation, die ihm zwar keinerlei berufliche Vorteile bringt, aber viel Zeit verschlingt, die nun nicht mehr im Haushalt verwendet werden kann. Gleichzeitig bietet das mit intellektueller Arbeit verknüpfte Prestige eine Kompensationsmöglichkeit für das geringe berufliche Ansehen. Dennoch ist das Arrangement prekär, weil es das Machtgefälle zwischen den Ehepartnern befestigt, indem es doch auf der stillschweigenden Akzeptanz Frau Schloß-Walters basiert, die vorläufig großzügig gewährt wird, aber auch jederzeit entzogen werden kann.

Kodierungsform: Intimbeziehung als Partnerschaft

Alle von uns untersuchten Personen aus dem individualisierten Milieu sind fundamental von der Entwicklungsfähigkeit ihrer Persönlichkeit und der Wählbarkeit ihrer eigenen Lebensform überzeugt. Die Persönlichkeit steht im Zentrum der eigenen Weltvorstellung und ist die Basis der Gestaltung des Lebensprogramms. Bildung ist bei den von uns befragten Vertretern des individualisierten Milieus nicht so sehr ein Mittel, einen gesellschaftlichen Aufstieg zu vollziehen. Sie wird eher als Möglichkeit betrachtet, unabhängig von sozialer Mobilität die eigene Individualität zu entfalten. Von diesem Anspruch auf Selbstverwirklichung sind auch die Vorstellungen einer individualisierten Partnerschaft geprägt. Zwei autonome Individuen bilden zusammen ein Paar, ohne Anspruch, darin zu einer emergenten sozialen Einheit zu verschmelzen. Wenn Leupold (1983) davon spricht, daß im Partnerschaftskode die Paarbeziehung in zwei autonome Individuen dekomponiert wird, die sich als Individuen abstrakt, d.h. über Gleichheit der Rechte, Gleichheit des Anspruchs auf Selbstverwirklichung bestimmen, dann kommt dies den Vorstellungen, die bei unseren Interviewpaaren bezüglich der Paarbeziehung geäußert werden, äußerst nahe. Gemeinsamkeiten und Solidaritäten kommen nicht durch das Paarsein an sich zustande, sondern durch Interessenkonvergenz oder partnerschaftliches Aushandeln von Kompromissen. Deshalb ist auch jeder Partner für seine Hilfestellungen und Handlungen selbst verantwortlich, Aufopferungen sind nicht erwünscht. Was immer ein Partner tut, er hat es im eigenen Interesse, d.h. im Dienste der individuellen Selbstentfaltung zu tun. Daher ist es nur plausibel, daß auch die Unregelmäßigkeiten bei der Aufteilung der häuslichen Pflichten mit Rekurs auf individuelle Vorlieben und Interessen erklärt werden, wie bei Kalitz und Kreibich.

In dieser auf individuelle Interessen zugeschnittenen Konzeption des intimen Zusammenlebens, das jederzeit widerrufen werden kann, liegt auch der Schlüssel für die besondere Abneigung gegenüber Geschlechtsrollen und geschlechtsspezifischer Arbeitsteilung. Geschlechtsrollen werden nicht akzeptiert, da sie als externe „gesellschaftliche Zwänge" dem propagierten Individualismus entgegenstehen. Wenn es geschlechtsspezifische Unterschiede gibt, dann dürfen sie nur dem inneren Kern der Persönlichkeit entspringen. Der Individualismus verbietet das schematisierte, durch Geschlechtsrollen genormte und verformte, und deshalb nicht mit sich identische Selbst.

Die Frage der geschlechtsspezifischen Rollen ist demgemäß eines der wichtigsten Diskussionsthemen innerhalb unserer Interviews. Die Partner sind sich einig, daß Frauen nicht länger auf stellvertretendes Erleben und Leben reduziert werden sollen und ihren gesellschaftlichen Ort nicht mehr sekundär über den des Mannes einnehmen sollen. Aufgrund des hohen Symbolwerts, der den Geschlechtsrollen für die Übernahme der individualisierten Lebensform zugemessen wird, wird auch der Erfolg der eigenen Partnerschaft an der Geschlechterfrage bemessen. Geschlechtsrollen signalisieren das Ausgeliefertsein an gesellschaftliche Zwänge und einen Mangel an Individualität. Sie blockieren die Realisierung einer tief aus dem Inneren kommenden interpersonalen Beziehung.

Die Praxis: Das Partnerschaftsmodell als Beziehungsfalle?

Alle von uns untersuchten Paare aus dem individualisierten Milieu sind davon überzeugt, eine gleichberechtigte Partnerschaft zu führen. Beide Geschlechter sollen sich beruflich engagieren. Die Hausarbeit soll gleich verteilt werden. Ein Blick hinter die Kulissen zeigt jedoch, daß sich „Partnerschaft" als höchst widersprüchliches Modell der Kodierung von Paarbeziehungen erweist – nicht nur, weil die implizierte Zurücknahme der partnerschaftlichen Rollenanforderungen an den Einzelnen und die Auflösung der Geschlechterunterschiede unter der Ägide einer – historisch betrachtet – männlichen Konzeption von Individualität, Autonomie und Wahlfreiheit dem Konzept der Bindung diametral entgegensteht und die Paarbeziehung destabilisiert, sondern auch, weil die Vorstellung autonomer Individualität sich als Bumerang (für die Frau) erweist und im Falle einer unzulänglichen Erfüllung auf die Person zurückschlägt.

Bei unseren Fallstudien stellt sich nämlich heraus, daß der im Partnerschaftskode formulierte Primat individueller Interessen und Bedürfnisse unter Ablehnung geschlechtsspezifischer Rollenzuweisungen einen subtilen Beitrag zur Aufrechterhaltung von traditionellen Geschlechtsrollen leistet. Weil man rollenmäßigen

Vorregulierungen von Beziehungsmustern mißtraut und der privaten Beziehung zwischen Mann und Frau keine explizit soziale Bedeutung mehr zumißt, wird der Prozeß der Herausbildung von Rollen unsichtbarer, und nunmehr dem Individuum, seinen privaten Vorlieben und Interessen, und nicht mehr seiner Rolle angelastet. Die Aufrechterhaltung der alten Rollen wird durch die neue Sichtweise verdeckt und aus dem alltäglichen Interpretationsvorrat verbannt.

Die von uns herausgestellte ungleiche Praxis innerhalb des individualisierten Milieus kann wegen der Mächtigkeit des egalitären Diskurses nicht einfach als Fortsetzung eines veralteten Rollenmusters verstanden werden, sie ist etwas durchaus Neues. Im folgenden möchten wir uns deshalb erneut auf die Falldarstellungen beziehen und zeigen, auf welche Weise die im Partnerschaftsmodell enthaltene Gleichheitsidee in den Geschlechterkampf eingreift und zu paradoxen Effekten führt.

Weil die wenigsten Paare aus dem Bildungsmilieu trotz der faktischen Ungleichheit auf die Illusion der gerechten Aufteilung verzichten wollen, bleibt ihnen nur die Möglichkeit, die häusliche Ungleichheit zu leugnen – oder aber so zu tun, als sei ihre Situation das Ergebnis einer freien und gemeinsamen Entscheidung beziehungsweise einer individuellen (idiosynkratischen) Neigung. Die ursprüngliche Absicht, sich von den alten Rollenmustern zu befreien, wird durch das Vertuschungsmanöver geradezu ins Gegenteil verkehrt: Die Beibehaltung der konventionellen Muster geschlechtsspezifischer Arbeitsteilung als faktisches Ungleichgewicht wird nun – vor dem Hintergrund des Gleichheitsanspruchs und der Zurückweisung traditioneller Geschlechtsrollen – als Ergebnis individueller Neigungen interpretiert. Jeder hat ein Recht auf seine Unordnung bzw. seine Sauberkeit. Niemand darf den anderen zur Sauberkeit zwingen. Wer mehr macht, ist selber schuld.

Bei Kalitz und Kreibich konnten wir z.B. beobachten, daß Hausarbeit, die auf einer rationalen Ebene einer Reziprozitätsnorm zu gehorchen scheint, auf einer latenten Ebene im Kampf um Anerkennung der Identität als Künstler, als Symbol für Statusunterlegenheit verwendet wird. Die Hausarbeit, vermeintlich eine geeignete Sphäre der Abschaffung geschlechtsspezifischer Ungleichheit, wird unter der Hand zu einem Feld symbolischer Auseinandersetzungen im Geschlechterkampf. Obwohl die Rechtfertigung der bestehenden Praxis für Beate und Paul jeweils ganz unterschiedlich, ja gegensätzlich, ausfällt, konvergieren beide Legitimationsformen in der Institutionalisierung einer für die Frau ungünstigen Tauschrelation und letztlich in der Aberkennung der von ihr erbrachten Leistung.

Die Institutionalisierung einer ungünstigen Tauschrelation für Beate besteht nicht einfach darin, daß sie mehr Haushaltsarbeit leistet als Paul, sondern daß die Norm der radikalen Individualisierung eine Honorierung der von ihr erbrachten Leistungen nicht mehr erlaubt. Dies beruht auf Funktionsmechanismen, die Beate dazu drängen, bestimmte Tätigkeiten (beispielsweise die komplette Wäschepflege) gegen das im Gleichheitsmodell festgeschriebene Verhaltensmodell zu übernehmen. Weil aber der offizielle Diskurs keine Geschlechtsrollen mehr zuläßt, kann die Mehrarbeit Beates nicht mehr honoriert werden, sie wird als Pingeligkeit, als Verhaftetsein in uralten Rollenklischees, als irrationale Handlungsweise oder als unnötiges Hilfsangebot zurückgewiesen. Dies ist keine rein männliche Strategie der Abwertung; auch Beate erklärt, die von ihr unternommene Mehrarbeit im Haushalt sei kein karitativer Einsatz, kein Opfer, sondern entspringe einer egoistischen Motivation – nämlich dem Versuch, den Wert der Wäsche, die Paul aufgrund seiner gleichgültigen Haltung ruinieren würde, zu bewahren. Paul nimmt ihren Überschuß an häuslicher Kompetenz zum Anlaß, nicht nur die Hausarbeit, sondern die mit der Häuslichkeit verbundenen latenten Beziehungskonflikte an Beate zu delegieren.

Bei Walter und Schloß-Walter wird die Vermeidung von Hausarbeit zu einem wichtigen Symbol bei der Rehabilitation einer beschädigten Geschlechtsrolle. Hier toleriert die Frau die Geringbeteiligung des Mannes an der Hausarbeit zugunsten seiner Arbeit an seiner Dissertation, weil sonst die Statusunterlegenheit des Mannes angesichts ihrer beruflichen Überlegenheit zu deutlich wäre. Auch hier findet – symbolisiert durch die von der Frau übernommene Hausarbeit – ein Statustransfer statt.[21]

Indem Männer Hausarbeit für unnötig und unwichtig erklären, reduzieren sie also nicht nur ihren Anteil an der Hausarbeit, sondern symbolisieren ihre Distanz zu den – immer noch – als weiblich verstandenen Handreichungen und Verhaltensweisen. Die Würde eines Mannes scheint nur gewahrt zu bleiben, wenn sich seine Beteiligung an der Hausarbeit auf Kavaliersdienste und außerordentliche Beiträge beschränkt. Darauf reagiert die Partnerin, indem sie die Mehrarbeit übernimmt, „weil es ja gemacht werden muß", womit sie allerdings eine defizitäre Individualität unter Beweis gestellt hat. Über Hausarbeit zu verhandeln heißt vor allem, Unter- und Überlegenheit, Weiblichkeit und Männlichkeit in der Partnerschaft neu zur Disposition zu stellen, über den sozialen Wert der Individuen neu und scheinbar voraussetzungslos zu verhandeln. Man tut so, als gäbe es keine Geschlechtsrollen, um sie, gleichsam tiefer gelegt, auf der Ebene der Persönlichkeit erneut zu konstruieren.

Die Neudefinition der Geschlechterbeziehungen in der modernen Partnerschaft erweist sich also als Normvorschrift, die einen geringeren Einfluß auf die faktische Entwicklung der Partnerschaft ausübt, als bisher angenommen. Die im Partnerschaftsmodell implizierte Idee der Gleichheit resultiert, trotz der nicht zu leugnenden Veränderung gegenüber dem familistischen Modell, nicht einfach in einer Aufhebung geschlechtsspezifischer Rollenzuweisungen, sie ist vielmehr eine Quelle von Irrtümern und neuen Illusionen. Bei der Suche nach authentischen Beziehungen jenseits von rollenmäßigen Zwängen wird bisweilen nicht nur die geschlechtsspezifische Ungleichheit nicht beseitigt, sondern in bestimmter Hinsicht sogar noch vertieft. Die Idee der Gleichheit in den modernen Partnerschaften verhindert, das eigene Verhalten im Bezugsrahmen vorgegebener Geschlechtsrollen zu interpretieren und innerhalb des traditionellen „Geschlechtervertrages" honorieren zu lassen. Weil die Entwicklung der Partnerschaft nicht umstandslos mit der Komplementarität der Geschlechtsrollen identifiziert werden kann, bleibt allen Beteiligten nur die Möglichkeit, so zu tun, als sei die ungleiche Verteilung der häuslichen Pflichten Resultat einer freien Entscheidung. Die sich im Verlauf der Beziehung allmählich einstellende faktische Ungleichheit wird auf persönliche Dispositionen wie Sauberkeitsvorlieben zugerechnet. Was zuvor Bestandteil eines festgelegten Rollenrepertoires

---

21 Wie schon Goffman (1977) feststellte, verhinderte die Institution des Paares mit der dort eingelassenen Geschlechtsrollen-Komplementarität die offene Statuskonkurrenz zwischen (Ehe-) Mann und (Ehe-) Frau. Dies wird mit dem Gleichheitsdiskurs verändert. Nun können – im individualisierten Milieu – Mann und Frau aus einer Paarbeziehung direkt in Statuskonkurrenz auf dem Arbeitsmarkt treten – mit Konsequenzen für die häusliche Arbeitsteilung und den Umgang der Partner in der Intimsphäre.

war, vor dem man sich durchaus distanzieren konnte, wird nun zum individuellen Persönlichkeitsmerkmal stilisiert und außerhalb der Gesellschaft plaziert.[22]

Frauen haben laut Partnerschaftskode zwar die Chance, sich von den alten Rollen zu distanzieren und „ihre Individualität aktiv zu entfalten". Doch dieser Umbruch entpuppt sich letztlich als „Zwang zur Vermännlichung", als widersprüchliche und einseitige Verhaltenszumutung an die Frauen, den „Beweis ihrer Emanzipation" notfalls auch gegen den Partner und die eigenen Vorstellungen von Ordnung und Sauberkeit – also gegen ihre eigene Identität, zu erbringen. Ein Beitrag von männlicher Seite kann – dies hat die Auswertung unserer Interviews gezeigt – nicht erwartet werden. Frauen, die es dagegen nicht „geschafft haben", ihre Rolle nach Maßgabe des im Partnerschaftsmodell vorgesehenen Musters radikaler Individualisierung zu verändern, müssen sich dies als individuelles Versagen, als Rückfall in traditionelle Geschlechtsrollen zurechnen. Der Bezugsrahmen der Ungleichheit – die ganze Person und nicht mehr nur die Rolle – wird durch die individualistische Vorstellung von Partnerschaft hingegen geradezu institutionalisiert. Die Konsequenz ist, daß auch die daraus resultierende Ungleichheit als Persönlichkeitsmerkmal und nicht als Merkmal einer Rolle verstanden werden muß. Während die traditionellen Geschlechtsrollen wie eine „lebensweltliche Barriere" (Neckel 1991) gegen die Verunsicherungen, die mit dem weiblichen Geschlechtsschicksal verbunden waren, wirkten, setzt „die neue Geschlechterungleichheit" am Individuum an und unterstützt die in unserer Gesellschaft vorherrschende Tendenz zur Freisetzung der Individuen aus kollektiven Bezügen.

Schluß

Es drängt sich also der Schluß auf, daß die Idee der individualisierten und egalitären Partnerschaft, trotz der nicht zu leugnenden Veränderungen, innerhalb des individualisierten Milieus bisweilen auf eine Weise angewendet wird, die sie in ihr glattes Gegenteil verkehrt, weil sie die praktische Ungleichheit nicht mildert, andererseits eine positive Betrachtung der alten Rollen und ihrer Leistungen nicht mehr erlaubt (Kaufmann 1994). Was auf der Ebene der Leitvorstellungen (Individualisierung und Partnerschaft) wie eine Modernisierung der Geschlechtsrollen, vor allem aber wie eine Veränderung der korrekturbedürftigen gesellschaftlichen Abschottung der Frau in der Familie erscheint, erweist sich in der Praxis somit als höchst widersprüchliche Anforderungsstruktur an weibliche Verhaltensmuster und fungiert in den von uns bearbeiteten Fällen als Reproduktionsinstanz alter Rollenmuster mit neuen Mitteln.

---

22   In dem Maße, wie Hausarbeit nicht mehr an Rollen, an bestimmte vorgegebene Verhaltensmuster gebunden ist, wird sie also zum Symbol einer psychologisch fundierten Weiblichkeit oder Männlichkeit. Darin unterscheiden sich z.B. die traditionelle und die moderne Mittelschicht von der Unterschicht, in der das eigentliche Ausführen von Hausarbeit die eigene Männlichkeit nicht tangiert, da Rollen anderweitig abgesichert werden.

Literatur

Beck, Ulrich, 1986: Risikogesellschaft. Auf dem Weg in eine andere Moderne. Frankfurt/M.: Suhrkamp.

Beck-Gernsheim, Elisabeth und Ulrich Beck, 1990: Das ganz normale Chaos der Liebe. Frankfurt a. M.: Suhrkamp.

Berger, Peter L. und Hansfried Kellner, 1965: Die Ehe und die soziale Konstruktion der Wirklichkeit. Soziale Welt 16: 220-235.

Bourdieu, Pierre, 1983: Ökonomisches Kapital, kulturelles Kapital, soziales Kapital. S. 183-198 in: Reinhard Kreckel (Hg.): Soziale Ungleichheiten. Göttingen: Schwartz.

Bourdieu, Pierre,1986: Die feinen Unterschiede. Kritik der gesellschaftlichen Urteilskraft. Frankfurt/M.: Suhrkamp.

Bourdieu, Pierre, 1997: Die männliche Herrschaft. S. 153-217 in: Irene Dölling und Beate Krais (Hg.): Ein alltägliches Spiel. Geschlechterkonstruktionen in der sozialen Praxis. Frankfurt/M.: Suhrkamp.

Burkart, Günter, 1997: Lebensphasen – Liebesphasen. Opladen: Leske + Budrich.

Burkart, Günter, Cornelia Koppetsch und Maja S. Maier, 1998: Milieu, Geschlechterverhältnis und Individualität. In: Hans Leu und Lothar Krappmann (Hg.): Autonomie und Verbundenheit. Frankfurt: Suhrkamp (im Druck).

Clarke, John et al. (Hg.), 1981: Jugendkultur als Widerstand. Milieus, Rituale, Provokationen. Frankfurt/M.: Syndikat.

Connell, Robert W, 1987: Gender and Power. Society, the Person and Sexual Politics. Cambridge/Oxford: University Press.

Connell, Robert W, 1995: Masculinities. Cambridge: Polity Press.

Douglas, Mary, 1981: Ritual, Tabu und Körpersymbolik. Sozialanthropologische Studien in Industriegesellschaft und Stammeskultur. Frankfurt/M.: Suhrkamp.

Frerichs, Petra und Margareta Steinrücke, 1997: Kochen – ein männliches Spiel? Die Küche als geschlechts- und klassenstrukturierter Raum. S. 231-255 in: Irene Dölling und Beate Krais (Hg.): Ein alltägliches Spiel. Geschlechterkonstruktionen in der sozialen Praxis. Frankfurt/M.: Suhrkamp, .

Frerichs, Petra und Margareta Steinrücke (Hg.), 1993: Soziale Ungleichheit und Geschlechterverhältnisse. Opladen: Leske + Budrich.

Gather, Claudia, 1996: Konstruktionen von Geschlechterverhältnissen. Machtstrukturen und Arbeitsteilung bei Paaren im Übergang in den Ruhestand. Berlin: Edition Sigma.

Giddens, Anthony 1993: Wandel der Intimität. Sexualität, Liebe und Erotik in modernen Gesellschaften. Franfurt/M.: Fischer.

Gilmore, David D., 1991: Mythos Mann. Rollen, Rituale, Leitbilder. München: Artemis und Winkler.

Goffman, Erving, 1977: The arrangement between the sexes. Theory and Society, 4: 301-331 (dt. 1994).

Gouldner, Alvin, 1980: Die Intelligenz als neue Klasse. 16 Thesen zur Zukunft der Intellektuellen und der technischen Intelligenz. Frankfurt/M.: Campus.

Hochschild, Arlie, 1990: Der 48-Stundentag. Wege aus dem Dilemma berufstätiger Eltern. Wien: Zsolnay.

Hochschild, Arlie R., 1990: Das gekaufte Herz. Zur Kommerzialisierung der Gefühle. Frankfurt/M.: Campus.

Kaufmann, Jean-Claude, 1994: Schmutzige Wäsche. Zur ehelichen Konstruktion von Alltag. Konstanz: Universitätsverlag.

Koppetsch, Cornelia und Günter Burkart, 1997: Die Illusion der Emanzipation. Zur häuslichen Arbeitsteilung in Partnerschaften. S. 415-418 in: Karl-Siegbert Rehberg (Hg.): Differenz und Integration. Die Zukunft moderner Gesellschaften. Verhandlungen des 28. Kongresses der Deutschen Gesellschaft für Soziologie im Oktober 1996 in Dresden. Band II: Sektionen, Arbeitsgruppen, Foren. Opladen: Westdeutscher Verlag.

Koppetsch, Cornelia, Maja S. Maier und Günter Burkart, 1997: Die Illusion der Emanzipation. Zwischenbericht zum DFG-Projekt „Geschlechtsnormen in Paarbeziehungen im Milieuvergleich". Freiburg.

Langer, Susanne, 1969: Philosophie auf neuem Wege. Das Symbol im Denken, im Ritus und in der Kunst. Frankfurt/M.: Fischer.

Leupold, Andrea, 1983: Liebe und Partnerschaft. Formen der Codierung von Ehen. Zeitschrift für Soziologie, 12: 297-327.

Maier, Maja S., Cornelia Koppetsch und Günter Burkart, 1996: Emotionen in Paarbeziehungen. Zeitschrift für Frauenforschung, 14, 4/96: 129-148.

Neckel, Sighard, 1991: Status und Scham. Zur symbolischen Reproduktion sozialer Ungleichheit. Frankfurt/M.: Campus.

Schmitz, Hermann, 1993: Gefühle als Atmosphären und das affektive Betroffensein von ihnen. S. 33-57, in: Hinrich Fink-Eitel und Georg Lohmann (Hg.): Zur Philosophie der Gefühle. Frankfurt/M.: Suhrkamp.

Schulze, Gerhard, 1992: Die Erlebnisgesellschaft. Kultursoziologie der Gegenwart. Frankfurt/M.: Campus.

Singly, Francois de, 1994: Die Familie der Moderne. Eine soziologische Einführung. Konstanz: Universitätsverlag.

Soeffner, Hans-Georg, 1992: Die Ordnung der Rituale. Die Auslegung des Alltags 2. Frankfurt/M: Suhrkamp.

Willis, Paul E., 1991: Jugend – Stile: zur Ästhetik der gemeinsamen Kultur. Hamburg: Argument.

Berufseinstieg – gestern und heute.
Ein Kohortenvergleich

Matthias Sacher

1. Einleitung

Die Begriffe „Individualität" und „Individualisierung" gehören zu den soziologi-schen Schlüsselbegriffen. Für die Soziologie standen und stehen zwei Problemkreise im Vordergrund: Erstens der tatsächliche Nachweis von Individualisierungsprozes-sen als gesellschaftliche Tatbestände und daran anschließend zweitens die Frage nach der Möglichkeit einer dauerhaften und stabilen gesellschaftlichen Ordnung angesichts dieser Entwicklungen.

Die Arbeiten von Ulrich Beck und Elisabeth Beck-Gernsheim, insbesondere die 1986 erschienene „Risikogesellschaft" haben der soziologischen Kategorie „Indivi-dualisierung" seit Mitte der 80er Jahre innerhalb und außerhalb der akademischen Soziologie noch einmal zu beträchtlicher Aufmerksamkeit verholfen. Die Behaup-tung, daß wir in der bundesrepublikanischen Nachkriegsgesellschaft „einem neuen Individualisierungsschub von bislang unerkannter Reichweite und Dynamik" (Beck) gegenüber stehen, der nahezu alle gesellschaftlichen Teilbereiche von Familie und Partnerschaft bis hin zum Arbeitsmarkt (vgl. bspw. Süddeutsche Zeitung 17.01.98) erfaßt hat, scheint mittlerweile zu einem geradezu allgemeingültigen Topos der Ge-genwartsanalyse geworden zu sein (Beck 1983: 40 f.; Beck 1986: 116). Die These wurde seit dem Erscheinen der „Risikogesellschaft" vor nunmehr zwölf Jahren von einer Vielzahl von Autoren aufgegriffen und auf die unterschiedlichste Gegen-standsbereiche angewandt. Inzwischen hat sie – wie beispielsweise ein aktuelles Streitgespräch zwischen Ulrich Beck und Bundesarbeitsminister Norbert Blüm zeigt (vgl. Süddeutsche Zeitung 10.01.98) – auch in die Tagespolitik Einzug gehalten.

Allerdings haben bereits einige der ersten Rezensenten der „Risikogesellschaft" auf den Mangel an empirischen Belegen hingewiesen (vgl. exemplarisch Esser 1987; Joas 1988; Mackensen 1988). Auch nach zwölf Jahren „Risikogesellschaft" steht eine konsequente empirische Überprüfung der Individualisierungsthese noch immer aus. Der Aufsatz soll einen Beitrag zur Schließung dieser empirischen Lücke leisten. Seinen Schwerpunkt wird der Artikel im Bereich Arbeitsmarkt, Beschäfti-gung und Erwerbsarbeit haben. Im Mittelpunkt steht dabei die Frage nach der Indi-vidualisierung – oder im Beckschen Terminus ausgedrückt – „Entstandardisierung der Erwerbsarbeit" (Beck 1986: 220 ff.). Hier überschneidet sich die Individualisie-rungsdebatte mit der seit den 80er Jahren geführten Debatte um die „Erosion des

Normalarbeitsverhältnisses"[1], wenn Beck einen „Systemwechsel der Erwerbsarbeit",
nämlich „vom System standardisierter Vollbeschäftigung zum System flexibel-plu-
raler Unterbeschäftigung" (Beck 1986: 222 ff) prognostiziert. Denn, so kann man
pointiert sagen, Normalarbeitsverhältnis steht hierbei für das System „standardisierter Vollbeschäftigung", die sich herausbildenden Formen „abweichender" oder
„untypischer" Beschäftigung für den neuen Systemtypus[2].

2. Fragen

Im Mittelpunkt der Untersuchung steht die Frage, ob die von Beck (1986) prog-
nostizierte globale Transformation des Beschäftigungssystems in Richtung auf eine
Destandardisierung für Westdeutschland empirisch nachweisbar ist. Dieser Trans-
formationsprozeß steht für einen Rückgang in der Verbreitung von Normalarbeits-
verhältnissen, die als Ausdruck einer hochgradigen Standardisierung des Erwerbslebens gelten können. Das Normalarbeitsverhältnis läßt sich in drei analytische
Einheiten splitten: Berufseinstieg, Erwerbsphase und Berufsausstieg bzw. Übergang
in den Ruhestand. Im vorliegenden Aufsatz soll unter der Annahme, die ersten Berufsjahre für den Verlauf der Erwerbsbiographie nach wie vor einen stark prägenden
Einfluß haben (vgl. Walter 1988; Blossfeld 1985), der Berufseinstieg untersucht
werden. Als Berufseinstieg wird dabei die Aufnahme der ersten Erwerbsarbeit in
Form von Voll- oder Teilzeit sowie die ersten sich daran anschließenden Jahre betrachtet. Dem liegt ein Verständnis von Berufseinstieg zu Grunde, das diesen nicht
als ein punktuelles Ereignis im Lebensverlauf, sondern einen Einstiegsprozeß in das
Erwerbssystem auffaßt. Dieser Einstieg kann einerseits in Form eines Vollzeitar-
beitsverhältnisses erfolgen oder andererseits in Form untypischer oder abweichender
Beschäftigung. Zudem sollen einige Aussagen zum aktuellen Sozialprofil von Teilzeitbeschäftigten als der im Augenblick am weitesten verbreiteten Form untypischer
Beschäftigung gemacht werden.

3. Konzeptualisierung und Datenbasis

3.1 Normalarbeitsverhältnis und untypische Beschäftigung

Im Mittelpunkt des „Konzepts Normalarbeitsverhältnis" steht die Existenzsicherung
der Individuen durch abhängige Lohnarbeit. Auf einen Nenner gebracht handelt es
sich beim Normalarbeitsverhältnis um ein „Arbeitsverhältnis in Form einer arbeits-
und sozialrechtlich abgesicherten, im Einklang mit tarifrechtlichen Vereinbarungen
stehende, kontinuierliche, auf Dauer angelegte Vollzeitbeschäftigung, die es erlaubt,

---

1   Zur Debatte um die „Erosion des Normalarbeitsverhältnisses" vgl. auch Mückenberger , 1985,
    1986, 1989; Osterland, 1990; Terriet, 1980; Offe, 1983; Zachert, 1988; Bosch, 1986; Hinrichs,
    1996; Schulze Buschoff, 1995; Quack, 1993; Keller, 1997.
2   Zur Debatte um die zukünftige Erwerbsgesellschaft vgl. auch Matthies, Mückenberger, Offe, Peter
    und Raasch, 1994; Franke und Buttler, 1991; Giarini und Liedtke, 1998.

über einen hinreichenden Lohn die Reproduktion zu sichern (...)" (Osterland 1990: 351) Mit Beck kann man auch sagen, daß die Grundlage des Normalarbeitsverhältnisses eine Standardisierung auf den drei Schlüsseldimensionen der Beschäftigung ist: Arbeitsrecht, Arbeitszeit und Arbeitsort (Beck 1986: 224).

Für die nachfolgenden Untersuchungen soll dann von einem Normalarbeitsverhältnis gesprochen werden, wenn der Berufseinstieg über ein Vollzeitarbeitsverhältnis erfolgt und der sich daran anschließende Erwerbsverlauf – soweit er mit den Daten des SOEP rekonstruierbar ist – durch kontinuierliche Vollzeittätigkeit entsprechend der tarifvertraglich vereinbarten Regelarbeitszeit gekennzeichnet ist. Phasen der Arbeitslosigkeit ändern dann nichts an der Definition, wenn es sich um „temporär unvermeidliche Arbeitslosigkeit (handelt), die auf Anpassungsvorgänge am Arbeitsmarkt zurückzuführen ist und die Zeitspanne zwischen Aufgabe der alten und Beginn der neuen Tätigkeit charakterisiert." (Sesselmeier und Blauermel 1990: 5) Alle anderen Erwerbsverhältnisse werden als abweichende bzw. untypische Beschäftigungsverhältnisse definiert.

Für die Operationalisierung untypischer Beschäftigung[3] als „Gegenbild" zum Normalarbeitsverhältnis bietet sich zum einen die Einteilung des Sozialgesetzbuches (SGB) an. Untypische Beschäftigungsverhältnisse sind all jene, die nicht der Sozialversicherungspflicht unterliegen. In der Bundesrepublik Deutschland sind prinzipiell alle abhängig Beschäftigten – mit Ausnahme der Beamten – sozialversicherungspflichtig. Ausnahmen sind vorgesehen, wenn der Verdienst ein Mindestmaß nicht erreicht oder nur wenige Stunden pro Woche gearbeitet wird. Dies wird als „geringfügige Beschäftigung" bezeichnet. Geringfügige Beschäftigung liegt nach derzeitiger Rechtslage (1998) dann vor, wenn die Beschäftigung weniger als 15 Stunden in der Woche ausgeübt wird oder/und das Arbeitsentgelt regelmäßig im Monat 620 DM (altes Bundesgebiet) bzw. 520 DM (neue Bundesländer) nicht überschreitet. Die Versicherungspflicht entfällt auch dann, wenn das Arbeitsverhältnis befristet ist (50 Arbeitstage oder 2 Monate innerhalb eines Jahres).

Sozialversicherungsfreie Beschäftigungsverhältnisse bilden jedoch nur einen Spezialfall der abweichenden Beschäftigungsverhältnisse. Hinzu kommen diejenigen, die sich in anderen Dimensionen vom Normalarbeitsverhältnis unterscheiden, so z. B. Beschäftigungsverhältnisse, die zwar sozialversicherungspflichtig sind, deren Beschäftigungsumfang jedoch unter der tarifvertraglichen Regelarbeitszeit liegen oder vertraglich befristet sind. Ebenfalls als untypische bzw. abweichende Beschäftigung zu bezeichnen sind Zeit- und Leiharbeitsverhältnisse, Scheinselbständigkeit, Teleheimarbeit (Keller 1997: 463 f.).

3.2 Datenbasis: Das Sozio-ökonomische Panel (SOEP)

Datengrundlage bildet das Sozio-ökonomische Panel (SOEP), eine repräsentative Längsschnitterhebung die seit 1984 im Jahresrhythmus durchgeführt wird[4]. Die vorliegende Untersuchung beschränkt sich auf das Gebiet der alten Bundesrepublik. Das Panel stellt u. a. auch eine Reihe von (erwerbs-)biographischen Daten zur Ver-

---

3 Zur Debatte um untypische Beschäftigung vgl. auch Keller und Seifert, 1995; Schupp, Schwarze und Wagner, 1995; Ochs, 1997.
4 Zum Sozio-ökonomischen Panel vgl. auch Hanefeld, 1984, 1985, 1987; Wagner, Schupp und Rendtel, 1994. Zur Analyse von Paneldaten vgl. auch Nehnevajsa, 1967.

fügung. Die Befragungspersonen werden jährlich nach ihrem Erwerbsstatus in den einzelnen Monaten des Vorjahres befragt. Auch für die Zeit vor dem Eintritt in das Panel liegen erwerbsbiographische Daten vor. Unterschieden wird allerdings lediglich zwischen den Erwerbszuständen „Vollerwerbstätigkeit", „Teilzeitbeschäftigung oder Geringfügige Beschäftigung", „Ausbildung/Fortbildung/Umschulung", „Arbeitslosigkeit", „Rente/Vorruhestand", „Mutterschafts- oder Erziehungsurlaub", „Schule/Hochschule", „Wehr- oder Zivildienst", „Hausfrau bzw. Hausmann" und „sonstiges". Dieser Teil der Erwerbsbiographie wurde zudem in Jahresschritten, beginnend mit dem 15. Lebensjahr, erfragt. Dies hat zur Folge, daß nur für den Zeitraum nach dem Eintritt in das Panel über das obige Klassifikationssystem hinausgehenden Angaben gemacht werden.

3.3 Kohortendefinition

Für die Untersuchung wurden fünf westdeutsche Berufseinstiegskohorten gebildet; Kriterium der Kohortenbildung ist das Berufseinstiegsjahr. Als Berufseinstieg wurde der Beginn der ersten Voll- oder Teilzeittätigkeit festgelegt. Die Aufnahme einer Berufsausbildung wurde ausdrücklich nicht als Berufseinstieg definiert. Um den Erwerbsverlauf der Untersuchungspersonen beobachten zu können, sind die Kohorten so angelegt, daß die Befragungspersonen mindestens 10 Jahre Panelteilnehmer sein können. Die Kohorte 5 wurde entgegen dieser Regelung aufgenommen, um zumindest teilweise Berufseinstiegsprozesse der 90er Jahre untersuchen zu können. Allerdings kann für diese Berufseinstiegskohorte der weitere Erwerbsverlauf nicht untersucht werden, da der relevante Zeitraum zu kurz ist.

Für die Auswahl der Kohortenzeiträume wurde die Arbeitslosenquote im Bundesgebiet West zu Grunde gelegt. Dem liegt die Annahme zu Grunde, daß die Lage am Arbeitsmarkt – ausgedrückt u. a. in der Arbeitslosenquote – maßgeblichen Einfluß auf den Berufseinstieg und den Verlauf der ersten Berufsjahre hat (vgl. Walter 1988; Blossfeld 1985). Die Kohortengrenzen sind daher so definiert, daß spezifische Entwicklungstrends der Arbeitslosigkeit repräsentiert sind. Die Arbeitslosenquote für die Altersgruppe unter 20 Jahre ist erst ab 1977 verfügbar; für 1989 ist ebenfalls keine Quote verfügbar. Folgende Berufseinstiegskohorten wurden gebildet:

– *Kohorte 1 (1950 – 1954):* Stark zurückgehende Arbeitslosenquote, von 11% im Jahr 1950 auf 7,6% im Jahr 1954 (Fallzahl n = 877);
– *Kohorte 2 (1960 – 1964):* Phase der Vollbeschäftigung; zunächst noch zurückgehende Arbeitslosenquote, ab 1961 bis 1964 unter 1% (Fallzahl n = 878);
– *Kohorte 3 (1970 – 1974):* Arbeitslosenquote steigt aus der Vollbeschäftigung heraus an; von 0,7% im Jahr 1970 auf 2,6% im Jahr 1974 (Fallzahl n = 918);
– *Kohorte 4 (1980 – 1984):* stark ansteigende Arbeitslosigkeit; von 3,8% im Jahr 1980 auf 9,1% im Jahr 1984 (Fallzahl n= 1355);
– *Kohorte 5 (1990 – 1994):* zunächst fallende Arbeitslosenquote, ab 1991 jedoch kontinuierlich ansteigend (Fallzahl n = 535).

4. Ergebnisse

4.1 Berufseinstieg

Der Berufseinstieg, insbesondere das Alter beim Übergang vom Schul- und Ausbildungssystem in das Erwerbssystem und damit einhergehend auch der Einstieg in eine eigenständige soziale Sicherung, sind für den weiteren Verlauf des Erwerbsleben von entscheidender Bedeutung: „Eine absolvierte Berufsausbildung ist Mindestvoraussetzung für den Start in eine kontinuierliche Erwerbsbiographie und der Berufseintritt ist für die gesamte Erwerbsbiographie zum entscheidenden Übergang geworden" (Walter 1988: 13). Blossfeld (1985) zeigt darüber hinaus, daß Berufeinstiege unter ungünstigen Wirtschafts- und Arbeitsmarktbedingungen im späteren Berufsleben nur selten ausgeglichen werden können, d. h. Benachteiligungen beim Berufsstart prägen in der Regel den gesamten Lebenslauf der jeweiligen Kohorte. Der Berufseinstieg hat also nach wie vor eine stark prägende Wirkung auf den weiteren Verlauf der Erwerbsbiographie. Zusammen mit dem Verrentungsalter bestimmt der Zeitpunkt des Berufseinstiegs zudem die mögliche Dauer des aktiven Erwerbslebens und damit auf individueller Ebene insbesondere die Ansprüche an das Rentenversicherungssystem; für das stark an das Erwerbseinkommen gekoppelte deutsche Sozialversicherungssystem insgesamt ergibt sich bei einer Verkürzung der aktiven Erwerbsphase zudem das Problem sinkender Einnahmen bei tendenziell steigenden Anspruchszeiten.

So zeigen z. B. die Untersuchungen von Noll (1996), daß sowohl der Trend zu vorzeitigem Renteneintritt als auch die Dauer des Rentenbezugs bedingt durch eine steigende Lebenserwartung weiterhin zunimmt. Deshalb sollen in einem ersten Schritt auf Kohortenbasis die Berufeinstiegsprozesse und hier insbesondere das Berufeinstiegsalter untersucht werden. Tabelle 1 zeigt die Berufseinstiegswerte für die fünf untersuchten Kohorten. Um Effekte, die sich aus der veränderten Bildungsbeteiligung sowie dem Geschlecht ergeben auszuschließen, wurde zudem nach Geschlecht und höchster erreichter Schulbildung differenziert: Hauptschule (HS), Realschule (RS) und Abitur (Abi). Die Verteilung der Werte weist zum Teil eine erhebliche Streuung – insbesondere im oberen Bereich – auf. Dies führt auf Grund der Extremwertanfälligkeit des Mittelwertes zweifellos zu einer Verzerrung. Eine Möglichkeit besteht darin, entsprechende Perzentile für die Analyse zu definieren und damit die oberen und unteren Extremwerte aus der Mittelwertberechung auszuschließen. Bei der Analyse des Berufseinstiegsalters erscheint dies jedoch nicht angebracht, da insbesondere bei Frauen, bedingt durch Kindererziehungszeiten ein biographisch später Berufseinstieg nicht ungewöhnlich ist. Durch die Perzentildefinitionen würden diese Fälle unberechtigterweise zu fehlerhaften Daten erklärt. Um diesem Effekt vorzubeugen, wird in Tabelle 1 der Medianwert angegeben, der sich bekanntlich durch eine weitaus größere Resistenz gegenüber Extremwerten auszeichnet.

Abbildung 1: Arbeitslosenquoten (nach Altersgruppen). Basis: Hauptergebnisse der Arbeitsmarkt- und Sozialstatistik bzw. Amtliche Nachrichten der Bundesanstalt für Arbeit, div. Jahrgänge

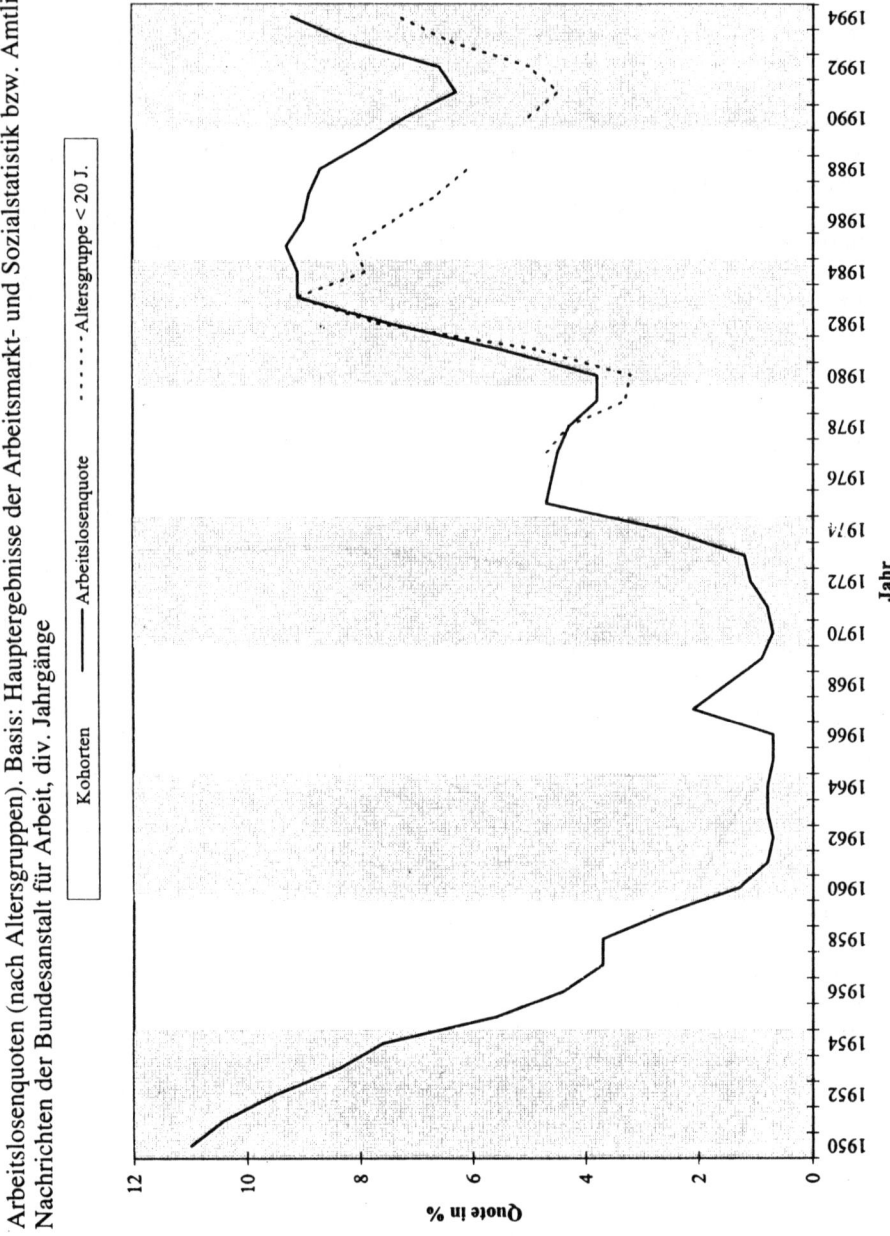

Entgegen der in der Tagespolitik oftmals geäußerten Behauptung, daß sich das Berufseinstiegsalter in den vergangenen Jahren deutlich nach oben entwickelt habe, zeigt sich bei der Analyse der Berufseinstiegskohorten eine eher moderate Entwicklung des Medianwertes. Sowohl bei den Männern als auch bei den Frauen hat sich der Medianwert des Berufeinstiegsalters um nur 2 Jahre erhöht, nämlich von 18 Jahren in der Kohorte der 1950er Berufseinsteiger auf schließlich 20 Jahre in den beiden jüngsten Kohorten. Dies bedeutet, daß die Hälfte der BerufseinsteigerInnen spätestens mit 20 Jahren ihre erste Teil- oder Vollzeittätigkeit aufgenommen hat und damit für diese Gruppe zumindest die Möglichkeit besteht, eine dem Konzept des Normalarbeitsverhältnisses entsprechende aktive Erwerbsphase von 40 Jahren zu haben. Allerdings zeigt die Verteilung der Werte in den jüngeren Kohorten eine größere Streuung, was sich in dem jeweils höheren Wert der Standardabweichung ausdrückt. Da die mögliche Spannweite nach unten, d. h. in Richtung auf einen frühen Beginn der Erwerbstätigkeit, durch jugend- und arbeitsrechtliche Beschränkungen ihre Grenzen findet, ist diese Zunahme in wohl erster Linie auf berufliche Späteinsteiger zurückzuführen.

Ein wichtiges Kriterium zur Beurteilung des „Erfolgs" beim Übergang vom Schul- und Ausbildungssystem in das Erwerbssystem liegt im Erwerbsstatus der ersten Tätigkeit. Im Fall eines Berufseinstiegs über ein untypisches Beschäftigungsverhältnis (insbesondere über Teilzeitstellen) ist – unabhängig davon, ob dieses letztlich freiwillig gewählt wurde – die Frage nach der Dauer dieses Erwerbsverhältnisses von Interesse. Der verminderte Umfang der Erwerbstätigkeit wirkt sich auf die Ansprüche an das am Äquivalenzprinzip und dem Leistungsprinzip orientierte Sozialversicherungssystem aus. Zudem ist zu vermuten, daß „Vollzeiteinsteiger" auf Grund besserer betrieblicher Bewährungschancen sowie zunehmender Seniorität zukünftige Arbeitsmarktkrisen besser überstehen werden (Blossfeld 1985). Wie Untersuchungen zur Arbeitszeitpräferenz zeigen, streben nach wie vor insbesondere Männer sowie Frauen vor der Geburt des ersten Kindes eine Vollzeittätigkeit an (Kohler und Spitznagel 1995; Walwei und Werner 1995; Lauterbach 1994).

Im folgenden soll daher in einem ersten Analyseschritt der Frage nachgegangen werden, wie sich das Verhältnis zwischen „Vollzeiteinsteigern" und „Teilzeiteinsteigern" über die Berufseinstiegskohorten entwickelt hat. Daran schließt sich zweitens eine Analyse der Verweildauer auf den jeweiligen Einstiegsstellen an. Die Tabelle 2 zeigt die Anteile derjenigen Personen je Kohorte, die ihre erste Erwerbstätigkeit als Voll-oder Teilzeitbeschäftigte aufgenommen haben.

Die Ergebnisse sind auch hier weniger dramatisch als allgemein angenommen wird. So sind 83% der männlichen und immerhin 71% der weiblichen Berufseinsteiger der jüngsten Kohorte (1990 – 1994) „Vollzeiteinsteiger", so daß die Veränderungen gegenüber der 1950er Kohorte bei 10 bzw. 18 Prozentpunkten liegen. Bei den Hauptschülern der jüngsten Kohorte sind es sogar noch 95%, bei den Hauptschülerinnen immerhin noch 74% die eine Vollzeittätigkeit aufnehmen. Lediglich die Abiturienten beiderlei Geschlechts zeigen auffällige Veränderungen. Hier ist der Rückgang der „Vollzeiteinsteiger" seit den 50er Jahren mit 40 Prozentpunkten bei den Männern und sogar 47 Prozentpunkten bei den Frauen auffallend stark. Von den weiblichen Berufseinsteigern mit höchster schulischer Qualifikation nehmen mittlerweile weniger als die Hälfte (46%) eine Vollzeitstelle als Berufeinstieg an. Dies bedeutet, daß auch in den 90er Jahren noch weit mehr als zwei Drittel der Berufseinsteiger insgesamt, aber fast 100% der männlichen und knapp zwei Drittel der weiblichen Berufseinsteiger mit Hauptschulabschluß zumindest beim

Einstieg in das Berufsleben dem Bild des Normalarbeitsverhältnisses entsprechen. Offenbar sind gerade schulisch niedrig Qualifizierte gegenüber der Erosion des Normalarbeitsverhältnisses besonders resistent; wenn überhaupt, dann greifen die Destandardisierungstendenzen allem Anschein nach in erster Linie bei Hochqualifizierten.

Tabelle 1: Statistische Kennwerte der Berufseinstiegskohorten

	Kohorte 1	Kohorte 2	Kohorte 3	Kohorte 4	Kohorte 5
Fallzahl	877	878	918	1355	535
Fallzahl Männer	479	421	441	698	272
Fallzahl Frauen	398	457	477	657	263
Medianwert	18	18	19	20	20
Standardabweichung	4,7	4,5	5,0	7,2	5,6
Männer: Medianwert	18	18	19	20	20
Männer: Standardabweichung	4,3	3,6	4,1	7,4	3,8
Frauen: Medianwert:	18	18	19	20	20
Frauen: Standardabweichung	5,1	5,2	5,8	6,9	7,0
HS/Fallzahl	583	497	449	494	162
HS/Medianwert	18	18	19	19	19
HS/Standardabweichung	4,3	4,3	4,5	9,1	7,4
HS/Männer/Fallzahl	297	214	209	285	92
HS/Männer/Medianwert	18	18	19	19	19
HS/Männer/Standardabweichung	3,6	2,1	3,1	8,2	2,2
HS/Frauen/Fallzahl	286	283	240	209	70
HS/Frauen/Medianwert	17	18	18	19	20
HS/Frauen/Standardabweichung	4,9	5,3	5,5	10,1	10,6
RS/Fallzahl	115	175	213	381	137
RS/Medianwert	20	20	20	20	20
RS/Standardabweichung	4,3	3,0	2,8	5,1	4,8
RS/Männer/Fallzahl	59	76	88	149	57
RS/Männer/Medianwert	21	20	20	20	20
RS/Männer/Standardabweichung	3,3	2,4	2,6	6,7	2,1
RS/Frauen/Fallzahl	56	99	125	232	80
RS/Frauen/Medianwert	20	19	19	19	20
RS/Frauen/Standardabweichung	5,2	3,4	2,9	3,5	6,0
Abi/Fallzahl	51	56	114	295	130
Abi/Medianwert	24	24	24	24	21
Abi/Standardabweichung	4,3	4,5	5,4	5,2	4,0
Abi/Männer/Fallzahl	35	41	70	164	63
Abi/Männer/Medianwert	25	25	26	24	22
Abi/Männer/Standardabweichung	3,4	4,6	4,8	6,2	4,2
Abi/Frauen/Fallzahl	16	15	44	131	67
Abi/Frauen/Medianwert	22,5	22	24	23	20
Abi/Frauen/Standardabweichung	5,7	4,5	6,4	3,4	3,7

Wie oben bereits angedeutet, ist neben dem Erwerbsstatus der ersten beruflichen Stellung auch die „Verweildauer" der untypisch Einsteigenden auf diesen Stellen von Interesse. Man kann sicherlich davon ausgehen, daß Vollzeitbeschäftigte in aller Regel über eine sichere und beständigere betriebliche Einbindung als Teilzeitbeschäftigte verfügen. Zudem reduziert eine lange Verweildauer auf einem Arbeitsverhältnis unterhalb der Standardarbeitszeit die Ansprüche an das soziale Sicherungssystem. Unter diesen Gesichtspunkten ist für „Teilzeiteinsteiger" eine möglichst kurze Verweildauer von Vorteil. Im folgenden Abschnitt soll daher die Frage nach der jeweiligen Verweildauer der „Voll- und Teilzeiteinsteiger" im Mittelpunkt stehen. Da es sich bei diesem Untersuchungsschritt um eine Längsschnittbetrachtung handelt, muß die 5. Berufseinstiegskohorte (1990 – 1994) ausgeschlossen werden, da hier der Beobachtungszeitraum zu kurz ist. Untersucht werden sollen jeweils die ersten 10 Jahre nach dem Berufseinstieg. Die Tabelle 3 zeigt die Verweildauer der Teilzeiteinsteiger der Berufseinstiegskohorten 1 bis 5 als kumulierte Prozente im Überblick.

Tabelle 2: Berufseinstieg nach Erwerbsstatus (Angaben in% der Berufseinstiegkohorte)

	Kohorte 1	Kohorte 2	Kohorte 3	Kohorte 4	Kohorte 5
Männer					
Vollzeit	93	95	96	87	83
Teilzeit	7	5	4	13	17
HS Vollzeit	95	98	99	97	95
HS Teilzeit	5	2	1	3	5
Abi Vollzeit	94	95	86	70	54
Abi Teilzeit	6	5	14	30	46
Frauen					
Vollzeit	89	95	96	83	71
Teilzeit	11	5	4	17	29
HS Vollzeit	90	93	95	80	74
HS Teilzeit	10	7	5	20	26
Abi Vollzeit	93	100	86	71	46
Abi Teilzeit	7	0	14	29	54

Tabelle 3: Verweildauer Teilzeiteinsteiger (kumulierte Prozente)

	Kohorte 1	Kohorte 2	Kohorte 3	Kohorte 4
Männer				
über 1 Jahr	84,8	76,2	73,7	46,6
über 2 Jahre	75,8	47,6	68,4	23,9
über 3 Jahre	45,5	33,3	31,6	18,2
über 4 Jahre	42,4	28,6	26,3	12,5
über 5 Jahre	39,4	23,8	21,1	5,7
über 6 Jahre	33,3	9,5	21,1	4,5
über 7 Jahre	24,2	0	21,1	2,3
über 8 Jahre	24,2	0	21,1	2,3
über 9 Jahre	21,2	0	15,8	1,1
Frauen				
über 1 Jahr	93,3	83,3	82,9	63,2
über 2 Jahre	86,7	72,2	71,4	42,1
über 3 Jahre	66,7	63,9	60	32,5
über 4 Jahre	53,3	47,2	57,1	21,1
über 5 Jahre	42,2	41,7	51,4	16,7
über 6 Jahre	40,0	38,9	48,6	14
über 7 Jahre	33,3	30,6	48,6	8,8
über 8 Jahre	28,9	30,6	45,7	8,8
über 9 Jahre	24,4	30,6	45,7	8,8

Die Tabelle macht deutlich, daß sowohl bei den männlichen, als auch bei den weiblichen Teilzeiteinsteigern die Verweildauer auf diesen Einstiegsstellen im Zeitverlauf rückläufig ist. So nimmt der Anteil der männlichen Teilzeiteinsteiger, die länger als ein Jahr auf dieser Stelle verbleiben, von Kohorte 1 nach Kohorte 4 um 38 Prozentpunkte ab. Für die Verweildauer über 2 Jahre liegt die Abnahme sogar bei 52

Prozenpunkten. Bei den weiblichen Teilzeiteinsteigern sieht die Entwicklung ähnlich aus: Der Anteil der weiblichen Teilzeiteinsteiger, die länger als ein Jahr auf ihrer Stelle bleiben, nimmt um 30 Prozentpunkte ab, der über 2 Jahre um 45 Prozentpunkte.

Zur Betrachtung der Berufseinstiegsprozesse kann zusammenfassend festgestellt werden: Bezüglich des Berufseinstiegsalters ist eine eher moderate Zunahme des Medianwerts feststellbar. Die Werte liegen auch in der jüngsten Berufeinstiegskohorte (1990 – 1994) im Bereich zwischen 19 und 20 Jahre, d. h. in diesem Alter hat bereits die Hälfte der Berufseinsteiger dieser Kohorte erstmals eine Erwerbsarbeit aufgenommen. Wesentlich deutlichere Entwicklungstrends zeigen sich jedoch bei der Frage nach dem Erwerbsstatus der ersten Arbeitsstelle sowie der Verweildauer bei den „Teilzeiteinsteigern". Zwar kann auch hier nicht von dramatischen Veränderungen gesprochen werden, da auch in den 90er Jahren immer noch der weitaus größte Teil der Berufseinsteiger insgesamt über eine Vollzeitstelle ins Erwerbsleben eintritt. Dennoch zeigen sich insbesondere bei den Abiturienten deutliche Verschiebungen zu Lasten des Vollzeiteinstiegs in Richtung auf Teilzeiteinstieg. Parallel zu diesen Verschiebungen nimmt allerdings der Anteil der Teilzeiteinsteiger, die für relativ kurze Zeiträume diese Stellen einnehmen, zu.

5. Zum Sozialprofil von Teilzeitbeschäftigten

Teilzeitbeschäftigung ist heute die am weitesten verbreitete Form untypischer Beschäftigung. Deshalb soll im nächsten Abschnitt diese Beschäftigtengruppe detaillierter beschrieben werden. Grundlage ist die 12. SOEP-Welle von 1995. Die Tabelle 4 (im Anhang) zeigt die wesentlichen statistischen Kennzahlen des Sozialprofils der Teilzeitbeschäftigten im Überblick. In der einschlägigen sozialwissenschaftlichen Literatur wird stets darauf hingewiesen, daß Teilzeitbeschäftigung noch immer eine Domäne der Frauen ist (vgl. bspw. Kohler und Spitznagel 1995: 343; Walwei und Werner 1995: 369). Dies drückt sich auch in dieser Untersuchung in der außerordentlich geringen Fallzahl für die männlichen Teilzeitbeschäftigten aus; die SOEP-Stichprobe 1995 weist nur 37 Männer aus, die regelmäßig teilzeitbeschäftigt sind. Bezogen auf die Zahl der Erwerbstätigen liegt die Teilzeitquote der Frauen bei 33%, die der Männer aber nur bei 2%. Da Analysen mit einem Datensatz von weniger als einhundert Fällen als wenig ergiebig zu gelten haben, sind die nachfolgenden Aussagen für die männlichen Teilzeitbeschäftigten mit Vorsicht zu interpretieren. Walwei und Werner (1995) und die EU-Kommission (1997) haben allerdings darauf hingewiesen, daß eine Korrelation zwischen den Teilzeitquoten von Frauen und Männern besteht; in Ländern mit einer hohen Teilzeitquote von Frauen liegt auch die Teilzeitquote der Männer tendenziell höher. Allem Anschein nach steigt mit zunehmender Teilzeitquote der Frauen auch die Akzeptanz dieser Beschäftigungsform insgesamt, so daß sie dann auch für Männer attraktiver wird (Walwei und Werner 1995: 369; EU-Kommission 1997: 47). Insofern ist für die Abschätzung zukünftiger Entwicklungen, insbesondere im Bereich der männlichen Teilzeitbeschäftigten, nicht uninteressant, einen Blick auf die wenigen Männer in regelmäßiger Teilzeitbeschäftigung zu werfen.

Die Alterstruktur ist bei Männern und Frauen gegenläufig. Bei den teilzeitbeschäftigten Männern liegt der Schwerpunkt in den Altersgruppen 21 bis 30 Jahre sowie im Altersbereich über 60 Jahre bis zum gesetzlichen Verrentungsalter. Teilzeit ist bei Männern also eher am Beginn der beruflichen Laufbahn angesiedelt, nimmt in den mittleren Lebensabschnitten wieder ab und gewinnt dann in der späteren Erwerbsphase wieder an Gewicht. Der Einfluß des 1992 beschlossenen Altersteilzeitgesetzes dürfte hier allerdings nur gering sein. Untersuchungen zur Implementierung dieses Gesetzes haben gezeigt, daß es nur in relativ geringem Umfang in Anspruch genommen wird. Wie Alber und Schölkopf (1998) berichten, wurden in den Jahren 1991 und 1992 lediglich 260 Leistungsanträge aus dem Altersteilzeitgesetz gestellt (Alber und Schölkopf 1998: 59 f.). Bei den teilzeitbeschäftigten Frauen hingegen liegen die Schwerpunkt im Altersbereich über 30 Jahre. Die Altersgruppe der Berufseinsteiger, d. h. das dritte Lebensjahrzehnt, ist hier mit etwa 8% nur verhältnismäßig schwach vertreten. Dieser Befund bestätigt die Ergebnisse anderer Studien, die sich mit der lebenszyklischen Verortung von Teilzeitbeschäftigung bei Frauen und Männern befaßt haben. So zeigen beispielsweise die Untersuchungen von Lauterbach (1994), daß Frauen insbesondere ab dem Ende des 3. Lebensjahrzehnts nach einer Reproduktionsphase als „Wiedereinsteigerinnen" teilzeitbeschäftigt sind (Lauterbach 1994: 182 f.).

Die männlichen Teilzeitbeschäftigten kommen zu einem wesentlichen Teil aus den beiden „extremen Bildungssegmenten" Hauptschule (niedrigste Qualifikation) und Abitur (höchste Qualifikation), die weiblichen Teilzeitbeschäftigten stammen dagegen zu zwei Dritteln aus dem unteren und mittleren Bildungssegment. Der Anteil der Abiturientinnen liegt mit ca. 13% deutlich niedriger als bei den Männern. Bildet man zwei dichotome Bildungsgruppen (Hauptschule/Realschule versus Fachhochschule /Abitur), wird der Unterschied noch besser sichtbar. Bei den männlichen Teilzeitbeschäftigten kommen etwa 46% aus der Gruppe der unteren und mittleren Qualifikation und etwa 49% aus der Gruppe der Hochqualifizierten; beide Gruppen sind also in etwa gleich stark vertreten. Bei den weiblichen Teilzeitbeschäftigten kommen jedoch etwa 76% aus der unteren und mittleren Qualfikationsgruppe und nur knapp 17% aus der Gruppe der Hochqualifizierten. Die unterschiedliche Bildungsverteilung spiegelt sich wieder in der Verteilung der Berufe, die die Teilzeitbeschäftigten ausüben. Bei den männlichen Teilzeitbeschäftigten liegt der Schwerpunkt mit 54% im hochqualifizierten Tätigkeitsbereich. Der überwiegende Teil der weiblichen Teilzeitbeschäftigten arbeitet hingegen in Büro- und Handelsberufen. Dieser Befund bestätigt die häufig – insbesondere von Frauen – geäußerte Kritik, daß in den qualifizierten Berufsbereichen die Teilzeitquoten nach wie vor eher niedrig sind und damit insbesondere Frauen, die wegen beruflicher und familialer Doppelbelastung auf Teilzeitstellen angewiesen sind, in diesem Beschäftigungssegment benachteiligt sind (Quack 1993).

Mit einem Anteil von 24% bei den männlichen Teilzeitbeschäftigten und 25% bei den weiblichen Teilzeitbeschäftigten wurden 20 Stunden als normale wöchentliche Arbeitszeit am häufigsten genannt; dieser Befund deckt sich mit aktuellen Ergebnissen des Mikrozensus von 1996 (StaBuA 1998: 91). Der Anteil der geringfügig Beschäftigten, d. h. einer regelmäßigen wöchentlichen Arbeitszeit von weniger als 15 Stunden, liegt für beide Geschlechter bei etwa 14%.

Teilzeitarbeit ist zum überwiegenden Teil ein Phänomen innerhalb von Paarbeziehungen mit Kind(ern). Prozentuiert man die Teilzeitbeschäftigten auf ausgewählte Haushaltstypen, so entfallen fast 60% der weiblichen Teilzeitbeschäftigten

auf den Haushaltstypus „Paar mit Kind(ern)", knapp 20% auf „Ehepaare ohne
Kinder" und nur etwa 4% auf Alleinerziehende. Bei den Männern entfällt ebenfalls
der größte Anteil auf die Haushaltstypen „Ehepaare ohne Kinder" und „Paar mit
Kind(ern)".

Zum Sozialprofil der Teilzeitbeschäftigten, wie es sich für 1995 anhand der
Daten des SOEP darstellt, kann zusammenfassend festgestellt werden: Teilzeitbeschäftigung ist die am weitesten verbreitete Form untypischer oder abweichender
Beschäftigung. Das hervorragendste Charakteristikum von Teilzeitbeschäftigung ist
nach wie vor die Dominanz von Frauen in diesen Beschäftigungsverhältnissen. Hier
unterscheidet sich Deutschland insbesondere von den Niederlanden, die in punkto
Teilzeitbeschäftigung sowohl insgesamt als auch spezifisch bei den Männern eine
Vorreiterrolle einnehmen. Die Niederlande sind heute das Land mit der mit Abstand
höchsten Teilzeitquote der westlichen Welt (Werner 1998:12): So betrug bereits
1992 die Teilzeiterwerbstätigenquote (Teilzeitbeschäftigte in % der Erwerbstätigen)
in den Niederlanden für die Männer 15,4% und für die Frauen 63,8%. Zum selben
Zeitpunkt lagen für Westdeutschland die Werte bei 4% bzw. 37,3% (Walwei und
Werner 1995: 367). Zu ähnlich gravierenden Unterschieden kommt auch Becker
(1998) in einer aktuellen Untersuchung. Auffallend ist zudem die unterschiedliche
lebenszeitliche Verortung von Teilzeitbeschäftigung bei Frauen und Männern sowie
die Tatsache, daß Teilzeitbeschäftigung – insbesondere für Frauen – überwiegend
im Bereich mittlerer Qualifikationen angesiedelt ist. Führungs- und Leitungsaufga-
ben sind offensichtlich noch immer sehr teilzeitresistent, was für Frauen eine strukturelle Benachteiligung bei der Vereinbarkeit von Familienarbeit und qualifizierter,
karrierefördernder Erwerbsarbeit bedeutet.

6. Fazit

Im Mittelpunkt des Interesses stand die Frage nach der Transformation des Erwerbssystems in Richtung auf eine zunehmende Destandardisierung. Im Rahmen des
Artikels wurde der Übergang vom Schul- und Ausbildungssystem in das Erwerbs-
ssystem mit Hilfe eines Kohortenvergleichs untersucht. Im wesentlichen standen
dabei drei zu untersuchende Faktoren im Vordergrund: Das Zeitpunkt des Berufseinstiegs, der Erwerbsstatus der ersten Arbeitsstelle und die Verweildauer von „Teilzeiteinsteigern" auf den Teilzeitstellen. Die Gesamtbetrachtung dieser drei Faktoren
gibt ein Bild vom Grad der Standardisierung bzw. Destandardisierung des Berufseinstiegs; erfolgt der Wechsel in das Erwerbssystem lebensgeschichtlich früh
(niedriges Berufseinstiegsalter) und über ein Vollzeitarbeitsverhältnis, so kann von
einem Einstieg im Sinne eines Normalarbeitsverhältnisses bzw. einer Normalarbeitsbiographie gesprochen werden. Nimmt jedoch das Einstiegsalter zu und kommt
zudem zu einer Verschiebung von den „Vollzeiteinsteigern" zu den „Teilzeiteinsteigern", so ist dies auch als Indikator für eine – beginnende – Erosion des Normalarbeitsverhältnisses zu interpretieren.

Die Ergebnisse, die präsentiert werden konnten, vermitteln ein uneinheitliches
Bild. Betrachtet man ausschließlich den Zeitpunkt des Berufseinstiegs, so sind die
Veränderungen im Kohortenvergleich eher marginal: Der Zeitpunkt, zu dem der
Wechsel in das Erwerbssystem erfolgt, hat sich – bei gleichbleibenden Differenzen

zwischen Hauptschülern und Abiturienten – nur gering nach hinten verschoben. Allerdings hat in den jüngeren Kohorten die Streuung des Berufeinstiegsalters zugenommen. Deutliche Hinweise auf eine Destandardisierung des Berufseinstiegs zeigen sich allerdings dann, wenn man den Erwerbsstatus der ersten Arbeitsstelle vergleichend betrachtet. Die zentrale Erkenntnis ist hier, daß der Anteil der „Vollzeiteinsteiger" insbesondere bei den Männern und hier wiederum insbesondere bei Männern mit niedriger schulischer Qualifikation immer noch erstaunlich hoch ist. Bei den schulisch Hochqualifizierten sind allerdings Verschiebungen zu Lasten der Vollzeiteinsteiger offensichtlich. Diese Teilgruppe steigt in zunehmendem Maße über Teilzeitstellen in das Erwerbssystem ein, entspricht also schon zu Beginn der beruflichen Laufbahn nicht mehr der Vorstellung von einer Normalarbeitsbiographie. Allerdings ist die Verweildauer auf den Teilzeiteinstiegsstellen im Kohortenvergleich kürzer geworden. Die Daten zeigen eine zweigeteilte Entwicklung: Eine zunehmende Destandardisierung am „hochqualifizierten Rand" bei gleichzeitiger Resistenz gegenüber Veränderungen im „Kern".

Teilzeitbeschäftigung ist im Moment die am weitesten verbreitete Form „untypischer" Beschäftigung. Allerdings ist sie noch immer eine Domäne der Frauen sowie der unteren und mittleren Qualifikationsebenen. Für Frauen ist Teilzeitbeschäftigung weniger ein Phänomen des Berufseinstiegs als vielmehr des Wiedereinstiegs in das Berufsleben, was sich daran zeigt, daß die weiblichen Teilzeitquoten erst mit dem dritten Lebensjahrzehnt deutlich ansteigen. In Leitungs- und Führungspositionen ist Teilzeitarbeit nach wie vor sehr selten. Im internationalen Vergleich liegt Deutschland bezüglich der Teilzeitquote allerdings bei weitem nicht an der Spitze; hier nehmen die Niederlande derzeit mit Abstand die Vorreiterrolle ein.

Anhang:

Tabelle 4: (Sozialprofil der Teilzeitbeschäftigten 1995). Basis: SOEP Welle
L/1995; z.T. eigene Berechnungen

	Männer		Frauen	
	absolut	%	absolut	%
Zentrale Fallzahlen				
Teilzeitbeschäftigte insgesamt	549	100	549	100
davon Männer/Frauen	42	7,7	507	92,3
Teilzeitbeschäftigte Altersgruppe 15 - 65 Jahre	542	100	542	100
davon Männer/Frauen	37	6,8	505	93,2
Erwerbstätige Altersgruppe 15 - 65 Jahre	2068	100	1534	100
davon Teilzeitbeschäftigte	37	1,8	505	32,9
Alter				
Durchschnittsalter	43,7		43,2	
Medianalter	39		43	
Modalalter	27		43	
Standardabweichung	16,1		9,5	
Altersverteilung nach Altersgruppen	42	100	505	100
15 - 20 Jahre	0	0	0	0
21 - 30 Jahre	11	26,2	41	8,1
31 - 40 Jahre	11	26,2	173	34,2
41 - 50 Jahre	6	14,3	158	31,2
51 - 60 Jahre	4	9,5	127	25,1
61 - 65 Jahre	5	11,9	5	1
unter 15 Jahre/über 65 Jahre	5	11,9	2	0,4
missing	0	0	1	0
Anteil der Teilzeitbeschäftigten an Erwerbstätigen nach Altersgruppen				
15 - 20 Jahre	0	0	0	0
21 - 30 Jahre	11	2,6	41	11,7
31 - 40 Jahre	11	2	173	42,4
41 - 50 Jahre	6	1,2	158	41,7
51 - 60 Jahre	4	0,9	127	42,9
61 - 65 Jahre	5	7,8	5	20
Schulbildung (Altersgruppe 15 - 65 Jahre)	37	100	505	100
Hauptschule	11	29,7	262	51,9
Realschule	6	16,2	124	24,5
Fachhochschule	3	8,2	16	3,2
Abitur	15	40,5	68	13,4
anderer Abschluß	1	2,7	8	1,6
kein Abschluß	0	0	21	4,2
k. A./missing	1	2,7	6	1,2
ISCO (Altersgruppe 15 - 65 Jahre)	37	100	505	100
ISCO-Hauptgruppe 1	20	54,1	90	17,8
ISCO-Hauptgruppe 2	0	0	2	0,4
ISCO-Hauptgruppe 3	3	8,1	199	39,4
ISCO-Hauptgruppe 4	2	5,4	80	15,9
ISCO-Hauptgruppe 5	2	5,4	88	17,4
ISCO-Hauptgruppe 6	1	2,7	2	0,4
ISCO-Hauptgruppen 7 - 9	9	24,3	39	7,7
k. A./missing	0	0	5	1
Teilzeit- /Vollzeitanteil nach ISCO-Hauptgruppen (15 - 65 Jahre)				
ISCO-Hauptgruppe 1		5,3/90,7		32,1/55,7
ISCO-Hauptgruppe 2		0/100		18,1/81,8
ISCO-Hauptgruppe 3		0,9/92,5		35/52,2
ISCO-Hauptgruppe 4		1,5/87,9		40,4/43,9
ISCO-Hauptgruppe 5		1,5/94,1		36,1/25,3
ISCO-Hauptgruppe 6		2,1/91,7		9,1/59,1
ISCO-Hauptgruppe 7		1/91,7		19,4/73,1
ISCO-Hauptgruppe 8		1,7/91,7		23,8/57,1
Haushaltstypen	37	100	505	100
Ehepaar ohne Kinder	10	27	99	19,6
Alleinerziehende	2	5,4	22	4,4
Paar mit Kind(er)	17	40,6	301	59,6
Anteil der Teilzeitbeschäftigten nach Haushaltstypen				
Ehepaar ohne Kinder	10	2,2	99	25,9
Alleinerziehende	2	2,2	22	21
Paar mit Kind(er)	17	0,1	301	41,2

Literatur

Alber, Jens und Martin Schölkopf, 1998: Seniorenpolitik. Die soziale Lage älterer Menschen in Deutschland. Berlin: G + B/Fakultas.

Beck, Ulrich, 1983: Jenseits und Klasse und Stand? Soziale Ungleichheiten, gesellschaftliche Individualisierungsprozesse und die Entstehung neuer sozialer Formationen und Identitäten. S. 35 – 74 in: Kreckel, Reinhard (Hg.): Soziale Ungleichheiten. Soziale Welt, Sonderband 2. Göttingen: Otto Schwartz + Co.

Beck, Ulrich, 1986: Risikogesellschaft. Auf dem Weg in eine andere Moderne. Frankfurt am Main: Suhrkamp.

Becker, Uwe, 1998: Beschäftigungswunderland Niederlande? APuZ, B 11/98: 12-21.

Blossfeld, Hans-Peter, 1985: Berufseintritt und Berufsverlauf. MittAB, 1985: 177-197.

Bosch, Gerhard, 1986: Hat das Normalarbeitsverhältnis eine Zukunft? WSI-Mitteilungen 39: 163 – 176.

Esser, Hartmut, 1987: Rezension von Ulrich Beck „Risikogesellschaft". Kölner Zeitschrift für Soziologie und Sozialpsychologie 39: 806 – 811.

EU-Kommission, 1997: Beschäftigung in Europa 1997. Luxembourg.

Franke, Heinrich und Friedrich Buttler, 1991: Arbeitswelt 2000. Strukturwandel in Wirtschaft und Beruf. Frankfurt/M: Fischer.

Giarini, Orio und Patrick M. Liedke, 1998: Wie wir arbeiten werden. Der neue Bericht an den Club of Rome. Hamburg: Hoffmann & Campe.

Hanefeld, Ute, 1984: Das Sozio-ökonomische Panel – Eine Längsschnittstudie für die Bundesrepublik Deutschland. Vierteljahreshefte zur Wirtschaftsforschung 53: 391-406.

Hanefeld, Ute, 1985: Das Sozio-ökonomische Panel – Konzeption und ausgewählte erhebungsmethodische Ergebnisse. Allgemeines Statistisches Archiv 69: 399-410.

Hanefeld, Ute, 1987: Das Sozio-ökonomische Panel. Grundlagen und Konzeption. Frankfurt/M: Campus.

Hinrichs, Karl, 1996: Das Normalarbeitsverhältnis und der männliche Familienernährer als Leitbild der Sozialpolitik. Sozialer Fortschritt 45: 102-107.

Joas, Hans, 1988: Das Risiko der Gegenwartsdiagnose. Soziologische Revue 11: 1-6.

Keller, Berndt, 1997: Einführung in die Arbeitspolitik. Arbeitsbeziehungen und Arbeitsmarkt in sozialwissenschaftlicher Perspektive. München: Oldenbourg.

Keller, Berndt und Hartmut Seifert (Hg.), 1995: Atypische Beschäftigung. Köln: Bund Verlag.

Kohler, Hans und Eugen Spitznagel, 1995: Sicht von Arbeitnehmern und Betrieben in der Bundesrepublik Deutschland. MittAB, 1995, 3: 339-364.

Lauterbach, Wolfgang, 1994: Berufsverläufe von Frauen. Erwerbstätigkeit, Unterbrechung und Wiedereintritt. Frankfurt/M: Campus.

Mackensen, Rainer, 1988: Die Postmoderne als negative Utopie. Soziologische Revue 11: 6-12.

Matthies, Hildegard, Ulrich Mückenberger, Claus Offe, Edgar Peter und Sybille Raasch, 1994: Arbeit 2000. Anforderungen an eine Neugestaltung der Arbeitswelt. Eine Studie der Hans-Böckler-Stiftung. Reinbek bei Hamburg: Rowohlt.

Mückenberger, Ulrich, 1985: Die Krise des Normalarbeitsverhältnisses. Hat das Arbeitsrecht noch Zukunft? Zeitschrift für Sozialreform 31: 415-434 und 457-475.

Mückenberger, Ulrich, 1986: Zur Rolle des Normalarbeitsverhältnisses bei sozialstaatlichen Umverteilungen von Risiken. Prokla 16, Nr. 3 (Heft 64): 31-44.

Mückenberger, Ulrich, 1989: Der Wandel des Normalarbeitsverhältnisses unter Bedingungen einer „Krise der Normalität". Gewerkschaftliche Monatshefte 40, Nr. 4: 211-223.

Nehnevajsa, Jiri, 1967: Analyse von Panel-Befragungen. S. 197-208 in: König, René (Hg.): Handbuch der empirischen Sozialforschung. Stuttgart: Ferdinand Enke Verlag.

Noll, Heinz-Herbert, 1996: Trend zum frühzeitigen Ausstieg aus dem Erwerbsleben ungebrochen. Der Übergang in den Ruhestand im Zeitverlauf und internationalen Vergleich. Informationsdienst Soziale Indikatoren (ISI), Nr. 16: 8-13.

Ochs, Christiane, 1997: Mittendrin und trotzdem draußen – geringfüge Beschäftigung. WSI-Mitteilungen, 1997, Nr. 9: 640 – 650.

Offe, Claus, 1983: Arbeit als soziologische Schlüsselkategorie? S. 38-65 in: Matthes, Joachim (Hg.): Die Krise der Arbeitsgesellschaft. 21. Deutscher Soziologentag, Bamberg 1982. Frankfurt/M.: Campus.

Osterland, Martin, 1990: „Normalarbeitsbiographie" und „Normalarbeitsverhältnis". S. 351-362 in: Berger, Peter A. und Hradil, Stefan (Hg.): Lebenslagen, Lebensläufe, Lebensstile. Soziale Welt, Sonderband 7.

Quack, Sigrid, 1993: Dynamik der Teilzeitarbeit. Implikationen für die soziale Sicherung von Frauen. Berlin: Edition Sigma.

Schulze Buschoff, Karin, 1995: Familie und Erwerbsarbeit in der Bundesrepublik. Rückblick, Stand der Forschung und Design einer Lebensformentypologie. Berlin: WZB FS III: 95-402.

Schupp, Jürgen, Johannes Schwarze und Gert Wagner, 1995: Zur Expansion der versicherungsfreien Erwerbstätigkeit in Deutschland. DIW-Wochenbericht 62, Nr. 50: 857-864.

Sesselmeier, Werner und Georg Blauermel, 1990: Arbeitsmarkttheorien. Ein Überblick. Heidelberg: Physica-Verlag.

StaBuA (Statistisches Bundesamt), 1998: Leben und Arbeiten in Deutschland. 40 Jahre Mikrozensus. Stuttgart: Metzler-Poeschel.

Süddeutsche Zeitung, 10.01.98: „Herr Blüm, Sie leben in Wunschwelten". Der Bundesarbeitsminister und der Soziologe Ulrich Beck streiten über Familie, Sozialstaat und die Zukunft des Erwerbssystems.

Süddeutsche Zeitung, 17.01.98: Am Ende des Berufs. Das traditionelle Arbeitsmodell gilt nicht mehr: Lebenslange Anstellungen werden durch flüchtige Tätigkeiten ersetzt.

Terriet, Bernhard, 1980: Mit Zeitsouveränität zu neuen Ansätzen für die Arbeitszeit, das Erwerbseinkommen und die Freizeit. Arbeit und Sozialpolitik 34: 388-391.

Wagner, Gert, Jürgen Schupp und Ulrich Rendtel, 1994: Das Sozio-ökonomische Panel (SOEP) – Methoden der Datenproduktion und -aufbereitung im Längsschnitt. S. 70-112 in: Hauser, Richard, Notburga Ott und Gert Wagner (Hg.): Mikroanalytische Grundlagen der Gesellschaftspolitik. Band 2: Erhebungsverfahren, Analysemethoden und Mikrosimulation. Frankfurt am Main: Akademie Verlag.

Walter, R. Heinz, 1988: Übergangsforschung – Überlegungen zur Theorie und Methodik. S. 9-30 in: Deutsches Jugendinstitut (Hg.): Berufseinstieg heute. Problemlagen und Forschungsstand zum Übergang Jugendlicher in Arbeit und Beruf. Ein Tagungsbericht. Weinheim: Juventa Verlag.

Walwei, Ulrich und Heinz Werner, 1995: Entwicklung der Teilzeitbeschäftigung im internationalen Vergleich. Ursachen, Arbeitsmarkteffekte und Konsequenzen. MittAB Nr. 3: 365-382.

Werner, Heinz, 1998: Die Arbeitsmarktentwicklung in den Niederlanden – welche Lehren für uns? Arbeit und Sozialpolitik, Nr. 1-2/98: 10-15.

Zachert, Ulrich, 1988: Entwicklungen und Perspektiven des Normalarbeitsverhältnisses. WSI-Mitteilungen 41, Nr. 8: 457-466.

Auf der Suche nach „neuen sozialen Formationen und Identitäten" –
Soziale Integration durch Klassen oder Lebensstile?*

Gunnar Otte

Einleitung

Die Individualisierungsthese von Ulrich Beck ist in ihren Facetten bislang nur unzureichend empirisch untersucht worden. Eine spezifische Dimension dieser These
liegt in der Behauptung eines „neuen" Modus der sozialen Integration durch „neue
soziale Formationen und Identitäten" (Beck 1983, 1986: 206). Diese Dimension der
Individualisierungsthese steht im Mittelpunkt der hier vorgestellten empirischen
Analysen. Als mögliche „neue" Form sozialer Integration werden dabei Lebensstilgruppen gesehen. Dieser Vorschlag wurde schon 1990 von Hörning und Michailow
unterbreitet, doch ist bislang kaum die Erklärungskraft von Lebensstiltypologien
hinsichtlich unterschiedlicher Bereiche sozialen Verhaltens empirisch untersucht
worden. In diesem Zusammenhang verfolgt der vorliegende Beitrag zwei Ziele.
Erstens soll die Erklärungsleistung einer Lebensstiltypologie mit der eines traditionellen Sozialstrukturkonzeptes (soziale Klassen) im Hinblick auf eine abhängige
Variable, und zwar Mitgliedschaften in verschiedenen freiwilligen Vereinigungen,
verglichen werden. Die Arbeit schließt damit an eine andernorts vorgestellte Untersuchung (Otte 1997) an, in der die Erklärbarkeit von Parteipräferenzen durch Lebensstile und durch soziale Klassen gegenübergestellt wurde. Da sich Lebensstile
dabei zumindest teilweise als bedeutsamer Faktor erwiesen haben, würde eine Erklärungsleistung in Bezug auf andere soziale Phänomene das Potential von Lebensstilen als Konzept der Sozialstrukturanalyse untermauern. Freiwillige Vereinigungen
erscheinen deshalb als besonders interessanter Untersuchungsgegenstand, weil sie
als intermediäre Institutionen ihrerseits als „Kitt der Gesellschaft" fungieren können
(vgl. Zimmer 1996) und somit für die Individualisierungsdiskussion von hohem
Belang sind. Das zweite Ziel der Arbeit liegt in der Ableitung und Prüfung zeitbe-
zogener Hypothesen hinsichtlich eines möglichen historischen Wandels von einem
traditionalen Modus der Sozialintegration (soziale Klassen) zu einem in der Gegenwart bedeutsamer werdenden, „neuen" Modus (Lebensstile). Für einen rigorosen
Test dieser Vermutung wären Längsschnittdaten erforderlich. Da diese hier nicht zur
Verfügung stehen, werden zeitbezogene Hypothesen dadurch gewonnen, daß zum
einen historisch etablierte und neuere Vereinigungen unterschieden werden und zum

* Für Anregungen und Kritik zu diesem Beitrag danke ich Elisabeth Fix, Daniel Gardemin, Dietmar
Haun, Walter Müller, Stefanie Neurauter, Rüdiger Schmitt-Beck und Susanne Steinmann.

anderen traditionelle und jüngere soziale Gruppen. Die Hypothesen über ein nach dem Integrationsmodus und nach den jeweiligen sozialen Gruppen unterschiedliches Mitgliedschaftsverhalten bestätigen sich nur zum Teil im Sinne der Individualisierungsthese.

Da zwar in der Lebensstilliteratur oft auf Beck Bezug genommen wird, aber kaum eine systematische Ableitung des Lebensstilkonzeptes aus der Individualisierungsthese erfolgt, wird zunächst diskutiert, ob Lebensstile als möglicher neuer Modus der sozialen Integration theoretisch mit der Beckschen Individualisierungsthese kompatibel sind (Abschnitt 1). Auf dieser Grundlage wird in Abschnitt 2 eine Lebensstiltypologie zusammen mit einem Klassenschema vorgestellt. Desweiteren findet eine Diskussion des Explanandums, Mitgliedschaften in freiwilligen Vereinigungen, statt, so daß anschließend die Ableitung empirisch prüfbarer Hypothesen vorgenommen werden kann (Abschnitt 3). Diese Hypothesen haben Implikationen nicht nur für die Einschätzung des Erklärungspotentials von Lebensstil- und Klassenkonzepten, sondern auch für die Evidenz der (zeitbezogenen) Individualisierungsthese. In Abschnitt 4 werden die empirischen Ergebnisse präsentiert und abschließend noch einmal zusammenfassend bewertet.

1. Lassen sich Lebensstile als „neue soziale Formationen und Identitäten" theoretisch aus der Individualisierungsthese ableiten?

Ulrich Beck zufolge hat sich in der westdeutschen Nachkriegsgesellschaft – spätestens seit den 1980er Jahren (Beck 1997c: 22ff) – ein Prozeß der „reflexiven Modernisierung" und „Individualisierung" durchgesetzt. Den Begriff der Individualisierung bestimmt Beck entlang dreier Dimensionen (1986: 206): „*Herauslösung* aus historisch vorgegebenen Sozialformen und -bindungen im Sinne traditionaler Herrschafts- und Versorgungszusammenhänge ('Freisetzungsdimension'), *Verlust von traditionalen Sicherheiten* im Hinblick auf Handlungswissen, Glauben und leitende Normen ('Entzauberungsdimension') und [...] eine *neue Art der sozialen Einbindung* ('Kontroll- bzw. Reintegrationsdimension')."[1] Der Prozeß der Individualisierung erfasse dabei sowohl die (objektive) Lebenslage als auch das (subjektive) Bewußtsein der Menschen. Ausgangspunkt dieser Entwicklung sei der sogenannte „Fahrstuhl-Effekt", wonach das Ungleichheitsgefüge „eine Etage höher gefahren" werde (Beck 1986: 122). Soziale Ungleichheiten zwischen gesellschaftlichen Gruppen (wie Berufsgruppen, Einkommenslagen) würden zwar nicht aufgelöst, könnten sich im Zuge einer „Armuts-Individualisierung" sogar verschärfen (Beck 1997b: 189f), würden jedoch nicht länger im Rahmen traditionaler Vergesellschaftungszusammenhänge, etwa klassenkulturell verarbeitet. Es komme in diesem Sinne zu einer Entkopplung von objektiven Bedingungen und subjektiver Wahrnehmung (Beck 1986: 126, 142ff, 154); die Individuen erlebten ihren Alltag als persönliches Schicksal und ihre Biographie als „Bastelbiographie" (Beck/Beck-Gernsheim 1993): „*Der oder die einzelne selbst wird zur lebensweltlichen Reproduktionseinheit des Sozialen.*" (Beck 1986: 209)

---

1   Alle folgenden Hervorhebungen in Zitaten stammen aus dem Original.

In der deutschen Soziologie ist – mit mehr oder weniger deutlichem Bezug auf Beck – mit der Einführung neuer Konzepte in die Sozialstrukturanalyse reagiert worden, um der „Individualisierung sozialer Ungleichheit" besser Rechnung tragen zu können: soziale Milieus und Lebensstile sind die Schlagworte (vgl. die vielz i-tierten Beiträge von Hradil 1987; Gluchowski 1987; Lüdtke 1989; H.-P. Müller 1989; Berger/Hradil 1990; Schulze 1992; Vester et al. 1993). Beck selbst hat meines Wissens in keiner Publikation zu dieser Neukonzeptualisierung der Sozialstruktur-analyse Stellung genommen. Deshalb soll im folgenden zunächst geprüft werden, ob Lebensstile als Vergesellschaftungsformen *theoretisch* aus der Individualisierung-sthese ableitbar sind und inwieweit sie als „neue soziale Formationen und Identit ä-ten" (Beck 1983) fungieren könnten. Dies gesc hieht anhand der oben zitierten drei Dimensionen des Individualisierungsbegriffes.

(1.) Freisetzungsdimension:

Beck postuliert zunächst die Enttraditionalisierung, d.h. den Verlust des Bede u-tungsgehaltes sozialer (ständisch geprägter) Klassen (Beck 1983: 49, 63f; 1986: 116f, 139-143, 208). Gemeint ist hiermit zweierlei: Erstens würden Klassen objektiv immer weniger sichtbar „im Sinne real in ihrem Handeln und Leben aufeinander bezogener Großgruppen, die sich durch Kontakt-, Hilfs- und Heiratskreise nach innen abgrenzen und in Prozessen wechselseitiger Identitätszuweisung mit anderen Großgruppen ihre bewußte und gelebte Besonderheit immer wieder suchen und bestimmen" (Beck 1986: 140). Zweitens gehe damit eine Auflösung der Klassen in der subjektiven Selbstwahrnehmung der Individuen einher. Damit *nicht* impliziert ist hingegen die Auflösung der Relationen (materieller) sozialer Ungleichheit selbst (ebd.: 142). Ein empirischer Test der Beck´schen These sollte also nicht an Ei n-kommens- oder Karriereungleichheiten zwischen Klassen ansetzen [2], sondern an klassenspezifischen Sozialbeziehungen und Vergesellschaftungsformen, z.B. He i-ratsverhalten, Freizeitkultur, Wahlverhalten. Dementsprechend werden später Mi t-gliedschaften in freiwilligen Vereinigungen (als spezieller Form sozialer Kontak t-kreise) auf ihre klassenspezifische Prägung hin untersucht.

(2.) Dimension des Stabilitätsverlustes:

Nach Beck gehen mit der Freisetzung aus traditionalen Sozialformen auch traditi o-nale Sicherheiten – in Form von Handlungswissen, leitenden Normen usw. – verlo-ren (Beck 1986: 206). Diese Dimension der Individualisierung ist sehr eng mit der ersten verknüpft. Was bedeutet der Verlust traditionaler Stabilität, die durch Einbi n-dung der Individuen in eine Klassenkultur oder in ein sozialmoralisches Milieu (Lepsius) gewährleistet wurde? Beck zufolge wird der Einzelne kaum durch irgend-eine „soziale Bezugseinheit" aufgefangen – nicht einmal durch die Familie (1986: 209) –, sondern auf sich selbst zurückgeworfen (Beck 1986: 217). Die gestiegene

---

2   Ähnlich argumentieren Schnell und Kohler (1995: 636), wen n sie ihre Individualisierungshypothe-se anhand von „nicht ressourcen-gebundenen Verhaltensweisen" prüfen. In der vorliegenden Arbeit wird allerdings weniger auf die Ressourcenbindung, sondern vielmehr auf Formen sozialer Integra-tion (als Kriterium für die Wahl einer geeigneten abhängigen Variable bei der Untersuchung der Individualisierungsthese) abgehoben.

Selbstreflexivität und Subjektivierung des eigenen Lebens bedeute für das Individuum neu gewonnene Entscheidungsfreiheiten und -zwänge zugleich (Beck 1986: 190,
216). Individualisierung beruhe nicht auf *freien* Entscheidungen der Individuen,
wohl aber auf *Entscheidungen unter Vorgaben*, worunter Beck insbesondere die
Rahmenbedingungen des Arbeitsmarktes und des Sozialstaates versteht (Beck/Beck-
Gernsheim 1993: 179ff; Beck 1986: 210). Die Enttraditionalisierung münde in
„institutionenabhängige Individuallagen" (1986: 210).

Was folgt daraus für eine Neukonzeptualisierung der Sozialstrukturanalyse?
Das Handeln der Menschen kann immer weniger *direkt* aus strukturellen, auf einer
sozialen Makroebene befindlichen „Gußformen" (Durkheim) des Handelns, etwa
Klassenstrukturen, heraus erklärt werden. Insofern sollten „Strukturen nicht mehr
als bloße Gußformen, sondern als individuell unter Umständen sehr variable *Opportunitäten und Barrieren* für Handeln konzipiert" (Esser 1989: 73) werden. Die
Sozialstrukturanalyse sollte daher stärker auf eine handlungstheoretische Grundlage
gestellt werden. Genau diese Ausrichtung beansprucht die Lebensstilforschung für
sich (z.B. Lüdtke 1989: 17; H.-P. Müller 1992: 49, 369). Sie stellt weniger die sozialstrukturelle Prägung individuellen Handelns in den Vordergrund als vielmehr die
aktive Lebensführung und reflexive Lebensplanung der Individuen, wie sie Beck
(1986: 217) mit einem „aktiven Handlungsmodell des Alltags" anspricht. Doch
nicht nur dieser Subjektivierung der Sozialstruktur, auch der nachlassenden Bedeutung von Beruf und Arbeit im Leben des Einzelnen versuchen Lebensstilkonzepte
Rechnung zu tragen (Hörning/Michailow 1990: 505ff). Sie setzen in der lebensweltlichen Alltagsgestaltung an, die neben dem Beruf z.B. auch die Bereiche der Familie oder Freizeit umfassen kann. Auch dieser Aspekt findet sich in der Beck'schen
Argumentation wieder. Ihm zufolge „verlieren Betrieb und Arbeitsplatz als Ort der
Konflikt- und Identitätsbildung an Bedeutung, und es bildet sich ein neuer Ort der
Entstehung sozialer Bindungen und Konflikte heraus: die *Verfügung und Gestaltung
der privaten Sozialbeziehungen, Lebens- und Arbeitsformen* [...]. Der Lebens-
schwerpunkt verlagert sich vom Arbeitsplatz und Betrieb in die Gestaltung und
Erprobung neuer Lebensformen und Lebensstile." (Beck 1986: 152)

(3.) Reintegrationsdimension:

Die dritte Dimension der Individualisierung liegt nach Beck (1986: 206) in einer
„neuen Art der sozialen Einbindung". Es geht um die Frage, welche „neuen sozialen
Formationen und Identitäten" (Beck 1983) an die Stelle von ständischen bzw. klas-
senkulturellen Lebensformen treten könnten. Obwohl Beck die Reintegrationsdimension wiederholt anspricht, füllt er sie erstaunlich wenig mit Inhalt. Typischerweise behauptet Beck lediglich, an die Stelle traditionaler Bindungen trete „nicht
Nichts [...], sondern andere Arten der Lebensführung und Lebensgestaltung" (Beck
und Beck-Gernsheim 1993: 186). Welche Strukturen oder Institutionen könnten in
dieser Weise sozial integrierend, vergemeinschaftend, vergesellschaftend wirken?[3]
Beck macht verschiedene Andeutungen: Neue soziale Bewegungen (Beck 1986: 62,
119f), Subkulturen und experimentelle Lebensformen (1986: 119f, 138, 157), Risi-
ko„klassen" (1986: 61-63, 134), von Verbänden hergestellte Formen der Organi-

---

3   Vgl. zur Abgrenzung von sozialer Integration und Systemintegration Lockwood (1969), zu den
     Begriffen der Vergemeinschaftung und Vergesellschaftung Weber (1972: 21f).

siertheit (1983: 58), trotz allem dann doch wieder die Familie (1986: 187) oder auch nur das eigene Kind (1986: 193f). Den Begriff „Lebensstile" verwendet Beck zwar auch sporadisch bei der Diskussion neuer sozialer Bindungen (z.B. 1983: 44, 1986: 152), erörtert aber seine Relevanz nie systematisch. Für Beck wird die Gesellschaft heute vor allem durch „Selbstintegration der Individuen" (Beck 1997d), durch die „Kunst der freien Assoziation" (de Tocqueville) zusammengehalten. Er faßt diese „Such-Sozietät der vielen" (Beck 1997b: 183), diesen „Massen-Individualismus" (ebd.: 187) unter den Begriff der „Selbst-Kultur". Kennzeichnend für die „Selbst-Kultur" seien aber gerade die „Spontaneität" (ebd.: 188) und Unberechenbarkeit (ebd.: 184, 189) individuellen Handelns. Das Resultat sei eine „eindeutig uneindeutige Sozialstruktur", eine „soziale Struktur*losigkeit*"; es „schält sich das Bild einer uneindeutigen Gesellschaft *ohne* Sozial*strukturen* heraus" (ebd.: 194f.). Kann man in diesem Fall überhaupt noch eine auf soziale Großgruppen abhebende Soziologie betreiben? Beck scheint diese Frage negativ zu beantworten, wenn er folgert, „daß Theorien der Großgruppengesellschaft immer weniger in der Lage sind, aktuelle Entwicklungen zu beschreiben" (Beck 1993: 77; vgl. auch B eck 1997b: 195). Er selbst läßt seine Leser im Regen des *Irgendwie* stehen, wenn es um die substantielle Beantwortung der Frage geht, *wie* der einzelne denn nun sein Leben lebt (und wa rum er es lebt, wie er es lebt).[4]

Zwischen konventioneller Großgruppenanalyse und sozialstruktureller Ratlosigkeit bietet die Lebensstilanalyse möglicherweise einen gangbaren Mittelweg. Sie sieht einerseits soziale Formationen nicht als Gußformen des Handelns an, unterbreitet andererseits Vorschläge zur Erfassung individueller und zugleich kollektiv geteilter (und insofern: gruppenspezifischer) Strategien der Alltagsgestaltung. Eine Lebensstilgruppe ist in diesem Sinn nicht eine durch soziale Kontrollen geschlossene soziale Gruppierung, sondern eine lose Formation von in ihrem Lebensstil ähnlichen Menschen, die ihnen Orientierung und Identität ermöglicht (vgl. Hörning/ Michailow 1990). Orientierung und Identität können im kleinräumigen (lokalen) Bereich durch lebensweltliche Interaktion[5], aber auch auf einer national- oder sogar weltgesellschaftlichen Ebene (vgl. Beck 1997a), z.B. massenmedial vermittelt we rden.

An dieser Stelle läßt sich zusammenfassen: Die Beck´sche Individualisierungsthese ist in ihren drei Dimensionen direkt anschlußfähig für ein Lebensstilkonzept zur Reorientierung der Sozialstrukturanalyse. Folgende Eigenschaften von Leben sstilkonzepten sorgen für eine Kompatibilität mit der Individualisierungsthese:

–   Lebensstile sind eine historisch variable gesellschaftliche Strukturierungsdimension, anhand derer sozialer Wandel erfaßbar ist; sie sind in diesem Sinne nicht „neu", sind aber möglicherweise heute „strukturdominant" (Lepsius 1979) geworden;
–   Lebensstile entsprechen einem subjektiven und aktiven Handlungsmodell von Akteuren; sie sind Produkte individueller Entscheidungen unter Vorgaben;

---

4   Beck scheint auch kein ausgeprägtes Interesse an einer solchen Antwort zu haben, wenn er in einem Streitgespräch mit Norbert Blüm auf die Feststellung: „Sie können diese zukünftige Gesellschaft offenbar auch nur sehr ungenau beschreiben." antwortet: „Will ich auch gar nicht so genau tun. Wir sind dabei, sie zu ermöglichen" (Süddeutsche Zeitung vom 10./11.1.1998, S. 8.)
5   Vgl. hierzu etwa das Kriterium der „erhöhten Binnenkommunikation" in der Definition sozialer Milieus bei Schulze (1992: 174).

- Lebensstile werden nicht aus beruflichen Positionen, sondern (mehrdimensional konzipierter) alltäglicher Lebensführung abgeleitet;
- Lebensstile ermöglichen soziale Orientierung und Identität (auch) unter den Bedingungen reflexiver Modernisierung.

Besonders dringlich erscheint eine Reorientierung der Sozialstrukturanalyse auf solch einer Grundlage für den Fall, daß die ersten zwei Individualisierungsdimensionen – Freisetzung und Stabilitätsverlust – empirisch (in ausgeprägter Weise) zutreffen sollten. Doch selbst wenn traditionale Sicherheiten durch Klassenkulturen oder sozialmoralische Milieus noch gegeben sein sollten, könnten Lebensstile als zusätzliche Analysedimension die Soziologie bereichern (Müller 1992: 369).

2. Klassen, Lebensstile und Mitgliedschaften in freiwilligen Vereinigungen: ein Untersuchungspanorama

In den in diesem Beitrag vorgestellten Analysen werden ein traditionelles Sozialstrukturkonzept (soziale Klassen) und ein „neues" (Lebensstile) in ihrem Erklärungsgehalt bezüglich der individuellen Mitgliedschaft in freiwilligen Vereinigungen gegenübergestellt. Dabei wird zum einen die Reintegrationsdimension der Individualisierungsthese aufgegriffen, indem geprüft wird, inwieweit Lebensstile als „neue soziale Formationen und Identitäten" für die Erklärung des Mitgliedschaftsverhaltens relevant sind. Zum anderen lassen sich durch die vergleichende Analyse von Klassen und Lebensstilen auch Aussagen über die Freisetzungsdimension der Individualisierungsthese machen, zumal Beck den Fortbestand der sozialen Integration durch soziale Klassen anzweifelt. Bevor diesbezügliche Hypothesen konkretisiert werden (Abschnitt 3), erscheint es geboten, die drei zentralen Variablen der Untersuchung zu diskutieren.

2.1 Das Explanandum: Mitgliedschaften in freiwilligen Vereinigungen

Der Begriff der freiwilligen Vereinigungen wird hier sehr breit gefaßt: Sowohl Parteien und Interessenverbände (Gewerkschaften, Bürgerinitiativen) als auch Vereine (kirchliche, Gesang- und Sportvereine) werden dazu gezählt. Gemeinsam ist diesen Organisationen, daß sie auf einer intermediären (Meso-) Ebene der Gesellschaft, also zwischen Individuum und Staat angesiedelt sind (van Deth 1997a: 8). Freiwillige Vereinigungen – je nach Perspektive auch „intermediäre Organisationen", „Interessengruppen" oder „zivile Assoziationen" genannt[6] – können in dieser Stellung sowohl zur Systemintegration als auch zur sozialen Integration beitragen (ebd.: 2), indem sie zum einen organisierte Interessen im politischen Raum artikulieren, zum anderen Möglichkeiten der Kommunikation und Partizipation für Individuen bereitstellen. Sie zeichnen sich durch folgende Definitionskriterien aus:

---

6   Im folgenden werden die Begriffe „freiwillige Vereinigungen" und „Organisationen" synonym gebraucht.

- Freiwillige Vereinigungen unterliegen dem *nonprofit-constraint*, d.h. „Gewinne
  dürfen zwar durchaus erwirtschaftet werden; nicht erlaubt ist jedoch die Ge-
  winnausschüttung bzw. die Distribution der Gewinne unter die Organisations-
  teilnehmer." (Zimmer 1996: 84) Gewinne müssen demnach in die Einrichtung
  reinvestiert oder gemeinnützigen Zwecken zugeführt werden.[7] Damit sind freiwillige Vereinigungen von Wirtschaftsunternehmen abgegrenzt.
- Der Beitritt erfolgt *freiwillig*. Mit diesem Kriterium möchte ich die Kirchenmitgliedschaft aus der Definition ausschließen, da es sich dabei um eine andersge-
  artete Mitgliedschaft handelt. Zwar ist auch die Kirchenmitgliedschaft disponi-
  bel, doch wird sie im Regelfall den Menschen mit in die Wiege gelegt, so daß
  sie kein besonders guter Indikator für freiwilliges Engagement ist.
- Freiwillige Vereinigungen sind mehr oder weniger *formalisierte* Organisationen
  (van Deth 1997a: 2), d.h. sie verfügen über eine Satzung und bestimmte Organe,
  vor allem einen Vorstand und eine Mitgliederversammlung (Zimmer 1996:
  19ff). Nicht betrachtet werden folglich Freundschaftsnetzwerke, informelle
  Nachbarschaftsgruppen, etc.[8] Mit dem Kriterium der Formalisierung ist i.d.R.
  impliziert, daß eine freiwillige Vereinigung – und meist auch die individuelle
  Mitgliedschaft – *auf Dauer angelegt* ist.
- Eine freiwillige Vereinigung verdankt ihre Existenz dem Wunsch von Individu-
  en nach einer kollektiven Verwirklichung von *Zielen*, die individuell schwieriger oder gar nicht zu verwirklichen wären.
- Eine Sonderrolle wird oft den *politischen Parteien* eingeräumt, da ihre Aktivitäten auf die Übernahme öffentlicher Ämter zielen (Alemann 1989: 30) und ihnen gemäß Art. 21 GG die Mitwirkung „bei der politischen Willensbildung des
  Volkes" zukommt (vgl. Zimmer 1996: 19). Da jedoch hier nicht die Funktion
  von Organisationen im politischen System (und damit die Systemintegration)
  im Blickpunkt steht, sondern ihre Funktion als Ort der individuellen Partizipation und sozialen Integration, ist auch die Parteimitgliedschaft ein gleichwertiger
  Analysegegenstand.

Man mag sich fragen, inwiefern freiwillige Vereinigungen überhaupt ein interessanter und gesellschaftlich bedeutsamer Untersuchungsgegenstand sind. Bei den
direkt im politischen Raum wirkenden Organisationen erübrigt sich diese Frage: Die
besorgte Diskussion um den „Mitgliederschwund" der Parteien und Gewerkschaften
spricht Bände. Mindestens ebenso stark ist das Aufkommen von Organisationen der
„Neuen Politik" in Form der „Neuen sozialen Bewegungen" und Bürgerinitiativen
diskutiert worden (vgl. zu beidem Weßels 1997a, 1997b). Doch auch die Analyse
von vermeintlich unpolitischen Vereinigungen, wie kirchlichen, Gesang- und Spor-
vereinen, ist bei weitem nicht trivial. Schon einige „Klassiker" haben die Bedeutung
von Vereinigungen als Basis der Demokratie (Tocqueville 1976: 595-599), als Ort
der politischen Sozialisation und sozialen Distinktion (Weber 1924: 441-447) und
als Instanz der Ausformung einer „civic culture" (Almond und Verba 1963) hervor-
gehoben. Vereine werden als Institutionen im vorpolitischen Raum gesehen, als
„weicher Demokratiefaktor", als „Dritter Sektor" zwischen Markt und Staat, als

---

7   In Deutschland werden nach BGB §21 „ideelle Vereine" als Vereine definiert, „deren Zweck nicht
    auf einen wirtschaftlichen Geschäftsbetrieb gerichtet ist" (vgl. Zimmer 1996: 17).
8   Die folgenden empirischen Analysen beruhen auf Selbstauskünften der Befragten über ihre Mit-
    gliedschaften. Es ist also möglich, daß sich eine Person einer Bürgerinitiative oder einem Verein
    zurechnet, die dieses (oder ein anderes) Kriterium möglicherweise nicht erfüllen.

zentrales Element der „civil society" (vgl. Zimmer 1996: 84-88, 214-222, und die
dort angegebene Literatur). In diesem Rahmen wird argumentiert, daß bürgerschaft-
liches, *nicht*-politisches Engagement auch zu erhöhter *politischer* Partizipation führen könne (vgl. van Deth 1997a und die dort zitierte Literatur). Empirisch zeigen
etwa die Analysen bei van Deth (1997b: 309f), daß soziale Kontakte (ge messen
anhand der Anzahl individueller Mitgliedschaften) neben dem politischen Interesse
der erklärungskräftigste Prädiktor für konventionelle politische Partizipation sind. In
einer anderen, sehr instruktiven Untersuchung demonstrieren Verba, Schlozman und
Brady (1995, v.a. Kap. 12), wie durch institutionelle Bindungen (u.a. in nichtpolit i-
schen und religiösen Vereinigungen) spezifische „civic skills" erworben werden und
diese wiederum einen bedeutenden Einfluß auf die politische Partizipation ausüben
(Putnam 1993: Kap. 4 und 6). Die bisherigen Gesichtspunkte deuten in erster Linie
auf die *Außenfunktion* von freiwilligen Vereinigungen, d.h. auf ihre Bedeutung für
die Integration des politischen Systems. Genauso kommt ihnen jedoch eine *Binnenfunktion* zu: Freiwillige Vereinigungen können auch die soziale Integration fördern
– durch Geselligkeit, Austausch, Solidarität, Information, Selbsthilfe, Servicele i-
stungen (Alemann 1989: 191). Sie erscheinen daher als Gegenstand einer Überpr ü-
fung von Teilen der Individualisierungsthese doppelt geeignet: Sie sind nicht nur
(irgend-)ein Explanandum, an dem man die Erklärungskraft zweier Sozialstrukturkonzepte überprüfen kann, sie sind ihrerseits möglicherweise Orte der sozialen
Reintegration. Darauf könnte zumindest die „Renaissance der Vereine " (Zimmer
1996: 11, 49ff) hindeuten.[9]

Nachdem die gesellschaftliche Bedeutsamkeit des Explanandums dargelegt
worden ist, soll nun etwas Übersicht in die Vielfalt freiwilliger Vereinigungen gebracht werden. Es ist nämlich fraglich, inwieweit die Mitgliedschaft in der SPD von
den gleichen Faktoren bedingt wird wie etwa die Mitgliedschaft im Jenny-Elvers-
Fan-Club Amelinghausen. Von einer großen Zahl denkbarer Klassifikationskriterien
werden an dieser Stelle nur diejenigen ausgewählt, die für die folgende Hypothesen-
ableitung relevant sind. Parteien, Bürgerinitiativen, Gewerkschaften, kirchliche,
Gesang- und Sportvereine[10] werden deshalb einerseits nach dem Handlungsfeld, in
dem sie tätig sind, und ihrem funktionalen Primat, andererseits nach ihrer jeweiligen
Entwicklungsdynamik nach dem 2. Weltkrieg charakterisiert (Tabelle 1).

Ein wichtiges Unterscheidungskriterium besteht in der funktionalen Ausric h-
tung der Vereinigungen: Drei von ihnen zeichnen sich primär durch eine Auße n-
funktion aus, drei durch eine Binnenfunktion. Der Beitritt zu einer Partei, Bürgerini-
tiative oder Gewerkschaft ist aus Sicht des Neumitglieds in erster Linie dadurch
motiviert, daß es sich durch die kollektive Interessenorganisation Ziele zu verwirklichen erhofft, die *außerhalb* der Organisation liegen oder durch den *Außeneinfluß*
der Organisation erreicht werden können. Diese Ziele differieren je nach Handlungs-

---

9   Es soll damit nicht der Fehler begangen werden, Engagement mit Mitgliedschaft gleichzusetzen
    (Beck 1997c: 15f); Engagement und Integration finden genauso außerhalb von Vereinen statt. Doch
    kann die von Beck (1997d) beschworene „Selbstintegration der Individuen " auch in freiwilligen
    Vereinigungen erfolgen – und darauf spielt nicht zuletzt Beck selbst an, wenn er sich auf Tocque-
    ville und die „Kunst der freien Assoziation" beruft.

10 Die Auswahl dieser sechs Typen freiwilliger Vereinigungen erfolgt aus pragmatischen Gründen: Es
    handelt sich um jene Vereinigungen, zu denen Fragen im Wohlfahrtssurvey 1993 gestellt wurden.
    Dieser Datensatz ist deshalb ausgewählt worden, weil er auch relativ umfassende Angaben zu Le-
    bensstilen beinhaltet. Die sechs Typen gehören – abgesehen von diesen pragmatischen Erwägungen
    – zu den mitgliederstärksten Vereinigungen in Deutschland (Scheuch 1993: 167; ZA/ZUMA 1996:
    781-786).

feld der Organisation (vgl. dazu Alemann 1989: 70f.). Von Parteien und Bürgerinitiativen wird politischer Einfluß erwartet, wobei dieser im Fall der Bürgerinitiativen
meist lokal und punktuell auf spezifische Problemlagen fokussiert ist (Hegner 1980:
81ff). Gewerkschaftsmitglieder sind dagegen durch den Wunsch nach Einflußnahme
auf Entscheidungen im Bereich Wirtschaft/Arbeit (z.B. Lohnerhöhungen) motiviert.
Der Beitritt zu den drei Typen von Vereinen ist im Gegensatz dazu stärker von den
Binnenfunktionen der Vereinigungen geleitet. Die Motivation von Neumitgliedern
liegt hier in der Teilhabe an Clubgütern, die privat nicht (oder nur unter höheren
Kosten) bereitgestellt werden könnten (vgl. grundlegend Buchanan 1965). Gesang-
und Sportvereine agieren dabei im Bereich Freizeit/ Erholung, kirchliche Vereine je
nach spezifischer Ausrichtung im Bereich Religion/Kultur oder Soziales. Das Club-
gut, das in Gesangvereinen produziert wird, ist das mehrstimmige Singen, in Sportvereinen die Bereitstellung von Sportanlagen und Spielpartnern. Die kirchlichen
Vereine sind schwieriger einzuordnen, da sie je nach Zielsetzung sowohl eine starke
Binnenfunktion (gemeinsame Glaubenspflege) als auch eine starke Außenfunktion
(religiöse Missionierung und/oder sozial-karitatives Engagement) haben können.[11]
Die Funktionen, die spezifische Vereinigungen in der Realität für ihre Mitglieder
haben, sind natürlich vielschichtiger (Verba, Schlozman und Brady 1995: 108ff;
Knoke 1990: 118-121, 132f); sie wurden hier nach dem *typischen* Grund für den
Beitritt zu einer spezifischen Organisation verdichtet.[12]
    Ein weiteres Unterscheidungsmerkmal, die Entwicklungsdynamik der verschie-
denen Vereinigungen in der jüngeren Vergangenheit, ist deshalb von besonderem
Interesse, weil daraus Testimplikationen für die Erklärungskraft „alter" und „neuer"
Sozialstrukturkategorien abgeleitet werden können. Parteien und Gewerkschaften
gehören zu den Institutionen der etablierten Politik, die fest im politischen System
verankert sind: Parteien erfüllen einen Verfassungsauftrag, Gewerkschaften spielen
eine zentrale Rolle im Rahmen des korporatistischen Arrangements der Tarifauto-
nomie. Beide Organisationen werden hier wegen ihrer Etabliertheit als „alt" dekla-
riert. Das gleiche gilt für kirchliche und Gesangvereine, die beide sehr stark an einer
Pflege von Tradition und Brauchtum orientiert sind (Zimmer 1996: 78). Eine „neue"
Organisationsform stellen Bürgerinitiativen dar: Sie kamen in der Bundesrepublik
erst in den 1960er Jahren auf und werden als „postmoderne" Vereinstypen angesehen (ebd.: 48ff). Sportvereine sind nicht in diesem Sinne „neu", jedoch hat es seit
dem 2. Weltkrieg einen Boom der Mitgliederzahlen von Sportvereinen gegeben:
Waren 1953 etwa 12% der erwachsenen deutschen Bevölkerung in Sportvereinen
organisiert, lag dieser Anteil 1979 bei 27% (Noelle-Neumann und Piel 1983: 118-
121).

---

11   Die Klassifizierung nach Außen- und Binnenfunktion ähnelt stark der von Gordon/Babchuk (1959)
     vorgeschlagenen Unterscheidung von instrumentellen und expressiven Vereinigungen. Ähnlich
     findet man bei Knoke (1990: 56) die Unterscheidung von Organisationszielen nach „public-policy
     influence" und „member servicing"; und entsprechend können die Mitgliedermotivationen eher auf
     öffentliche Güter oder auf (private) selektive Anreize ausgerichtet sein (ebd.: 130).
12   Die vorgenommene Klassifizierung nach dem jeweiligen funktionalen Primat kann durch empiri-
     sche Befunde gestützt werden: vgl. Verba/Schlozman/Brady (1995: 115, Tab. 4.1), die sozial und
     politisch Aktive nach ihren Beteiligungsmotivationen fragten; vgl. ebenso Knoke (1990: 80, 119,
     134).

Tabelle 1: Klassifikation von sechs ausgewählten freiwilligen Vereinigungen nach Handlungsfeldern, funktionalem Primat und Entwicklungsdynamik

	Parteien	Bürger-initiativen	Gewerk-schaften	kirchliche Vereine	Musik-/ Gesangs-vereine	Sportvereine
Handlungs-feld:	Politik	Politik (lokal, punktuell)	Wirtschaft/ Arbeit	Religion/ Kultur; Soziales	Freizeit/ Erholung	Freizeit/ Erholung
funktionaler Primat der Vereinigung:	Außen-funktion (pol. Einfluß)	Außen-funktion (pol. Einfluß)	Außen-funktion (wirtschaftl. Einfluß)	Binnenfunk-tion (Club-Gut: Glau-benspflege) + Außenfunk-tion (religiös-sozialer Einfluß)	Binnenfunk-tion (Club-Gut: „Chor")	Binnenfunk-tion (Club-Gut: Sport-stätten und Spielpartner)
Entwick-lungsdynamik seit 2. Welt-krieg:	abnehmend seit Mitte der 70er/Anfang der 80er	steigend seit 60/70ern, inzwischen eher stagnie-rend	DGB kon-stant seit 50ern; DBB u. DAG abnehmend	stagnierend	stagnierend	steigend, v.a. in 60/70ern; Professionali-sierung.
Organisa-tionsform:	„alt"	„neu"	„alt"	(„alt")	(„alt")	„neu"

Quellen: Typologie der Handlungsfelder in Anlehnung an Alemann (1989: 71). Angaben zur Entwicklungsdynamik: Parteien: Rudzio (1991: 160); Bürgerinitiativen: Rudzio (1991: 68), Statistisches Bundesamt (1994: 556); Gewerkschaften: Armingeon (1988: 461); Vereine: Noelle-Neumann und Piel (1983: 121), Zimmer (1996: 73, 78, 97-101), Statistisches Bundesamt (1997: 605); Sportvereine: Winkler, Karhausen und Meier (1985: 283f), Scheuch (1993: 161).

Die Mitgliederstatistik des Deutschen Sportbundes zeigt, daß von Mitte der 60er bis Anfang der 80er Jahre jährlich etwa 1% der Bevölkerung Neumitglieder in Sportvereinen wurden (Winkler, Karhausen und Meier 1985: 283f). Zudem haben sich Sportvereine von subkulturellen Vereinen („Arbeiterturnverein") zu modernen Dienstleistungseinrichtungen gewandelt (Zimmer 1996: 73). Aus diesen Gründen erachte ich sie hier als „neue" Formen freiwilliger Vereinigungen. Die „alten" Organisationen zeichnen sich durch eine Stagnation oder Abnahme ihrer Mitgliederzahlen aus. Das gilt für die Parteien etwa seit Mitte der 1970er, für Gewerkschaften schon seit längerer Zeit (vgl. für Literatur Tabelle 1). Auch die Bedeutung kirchlicher Vereinigungen läßt etwas nach, zumindest die von Vereinen zur reinen Glaubenspflege, weniger die von Verbänden der Wohlfahrtspflege (wie der Caritas) (Zimmer 1996: 97-101). Zusammengenommen kann ihre Entwicklungsdynamik aber als stagnierend angesehen werden (Scheuch 1993: 167). Die soeben diskutierten Kennzeichen der verschiedenen Vereinigungen werden bei der Ableitung empirisch testbarer Hypothesen wieder aufgegriffen.

2.2 Klassen – eine traditionale Form sozialer Integration

Die Zugehörigkeit zu einer bestimmten sozialen Klasse wird üblicherweise an der beruflichen Position festgemacht, die ein Akteur innehat. Bei der Festlegung eines Klassenschemas kommt es deshalb darauf an, die Struktur beruflicher Positionen in möglichst sinnvoller Weise so zu differenzieren, daß sich die Angehörigen einer Klasse durch ähnliche Arbeitsbedingungen und damit zusammenhängende Intere ssen auszeichnen. Für diesen Zweck ist eine simple Dichotomie von „Arbeitern" und „Bourgeoisie" ebenso unzureichend wie eine Klassifikation nach der statistisch-sozialrechtlichen beruflichen Stellung (Arbeiter, Angestellte und Beamte). Die aktuelle klassentheoretische Debatte kreist vor allem um die Frage, wie das Handeln der quantitativ großen und intern heterogenen „Mittelklassen" am besten verstehbar gemacht werden könne (Wright 1985; Butler und Savage 1995; De Graaf und Steijn 1996). Ein vielversprechender Vorschlag ist jüngst von W. Müller (1998) gemacht worden. Ausgangspunkt seiner Überlegungen ist das Klassenschema von Goldthorpe (Erikson und Goldthorpe 1992: 28-47). Die Klassenzugehörigkeit einer Person ist darin durch deren relationale Position in der Struktur der Beschäftigungsverhältnisse definiert. Konkret werden als Klassifikationskriterien u.a. die Art des Beschäftigungsverhältnisses (klassischer Arbeitsvertrag vs. Dienstverhältnis), das Ausmaß an Entscheidungs- und Delegationsbefugnissen, die Kontrolle am Arbeitsplatz und die Art verrichteter Tätigkeiten herangezogen. Müller (1998) rekonzeptualisiert an diesem Schema die Einteilung der Dienstklassen. Er unterscheidet dabei drei Fraktionen: (a) die administrative Dienstklasse, deren Angehörige eng in administrative Hierarchien eingebunden seien und deren Interessenlage der der jeweiligen Unternehmensleitung bzw. Behörde ähnele; (b) die Berufe der sozialen Dienstleistungen, die durch hohe Autonomie im Beschäftigungsverhältnis und starke Fürsorgenormen gekennzeichnet seien; sowie (c) die Experten, bei denen sich hohe professionelle Expertise, Autonomie und eine Klientelorientierung in ihrer Interessenausrichtung niederschlagen würden. Somit werden in den folgenden Analysen sechs Klassen bzw. Klassenfraktionen unterschieden:[13]

I+II	Dienstklassenfraktionen:
(a)	*Administrative Dienstklasse* (z.B. leitende Angestellte und Beamte, Management, Juristen)
(b)	*Experten* (z.B. Ingenieure, Architekten, Chemiker, Mathematiker)
(c)	*Soziale Dienstleistungen* (z.B. medizinische Berufe, Lehrer, Sozialarbeiter, Künstler)
IIIab	*Nichtmanuell, ausführend Tätige* (z.B. einfache und mittlere Angestellte in Handel und Verwaltung)
IVabc	*Kleinbürgertum* (Selbständige und selbständige Landwirte)
V/VI/VIIab	*Arbeiter* (Arbeiterelite, Facharbeiter, ungelernte Arbeiter, Landarbeiter)

Nach Weber (1972: 531) wird eine „Klasse" durch eine Mehrzahl von Menschen konstituiert, denen eine spezifische, ökonomisch (und marktmäßig) bedingte Komponente ihrer Lebenschancen gemeinsam ist. Auf dieser Grundlage kann es zu einem „Gemeinschaftshandeln" der Klassenangehörigen kommen, soweit diese wechselseitig aneinander orientiert sind; es ist aber auch gleichartiges Verhalten in Form von „Massenhandeln" möglich (ebd.: 532f). Aus der sozialen Kategorie „Klasse" wird eine *„soziale Klasse"*, wenn die ihr zugehörigen Personen sich durch aneinander orientiertes Handeln, eine spezifische Interaktionsdichte, klassenspezifische soziale Mobilität oder ähnliche Wertorientierungen auszeichnen (Lepsius 1979: 182ff). Im einzelnen ist es jedoch Definitionssache, welche Kriterien eine soziale Klasse und damit die „Strukturbedeutung" von Klassen ausmachen. Lepsius (1979) diskutiert mit den Kriterien Lebenslage, Interessenformierung und Klassenkultur

---

13 Die römischen Ziffern beziehen sich auf das Klassenschema nach Goldthorpe.

einen sehr weitgefaßten Klassenbegriff. Die „soziale Klasse" bei Beck steht auf einem ähnlich breiten Fundament, wenn sie als Identität und Alltagsorientierung bietende, soziale Integration vermittelnde Instanz aufgefaßt wird. Da hier die Beck´sche Individualisierungsthese zur Debatte steht, nehme ich solch einen weiten Klassenbegriff zum Ausgangspunkt der Argumentation. In diesem Sinn sind klassenspezifische Unterschiede auch im Hinblick auf Bindungen an freiwillige Vereinigungen denkbar. Statistische Klasseneffekte können dabei sowohl Ausdruck von Klasseninteressen (die engere Interpretation) als auch von Klassenkulturen (die weitere Interpretation) sein. Klassenhandeln kann interessengeleitet sein, wenn sich z.B. Arbeiter in Gewerkschaften organisieren, um Lohnerhöhungen mit Hilfe eines großen Streikpotentials durchzusetzen, oder wenn Konditoreiinhaber (und andere kleine Selbständige) Gesangvereinen beitreten, um ihren Bekanntheitsgrad vor Ort zu erhöhen. Andererseits mögen spezifische Klassen in bestimmten Vereinen deshalb überrepräsentiert sein, weil der Arbeitsplatz ein Rekrutierungsfeld für Neumitglieder ist oder weil eine Berufskultur bis in den Freizeitbereich hineinreicht (wie klassisch im Fall der Arbeitervereine).

2.3 Lebensstile – eine „neue" Form sozialer Integration?

Lebensstilgruppen wurden in Abschnitt 1 als eine möglicherweise zeitgemäße Form sozialer Integration ausgemacht. Dieser Position zufolge sind Individuen heute weniger in klassenkulturell geprägte Milieus eingebunden als vielmehr in alltagsästhetisch segmentierten, häufig massenmedial vermittelten Milieus gruppiert (Flaig, Meyer und Ueltzhöffer 1993: 23ff). Es wird dabei angenommen, daß sich soziale Akteure primär *über ihre Lebensstile* sozial orientieren und sich *über ihre Lebensstile* von anderen Akteuren und Gruppen abgrenzen. Lebensstilen kämen vor allem drei zentrale Funktionen zu, nämlich erstens die Ermöglichung von Alltagsroutine (Orientierung), zweitens die Sicherung personaler und sozialer Identiät und drittens Distinktion gegenüber anderen sozialen Gruppen (Lüdtke 1989: 41). Ich verstehe Lebensstile hier in diesem Sinne als relativ stabile Muster der individuellen Organisation und expressiven Gestaltung des Alltags. In handlungstheoretischer Perspektive könnten Lebensstile die subjektive Handlungslogik von Akteuren sinnhaft verstehbar(er) machen: Ein bestimmter individueller Lebensstil „erleichtert die Bewertung von Alternativen und damit die Selektionsentscheidung durch den Akteur, indem dieser ggf. auf eine bewährte Strategie, auf erworbene Gewohnheiten und Rahmen zurückgreifen kann, die ihm die Risikokosten neuer Alternativen zu verringern helfen [...]" (Lüdtke 1995: 38).

Wie läßt sich ein solches Konzept von Lebensstilen empirisch operationalisieren? In der Lebensstilforschung werden Operationalisierungen entweder über Wertorientierungen (z.B. SINUS o.J.; Vester et al. 1993) oder über Verhaltensindikatoren (z.B. Schulze 1992; Lüdtke 1989) oder über Mischformen aus beiden (z.B. Spellerberg 1996) vorgenommen. Der Vorteil eines Wertorientierungsansatzes besteht darin, daß spezifische Handlungslogiken der Akteure mit den empirischen Indikatoren erfaßt werden können (etwa Lebensziele, Wichtigkeit von Lebensbereichen, etc.). Darin liegt aber gleichzeitig eine Schwäche dieses Vorgehens: Da Handlungsorientierungen (Werte, Präferenzen) nicht manifest und nicht beobachtbar sind, erfordert deren valide Erfassung mittels Umfragen ein theoretisch wohlbegründetes und empirisch validiertes Instrumentarium. Diese Voraussetzung ist aber bei den meisten quantitativen Standardindikatoren nicht gegeben.[14] Demgegenüber kann Verhaltensindikatoren eine weitaus größere Validität beigemessen werden. Zu diesen Indikatoren werden Freizeitaktivitäten, Besuch von Einrichtungen, alltagsästhetischer Geschmack (Musik, Fernsehen, etc.) sowie Merkmale der Stilisierung (Kleidung, Wohnungseinrichtung) gezählt. Bei diesen Maßen wird eher darauf abgezielt, bereits *bekundete* Präferenzen (Varian 1995: 111ff) zu erfassen. Damit ist allerdings das Problem verbunden, die dem geäußerten Verhalten zugrundeliegenden Handlungsorientierungen zu identifizieren. Erschwert wird diese Interpretation des theoretischen Gehalts von Lebensstilen dadurch, daß Lebensstile immer multidimensional gebildet werden und somit Syndromcharakter haben. Aus diesem Grund sehe ich den von Spellerberg (1996) eingeschlagenen Weg als problematisch an, Lebensstile als Kombination von Wertorientierungen und Verhalten zu operationalisieren, ohne deren „Mischungsverhältnis" zu begründen – der Stellenwert der beiden Dimensionen innerhalb des Lebensstilsyndroms wird somit eher verdeckt als erhellt.

Die von mir vorgenommene Lebensstiloperationalisierung orientiert sich an der oben genannten Definition von Lebensstilen mit den Kriterien:

- relative *Stabilität* von Lebensstilen,
- *Individuen* als Träger von Lebensstilen,
- *expressiver* Charakter von Lebensstilen,
- *alltägliche* Lebensführung als Ansatzpunkt.

Als Ausgangspunkt der Lebensstilbildung wurden Items aus sieben „Performanzfeldern" (Lüdtke) ausgewählt: Freizeitaktivitäten (18 Items); Interesse an Inhalten der Tageszeitung (8); Musikgeschmack (11); Fernsehinteressen (15); Literaturpräferenzen (12); Kleidungsstil (13); Einrichtungsstil der Wohnung (8). Es handelt sich also ausschließlich um Verhaltens- und Geschmacksindikatoren, die den expressiven (nach außen gerichteten und wahrnehmbaren) Charakter von Lebensstilen abbilden. Untersuchungseinheiten sind dabei Individuen (nicht Haushalte). Es wird eine relative biographische Stabilität der von ihnen geäußerten Merkmale angenommen – so etwa, daß sich der subjektive Musikgeschmack nicht ständig ändert. In gewisser Weise unvollständig ist die Messung der „alltäglichen Lebensführung", denn es gehen vorrangig Variablen in die Analyse ein, die stark im Freizeit- und Stilisierungsbereich anzusiedeln sind. Für eine theoretisch besser begründete Lebensstiltypologie müßte man überdenken, inwieweit auch Angaben zur beruflichen und familiären Situation einzubeziehen wären.

Gemäß einem verbreiteten Vorgehen der quantitativen Lebensstilsoziologie wurden die oben genannten Items für jedes Performanzfeld separat mit Faktorenanalysen vorstrukturiert, so daß die insgesamt 85 Items auf 25 Faktoren reduziert wur-

---

14 Was bedeutet z.B. die Frage nach der Wichtigkeit von „Familie" (vgl. Noelle-Neumann und Piel 1983: 93f)? Ein 18jähriger Befragter denkt vielleicht dabei an seine Herkunftsfamilie, der nächste versteht darunter den Ehepartner, ein anderer fragt sich, ob zu „Familie" auch seine Kinder zu rechnen sind, wieder ein anderer denkt möglicherweise an den traditionellen 3-Generationen-Haushalt. Analog sind die subjektiven Anspruchsniveaus der Befragten unklar, wenn etwa nach der Wichtigkeit des Lebensziels „Sinnvolle Arbeit" gefragt wird. Ein anderes Problem ergibt sich dadurch, daß Personen Dinge, die für sie selbstverständlich sind, tendenziell unterbewerten. So wird z.B. von Gruppen, die materiell wohlsituiert sind, die Wichtigkeit ihres Einkommens unterdurchschnittlich wertgeschätzt, obwohl die Aufrechterhaltung ihres Lebensstils davon abhängt. Schließlich könnte es im Extremfall zu einer Präferenzbildung erst in der Befragungssituation kommen.

den. Die individuellen Faktorwerte auf diesen Faktoren dienten sodann als Eingangsmaterial für Clusteranalysen, in denen sechs Lebensstilgruppen für Westdeutschland identifiziert werden konnten. Das methodische Vorgehen wird hier nicht dezidiert erörtert, da dies bereits in einer anderen Publikation ausführlich geschehen ist (Otte 1997: 308-312)[15] und hier auf dieselbe Typologie zurückgegriffen wird. Im folgenden werden die sechs Typen kurz charakterisiert:

1   *Niveautypus:* stark hochkulturelle Neigungen im Hinblick auf Literatur, Fernsehen und Musik; hohes Interesse an politischer Bildung; überdurchschnittlich häufige Freizeitgestaltung mit Theater/Konzert, Buchlektüre und künstlerischen Tätigkeiten; Wertschätzung von Qualität bei Kleidung und Einrichtung; Distanz zum Spannungsschema[16]

2   *Integrationstypus:* generell sehr vielseitige Präferenzen; Neigungen zum Trivialschema; Interesse an Politik und Sport; handwerkliche Freizeitgestaltung (Haus, Garten und Natur); Stilisierung schwankt zwischen qualitätsorientiert, behaglich-praktisch-funktionell und unauffällig-zeitlos.

3   *Harmonietypus:* starke Neigung zur Trivial-/Volkskultur und Abneigung gegenüber Spannungs- und Hochkulturschema; starke Haus- und Heimatzentrierung im Freizeitverhalten (Fernsehen); Desinteresse an politischen Zeitungs- und Fernsehinhalten; Tendenz zu unauffälliger Kleidung und preisgünstiger Wohnungsausstattung.

4   *Selbstverwirklichungstypus:* Hochkulturelle Neigung sowie Interesse an Selbsterfahrung (Literatur), Distanz gegenüber Trivialschema; geringes Fernsehinteresse; Ausrichtung der Freizeit auf Weiterbildung, Buchlektüre und Computer; Interesse an Politik, Distanz gegenüber Sport; kaum eindeutige Stilisierungsmerkmale.

5   *Sportorientierter Unterhaltungstypus:* Starkes Interesse an aktivem und passivem Sportkonsum; eindeutige Präferenz des Spannungsschemas (Rock, Pop, Science Fiction, Sport, Action); Freizeitgestaltung zwischen Sport und Kneipe; Distanz zu Hoch- und Trivialkultur; sportlich-bequeme Kleidung.

6   *Passiver Unterhaltungstypus:* Präferenz von leichter Unterhaltung (Pop-Musik und Schicksalsromane); Freizeitgestaltung mit Faulenzen und Musikhören; politisch allenfalls lokal interessiert; Distanz zur Hochkultur; auffallend-körperbetonte, jugendliche Kleidungsstilisierung; tendenziell moderne Wohnungseinrichtung.

Die Benennung der Lebensstiltypen ist an Schulze (1992: Kap. 6) angelehnt, weil ihre inhaltliche Charakterisierung der der sozialen Milieus bei Schulze auffallend entspricht. Damit ist auf einer anderen Datenbasis, dem Wohlfahrtssurvey 1993, Schulzes – bekanntlich in Nürnberg angesiedelte – „Erlebnisgesellschaft" annähernd bestätigt worden. Auf zwei Unterschiede ist jedoch hinzuweisen. Schulzes Unterhaltungsmilieu ist hier in zwei Untertypen aufgespalten worden, die beide dem Spannungsschema nahestehen, aber in unterschiedlicher Weise: der eine außerhäus-

---

15   Dort finden sich auch eine umfangreichere Diskussion zur theoretischen Konzeptualisierung und zur Operationalisierung von Lebensstilen sowie eine ausführlichere Beschreibung der sechs Lebensstiltypen.

16   Es wird hier – gerade bezüglich des alltagsästhetischen Geschmacks – häufig auf die alltagsästhetischen Schemata von Schulze (1992: Kap. 3) Bezug genommen. Schulze unterscheidet das Hochkulturschema (mit einem Bedeutungsgehalt von Kontemplation und Perfektion), das Trivialschema (Gemütlichkeit und Harmonie) und das Spannungsschema (Action und Narzißmus).

lich-sportorientiert (und zu 87% von Mä nnern dominiert), der andere häuslich-passiv (und zu 77% weiblich). Ferner ist der hier identifizierte Selbstverwirkli-chungstypus stärker dem Hochkulturschema und weniger stark als bei Schulze dem Spannungsschema zugeneigt. Bestätigt werden kann Schulzes Anordnung der Typen nach Alters- und Bildungsaspekten. Es lassen sich drei „ältere" Lebensstiltypen mit einem Durchschnittsalter zwischen 45 und 47 Jahren [17] (die drei erstgenannten T y-pen) und drei „jüngere" mit einem Durchschnittsalter zwischen 33 und 36 Jahren (die drei letztgenannten) unterscheiden. Innerhalb dieser Dreiergruppen zeigt sich jeweils ein deutliches Bildungsgefälle, so daß insgesamt der Selbstverwirklichungs- und Niveautypus die höchste durchschnittliche Bildung (61% bzw. 42% mit Abitur) aufweisen, gefolgt vom sportorientierten Unterhaltungstypus (27%), dem passiven Unterhaltungstypus (16% Abitur, 49% Hauptschule), dem Integrations- und dem Harmonietypus (68% bzw. 80% Hauptschule) (Otte 1997: 313-317).

Die Beschreibung der Typen läßt erwarten, daß zumindest im Hinblick auf eini-ge der untersuchten freiwilligen Vereinigungen spezifische Präferenzen der Leben s-stilgruppen deren Organisationsgrad bedingen sollten: z.B. das Ausmaß sportlichen Interesses, die Mitgliedschaft in Sportvereinen oder das Interesse an politischer Information in den Medien, das Engagement im politischen Bereich. Somit kann nun zur Ableitung testbarer Hypothesen übergegangen werden.

3. Daten, Hypothesen und Modellspezifikation

Wie bereits die Erstellung der Lebensstiltypologie beruhen auch die folgenden Analy-sen auf Daten des Wohlfahrtssurvey 1993. Dieser Datensatz ist einer der wenigen, in denen Lebensstile mit Verhaltensindikatoren erhoben worden sind. Da sich in West- und Ostdeutschland verschiedene Milieu- und Lebensstillagerungen finden (z.B. Bek-ker, Becker und Ruhland 1992; Spellerberg 1996), wird die Untersuchung auf Wes t-deutschland begrenzt. Wegen des im Vergleich zu Ostdeutschland weitaus weniger starken sozialen Wandels in der jüngsten Vergangenheit kann im Westen von stabil e-ren Lebensstilgruppierungen und Klassenstrukturen ausgegangen werden. Di Fallzahl für die folgenden Modelle beträgt 1320. Untersucht werden nur Mitgli d-schaften von Personen deutscher Staatsangehörigkeit im Alter von 18 bis 61 Jahren (vgl. Fußnote 17). Eine rigorose Überprüfung der Individualisierungsthese würd Längsschnittdaten erfordern, da Individualisierung einen Prozeß bezeichnet (Schnell und Kohler 1995). Weil diese zur Modellierung von Lebensstilen kaum zur Verf ü-gung stehen, wird im folgenden versucht, mit Hilfe von Testimplikationen Aussagen über den Individualisierungsprozeß empirisch zu prüfen.

Um Hypothesen bezüglich der Erklärungskraft von Klassen und Lebensstilen abzuleiten, ist ein erneuter Blick auf die freiwilligen Vereinigungen nötig. Es muß dabei konstatiert werden, daß die einzelnen Typen von Vereinigungen in sich sehr heterogen sein können – und dies hat Konsequenzen für die Aussagekraft der una b-hängigen Variablen. So ist anzunehmen, daß die Mitglieder eines Tennisclubs sich in ihren Merkmalen und Motivationen von denen eines Fußballvereins untersche i-

---

17   Der Lebensstilfragebogen des Wohlfahrtssurvey 1993 richtete sich nur an Personen deutscher
     Nationalität im Alter zwischen 18 und 61 Jahren. Diese Gruppe der Westdeutschen stellt also die
     hier untersuchte Grundgesamtheit dar.

den; ähnliches gilt vermutlich für das breite Spektrum der Bürgerinitiativen. Solche „feinen Unterschiede" können mit den vorliegenden Daten leider nicht herausgefunden werden, da die Mitgliedschaften nicht differenzierter erfragt wurden. Die Analysen zielen deshalb auf eine Erklärung dahingehend, welche sozialen Gruppen *grundlegend* daran interessiert sind, sich in einem bestimmten Organisations*typus* zu engagieren. Eine zweite Einschränkung besteht darin, daß keine Angaben darüber vorliegen, *in welchem Ausmaß* ein solches Engagement erfolgt: Passive, vielleicht lediglich nominale Mitglieder können hier nicht von Aktivisten getrennt werden. In den meisten Fällen ist aber wenigstens ein gewisses Maß von aktivem Engagement (Teilnahme an Mitgliederversammlungen; Nutzung von Einrichtungen, etc.) anzunehmen, da eine Mitgliedschaft individuelle Kosten (z.B. Mitgliedsbeiträge) mit sich bringt, für die ein Mitglied in der Regel einen Gegenwert erwartet. Zudem sollte ein eminentes Interesse an der freiwilligen Vereinigung zumindest zum Zeitpunkt der (freiwilligen) Beitrittsentscheidung bestanden haben – insofern sind selbst „Karteileichen" aussagekräftig.

Angesichts der unterschiedlichen Handlungsfelder der freiwilligen Vereinigungen sind Unterschiede in der Erklärungskraft der Sozialstrukturkonzepte zu erwarten. Da die Klassenzugehörigkeit unmittelbar aus der beruflichen Position abgeleitet wird und u.a. berufliche Interessen zum Ausdruck bringt, sollte das Klassenkonzept Mitgliedschaften in Organisationen, die im Handlungsfeld Wirtschaft/Arbeit angesiedelt sind, besser erklären können als das Lebensstilkonzept. Das gilt also in Bezug auf die Gewerkschaftsmitgliedschaft. Umgekehrt sollten Lebensstile, die stärker in der soziokulturellen als in der sozioökonomischen Dimension der Sozialstruktur ansetzen und mit Hilfe von Freizeitaktivitäten und alltagsästhetischem Geschmack modelliert worden sind, besser die Mitgliedschaft in Vereinigungen der Handlungsfelder Freizeit/Erholung und Religion/Kultur erklären können. Das sollte folglich im Hinblick auf Sport-, Gesang- und kirchliche Vereine der Fall sein. Somit kann als erste Hypothese formuliert werden:

Hypothese 1: Lebensstile erklären besser als Klassen Mitgliedschaften in Vereinigungen in den Bereichen Freizeit und Kultur, also in kirchlichen, Gesang- und Sportvereinen. Klassen erklären besser als Lebensstile Mitgliedschaften in Vereinigungen im Handlungsfeld Arbeit/Wirtschaft, also in Gewerkschaften.

Neben dem Handlungsfeld ist oben die Entwicklungsdynamik der verschiedenen Vereinigungen in den letzten Jahrzehnten betrachtet worden. Dabei wurden etablierte, „alte" und neu entstandene oder restrukturierte, „neue" Organisationen unterschieden. Bezüglich der Erklärungskraft der Sozialstrukturkonzepte läßt sich schließen, daß mit der traditionalen Form sozialer Integration in Klassen die Mitgliedschaft in Organisationen „alten" Typs besser erklärbar sein sollte als mit Lebensstilen, einer möglichen neuen Form sozialer Integration. Das betrifft in erster Linie die Parteien und Gewerkschaften als etablierte Institutionen des politischen Systems. Umgekehrt sollten Lebensstile das Engagement in „neueren" Organisationsformen besser als Klassen erklären können, also die Mitgliedschaft in Bürgerinitiativen und Sportvereinen. Über kirchliche und Gesangvereine wird an dieser Stelle keine Aussage gemacht, da ihre Entwicklung durch Stagnation gekennzeichnet ist.

Hypothese 2: Lebensstile erklären besser als Klassen die Mitgliedschaft in „neuen" Organisationsformen, nämlich in Bürgerinitiativen und Sportvereinen, Klassen bes-

ser als Lebensstile die in „alten" und von Mitgliederschwund betroffenen Organisationsformen wie politischen Parteien und Gewerkschaften.

Nimmt man die beiden Hypothesen zusammen, fällt auf, daß zwei Typen freiwilliger Vereinigungen in beiden angesprochen werden, nämlich Gewerkschaften und
Sportvereine. Da der Klassen- bzw. Lebensstileffekt sozusagen zweimal zum Wirken kommt, sollten sich bei diesen zwei Organisationen die beiden Sozialstrukturkonzepte am stärksten in ihrem Erklärungsgehalt unterscheiden: Die Gewerkschaftsmitgliedschaft sollte also *deutlich* besser durch das Klassenschema, die Mitgliedschaft in Sportvereinen *deutlich* besser durch die Lebensstiltypologie erklärbar sein.
Was bedeuten die bisherigen Hypothesen für die Individualisierungsthese? Hypothese 1 bezieht sich nur auf die Reintegrationsdimension der Individualisierungsthese. Es wird darin lediglich postuliert, daß Lebensstile in gewissen Handlungsfeldern freiwilliger Vereinigungen erklärungskräftig sind und Klassen in anderen.
Hypothese 2 dagegen versucht, eine zeitliche Dimension zu berücksichtigen, indem
Mitgliedschaften in „alten" Vereinigungen eher durch die (traditionale) Klassenzugehörigkeit erklärbar sein sollten, solche in „neuen" Vereinigungen eher durch die
(„neue") Lebensstilstrukturierung. Mit dieser Hypothese wird die Vermutung überprüft, daß relativ neuartige Phänomene durch ein erst neuerdings strukturbedeutend
gewordenes Sozialstrukturkonzept besser erklärbar sein sollten. Bestätigt sich diese
Hypothese, könnte man darin ein Indiz sehen, daß eine Ablösung traditionaler durch
postindustrielle Muster der sozialen Integration stattfindet.
Bisher ist nur die Erklärungskraft der Sozialstrukturkonzepte *insgesamt* in den
Mittelpunkt gestellt worden. Es läßt sich jedoch eine weitere Hypothese ableiten,
wenn man sich den *einzelnen sozialen Gruppen* (Klassen wie Lebensstilgruppen)
zuwendet. Diese werden in einer bestimmten Rangordnung der Zu- bzw. Abneigung
gegenüber spezifischen Vereinigungstypen stehen. Soziale Gruppen heben sich oft
durch unterschiedliche Interessen und Präferenzen voneinander ab und stehen ein-
ander bisweilen distinktiv oder sogar konfliktorisch gegenüber. Solch ein – zumindest latent vorhandenes – Konfliktmuster ist hinsichtlich der Klassenstruktur seit
langem bekannt (Lipset und Rokkan 1967; Lepsius 1979; Pappi 1991; Müller 1998).
Aber auch hinsichtlich der Lebensstilgruppen kann eine Praxis alltagsästhetischer
Distinktionen angenommen werden (Bourdieu 1982; Berking und Neckel 1987,
1990; Flaig,Meyer und Ueltzhöffer 1993: 23ff; Schulze 1992: Kap. 8; Müller-
Schneider 1994). Die Individualisierungsthese läßt dabei ein bestimmtes Muster
erwarten, und zwar sollten die Präferenzen *innerhalb* von „älteren" und „neueren"
sozialen Klassen und Lebensstilgruppen unterschiedlich stark divergieren. Wenn es
nämlich zutrifft, daß im Zuge der Individualisierung der Modus der sozialen Integration durch Klassen abgelöst wird von dem durch Lebensstile, dann sollte man
erwarten, daß sich innerhalb des traditionalen Modus die *traditionellen, älteren
Klassen* am stärksten in ihren Präferenzen gegenüberstehen und innerhalb des neuen
Modus die *jüngeren Lebensstilgruppen.* Dies sollte für Mitgliedschaften in *allen*
freiwilligen Vereinigungen gelten. In diesem Sinne werden die Klassen und Lebensstilgruppen nach „neuen"/„expandierenden"/„jüngeren" versus „traditionellen"/„älteren" Gruppierungen unterteilt. Bei den Klassen wird das traditionelle Klassencle-
avage durch die Arbeiter und das Kleinbürgertum symbolisiert; die übrigen Klassen
(die drei Dienstklassenfraktionen und die nichtmanuell Ausführenden) sind demgegenüber „neuere", quantitativ expandierende Gruppierungen, die im weitesten Sinne
zu den „Mittelklassen" gezählt werden können (Müller 1998). Bei den Lebensstilty-

pen können die drei vom Durchschnittsalter und Lebensstil her deutlich „älte ren"
(Niveau-, Integrations- und Harmonietypus) von den drei „jüngeren " Gruppen
(Selbstverwirklichungs-, sportorientierter und passiver Unterhaltungstypus) unte r-
schieden werden. Folgende Logik liegt der Hypothese zugrunde: In „älteren " Klassen wird noch relativ stark der traditionale Modus der Vergesellschaftung (über die
berufliche Eingebundenheit) gepflegt und damit auch ein Gegensatz in den Organ i-
sationsmitgliedschaften zwischen den Klassen aufrechterhalten. Dies gilt pointiert
für die Gewerkschaften, in denen die Arbeiter traditionell stark, das Kleinbürgertum
aber (interessenbedingt) kaum vertreten ist. In den im Vergleich dazu neueren und
expandierenden Klassen sollte die Diskrepanz zwischen den einzelnen Gruppen
weniger ausgeprägt sein und sich in einem homogeneren, klassenunspezifischeren
Mitgliedschaftsverhalten niederschlagen. Dies geschieht, weil in diesen Klassen eine
geringere Vergesellschaftungswirkung von der beruflichen Position und dem A r-
beitsplatz ausgeht. Stattdessen findet die soziale Integration in jüngerer Zeit – gemäß der Individualisierungsthese – in anderen sozialen Formationen, hier: Lebensstilgruppen, statt. Folglich müßten sich die jüngeren Lebensstilgruppen durch eine
stärkere Distinktionspraxis voneinander abgrenzen als die älteren. Innerhalb der
älteren Gruppen (mit dem höheren Durchschnittsalter und konventionelleren Stilen)
wirkt die Lebensstilstrukturierung nur sekundär, da diese Gruppen noch stärker in
der Klassenstruktur das zentrale gesellschaftliche Cleavage sehen.[18]

Hypothese 3: Im Hinblick auf alle freiwilligen Vereinigungen differieren die „tra di-
tionellen" Klassen (Arbeiter und Kleinbürgertum) stärker in ihren Mitgliedschaften
als die „neueren". Gleichzeitig differieren die „jüngeren" Lebensstiltypen in ihren
Mitgliedschaften stärker als die „älteren".

Das Zutreffen dieser Hypothese wäre ähnlich wie das von Hypothese 2 ein Indiz
dafür, daß im Laufe der Zeit der konventionelle Modus sozialer Integration durch
einen neuen überlagert wird. Darüber hinaus könnte aber mit Hypothese 3 gezeigt
werden, daß sich beide Modi durch eine spezifische Distinktionsstruktur sozialer
Gruppen auszeichnen.
    Es fragt sich nun, mit welchen Maßzahlen die Erklärungskraft der Sozialstruk-
turkonzepte und die Gruppendifferenzen erfaßt werden können. Die statistische Modellbildung erfolgt über binäre logistische Regressionen (Andreß, Hagenaars und
Kühnel 1997: Kap. 1 und 5), da die abhängigen Variablen dichotom sind und nur
die Ausprägungen „Mitgliedschaft" (=1) oder „Nicht-Mitgliedschaft" (=0) annehmen können. In einem sog. Nullmodell, in dem keine unabhängigen Variablen en t-
halten sind, ist in der abhängigen Variable eine bestimmte Streuung („Devianz ")
existent, die allein durch die jeweilige Anzahl der Fälle mit einer der zwei Auspr ä-
gungen bestimmt ist. Diese Devianz kann durch die Einbeziehung unabhängiger
Variablen, die als Erklärungsfaktoren für die jeweilige Mitgliedschaft angesehen
werden, reduziert werden. Dadurch verbessert sich die Erklärungs- bzw. Prognos e-
kraft des Gesamtmodells. Die Verbesserung, die durch eine Variable oder Vari ab-
lengruppe ausgelöst wird, wird hier mit Hilfe der Likelihood-Ratio-Statistik (L²)

---

18   In dieser Argumentation verbirgt sich zu einem gewissen Teil eine Sozialisationsannahme: Soziale
     Gruppen nehmen in erster Linie die gesellschaftlichen Strukturierungslinien wahr, die sie über eine
     längere Zeit hinweg gewöhnt sind, und richten ihr Verhalten daran aus. Deshalb verhalten sich die
     älteren Gruppen eher gemäß der traditionalen Vergesellschaftungs- und Distinktionslogik, die ju n-
     geren gemäß der neueren.

erfaßt, die chi²-verteilt ist und deren statistische Signifikanz somit bestimmt werden kann. Die Gruppendifferenzen werden anhand der Regressionskoeffizienten (b-Koeffizienten) der einzelnen Klassen bzw. Lebensstilgruppen gemessen.

Ein Problem gerade im Bereich der Lebensstilsoziologie besteht darin, daß häufig nur bivariat modelliert und argumentiert wird. Da aber Lebensstile nicht vorausssetzungslos, sondern eingebunden in Opportunitätenstrukturen und abhängig von Restriktionen sind, existiert immer die Gefahr von Scheinkorrelationen. Findet man z.B. einen Zusammenhang zwischen Lebensstilen und der Mitgliedschaft in Bürgerinitiativen, wäre es denkbar, daß diese Korrelation nur deshalb besteht, weil *sowohl* Lebensstile *als auch* die Mitgliedschaft in Bürgerinitiativen durch das individuelle Bildungsniveau oder die Kohortenzugehörigkeit bedingt sind. Um solche Interdependenzen zwischen verschiedenen Einflußfaktoren zu kontrollieren, werden im folgenden vorwiegend *multiple* Regressionsmodelle verwendet. Durch Kontrolle einer Reihe von Drittvariablen kann herausgefunden werden, ob Klassen und Lebensstilen eine Erklärungskraft zukommt, die auch *unabhängig* von anderen Faktoren weiterbesteht.

Wie aber sollen die multiplen Modelle spezifiziert werden? Als Ausgangsmodell wird ein – weitgehend sozialstrukturelles – Basismodell genommen. Darin sind Variablen enthalten, die für individuelle Akteure als Anreize bzw. Restriktionen fungieren, sich in freiwilligen Vereinigungen zu engagieren. Das Basismodell wird für alle Vereinigungstypen verwendet und umfaßt die Variablen Geschlecht, Kohortenzugehörigkeit, Bildung, Einkommen, Religionszugehörigkeit in Verbindung mit Kirchgangshäufigkeit, Wohnort. Die meisten dieser Variablen sind der Klassen- und Lebensstilzugehörigkeit kausal vorausgehend und dienen der Kontrolle von Scheinkorrelationen; oder aber sie sind eine direkte Folge davon: z.B. hängt die Einkommenssituation einer Person von ihrer beruflichen Position ab. Abgesehen von der Funktion einer reinen Drittvariablenkontrolle lassen sich die Variablen des Basismodells wie folgt begründen:[19] Organisationsmitgliedschaften sind – mit Ausnahmen im kirchlich-karitativ-sozialen Bereich – männlich dominiert. Das könnte als ein klassischer Geschlechtsrolleneffekt erklärt werden, wonach die außerhäusliche Sphäre Männerterrain ist. Die Kohortenzugehörigkeit (gemessen mit fünf Geburtskohorten-Dummies) kann je nach Vereinigung als Kohorten- oder Alterseffekt interpretiert werden. Ein Alterseffekt dürfte im Hinblick auf Sportvereine erwartet werden, wobei ein Rückgang der sportlichen Aktivitäten mit zunehmendem Alter aufgrund nachlassender körperlicher Fitneß zu vermuten wäre. Eher als Kohorteneffekt – im Sinne der Individualisierungsthese – läßt sich eine nachlassende Attraktivität etablierter Institutionen, wie der Parteien oder Gewerkschaften, bei den jüngeren Kohorten vermuten. Bildung (unterschieden werden Hauptschulabschluß, mittlere Reife und Abitur) und Einkommen (gemessen mit fünf Pro-Kopf-Haushaltsnettoeinkommens-Quintilen) werden als Ressourcen- und Interessenindikatoren aufgefaßt. Höhere Bildungsressourcen – interpretierbar im Sinne erhöhter Organisations- und Kommunikationsfähigkeiten, aber auch höherer Informiertheit und stärkeren Interesses am Geschehen im öffentlichen Raum (Verba, Schlozman und Brady 1995:

---

19 Die Hypothesen werden weitgehend durch empirische Evidenz gestützt, die hier – mit all ihren Inkonsistenzen – nicht diskutiert werden kann. Vgl. Armbruster/Leisner (1975); Brähler/Wirth (1995); Hegner (1980: 78-92); Raschke (1978); Reigrotzki (1956); Sahner (1993: 66ff); Schmitt-Beck/Weins (1997); Scott (1957); Verba/Schlozman/Brady (1995); Windolf/Haas (1989); Zimmer (1996: 102-107).

420ff) – sollten eine grundsätzlich höhere Partizipation bewirken. Einkommen fungiert zum einen als Ressource, mit der man sich eine Mitgliedschaft „leisten" kann (es ist zu bedenken, daß über die Mitgliederbeiträge hinaus Geselligkeit in Vereinen sehr kostspielig sein kann), zum anderen als Anreiz, sich mit seiner Hilfe gesellschaftlichen oder politischen Einfluß zu erkaufen. Einkommensquintile werden deshalb verwendet, weil Einkommen nicht immer einen linearen Effekt haben muß – gerade im Rahmen ökonomischer Theorien (z.B. dem Medianwählertheorem) wird die Aufmerksamkeit oft auf die mittleren Einkommensgruppen gerichtet. Religiosität (konfessionslos/katholisch/evangelisch) wird hier als eine besondere Art der Mitgliedschaft aufgefaßt, die den anderen Mitgliedschaftsentscheidungen oftmals vorausgeht. Das gilt vor allem in Verbindung mit dem Indikator der Kirchgangshäufigkeit (mehrmals jährlich vs. seltener oder nie), der die eigentliche Bindung an die Kirche mißt. Starke Religiosität kann ein Interesse für außerhäusliche Belange implizieren, und die Bindung an die Kirchengemeinde kann auch als Rekrutierungsbasis für andere Mitgliedschaften (z.B. im Gesangverein) dienen (Verba, Schlozman und Brady 1995: Kap. 12 und 13). Schließlich wird der Wohnort (Dorf/Klein- und Mittelstadt/Großstadt) berücksichtigt. Die empirische Evidenz zeigt im Hinblick auf Vereine den Befund überproportionaler Mitgliedschaften in ländlichen Regionen (Sahner 1993: 71f; Raschke 1978: 55-57). In Dörfern sind Vereine in stärkerem Maß Mittelpunkt der dörflichen Gemeinschaft; zudem existieren hier weniger als in Großstädten substitutive Anbieter für außerhäusliche Aktivitäten (von der Kleinkunstbühne bis zur Spielhalle). Wirtschaftliche und berufliche Vereinigungen (wie Gewerkschaften) haben dagegen in Städten und Großstadtregionen eine breitere Mitgliederbasis (Raschke 1978: 56).

Das eben diskutierte allgemeine Basismodell wird nun in einigen Fällen noch spezifisch für die jeweils unter Betracht stehende Vereinigung um zusätzliche Variablen erweitert. Im Hinblick auf die Gewerkschaften wird der Erwerbsstatus (Vollzeiterwerbstätigkeit) kontrolliert, da Vollzeiterwerbstätige ein stärkeres Interesse an einem Engagement haben sollten und auch die Verhandlungsstrategien der Gewerkschaften auf diese Gruppe ausgerichtet sind (Windolf und Haas 1989: 155). Weiterhin werden die Beschäftigung im Industriesektor und im öffentlichen Dienst berücksichtigt, da hier die (mitglieder-)stärksten Gewerkschaften, die IG Metall und die ÖTV, anzutreffen sind (Statistisches Bundesamt 1997: 171). Mitgliedschaftsverhältnisse könnten hier zudem durch Druck der Betriebsräte den Beschäftigten nahegelegt werden (Windolf und Haas 1989: 155). Der Dummy für den öffentlichen Dienst wird auch im Hinblick auf Parteimitgliedschaften verwendet, da hier – z.B. unter Lehrkräften – ein starkes politisches Interesse besteht. Zudem sollen – wo vorhanden – Sektor- von Klasseneinflüssen separiert werden. Die Teilnahme an Bürgerinitiativen als „Ein-Punkt-Bewegungen" ist oft durch spezifische Bedingungen motiviert (Rudzio 1991: 68). Bürgerinitiativen sind meist auf eine Veränderung der örtlichen Nahumwelt ausgerichtet, vor allem in den Bereichen Umweltschutz, Verkehr und Bereitstellung von Infrastruktur für Kinder (Hegner 1980: 81). Deshalb wurden hier zwei Dummy-Variablen für Kinder unter 18 Jahren im Haushalt und Alleinerziehenden-Status aufgenommen, da lokalpolitische Verbesserungen in den genannten Bereichen gerade Kindern zugute kommen. Schließlich wurde in das Modell für kirchliche Vereine eine Dummy-Variable für einen Hausfrauenstatus eingeführt, weil gerade diese Gruppe für den oben angesprochenen abweichenden Geschlechtseffekt im kirchlichen Bereich verantwortlich sein dürfte.

4. Empirische Befunde

Bevor die empirischen Befunde zur Erklärungskraft der Sozialstrukturkonzepte und zu den Gruppendifferenzen im spezifischen Mitgliedschaftsverhalten vorgestellt werden, wird in Tabelle 2 die prozentuale Organisiertheit der einzelnen Gruppierungen in den verschiedenen freiwilligen Vereinigungen gezeigt. Dabei ist neben den sechs Vereinigungen eine Spalte für eine generelle Mitgliedschaft in *irgendeiner* freiwilligen Vereinigung wiedergegeben, d.h. darin sind auch Mitgliedschaften enthalten, die keiner der sechs spezifischen Vereinigungen zugerechnet werden kö nnen. Ferner ist zu berücksichtigen, daß Mehrfachmitgliedschaften bestehen können. Insgesamt sind fast 60% der Befragten in mindestens einer freiwilligen Vereinigung organisiert. Ein besonders hoher Anteil der Westdeutschen (zwischen 18 und 61 Jahren) ist Mitglied in einem Sportverein (ca. 30%), gefolgt von den Gewerkschaften (knapp 20%). In kirchlichen und Gesangvereinen engagieren sich jeweils etwa 6.5%, in Parteien 5% und in Bürgerinitiativen 2.4%.[20]

Tabelle 2: Anteil der Mitglieder in freiwilligen Vereinigungen innerhalb einzelner Klassen und Lebensstiltypen (in %)

	Mitglied-schaft (allgemein)	Partei	Bürger-initiative	Gewerk-schaft	kirchlicher Verein	Gesangs-verein	Sport-verein	N
Gesamt	59.2	5.0	2.4	19.5	6.6	6.7	30.8	1320
Klassen:								
Administrative Dienstkl.	68.0	8.8	5.6	23.2	4.8	1.6	44.0	125
Experten	55.0	5.0	0.0	12.5	0.0	5.0	32.5	40
Soziale Dienstleistungen	61.1	13.3	5.6	24.4	8.9	6.7	23.3	90
Nichtman. Ausführende	50.3	3.4	3.1	9.6	9.6	7.2	28.8	292
Kleinbürgertum	65.1	12.7	0.0	1.6	3.2	11.1	33.3	63
Arbeiter	64.7	3.6	0.3	32.6	6.0	7.7	29.3	365
(Missing Data)	56.8	2.9	2.9	15.4	6.1	6.4	30.7	345
Lebensstiltypen:								
Niveau	65.5	8.3	2.6	12.7	10.5	8.3	31.0	229
Integration	76.1	8.0	2.3	31.3	6.8	15.3	47.7	176
Harmonie	47.1	2.1	1.3	19.6	7.1	7.5	17.1	240
Selbstverwirk-lichung	55.9	7.3	5.9	20.0	9.1	3.2	23.6	220
Sportorient. Unterhaltung	69.9	4.1	1.8	21.5	2.3	3.7	49.8	219
Passive Unterhaltung	46.2	1.3	0.8	14.8	3.8	3.8	21.2	236

Datenbasis: Wohlfahrtssurvey 1993, Westdeutschland.

---

20 Mitgliedschaften in Bürgerinitiativen sind häufig von kürzerer Zeitdauer als die in den anderen Vereinigungen, da meist nur punktuelle Ziele verwirklicht werden sollen. Die Frage im Wohlfahrts-survey lautet aber „Sind Sie im Augenblick Mitglied einer Organisation oder eines Vereins?", so daß folglich nur aktuelle Mitgliedschaften betrachtet werden.

Weiterhin wird ersichtlich, daß die einzelnen sozialen Gruppen [21] unterschiedlich stark organisiert sind. Die höchsten Organisationsgrade findet man bei der administrativen Dienstklasse, dem Kleinbürgertum und den Arbeitern; hinsichtlich der Lebensstilgruppen beim Integrations-, sportorientierten Unterhaltungs- und Niveautypus. Am wenigsten organisiert sind die nichtmanuell Ausführenden bzw. der passive Unterhaltungs- und der Harmonietypus. Dabei ist aber zu berücksichtigen, daß das Mitgliedschaftsverhalten der Gruppierungen stark von den betrachteten Vereinigungen abhängt. So sind die sozialen Dienstleistungsberufe stark im politischen, wirtschaftlichen und kirchlichen Handlungsfeld aktiv, aber weit unterdurchschnittlich im Sportbereich. Die Arbeiter stellen die Klasse dar, die am stärksten in den Gewerkschaften vertreten ist. Bei den Lebensstiltypen sind Personen des Integrationstypus sehr häufig in Sport- und Gesangvereinen, Gewerkschaften und Parteien Mitglied. Der sportorientierte Unterhaltungstypus ist erwartungsgemäß stark im sportlichen Bereich aktiv. Diese Verteilungen kommen jedoch nicht aufgrund *reiner* Lebensstil- bzw. Klasseneffekte zustande; vielmehr kann es zu Verschiebungen in den Rangfolgen der gruppenspezifischen Mitgliedschaften kommen, sobald Drittvariablen kontrolliert werden. Deshalb gehen wir jetzt zu den multiplen Modellen über.

4.1 Die Erklärungskraft von Klassenschema und Lebensstiltypologie

Tabelle 3 zeigt die Werte einer Reihe von Likelihood-Ratio-Tests, die die Erklärungskraft (L^2) der Sozialstrukturkonzepte und der Variablen des Basismodells angeben und die für den Test der Hypothesen 1 und 2 relevant sind. Die Tabelle ist folgendermaßen aufgebaut: Zunächst wird für jedes Modell die ursprüngliche Devianz in der abhängigen Variable angegeben (-2*Initial Log-Likelihood). Dieser Wert des Nullmodells hängt von der Schiefe der Verteilung der abhängigen Variable ab sowie von der Fallzahl (die aber in allen Modellen gleich ist). Block I mit den Modellen A1 und A2 gibt die Gesamterklärungskraft der beiden Sozialstrukturkonzepte an, wenn die Regressionen bivariat erfolgen, also keine Drittvariablenkontrolle stattfindet. Diese Werte bezeichnen die Erklärungskraft, die durch die Verteilungen in Tabelle 2 zustandekommt. In Block II sind die Erklärungskraft des Basismodells B ausgewiesen sowie die Erklärungsbeiträge der einzelnen Variablen in diesem Basismodell. Block III gibt die spezifischen Erweiterungen des Basismodells zu dem erweiterten Modell C an (soweit eine Erweiterung vorgenommen wurde).

---

21   Neben den einzelnen Klassen wird ein Missing-Data-Dummy mitmodelliert. Dieser enthält 345 Fälle, die keiner Klasse zugeordnet werden konnten, die aber nicht aus den Analysen ausgeschlossen werden sollten. Das Klassifizierungsproblem ergibt sich daraus, daß auf der Basis der gegenwärtigen Berufstätigkeit nur 652 Personen der Klassen zugeordnet werden konnten. Deshalb wurden diejenigen, die eine frühere Erwerbstätigkeit angeben konnten (v.a. Personen, die heute Hausfrauen oder Arbeitslose sind), nach dieser Angabe klassifiziert. Leider ist dabei nur die frühere berufliche Stellung, nicht aber die präzise Berufsangabe erfragt worden. Zwar lassen sich anhand der beruflichen Stellung Personen den Arbeitern, dem Kleinbürgertum und den nichtmanuell Ausführenden weitgehend zuordnen, nicht jedoch den drei Dienstklassenfraktionen. Deshalb befinden sich im Missing-Data-Dummy überproportional viele Angehörige dieser drei Klassenkategorien. Insgesamt klassifizierbar waren 975 Fälle.
Ein ähnliches Vorgehen wurde im Hinblick auf die Einkommensvariable eingeschlagen, da hier 318 Personen die Angabe verweigerten. Auch für diese Fälle wurde ein Missing-Data-Dummy gebildet, damit sich die Fallzahl nicht weiter verringert.

Die wichtigsten Ergebnisse schließlich enthält Block IV, wo die Erklärungskraft des Klassenschemas und der Lebensstiltypologie unter Kontrolle aller Variablen des Modells C (das auch die Variablen des Modells B enthält) dargestellt wird. Die Modelle D1 und D2 messen dabei die jeweiligen *separaten* Erklärungsbeiträge der Sozialstrukturkonzepte zusätzlich zu Modell C, während die Modelle E1 und E2 die Erklärungskraft des jeweiligen Sozialstrukturkonzeptes *auch* unter Kontrolle des jeweils *anderen* Konzeptes ausweisen. In diesen letzten Modellen wird also dem Umstand Rechnung getragen, daß sich die Erklärungskraft von Klassen und Lebensstilen „überlappen" kann, da diese Variablen miteinander korrelieren (Otte 1997: 325). Außerdem gibt das Pseudo-R^2 für jede Vereinigung an, um wieviel Prozent die Devianz des Nullmodells durch Modell E reduziert werden kann.

Die Höhe der Erklärungsbeiträge einzelner Variablen und Variablengruppen sollte nicht über die verschiedenen Vereinigungen hinweg verglichen werden, da die L^2-Werte jeweils von der Höhe des Wertes im Nullmodell abhängen. Außerdem ist auch der Vergleich der Erklärungsbeiträge zwischen verschiedenen Variablen nur begrenzt möglich, denn die L^2-Werte hängen auch von den jeweils verbrauchten Freiheitsgraden (DF) ab.[22] Relativ gut vergleichbar sind aber die Werte der beiden Sozialstrukturkonzepte, da ihre jeweiligen Freiheitsgrade nur um einen variieren. Die wesentliche Interpretation zielt jedoch auf das statistische Signifikanzniveau (mit Sternchen gekennzeichnet), das dem Erklärungsbeitrag einer Variablen(gruppe) zukommt. Zunächst wird die Frage betrachtet, welche Variablen einen Einfluß darauf haben, ob man *irgendeine* Mitgliedschaft eingeht oder freiwilligen Vereinigungen völlig fernbleibt. Es finden sich der aus der Partizipationsforschung bekannte Geschlechtseffekt (Männer sind häufiger Mitglied); ein Einkommenseffekt (die mittleren Quintile sind am stärksten organisiert); ein Effekt der Religiosität (am deutlichsten für praktizierende Katholiken); ferner sind Beschäftigte im öffentlichen Dienst und im Industriesektor stark organisiert (vgl. Block II und III).

Durch die Kontrolle der Variablen in Modell B und C reduziert sich die bivariate Erklärungskraft der Sozialstrukturkonzepte um etwa die Hälfte (von 68.4 auf

---

22 In den Modellen kommt es bei den Freiheitsgraden für die verschiedenen Vereinigungen zu Schwankungen aufgrund der unterschiedlichen Anzahl von Erweiterungen in Modell C. Eine abweichende Anzahl von Freiheitsgraden ist durch die Zahl in Klammern gekennzeichnet. Einige weitere Abweichungen kommen durch die teilweise sehr schief verteilten abhängigen Variablen zustande. Das gilt insbesondere für die Mitgliedschaft in Bürgerinitiativen. Hier tauchen Nullzellen bei den Experten und dem Kleinbürgertum sowie dem untersten Einkommensquintil auf (in diesen Subgruppen gibt es kein einziges Mitglied). Aufgrund theoretischer Überlegungen erfolgte daher im Hinblick auf diese Mitgliedschaft eine Zusammenfassung von Subgruppen. Experten und soziale Dienstleistungen wurden zusammengefaßt, da beide Gruppen in ihrem Handeln stark durch die Autonomie und Außenorientierung im Beruf geleitet sind (Müller 1998). Das Kleinbürgertum wurde mit der administrativen Dienstklasse vereinigt, weil beide mit Aufgaben der Unternehmensleitung betraut sind und in Unternehmenshierarchien weit oben stehen. Das unterste Einkommensquintil wurde mit dem zweiten Quintil zusammengefaßt. Ein weiteres Nullzellenproblem gab es hinsichtlich der kirchlichen Vereine: Auch hier ist niemand aus der Gruppe der Experten Mitglied. Es erfolgte daher wieder eine Zusammenfassung mit den sozialen Dienstleistungen.
Das Problem schiefer Randverteilungen ließe sich auf zwei weiteren Wegen angehen. Erstens könnten mehrere Mitgliedschaften zusammengefaßt werden. Dies ist deshalb problematisch, weil die betrachteten Organisationen sehr heterogen sind. Außerdem wird ein allgemeines Modell der Mitgliedschaft ohnehin getestet. Zweitens könnte versucht werden, mittels Faktorenanalysen übergeordnete Dimensionen von Mitgliedschaften in verschiedenen freiwilligen Vereinigungen herauszufinden und anschließend die individuellen Faktorwerte zu erklären. Dieses Vorgehen ist angesichts der relativ geringen Zahl abgefragter Mitgliedschaften und deren dichotomer Ausprägung problematisch und führte demgemäß zu keiner sinnvoll interpretierbaren Faktorenlösung.

37.4 bzw. von 20.2 auf 10.5). Die Lebensstiltypologie ist dabei auf dem 1%-Niveau signifikant, während das Klassenschema nicht mehr statistisch erklärungskräftig ist (Modelle E1 und E2). Dieser Befund spricht zwar für eine Überlegenheit der L ebensstiltypologie; allerdings ist zu beachten, daß das Resultat für die *generelle* Mitgliedschaft stark beeinflußt wird von den Mitgliedschaften in mitglieder *starken* Vereinigungen und den dabei auftretenden Wirkungskräften. Mit anderen Worten: Die Effekte für die Mitgliedschaft in Sportvereinen (30.8% der Personen sind Mi tglieder) und in Gewerkschaften (19.5%) schlagen sich überproportional in den Wi rkungsmechanismen bezüglich der allgemeinen Mitgliedschaft nieder. Deshalb wird diesem allgemeinen Modell ein nicht allzu hoher Stellenwert beigemessen. Stattdessen gehen wir zur Untersuchung spezieller Typen freiwilliger Vereinigungen über.

Angesichts der Fülle und der Komplexität der kausalen Zusammenhänge ve rschiedener Variablen können die Effekte in den Basismodellen an dieser Stelle nicht diskutiert werden. Es sei lediglich angemerkt, daß in vielen Fällen empirische B efunde der Vereins- und Partizipationsforschung bestätigt werden (vgl. die Literatur in Fußnote 19) und daß zahlreiche L^2-Werte im Basismodell statistisch signifikant sind. Auch auf die Koeffizienten der einzelnen Variablen des Basismodells kann nicht näher eingegangen werden (vgl. dazu Tabelle A1 im Anhang).

Die Überprüfung der Hypothesen erfolgt anhand der multiplen Regressionsmodelle. In den meisten Fällen findet sich in den Modellen E1 und E2 ein deutlicher Rückgang der Erklärungskraft beider Sozialstrukturkonzepte im Vergleich zu den bivariaten Modellen A1 und A2. Lediglich die Erklärungskraft der Klassen im B ereich der Vereinigungen mit primärer Binnenfunktion (kirchliche, Gesang- und Sportvereine) bleibt relativ unverändert; allerdings ist hier auch der bivariate L^2-Wert (vgl. Modell A1) sehr niedrig und teilweise insignifikant. Erwiesen sich s owohl Klassen als auch Lebensstile im Hinblick auf das Engagement in Organisationen mit einem Primat der Außenfunktion (Parteien, Bürgerinitiativen, Gewer kschaften) in den bivariaten Modellen als erklärungskräftig, so verschwindet die statistische Signifikanz beider Konzepte im Modell für die Bürgerinitiativen und die der Lebensstile im Modell für die Gewerkschaften. Das Ausmaß der Reduktion weist jeweils darauf hin, wie stark die Sozialstrukturkonzepte mit anderen Variablen korreliert sind.

Tabelle 4 zeigt auf, durch welche Variablen des (erweiterten) Basismodells der Rückgang der Erklärungskraft besonders stark ausfällt. Sehr häufig – vor allem bei den Lebensstiltypen – tritt das Geschlecht in Erscheinung, d.h. ein bedeutender Teil der bivariaten Erklärungskraft ist auf die geschlechtsspezifische Komposition der sozialen Gruppen zurückzuführen. Die Kohortenzugehörigkeit, der Bildungsa bschluß sowie der Beschäftigungssektor (öffentlicher Dienst) sind ebenfalls häufig für eine starke Reduktion der ursprünglichen L^2-Werte verantwortlich. Diese Befu nde verdeutlichen, daß Lebensstile (und Klassen) nicht von anderen sozialstrukturellen Dimensionen entkoppelt oder „autonom" sind. Mit Hilfe der multivariaten Modellbildung können die Erklärungsbeiträge in den Modellen E1 und E2 auf relativ „reine" Lebensstil- und Klasseneffekte reduziert werden. Es bleibt jedoch der the oretischen Interpretation vorbehalten zu entscheiden, ob diese Effekte als Ausdruck von gruppenspezifischen Interessen, Präferenzen oder sozialer Integration zu verstehen sind.

Tabelle 3: Erklärungskraft der Sozialstrukturkonzepte und der Variablen des Basismodells bei der Erklärung von Mitgliedschaften in freiwilligen Vereinigungen in logistischen Regressionsmodellen

Modell	Vergleichs-modell	DF	Mitgliedschaft allg. (L²)	Partei (L²)	Bürgerinitiative (L²)	Gewerkschaft (L²)	kirchl. Verein (L²)	Gesangverein (L²)	Sportverein (L²)
0 -2*Initial Log-Likelihood			1784.6	524.1	301.3	1301.4	641.3	646.6	1630.9
I. Gesamterklärungskraft der Sozialstrukturkonzepte:									
A1 Klassen	0	6	20.2***	25.2***	14.4*** (4)	84.1***	6.3 (5)	9.9	13.3**
A2 Lebensstile	0	5	68.4***	24.9***	13.5**	25.3***	19.1***	29.8***	96.3***
II. Erklärungskraft der Variablen im Basismodell:									
B Basismodell	0	18	102.3***	50.8***	33.3** (17)	127.4***	105.8***	71.3***	91.2***
B - Geschlecht	B	-1	45.7***	6.3**	0.7	65.6***	13.0***	3.4*	22.9***
B - Kohorte	B	-4	4.4	22.2***	8.1*	13.3***	7.8*	19.7***	9.1*
B - Bildung	B	-2	4.6	4.8*	9.9***	15.0***	2.7	3.1	6.8**
B - Einkommen	B	-5	20.0***	7.8	3.7 (-4)	20.2***	14.2**	2.2	9.3*
B - Religion	B	-4	25.2***	2.2	6.9	4.3	61.8***	13.0**	37.3***
B - Wohnort	B	-2	4.0	5.1*	1.6	3.2	0.0	18.8***	5.3*
III. Erklärungskraft zusätzlicher Variablen in je nach freiwilliger Vereinigung spezifischen Modellen:									
C Erweitertes Basismodell	0	18-22	112.9*** (20)	55.5*** (19)	54.4*** (19)	239.6*** (22)	117.9*** (19)	71.3*** (18)	91.2*** (18)
C - Sektor	C	1-2	10.6*** (-2)	4.7** (-1)	5.4 (+4)	81.0*** (-2)			
C - Familienstand	C	-2			6.6				
C - Erwerbsstatus	C	-1			21.0***	0.5	12.1***		
C - Abitur*Geschlecht	C	-1				15.7***			
IV. Erklärungskraft der Sozialstrukturkonzepte unter Kontrolle von Drittvariablen:									
D1 C + Klassen	C	+6	9.6	16.7**	5.4 (+4)	26.5***	2.9 (+5)	9.5	14.0**
D2 C + Lebensstile	C	+5	36.5***	14.1**	6.6	8.8	12.7**	8.5	73.3***
E Vollständiges Modell	0	28-33	159.9*** (31)	84.1*** (30)	67.0*** (28)	274.9*** (33)	134.4*** (29)	90.0*** (29)	180.3*** (29)
E1 E - Klassen	E	-6	10.5	14.5***	6.0 (-4)	26.5***	3.8 (-5)	10.3	15.8**
E2 E - Lebensstile	E	-5	37.4***	11.9**	7.3	8.8	13.6**	9.3*	75.1***
Pseudo-R² (Modell E)			8.96%	16.05%	22.25%	21.12%	20.96%	13.93%	11.06%

Anmerkungen: *** Signifikant auf dem 1%-Niveau, ** 5%-Niveau bzw. * 10%-Niveau. Eingeklammerte Werte geben abweichende Zahlen von Freiheitsgraden an. Vgl. für Variablenkategorien Tabelle A1 im Anhang. Datenbasis: Wohlfahrtssurvey 1993, Westdeutschland, N=1320.

Tabelle 4:   Variablen des Basismodells, die die Erklärungskraft der Sozialstrukturkonzepte besonders stark reduzieren (L² der Modelle A1/A2 – L² der
Modelle E1/E2)

	Mitglied-schaft (allgemein)	Partei	Bürger-initiative	Gewerk-schaft	kirchlicher Verein	Gesangs-verein	Sport-verein
(a) Klassen:	-9.7 Geschlecht	-10.7 öff. Dienst Kohorte	-8.4 Bildung Kohorte	-57.6 Geschlecht öff. Dienst Industrie Bildung	-2.5 -/-	+0.4 -/-	+2.5 Kohorte Wohnort
(b) Lebensstile:	-31.0 Geschlecht Religion Einkommen	-13.0 öff. Dienst Kohorte Bildung	-6.2 Bildung	-16.5 Geschlecht Kohorte öff. Dienst	-5.5 Geschlecht Religion	-20.5 Kohorte Religion Wohnort	-21.2 Geschlecht Einkommen

Anmerkung: Die Variablen sind nach absteigender Bedeutsamkeit bei der Reduktion der Erklärungskraft der Sozia l-
strukturkonzepte geordnet.

Hypothese 1 stellte das Handlungsfeld der verschiedenen Organisationen ins Ze n-
trum. Den Modellen E1 und E2 (Tabelle 3) zufolge bestätigt sich diese Hypothese.
Im Handlungsfeld Wirtschaft/Arbeit sind die Klassen das strukturdominante Sozialstrukturkonzept, Lebensstile leisten nach Kontrolle von Drittvariablen keinen stat i-
stisch signifikanten Erklärungsbeitrag mehr. Trotz des starken Rückgangs (von 84.1
auf 26.5) ist die Erklärungsleistung des Klassenschemas beachtlich, zumal verschiedene andere, mit der beruflichen Position der Personen zusammenhängende Vari a-
blen (Sektor, Einkommen) ebenfalls im Modell enthalten sind. Dagegen ist die E r-
klärungskraft der Lebensstiltypologie der des Klassenschemas im Hinblick auf fre i-
willige Vereinigungen in den Bereichen Freizeit und Kultur überlegen, und zwar
maßgeblich bei der Betrachtung von kirchlichen und Sportvereinen. Lediglich bei
den Mitgliedschaften in Gesangvereinen finden sich ähnlich hohe Werte (9.3 bzw.
10.3), doch ist allein die Lebensstiltypologie noch auf dem 10%-Niveau signifikant
(weil sie einen Freiheitsgrad weniger benötigt als das Klassenschema). Gemäß Hypothese 1 läßt sich also schließen, daß sich die zwei Sozialstrukturkonzepte im Hinblick auf spezifische Phänomene in ihrer Erklärungsleistung unterschiedlich gut
eignen. Die Klassenstrukturierung ist im Hinblick auf soziales Handeln im beruf s-
nahen Bereich noch immer wirkungskräftig. Dabei ist die klassenspezifische Mi t-
gliedschaft in Gewerkschaften vermutlich eher Ausdruck von beruflichen Interessen
als von (klassenkultureller) sozialer Integration am Arbeitsplatz. Soziale Integration
durch Lebensstile wirkt sich erwartungsgemäß eher im Freizeit- und Kulturbereich
aus. Ein Abschiednehmen von Klassenkonzepten erscheint somit voreilig; gleic h-
zeitig scheinen Lebensstiltypologien durchaus etwas zur Erklärung bestimmter s o-
zialer Phänomene beitragen zu können (vgl. auch die Befunde bei Otte 1997: 326ff).

Hypothese 2 hat auf die Entwicklungsdynamik und die Organisationsform der
freiwilligen Vereinigungen abgehoben. Die Hypothese kann nur mit Einschränku n-
gen bestätigt werden. Klassen erklären nur in einem Fall die Mitgliedschaft in „al -
ten", von Mitgliederschwund betroffenen Organisationen signifikant besser als L e-
bensstile, nämlich die in Gewerkschaften. Zwar ist auch bei den Parteien der L²-
Wert des Klassenschemas höher (14.5 gegenüber 11.9), allerdings in seiner Signifikanz nicht bedeutsamer als der der Lebensstiltypen. Umgekehrt sind die Lebensstile
bei der Erklärung des Engagements in „neuen" Formen freiwilliger Vereinigungen

den Klassen nur in Bezug auf die Sportvereine überlegen. Bei den Bürgerinitiativen erweist sich dagegen nach Kontrolle der Variablen des Basismodells kein Modus der sozialen Integration als bedeutsam bei der Erklärung der Partizipation. Man könnte diesen letzten Befund als Indiz für ein Wirken der Individualisierung *ohne* soziale Reintegration interpretieren, so wie Beck dies teilweise tut. Demgemäß stellen Bürgerinitiativen derart punktuell auftretende Formen des Engagements dar, daß sie kaum an soziale Großgruppen rückgebunden werden können.[23] Diese Interpretation ist allerdings aus zwei Gründen mit Vorsicht zu genießen. Erstens ist es denkbar, daß Bürgerinitiativen intern zu heterogen sind und daß die hier vorliegende Messung daher zu unpräzise ist. Zweitens soll erneut angemerkt werden, daß die Randverteilung der abhängigen Variable in diesem Fall sehr schief ist (nur 2.5% der Befragten sind Mitglieder) und deshalb die Modellschätzungen weniger stabil sein dürften als in den anderen Modellen. Es läßt sich also insgesamt schließen, daß Hypothese 2 nur bedingt bestätigt werden kann. Sie kann andererseits in keinem Fall eindeutig widerlegt werden, d.h. nie erwies sich das Klassenschema dort der Lebensstiltypologie überlegen, wo es theoretisch nicht erwartet worden war (und umgekehrt). Im Hinblick auf die zeitbezogene Implikation für die Individualisierungsthese kommt man *nicht eindeutig* zu dem Schluß, daß „neue" Modi der sozialen Integration traditionale Modi ablösen und dies anhand der Etabliertheit der Organisationsform verschiedener freiwilliger Vereinigungen indiziert wird. Allenfalls *tendenziell* zeichnet sich solch ein Prozeß ab, nämlich hinsichtlich der Gewerkschaften und Sportvereine. Die Mitgliedschaft in Parteien und Bürgerinitiativen läßt kaum Rückschlüsse auf einen Wandel im Modus der sozialen Integration zu. Gerade diese Vereinigungen wären aber für eine Bestätigung der Hypothese kritisch gewesen, da die Effekte für Mitgliedschaften in Gewerkschaften und Sportvereinen auch anders als im Sinne sozialer Integration interpretierbar sind. Bezüglich der Gewerkschaften ist oben bereits auf die klassenspezifische Interessenleitung für die Mitgliedschaftsentscheidung aufmerksam gemacht worden. Die Mitgliedschaft in Sportvereinen ist durch Lebensstile auch deshalb gut erklärbar, weil bereits in der Konstruktion der Lebensstiltypen sportliche Interessen eine starke Rolle spielen.[24]

Die beiden bisher untersuchten Hypothesen wurden oben im Anschluß an Hypothese 2 zusammengeführt. Es bestätigt sich, daß die ausgeprägtesten Differenzen im Ausmaß der Erklärungsleistungen der beiden Sozialstrukturkonzepte sich hinsichtlich der Gewerkschaften und der Sportvereine finden. Gewerkschaften agieren im Handlungsfeld Arbeit/Wirtschaft *und* sind etablierte Organisationen. Folglich stellt für sie die individuelle Klassenzugehörigkeit ein dominantes Strukturprinzip dar. Sportvereine gehören dagegen dem Bereich Freizeit/Erholung an *und* sind in ihrer heutigen Verbreitung und Organisationsform ein neuartiges Phänomen. Die

---

23   Die Mitgliedschaft in Bürgerinitiativen ist meinen Befunden zufolge vor allem auf Effekte der Bildung, Kohortenzugehörigkeit und spezifischen Betroffenheit aufgrund von Kindern im Haushalt zurückzuführen.

24   Die Hypothese findet jedoch zusätzliche Unterstützung durch Befunde hinsichtlich der Parteipräferenzen der sozialen Gruppen (Otte 1997: 327). Dabei zeigt sich die Lebensstiltypologie dem Klassenschema überlegen, wenn „neue" Trends im Wahlverhalten zu erklären sind, wie etwa die Präferenz für die Partei der Grünen und die Tendenz zum Dealignment, d.h. dem Verlust einer Parteiidentifikation, der oftmals Wahlenthaltungen zur Folge hat. Umgekehrt hat die Lebensstiltypologie keine, das Klassenschema aber eine sehr deutliche Erklärungskraft, wenn die Position von Wählern im traditionellen politischen Cleavage zwischen CDU und SPD im Zentrum der Untersuchung steht. Diese Ergebnisse stehen exakt im Einklang mit der Logik von Hypothese 2.

Mitgliedschaft ist hier durch die Zugehörigkeit zu bestimmten Lebensstilgruppen weitaus stärker strukturiert.[25]

4.2 Differenzen spezifischer Klassen und Lebensstiltypen im Mitgliedschaftsverhalten

Bislang ist die Erklärungskraft der zwei Sozialstrukturkonzepte untersucht worden. Eine starke Erklärungsleistung kommt aber nur dadurch zustande, daß es eine aus geprägte Variation im Mitgliedschaftsverhalten zwischen einzelnen sozialen Gruppen gibt. Es fragt sich also, nach welchem Muster die einzelnen Gruppen – Klassen wie Lebensstiltypen – diesbezüglich differieren. Um diese Frage zu klären, werden die b-Koeffizienten herangezogen, die die relative Zu- und Abneigung einzelner Gruppen gegenüber den verschiedenen freiwilligen Vereinigungen ausdrücken. Es ist dabei darauf hinzuweisen, daß einzelne Gruppen sich von anderen signifikant unterscheiden können, selbst wenn das Sozialstrukturkonzept als ganzes keinen signifikanten Erklärungsbeitrag geboten hat (vgl. dazu auch Tabelle A1 im Anhang, in der allerdings die Effektkoeffizienten, d.h. die entlogarithmierten b-Koeffizienten, wiedergegeben sind).

In Hypothese 3 ist formuliert worden, daß sich nach dem traditionalen Modus der sozialen Integration in Klassen das Kleinbürgertum und die Arbeiter am stärksten divergierend gegenüberstehen sollten, während nach dem (möglicherweise) „neuen" Modus die „jüngeren" Lebensstilgruppen, also der Selbstverwirklichungstypus und die beiden Unterhaltungstypen, die stärksten Differenzen aufweisen sollten. Zur Prüfung dieser Hypothese werden die Tabellen 5a-f herangezogen. Dort sind für die sechs Typen freiwilliger Vereinigungen die relativen Positionierungen der Klassen und Lebensstiltypen anhand der b-Koeffizienten aus den bivariaten Modellen A1 und A2 sowie dem multivariaten Modell E abgetragen. Die Werte der b-Koeffizienten wurden jeweils in 0.2-Intervallen auf- bzw. abgerundet. Bei den logistischen Regressionen war für jedes Sozialstrukturkonzept eine Referenzkategorie zu bestimmen. Dafür wurden jeweils die Arbeiter und der passive Unterhaltungstypus ausgewählt. Diese beiden Gruppen haben definitorisch einen Wert von 0. Von Interesse ist nun, wie stark sich die anderen sozialen Gruppen von der jeweiligen Referenzkategorie unterscheiden. Positive Werte bedeuten eine Zunahme der Mitgliedschaftswahrscheinlichkeit, negative Werte eine Abnahme relativ zu der Referenzgruppe. Obwohl im folgenden anhand der multivariaten Modelle argumentiert wird, sind auch die bivariaten Ergebnisse dargestellt worden, so daß ersichtlich wird, inwieweit sich durch die übrigen Modellvariablen die Effektstärken für einzelne Gruppen verändern oder sich sogar Verschiebungen in der Rangfolge der Gruppen ergeben.

Zunächst zu den Klassen. Hier bestätigt sich Hypothese 3 bei vier von sechs Vereinigungen. Das traditionelle Klassen-Cleavage zwischen dem Kleinbürgertum und den Arbeitern ist größer als die Polarisierungen der „neuen" Mittelklassen,

---

25 Daneben zeigt sich nur noch eine deutliche Differenz der Erklärungskraft, wenn es um das Engagement in kirchlichen Vereinigungen geht. Vergesellschaftungen im kirchlichen Bereich scheinen am wenigsten von allen auf das berufliche Umfeld von Personen zurückführbar zu sein. Kirchliches Engagement ist offenbar strukturell von Faktoren bedingt, die biographisch meist vor dem Eintritt in das Erwerbsleben liegen: den religiösen Bindungen und dem Geschlecht (wobei es später insbesondere Hausfrauen sind, die kirchlich aktiv werden).

wenn Mitgliedschaften in Parteien, Bürgerinitiativen, Gewerkschaften und kirchlichen Vereinen unter Betracht stehen. Die Arbeiter stellen die Klasse, die am stärksten einem Beitritt zu Parteien und Bürgerinitiativen abgeneigt ist. Umgekehrt zeigt sich das Kleinbürgertum im Hinblick auf diese Organisationen sehr engagiert; nur bei den Bürgerinitiativen wird es noch von den nichtmanuell Ausführenden übertroffen. Auf der anderen Seite ist das Kleinbürgertum deutlich mehr als jede andere Klasse der Mitgliedschaft in Gewerkschaften und kirchlichen Vereinen abgeneigt. Die Arbeiter sind in Gewerkschaften dagegen am häufigsten vertreten und werden auch bei den kirchlichen Vereinen nur leicht von der administrativen Dienstklasse übertroffen. Die expandierenden, „neuen" Klassen (die Dienstklassenfraktionen und die nichtmanuell Ausführenden) sind im Vergleich dazu untereinander kaum differenziert, wenn es um die Vergesellschaftung in Bürgerinitiativen, Gewerkschaften und kirchlichen Vereinen geht. Lediglich bei der Parteimitgliedschaft findet man eine signifikante Polarisierung mit den sozialen Dienstleistungsberufen und der administrativen Dienstklasse als aktivem Pol sowie den Experten und nichtmanuell Ausführenden als eher distanziertem Pol. Die Polarisierung ist jedoch nicht ganz so stark wie beim traditionellen Cleavage.

Die Hypothese wird hingegen nicht bestätigt, wenn die zwei Vereinigungen aus dem Bereich Freizeit/Erholung betrachtet werden. Hier ist stattdessen eine deutliche Diskrepanz zwischen den sozialen Dienstleistungen, die (zusammen mit dem Kleinbürgertum) in Gesangvereinen sehr aktiv sind, und der administrativen Dienstklasse, die stärker als alle anderen Klassen in Sportvereinen organisiert ist, zu beobachten. Arbeiter und Kleinbürgertum unterscheiden sich hier kaum voneinander. Die stärkeren Präferenzunterschiede innerhalb der „neuen" Klassen im Handlungsfeld Freizeit/Erholung können möglicherweise als Ausdruck wechselseitiger Distinktionen dieser Klassen interpretiert werden. Demnach sind die „neuen" Klassen weniger im traditionellen Sinne „ideologisch" – d.h. durch differentielle Bindungen im politischen, wirtschaftlichen und religiösen Bereich – strukturiert und voneinander differenziert, sondern vielmehr durch unterschiedliche Präferenzen im Freizeitbereich (Wynne 1998).

Allerdings kann nicht mit den vorliegenden Daten entschieden werden, inwiefern es sich im einzelnen bei diesen Gruppendifferenzen um Interessen- oder klassenkulturelle Integrationseffekte handelt. Teilweise sind Interesseneffekte zu vermuten: So suchen möglicherweise die Arbeiter ihre Interessendurchsetzung im Handlungsfeld Wirtschaft/Arbeit, indem sie die Gewerkschaften unterstützen, das Kleinbürgertum dagegen wählt eher den Weg über das Parteiensystem (und vermutlich über Arbeitgeberverbände, die hier nicht unter Betracht stehen). Da aber Interesseneffekte in den statistischen Modellen auch mit anderen Variablen erfaßt werden (Beschäftigungssektor; Einkommen), könnten die Gruppendifferenzen auch Ausdruck klassenspezifischen Sozialverhaltens und sozialer Integration sein. Es wäre mit anderen Daten zu überprüfen, wie die klassenspezifischen Mitgliedschaftspräferenzen zu interpretieren sind, indem detailliert die individuellen Partizipationsmotive und Rekrutierungsmechanismen eruiert werden.

Tabelle 5a: b-Koeffizienten der Lebensstiltypen und Klassen in bivariaten und multivariaten Modellen der Parteimitgliedschaft

LEBENSSTILE			KLASSEN		
BIVARIAT		MULTIVARIAT	BIVARIAT		MULTIVARIAT
Niveau, Integration	2.0			2.0	
Selbstverw	1.8			1.8	
	1.6			1.6	
	1.4	Selbstverw	SozDien, Kleinb	1.4	SozDien, Kleinb
SpoUnt	1.2	Niveau		1.2	
	1.0	Integration	AdminDk	1.0	AdminDk
	0.8	SpoUnt		0.8	
Harmonie	0.6			0.6	NManAusf
	0.4		Expert	0.4	
	0.2			0.2	Expert
PassUnt	0.0	PassUnt	Arbeiter, NManAusf	0.0	Arbeiter
	-0.2	Harmonie		-0.2	

Tabelle 5b: b-Koeffizienten der Lebensstiltypen und Klassen in bivariaten und multivariaten Modellen der Mitgliedschaft in Bürgerinitiativen

LEBENSSTILE			KLASSEN		
BIVARIAT		MULTIVARIAT	BIVARIAT		MULTIVARIAT
Selbstverw	2.0			3.0	
	1.8	Selbstverw	AdminDk, Kleinb,	2.7	
	1.6		SozDien, Expert		
	1.4		NManAusf	2.4	
Niveau	1.2	Integration, SpoUnt		2.1	NManAusf
Integration	1.0			1.8	AdminDk, Kleinb
SpoUnt	0.8	Niveau, Harmonie		1.5	SozDien, Expert
	0.6			1.2	
Harmonie	0.4			0.9	
	0.2			0.6	
PassUnt	0.0	PassUnt		0.3	
	-0.2		Arbeiter	0.0	Arbeiter

Tabelle 5c: b-Koeffizienten der Lebensstiltypen und Klassen in bivariaten und multivariaten Modellen der Mitgliedschaft in Gewerkschaften

LEBENSSTILE			KLASSEN		
BIVARIAT		MULTIVARIAT	BIVARIAT		MULTIVARIAT
	1.2		Arbeiter	0.0	Arbeiter
Integr	1.0			-0.2	
	0.8		SozDien, AdminDk	-0.4	AdminDk, SozDien
	0.6			-0.6	NManAusf
SpoUnt, Selbv, Harmo	0.4			-0.8	
	0.2	Selbv		-1.0	Expert
PassUnt	0.0	Integr, PassUnt	Expert	-1.2	
Niveau	-0.2	Harmo		-1.4	
	-0.4	Niveau	NManAusf	-1.6	
	-0.6	SpoUnt		-1.8	
	-0.8			-2.0	
	-1.0		Kleinb	< -2.0	Kleinb

Tabelle 5d: b-Koeffizienten der Lebensstiltypen und Klassen in bivariaten und multivariaten Modellen der Mitgliedschaft in kirchlichen Vereinen

LEBENSSTILE			KLASSEN		
BIVARIAT		MULTIVARIAT	BIVARIAT		MULTIVARIAT
	1.6			1.0	
	1.4			0.8	
	1.2	Selbstverw	NManAusf	0.6	
Niveau, Selbstverw	1.0	Niveau		0.4	
	0.8			0.2	AdminDk
Harmonie, Integration	0.6		SozD, Expert, Arbeiter	0.0	Arbeiter, SozD, Expert
	0.4	Integration	AdminDk	-0.2	NManAusf
	0.2	Harmonie		-0.4	
PassUnt	0.0	SpoUnt, PassUnt	Kleinb	-0.6	
	-0.2			-0.8	
	-0.4			-1.0	Kleinb
SpoUnt	-0.6			-1.2	

Tabelle 5e: b-Koeffizienten der Lebensstiltypen und Klassen in bivariaten und multivariaten Modellen der Mitgliedschaft in Gesangvereinen

LEBENSSTILE			KLASSEN		
BIVARIAT		MULTIVARIAT	BIVARIAT		MULTIVARIAT
	2.0		Kleinb	0.4	Sozdien, Kleinb
	1.8			0.2	NManAusf
Integration	1.6		Arbeiter, NManAusf	0.0	Arbeiter
	1.4		SozDien	-0.2	
	1.2		Expert	-0.4	Expert
	1.0			-0.6	
Niveau, Harmonie	0.8	Integration		-0.8	
	0.6			-1.0	
	0.4	Niveau		-1.2	
	0.2			-1.4	
PassUnt, SpoUnt	0.0	PassUnt, Harmonie	AdminDk	-1.6	
Selbstverw	-0.2	SpoUnt, Selbstverw		-1.8	AdminDk

Tabelle 5f: b-Koeffizienten der Lebensstiltypen und Klassen in bivariaten und multivariaten Modellen der Mitgliedschaft in Sportvereinen

LEBENSSTILE			KLASSEN		
BIVARIAT		MULTIVARIAT	BIVARIAT		MULTIVARIAT
	2.0			1.6	
	1.8			1.4	
	1.6			1.2	
SpoUnt	1.4	Integration, SpoUnt		1.0	
Integration	1.2			0.8	
	1.0		AdminDk	0.6	AdminDk
	0.8			0.4	Kleinb, NManAusf
Niveau	0.6		Kleinb, Expert	0.2	
	0.4	Niveau	Arbeiter, NManAusf	0.0	Arbeiter
Selbstverw	0.2	Selbstverw		-0.2	
PassUnt	0.0	PassUnt, Harmonie	SozDien	-0.4	Expert, SozDien
Harmonie	-0.2			-0.6	

Wie schneidet Hypothese 3 im Hinblick auf die Lebensstiltypen ab? Hier war argumentiert worden, daß gemäß der Reintegrationsdimension der Individualisierungsthese innerhalb der „jüngeren" Stiltypen eine stärkere Polarisierung anzutreffen sein
müßte als innerhalb der „älteren". Diese Hypothese bestätigt sich in Bezug auf drei
Vereinigungen deutlich, in zwei Fällen sind „jüngere" und „ältere" Gruppen ähnlich
stark polarisiert und in einem Fall (Gesangvereine) differieren die „älteren" Gruppen
stärker. Auffällig ist zunächst, daß der Selbstverwirklichungstypus im Hinblick auf
vier Vereinigungen (Parteien, Bürgerinitiativen, Gewerkschaften und kirchliche
Vereine) der aktivste Typus ist. Er steht bei der Partei- und Bürgerinitiativneigung
in starkem Gegensatz zum passiven Unterhaltungstypus, bei der Gewerkschaftsmitgliedschaft zum sportorientierten Unterhaltungstypus und beim Engagement im
kirchlichen Bereich zu beiden Unterhaltungstypen. In allen diesen Bereichen sind
die „jüngeren" Typen stärker als die „älteren" polarisiert; nur hinsichtlich der Parteimitgliedschaft differieren auch die „älteren" Typen ähnlich deutlich. Eine ähnliche Polarisierung innerhalb der „älteren" und „jüngeren" Gruppen gilt auch für die
Sportvereine, in denen weit deutlicher als alle anderen der Integrations- und sportorientierte Unterhaltungstypus aktiv sind. Die Hypothese wird lediglich im Bereich
der Gesangvereine zugunsten der „älteren" Lebensstilgruppen umgekehrt, denn hier
setzt sich vor allem der Integrationstypus von den übrigen Gruppen ab, die „jüngeren" Typen dagegen „klumpen" sehr eng zusammen.

Nimmt man die Befunde für die beiden Sozialstrukturkonzepte bei einer abschließenden Bewertung von Hypothese 3 zusammen, läßt sich schließen, daß sich
die sozialen Gruppen in den Handlungsfeldern Politik, Wirtschaft/Arbeit und Reli-
gion/Kultur nahezu vollständig hypothesenkonform gegenüberstehen. Hier gilt, daß
der traditionale Modus der sozialen Integration – Vergesellschaftung über die berufliche Position – die „alten" Klassen unterschiedlichen Vereinigungen in die Arme
treibt. Die historisch „jüngeren" Gruppen polarisieren sich in diesen Handlungsfeldern dagegen stärker entlang der Strukturierung eines mutmaßlich „neuen" Integrationsmodus, nämlich Lebensstilen. Als in diesen Bereichen besonders aktiver Typus
kann der Selbstverwirklichungstypus identifiziert werden, den offenbar politisches
Interesse und Selbsterfahrungsmotive zum Engagement im sozio-politischen und
religiösen Bereich bewegen. Das nach Hypothese 3 erwartete Muster wiederholt
sich nicht bei Vereinsmitgliedschaften, die im Bereich Freizeit/Erholung anzusiedeln sind. Hier unterscheiden sich im Gegenteil gerade die vergleichsweise „neuen"
Klassen voneinander, für die möglicherweise der Freizeitbereich von höherer Sali-
enz ist als für die traditionellen Klassen. Bei Betrachtung der Lebensstiltypen zeichnet sich die Mitgliedschaft in Gesangvereinen dadurch aus, daß ihr gegenüber die
„jüngeren" Stiltypen insgesamt eher abgeneigt sind. Hinsichtlich der Sportvereine
besteht mit dem Integrations- und sportorientierten Unterhaltungstypus ein relativ
gleichartiges Interesse „älterer" und „jüngerer" Stiltypen an einer Mitgliedschaft.

Somit läßt sich anhand der vorgeschlagenen Hypothesen und mit den vorliegenden Daten die Becksche These eines Verlustes traditionaler Formen sozialer Integration und des Entstehens „neuer sozialer Formationen und Identitäten" weder eindeutig bestätigen noch widerlegen. Ein überwiegender Teil der Befunde kann zwar
als Indiz für die empirische Evidenz eines Individualisierungsprozesses mit einem
neuen Modus sozialer Integration, nämlich einer Lebensstilstrukturierung und einer
Praxis der Distinktion durch Lebensstile, betrachtet werden. Doch wurde auch deutlich, daß Klassen gerade in der wirtschaftlichen und politischen Sphäre nach wie vor
eine dominante Strukturdimension darstellen und daß in mehreren Bereichen klas-

senspezifisches Mitgliedschaftsverhalen – nicht nur innerhalb der „alten" Klassen – deutlich ausgeprägt ist.

5. Zusammenfassung und Ausblick

In der vorliegenden Arbeit ist die Becksche Individualisierungsthese expliziert worden, indem Lebensstile als möglicher Modus der sozialen Reintegration vorgeschlagen wurden. Es wurde zunächst gezeigt, daß das Lebensstilkonzept theoretisch direkt an die Individualisierungsthese anschließbar ist. Sodann ist empirisch überprüft worden, inwieweit sich eine Lebensstiltypologie als erklärungskräftig erweist, wenn Mitgliedschaften in einer Reihe freiwilliger Vereinigungen der Erklärungsgegenstand sind. Das Lebensstilkonzept erbringt dabei nicht im Hinblick auf alle Vereinigungen, wohl aber den überwiegenden Teil eine beachtliche Erklärungsleistung. Besonders in den Bereichen Freizeit und Kultur ist seine Erklärungskraft hoch. Über die Klassenzugehörigkeit ist in diesen Bereichen nur die Mitgliedschaft in Sportvereinen erklärbar, ferner das Engagement in etablierten Organisationen wie Parteien und Gewerkschaften. Ein besonderer Erklärungsgehalt kommt dem Klassenkonzept offenbar nach wie vor bei berufs- und arbeitsnahem sowie politischem Verhalten zu.

Darüber hinaus sind zeitbezogene Implikationen der Individualisierungsthese überprüft worden. Es wurde dabei nur tendenziell festgestellt, daß der traditionale, beruflich verankerte Modus sozialer Integration bei der Erklärung der individuellen Stellung zu etablierten, „alten" Institutionen wirkt und die Lebensstilzugehörigkeit für historisch „neuere" Phänomene eine wichtige Strukturdimension ist. Diese Tendenz wird aber durch andere Befunde bekräftigt, denen zufolge die Lebensstilzugehörigkeit gerade „neue" Trends beim Wahlverhalten, wie die Präferenz der Grünen und gruppenspezifisches Dealignment, zu erklären hilft (Otte 1997). Damit liegen zumindest empirische Indizien für einen Wandel der Modi sozialer Integration und des Gemeinschaftshandelns vor. Die Evidenz einer bedeutsamer werdenden Lebensstilstrukturierung wird dadurch bestärkt, daß sich vor allem die „jüngeren" Lebensstiltypen in ihren Organisationsmitgliedschaften stark polarisiert gegenüberstehen. Zudem findet sich in der Klassenstruktur das Ausmaß des traditionellen Klassencleavages zwischen Arbeitern und Kleinbürgertum bei den „neueren" und expandierenden Mittelklassen nicht wieder. Allerdings gilt auch dieser Befund nicht durchgängig für alle Vereinigungen, gerade aber für diejenigen im politischen, wirtschaftlichen und religiös-kulturellen Handlungsfeld. Es deutet sich damit – im Sinne der Beck'schen Annahmen der Individualisierungsthese – ein „neuer" Modus sozialer Integration durch „neue soziale Formationen und Identiäten" an. Ob damit aber eine historische *Ablösung* einer dominanten Klassen- durch eine Lebensstilstrukturierung der sozialen Welt einhergeht, ist in Frage zu stellen. Klasseneffekte finden sich noch immer sehr deutlich im beruflich-wirtschaftlichen und politischen Handlungsfeld. Da aber hier der Schwerpunkt einer Klassenstrukturierung des Handelns zu liegen scheint, läßt sich folgern, daß Klassenkonzepte zukünftig stärker auf die Modellierung beruflicher Interessen beschränkt werden müssen und nicht mehr so sehr auf die Erfassung klassenkultureller Integrationsmodi und Kollektividentitäten ausgerichtet werden können (Hörning und Michailow 1990: 507, Fn. 20). Ein Rückgang außerberuflicher Konsequenzen der Berufstätigkeit – gerade in Bezug auf die individuelle Identitätsformierung und Selbstdarstellung – ist z.B. jüngst von Buchmann und Eisner (1998) demonstriert worden, die einen Trend „from status to style" bei Partnerschaftskriterien in den letzten 90 Jahren nachgewiesen haben. Insofern könnte das Lebensstilkonzept gerade dort ansetzen, wo die Klassenstruktur nur unzureichend erklärungskräftig ist. Lebensstile als Strukturierungsprinzip kön nen etwa soziales Handeln anhand eines gruppenspezifischen „Aktionsradius" (Spellerberg 1996: 122) verstehbar machen. So lassen sich innerhalb der „jüngeren" Stiltypen der stark außerhäuslich und bürgerschaftlich engagierte, politisch interes sierte Selbstverwirklichungstypus und der häusliche, freiwilligen Vereinigungen distanziert begegnende passive Unterhaltungstypus gegenüberstellen (Tabelle 5a-f; Otte 1997: 330). Deren differentielle Organisationsbindungen lassen sich dabei nicht allein auf das jeweilige politische Interesse zurückführen, sondern sind Au sdruck grundlegend unterschiedlicher Strategien der Lebensführung.

Die Aussagekraft der hier vorgestellten Analysen hat jedoch Grenzen. Erstens wurde kein rigoroser Test der Individualisierungsthese mit Zeitreihendaten gemacht. So wäre es wünschenswert zu prüfen, inwieweit die Erklärungskraft der Klassenzu gehörigkeit für Mitgliedschaften in freiwilligen Vereinigungen im Zeitverlauf abge nommen und die einer Lebensstiltypologie zugenommen hat (vgl. das Vorgehen bei Schnell/Kohler 1995). In diesem Sinne könnte man z.B. auch ermitteln, ob die An zahl der Betriebssportvereine bzw. die Anzahl der Mitglieder solcher Vereine (relativ zu allen Sportvereinsmitgliedern) im Zeitverlauf zurückgegangen ist. Zwei tens unterliegt die Untersuchung dem Problem, daß alle betrachteten Vereinigungs typen intern heterogen sind. So ist es denkbar, daß die Erklärungskraft der Sozia lstrukturkonzepte eventuell statistisch signifikant wäre, wenn man etwa nur Bürger initiativen mit einer bestimmten inhaltlichen Ausrichtung untersuchte. Ferner wäre die klassenspezifische Mitgliedschaft in Sportvereinen getrennt nach Sportarten aufschlußreicher als das hier präsentierte Modell (Bourdieu 1982: 333ff). Drittens konnte nicht geprüft werden, wie die beobachteten Klassen- und Lebensstileffekte inhaltlich zu interpretieren sind. Zwar wurde versucht, Interesseneffekte durch Ei nbeziehung von Drittvariablen zu minimieren und damit die Effekte im Sinne gru ppenspezifischer sozialer Integration zu interpretieren, doch ist diese Interpretation keineswegs gesichert. Um über die Handlungsorientierungen der einzelnen Klas sen und Lebensstiltypen Aufschlüsse zu gewinnen, müßten entweder quantitative Erhe bungen explizit im Sinne dieser Fragestellungen designt werden oder stärker qual itativ-sozialhistorische Untersuchungen herangezogen werden. So ist der Niedergang der traditionalen Arbeiterkultur von Mooser (1983) detailreich dargestellt worden. Weniger geklärt scheint der Wandel der Prozesse sozialer Integration anderer sozialer Klassen, insbesondere der „neueren" Klassen. Das gleiche Manko gilt auch hinsichtlich der Lebensstile. Es ist eine offene Frage, *warum* einzelne Stiltypen bestimmte Mitgliedschaften eingehen und andere nicht (vgl. zu ähnlichen Interpretationsproblemen bei einer „verstehenden" Analyse von Lebensstilen Otte 1997: Abschnitt 3.3). Kurz: Die in diesem Beitrag vorgelegte *statistische* Erklärung von Mitgliedschaften ist keine *theoretische* Erklärung der Phänomene. Die statistischen Befunde sollten ihrerseits Explanandum einer Theorie sozialen (Gruppen-)Handelns sein (Esser 1996; Goldthorpe 1996). Dies muß weitergehenden Untersuchungen vorbehalten bleiben.

Damit soll abschließend die größte Schwäche der derzeitigen Lebensstilsoziolo gie angesprochen werden: Es existieren so viele Lebensstiltypologien wie es For scher in diesem Feld gibt, alle sind *irgendwie* ähnlich und doch ist keine mit einer anderen vergleichbar. Entsprechend ist offenbar bislang *weder* eine systematische Theorie der Lebensstilgenerierung *noch* eine Theorie der Verhaltenssteuerung durch Lebensstile entwickelt worden. Wirkliche Erklärungen mit Lebensstilen sind d a-durch kaum möglich. Um diesem Defizit zu begegnen, sollte man m.E. in Zukunft davon abkommen, Lebensstiltypologien ausschließlich induktiv, datengeleitet zu entwickeln. Stattdessen sollten die wesentlichen Dimensionen von Lebensstilen theoretisch expliziert (und empirisch validiert) werden, so daß Typologien eher deduktiv gewonnen werden können. Beim Einsatz solcher Modelle wäre auf diese Weise eine Vergleichbarkeit verschiedener Studien möglich. Obwohl – oder gerade weil – die in diesem Beitrag verwendete Lebensstiltypologie in diesem Sinne nicht als ultima ratio angesehen wird, sind die damit erzielten Ergebnisse eine Ermutigung bei der weiteren Suche nach neuen sozialen Formationen und Identitäten sowie deren Erklärungspotentialen.

Tabelle A1: Logistische Regressionen der Mitgliedschaft in freiwilligen Vereinigungen auf die Prädiktorvariablen im vollständigen Modell E (Effektkoeffizienten)

	Mitgliedschaft (allgemein)	Partei	Bürger-initiative	Gewerk-schaft	kirchlicher Verein	Gesang-verein	Sport-verein
Geschlecht: Männer	1.60***	2.05**	0.89	3.42***	0.68	1.66*	1.24
Geburtskohorten: (Ref. 1932-1938)							
1939-1948	0.67*	0.75	0.57	0.68	0.69	0.71	0.92
1949-1958	0.66**	0.72	0.43	0.84	0.49*	0.38***	1.32
1959-1968	0.67*	0.20***	0.26*	0.58*	0.52	0.32***	1.21
1969-1975	0.66	0.28	0.08*	0.32***	1.61	0.32**	1.96**
Bildung: (Ref. Hauptschule)							
Mittlere Reife	1.22	0.62	1.42	1.15	0.90	1.71*	1.36*
Abitur	1.31	0.78	1.81	1.22	1.06	1.07	1.76***
Abitur•Männer (Interaktionseffekt)				0.22***			
Pro-Kopf-Haushaltsnettoeinkommen: (Ref. 1. Quintil, niedrigste Einkommen)							
2. Quintil	1.40	1.20	(Ref.)	2.32***	1.13	0.92	1.20
3. Quintil	1.50*	0.49	1.32	1.83*	0.91	0.91	1.18
4. Quintil	1.20	0.63	3.53**	1.99**	0.97	0.78	1.35
5. Quintil	1.06	1.10	1.96	1.09	0.48	0.58	1.56*
Religionszugehörigkeit: (Ref. keine/andere)							
katholisch mit hoher Kirchgangshfkt.	1.96***	1.12	0.68	0.81	13.64***	3.48**	3.56***
katholisch mit niedriger Kirchgangshfkt.	0.86	0.78	0.41	0.86	1.98	2.35	1.90***
evangelisch mit hoher Kirchgangshfkt.	1.43*	1.41	1.88	0.76	5.93***	4.22**	2.67***
evangelisch mit niedriger Kirchgangshfkt.	1.46**	1.29	0.89	1.14	1.63	2.47*	2.08***
Wohnort: (Ref. Dorf)							
Klein- und Mittelstadt	0.82	0.47**	0.58	1.07	1.15	0.37***	0.93
Großstadt	0.72**	0.59	0.66	1.55**	1.04	0.32***	0.67**
Beschäftigungssektor: (Ref. erwerbslos oder anderer)							
öffentlicher Dienst	1.50**	1.56		4.49***			
Industrie	1.85***			3.75***			
Erwerbsstatus: (Ref. anderer)							
vollzeiterwerbstätig				1.16			
Hausfrau				3.18***			
Familienstand: (Ref. andere Haushalte)							
Kinder unter 18 Jahren im Haushalt			6.37***				
Alleinerziehenden-Haushalt			3.72**				
Klassenzugehörigkeit: (Ref. Arbeiter)							
Administrative Dienstklasse	1.08	2.48*	6.70*[a]	0.68	1.18	0.18**	1.69**
Experten	0.41**	1.29	4.34[b]	0.39*	0.96[b]	0.73	0.73
Soziale Dienstleistungen	0.76	3.73**	4.34[b]	0.63	0.96[b]	1.47	0.64
Nichtmanuell Ausführende	0.86	1.72	7.92*	0.54**	0.80	1.15	1.41
Kleinbürgertum	1.30	4.21***	6.70*[a]	0.06***	0.37	1.40	1.59
Lebensstiltypus: (Ref. Passiver Unterhaltungstypus)							
Niveautypus	1.82***	3.27*	2.21	0.67	2.99**	1.45	1.61*
Integrationstypus	2.47***	2.88	3.61	1.05	1.60	2.27*	3.83***
Harmonietypus	0.82	0.85	2.11	0.86	1.16	0.96	0.93
Selbstverwirklichungstypus	1.32	4.09**	6.22**	1.18	3.66***	0.86	1.10
Sportorientierter Unterhaltungstypus	2.03***	2.25	3.61	0.60*	1.04	0.90	3.75***
Konstante	0.87	0.03***	0.001***	0.10***	0.02***	0.06***	0.06***

<u>Anmerkungen:</u> Alle Modelle enthalten zusätzlich je einen Missing-Data-Dummy für die Einkommens- und Klassenvariable. "Ref." kennzeichnet die Referenzkategorie, für die ein Effekt von 1 gilt. Koeffizienten größer als 1 erhöhen die Wahrscheinlichkeit einer Mitgliedschaft im Vergleich zur Referenzkategorie multiplikativ um den entsprechenden Wert, solche kleiner als 1 verringern sie entsprechend multiplikativ. *** Statistisch signifikant auf dem 1%-Niveau, ** 5%-Niveau bzw. * 10%-Niveau. [a][b] Klassen jeweils zusammengefaßt.
Datenbasis: Wohlfahrtssurvey 1993, Westdeutschland; N=1320.

Literatur

Alemann, Ulrich von, 1989: Organisierte Interessen in der Bundesrepublik. 2. Auflage. Opladen: Leske + Budrich.

Almond, Gabriel A. und Sidney Verba, 1963: The Civic Culture. Political Attitudes and Democracy in Five Nations. Princeton: Princeton University Press.

Andreß, Hans-Jürgen, Jacques A. Hagenaars und Steffen Kühnel, 1997: Analyse von Tabellen und kategorialen Daten. Log-lineare Modelle, latente Klassenanalyse, logistische Regression und GSK-Ansatz. Berlin: Springer.

Armbruster, Bernt und Rainer Leisner, 1975: Bürgerbeteiligung in der Bundesrepublik. Zur Freizeitaktivität verschiedener Bevölkerungsgruppen in ausgewählten Beteiligungsfeldern (Kirchen, Parteien, Bürgerinitiativen und Vereinen). Göttingen: Schwartz.

Armingeon, Klaus, 1988: Gewerkschaftliche Entwicklung und ökonomischer, beschäftigungsstruktureller und politischer Wandel. Das Beispiel der Gewerkschaften in der Bundesrepublik Deutschland. Soziale Welt 39: 459-485.

Beck, Ulrich, 1983: Jenseits von Stand und Klasse? Soziale Ungleichheiten, gesellschaftliche Individualisierungsprozesse und die Entstehung neuer sozialer Formationen und Identitäten. S. 35-74 in: Reinhard Kreckel (Hg.): Soziale Ungleichheiten. (Soziale Welt, Sonderband 2) Göttingen: Schwartz,

Beck, Ulrich, 1986: Risikogesellschaft. Auf dem Weg in eine andere Moderne. Frankfurt/M.: Suhrkamp.

Beck, Ulrich, 1993: Die Erfindung des Politischen. Zu einer Theorie reflexiver Modernisierung. Frankfurt/M: Suhrkamp.

Beck, Ulrich, 1997a: Was ist Globalisierung? Irrtümer des Globalismus – Antworten auf Globalisierung. Frankfurt/M: Suhrkamp.

Beck, Ulrich, 1997b: Die uneindeutige Sozialstruktur: Was heißt Armut, was Reichtum in der 'Selbstkultur'? S. 183-197 in: Ulrich Beck und Peter Sopp (Hg.): Individualisierung und Integration. Neue Konfliktlinien und neuer Integrationsmodus? Opladen: Leske + Budrich.

Beck, Ulrich, 1997c: Kinder der Freiheit: Wider das Lamento über den Werteverfall. S. 9-33 in: ders. (Hg.): Kinder der Freiheit. Frankfurt/M: Suhrkamp.

Beck, Ulrich, 1997d: Ursprung als Utopie – Politische Freiheit als Sinnquelle der Moderne. S. 382-401 in: ders. (Hg.): Kinder der Freiheit. Frankfurt/M: Suhrkamp.

Beck, Ulrich und Elisabeth Beck-Gernsheim, 1993: Nicht Autonomie, sondern Bastelbiographie. Anmerkungen zur Individualisierungsdiskussion am Beispiel des Aufsatzes von Günter Burkart. Zeitschrift für Soziologie 22: 178-187.

Becker, Ulrich, Horst Becker und Walter Ruhland, 1992: Zwischen Angst und Aufbruch. Das Lebensgefühl der Deutschen in Ost und West nach der Wiedervereinigung. Düsseldorf: Econ.

Berger, Peter A. und Stefan Hradil (Hg.), 1990: Lebenslagen, Lebensläufe, Lebensstile. (Soziale Welt, Sonderband 7) Göttingen: Schwartz.

Berking, Helmuth und Sighard Neckel, 1987: Politik und Lebensstile. Ästhetik und Kommunikation 17 (65/66): 47-57.

Berking, Helmuth und Sighard Neckel, 1990: Die Politik der Lebensstile in einem Berliner Bezirk. Zu einigen Formen nachtraditionaler Vergemeinschaftung. S. 481-500 in: Peter A. Berger und Stefan Hradil (Hg.): Lebenslagen, Lebensläufe, Lebensstile. (Soziale Welt, Sonderband 7) Göttingen: Schwartz.

Bourdieu, Pierre, 1982: Die feinen Unterschiede. Kritik der gesellschaftlichen Urteilskraft. Frankfurt/M: Suhrkamp.

Brähler, Elmar und Hans-Jürgen Wirth, 1995: Gewerkschaftsmitglieder und Nichtorganisierte im Vergleich. S. 88-108 in: Dies. (Hg.): Entsolidarisierung. Die Westdeutschen am Vorabend der Wende und danach. Opladen: Westdeutscher Verlag.

Buchanan, James, 1965: An Economic Theory of Clubs. Economica 32: 1-14.

Buchmann, Marlis und Manuel Eisner, 1998: From Status to Style. Shifts in the Presentation of Self over the Twentieth Century in Switzerland. Paper prepared for presentation at the annual meeting of the ASA, San Francisco, August 21-25, 1998. Zürich: Swiss Federal Institute of Technology.

Butler, Tim und Mike Savage (Hg.), 1995: Social Change and the Middle Classes. London: UCL Press.

De Graaf, Nan Dirk und Bram Steijn, 1996: The Service Class in a Post-Industrial Society. Attitudes and Behaviour of the Social and Cultural Specialists in the Public Sector. Paper presented at the RC28 Meeting of the International Sociological Association in Stockholm.

Erikson, Robert und John H. Goldthorpe, 1992: The Constant Flux. A Study of Class Mobility in Industrial Societies. Oxford: Clarendon.

Esser, Hartmut, 1989: Verfällt die 'soziologische Methode'? Soziale Welt 40: 57-75.

Esser, Hartmut, 1996: What is wrong with 'Variable Sociology'? European Sociological Review 12: 159-166.

Flaig, Berthold Bodo, Thomas Meyer und Jörg Ueltzhöffer, 1993: Alltagsästhetik und politische Kultur. Zur ästhetischen Dimension politischer Bildung und politischer Kommunikation. Bonn: Dietz.

Gluchowski, Peter, 1987: Lebensstile und Wandel der Wählerschaft in der Bundesrepublik Deutschland. Aus Politik und Zeitgeschichte B12, 18-32.

Goldthorpe, John H., 1996: The Quantitative Analysis of Large-Scale Data-Sets and Rational Action Theory: For a Sociological Alliance. European Sociological Review 12: 109-126.

Gordon, C. Wayne und Nicholas Babchuk, 1959: A Typology of Voluntary Associations. American Sociological Review 24: 22-29.

Hegner, Friedhart, 1980: Historisch-gesellschaftliche Entstehungsbedingungen und politisch-soziale Funktionen von Bürgerinitiativen. Ansatzpunkte eines gesellschaftspolitischen 'Umgangs' mit Bürgerinitiativen. S. 11-118 in: Volker Hauff (Hg.): Bürgerinitiativen in der Gesellschaft. Villingen-Schwenningen: Neckar-Verlag.

Hörning, Karl H. und Matthias Michailow, 1990: Lebensstil als Vergesellschaftungsform. Zum Wandel von Sozialstruktur und sozialer Integration. S. 501-521 in: Peter A. Berger und Stefan Hradil (Hg.): Lebenslagen, Lebensläufe, Lebensstile. (Soziale Welt, Sonderband 7) Göttingen: Schwartz.

Hradil, Stefan, 1987: Sozialstrukturanalyse in einer fortgeschrittenen Gesellschaft. Von Klassen und Schichten zu Lagen und Milieus. Opladen: Leske + Budrich.

Knoke, David, 1990: Organizing for Collective Action. The Political Economies of Associations. New York: de Gruyter.

Lepsius, M. Rainer, 1979: Soziale Ungleichheit und Klassenstrukturen in der Bundesrepublik Deutschland. Lebenslagen, Interessenvermittlung und Wertorientierungen. S. 166-209 in: Hans-Ulrich Wehler (Hg.): Klassen in der europäischen Sozialgeschichte. Göttingen: Vandenhoeck & Ruprecht.

Lipset, Seymour Martin und Stein Rokkan, 1967: Cleavage Structures, Party Systems, and Voter Alignments: An Introduction. S. 1-64 in: dies. (Hg.): Party Systems and Voter Alignments. Cross-National Perspectives. New York: The Free Press.

Lockwood, David, 1969: Soziale Integration und Systemintegration. S. 124-137 in: Wolfgang Zapf (Hg.): Theorien des sozialen Wandels. Köln/Berlin: Kiepenhauer & Witsch.

Lüdtke, Hartmut, 1989: Expressive Ungleichheit. Zur Soziologie der Lebensstile. Opladen: Leske + Budrich.

Lüdtke, Hartmut, 1995: Zeitverwendung und Lebensstile. Empirische Analysen zu Freizei t-verhalten, expressiver Ungleichheit und Lebensqualität in Westdeutschland. Marburg: Philipps-Universität.

Mooser, Josef, 1983: Auflösung der proletarischen Milieus. Klassenbindung und Individual i-sierung in der Arbeiterschaft vom Kaiserreich bis in die Bundesrepublik Deutschland. Soziale Welt 34: 270-306.

Müller, Hans-Peter, 1989: Lebensstile. Ein neues Paradigma der Differenzierungs- und U n-gleichheitsforschung? Kölner Zeitschrift für Soziologie und Sozialpsychologie 41: 53-71.

Müller, Hans-Peter, 1992: Sozialstruktur und Lebensstile. Der neuere theoretische Diskurs über soziale Ungleichheit. Frankfurt/M: Suhrkamp.

Müller, Walter, 1998: Klassenstruktur und Parteiensystem. Zum Wandel der Klassenspaltung im Wahlverhalten. Kölner Zeitschrift für Soziologie und Sozialpsychologie 50: 3-47.

Müller-Schneider, Thomas, 1994: Schichten und Erlebnismilieus. Der Wandel der M i-lieustruktur in der Bundesrepublik Deutschland. Wiesbaden: Deutscher Universitätsve r-lag.

Noelle-Neumann, Elisabeth und Edgar Piel (Hg.), 1983: Eine Generation später. Bundesrep u-blik Deutschland 1953-1979. München: Saur.

Norušis, M. J., 1992: SPSS for Windows. Professional Statistics. Release 5 (Manual). Chic a-go: SPSS Inc.

Otte, Gunnar, 1997: Lebensstile versus Klassen – welche Sozialstrukturkonzeption kann die individuelle Parteipräferenz besser erklären? S. 303-346 in: Walter Müller (Hg.): Soziale Ungleichheit. Neue Befunde zu Strukturen, Bewußtsein und Politik. Opladen: Leske + Budrich.

Pappi, Franz Urban, 1991: Konfliktlinien. S. 310-306 in: Dieter Nohlen (Hg.): Wörterbuch Staat und Politik. Bonn: Bundeszentrale für Politische Bildung.

Putnam, Robert D., 1993: Making Democracy Work. Civic Traditions in Modern Italy. Pri n-ceton: Princeton University Press.

Raschke, Peter, 1978: Vereine und Verbände. Zur Organisation von Interessen in der Bunde s-republik Deutschland. München: Juventa.

Reigrotzki, Erich, 1956: Soziale Verflechtungen in der Bundesrepublik. Elemente der sozialen Teilnahme in Kirche, Politik, Organisationen und Freizeit. Tübingen: Mohr.

Rudzio, Wolfgang, 1991: Das politische System der Bundesrepublik Deutschland. Eine Ei n-führung. 3. völlig überarbeitete Auflage. Opladen: Leske + Budrich.

Sahner, Heinz, 1993: Vereine und Verbände in der modernen Gesellschaft. S. 11-118 in: Heinrich Best (Hg.): Vereine in Deutschland. Vom Geheimbund zur freien gesellschaftli-chen Organisation. Bonn: Informationszentrum Sozialwissenschaften.

Scheuch, Erwin K., 1993: Vereine als Teil der Privatgesellschaft. S. 143-207 in: Heinrich Best (Hg.): Vereine in Deutschland. Vom Geheimbund zur freien gesellschaftlichen Organisa-tion. Bonn: Informationszentrum Sozialwissenschaften.

Schmitt-Beck, Rüdiger und Cornelia Weins, 1997: Neue soziale Bewegungen und politischer Protest im Osten Deutschlands." S. 321-351 in: Oscar W. Gabriel (Hg.): Politische Or i-entierungen und Verhaltensweisen im vereinigten Deutschland. Opladen: Leske + B u-drich.

Schnell, Rainer und Ulrich Kohler, 1995: Empirische Untersuchung einer Individualisi e-rungshypothese am Beispiel der Parteipräferenz von 1953-1992. Kölner Zeitschrift für Soziologie und Sozialpsychologie 47: 635-657.

Schulze, Gerhard, 1992: Die Erlebnisgesellschaft. Kultursoziologie der Gegenwart. Fran k-furt/M.-New York: Campus.

Scott, John C., Jr., 1957: Membership and Participation in Voluntary Associations. American Sociological Review 22: 315-326.

SINUS (o.J.): SINUS Lebensweltforschung. Ein kreatives Konzept. Heidelberg.

Spellerberg, Annette, 1996: Soziale Differenzierung durch Lebensstile. Eine empirische U n-tersuchung zur Lebensqualität in West- und Ostdeutschland. Berlin: Sigma.

Statistisches Bundesamt (Hg.), 1994: Datenreport 1994. Zahlen und Fakten über die Bundes-republik Deutschland. Bonn: Bundeszentrale für politische Bildung.

Statistisches Bundesamt (Hg.), 1997: Datenreport 1997. Zahlen und Fakten über die Bundes-republik Deutschland. Bonn: Bundeszentrale für politische Bildung.

Tocqueville, Alexis de, 1976: Über die Demokratie in Amerika. München: dtv.

van Deth, Jan W., 1997a: Introduction: Social Involvement and Democratic Politics. S. 1-23 in: Jan W. van Deth (Hg.): Private Groups and Public Life. Social Participation, Volun-tary Associations and Political Involvement in Representative Democracies. Lo n-don/New York: Routledge.

van Deth, Jan W., 1997b: Formen konventioneller politischer Partizipation. Ein neues Leben alter Dinosaurier? S. 291-319 in: Oscar W. Gabriel (Hg.): Politische Orientierungen und Verhaltensweisen im vereinigten Deutschland. Opladen: Leske + Budrich.

Varian, Hal R., 1995: Grundzüge der Mikroökonomik. 3. überarbeitete und erweiterte Aufla-ge. München/Wien: Oldenbourg.

Verba, Sidney, Kay Lehman Schlozman und Henry E. Brady, 1995: Voice and Equality. Civic Voluntarism in American Politics. Cambridge: Harvard University Press.

Vester, Michael, Peter von Oertzen, Heiko Geiling, Thomas Hermann und Dagmar Müller, 1993: Soziale Milieus im gesellschaftlichen Strukturwandel. Zwischen Integration und Ausgrenzung. Köln: Bund.

Weber, Max, 1972/1922: Wirtschaft und Gesellschaft. Grundriß der verstehenden Soziologie. 5. revidierte Auflage. Tübingen: Mohr.

Weber, Max, 1924: Rede auf dem ersten deutschen Soziologentage in Frankfurt 1910. S. 431-449 in: ders.: Gesammelte Aufsätze zur Soziologie und Sozialpolitik. Tübingen: Mohr.

Weßels, Bernhard, 1997a: Einstellungen zu den Institutionen der Interessenvermittlung. S. 189-210 in: Oscar W. Gabriel (Hg.): Politische Orientierungen und Verhaltensweisen im vereinigten Deutschland. Opladen: Leske + Budrich.

Weßels, Bernhard, 1997b: Mitverantworten und Mitregieren. Bedeutungsverlust von Interes-sengruppen und Bürgervereinigungen? In: Funkkolleg (Hg.): Deutschland im Umbruch. Studienbrief 4. Tübingen: DIFF, 14/1-14/36.

Windolf, Paul und Joachim Haas, 1989: Who Joins the Union? Determinants of Trade Union Membership in West Germany 1976-1984. European Sociological Review 5: 147-165.

Winkler, Joachim, Ralf-Rainer Karhausen und Rolf Meier, 1985: Verbände im Sport. Eine empirische Analyse des Deutschen Sportbundes und ausgewählter Mitgliedsorganisati o-nen. Schorndorf: Hofmann.

Wright, Erik Olin, 1985: Classes. London/New York: Verso.

Wynne, Derek, 1998: Leisure, Lifestyle and the New Middle Class. A Case Study. Londo n-New York: Routledge.

ZA/ZUMA, 1996: Kumulierter Allbus 1980-96. Codebuch. Köln/Mannheim.

Zimmer, Annette, 1996: Vereine – Basiselement der Demokratie. Eine Analyse aus der Dritte-Sektor-Perspektive. Opladen: Leske + Budrich.

Eine empirische Untersuchung einer Individualisierungshypothese am Beispiel der Parteipräferenz von 1953-1992[1]*

Rainer Schnell und Ulrich Kohler

1. Einleitung

Neben der Diskussion um die Bedeutung von Lebensstilen erfreut sich im Rahmen „der sozialwissenschaftlich informierten Zeitbetrachtung" (Armingeon 1994: 55) kaum ein Thema so großer Popularität wie die sogenannte „Individualisierungsdiskussion" (Beck und Beck-Gernsheim 1993). Ausgangspunkt dieser Diskussion ist bekanntlich die Idee der Auflösung kollektiver und gruppenspezifischer Orientierungsschemata. In der BRD wurde diese Diskussion vor allem durch die Veröffentlichung des Essays von Beck (1983) angeregt.[2] Beck (1986: 122) glaubte einen abnehmenden Wirklichkeitsgehalt von Klassen- und Schichtmodellen in der Nachkriegsgeschichte feststellen zu können: Klassen zeichneten sich nicht mehr länger durch „ständisches Gepräge" und „soziale (Selbst-) Wahrnehmbarkeit" aus; ihre Abgrenzung durch „Kontakt-, Hilfs- und Heiratskreise" sowie ihre „bewußte und gelebte Besonderheit" gehörten der Vergangenheit an (Beck 1986: 139-143). Im vermeintlichen Obsoletwerden des Klassenbegriffs wird daher häufig der Kern der „Individualisierungshypothese" gesehen (so z.B. bei Drexel 1994: 14-15).

Als Ursache für diese Entwicklung wurde die Anhebung der Lebensbedingungen bei gleichbleibenden Ungleichheitsrelationen, die zunehmende Mobilität und die sogenannte „Bildungsexplosion" vermutet (Beck 1986).

Die an Beck (1983) anknüpfende „Individualisierungsdiskussion" ist vor allem dadurch gekennzeichnet, daß die zugrundeliegenden Hypothesen kaum so expliziert werden, daß eine empirische Prüfung möglich ist (vgl. Mayer und Blossfeld 1990: 312-315). Selbst Beck und Beck-Gernsheim (1993: 178) konzedieren unpräzise

* Zuerst veröffentlicht in der Kölner Zeitschrift für Soziologie und Sozialpsychologie 47 (1995): 634-657.

[1] Das Projekt wurde mit Mitteln der DFG finanziert. Wir danken Hartmut Esser für anregende Diskussionen und vielfältige Unterstützung. Für die Klärung technischer Details sind wir Herbert Matschinger zu Dank verpflichtet. Horst Weinen und Erwin Rose waren wie stets von außerordentlicher Hilfsbereitschaft bei der Beschaffung und Aufbereitung der Datensätze. Für nützliche Kommentare danken wir Gabriele Eckstein und Johannes Kopp und insbesondere Elke Esser. Unser besonderer Dank gilt Johannes Handl und vor allem Walter Müller für eine äußerst hilfreiche kritische Diskussion.

[2] Zwar wird in der BRD diese Diskussion meist auf Ulrich Beck zurückgeführt, außerhalb der BRD ist hingegen eine historische Individualisierungsdiskussion, die den Ursprüngen der Idee nachgeht, ohne jeden Bezug auf Beck möglich (z.B. bei Ester u.a. 1994).

Ausgangsformulierungen. Für viele Formen diverser „Individualisierungshypothesen" ist kaum ein empirisches Ergebnis denkbar, das ihnen widerspricht. Damit kann weder von einer „Individualisierungstheorie" noch von einer „Individualisierungshypothese" in einem wissenschaftstheoretisch bedeutsamen Sinne gesprochen werden. Zusammen mit der Dominanz äußerst indirekter und qualitativer Überprüfungsversuche verwundert es nicht, daß Beck (1994: 199) in einer Übersicht über empirische Arbeiten feststellen kann: „(...) how far this individualization theory (sic!, R.S./U.K.) is (empirically) true or not, remains an open – at least a controversial – question." Um empirische Tests durchführen zu können, müssen präzisere Hypothesen spezifiziert werden als sie im Rahmen der „Individualisierungsdiskussion" üblich sind.

2. Spezifizierung der Untersuchungshypothese

Allgemein kann man die „Individualisierungsthese" so interpretieren, daß Akteure im Verlauf der Modernisierung der Gesellschaft einer wachsenden Zahl verschiedener, sich teilweise widersprechender und auch wandelnder Kategorien zugehören. Die Folge davon ist die Abnahme des prägenden Einflusses jeder einzelnen Kategorie auf das Handeln der Akteure. Etwas technischer formuliert: Die Binnengruppenvarianz jeder einzelnen Kategorie in Hinsicht auf individuelle Handlungen steigt. In der empirischen Sozialforschung wird in fast allen Erklärungsmodellen vor allem ein Typ theoretisch geordneter Mengen von Kategorien verwendet: die soziodemographischen Variablen. Der Wirkungsmechanismus zwischen der Zugehörigkeit zu einer Kategorie (z.B. Geschlecht: weiblich) und dem Verhalten der Individuen wird dabei aber nur selten expliziert. Es handelt sich also im Regelfall um sogenannte „Erklärungen mit impliziten Gesetzen" (Opp 1970:58ff, Schnell et al. 1993:60-62). Das zentrale Problem bei solchen Erklärungen besteht darin, daß die Erklärung zusammenbricht, falls die Anfangsbedingungen für die nicht explizierten Gesetze, die den eigentlichen Wirkungsmechanismus beschreiben, nicht mehr gegeben sind. Genau dies kann man für die der Erklärung mit sozio-demographischen Variablen zugrunde liegenden impliziten Gesetze in der Folge der Individualisierung erwarten. Wird ein Verhalten derart implizit durch sozio-demographische Variablen erklärt, so sollte der Zusammenhang zwischen diesen Variablen und dem interessierenden Verhalten durch Individualisierungsprozesse schwächer werden.[3] Diese Schwächung des Zusammenhangs wird vor allem bei denjenigen Verhaltensmöglichkeiten zu beobachten sein, die nicht unmittelbar ressourcen-gebunden sind.[4]

---

3 Auf die „methodischen Probleme gesellschaftlicher Differenzierung" wurde schon früh von Esser (1979) hingewiesen. Eine Weiterentwicklung dieser Überlegungen in Auseinandersetzung mit Beck und Giddens findet sich bei Esser (1989).

4 Selbstverständlich unterliegt die „materielle Reproduktion des Menschen" immer materiellen Begrenzungen. Folglich gibt es für ressourcen-gebundene Verhaltensmöglichkeiten immer Handlungsbeschränkungen. Einige Kategorien können immer noch als Indikatoren für solche Handlungsbegrenzungen dienen. So kann man für Frauen z.B. aus der Variablen „Alter" relativ fehlerfrei die Möglichkeit einer Schwangerschaft schließen. Aus dem Alter eines Individuums kann man mit etwas größeren Fehlern auf das Alter seines Ehepartners schließen. Und mit noch größeren Fehlern kann man aus der Variablen „Bildung" die Variable „Einkommen" vorhersagen. Obwohl langfristig zumindest bei einigen dieser Sachverhalte ebenfalls mit Individualisierungsprozessen zu rechnen

Hierzu gehören in westlichen postindustriellen Gesellschaften zum Beispiel Nahrungsmittelpräferenzen, Musikgeschmack, Einstellungsäußerungen oder auch Wahlverhalten.[5] Da zu kaum einer solchen Verhaltensmöglichkeit so viele empirische Studien existieren wie zum Wahlverhalten, soll hier zunächst eine Beschränkung auf diesen Untersuchungsgegenstand erfolgen. Eine entsprechend präzisierte Individualisierungshypothese könnte lauten:

Die Erklärungskraft sozio-demographischer Variablen (wie Konfessionszugehörigkeit, Alter, Geschlecht, berufliche Stellung und Bildung) in statistischen Modellen zur Erklärung der in Umfragen bekundeten individuellen Wahlabsicht nimmt „im Laufe der Zeit" (also: mit zunehmender gesellschaftlicher Differenzierung) ab.[6]

Angesichts dessen, daß sozio-demographische Variablen in Wahlmodellen immer noch eine große, wenn auch zunehmend problematischere Rolle spielen (vgl. Achen 1992), scheint diese Hypothese auch von Interesse für die Wahlsoziologie zu sein.[7]

3. Datengrundlage

Den Analysen liegen Surveydaten von insgesamt 37 Querschnittserhebungen zugrunde. Die Datensätze wurden aus dem Bestand des Zentralarchivs für empirische Sozialforschung der Universität zu Köln ausgewählt (Stand April 1994). Die Auswahl basierte auf folgenden Kriterien: Die Grundgesamtheit sollte die über 18-jährigen Einwohner der Bundesrepublik Deutschland umfassen;[8] die Auswahl der

---

sein wird, erscheinen diese derzeit noch schwächer als bei nicht ressourcen-gebundenen Verhaltensweisen.

5 Im Gegensatz zu weitgehend ressourcen-unabhängigen Verhaltensmöglichkeiten wie Einstellungsäußerungen sprechen empirische und theoretische Arbeiten dafür, daß unverändert sozialstrukturelle Variablen großen Einfluß auf Indikatoren sozialer Ungleichheit besitzen. Dies betrifft in besonderem Ausmaß das Problem sozialer Mobilität, vgl. hierzu z.B. Mayer und Blossfeld (1990), Bertram (1991) und Mayer/Müller (1994).

6 Ohne den Mechanismus zu spezifizieren nimmt auch Beck in einer neueren Publikation (1994: 199) einen schwindenden Einfluß von Klassenstrukturen auf das Wahlverhalten an. Zwar stellte Schultze (1991: 774) schon etwas früher fest, daß Einigkeit darüber bestehe, daß „(...) mit der Auflösung einst homogener sozialer Umwelten und der Lockerung struktureller Bindungen als Folge gesellschaftlichen, industriellen und berufsstrukturellen Wandels (...) der Einfluß politisch-situativer und politisch-konjunktureller Faktoren auf die Wahlentscheidung seit Ende der 60er/Anfang der 70er Jahre gewachsen" sei, aber ein direkter empirischer Beleg für die damit implizierte Abnahme des Einflusses sozio-demographischer Variablen auf das Wahlverhalten findet sich anscheinend nicht in der Literatur. Die Arbeiten von Pappi (1986, 1990) sowie Müller (1993) enthalten z.B. keine explizite Darstellung der Veränderung der Erklärungskraft der Modelle.

7 Um Mißverständnisse zu vermeiden: Es geht hier nicht um die definitive Untersuchung der Frage, ob Klassenzugehörigkeit einen schwindenden Einfluß auf Wahlverhalten besitzt (vgl. z.B. Heath et al. 1991, Clark/Lipset 1991, Clark et al. 1993) oder ob sich überhaupt Klasseneffekte nach der Kontrolle von Einstellungsvariablen zeigen lassen (Weakliem/Heath 1994). Obwohl beide Fragen bislang nur höchst unvollkommen empirisch untersucht wurden, kann vermutlich weder die tendenzielle Abnahme noch die große verbleibende Erklärungskraft der Klassenzugehörigkeit für Wahlverhalten bestritten werden. Schon allein aufgrund der Probleme der Operationalisierung moderner Klassenbegriffe dürfte die methodisch einwandfreie Untersuchung solcher Fragen mit langen Zeitreihen auch kaum möglich sein.

8 Um die Vergleichbarkeit nicht zu gefährden, wurden Befragte aus Berlin aus den Analysen ausgeschlossen.

Befragten sollte auf einer echten Zufallsstichprobe basieren;[9] die Daten sollten in standardisierten face-to-face-Interviews erhoben worden sein;[10] und die Datensätze sollten Angaben zur Wahlabsicht (Sonntagsfrage), beruflichen Stellung, Konfessionszugehörigkeit, Bildung, Kirchgangshäufigkeit und zur Gewerkschaftszugehörigkeit enthalten.

Allerdings zeigte sich, daß dieser Variablenkatalog durch Studien aus dem Bestand des Zentralarchivs nicht vollständig abgedeckt werden konnte. Bis etwa Mitte der sechziger Jahre wurde die Wahlabsicht (als Sonntagsfrage) in Umfragen in der Regel nicht abgefragt.[11] Vielmehr liegen – in verschiedenen Operationalisierungen – häufig nur Angaben über die „Parteiidentifikation" vor.[12] Bei der Auswahl der Datensätze wurden daher bei späteren Erhebungsjahren vor allem Studien ausgewählt, die neben der Wahlabsichtsfrage auch eine Frage zur „Parteiidentifikation" enthalten. Um einzelne fehlende Erhebungsjahre zu kompensieren, wurde schließlich als dritte Form der Parteipräferenz die „Parteisympathie" (z.B. durch „Thermometer-Fragen" operationalisiert) in den Analysedatensatz übernommen.

Die Variablen Kirchgangshäufigkeit und Gewerkschaftszugehörigkeit wurden in den frühen Jahren entweder nicht oder nur unzulänglich erhoben, so daß ihre Verwendung für die Analyse dichter Zeitreihen ausscheidet.[13]

Die genannten Kriterien reduzierten die Zahl der verwendbaren Datensätze meist auf wenige Studien pro Jahr. Standen mehrere Studien zur Wahl, wurden Studien mit hoher Fallzahl und möglichst ähnlichem Design und Fragebogen bevorzugt. Ausgewählt wurden schließlich die in Tabelle 1 aufgeführten Datensätze.[14]

---

9   Damit entfielen vor allem Quota-Auswahlen. Dafür spricht (neben einer allgemeinen methodologischen Ablehnung von Quota-Stichproben) vor allem, daß grundlegende Argumente für die Anwendbarkeit der Quota-Auswahl in dieser Arbeit ja gerade einer Überprüfung unterzogen werden (Schnell 1993).

10   In der endgültigen Auswahl mußte bei den beiden letzten Erhebungen auf zwei Politbarometer zurückgegriffen werden, die auf Telefoninterviews basieren.

11   Die Wahlabsicht wird meist mit Varianten der „Sonntagsfrage" operationalisiert, so z.B. „Wenn am nächsten Sonntag Bundestagswahl wäre, welche Partei würden Sie dann mit Ihrer Zweitstimme wählen?"

12   Die Parteiidentifikation wurde vor allem um 1970 mit vielen verschiedenen Fragen operationalisiert. Während zuvor Fragen wie z.B. „Würden Sie mir bitte sagen, welche politische Partei Ihnen am besten gefällt?" (1954) gestellt wurden, entwickelte sich im Zuge der Diskussion die folgende Frage zur Standardoperationalisierung: „Viele Leute in der Bundesrepublik neigen längere Zeit einer bestimmten Partei zu, obwohl sie auch ab und zu mal eine andere Partei wählen. Wie ist das bei Ihnen: Neigen Sie – ganz allgemein gesprochen – einer bestimmten Partei zu?" (1973). Zu den verschiedenen Operationalisierungen und der Diskussion vgl. Bürklin (1988: 62f).

13   Kirchgangshäufigkeit wurde in den Ausgangsdatensätzen durch so unterschiedliche Operationalisierungen wie „informeller Ermittlung" bis zu Fragen wie „Wie oft gehen Sie im allgemeinen zur Kirche?" erfaßt. Die unterschiedlichen Antwortkategorien führen dazu, daß hier nur zwischen „regelmäßigen Kirchgängern" (jeden Sonntag oder fast jeden Sonntag) und „Nichtkirchgängern" (alle anderen Antworten) unterschieden wird. Bei Gewerkschaftsmitgliedschaft variieren die Operationalisierungen ebenfalls stark. Die DAG wird hier zu den Gewerkschaften gerechnet. Da einige Operationalisierungen unklar in Hinsicht auf die Behandlung des Beamtenbundes sind, wurden hier aus den Analysen zur Erklärung der Gewerkschaftsmitgliedschaft die Beamten ausgeschlossen.

14   Aus Platzgründen muß für Einzelheiten der Studien auf den Datenbestandskatalog des Zentralarchivs und die jeweilige Codebücher verwiesen werden.

Tabelle 1: Übersicht über die verwendeten Studien

Jahr	ZA.Nr.	Titel	n
1953	154	Bundesstudie	3246
1954	446	Politische Fragen	1727
1955	448	Politische Fragen	923
1956	450	Wirtschaftspolitische Fragen (B)	1463
1957	71	Internationale Beziehungen	1106
1958	438	Kommunikationsverhalten	1882
1959	593	Politische Einstellungen	1125
1960	2067	Internationale Beziehungen	1010
1961	55	Kölner Wahlstudie	1679
1962	2020	Internationale Beziehungen	1127
1963			
1964	64	Politische Einstellungen	1762
1965	556	Btw 1965 – Voruntersuchung	1411
1966			
1967	524	Politik in der BRD	1988
1968	310	Issue-Dimens. & Wahlentscheidung	1913
1969	395	Issue-Dimens. & Wahlentscheidung	1826
1970			
1971	839	Btw 1972 (Panel: 1. Welle)	6438
1972	631	Btw 1972 (1. Voruntersuchung)	1588
1973	1322	Länderstudie Herbst 1973	1770
1974	757	Politische Ideologie	2307
1975			
1976	861	Zumabus I	2036
1977	814	Zumabus II	2002
1978	1220	Politik in der BRD	2030
1979	1224	Zumabus III	2012
1980	1795	Kumulierter ALLBUS 1980-1990	2955
1981	2194	Kumulierte Politbarometer 1981	11694
1982	1795	Kumulierter ALLBUS 1980-1990	2991
1983	2209	Kumulierte Politbarometer 1983	10274
1984	1795	Kumulierter ALLBUS 1980-1990	3004
1985	1901	Kumulierte Politbarometer 1985	11475
1986a	1487	Ansprüche der Bürger an den Staat	1843
1986	1795	Kumulierter ALLBUS 1980-1990	3095
1987	1899	Kumulierte Politbarometer 1987	11271
1988	1795	Kumulierter ALLBUS 1980-1990	3052
1989	1487	Ansprüche der Bürger an den Staat	1939
1990	1795	Kumulierter ALLBUS 1980-1990	3051
1991	2102	Kumulierte Politbarometer 1991	11268
1992	2275	Kumulierte Politbarometer 1992	11143

Die Tabelle zeigt Lücken für die Jahre 1963, 1966, 1970 und 1975. Für die in Frage kommenden Studien konnte in der zur Verfügung stehenden Zeit entweder keine Genehmigung für die Datenbenutzung eingeholt oder die technische Aufbereitung der Daten im Zentralarchiv nicht abgeschlossen werden. Zwischen 1980 und 1990 wurde in „geraden" Jahren der kumulierte Allbus 1980-1990 verwendet, in den Jahren dazwischen jeweils die kumulierten Politbarometer der Forschungsgruppe Wahlen. Aus den Ausgangsdatensätzen wurde ein gemeinsamer Trenddatensatz mit 15 Variablen und 133.425 Fällen erstellt.[15]

---

15 Eine ausführliche Dokumentation des Analyse-Datensatzes findet sich bei Ulrich Kohler (1995). Der Datensatz wurde dem Zentralarchiv für empirische Sozialforschung übergeben.

4. Ein einfaches Wahlmodell

Für jedes Erhebungsjahr (für das Daten für das jeweilige Modell vorlagen) wurde versucht, die individuelle Parteipräferenz (als Wahlabsicht, als Parteiidentifikation und als Parteisympathie) durch die unabhängigen Variablen vorherzusagen. Als unabhängige Variablen wurden die Variablen der Tabelle 2 verwendet.[16]

Die Klassen- und Schichteinteilung folgt einem Vorschlag von Pappi (1977: 317). Um kleine Fallzahlen zu vermeiden, wurde hohe Bildung über Abitur/FHS-Reife operationalisiert. Zwar wären differenziertere Schemata sicherlich wünschenswert, doch sind diese bei dem vorhandenen Datenbestand des Zentralarchivs nicht für dichte Zeitreihen realisierbar.

Tabelle 2: Übersicht über das verwendete Wahlmodell

I Klassen- und Schichteinteilung (Dummy-Variable)
Landwirte
Hochgebildete Selbständige
Sonstige Selbständige
Hochgebildete Angestellte & Beamte
Sonstige Angestellte & Beamte
Arbeiter
II Konfession (Dummy-Variable)
Protestanten
Katholiken
Sonstige & Keine Konfessionszugehörigkeit
III Geschlecht (Dummy-Variable)
Frauen
Männer
IV Alter
Alter (in Jahren oder Kategorienmittelwerte)
V Ortsgröße * Bundesland
Ortsgröße in Schleswig-Holstein
Hamburg
Ortsgröße in Niedersachsen
Bremen
Ortsgröße in Nordrhein-Westfalen
Ortsgröße in Hessen
Ortsgröße in Rheinland Pfalz und Saarland
Ortsgröße in Baden-Württemberg
Ortsgröße in Bayern

Gegenüber einem „vollständigen" Standardwahlmodell wie z.B. bei Kühnel und Terwey (1990) fehlen hier – neben der Kirchgangshäufigkeit und der Gewerkschaftsmitgliedschaft – vor allem die Links-Rechts-Skala sowie Postmaterialismus. Die Angaben für die Kirchgangshäufigkeit und die Gewerkschaftsmitgliedschaft reichen im Ausgangsdatenmaterial nicht aus, um sie in jeder Analyse berücksichtigen zu können. Postmaterialismus ist aus einsichtigen Gründen in den frühen Datensätzen nicht erhoben worden. Der beste Prädiktor bei Kontrolle aller anderen Variablen ist bei Kühnel und Terwey (1990: 76) die Links-Rechts-Skala. Auch diese

---

16 Da lediglich Ortsgröße*Bundesland-Interaktionseffekte bei den älteren Studien zu geringfügig besseren Modellanpassungen führten, wurde auf die Einführung zusätzlicher Interaktionseffekte (wie z.B. Berufsgruppen*Konfessions-Interaktionsvariablen) verzichtet.

findet sich in vielen frühen Datensätzen nicht. Darüber hinaus stellt sich die theoretische Frage, ob der Versuch einer *rein strukturellen* Erklärung (z.B. der Wahlabsicht) intervenierende subjektive Variablen wie Links-Rechts-Skala, Postmaterialismus (nicht als Kohorteneffekt) oder auch Religiosität enthalten sollte.

Mit den unabhängigen Variablen der Tabelle 2 wurden für jedes Erhebungsjahr zunächst multinomiale Logit-Modelle für die Parteipräferenz gerechnet. Es wurden getrennte Analysen für die Wahlabsicht, die Parteiidentifikation und die Parteisympathie als abhängige Variable durchgeführt.[17]

Bei multinomialen Logit-Modellen wird für jede Person für jede Ausprägung einer polytomen Variablen die Wahrscheinlichkeit dieser Ausprägung bei gegebenen Kovariaten geschätzt.[18] Jede Person wird anschließend nach der maximalen vorhergesagten bedingten Wahrscheinlichkeit klassifiziert. Um die Erklärungskraft der Modelle zu beschreiben, wurden hier zwei verschiedene Maße verwendet, da es für multinomiale Logit-Modelle kein so einfaches und elegantes Maß der Güte des Modellfits wie die erklärte Varianz in linearen Regressionen gibt.

Weit verbreitet zur Beurteilung der Erklärungskraft der Modelle ist das McFadden-Pseudo-r^2

$$p^2 = 1 - \ln(L_1)/\ln(L_0),$$

bei dem die Likelihood des gegebenen Modells zur Likelihood eines Modells, bei dem alle Parameter den Wert null annehmen, ins Verhältnis gesetzt wird. Hierbei werden vorhergesagte Werte unter zwei verschiedenen Modellen beurteilt, nicht hingegen beobachtete und vorhergesagte Werte (Hosmer und Lemeshow 1989: 149). Es handelt sich also um kein Kriterium, das die Anpassung des Modells beurteilt. Trotzdem ist es das am weitesten verbreitete „Anpassungskriterium" und wird daher auch hier als ein Maß der Erklärungskraft der Modelle eingesetzt.[19]

Als zusätzliches Kriterium für die Erklärungskraft der Modelle wird der Anteil der durch das Modell korrekt klassifizierten Fälle verwendet.[20] Der Anteil korrekt

---

17 Hierbei wurden bis 1980 alle Befragten mit Präferenzen für andere Parteien als CDU, SPD und FDP nicht berücksichtigt. Ab 1980 wurden zusätzlich Befragte mit Parteipräferenzen für die Grünen in den Datensatz aufgenommen.

18 Für jeden Befragten i wird die Wahrscheinlichkeit der Ausprägung j (j=1,2,...J) der Variablen Y mit Hilfe der Kovariaten x_i vorhergesagt:

$$\text{Prob}(Y = j) = \frac{e^{\beta_j' x_i}}{1 + \sum_{k=1}^{J} e^{\beta_k' x_i}}$$

(Greene 1993: 666). Die Schätzung der Modelle erfolgte mit STATA 4.0. Einführungen in solche Modelle finden sich bei Hosmer/Lemeshow (1989) sowie bei Liao (1994).

19 Die zunächst klein anmutenden Pseudo-r^2-Werte müssen im Vergleich zu anderen Modellen gesehen werden. Für die multinomialen Modelle ergibt sich für 1953 ein Pseudo-r^2 von 0.19, für 1986 0.12. Kühnel/Terwey (1990:77) berichten für ihr multinomiales Logit-Modell (einschließlich Links-Rechts-Skala) ein Pseudo-r^2 von 0.27 für 1986. Im Gegensatz zum Modell von Kühnel und Terwey verwendet das Modell von Häußermann und Küchler (1993:48) fast nur strukturelle Variablen. Aus den dort wiedergegebenen Angaben läßt sich für die dichotome Wahlabsicht ein Pseudo-r^2 von 0.13 berechnen, das OLS-r^2 liegt bei „durchaus beachtlich[en]" (Häußermann/Küchler, 1993:44) 0.16. Für das hier verwendete pragmatische Modell liegen die Werte bei 0.22 und 0.14, die OLS-r^2-Werte betragen 0.26 und 0.17.

20 Ein Problem bei Klassifikationsalgorithmen besteht darin, daß meist die gleichen Daten für die Schätzung der Koeffizienten des Modells und die „Validierung" anhand der korrekt klassifizierten Fälle verwendet werden. Dies führt zu einer Überschätzung des Anteils korrekt klassifizierter Fälle.

klassifizierter Fälle wird aber von der Randverteilung der abhängigen Variablen beeinflußt. Um diesen Effekt zu verringern, wird hier der Anteil falsch klassifizierter Fälle auf der Basis des Modells (E_1) mit dem Anteil falsch klassifizierter Fälle auf der Basis der Randverteilung (E_0) zu

$$PRE=(E_0-E_1)/E_0$$

verrechnet. PRE mißt also die Verbesserung der Prognose individueller Fälle durch das Modell gegenüber der Prognose aufgrund der Randverteilung.

5. Ergebnisse

Betrachtet man die Erklärungskraft des Wahlmodells für die Wahlabsicht im Zeitablauf (vgl. Abbildung 1) so wird ein starker Rückgang deutlich.[21] Dies wird durch eine lineare Regression bestätigt (vgl. Tabelle 3).[22] Ein vergleichbarer Rückgang zeigt sich auch für die Parteisympathie und die Parteiidentikation (vgl. Abbildungen 2 und 3).

Tabelle 3: Lineare Regressionen der Pseudo-r²-Werte der multinomialen Logit-Modelle gegen das Erhebungsjahr

abhängige Variable	b	r²
Wahlabsicht	-0.0023	0.49
Parteisympathie	-0.0029	0.42
Parteiidentifikation	-0.0026	0.56

Dies kann vermieden werden, wenn die Stichprobe in zwei unabhängige Zufallsstichproben aufgeteilt, die eine Hälfte zur Schätzung der Koeffizienten und die andere Hälfte zur Bestimmung der korrekt klassifizierten Fälle anhand der geschätzten Koeffizienten verwendet wird. In unseren Datensätzen sinkt die Fallzahl durch dieses Verfahren bei den Wahlmodellen häufig so stark ab, daß das Modell nicht mehr in allen Erhebungsjahren gerechnet werden kann. Dies läßt sich zwar prinzipiell durch „jackknifing" vermeiden (Jobson 1992: 264), die resultierenden Rechenzeiten sind aber bei größeren Fallzahlen untragbar. Damit stellen die hier berichteten Anteile korrekt klassifizierter Fälle bei den Wahlmodellen zwar vermutlich leichte Überschätzungen gegenüber den wahren Werten dar, aber diese Überschätzung erfolgt nahezu gleichmäßig für alle Studien. Da wir uns hier nur für den relativen Rückgang und nicht für die absolute Höhe des Anteils korrekt klassifizierter Fälle interessieren, dürfte dieses Problem keine Auswirkungen auf die berichtete Tendenz besitzen.

21 In allen Plots findet sich als Glättungskurve eine nichtparametrische Regression, bei der für jeden Datenpunkt der Einfluß anderer Datenpunkte auf den Verlauf der Kurve mit der Entfernung abnimmt (eine ausführliche Diskussion findet sich bei Schnell 1994: 102-116). Verwendet wurde hier die nicht-iterative LOWESS-Variante KSM in STATA 4.0 mit einem Glättungsparameter von 0.5.

22 Berechnet man das Wahlmodell mit den zusätzlichen Variablen Kirchgangshäufigkeit und Gewerkschaftsmitgliedschaft, so stehen nur noch maximal 24 Datensätze zur Verfügung (wobei insbesondere die frühen Erhebungsjahre entfallen). Bei diesem reduzierten Datensatz gehen die Pseudo-r²-Werte zwar etwas schwächer, aber dennoch ebenfalls im Zeitverlauf zurück (b = – 0.0034, r²= 0.34 für die Wahlabsicht, b = -0.0044, r²= 0.29 für die Parteisympathie und -0.0021, r²=0.11 für die Parteiidentifikation). Der geringere Rückgang kann zum Teil über den Ausfall der frühen Erhebungsjahre erklärt werden. Weiterhin ist Kirchgangshäufigkeit kaum als „strukturelle" Variable zu bezeichnen (vgl. auch Schmitt 1985:294-300). Sie ist selbst höchstens die Folge eines askriptiven Status. Es handelt sich keinesfalls um eine ressourcengebundene Verhaltensmöglichkeit. Daher ist eine geringer werdende Determinationskraft der Kirchgangshäufigkeit auf das Wahlverhalten nicht unbedingt zu erwarten.

Abbildung 1: Pseudo-r^2-Werte des Wahlmodells für die Wahlabsicht nach
Erhebungsjahr

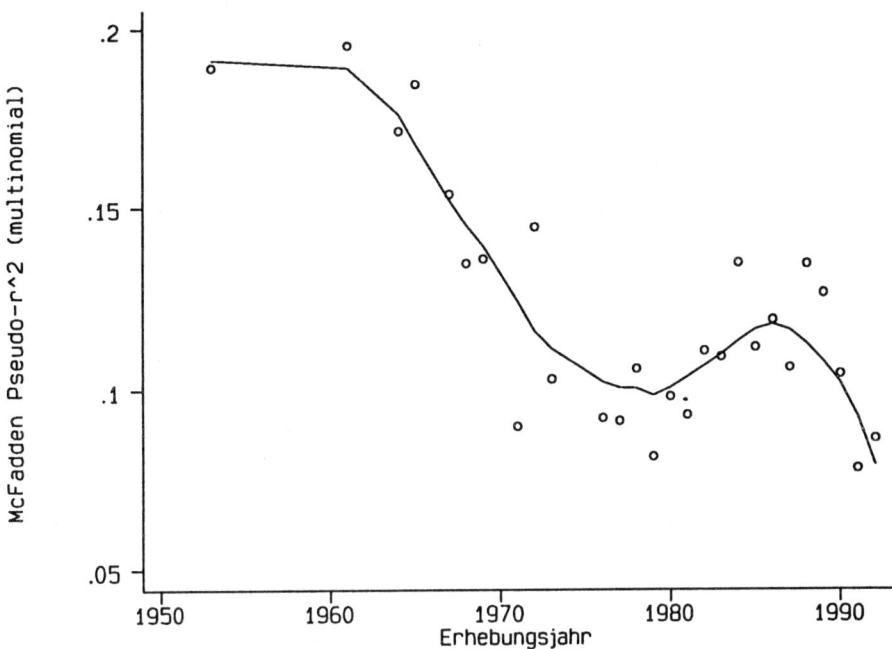

Abbildung 2: Pseudo-r^2-Werte des Wahlmodells für die Parteisympathie nach
Erhebungsjahr

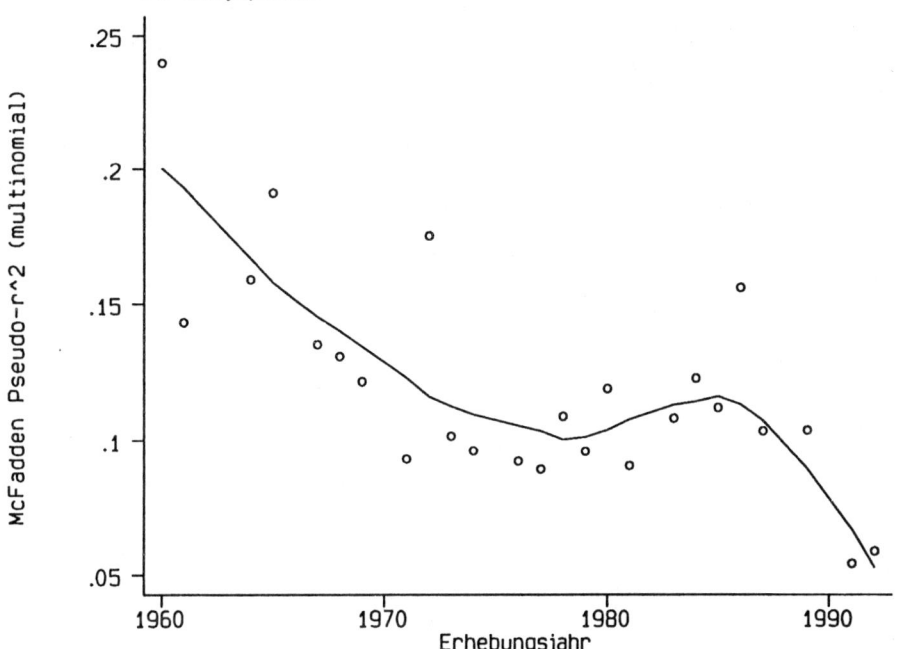

Abbildung 3:   Pseudo-r²-Werte des Wahlmodells für die Parteiidentifikation nach
               Erhebungsjahr

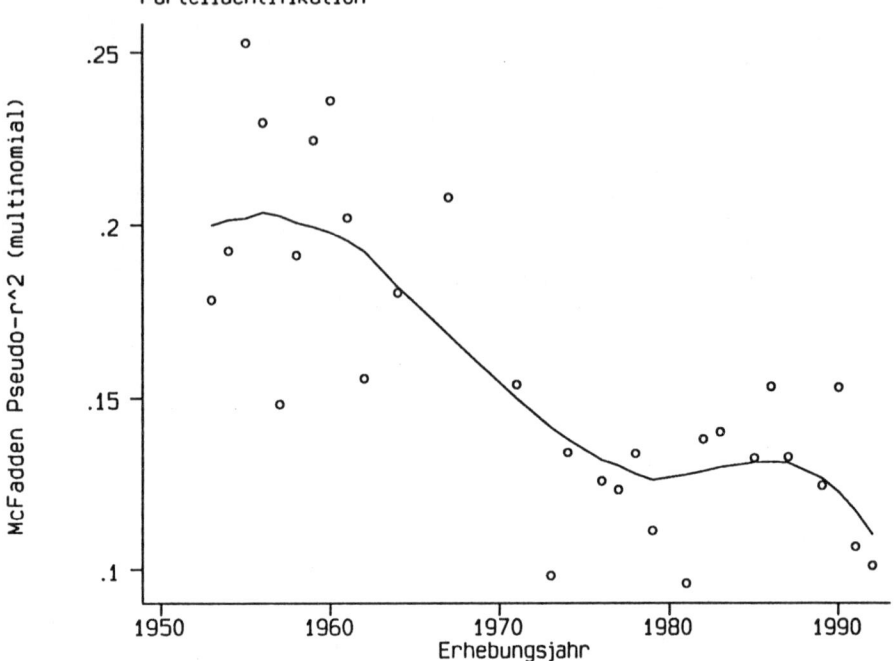

Für die Verbesserung der individuellen Prognose durch die Wahlmodelle ist der
Rückgang etwas uneinheitlicher. Während für die Wahlabsicht (vgl. Abbildung 4)
und die Parteiidentifikation (vgl. Abbildung 6) ein starker Rückgang der Erklärungskraft des Wahlmodells festgestellt werden kann, ist bei der Parteisympathie
kaum eine systematische Tendenz erkennbar (vgl. Abbildung 5).

Abbildung 4: PRE-Werte des Wahlmodells für die Wahlabsicht nach Erhebungsjahr

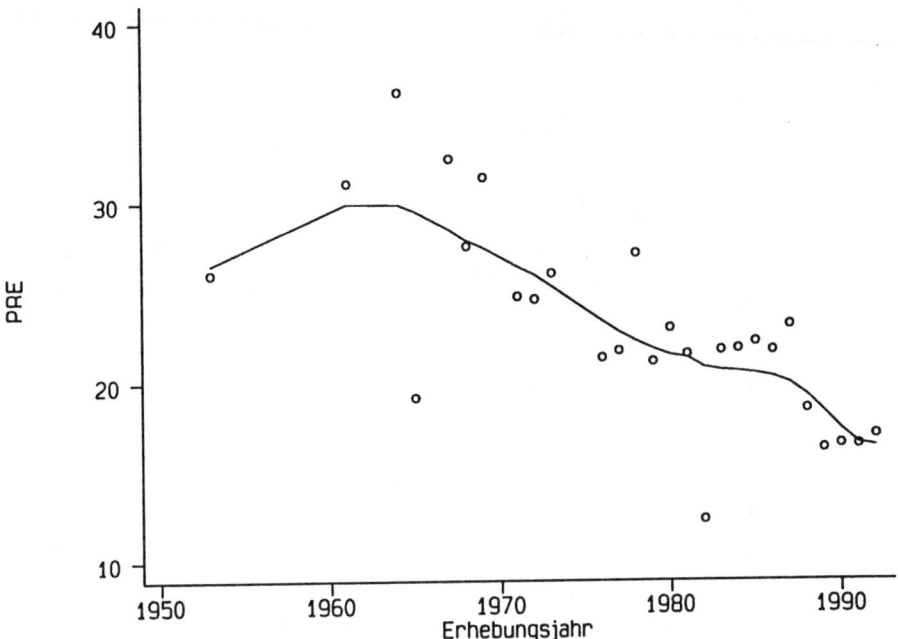

Abbildung 5: PRE-Werte des Wahlmodells für die Parteisympathie nach Erhebungsjahr

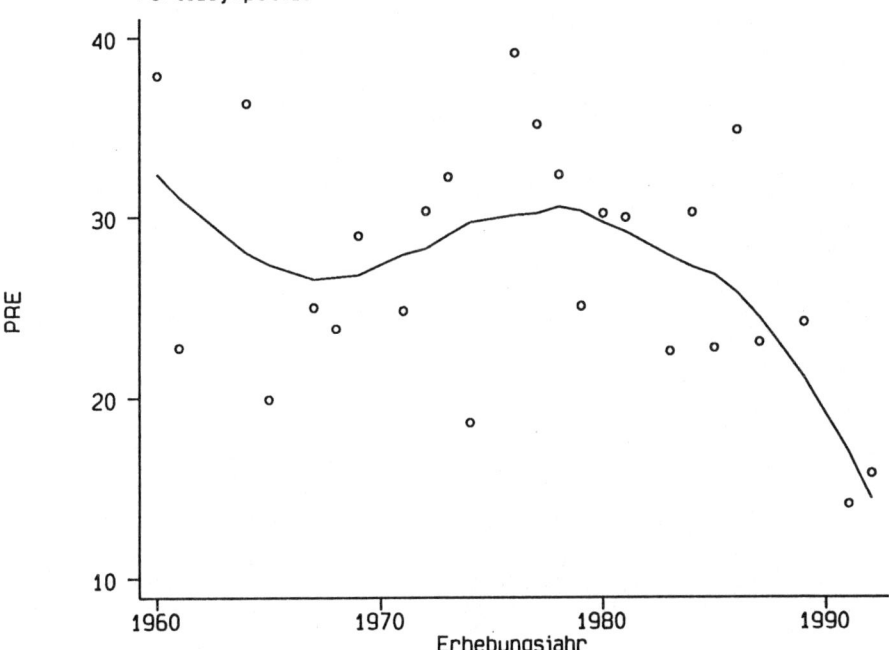

Abbildung 6:   PRE-Werte des Wahlmodells für die Parteiidentifikation nach
               Erhebungsjahr

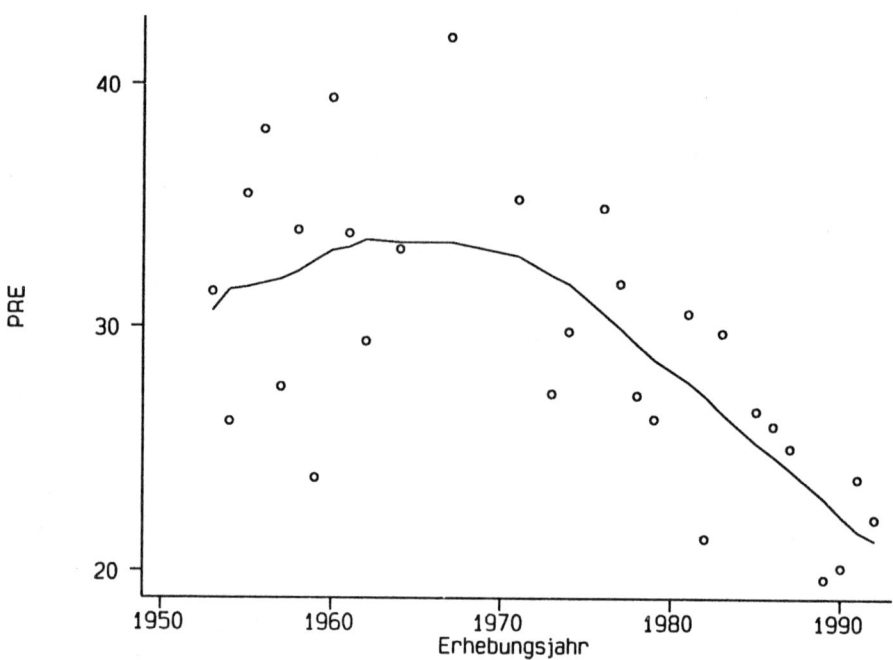

Die durch die Variable Erhebungsjahr „erklärten" Varianzen (vgl. Tabelle 4) zeigen,
daß – im Gegensatz zu den beiden anderen Operationalisierungen – die PRE-Werte
bei der Parteisympathie kaum durch die Zeit erklärt werden können.[23]

Tabelle 4:   Lineare Regressionen der PRE-Werte der multinomialen Logit-Modelle
             gegen das Erhebungsjahr

abhängige Variable	b	r^2
Wahlabsicht	-0.3854	0.49
Parteisympathie	-0.2342	0.07
Parteiidentifikation	-0.2687	0.34

Auffällig in allen drei Plots der Pseudo-r^2-Werte für das multinomiale Wahlmodell
ist das Ansteigen der Werte nach 1980, gefolgt von einem erneuten Absinken der
Werte ab 1986. In den Plots der PRE-Werte zeigt sich dieser Effekt nur schwach bei

---

23 Berechnet man statt der multinomialen logistischen Regression eine dichotome logistische Regres-
    sion mit der CDU vs. SPD Parteipräferenz als abhängiger Variablen, so kann als weitere Maßzahl
    der χ^2-Wert des Hosmer-Lemeshow-Tests (Hosmer und Lemeshow 1989: 140-145) herangezogen
    werden. Da dieser Wert im Zeitverlauf zunimmt (b = 0.19, r^2 = 0.13 bei der Wahlabsicht; b = 0.05,
    r^2 = 0.01 bei der Parteisympathie; b = 0.11, r^2 = 0.07 bei der Parteiidentifikation) wird auch in die-
    sem Fall die Hypothese eines zurückgehenden Zusammenhangs gestützt. Darüber hinaus geht auch
    das r^2 einer linearen Regression der CDU-SPD Parteipräferenz im Zeitverlauf (Wahlabsicht: b = -
    0.0035, r^2 = 0.69; Parteisympathie: b = -0.0027, r^2 = 0.61; Parteiidentifikation: b = -0.003, r^2 = 0.74)
    zurück.

der Wahlabsicht; bei der Parteisympathie und der Parteiidentifikation ist der Effekt nicht feststellbar.

Es liegt nahe, den kurvilinearen Verlauf der Erklärungskraft als Folge des Auftretens der Partei der Grünen zu interpretieren. Um diese Hypothese zu prüfen, wurde für jede Erhebung ab 1980 eine logistische Regression mit der dichotomen abhängigen Variablen „Wahlabsicht Grüne versus Nicht-Grüne" und den unabhängigen Variablen des Wahlmodells gerechnet. Die resultierenden Pseudo-r^2-Werte dieser Berechnungen zeigt die Abbildung 7.

Abbildung 7: Pseudo-r^2-Werte des Wahlmodells der Wahlabsicht für die Grünen nach Erhebungsjahr

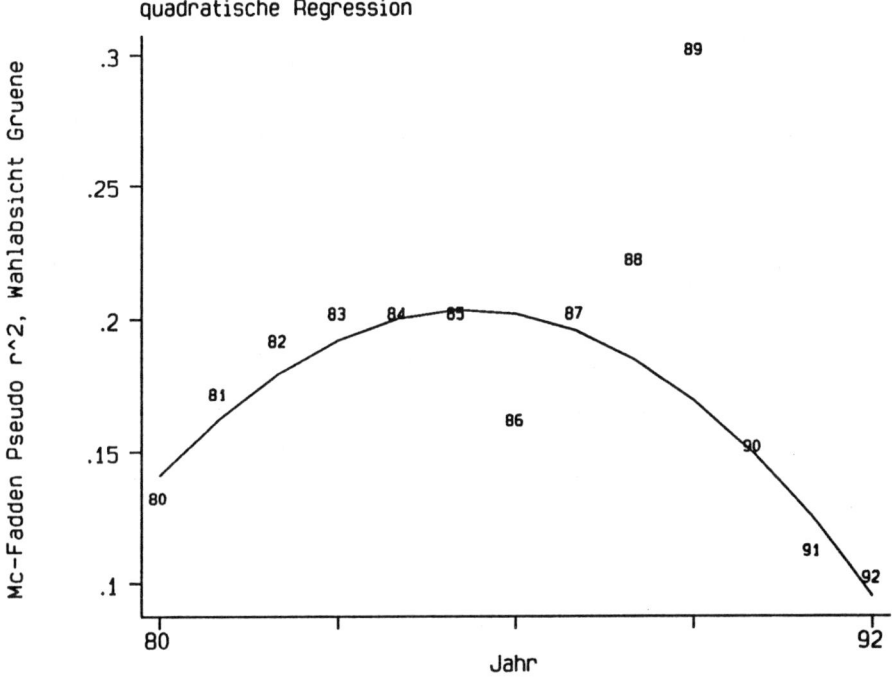

Abbildung 8: Pseudo-r²-Werte des Wahlmodells der Wahlabsicht CDU vs. SPD
             nach Erhebungsjahr

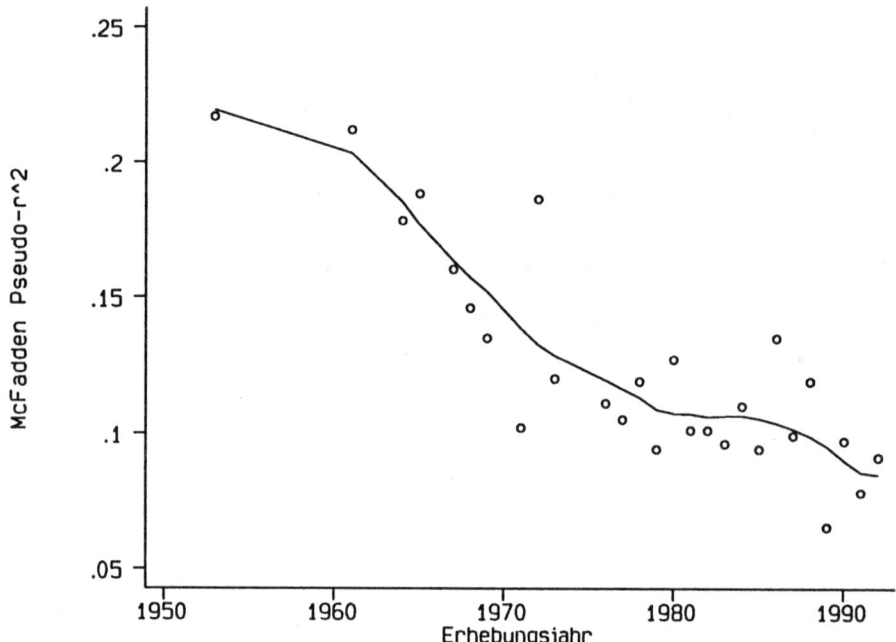

Abbildung 9: Effekt der Klassenzugehörigkeit innerhalb des Wahlmodells auf die
              Wahlabsicht CDU vs. SPD nach Erhebungsjahr

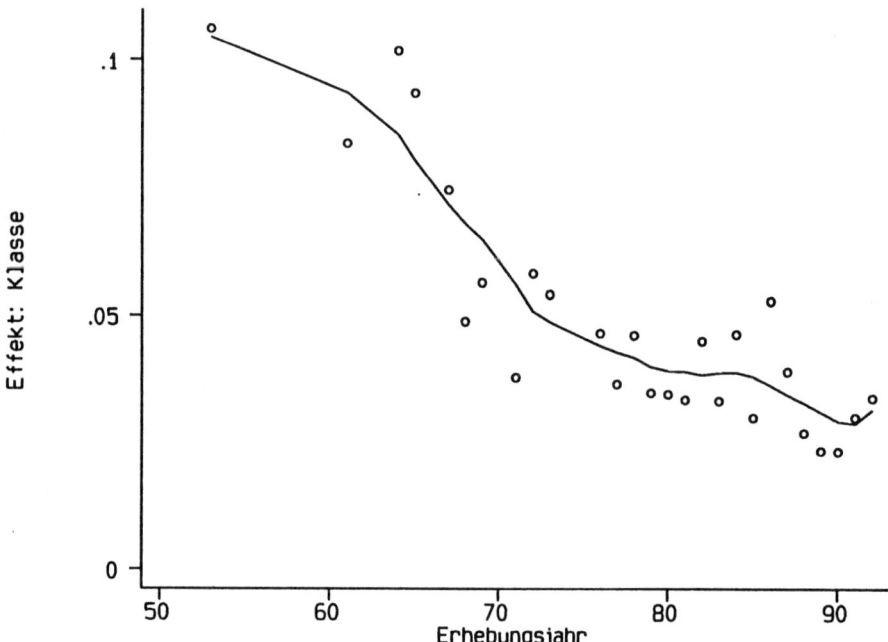

Eine lineare Regression der Pseudo-r²-Werte gegen das Erhebungsjahr mit einem zusätzlichen quadratischen Effekt des Erhebungsjahres erklärt 33% der Varianz. Als klarer Ausreißer aus der Tendenz ist der Survey aus dem Jahre 1989 zu erkennen. Schließt man 1989 aus, so erklärt die Regression (als durchgehende Linie im Plot gezeichnet) 74% der Varianz. Die Wahlabsicht für die Grünen kann durch das Wahlmodell also zuerst zunehmend besser erklärt werden, um dann ab 1986 wieder abzufallen.

Rechnet man eine logistische Regression mit den unabhängigen Variablen des Wahlmodells für eine dichotome Variable „Wahlabsicht CDU versus Wahlabsicht SPD", so zeigt sich zwar ein linearer Rückgang der Erklärungskraft des Modells, aber keinerlei kurvilineare Tendenz nach 1980 (vgl. Abbildung 8).[24]

Die Veränderung in der Prognosekraft des Wahlmodells für die Grünen scheint daher die Ursache für die zeitweise Verbesserung der Prognosekraft des Wahlmodells für die Vier-Parteienwahl zu sein.

6. Veränderung der Einflußstärke einzelner Variablen

Um die Veränderung der Einflußstärke einzelner Variablen zu untersuchen, wurden u.a. eine Reihe logistischer Regressionen durchgeführt. Jeweils getrennt für die Wahlabsicht, die Parteisympathie und die Parteiidentifikation wurden für jedes Erhebungsjahr logistische Regressionen mit den Variablen des Wahlmodells als unabhängige Variablen durchgeführt. Hierbei wurden alle Fälle, die nicht CDU oder SPD wählten, aus der Analyse ausgeschlossen. Bei dieser Analyse handelt es sich also um eine dichotome CDU-versus-SPD-Parteipräferenz. Für jedes Erhebungsjahr und jede der drei verschiedenen abhängigen Variablen wurde zunächst das vollständige Modell gerechnet, danach das jeweils um eine Variable (also gegebenenfalls: mehrere Indikatorvariablen) reduzierte Modell. Die Differenz zwischen der Erklärungskraft des vollständigen Modells und der durch die Variablenreduktion veränderten Erklärungskraft des Modells wird als Effektstärke der jeweiligen Variablen interpretiert. Die Untersuchung der Veränderung der Effektstärke der einzelnen Variablen im Zeitablauf zeigt, daß alle drei Operationalisierungen der Parteipräferenz sehr ähnliche Resultate erbringen. Daher werden hier nur die Ergebnisse für die Wahlabsicht berichtet. Lineare Regressionen der Effektstärke der einzelnen Variablen gegen das Erhebungsjahr führen zu den Werten der Tabelle 5.

---

24 Eine lineare Regression über den gesamten Zeitraum erklärt hier 71% der Varianz, der Regressionskoeffizient liegt bei -0.0034. Für den Zeitraum ab 1980 ist weder der Effekt des Erhebungsjahres noch ein quadratischer Effekt nachweisbar.

Tabelle 5:   Lineare Regression der Effektstärke des CDU/SPD-Wahlabsicht-
             Wahlmodells gegen das Erhebungsjahr

Effekt	r^2	Konstante	b
Klasse	0.74	0.2015	-0.0020
Konfession	0.45	0.1147	-0.0009
Ortsgröße	0.20	0.0470	-0.0004
Alter	0.21	-0.0181	0.0004
Geschlecht	0.63	-0.0316	-0.0004

Das wichtigste Ergebnis ist der starke Rückgang des Einflusses der Klassenvariablen auf die CDU/SPD-Wahlabsicht. Indikatoren der Klassenzugehörigkeit waren
und sind immer noch die besten sozialstrukturellen Prädiktoren, allerdings ist der
Rückgang der Erklärungskraft unübersehbar (vgl. Abbildung 9).

Wie der Abbildung 9 (und dem r^2 von 0.74) zu entnehmen ist, liegen die einzelnen Untersuchungen recht eng um die Regressionsgerade. Für die anderen Variablen
ist eine so gute Anpassung eines einfachen linearen Modells für den Rückgang nicht
mehr gegeben, trotzdem sind die relativ großen erklärten Varianzen bemerkenswert.
Auffällig bei den Regressionskoeffizienten ist der starke Rückgang des Einflusses
der Konfessionszugehörigkeit und das fast vollständige Verschwinden des Effekts
der Variablen „Geschlecht".

Interessant ist das umgekehrte Vorzeichen für Alter: Unter Kontrolle aller anderen Variablen steigt der Einfluß des Alters auf die CDU/SPD-Wahl. Obwohl es
naheliegt, hier einen Kohorteneffekt zu vermuten, war die Ursache für diesen Effekt
mit den vorliegenden Daten empirisch nicht eindeutig zu klären. Der steigende Effekt des Alters dürfte sich aber ausschließlich bei dieser abhängigen Variablen zeigen und sollte daher nicht auf andere abhängige Variablen verallgemeinert werden.

Die Abbildung 10 zeigt zusammenfassend die Veränderung der Effektstärke der
Variablen des Wahlmodells auf die CDU/SPD-Wahl in Abhängigkeit vom Erhebungsjahr.[25]

Um die vermutete gleichmäßige Veränderung der einzelnen Koeffizienten der
Wahlmodelle näher zu untersuchen, wurden eine Reihe von multidimensionalen
Skalierungen durchgeführt. Hierzu wurde für jedes Erhebungsjahr das Wahlmodell
für jede der folgenden dichotomen abhängigen Variablen gerechnet: Wahlabsicht
SPD vs. Rest, Wahlabsicht CDU vs. Rest, Parteiidentifikation SPD vs. Rest, Parteiidentifikation CDU vs. Rest. Die einzelnen Koeffizienten des jeweiligen Modells
wurden als Merkmale für die Berechnung der euklidischen Distanz zwischen den
Surveys verwendet.[26] Für die resultierenden vier Distanzmatrizen wurde jeweils eine
MDS mit der Vorgabe nur einer Dimension gerechnet. Die STRESS-Werte für die
eindimensionalen MDS-Lösungen liegen zwischen 0.32 und 0.24 und sind damit
kaum befriedigend; die zweidimensionalen Lösungen erbringen hingegen akzeptable STRESS-Werte um 0.10. Interessant in diesem Zusammenhang ist aber nur die
erste Dimension. Berechnet man die Rangkorrelation zwischen der ersten MDS-
Dimension und dem Erhebungsjahr erhält man Koeffizienten zwischen 0.53 und
0.82. Nach dem Löschen eines Ausreißers (1953) liegen die Koeffizienten zwischen

---

25   Die Kurven in der Abbildung sind – wie in den anderen Abbildungen auch – LOWESS-Smoother
     mit einer Bandbreite von 0.5.
26   Die Koeffizienten der Ortsgrößenklassen wurden hierbei aus den Berechnungen ausgeschlossen.

0.64 und 0.82. Aus der Position auf der ersten MDS-Dimension läßt sich also das Erhebungsjahr allein anhand der Regressions-Koeffizienten recht gut vorhersagen.

Abbildung 10: Effektstärke der demographischen Variablen innerhalb des Wahlmodells auf die Wahlabsicht CDU vs. SPD nach Erhebungsjahr

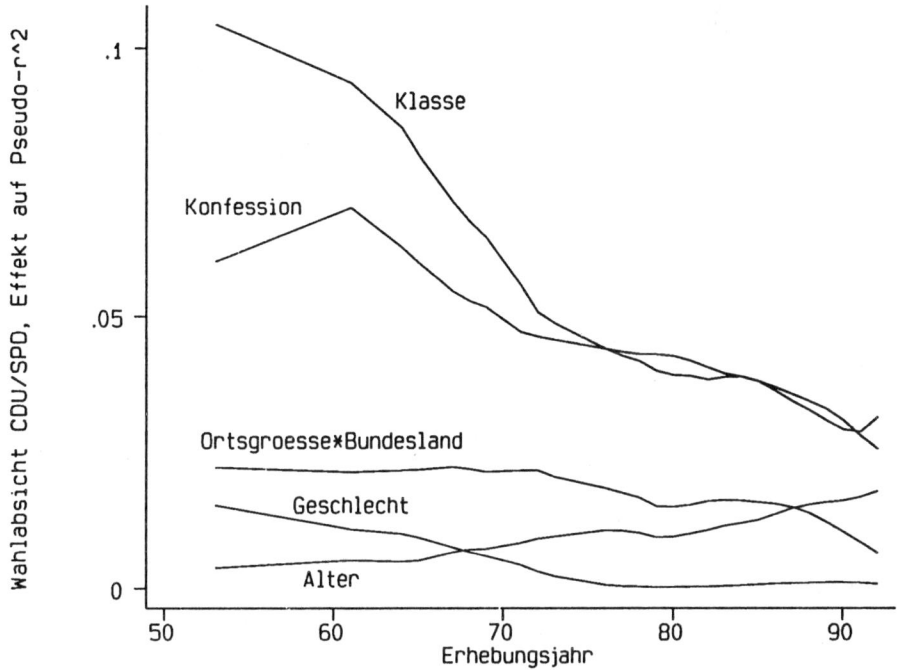

Abbildung 11: Erste Dimension der multidimensionalen Skalierung der
              Regressionskoeffizienten der Wahlabsicht nach Erhebungsjahr

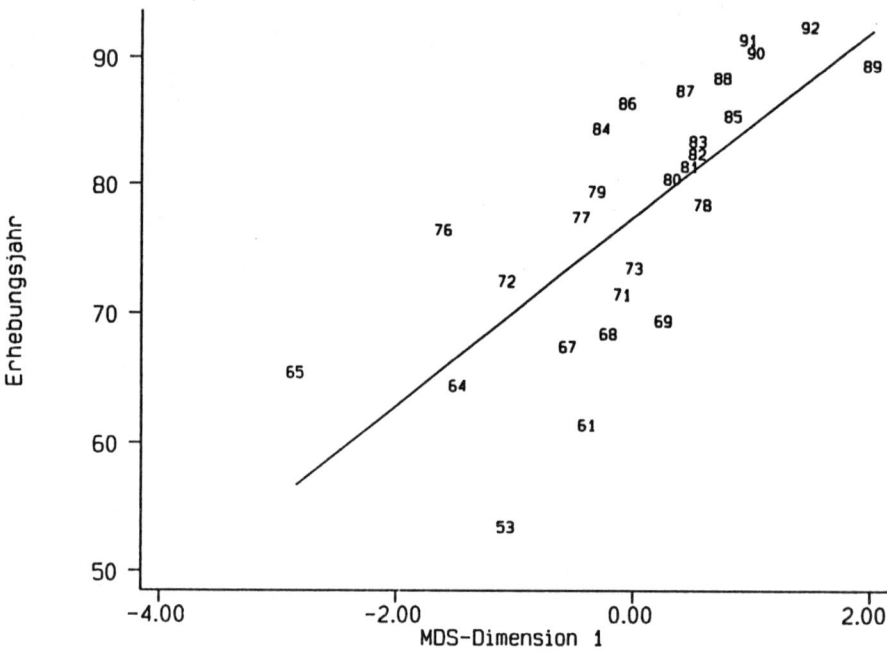

Abbildung 12: Bootstrap-Konfidenzintervalle der Pseudo-r^2-Werte des
              Wahlmodells der Wahlabsicht nach Erhebungsjahr

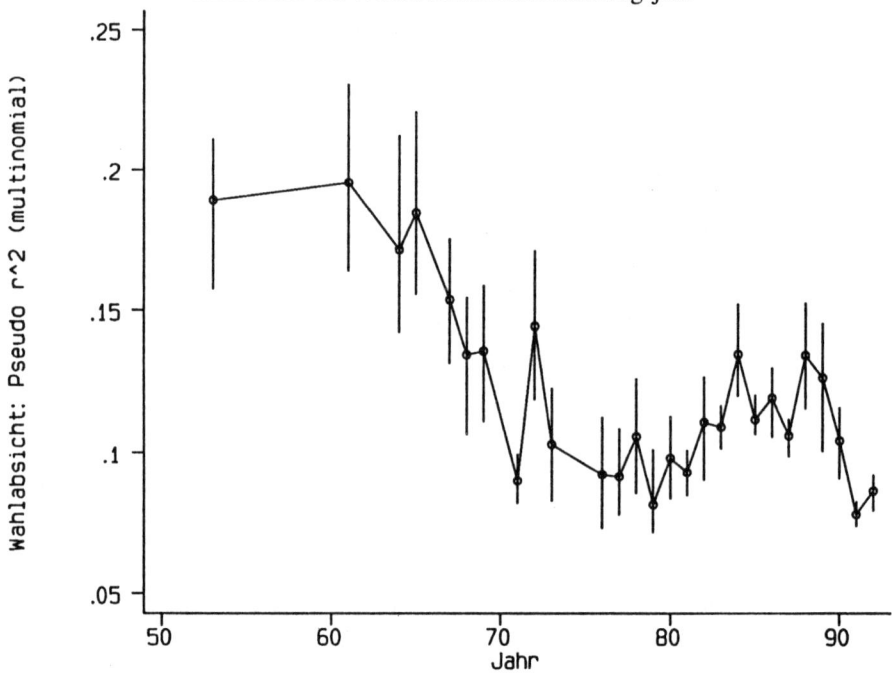

Betrachtet man z.B. die Wahlabsicht für die SPD, so zeigt eine lineare Regression zwischen dem Erhebungsjahr und der geschätzten Position auf der MDS-Dimension 1 eine erklärte Varianz von 51% (vgl. Abbildung 11).

7. Mögliche Einwände

Gegen die bisher vorgestellten Ergebnisse sind eine Reihe von Einwänden möglich. Naheliegend ist der globale Einwand, daß „unvergleichbare" Studien miteinander verglichen werden. Dieses Argument ist in dieser Weise immer richtig und muß daher spezifiziert werden. Dieser Einwand bezieht sich auf methodische Probleme der Verwendung von Surveys zur Untersuchung von Trends. Hierzu gehören vor allem Probleme der Vergleichbarkeit von Surveys im Allgemeinen, also z.B. Unterschiede der Grundgesamtheitsdefinitionen, der Sampling- und Feldprozeduren, des Interviewertrainings, Bedeutungsveränderungen von Fragen, Kontexteffekte der Fragen, verschiedene Datenerhebungsverfahren sowie Variationen der Codier- und Klassifikationsregeln (vgl. ausführlich Martin 1983). Unbezweifelbar sind solche methodischen Details für die Beurteilung der Unterschiede zwischen den Studien von größter Bedeutung. Die zum Teil großen Schwankungen einzelner Statistiken zwischen verschiedenen, zeitnahen Erhebungen sind durch solche Details sicherlich erklärbar.[27] Allerdings dürfte es äußerst schwierig sein, präzise einen Mechanismus anzugeben, der die berichteten Tendenzen als methodisches Artefakt zu interpretieren erlaubt.[28] Wie können die erwähnten Probleme wie hier in jedem einzelnen Fall zu einer Abnahme der Erklärungskraft der Modelle führen?

Obwohl es unwahrscheinlich wäre, könnte der Rückgang der Erklärungskraft immer noch ein Zufallsergebnis darstellen, nämlich falls die abhängigen Variablen (also die PRE-Werte bzw. die Pseudo-r^2-Werte) großen Zufallsschwankungen unterworfen wären. In der Tat finden sich bei den Pseudo-r^2-Werten für aufeinanderfolgende Jahre recht groß anmutende Schwankungen. Leider kann man weder für die Pseudo-r^2-Werte noch für die PRE-Werte Konfidenzintervalle analytisch bestimmen. Um diese Artefakthypothese zu testen, kann man aber empirisch die Konfidenzintervalle durch „bootstrapping" abschätzen.[29] Für jedes Erhebungsjahr wurde für das Pseudo-r^2 des multinomialen Logit-Modell der Wahlabsicht ein Bootstrap durchgeführt und anschließend die 95%-Perzentile berechnet.[30] Das Ergebnis dieser Berechnungen zeigt die Abbildung 12.

---

27 Solche Schwankungen, die weit hinter den Lehrbuchkonfidenzintervallen liegen, werden in der BRD nicht öffentlich diskutiert. Es gibt keine einzige veröffentlichte Studie, die Unterschiede zwischen den Ergebnissen verschiedener Institute empirisch untersucht.

28 In keinem Fall führte bei den Analysen der Ausschluß einzelner „auffälliger" Studien zu einer qualitativen Veränderung der Ergebnisse. Weiterhin zeigen die gegenüber Ausreißern robusten LOWESS-Smoother in den Abbildungen, daß die Effekte weder durch Linearitätsannahmen noch durch Ausreißer bedingt werden.

29 Bei einem Bootstrap wird aus der Stichprobe eine (in der Regel gleichgroße) Stichprobe mit Zurücklegen gezogen. Für dieses Bootstrap-Sample wird die interessierende Statistik berechnet. Dieser Prozeß wird mehrfach wiederholt. Die resultierenden Zufallsschwankungen der interessierenden Statistik erlauben so eine empirische Abschätzung der Konfidenzintervalle (Efron und Tibshirani 1993).

30 Für die Entwicklung empirischer Konfidenzintervalle sind in der statistischen Literatur bis zu 1000 Wiederholungen üblich. Aufgrund der ungeheuren Rechenzeiten wurden hier nur 30 Wiederholun-

Der Plot zeigt, daß sich mit wenigen Ausnahmen die empirischen Konfidenzintervalle aufeinanderfolgender Jahre überschneiden. Dies legt nahe, daß die jeweiligen Grundgesamtheiten sehr ähnlich sind. Von den 26 Übergängen von einem Jahr zum anderen ergeben sich bei nur vier Übergängen keine Überschneidungen. Die Ausnahmen sind 1971/72 und 1984/85, 1987/88 sowie 1990/91. Die Erhebungen aus dem Jahr 1991 und 1992 basieren im Gegensatz zu allen anderen Surveys auf telefonischen Interviews. An den drei verbleibenden Nicht-Überschneidungen ist in jedem Fall das gleiche Erhebungsinstitut beteiligt. Abgesehen von 1991 erscheint aber nur 1971 als bedeutsamer Ausreißer. Ob dies an Erhebungsdetails liegt oder zufällig bedingt ist, konnte nicht eindeutig entschieden werden.[31] Insgesamt legt der Bootstrap es nahe, daß die Konfidenzintervalle sich paarweise überschneiden und der berichtete allgemeine Rückgang der Erklärungskraft tatsächlich nicht durch Zufallsschwankungen der Pseudo-r²-Werte verursacht wird.

Ein fundamentaler Einwand gegen die bisherige Analyse besteht darin, die Veränderung in der Vorhersagekraft des Wahlverhaltens der Veränderung der Parteien selbst zuzuschreiben. Die Entwicklung der Parteien zu Volksparteien könnte dazu geführt haben, daß die Wähler keine großen Differenzen mehr zwischen den Parteien wahrnehmen. In diesem Fall wäre der Rückgang der Erklärungskraft der Wahlmodelle eben nicht durch Veränderungen der Wählerschaft verursacht. Gegen dieses Argument spricht die empirische und theoretische Kritik am Konzept der Volksparteien, wie sie exemplarisch von Mintzel (1989: 5) zusammengefaßt wurde: „Die Großparteien der Bundesrepublik sind keinesfalls 'catch-all parties' geworden, sondern sind *erstens* sozialstrukturell, *zweitens* ideologisch-programmatisch, *drittens* organisatorisch und *viertens* im Hinblick auf ihren output deutlich unterscheidbare weltanschauliche "Tendenzbetriebe„ mit jeweils spezifischen sozialstrukturellen Affinitäten, mit spezifischen ideologisch-programmatischen Denkformen und Angeboten und mit differenzierbaren Organisationsformen geblieben". Stimmt man dieser Zusammenfassung des Forschungstandes nicht zu, gibt es für eine Untersuchung der Veränderung der Verbindung zwischen strukturellen Variablen und dem Wahlverhalten in der BRD im Zeitablauf keine methodisch einwandfreie Möglichkeit.

Falls man sich aber primär nicht für Wahlsoziologie interessiert, sondern für die möglicherweise schwindende Erklärungskraft demographischer Variablen, läßt sich diesem Fundamentaleinwand noch auf einer anderen Ebene begegnen: dem Wechsel der abhängigen Variablen. Für eine etwas geringere Anzahl von Studien läßt sich mit dem zur Verfügung stehenden Datenmaterial die Veränderung in der Vorhersagekraft für die Kirchgangshäufigkeit und der Gewerkschaftsmitgliedschaft untersuchen.

---

gen pro Erhebungsjahr verwendet, da vorläufige Experimente für das gegebene Problem eine Stabilisierung der Schätzungen schon nach sehr wenigen Wiederholungen zeigten.

31 Bei 24 sukzessiven Konfidenzintervallen könnten drei Nicht-Überschneidungen bei einem 95%-Vertrauensniveau und angenommener Binomialverteilung auch zufällig bedingt sein.

8. Wechsel der abhängigen Variablen: Kirchgangshäufigkeit

Die Datenlage in den ausgewählten Datensätzen erlaubt lediglich die Unterscheidung zwischen „regelmäßigen Kirchgängern" (jeden Sonntag oder fast jeden Sonntag) und „Nichtkirchgängern" (alle anderen Antworten). Da eine Theorie zur Erklärung individueller Kirchgangshäufigkeit bisher nicht publiziert worden zu sein scheint, wurde ein vorläufiges Modell zur Vorhersage dieser Variablen entwickelt.[32] Hierzu wurden binäre Klassifikationsbäume für die Datensätze aus den Jahren 1953 und 1990 berechnet.[33] Die Ergebnisse der Klassifikationsbäume wurden durch Dummy-Variablen, die die Interaktionseffekte zwischen den unabhängigen Variablen wiedergeben, in einer logistischen Regression zur Vorhersage der Kirchgangshäufigkeit benutzt. Neben Alter, Haushaltsgröße und Bundesland wurden Dummy-Variablen für Kombinationen aus Konfessionszugehörigkeit, Ortsgrößenklasse, Stellung im Beruf, Geschlecht und Familienstand als Prädiktor verwendet.[34] Für dieses Modell zur Erklärung der Kirchgangshäufigkeit ergibt sich ebenfalls ein klarer Rückgang der Erklärungskraft (vgl. Abbildung 13).

Der Regressionskoeffizient einer linearen Regression liegt bei -0.0026, das r^2 bei 0.35. Die Abbildung zeigt aber, daß die Jahre 1953 und 1954 offensichtlich Ausreißer darstellen.[35] Berechnet man die lineare Regression dieser Werte ohne die Jahre 1953 und 1954, so beträgt der Regressionskoeffizient -0.0046 und das r^2 steigt auf 0.75. Betrachtet man die PRE-Werte für das Modell, so zeigt sich der starke Rückgang der Prognosefähigkeit auch hier (vgl. Abbildung 14).

Die lineare Regression mit dem Erhebungsjahr zeigt einen Regressionskoeffizienten von -0.0097, das r^2 beträgt 0.71 (ohne 1953/54). Auch die Kirchgangshäufigkeit läßt sich allein durch demographische Variablen im Laufe der Zeit deutlich schlechter erklären.

---

32 Die meisten empirischen Arbeiten sind eher deskriptiv (z.B. Koch 1992) oder versuchen die „Wirkung" der Kirchgangshäufigkeit auf Einstellungsvariablen zu untersuchen (z.B. Wirth und Brähler 1995). Eine erfolgreiche empirische Anwendung der ökonomischen Verhaltenstheorie auf die Kirchgangshäufigkeit in den USA demonstriert Iannaccone (1995). Von den von Iannaccone (1995) bei der Überprüfung seiner Humankapitaltheorie verwendeten Variablen stehen nur die demographischen Variablen als dichte Zeitreihe zur Verfügung.

33 Bei einem binären Klassifikationsbaum werden die Beobachtungen anhand von Klassifikationsvariablen in möglichst homogene Teilgruppen zerlegt. Innerhalb jeder binären Verzweigung des Baums sind sukzessiv andere Aufteilungen möglich. Statistische Einzelheiten finden sich bei Breiman u.a. 1984. Für die Analyse wurde das Programm CART verwendet (Steinberg und Colla 1992).

34 Das Modell enthält die folgenden sechs Dummy-Variablen:
    – Katholiken aus Ortschaften unter 20.000 Einwohner
    – Katholiken aus Ortschaften über 20.000 Einwohner, die nicht Arbeiter oder Angestellte sind
    – weibliche, katholische, nicht geschiedene Arbeiterinnen und Angestellte aus Ortschaften zwischen 20.000 und 500.000 Einwohnern
    – männliche, katholische, nicht geschiedene Arbeiter und Angestellte aus Ortschaften zwischen 20.000 und 500.000 Einwohnern
    – katholische Arbeiter und Angestellte aus Städten mit mehr als 500.000 Einwohnern.

35 1953 wurde die Kirchgangshäufigkeit „informell" erhoben, 1954 wurde nach der Art der Beschäftigung am Sonntagvormittag gefragt. Erst ab 1960 finden sich Fragen wie „Wie oft gehen Sie in die Kirche?".

Abbildung 13: Pseudo-r^2-Werte des Modells zur Erklärung der
Kirchgangshäufigkeit nach Erhebungsjahr

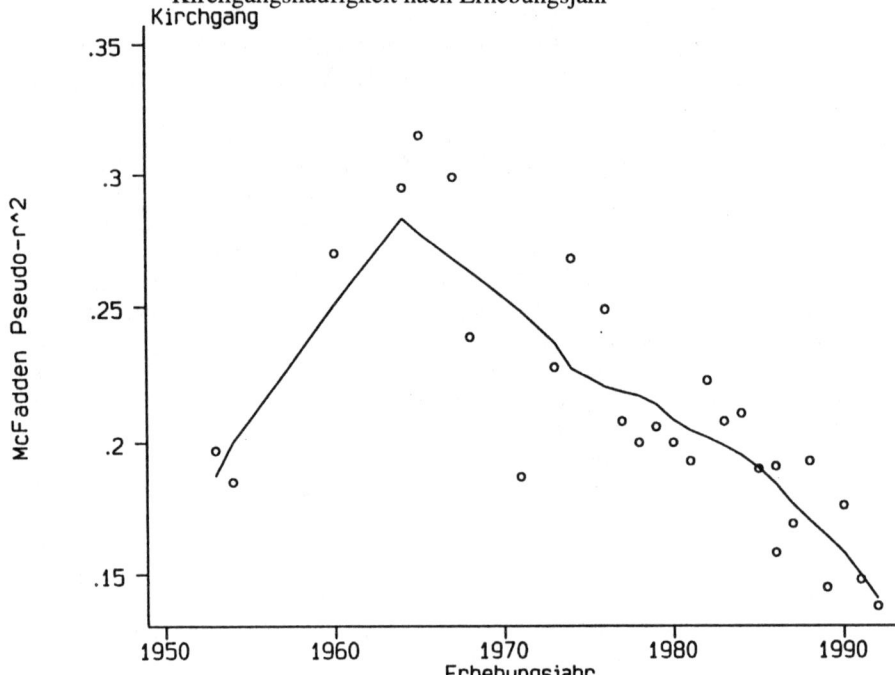

Abbildung 14: PRE-Werte des Modells zur Erklärung der Kirchgangshäufigkeit
nach Erhebungsjahr

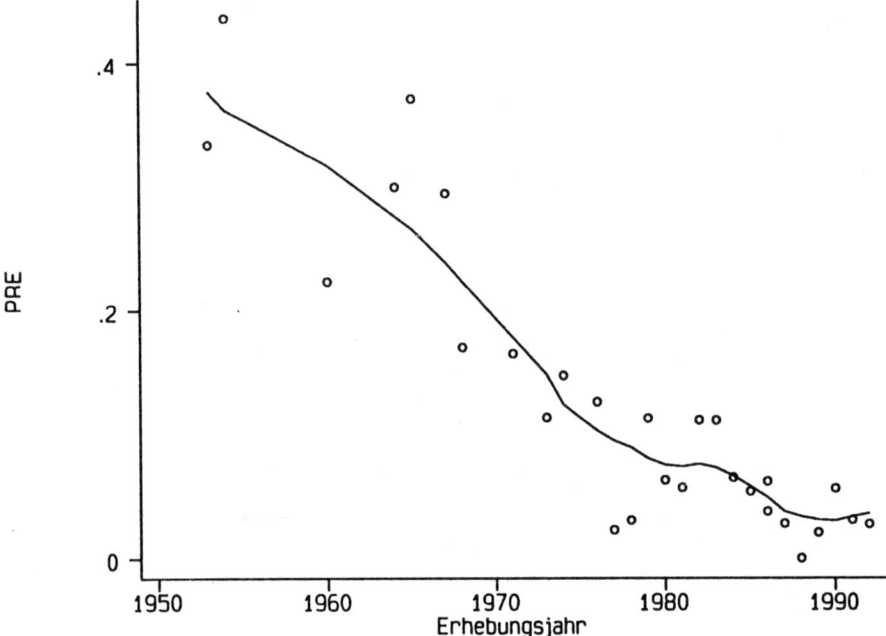

Abbildung 15: Pseudo-r²-Werte des Modells zur Erklärung der
Gewerkschaftszugehörigkeit nach Erhebungsjahr

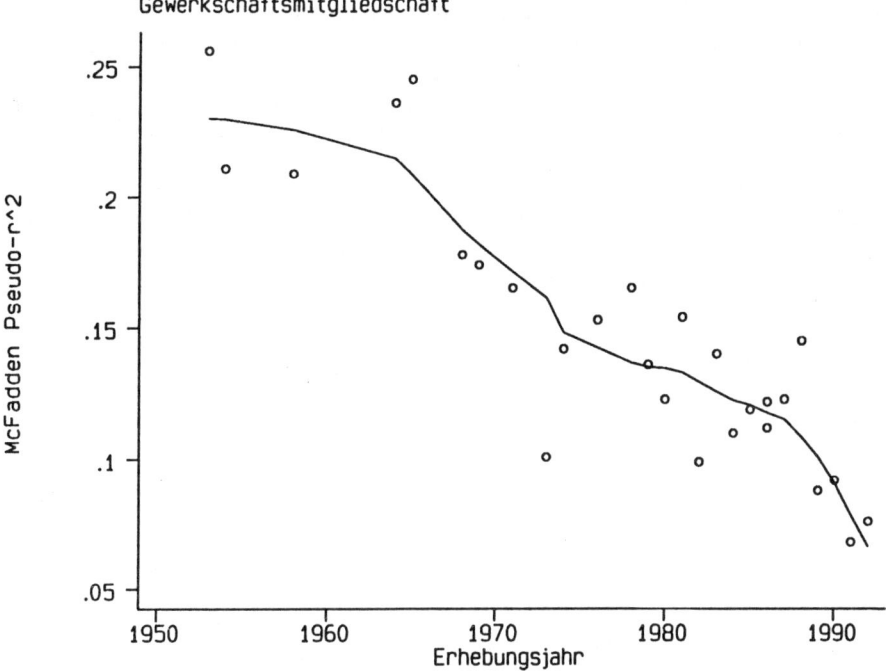

9. Erneuter Wechsel der abhängigen Variablen: Gewerkschaftsmitgliedschaft

Beck (1994: 199) erwähnt neben dem schwindenden Einfluß von Klassenstrukturen auf das Wahlverhalten den schwindenden Einfluß auf die Gewerkschaftsmitgliedschaft. Um auch diesen Effekt zu überprüfen, wurde zunächst für die Datensätze aus den Jahren 1953 und 1990 je ein binärer Klassifikationsbaum für die Gewerkschaftsmitgliedschaft berechnet.[36] Als brauchbarer Prädiktor für die Gewerkschaftsmitgliedschaft ergab sich eine Kombination aus drei Dummy-Variablen für Geschlecht, Selbständigkeit bzw. Freiberuflichkeit sowie für männliche Arbeiter und Angestellte und das Alter des Befragten.[37] Diese Klassifikation wurde durch Dum-

---

36 Wie schon für die Kirchgangshäufigkeit scheint auch für die Gewerkschaftsmitgliedschaft keine empirisch überprüfte Theorie zur Vorhersage individuellen Verhaltens veröffentlicht worden zu sein. Brähler und Wirth (1995: 107) verwenden nach einer explorativen multiplen Regression (unter anderem mit Schicht, Bildung, Alter und Geschlecht) als Prädiktorvariablen neben einer Vielzahl von Einstellungsvariablen lediglich Geschlecht und Schicht. Die Autoren berichten keine Details über die Ergebnisse ihrer Analyse.

37 Es wurden Modelle sowohl unter Einschluß als auch unter Ausschluß der Beamten gerechnet. Bei Modellen mit Beamten wurde diese Variable auch für Beamte auf „1" codiert. DBB und DAG wur-

my-Variablen in einer logistischen Regression zur Vorhersage verwendet. Für diese Variablen zeigen auch die Pseudo-r²-Werte einen deutlichen Rückgang der Erklärungskraft im Zeitablauf (vgl. Abbildung 15).

Eine lineare Regression erbringt jeweils einen Regressionskoeffizienten von -0.004 bei einem r^2 von 0.78 bei Ausschluß der Beamten (Basis: 27 Datensätze) bzw. 0.83 bei Berücksichtigung der Beamten (Basis: 14 Datensätze).[38] Die PRE-Werte für dieses Modell zeigen hingegen keinerlei Veränderung im Zeitablauf (die PRE-Werte sind konstant exakt null). Die Erklärung für diese Diskrepanz ist in der Randverteilung der Variablen zu finden: In der BRD schwankte zwischen 1950 und 1985 der Anteil der tatsächlichen Mitglieder an den möglichen Mitgliedern der Gewerkschaften nur wenig. Beim DGB lag er zwischen 29.9% (1969) und 39.3% (1951) (Armingeon 1988: 461). Da in keiner Subgruppe des Modells die 50%-Mitgliedschaft überschritten wird, ist die bestmögliche Prognose auch für jede einzelne Kovariatengruppe immer „keine Mitgliedschaft in einer Gewerkschaft". Diese Prognose konnte schon 1953 durch das Modell nicht verbessert werden; erst recht nicht durch die Modellprognose für die neueren Jahre. Während also die individuelle Mitgliedschaft noch nie besonders gut prognostiziert werden konnte, weicht nun auch die Likelihood des Modells immer weniger vom Nullmodell ab. Auch Gewerkschaftsmitgliedschaft scheint durch einfache demographische Variablen nicht vorhersagbar zu sein.

10. Schlußfolgerungen

Für Wahlverhalten, für Kirchgangshäufigkeit und für Gewerkschaftsmitgliedschaft kann eine abnehmende Vorhersagekraft logistischer Regressionen mit demographischen Variablen als Prädiktorvariablen für den Untersuchungszeitraum festgestellt werden. Weitere, hier nicht näher beschriebene Analysen legen für die hier untersuchten Datensätze und Variablen auch abnehmende Korrelationen zwischen den unabhängigen Variablen nahe.[39] Für den Zusammenhang von subjektiven Variablen wie „Einstellungen" und anderen zumindest teilweise ressourcenunabhängigen „Verhaltens"-Möglichkeiten einerseits und demographischen Variablen andererseits besteht kaum ein Grund, andere Tendenzen zu erwarten. Trotzdem kann in diesem empirischen Befund kein Beleg für eine generelle „Individualisierung" gesehen

---

den als Gewerkschaften gezählt. Entgegen der naheliegenden Vermutung, daß Selbständige nicht Mitglied einer Gewerkschaft seien können, ist dies nachweislich empirisch falsch.

38 Aufgrund einer ungewöhnlichen Operationalisierung wurde der Datensatz von 1967 aus der Analyse ausgeschlossen. Dieser Datenpunkt verringert das r^2 von 0.78 auf 0.71, der Regressionskoeffizient bleibt unverändert.

39 Die Stärke der Zusammenhänge zwischen den unabhängigen Variablen läßt sich durch ein Entropiemaß oder auch die Anzahl leerer Zellen in hochdimensionalen Kreuztabellen der unabhängigen Variablen untersuchen. Unabhängig von der Art der Messung der Zusammenhänge ergibt sich in jedem einzelnen untersuchten Fall eine Zunahme der Unabhängigkeit der demographischen Variablen (Einzelheiten finden sich bei Kohler 1995). Lediglich eine Homogenitätsanalyse (HOMALS, vgl. Gifi 1990) zeigte überraschenderweise die Möglichkeit, die Erhebungsjahre anhand der Abweichungen der paarweisen Kreuztabellen vom Unabhängigkeitsmodell fast fehlerfrei skalieren zu können. Vorläufige Simulationsstudien legen die Hypothese nahe, daß dies auf eine Reihe von Interaktionseffekten höherer Ordnung zurückzuführen ist. Der Untersuchung dieser Frage soll eine spätere Arbeit gewidmet werden.

werden, da selbstverständlich starke systematische Einflüsse „struktureller" Variablen auf tatsächlich ressourcengebundene Verhaltensmöglichkeiten immer gegeben sind: Die Budgetgerade setzt immer klare Grenzen. Aus der abnehmenden Prognosekraft einzelner demographischer Variablen für einige Verhaltensmöglichkeiten folgt schließlich in keiner Weise, daß Individuen frei von Zwängen, Disparitäten und begrenzten Budgets agieren könnten. Die „gesellschaftliche Konstruktion sozialer Ungleichheit im Lebensverlauf" (Mayer und Blossfeld 1990) durch die Handlungen der individuellen Akteure kann auch unter der Bedingung abnehmender Prognosekraft demographischer Variablen erfolgen. Nur dürften einfache statistische Modelle, die nur demographische Variablen enthalten, immer häufiger immer weniger erklären. Sollte sich diese Tendenz auch bei anderen Variablen und anderen Datensätzen als den hier verwendeten Surveys zeigen, dann sind die Konsequenzen für die Praxis der empirischen Sozialforschung offensichtlich. Weder die Inhalte noch die Formen der Datenerhebung noch die Techniken der Datenanalyse können von solchen Veränderungen unberührt bleiben. Angesichts dessen, daß demographische Variablen in der Praxis der empirischen Sozialforschung in fast keinem statistischen Modell fehlen (obwohl theoretische Begründungen dafür selten expliziert werden), erscheint die Verwendung demographischer Variablen für die Konstruktion von als homogen betrachteten Kategorien von Personen zunehmend problematischer (vgl. auch Schnell 1993). Die traditionelle Art der Datenanalyse durch „Variablensoziologie" muß ersetzt werden durch eine explizite Modellierung der individuellen Handlungskalküle der Akteure (vgl. Esser 1989). Bei einer explizit handlungstheoretisch basierten Forschung muß das Ziel der Datenanalyse vor allem in dem ernsthaften Versuch einer Prognose individueller Handlungen bestehen. Diese Aufgabe scheint bislang in kaum einem Forschungsbereich der Soziologie zu den Zielen empirischer Forschung gezählt worden zu sein.

Literatur

Achen, Christopher H., 1992: Social Psychology, Demographic Variables and Linear Regression: Breaking the Iron Triangle in Voting Research. Political Behavior 14: 195-211.

Armingeon, Klaus, 1988: Gewerkschaftliche Entwicklung und ökonomischer, beschäftigungsstruktureller und politischer Wandel: Das Beispiel der Gewerkschaften in der Bundesrepublik Deutschland. Soziale Welt 39: 459-485.

Armingeon, Klaus, 1994: Gründe und Folgen geringer Wahlbeteiligung. Kölner Zeitschrift für Soziologie und Sozialpsychologie 46: 43-64.

Beck, Ulrich, 1983: Jenseits von Stand und Klasse? S. 35-74 in: Reinhard Kreckel (Hg.): Soziale Ungleichheiten. Soziale Welt, Sonderband 2. Göttingen: Schwartz.

Beck, Ulrich, 1986: Risikogesellschaft. Auf dem Weg in eine andere Moderne. Frankfurt/M: Suhrkamp.

Beck, Ulrich, 1994: The Debate on the Individualization Theory in Today's Sociology in Germany. Journal of the Deutsche Gesellschaft für Soziologie. Special Edition 3: 191-200.

Beck, Ulrich und Elisabeth Beck-Gernsheim, 1993: Nicht Autonomie, sondern Bastelbiographie. Anmerkung zur Individualisierungsdiskussion am Beispiel des Aufsatzes von Günter Burkart. Zeitschrift für Soziologie 22: 178-187.

Bertram, Hans, 1991: Soziale Ungleichheit, soziale Räume und sozialer Wandel. Der Einfluß sozialer Schichten, sozialer Räume und sozialen Wandels auf die Lebensführung von Menschen. S.636-666 in: Wolfgang Zapf (Hg.): Die Modernisierung moderner Gesellschaften. Frankfurt-New York: Campus.

Brähler, Elmar und Hans-Jürgen Wirth, 1995: Gewerkschaftsmitglieder und Nichtorganisierte im Vergleich. S. 88-108 in: Hans-Jürgen Wirth und Elmar Brähler (Hg.): Entsolidarisierung. Die Westdeutschen am Vorabend der Wende und danach. Opladen: Westdeutscher Verlag.

Bürklin, Wilhelm, 1988: Wählerverhalten und Wertewandel. Opladen: Westdeutscher Verlag.

Breiman, Leo, Jerome Friedman, Richard Olshen and Charles Stone, 1984: Classification and Regression Trees. Pacific Grove: Wadsworth.

Clark, Terry N. und Seymour M. Lipset, 1991: Are Social Classes Dying? International Sociology 6: 397-410.

Clark, Terry N., Seymour M. Lipset und Michael Rempel, 1993: The Declining Political Significance of Social Class. International Sociology 8: 293-316.

Drexel, Ingeborg, 1994: Alte und neue gesellschaftliche Gruppierungen jenseits der Individualisierungsthese. S.9-32 in: Ingeborg Drexel (Hg.): Jenseits von Individualisierung und Angleichung. Frankfurt-New York: Campus.

Efron, Bradley und Robert Tibshirani, 1993: An Introduction to the Bootstrap. New York/London: Chapman & Hall.

Esser, Hartmut, 1979: Methodische Konsequenzen gesellschaftlicher Differenzierung. Zeitschrift für Soziologie 8: 14-27.

Esser, Hartmut, 1989: Verfällt die „soziologische Methode"? Soziale Welt 40: 57-75.

Ester, Peter, Loek Halman und Ruud de Moor, 1994: Value Shift in Western Societies. S.1-20 in: Ester, Peter, Loek Halman und Ruud de Moor (Hg.): The Individualizing Society. Value Change in Europe and North America. Tilburg: Tilburg University Press.

Gifi, Albert, 1990: Nonlinear Multivariate Analysis. New York: Wiley.

Greene, William H., 1993: Econometric Analysis. New York: Macmillan.

Hamilton, Lawrence C. 1991: Regression with Graphics: A Second Course in Applied Statistics. Pacific Grove: Brooks/Cole.

Häußermann, Hartmut und Manfred Küchler, 1993: Wohnen und Wählen. Zum Einfluß von Hauseigentum auf die Wahlentscheidung. Zeitschrift für Soziologie 22: 33-48.

Heath, Anthony, Roger Jowell, John Curtice, Geoff Evans, Julia Field und Sharon Witherspoon, 1991: Understanding Political Change. The Britisch Voter 1964-1987. Oxford-New York: Pergamon Press.

Hosmer, David W. und Stanley Lemeshow, 1989: Applied Logistic Regression. New York: Wiley.

Jobson, J.D., 1992: Applied Multivariate Data Analysis. Volume II. New York: Springer.

Koch, Achim 1992: Religiosität und Kirchlichkeit in Deutschland. S. 141-155 in: Peter Ph. Mohler und Wolfgang Bandilla (Hg.): Blickpunkt Gesellschaft 2. Einstellungen und Verhalten der Bundesbürger in Ost und West. Opladen: Westdeutscher Verlag.

Kohler, Ulrich, 1995: Individualisierung in der BRD 1953-1992. Magisterarbeit. Universität Mannheim, Fakultät für Sozialwissenschaften.

Kühnel, Steffen und Michael Terwey, 1990: Einflüsse sozialer Konfliktlinien auf das Wahlverhalten im gegenwärtigen Vierparteiensystem der Bundesrepublik. S. 63-94 in: Walter Müller, Peter Ph. Mohler, Barbara Erbslöh und Martina Wasmer (Hg.): Blickpunkt Gesellschaft. Opladen: Westdeutscher Verlag.

Iannaccone, Laurence R., 1995: Household Production, Human Capital and the Economics of Religion. S.172-187 in: *Mariano Tommasi* und *Kathryn Ierulli* (Hg.): The New Economics of Human Behavior. Cambridge-New York: Cambridge University Press.

Liao, Tim Futing, 1994: Interpreting Probability Models. Logit, Probit, and other Generalized Linear Models. Thousand Oaks: Sage.

Martin, Elizabeth, 1983: Surveys as Social Indicators: Problems in Monitoring Trends. S.677-743 in: Peter H. Rossi, James D. Wright und Andy B. Anderson (Hg.): Handbook of Survey Research. Orlando: Academic Press.

Mayer, Karl Ulrich und Hans-Peter Blossfeld, 1990: Die gesellschaftliche Konstruktion sozialer Ungleichheit im Lebensverlauf. S.297-318 in: Peter A. Berger und Stefan Hradil

(Hg.): Lebenslagen, Lebensläufe, Lebensstile. Göttingen: Schwartz. (Soziale Welt, Sonderband 7).

Mayer, Karl Ulrich und Walter Müller, 1994: Individualisierung und Standardisierung im Strukturwandel der Moderne. Lebensverläufe im Wohlfahrtsstaat. S.265-295 in: Ulrich Beck und Elisabeth Beck-Gernsheim (Hg.): Riskante Freiheiten. Frankfurt: Suhrkamp.

Müller, Walter, 1993: Social Structure. Perception and Evaluation of Social Inequality and Party Preferences. S. 94-117 in: Dagmar Krebs und Peter Schmidt (Hg.): New Directions in Attitude Measurement. Berlin: de Gruyter.

Mintzel, Alf, 1989: Großparteien im Parteienstaat der Bundesrepublik. Aus Politik und Zeitgeschichte B, 11/89: 3-14.

Opp, Karl-Dieter, 1970: Methodologie der Sozialwissenschaften. Reinbek: Rowohlt.

Pappi, Franz Urban, 1977: Sozialstruktur und politische Konflikte in der Bundesrepublik, Habilitationsschrift, Universität zu Köln.

Pappi, Franz Urban, 1986: Das Wahlverhalten sozialer Gruppen bei Bundestagswahlen im Zeitvergleich. S.396-384 in: Max Kaase und Hans-Dieter Klingemann (Hg.): Wahlen und politischer Prozeß. Analysen aus Anlaß der Bundestagswahl 1983. Opladen: Westdeutscher Verlag.

Pappi, Franz Urban, 1990: Klassenstruktur und Wahlverhalten im sozialen Wandel. S.15-30 in: Max Kaase und Hans-Dieter Klingemann (Hg.): Wahlen und Wähler. Analysen aus Anlaß der Bundestagswahl 1987. Opladen: Westdeutscher Verlag.

Schmitt, Karl, 1985: Religiöse Bestimmungsfaktoren des Wahlverhaltens: Entkonfessionalisierung mit Verspätung? S.291-329 in: Dieter Oberndörfer, Hans Rattinger und Karl Schmitt (Hg.): Wirtschaftlicher Wandel, religiöser Wandel und Wertwandel. Berlin: Duncker&Humblot.

Schnell, Rainer, Paul B. Hill und *Elke Esser*, 1993: Methoden der empirischen Sozialforschung. München: Oldenbourg.

Schnell, Rainer, 1993: Homogenität sozialer Kategorien als Voraussetzung für „Repräsentativität" und Gewichtungsverfahren. Zeitschrift für Soziologie 22: 16-32.

Schnell, Rainer, 1994: Graphisch gestützte Datenanalyse. München: Oldenbourg.

Schultze, Rainer-Olaf, 1991: Wahlforschung/Wahlsoziologie. S.769-777 in: Dieter Nohlen (Hg.): Wörterbuch Staat und Politik. Bonn: Bundeszentrale für politische Bildung.

StataCorp., 1995: Stata Statistical Software: Release 4.0. College Station, Texas.

Steinberg, Dan und Phillip Colla, 1992: CART: A Supplementary Module for SYSTAT. Evanston, Illinois: SYSTAT Inc.

Weakliem, David L. und Anthony Heath, 1994: Rational Choice and Class Voting. Rationality and Society 6: 243-270.

Wirth, Hans Jürgen und Elmar Brähler, 1995: Sind die Kirchen ein Hort der Solidarität? S.122-143 in: Hans-Jürgen Wirth und Elmar Brähler (Hg.): Entsolidarisierung. Opladen: Westdeutscher Verlag.

Sozialstruktur und Wahlverhalten.
Eine Widerrede gegen die Individualisierungsthese[1]

Walter Müller

1. Einführung

Rainer Schnell und Ulrich Kohler (1995) haben in dieser Zeitschrift vor einiger Zeit
den Versuch unternommen, die oft global und ohne präzise empirische Belege formulierten Aussagen der Individualisierungsthese spezifischer zu fassen und diese
„präzisere Hypothese" dann mit Mitteln der empirischen Sozialforschung zu prüfen.
Das empirische Feld, das Schnell und Kohler für diesen Versuch wählen, ist u.a. das
Wahlverhalten, auf das ich mich hier konzentriere. Der Bezug zur Individualisierungsthese besteht in der Annahme, daß als Konsequenz von Indivdualisierungspro-
zessen die Zugehörigkeit von Individuen zu sozialen (Groß-)Gruppen oder Sozial-
kategorien zunehmend weniger einstellungs- und verhaltenswirksam sei. Ulrich
Beck (1983, 1986) selbst begründet die Thesen von der Irrelevanz von Kategorien
wie Klasse, Schicht oder Ständen für die Analyse der Gegenwartsgesellschaft nicht
zuletzt auch mit der geringer gewordenen Bedeutung der Klassenzugehörigkeit für
die politischen Konfliktstrukturen.

Ein solcher Versuch ist sehr zu begrüßen, nicht zuletzt, weil die These, die
Schnell und Kohler aufgreifen, zu einer weitgehend akzeptierten Selbstverständlichkeit der öffentlichen Zeitdeutung geworden ist, obwohl es an vielen Punkten an
fundierten Belegen der soziologischen Substanz und der Geltung ihrer Aussagen
mangelt. Solche Fundierungen sind in der Regel viel aufwendiger als die Entwicklung der Thesen selbst und können meist auch nur für selektive Anwendungsfelder
geleistet werden. Schnell und Kohler haben durch die Entwicklung einer imposanten
Datenbasis[2] und durch ihre Analysen den Weg dafür bereitet, den Realitätsgehalt
dieser zunächst eher spekulativ entwickelten Thesen durch empirische Forschung zu
prüfen. Der von ihnen entwickelte Langfrist-Datensatz beinhaltet ein hohes Potential
für vielfältige weitere Analysen langfristiger Entwicklungsprozesse. Die Art und
Weise, wie dieser Datensatz dokumentiert und über das Zentralarchiv für empirische
Sozialforschung der weiteren Forschung zugänglich gemacht wurde, ist vorbildlich.

---

1   Zuerst in: Kölner Zeitschrift für Soziologie und Sozialpsychologie 49 (1997): 747-760.
2   Der enorme Aufwand an Datenaufbereitungen wurde im vorliegenden Beispiel in der ein-
     drucksvollen Magisterarbeit des Zweitautors geleistet. Er hat in dieser Arbeit 38 für diesen Zweck
     geeignete repräsentative Bevölkerungsumfragen aus den Zeitraum von 1953 bis 1994 aus dem
     Datenbestand des Zentralarchiv für empirische Sozialforschung (ZA) ausgewählt, vergleichend
     aufbereitet und analysiert. Ich danke Ulrich Kohler auch dafür, daß er mir seinen Datensatz für die
     Reanalyse zur Verfügung gestellt hat.

Der Umstand, daß die von Schnell und Kohler aufbereiteten Daten leicht zugänglich sind, ermöglicht es mir, meine Überlegungen ebenfalls empirisch zu illustrieren und zu untermauern.

2. Die Analyse von Schnell und Kohler

Theoretisch gehen Schnell und Kohler von der Annahme aus, daß „Akteure im Verlauf der Modernisierung der Gesellschaft einer wachsenden Zahl verschiedener, sich teilweise widersprechender und auch wandelnder Kategorien zugehören" (S. 635). Die Folge davon sei, „die Abnahme des prägenden Einflusses jeder einzelnen Kategorie auf das Handeln der Akteure" (ebd.). Von besonderer Bedeutung sei dies für „Verhaltensmöglichkeiten, die nicht unmittelbar ressourcen-gebunden sind" (ebd.), wie beispielsweise „Nahrungsmittelpräferenzen, Musikgeschmack, Einstellungsäußerungen oder auch Wahlverhalten" (S. 636). Entsprechend lautet die „präzisierte Individualisierungshypothese", die die Autoren prüfen wollen: „Die Erklärungskraft sozio-demographischer Variablen (wie Konfessionszugehörigkeit, Alter, Geschlecht, berufliche Stellung und Bildung) in statistischen Modellen zur Erklärung der in Umfragen bekundeten individuellen Wahlabsicht nimmt 'im Laufe der Zeit' (also: mit zunehmender gesellschaftlicher Differenzierung) ab" (ebd.). Entsprechend untersuchen Schnell und Kohler, ob die Erklärungskraft solcher Variablen im Zeitverlauf abnimmt und finden ihre Hypothese durch die durchgeführten Analysen in hohem Maß bestätigt. Die Erklärungskraft der genutzten Variablen und Modelle für die Vorhersage der Wahlabsicht ist seit Beginn der 50er Jahre bis zum Beginn der 90er Jahre teilweise mehr als halbiert.

In der Art der durchgeführten Analysen und vor allem in ihrer Interpretation sehe ich aber mehrere Probleme theoretisch-konzeptueller und methodischer Art. Im folgenden will ich zunächst einige dieser Probleme benennen und dann durch eine Reanalyse der Daten zu zeigen versuchen, daß die teilweise weitreichenden Schlußfolgerungen des Aufsatzes von Schnell und Kohler nicht zwingend sind.

Der Spezifizierung ihrer Untersuchungshypothese stellen Schnell und Kohler die Kritik voraus, daß in der empirischen Sozialforschung vor allem mit sozio-demographischen Variablen gearbeitet würde, daß aber „der Wirkungsmechanismus zwischen der Zugehörigkeit zu einer Kategorie ... und dem Verhalten der Individuen ... nur selten expliziert" werde (S. 635). Wenn dies nicht geschicht, ist dies zweifelsohne ein großer Mangel. Gerade aber weil die Autoren diesen Punkt mit Recht betonen, stellt sich die Frage, weshalb sie in ihrem Beitrag so zurückhaltend sind in der Erörterung der Wirkungsmechanismen für die von ihnen vermuteten Entwicklungen. Ihre Ausführungen dazu, weshalb überhaupt eine Beziehung zwischen sozialer Gruppenzugehörigkeit und Wahlpräferenzen bestehen, und genau weshalb diese Beziehungen nun schwächer werden sollten, beschränken sich im wesentlichen auf die oben angeführten Zitate. Dies ist deshalb ein Problem, weil es in der Literatur neben der von den Autoren angeführten Überkreuzungs-Hypothese von Simmel (1908) unterschiedliche Erklärungen dazu gibt, weshalb die Beziehungen zwischen Gruppenzugehörigkeit und Wahlverhalten sich abschwächen oder verändern sollten. Selbst wenn also die Erklärungskraft sozio-demographischer Variablen abnimmt, kann dies viele andere Gründe haben als das Wirken des von den Autoren postulierten, aber an keiner Stelle selbst geprüften Überkreuzungsmechanismus.

Ein anderer Aspekt der Zurückhaltung in der Explizierung der theoretischen Annahmen betrifft die Auswahl und Operationalisierung der in der Analyse genutzten Variablen. Weshalb wird beispielsweise als eine der erklärenden Variablen für die Parteipräferenz das Lebensalter in Jahren verwendet und werden lineare Effekte in der Weise angenommen, daß sich die politische Präferenz mit jedem Lebensjahr in eine spezifische Richtung verändert? Solche Annahmen sind in der Wahlsoziologie eher unüblich oder werden kontrovers diskutiert (Gehring 1994). Eher gibt es ernst zu nehmende Argumente, daß die 'politische Generationszugehörigkeit' (Lepsius 1973) – so schwierig es auch ist, diese präzise zu bestimmen – wichtiger für die Ausbildung politischer Orientierungen ist als das Alter per se. Und wenn man sich, aus welchen Gründen auch immer, für das Alter entscheidet, müßte man dann nicht den Versuch machen, im gegebenen theoretischen Erklärungszusammenhang zu bestimmen, für welche relevante Dimension von Restriktionen, Opportunitäten oder Optionen das Lebensalter bedeutsam sein könnte und es dann in der entsprechenden Weise abgrenzen; im Zusammenhang mit politischen Präferenzen möglicherweise als besondere Bedarfs- und Interessenlagen in bestimmten Lebensphasen, z.B. im typischen Ausbildungsalter, im Ruhestand oder in der Phase der Familienbildung?

Für einen vier Jahrzehnte umfassenden Beobachtungszeitraum stellt sich als weiteres wichtiges Problem die Frage der Bedeutungsäquivalenz der Konzepte. Diesem Problem begegnet man typischerweise mit zwei unterschiedlichen Lösungen. Man legt sich entweder auf möglichst exakt vergleichbare Operationalisierungen fest und hat dann das Problem, daß das Gemessene zu unterschiedlichen Zeitpunkten das theoretisch Gemeinte unterschiedlich valide erfaßt. Die zweite Lösung ist der Versuch, im Sinne der Bedeutungsäquivalenz das theoretisch Gemeinte als Fixpunkt zu verwenden und dann adäquate, jedoch möglicherweise sich unterscheidende Messungen dafür zu verwenden. Aber auch dann bleibt das Problem, ob die unterschiedlichen Messungen das theoretisch Gemeinte in gleicher Weise abbilden. Schnell und Kohler entscheiden sich für die erste Variante. Nun kann das Argument, daß die gewählten Operationalisierungen möglicherweise nicht für alle Zeitpunkte gleich valide sind, natürlich fast jeder Analyse entgegengehalten werden, die sich über einen sehr langen Zeitraum erstreckt. Im Falle der Studie von Schnell und Kohler ist das Argument aber deshalb von besonderer Bedeutung, weil sie ja die Hypothese prüfen wollen, daß sozio-demographische Variablen „immer häufiger immer weniger erklären" (S. 654). Wenn die gewählten Operationalisierungen für einen früheren Zeitpunkt valider sind als für einen späteren Zeitpunkt, unterstützt dieses die Bestätigung der Hypothese.

Betrachten wir als Beispiel die Klassenzugehörigkeit. Schnell und Kohler unterscheiden hier zwischen den Arbeitern, den Angestellten und Beamten, den Selbständigen und den Landwirten. Die Selbständigen und die Angestellten und Beamten werden noch danach unterschieden, ob sie eine höhere Bildung haben oder nicht. Diese Klassifikation ist besser als einige der Schichtungsoperationalisierungen, die teilweise in der wahlsoziologischen Forschung verwandt wurden oder noch werden. Dennoch besteht insbesondere bei den Angestellten und Beamten die Wahrscheinlichkeit, daß wegen des starken Wachstums und der zunehmenden Differenzierung in dieser Gruppe die gewählte Operationalisierung in späteren Erhebungszeitpunkten weniger zur Erklärung von Verhalten geeignet ist als zu früheren Zeitpunkten, als die Gruppe noch viel kleiner und wahrscheinlich auch homogener war. Wenn die

Erklärungskraft sozio-demographischer Variablen abnimmt, muß dies nicht daran liegen, daß die sozio-ökonomische Lage von Personen von geringerer Bedeutung für ihr Handeln ist. Es kann auch die Folge davon sein, daß die gewählten Meßinstrumente diese Lage zu unterschiedlichen Zeitpunkten unterschiedlich adäquat abbilden. Schnell und Kohler können an der Tatsache nicht viel ändern, daß für frühere Zeitpunkte differenziertere Messungen nicht vorhanden sind. Aber im Hinblick auf die These von der abnehmenden Erklärungskraft sozio-demographischer Variablen ließe sich mit neueren Daten abprüfen, ob durch die gewählte Untersuchungsanlage die Gefahr einer Privilegierung der Hypothese besteht.

Eine entsprechende Analyse, die in einem der folgenden Hefte dieser Zeitschrift erscheinen soll, zeigt, daß Befunde hier tatsächlich in hohem Maß von der gewählten Operationalisierung abhängen. Das Ergebnis niedriger und abnehmender Effekte der Klassenzugehörigkeit ist insbesondere bei der stark expandierenden Berufsgruppe der Angestellten und Beamten zu einem großen Teil die Folge einer inadäquaten Operationalisierung. Unterschiede innerhalb der Gruppe der Angestellten und Beamten hinsichtlich der politischen Orientierung bestehen nicht zeitkonstant nach der Höhe ihrer Bildung, dem von Schnell und Kohler genutzten Unterscheidungskriterium. Teilt man das sehr heterogene Aggregat der Angestellten und Beamten in theoretisch sinnvolle Gruppen auf, zeigt sich, daß niedrige Effekte für die Gesamtgruppe zu einem großen Teil die Konsequenz der Aggregierung heterogener Subgruppen ist, die sich in ihrem Wahlverhalten diametral unterscheiden. Innerhalb der Gruppe der Angestellten und Beamten besteht ein ähnlich unterschiedliches Wahlverhalten zwischen sozialstrukturell präzise bestimmbaren Gruppierungen wie bei den Antagonisten der klassischen Klassenspaltung. Einzelne, klar identifizierbare Berufsgruppen unter den Angestellten und Beamten (die Dienstklasse der Manager und der mit administrativen Funktionen Beschäftigten) stehen schon immer der CDU sehr nahe, die Professionals in den sozialen und kulturellen Diensten dagegen der SPD (und später dann den Grünen). Die der CDU nahestehenden Gruppen zeigen ein ähnliches Wahlverhalten wie die sonstigen Selbständigen, die der SPD nahestehenden Gruppen haben bezüglich CDU und SPD ähnliche Präferenzen wie die Arbeiter. Die Aggregierung dieser Gruppen führt zu niedrigen Parameterschätzungen und zu niedriger Erklärungskraft des Modells. Die der CDU näherstehenden Gruppen sind anteilsmäßig zurückgegangen, während die der SPD nahestehenden Gruppen anteilsmäßig zugenommen haben. Dies erklärt zumindest einen Teil des Rückgangs der Effektstärke des Parameters. Außerdem kann gezeigt werden, daß eine der bedeutsamsten Veränderungen des Parteiensystems der Bundesrepublik der letzten Jahrzehnte – die Entstehung und Konsolidierung der Partei der Grünen – in theoretisch begründbarer und empirisch nachweisbarer Weise in Verbindung steht mit einem im Verlaufe der Zeit noch ausgeprägter sich herausbildenden gruppenspezifischen Wahlverhalten verschiedener Segmente der Dienstklasse (Müller 1997). Eine theoretisch sensible Analyse ergibt also gerade nicht das Bild einer generellen Verringerung der Erklärungskraft sozio-demographischer Variablen. Im Gegenteil: Neue politische Strukturen und Konfliktfronten sind zumindest teilweise erklärbar mit spezifizierbaren Veränderungen in der Sozialstruktur.

Ein ähnliches Problem der Privilegierung der Hypothese von der 'abnehmenden Erklärungskraft sozio-demographischer Variablen' besteht auch bei den statistischen Maßen, die Schnell und Kohler für ihren Nachweis verwenden. Es sind Maße für die Verbesserung der Vorhersagbarkeit bzw. für die Fehlerreduktion, die durch erklärende Variablen erreicht wird. Nun bringen es aber die von den Autoren verwandten

Maße (Pseudo-r^2 und das PRE-Maß) mit sich, daß deren Höhe nicht nur durch die *Effektstärke* eines Faktors bestimmt ist, sondern ebenfalls durch die *Verteilung* der Variablen. Verdeutlichen wir dies für Wahlverhalten und unterscheiden wir nur drei Klassen, 1. das Kleinbürgertum mit den Landwirten und sonstigen Selbständigen, 2. die Arbeiter sowie 3. die Angestellten und Beamten. Im traditionellen Klassen-Cleavage steht das Kleinbürgertum (vor allem die Landwirte) mit einer ausgesprochenen CDU-Präferenz den Arbeitern mit einer klaren SPD-Präferenz gegenüber, während die Angestellten und Beamten eher eine Mittelposition mit weniger ausgeprägten Präferenzen für eine dieser beiden Parteien einnehmen. Wenn nun durch den sozialstrukturellen Wandel Klassen mit ausgeprägter Parteipräferenz schrumpfen, während andere mit weniger ausgeprägter Präferenz zunehmen, wird bei unveränderten Effektstärken der Meßwert für Pseudo-r^2 als reine Konsequenz der sich ändernden sozialstrukturellen Zusammensetzung der Wählerschaft geringer. Bekanntlich sind genau solche Verschiebungen in erheblicher Größenordnung eingetreten. Selbst wenn sich am theoretisch gemeinten Sachverhalt, nämlich dem prägenden Einfluß der kategorialen Zugehörigkeit auf das Handeln der Akteure (siehe oben) nichts geändert hat, wird Pseudo-r^2 geringer werden. Unter den gegebenen sozialstrukturellen Veränderungen der letzten 40 Jahre privilegiert das gewählte Maß die Bestätigung der Hypothese.

Mit einem kleinen Simulationsexperiment läßt sich das Ausmaß dieses Effektes illustrieren.[3] Ich habe den Zeitraum von 1953 bis 1992, den die Autoren untersuchen, nach Regierungskoalitionen in vier Perioden (1953-1965; 1966-1973; 1974-1981; 1982-1992)[4] unterteilt. Von der ersten bis zur vierten Periode nimmt nach den Daten von Schnell und Kohler der Anteil der Landwirte von über 8 Prozent auf weniger als 3 Prozent ab, der Anteil der Arbeiter schrumpft von 50 auf 38 Prozent, während der Anteil der Angestellten und Beamten von 29 auf 49 Prozent ansteigt. Pseudo-r^2 in Modellen der von Schnell und Kohler benutzten Art nimmt von 18,7 Prozent im Durchschnitt der ersten Periode auf 9 Prozent in der vierten Periode ab und entspricht der von Schnell und Kohler beobachteten Tendenz eines massiven Rückgangs der Erklärungskraft von sozio-demographischen Variablen für die Parteipräferenzen. Gewichtet man aber die Daten für die erste Periode so, daß eine gleiche Verteilung der Berufsgruppen wie in der vierten Periode resultiert, sinkt Pseudo-r^2 für die erste Periode auf 14,8 Prozent. Fast die Hälfte des Unterschiedes der Erklärungskraft zwischen der ersten und letzten Periode ist also auf unterschiedliche Verteilungen einer einzigen Variablen zurückzuführen. Veränderungen in den Verteilungen anderer Variablen[5] können ähnliche Konsequenzen haben, ohne daß sich in der Bedeutung der Zugehörigkeit zu einer bestimmten Kategorie für das Wahlverhalten irgend etwas ändern muß.

---

3   In die Analyse einbezogen sind die Umfragen, in denen die Wahlabsicht gemessen wurde. Es wurden die von Schnell und Kohler in Tabelle 2 aufgeführten Variablen berücksichtigt. Bildung geht allerdings als getrennte Variable in die Analyse ein und nicht als Bestandteil der Klassen- und Schichteinteilung. Für Ortsgröße und Bundesland wurden nur die Haupteffekte beider Variablen berücksichtigt.

4   Die erste Periode entspricht der Zeit der CDU-geführten Regierungen vor der großen Koalition; die zweite Periode der großen Koalition mit der sozial-liberalen Koalition unter Brandt, die dritte Periode der von Schmidt geführten Koalition und die vierte Periode der Regierungszeit von Kohl bis 1992.

5   Beispielsweise für die im Säkularisierungsprozeß sich vollziehenden Verschiebungen in der relativen Größe von Bevölkerungsgruppen mit unterschiedlich starker religiöser Bindung.

Das PRE-Maß ist eher noch ungeeigneter als Pseudo-r^2, weil es nicht nur verteilungsabhängig ist, sondern auch auf die Zahl der Kategorien in der abhängigen Variablen in ähnlicher Weise reagiert. Wie Agresti (1990:25) ausführt, tendiert die Klasse dieser Maße zu kleineren Werten, wenn die Zahl der Kategorien zunimmt. Genau dies geschieht im deutschen Parteiensystem und in den Analysen von Schnell und Kohler, wo 1980 die Grünen als vierte Partei auftreten. Daß das PRE-Maß in den 80er Jahren nochmals deutlich abnimmt, könnte u.a. damit zusammenhängen.

Wenn im Zuge des sozialstrukturellen Wandels Bevölkerungsgruppen kleiner werden, die eine besonders intensive Parteibindung hatten, und wenn solche mit weniger profilierter Parteibindung anteilsmäßig zunehmen, ist dieses natürlich auch ein wichtiger Befund, und er verändert den globalen Zusammenhang zwischen Sozialstruktur und Politik, aber er hat nichts mit dem postulierten Mechanismus einer „Abnahme des prägenden Einflusses jeder einzelnen Kategorie auf das Handeln der Akteure" (Schnell und Kohler 1995: 635) zu tun, oder damit, daß „die Binnengruppenvarianz jeder einzelnen Kategorie in Hinsicht auf individuelle Handlungen steigt" (ebd.). Dies sind unterschiedliche Prozesse, und sie müssen getrennt geprüft werden.

Als Schlußfolgerung aus diesen Überlegungen ergibt sich: Wenn es, wie theoretisch argumentiert wird, um die „Abnahme des prägenden Einflusses jeder einzelnen Kategorie auf das Handeln der Akteure" geht, sind die Effektstärken dieser Kategorien und Maße der Binnengruppenvarianz adäquat, aber gerade *nicht* Globalmaße der Erklärungskraft einzelner Variablen oder von Variablengruppen, in die neben diesen Größen (undifferenzierbar) auch Effekte von Kompositionsveränderungen eingehen. Und wenn die Effektstärke einzelner sozialstruktureller Zugehörigkeiten geringer geworden ist, ist dies abzuwägen gegen neue Differenzierungen, die sich – wie am Beispiel der Angestellten und Beamten nachweisbar – herausgebildet haben.

3. Eine illustrative Reanalyse

Ich will damit nicht behaupten, es hätte keinen Wandel in der Bedeutung der Zugehörigkeit zu bestimmten gesellschaftlichen Großgruppen für das Wahlverhalten gegeben. Meine Vermutung ist vielmehr, daß durch das gewählte und die Ergebnisse im Sinne der Hypothese teilweise präjudizierende methodische Vorgehen der Wandel überschätzt wird und daß mit den globalen Massen die Differenziertheit des Prozesses nicht angemessen abgebildet wird. Dieses hat auch Implikationen für die theoretische Interpretation der Befunde. Einige Ergebnisse einer illustrativen Reanalyse der Daten von Schnell und Kohler können diesen Punkt belegen. Diese Reanalyse muß natürlich mit den Begrenzungen des Datensatzes von Schnell und Kohler leben, deren wichtigste ich darin sehe, daß er die Gruppe der Angestellten und Beamten nicht in einer theoretisch angemessenen Differenzierung abbildet.

In der Analyse der Daten benutze ich wie Schnell und Kohler das Verfahren der logistischen Regression. Bei der abhängigen Variablen begrenze ich mich auf den

Kontrast CDU vs. SPD bei der Wahlabsicht.[6] Für die Vorhersage der Präferenz einer dieser Alternativen werden in einer ersten Runde weitgehend auch dieselben Variablen wie von Schnell und Kohler benutzt, um damit ihr Modell möglichst nahe zu replizieren. Allerdings behandle ich Bildung als getrennte eigenständige Variable und verwende sie nicht nur dazu, höher gebildete Angestellte, Beamte und Selbständige von weniger gebildeten Angehörigen dieser Gruppen zu unterschieden. Um die Bedeutung der Kohortenzugehörigkeit zu illustrieren, ersetze ich die Altersvariable durch eine Kohortenklassifikation, in der vom Geburtsjahr 1939 ausgehend vorwärts und rückwärts 10-Jahreskohorten gebildet werden[7].

Außerdem wähle ich ein Analysedesign, in dem die Daten aus allen Erhebungen in vier Perioden zusammengefaßt werden. Dies ist nötig, um insbesondere in den früheren Perioden ausreichende Fallzahlen für eine stabile Schätzung der Koeffizienten zu erhalten.[8]

Besonderheiten einzelner Erhebungen im Sinne einer vom Durchschnitt der Periode abweichenden stärkeren oder schwächeren Präferenz für eine der untersuchten Parteien werden durch den Einschluß von Dummyvariablen für die einzelnen Erhebungen kontrolliert.

Bei der Ergebnispräsentation besteht der wichtigste Unterschied zum Beitrag von Schnell und Kohler darin, daß ich mich auf die Höhe der Effekte der einzelnen Variablen konzentriere. Mit der Höhe der Effekte meine ich die Größe der Parameter, die für die einzelnen Variablen im Regressionsmodell geschätzt werden und nicht die Effektstärke im Sinne von Schnell und Kohler, die als Maß dafür den Beitrag einer Variablen für die mit Pseudo-r^2 gemessene Erklärungskraft des Modells verwenden. Für jede der vier unterschiedlichen Perioden wurde ein Modell gerechnet, das die folgenden Terme enthält: Konstante + Geschlecht + Klasse + Konfession + Bildung + Ortsgröße + Bundesland + Erhebungsjahr. Die geschätzten Regressionsparameter für diese Variablen (mit Ausnahme der drei letzten, die für die theoretischen Argumente weniger relevant sind) sind in *Tabelle 1* enthalten.

Als Ausgangspunkt für die Interpretation dieser Befunde ist es sinnvoll, kurz an die einschlägigen Ergebnisse von Schnell und Kohler in den Abbildungen 8-10 zu erinnern. Danach geht die Erklärungskraft durch die Summe aller Variablen im Beobachtungszeitraum um deutlich mehr als die Hälfte zurück (Abbildung 8), bei der Klassenzugehörigkeit fast auf einen Drittel des Ausgangswertes, bei der Konfes-

---

6   Ich tue dies, weil für diesen Kontrast in den Analysen von Schnell und Kohler die klarsten Ergebnisse im Sinne eines kontinuierlich abnehmenden Trends vorliegen (vgl. Abbildungen 8-10) und weil für diesen Kontrast die Abnahme der Erklärungskraft sozio-demographischer Variablen vergleichsweise am stärksten ist. Ich greife also die für die Widerrede vergleichbar ungünstigste Datenkonstellation heraus.

7   In einem kleinen Anteil der Fälle kann die Kohortenzugehörigkeit nicht sicher bestimmt werden, da in einigen Erhebungen nur gruppierte Altersangaben vorliegen. Es wurden nur Personen in die Analyse einbezogen, die bei der Befragung nicht älter als 70 Jahre alt sind.

8   Durch die Zusammenfassung von Erhebungsjahren zu Perioden wird der Trend abnehmender Effekte wahrscheinlich leicht nivelliert. Die Periodenabgrenzungen sind aber so vorgenommen worden, daß die Erhebungen mit deutlich höherer Erklärungskraft in den 50er und frühen 60er Jahren nicht mit späteren Erhebungen vermischt sind. Wesentlich differenziertere Analysen als die, auf die ich mich hier des Umfanges wegen beschränken muß, haben gezeigt, daß durch diese Periodisierung die Abbildung der entscheidenden Veränderungen nicht verwischt werden. Beispielsweise zeigt sich in Analysen, die den ganzen Beobachtungszeitraum einschließen, daß in der Regel eine bessere Anpassung des Modells an die Daten erreicht wird, wenn Veränderungen der Wirkung einzelner Variablen nicht als linearer Trend, sondern als spezifische Unterschiede zwischen den vier Perioden modelliert werden.

sion auf etwa 50 Prozent des Spitzenwertes, beim Geschlecht auf einen Wert von praktisch Null. Die Werte für das Alter steigen dagegen an (Abb. 9 und 10). Wie vergleichen sich damit die Parameterschätzungen für die einzelnen Variablen im Verlaufe der vier Beobachtungsperioden?

Tabelle 1: Effektkoeffizienten in logistischem Regressionsmodell der CDU vs. SPD-Wahlabsicht in vier Erhebungsperioden (ohne Kirchgang, Gewerkschaftsmitgliedschaft und variable Bildungseffekte für Geburtskohorten)

	1953 – 1965	1966 – 1973	1974 – 1981	1982 – 1992
Geschlecht: Männer =1; Frauen = 0	-.55	-.31	.01	.04
Klasse: Arbeiter	0.0	0.0	0.0	0.0
Landwirte	2.91	2.06	1.88	1.52
sonstige Selbständige	1.8	1.46	1.36	1.41
Angestellte und Beamte	1.12	.54	.60	.55
Konfession: Sonstige	0.0	0.0	0.0	0.0
katholisch	1.98	1.47	1.30	1.14
protestantisch,	.85	.42	.34	.32
Geburtskohorte: 1885-1918	0.0	0.0	0.0	0.0
1919-1928	-.23	-.12	-.12	-.20
1929-1938	-.22	-.19	-.22	-.31
1939-1948	-.09	-.16	-.31	-.42
1949-1958		-.74	-.75	-.78
1959-1976			-.69	-.84
Bildung: Abitur u.mehr = 1; sonst = 0	.18	.08	.12	.07

Quelle: Daten von Schnell und Kohler (1995); ZA-Studie Nr. 2661; eigene Berechnungen.

Bei allen Variablen stimmt die Richtung des Trends mit den Befunden von Schnell und Kohler überein, bei der Konfessionszugehörigkeit und beim Geschlecht grosso modo auch im Umfang des Wandels. Der Effekt für das Geschlecht geht auf Null zurück und bei der Konfession kann man von einer Halbierung der Effekte sprechen; bei den Katholiken ist die Reduktion etwas geringer, dafür bei den Protestanten etwas höher. Bei der Klassenzugehörigkeit ist die Verringerung der Parameter aber eindeutig weniger stark als nach den Maßzahlen von Schnell und Kohler. Sie gehen nicht durchwegs auf etwa ein Drittel des Ausgangswertes zurück. Bei den Landwirten sowie den Angestellten und Beamten halbieren sich die Effekte, bei den Selbständigen gehen sie etwa um ein Viertel zurück. Der Unterschied erklärt sich dadurch, daß Pseudo-r^2 – wie oben argumentiert – auch durch die Klassenverteilung bestimmt ist. Die steigenden Alterseffekte bei Schnell und Kohler kommen hier in der Kohortenzugehörigkeit zum Ausdruck, wobei wir ein Muster von Effekten vorfinden, das es durchaus plausibel macht, sie auch als Kohorteneffekte zu interpretieren. Insgesamt werden mit Ausnahme des methodisch erklärbar geringeren Abbaus der Effekte bei der Klassenvariablen die Befunde von Schnell und Kohler aber weitgehend repliziert.

Für einen zweiten Analyseschritt beziehe ich nun Kirchgangshäufigkeit und Gewerkschaftsmitgliedschaft als weitere Prädiktoren ein. Bei Bildung wird zudem durch den Einschluß entsprechender Interaktionsterme die Möglichkeit unterschiedlicher Einflußstärke in den einzelnen Kohorten berücksichtigt. Der Einbezug von Kirchgangshäufigkeit und Gewerkschaftsmitgliedschaft ist nicht unproblematisch, da Schnell und Kohler argumentieren, daß diese Variablen nicht in allen Erhebungen völlig vergleichbar gemessen sind. Andererseits hindert dies Schnell und Kohler nicht, diese beiden Variablen in anderen Teilen ihres Beitrages als abhängige Variablen zu nutzen. Wenn dies möglich ist, muß es auch möglich sein, sie als unabhängige Variablen zu nutzen. Darüber hinaus produziert ihre Nichtbenutzung ein Problem anderer Art: Da die Kirchgangshäufigkeit ein wichtiger Prädiktor der Parteipräferenz ist und im Verlaufe der Zeit der Kirchgang abgenommen hat, muß damit gerechnet werden, daß die Einflußstärke der Konfessionszugehörigkeit abnimmt, wenn der Wandel in der Kirchgangshäufigkeit nicht kontrolliert wird. Ähnliches gilt für die Gewerkschaftsmitgliedschaft. Ich betrachte die Mängel in der Vergleichbarkeit der Messungen als weniger gravierend als die Nichtberücksichtigung der Variablen. Die Ergebnisse nach dieser Modifikation sind in *Tabelle 2* enthalten. Sie unterscheiden sich in einzelnen Punkten recht deutlich von den Befunden von Schnell und Kohler.

Tabelle 2: Effektkoeffizienten in logistischem Regressionsmodell der CDU vs. SPD-Wahlabsicht in vier Erhebungsperioden (einschließl. Kirchgang, Gewerkschaftsmitgliedschaft und Variable Bildungseffekte für Geburtskohorten)

	1953 – 1965	1966 – 1973	1974 – 1981	1982 – 1992
Geschlecht: Männer =1; Frauen = 0	-.23	-.06	.29	.27
Klasse: Arbeiter	0.0	0.0	0.0	0.0
Landwirte	2.65	1.84	1.64	1.24
sonstige Selbständige	1.66	1.33	1.21	1.26
Angestellte und Beamte	1.03	.49	.54	.50
Gewerkschaft: (Mitglied=1; nicht Mitgl.= 0)	-.72	-.74	-.75	-.79
Konfession/Kirchgang: Sonstige	0.0	0.0	0.0	0.0
katholisch, regelm. Kirchgang	2.88	2.26	2.16	2.00
katholisch, nicht regelm. Kirchgang	1.20	.99 .	95	.84
protestantisch, regelm. Kirchgang	1.40	1.03	1.00	.77
protestantisch, nicht regelm. Kirchgang	.81	.40	.30	.32
Geburtskohorte: 1885-1918	0.0	0.0	0.0	0.0
1919-1928	-.17	-.02	.05	-.09
1929-1938	-.17	-.03	-.00	-.09
1939-1948	.05	.02	.00	-.10
1949-1958		-.51	-.40	-.39
1959-1968			-.46	-.48
Bildung: (Abitur u.mehr = 1; sonst = 0)	.30	.92	1.06	.70
Abitur * 1919-1928	-.39	-.60	-.64	-.08
Abitur * 1929-1938	-.89	-1.47	-.77	-.32
Abitur * 1939-1948	-.52	-1.26	-1.40	-.78
Abitur * 1949-1958		-2.00	-1.39	-1.01
Abitur * 1959-1968			-.95	-.91

Quelle: Daten von Schnell und Kohler (1995); ZA-Studie Nr. 2661; eigene Berechnungen.

Bei der Klassenzugehörigkeit ist der Rückgang der Effekte nach wie vor weniger ausgeprägt als bei Schnell und Kohler. Und es sei zudem an das oben Gesagte erinnert, daß die Kategorie der Angestellten und Beamten ein höchst heterogenes Aggregat darstellt, bei dessen Differenzierung gerade die jüngeren Entwicklungen des Wahlverhaltens im Hinblick auf die 'Neue Politik'-Dimension (Hildebrandt und Dalton 1977; Poguntke 1993) als Folge einer neuen stabilen, sozialstrukturell verankerten (Interessen-)Spaltung zwischen präzise identifizierbaren Klassen von Erwerbstätigen verstanden werden können. Bei den Katholiken nehmen die Effekte im Zeitverlauf ebenfalls deutlich weniger ab, wenn die Kirchgangshäufigkeit kontrolliert ist. Außerdem ist darauf hinzuweisen, daß mit Ausnahme der Landwirte bei allen übrigen Indikatoren der Rückgang weitgehend auf Veränderungen zwischen der ersten und der zweiten Periode beruht. Danach ist die weitere Abnahme der Effekte allenfalls gering.

Bei anderen Variablen, wie bei der Gewerkschaftsmitgliedschaft, ist überhaupt kein Rückgang zu erkennen[9], und beim Geschlecht zeigt sich nicht ein Rückgang auf Null, sondern eine Umkehrung des Effektes. Die Frauen, die in der ersten Periode noch stärker als die Männer die CDU präferierten, stehen in den beiden letzten Perioden stärker als die Männer auf der Seite der SPD.[10] Die unspezifischen Kohorteneffekte sind geringer und zeigen ein noch klareres Kohortenmuster: Die beiden jüngsten Kohorten unterscheiden sich systematisch von allen vorausgehenden Kohorten durch eine geringere CDU-Präferenz. Daß die unspezifischen Kohorteneffekte geringer werden, bedeutet, daß sie nach der Reformulierung des Modells in den theoretisch interessierenden Variablen enthalten sind. In unserem Fall ist dies teilweise Folge der Berücksichtigung des Kirchgangs, aber vor allem Konsequenz der kohortenspezifischen Modellierung der Bildungseffekte.[11]

Bildung wirkt sich in den verschiedenen Geburtskohorten deutlich unterschiedlich auf das Wahlverhalten aus. Während in der Referenzkohorte höhere Bildung mit einer ausgesprochenen Präferenz für die CDU verbunden ist, gilt dies in den jüngeren Kohorten deutlich weniger. Addiert man zu den Werten der Referenzkohorte die Werte der Interaktionsterme, stellt man fest, daß im Unterschied zu den Kohorten, die vor dem Zweiten Weltkrieg geboren wurden, höhere Bildung bei den 1939 und später geborenen systematisch zu einer höheren Präferenz der SPD als der CDU führt. Allerdings entsprechen die Werte nicht völlig einem Muster, das man bei reinen Kohorten-Effekten erwarten würde.[12] Dieser Umstand ist aber weniger wichtig als die Tatsache, daß in einem Modell, in dem die Bildungseffekte nicht nach Kohorten differenziert betrachtet werden, Bildung vor allem in den der Gegenwart näherliegenden Perioden einen 'falschen' Durchschnittswert von Null aufweist. Die Antwort auf die Frage, ob sozio-demographische oder auch andere Variablen Verhalten oder Präferenzen erklären, hängt auch davon ab, ob der Einfluß dieser Variablen angemessen modelliert ist.

---

9   Hier ist allerdings denkbar, daß die Befunde leicht anders ausfallen könnten, wäre die Variable über den gesamten Zeitraum in völlig identischer Weise gemessen worden.

10 Die größere CDU-Nähe der Frauen, die sich für alle Perioden in *Tabelle 1* ergibt, resultiert weitgehend aus dem Umstand, daß Frauen häufiger als Männer regelmäßig in die Kirche gehen und seltener Mitglieder in Gewerkschaften sind. Wird dies, wie in *Tabelle 2*, kontrolliert, verschiebt sich die Parteipräferenz der Frauen in allen Perioden weg von der CDU in größere Nähe zur SPD. Weshalb aber darüber hinaus in der Periodenfolge ein Orientierungswechsel eingetreten ist, der zu einem Vorzeichenwechsel für den „Geschlechtseffekt" führt, müßte natürlich sowohl theoretisch als auch empirisch im Detail weiter geprüft werden.

11 Die Haupteffekte der Kohortenzugehörigkeit reduzieren sich völlig auf Null, wenn ähnlich wie für Bildung auch für die Konfessionszugehörigkeit kohortenspezifische Wirkungen angenommen werden.

12 Differenziertere Analysen, die hier nicht dargestellt werden können, zeigen, daß die Bildungseffekte in den einzelnen Kohorten teilweise auch nach Befragungsperiode variieren. Außerdem ist zu berücksichtigen, daß trotz des insgesamt enorm großen Datensatzes die Fallzahlen für die Hochgebildeten teilweise sehr klein sind. So gibt es unter den in die Analyse einbezogenen Befragten der ersten Periode insgesamt nur 138 Befragte mit einem Bildungsniveau auf oder über dem Abiturniveau und die Schätzung für die vom allgemeinen Muster abweichende jüngste Kohorte in der dritten Periode beruht ebenfalls auf nur 121 Abiturienten, die außerdem mit durchschnittlich 19,7 Jahren auch noch sehr jung sind.

4. Schlußfolgerungen

Meine Schlußfolgerung aus diesen Beobachtungen ist nicht, daß sich nichts verändert hat, sondern daß die beobachteten Veränderungen nicht in einfacher Weise und keineswegs sicher als Folgen von Individualisierung interpretiert werden können. Der von Schnell und Kohler postulierte Simmelsche Erklärungsmechanismus wird nicht zuletzt aus folgendem Grund in Zweifel gezogen: Wäre der Wandel die einfache Konsequenz sich überschneidender Zugehörigkeiten, die mit der Modernisierung von Gesellschaften zunimmt, dann müßte man bei allen Variablen gleichartige Effektveränderungen und zwar in abnehmender Richtung erwarten. Die Realität ist aber eine andere. In einzelnen Fällen kommt es zur Abnahme des Einflusses, in anderen nicht oder weniger ausgeprägt und bei einer weiteren Gruppe von Variablen wechselt die Richtung der Effekte.[13] Wie ist dieses mit dem Simmelschen Mechanismus zu erklären? Und wie ist damit zu erklären, daß die Abnahme der Effekte (mit Ausnahme bei der Landwirtschaft) im wesentlichen von der ersten zur zweiten Periode erfolgt und in der langen Zeit seit Beginn der 70er Jahre dann allenfalls marginale Veränderungen zu beobachten sind, obwohl mehrere der Entwicklungen, die oft als Auslöser oder Indikatoren zunehmender Individualisierung betrachtet werden, sich auch seit den 70er Jahren fortgesetzt haben oder teilweise erst in dieser Zeit in Gang kamen – wie die Bildungsexpansion, die zunehmende Erwerbsbeteiligung der Frauen, die Prozesse der Flexibilisierung, Marginalisierung und teilweisen Entstandardisierung auf dem Arbeitsmarkt oder die Veränderungen im Bereich des Familienlebens und wohl auch eine gewisse Pluralisierung im Bereich der Lebensstile?

Da sich für die unterschiedlichen Variablen die Stärke der Effekte keineswegs in einheitlicher Weise verändert, erscheint eine Globaldeutung der Veränderungen im Wahlverhalten als mehr oder weniger direkte Konsequenz zunehmender Individualisierung gerade dann kaum mit den empirischen Beobachtungen vereinbar, wenn Simmels Überkreuzungsmechanismus als vermittelnder Prozeß unterstellt wird. Es wird nötig sein, die gruppenspezifisch variierenden situationalen Bedingungen, Situationsdeutungen und Interessenlagen der individuellen Akteure, die spezifischen Formen und Ursachen der Veränderung ihrer Gruppenbindungen sowie das jeweilige Angebot und die Wettbewerbslage der einzelnen Parteien näher zu analysieren, um zu befriedigenden Beschreibungen und Erklärungen zu kommen.

Dies wird dann gewiß ein wesentlich aufwendigeres, aber letztlich dennoch unverzichtbares Unternehmen, will man verstehen, wie der Wandel der Sozialstruktur mit veränderten Präferenzen oder verändertem Verhalten verbunden ist. Dies sei nur kurz am Beispiel der Wähler aus dem landwirtschaftlichen Bereich illustriert, bei denen die Abnahme der mit der Gruppenzugehörigkeit verbundenen Wahlpräferenz am deutlichsten ausfällt und – im Unterschied zu den anderen Gruppen – auch über die gesamte Beobachtungszeit kontinuierlich anhält. Dies kann sehr unterschiedliche Gründe haben. Nach Befunden von Rieger (1995) hat in Deutschland der Anteil der Landwirte abgenommen, die ausschließlich einem Erwerb in der Landwirtschaft

---

13 Eine differenziertere Analyse, deren Ergebnisse hier nicht aufgeführt werden können, zeigt, daß es bei einzelnen Variablen vor allem zu Veränderungen in der Kohortenfolge (vor allem bei der Bildung) und bei anderen zu Veränderungen in der Periodenfolge (beim Geschlecht und bei den Landwirten) kommt oder noch komplexer: Zu einem Wandel, der in der Kohorten- und Periodenfolge unterschiedliche Richtung annimmt.

nachgehen. Zunehmend wurden Landwirte von nichtlandwirtschaftlichem Nebenerwerb abhängig, wahrscheinlich meistens in Form von Lohneinkommen. Bei dem zunehmend geringeren Anteil der Landwirte an der Bevölkerung ist es auch wahrscheinlich – obwohl keine eindeutigen Befunde in dieser Richtung vorliegen – , daß Landwirte zunehmend mit Partnerinnen verbunden sind, die selbst nicht aus der Landwirtschaft kommen oder im Verlaufe ihres Lebens einer Beschäftigung als Lohnabhängige außerhalb der Landwirtschaft nachgegangen sind. Hier könnte man tatsächlich – zumindest entfernt – mit dem Überkreuzungsmechanismus argumentieren, wobei immer noch zu klären wäre, ob wirklich die Landwirte mit sich überkreuzenden Interessen oder Kontakten sich von den 'reinen' Landwirten unterscheiden. Immerhin hätte man damit eine Spur, die den vermittelnden Mechanismus präzisiert und zu prüfen erlaubt. Es kann aber auch sein, daß in der Entwicklung seit den frühen 50er Jahren, in der die Landwirtschaft nach der amtlichen Statistik von fast einem Viertel der Erwerbsbevölkerung auf heute weniger als 4 Prozent zusammenschrumpfte, die CDU die Interessen der Landwirte zunehmend weniger berücksichtigt oder daß die Landwirte dies zumindest so wahrnehmen und daß sie sich *deshalb* zunehmend von der CDU abwenden oder eine weniger homogene Präferenz für diese Partei zeigen. Wenn *dies* der entscheidende Grund für die zunehmend geringeren Effekte der Zugehörigkeit zur Gruppe der Landwirte für eine Wahlabsicht zugunsten der CDU wäre, hätte dies nichts mit Individualisierung oder Überkreuzung sozialer Kreise im Sinne der Zugehörigkeit zu „einer wachsenden Zahl verschiedener, sich teilweise widersprechender und auch wandelnder Kategorien" zu tun. Man kann sich leicht weitere Gründe für die Abwendung der Landwirte von der CDU vorstellen, für die dasselbe gilt.

Der von Kohler und Schnell aufbereitete und der Forschung zur Verfügung gestellte Datensatz gibt der Wahlsoziologie ein neues Instrument in die Hand, mit dem spezifische Hypothesen auf einer viel umfassenderen Grundlage als bisher geprüft werden können. Dabei ist es von großem Vorteil, daß der Datensatz unterschiedliche Messungen von Parteipräferenzen einschließt und einen sehr langen Beobachtungszeitraum mit großen Befragungszahlen umfaßt. Er erlaubt es beispielsweise, das alte Alter-Perioden-Kohortenproblem auf einem neuen Niveau der Analyse anzugehen, und er macht es wegen des großen Stichprobenumfangs auch möglich, den Gesamtdatensatz aufzuteilen, und Hypothesen, die dem Forscher wie so oft erst im Zuge seiner Analysen einfielen, an unabhängigen Daten oder alternativen Operationalisierungen zu prüfen. Dies wird hoffentlich unser Wissen um den langfristigen Wandel im Verhältnis zwischen Sozialstruktur und Politik verbessern, ähnlich wie mich ihre teilweise provozierenden Formulierungen angeregt haben, über das Problem nachzudenken.

Damit ich nicht mißverstanden werde, sei folgendes angefügt: Es geht mir nicht um die Rettung sozio-demographischer Variablen. Solche Variablen haben keinerlei Sonderstatus in der soziologischen Forschung. Aber auch im Rahmen einer Theorie der rationalen Wahl, die Schnell und Kohler zu favorisieren scheinen, ist die Messung der Opportunitäten und Restriktionen für die Handlungsoptionen und Handlungsanreize der Akteure unverzichtbar. Dafür sind sog. sozio-demographische Variablen oft nützliche und leicht verfügbare „Shortcuts". Wenn es bessere und forschungsstrategisch ökonomische(re) Proximessungen gibt, dann sollten sie zum Fortschritt der Soziologie benannt und ihre Nützlichkeit demonstriert werden. Schnell und Kohler haben völlig recht, wenn sie die theoretische Explizierung der Wirkungsmechanismen einfordern, und ich füge hinzu: auch die *Überprüfung* dieser

Mechanismen, wenn sie in einem theoretischen Erklärungszusammenhang eine wichtige Rolle spielen und nicht der schlichten Kontrolle von Drittfaktoren dienen. Ein soziologisches Analyseproblem erfordert meistens beides: die Analyse der Handlungslogiken der Akteure wie die der strukturellen und institutionellen Kontexte, in denen die Akteure stehen. Deshalb wende ich mich auch gegen die generelle Taktik und theoriepolitische Botschaft des Aufsatzes: Weil er die Wirkungsmechanismen nicht hinreichend spezifiziert und diese mit unzureichenden Globalmaßen erklärter Varianz empirisch auch nicht angemessen überprüfen kann, betreibt er zwar „Variablensoziologie" einer sehr unrühmlichen Art, scheut sich aber nicht, ihre Ergebnisse dann zum Anlaß überzogener und vereinseitigender Verallgemeinerungen und Schlußfolgerungen auch forschungsstrategischer Art zu nehmen. Aber natürlich muß – wie schon Max Scheler erkannt hat – der Wegweiser den Weg nicht gehen, den er weist.

Literatur

Agresti, Alan, 1990: Categorical Data Analysis. New York: Wiley.

Beck, Ulrich, 1983: Jenseits von Stand und Klasse? Soziale Ungleichheiten, gesellschaftliche Individualisierungsprozesse und die Entstehung neuer sozialer Formationen und Identitäten. S. 35-74 in: Reinhard Kreckel (Hg.): Soziale Ungleichheiten. Soziale Welt, Sonderband 2. Göttingen Schwartz.

Beck, Ulrich, 1986: Risikogesellschaft. Auf dem Weg in eine andere Moderne. Frankfurt/M.: Suhrkamp.

Gehring, Uwe W., 1994: Die SPD – Partei der Zukunft? Eine Kohortenanalyse der Bundestagswahlen 1969-1990. S. 214-263 in: Hans-Dieter Klingemann und Max Kaase (Hg.): Wahlen und Wähler. Analysen aus Anlaß der Bundestagswahl 1990. Opladen: Westdeutscher Verlag.

Hildebrandt, Kai und Russell J. Dalton, 1977: Die neue Politik. Politische Vierteljahresschrift 18: 230-256.

Lepsius, M. Rainer, 1973: Wahlverhalten, Parteien und politische Spannungen. Politische Vierteljahresschrift 14: 295-313.

Müller, Walter, 1997: Klassenstruktur und Parteiensystem. Zum Wandel der Klassenspaltung im Wahlverhalten. Universität Mannheim: Mannheimer Zentrum für Europäische Sozialforschung. Unveröffentl. Ms.

Poguntke, Thomas, 1993: Alternative Politics. The German Green Party. Edinburgh: Edinburgh University Press.

Rieger, Elmar, 1995: Der Wandel der Landwirtschaft in der europäischen Union. Ein Beitrag zur soziologischen Analyse transnationaler Integration. Kölner Zeitschrift für Soziologie und Sozialpsychologie 47: 65-94.

Schnell, Rainer und Ulrich Kohler, 1995: Empirische Untersuchung einer Individualisierungshypothese am Beispiel der Parteipräferenz von 1953-1992. Kölner Zeitschrift für Soziologie und Sozialpsychologie 47 (4): 635-657.

Simmel, Georg, 1908: Soziologie. Untersuchungen über die Formen der Vergesellschaftung. Berlin: Duncker & Humblot.

„Individualisierung" als Ursache rechtsradikaler Jugendgewalt?

Michael Tonn

Die Namen der Städte Hoyerswerda, Rostock, Mölln und Solingen markieren bis heute im öffentlichen Bewußtsein die Scheitelpunkte der bislang spektakulärsten Welle rechtsradikaler Gewalttaten in der deutschen Nachkriegsgeschichte. In den Angaben des Bundeskriminalamtes über „Gewalttaten mit erwiesenem oder zu vermutendem rechtsextremistischem Hintergrund" spiegelt sich – ungeachtet der Dunkelziffer – das Ausmaß des Gewaltanstiegs zu Beginn der neunziger Jahre in Deutschland wider: Durchschnittlich ca. 200 jährlich gemeldeten rechtsradikalen Gewalttaten[1] in den Jahren 1985-1990 stehen in der Statistik des BKA für 1991 1.492, für 1992 2.639 und für 1993 2.232 Gewalttaten gegenüber (Verfassungsschutzbericht 1996: 93). Eine empirische Analyse der rechtsradikalen Straf- und Gewalttaten dieser Jahre läßt drei charakteristische Merkmale rechtsradikaler Gesetzesverstöße deutlich werden:[2]

- Mehr als ein Drittel (36,2%) aller Tatverdächtigen war unter 18 Jahre alt, über 75% waren noch nicht 21, und insgesamt ca. 90% waren unter 25 Jahre alt (Willems 1993: 110).
- In nur 3,7% der untersuchten Fälle wurde gegen Frauen ermittelt, und zwar hauptsächlich aufgrund von Propagandadelikten und Sachbeschädigungen. Bei allen Tötungsdelikten und in 99% der Körperverletzungen waren die Tatverdächtigen männlich (ebd.: 112f.).
- 6,2% der analysierten Straf- und Gewalttaten wurden als Einzeltaten registriert, ca. 50% wurden von Gruppen bis zu zehn Personen verübt. Die verbleibenden ca. 44% wurden aus „Zusammenrottungen und Massensituationen (Rostock/Hoyerswerda)" heraus begangen (ebd.: 134).

---

1   Über die Bestimmung der Begriffe „Rechtsextremismus" und „Rechtsradikalismus" herrscht in der wissenschaftlichen Diskussion große Uneinigkeit (vgl. Kowalsky und Schroeder 1994: 9f.; Pfahl-Traughber 1995: 11f.; Stöss 1994: 24). Der Terminus „Rechtsradikalismus", der hier im folgenden Verwendung findet, stützt sich auf die Definition von Merten und Otto, die die Zustimmung zur persönlichen physischen Gewaltanwendung als analytisches Merkmal des „Rechtsradikalismus" in Abgrenzung zum „Rechtsextremismus" benennen (Merten und Otto 1994: 18f.). Daß auf eine präzise Bestimmung dieser Termini und weiterer einschlägiger Begriffe der Rechtsextremismusdebatte („Rassismus", „Ausländerfeindlichkeit", „Fremdenfeindlichkeit" etc.) im Rahmen des vorliegenden Beitrages verzichtet wird, sei mit dem Hinweis darauf gerechtfertigt, daß im folgenden nicht der Rechtsradikalismus an sich, sondern die Individualisierungsthese (als Erklärungsansatz für den Anstieg der Zahl rechtsradikaler Gewalttaten) im Mittelpunkt der Betrachtung steht.

2   Zur Datenbasis der nachfolgenden Zahlen siehe Fußnote 29.

Der Umstand, daß Jugendliche und junge Heranwachsende den überwiegenden Anteil rechtsradikaler Straf- und Gewalttäter darstellen[3], mag maßgeblich dazu beigetragen haben, daß in der sozialwissenschaftlichen Diskussion über die Ursachen der Zunahme rechtsradikaler Gewalt[4] der Erklärungsansatz des Bielefelder Pädagogen und Sozialisationstheoretikers Wilhelm Heitmeyer zur vorherrschend diskutierten Theorie über jugendlichen Rechtsradikalismus avancierte: Heitmeyers Studie über „Rechtsextremistische Orientierungen bei Jugendlichen" fand bei ihrer ersten Veröffentlichung im Jahr 1987 kaum besondere Beachtung, erwies sich jedoch zu Beginn der neunziger Jahre als einzige ausgearbeitete Theorie, die eine aktuelle Erklärung für rechtsradikale Einstellungen auch solcher Jugendlichen anbot, die keiner organisierten rechtsradikalen Gruppierung angehören. In der Folge galt Heitmeyer als „*der* Experte zum Thema Rechtsextremismus und Jugendliche" (Pfahl-Traughber 1993: 330) und wußte diese Stellung mittels bemerkenswert zahlreicher Publikationen in der wissenschaftlichen Fachliteratur und den öffentlichen Medien zu behaupten.

Weil Heitmeyer jedoch seinen Erklärungsansatz so eng an Ulrich Becks grundlegende Ausführungen zur „Individualisierung" (Beck 1983, 1986) anlehnt, daß sein Konzept im Rahmen der Rechtsextremismusdebatte von einigen Autoren ebenfalls als „Individualisierungsthese" bezeichnet wird (z. B. Pinn 1990: 53; Rommelspacher 1993b: 10), stellen auch die Thesen Becks zur „Individualisierung" bis heute einen zentralen Diskussions- und Streitpunkt in der wissenschaftlichen Debatte über rechtsradikale Jugendgewalt dar. Obwohl, wie zu zeigen sein wird, Heitmeyers Fassung der Individualisierungsthese inhaltlich durchaus nicht mit Becks Darlegungen identisch ist, sondern über diese hinaus geht, lassen sich in einer jüngeren Publikation Becks Hinweise darauf finden, daß dieser offensichtlich nichts gegen die Inanspruchnahme seiner Thesen in der Diskussion über die Ursachen rechtsradikaler Jugendgewalt einzuwenden hat. In der 1994 erschienenen Überarbeitung[5] seines Textes „Jenseits von Stand und Klasse?" (Beck 1994) bezieht sich Beck an folgenden Stellen auf diese Diskussion:

„Auf diese Weise entstehen immer neue Suchbewegungen, die zum Teil extreme experimentelle Umgangsweisen mit sozialen Beziehungen ... erproben *(einschließlich der Exzesse rechtsradikaler Gewalt)*" (ebd.: 45. Herv. M. T.).

„Das heißt: ein intern konsequentes, extern anstößiges Überdehnen der historisch entstehenden Freiräume über die in ihnen enthaltenen sozialen und rechtlichen Grenzlinien hinaus ... – *einschließlich rechtsextremer Gewaltausbrüche*" (ebd.: 51. Herv. M. T.).

---

3   An diesem Umstand hat sich anscheinend bis heute nichts geändert: Die Zahlen des Bundeskriminalamtes über die Altersstruktur der mutmaßlichen Gewalttäter benennen einen Anstieg des Anteils der Tatverdächtigen, die jünger als 21 Jahre alt sind, von 58,9% im Jahr 1993 auf 66,3% im Jahr 1996 (vgl. Verfassungsschutzbericht 1996: 97).

4   Zusammenfassende und kenntnisreiche Darstellungen dieser Diskussion bieten Wahl (1993) und Scherr (1996).

5   Becks für die neuere Individualisierungsdebatte grundlegender Aufsatz „Jenseits von Stand und Klasse?" (Beck 1983) findet sich in gründlich umgearbeiteter und ergänzter Fassung im Buch „Risikogesellschaft" (Beck 1986: 115-160) wieder und wurde von Beck in Form einer erheblich gekürzten und wiederum veränderten Version, doch unter demselben Titel in einen jüngeren Sammelband zur Individualisierungsthese aufgenommen (Beck 1994). Becks Behauptung, der Originalaufsatz würde hier „weitgehend unverändert abgedruckt" (Beck 1994: 43, Fußnote), muß, wenn man der Formulierung „weitgehend unverändert" überhaupt einen Bedeutungsgehalt beimessen will, schlichtweg als falsch bezeichnet werden. Zur Bedeutung der Kürzungen gegenüber der Ursprungsfassung siehe auch Gellert (1996: 583f.),

„Hier liegt auch eine Wurzel für die gegenwärtige 'Psychowelle' *und die Flucht in Esoterik und Gewalt*" (ebd.: 58. Herv. M. T.).

Die in diesen Zitaten kursiv gesetzten Teilsätze finden sich weder in der Originalfassung des Aufsatzes aus dem Jahr 1983 noch in den entsprechenden Passagen des 1986 erstmals erschienenen Buches „Risikogesellschaft" (Beck 1983: 42, 51, 59; 1986: 119f., 138, 159). Anscheinend hat Beck die Diskussion seiner Thesen im Hinblick auf rechtsradikale Gewalt verfolgt und zum Anlaß genommen, seine Ausführungen 1994 um die zitierten Zusätze zu erweitern.

Die unübersehbare Dominanz der Individualisierungsthese Heitmeyers in der Rechtsextremismusdebatte zu Beginn der neunziger Jahre führte schon bald zu weitreichenden politischen und praktischen Konsequenzen: So wurde 1991 vom Bundesministerium für Frauen und Jugend ein „Aktionsprogramm gegen Aggression und Gewalt" ins Leben gerufen und für einen Zeitraum von drei Jahren mit jährlich 20 Millionen DM ausgestattet. Mit diesen Mitteln wurden Projekte der Jugendarbeit in den neuen Bundesländern finanziert, die „gewalttätigen und -bereiten" Jugendlichen „Räume sowie Erlebniswelten" bereitstellen sollten, „in denen sie Anregungen finden, ihre Alltagssituationen sinnvoll und gewaltfrei zu gestalten" (Bohn u. a. 1993: 301f.). Zahlreiche dieser Jugendprojekte verorteten sich im Bereich eines sozialarbeiterischen Praxisfeldes, das sich seit Beginn der neunziger Jahre in Deutschland als „Jugendarbeit mit rechten Jugendlichen" zu konstituieren begann und sowohl seine Ablehnung der klassischen, auf Ausgrenzung bedachten „antifaschistischen Jugendarbeit" als auch seinen konzeptionellen Ansatz der „Bedürfnisorientierung" im praktischen Umgang mit rechtsradikalen Jugendlichen ausdrücklich mit der theoretischen Bezugnahme auf die Individualisierungsthese begründete (exemplarisch: Möller 1991; Heim u. a. 1992: 63f.; zusammenfassend Tonn 1994: 135f.). Aus dieser Perspektive betrachtet zeigt sich das Bild, daß „Individualisierung" (in ihren Bestimmungen durch Beck und Heitmeyer) in wohl keinem anderen Falle so weitverbreitet zur Erklärung eines konkreten gesellschaftlichen Phänomens herangezogen wurde wie eben im Kontext des jugendlichen Rechtsradikalismus. Erst in diesem Zusammenhang wurde der Individualisierungsthese auch in Kreisen der Nicht-Sozialwissenschaftler, der Medienöffentlichkeit und der Politik größere Aufmerksamkeit zuteil.

Innerhalb der Sozialwissenschaften freilich war Heitmeyers Entwurf von Beginn an keinesfalls unumstritten. Formulierten frühe kritische Stellungnahmen vor allem theoretische Einwände und methodische Kritik (z. B. Lichtenberger 1989; Pinn 1990; Huisken 1993; Pfahl-Traughber 1993), so verwiesen schon bald auch die empirischen Ergebnisse quantitativer und qualitativer Studien zum Thema „Jugend und Rechtsradikalismus" auf die dringende Notwendigkeit einer kritischen Überprüfung der Heitmeyerschen Theorie. Seit Mitte der neunziger Jahre gewann schließlich innerhalb der einschlägigen sozialwissenschaftlichen Debatte die Einschätzung Übergewicht, daß dem Erklärungsmodell Heitmeyers weder hinsichtlich rechtsradikaler Einstellungen Jugendlicher noch im Hinblick auf die Zunahme rechtsradikaler Jugendgewalt überzeugende Erklärungskraft beizumessen sei (z. B. Eckert, Willems und Würtz 1996: 158; Held, Horn und Marvakis 1996: 25f.; Neureiter 1996: 193-212; Scherr 1996: 107; Winkler 1996: 40f.).

Vor dem Hintergrund dieser Entwicklung wird im folgenden der Versuch einer vorläufigen Bilanz zur Erklärung rechtsradikaler Gewalt durch die Individualisierungsthese präsentiert. Zu diesem Zweck werden zunächst das Grundmuster der

Heitmeyerschen Argumentation und seine eigenen empirischen Befunde zusammengefaßt (Pkt. 1), bevor ihnen theoretische Einwände und einschlägige Untersuchungs-
ergebnisse anderer Forschungsprojekte kritisch gegenübergestellt werden (Pkt. 2).
Das abschließende Fazit (Pkt. 3) ist, daß es angeraten erscheint, ein Jahrzehnt nach
der erstmaligen Formulierung der Individualisierungsthese in der Fassung Heitmeyers diese als widerlegt anzusehen und sich fundierteren Erklärungsansätzen für
rechtsradikale Jugendgewalt zuzuwenden.

1. Die Individualisierungsthese nach Wilhelm Heitmeyer[6]

Die Individualisierungsthese ist bis heute in der wissenschaftlichen Debatte über
Jugend und Rechtsradikalismus untrennbar mit dem Namen Wilhelm Heitmeyer
verbunden, obwohl auch weitere Mitarbeiter seiner Forschungsgruppen an der Bielefelder Universität zu ihrer Formulierung beigetragen haben und mittels zahlreicher
Publikationen ihre Etablierung im wissenschaftlichen Diskurs betreiben. Diese Pu-
blikationsfreude der Bielefelder Forscher hat zur Folge, daß die Individualisierungsthese in den einschlägigen Fachveröffentlichungen der neunziger Jahre oftmals auch
dann gegenwärtig ist, wenn der Name Heitmeyer nicht im Inhaltsverzeichnis erscheint, dafür jedoch andere Mitglieder seiner Arbeitsgruppen mit eigenen Beiträgen
vertreten sind (z. B. Möller 1993a, 1993b; Siller 1993). Erst die Veröffentlichung
der „Bielefelder Rechtsextremismus-Studie" (Heitmeyer u. a. 1992) brachte die
Zusammenarbeit der Forscher explizit zum Ausdruck. Weil jedoch Heitmeyer sowohl für diese Untersuchung (ebd.: 6) als auch für das nachfolgende große Projekt
der „Bielefelder Forschungsgruppe" verantwortlich zeichnete (Heitmeyer u. a. 1995:
4), wird hier allein sein Name bei der Darstellung und der Kritik des Ansatzes fallen. Es sei noch einmal betont, daß diese „Fixierung" auf Heitmeyer nicht willkürlich erfolgt, sondern lediglich die extreme Dominanz seiner Thesen und seines Na-
mens im einschlägigen Fachdiskurs zu Beginn der neunziger Jahre repräsentiert.
Heitmeyer selbst hat allerdings seit dem Erscheinen des seine Popularität begrün-
denden Buches „Rechtsextremistische Orientierungen bei Jugendlichen"[7] im Jahre
1987 die Schlußfolgerungen seiner Untersuchung in zahlreichen Veröffentlichungen
immer wieder nuanciert und um weitere Thesen ergänzt.
　　Die nachfolgende Darstellung konzentriert sich hingegen auf das zentrale
Grundmuster seiner Argumentation (Pkt. 1.1 und 1.2), das den Kern seiner Individualisierungsthese auch insofern bildet, als ebendieses Grundmuster die erwähnte
breite Rezeption in der Rechtsextremismusforschung fand. Heitmeyers Fortführung
seines Erklärungsansatzes, die bedeutsame Modifikationen seiner ursprünglichen
Thesen enthält, ohne die Bezugnahme auf die gesellschaftstheoretische Kategorie
„Individualisierung" aufzugeben, wird im folgenden lediglich im Hinblick auf ihre

---

6　Der Erklärungsansatz Heitmeyers wird aufgrund seiner bereits erwähnten engen Anlehnung an die
　　Ausführungen Ulrich Becks im folgenden ebenfalls als „Individualisierungsthese" bezeichnet. An
　　Stellen, die eine Unterscheidung beider Konzepte erfordern, werden die Bezeichnungen „Individua-
　　lisierungsthese nach Heitmeyer" und „Individualisierungsthese nach Beck" verwendet.
7　Grundlage der nachfolgenden Darstellung bildet die ergänzte, jedoch nicht umgearbeitete 4. Auf-
　　lage des Buches, die 1992 erschienen ist (Heitmeyer 1992b).

Bedeutung für die genannte Grundstruktur der Individualisierungsthese skizziert (Pkt. 1.3).

1.1 „Individualisierung", „Desintegration", „Orientierungslosigkeit" – das theoretische Grundmuster der Argumentation Heitmeyers

Der Untersuchungsansatz Heitmeyers läuft auf das Ziiel hinaus, die *Entstehung rechtsextremistischer Orientierungen im Sozialisationsprozeß Jugendlicher* zu rekonstruieren. Weil er sich somit nicht auf den Endpunkt der Entwicklung zum Rechtsextremisten: die politische Organisation, als Kriterium für die Bestimmung des Terminus „Rechtsextremismus" berufen kann und will (Heitmeyer 1989: 102f.), definiert Heitmeyer (1992b: 15) statt dessen für sein Erklärungsmodell den Begriff eines „soziologischen Rechtsextremismus", der sich um das „analytische Konstrukt" (ebd.: 27) der „Orientierungsmuster" gruppiert:

Orientierungsmuster stellen demnach als psychische Instanz „komplexe Gebilde" dar, in denen *Sedimente von Erfahrungen des einzigartigen Lebenslaufes* ebenso wie *unmittelbare Eindrücke des Individuums* und die *Antizipation zukünftiger Lebensweisen* enthalten sind (ebd.: 27f.). Weil im Handeln des Menschen auf der Basis der vergangenen Erfahrung in Abwägung der aktuellen Situation Entscheidungen getroffen werden müßten, die auch und vor allem für die Zukunft von Bedeutung seien, sei anzunehmen, „daß Orientierungsmuster auch das Handeln anleiten." (ebd.: 28.)

„Rechtsextremistische Orientierungsmuster" liegen nach Heitmeyer (ebd.: 16; ders. 1989: 103f.; ders. u. a. 1992: 13f.) dann vor, wenn in den Orientierungen zwei Grundelemente vorherrschend sind, die sich formal und inhaltlich wie folgt bestimmen lassen:

1. *Die Ideologie der Ungleichheit*
   - Nationalistische bzw. völkische Selbstübersteigerung
   - Rassistische Sichtweise / Fremdenfeindlichkeit
   - Unterscheidung von lebenswertem und -unwertem Leben (etwa durch Eugenik)
   - Behauptung natürlicher Hierarchien (über Sozialbiologie)
   - Betonung des Rechtes des Stärkeren (Sozialdarwinismus)
   - totalitäres Norm-Verständnis, d. h. Ausgrenzung des 'Andersseins'
   - Betonung von Homogenität und kultureller Differenz
2. *Gewaltakzeptanz und -anwendung*
   - Ablehnung rationaler Diskurse / Überhöhung von Irrationalismen
   - Betonung des alltäglichen Kampfes ums Dasein
   - Ablehnung demokratischer Regelungsformen von sozialen und politischen Konflikten
   - Betonung autoritärer und militaristischer Umgangsformen und Stile
   - Überzeugung unabänderlicher Existenz von Gewalt
   - Billigung fremdausgeübter privater bzw. repressiver staatlicher Gewalt
   - eigene Gewaltbereitschaft und Gewalttätigkeit

Von „rechtsextremistischen Orientierungsmustern" ist nach Heitmeyer (1992b: 16) in Anbetracht dieser Struktur dann zu sprechen, wenn aus den beiden genannten Bereichen einzelne Elemente kombiniert werden.

Vor dem Hintergrund dieses sozialisationstheoretischen Ansatzes sieht Heitmeyer (ebd.: 63-67) die heutigen Lebens- und Sozialisationsbedingungen in den hochindustrialisierten Ländern hauptsächlich durch „Individualisierungs-Schübe" innerhalb der „Risikogesellschaft" gekennzeichnet. Zur Beschreibung dieser Prozesse referiert er unter Verwendung zahlreicher Zitate einige grundlegende Aussagen aus Becks Aufsatz „Jenseits von Stand und Klasse?": Durch „Niveauverschiebungen insbesondere bei Bildung und Einkommen" und die „Enttraditionalisierung 'ständisch' eingefärbter Klassenlagen" sei „das Hierarchiemodell sozialer Klassen unterlaufen", wodurch „die sozial-moralischen Milieus relativiert" würden, was die Herauslösung der Menschen „aus traditionellen Bindungen und Versorgungsbezügen" bewirke und sie „*auf sich selbst* und ihr individuelles (Arbeitsmarkt-) Schicksal" verweise. Dieser Vorgang lasse sich als „'historischer' *sozialer Kontinuitätsbruch* begreifen, in dessen Zentrum sich die Auflösung klassenkultureller, lebensweltlicher Gemeinsamkeiten" vollziehe (ebd.), wodurch – in Verbindung mit „der Verrechtlichung aller beruflichen und sozialen Beziehungen" – „kollektive Handlungs- und Durchsetzungsformen", d. h. „stabile Solidaritätsbindungen" an Bedeutung verlören, was vermutlich „gegenseitige Abschottung und Vereinzelung" zur Folge habe, weil nicht erkennbar sei, „wie neue, dauerhafte Lebenszusammenhänge" gestiftet werden könnten. Diese „soziale Isolation der gegeneinander abgeschotteten, vereinzelten Privatexistenzen" sei der entscheidende Punkt der Individualisierungsthese nach Beck, der die Eignung dieser für Heitmeyers Untersuchungszusammenhang begründe: Denn so hätten die „Individualisierungs-Schübe" schließlich zur Folge, daß

„unter den Bedingungen des Kollektivschicksals der Vereinzelung ... 'naturvermittelte Ungleichheiten' wie Rasse, Hautfarbe, Geschlecht, Alter aufgrund 'ihrer Unentrinnbarkeit, ihrer zeitlichen Konstanz, ihrer Widersprüchlichkeit zum Leistungsprinzip, ihrer Konkretheit und direkten Wahrnehmbarkeit und der damit verbundenen Identifikationsmöglichkeiten besondere Aktivierungs- und Politisierungschancen' (Beck 1983, 69) erhalten" (ebd.).

Eine äußerst bedeutsame Eigenart der Heitmeyerschen Rezeption der Individualisierungsthese nach Beck besteht allerdings darin, daß das, was Beck in seinen grundlegenden Arbeiten, auf die Heitmeyer sich in allen seiner einschlägigen Studien bezieht, ausdrücklich als *These* formuliert (z. B. Beck 1983: 36, 40, 41, 48; 1986: 115, 122, 142, 205), von Heitmeyer als *tatsächlich gegeben* vorausgesetzt wird: Für ihn gehört es „inzwischen zum sozialwissenschaftlichen Allgemeinwissen, daß die westlichen Gesellschaften – insbesondere seit den 60er Jahren – von weitreichenden Individualisierungsschüben erfaßt werden" (Heitmeyer u. a. 1995: 33).[8]

Vor diesem gesellschaftstheoretischen Hintergrund legt Heitmeyer, der rechtsextremistische Orientierungen – wie bereits erwähnt – aus dem Sozialisationsprozeß Jugendlicher erklären will, den Schwerpunkt seiner Betrachtung auf die Konsequenzen des Individualisierungsprozesses für die mit diesem konfrontierten Individuen. Daß Beck (1986: 207) diese Perspektive aus seinen Überlegungen weitgehend ausschließt, wertet Heitmeyer konsequenterweise als „Schwäche seiner Argumentation" (Arbeitsgruppe Bielefelder Jugendforschung 1990: 16), weil so die Frage ausgeblendet werde, wie denn die Individuen die gesellschaftlichen Auswirkungen der

---

8   Vgl. dazu auch die oben skizzierte Darstellung der Individualisierungsthese nach Beck in Heitmeyer (1992b: 64-67), in der „Individualisierung" als ein realer gesellschaftlicher Sachverhalt beschrieben wird. Für Heitmeyer, daran lassen seine Formulierungen in jedem seiner Texte keinen Zweifel, ist es nicht im geringsten fraglich, daß „Individualisierungsprozesse" in der von Beck dargestellten Form stattfinden.

von Beck beschriebenen Entwicklung bewältigten (ebd.). Indem Heitmeyer in der Fortführung der Thesen Becks also bemüht ist, „die *subjektive* Seite des Individualisierungsprozesses" (ebd.) auszuleuchten, erkennt er für Jugendliche neben den „scheinbaren 'Sonnenseiten' von Individualisierung, etwa die Verfügbarkeit über *eigenes* Geld, *eigene* Zeit, *eigenen* Wohnraum", auch gravierende „Schattenseiten", „deren durchdringendes Kennzeichen das der *Vereinzelung* ist" (Heitmeyer 1992b: 65) und die seiner Ansicht nach insbesondere in drei schwerwiegenden „sozialen Kontinuitätsbrüchen" (ders. 1989: 107) zum Ausdruck kommen:

– Die *Auflösung der „sozialen Milieus"* führe zum *Verlust der selbstverständlichen Zugehörigkeit zu sozialen Gruppierungen.* Soziale Zugehörigkeiten müßten über Leistung fortwährend neu hergestellt werden. Daß dadurch die Frage: Wozu gehöre ich? „nicht mehr beantwortbar erscheint", stelle vor allem für Jugendliche, die „erst noch auf der Suche nach einer eigenständigen Identität sind", eine enorme Belastung dar.
– *Weitreichende Veränderungen im Beschäftigungssystem,* vor allem gekennzeichnet durch Dauerarbeitslosigkeit, Verkürzungen der Arbeitsverträge und Unterbeschäftigung, bewirkten für eine große Anzahl der Beschäftigten eine „*Unkalkulierbarkeit der Realisierungschancen von Lebensplänen*" (ebd.: 108; Herv. M. T.). Durch die Elternerwartung, den Status der Herkunftsfamilie zu steigern oder zumindest auf dem gegenwärtigen Niveau zu halten, und die gleichzeitige Unkalkulierbarkeit des zukünftigen Erwerbs entstünden in den Jugendlichen „Statusängste" (ebd.).
– Durch die *Verlängerung schulischer Bildung* erfolge zunehmend eine Herauslösung aus dem Herkunftsmilieu (ders. 1992b: 65) und in der Folge eine Entstrukturierung von Lebensphasen (ders. 1989: 108). „Traditionale Orientierungen und Denkweisen werden durch universalistische Lehrinhalte umgeschmolzen. Den Möglichkeiten zu Selbstfindungs- und Reflexionsprozessen stehen individuell zu bewältigende Selektionsprozesse gegenüber" (ders. 1992b: 65). Um sich in diesen zu behaupten, verstärkten sich *Konkurrenzempfinden und -handeln,* was zu einer Auflösung von Solidarität führe (ders. 1989: 108).

Diese „Schattenseiten" der Individualisierung enthalten für Heitmeyer (ebd.) hohe „soziale Desintegrationspotentiale", die sich vor allem erkennen ließen in der Auflösung

– von Beziehungen zu anderen Personen und Lebenszusammenhängen (Familie, Milieus),
– der faktischen Teilnahme an gesellschaftlichen Institutionen (vor allem Wahlenthaltung, Politikdistanz),
– der Verständigung über gemeinsame Wert- und Normvorstellungen (ders. 1989: 108-110; 1993: 4, 1994a: 378).

Die Folgen dieser die Gesellschaft insgesamt betreffenden „Desintegrationsprozesse" (ders. 1993: 4)[9] für die Individuen umschreibt Heitmeyer in Anlehnung an Durk-

---

9   Heitmeyer legt sich in seinen Ausführungen, so zentral der Begriff der „Desintegration" für seine Argumentation auch ist, nicht eindeutig fest, auf welche Art sich Desintegrationserscheinungen seiner Ansicht nach tatsächlich äußern. Mal spricht er von „Desintegrationsprozessen" (s. o.), also Vorgängen, mal von „Desintegrationspotentialen" (s. o.), die in den Individualisierungsprozessen

heim mit dem Begriff der 'Anomie'. Anomie sei demnach definiert als ein „Zustand von Norm- und *Orientierungslosigkeit*, der insbesondere in Zeiten gesellschaftlicher Krisen auftritt und Gefühle der Vereinsamung, Verlassenheit und Hilflosigkeit bewirkt" (ders. 1992b: 127; Herv. M. T.). In dem Versuch, diese „Orientierungsprobleme" (ders. 1991b: 855) individuell zu bewältigen, identifiziert Heitmeyer (1989: 110-114, 1991b: 855-857, 1993: 5) schließlich drei zentrale Anknüpfungspunkte des rechtsextremistischen Orientierungsmusters:

– *Vereinzelungserfahrungen*, verursacht durch die Auflösung sozialer Milieus (s. o.), führten zu einer *Suche nach leistungsunabhängigen Zugehörigkeiten*. Diese ließen sich vor allem in Naturmerkmalen (Hautfarbe, „Rasse") und nationaler Zugehörigkeit finden. „Dies sind Zugehörigkeiten, die einem keiner nehmen und derer man sich kaum entledigen kann, die unabhängig von individuellen Leistungs- und Konkurrenzprinzipien gültig sind" (ders. 1991b: 857.).
– *Handlungsunsicherheiten*, verursacht durch die Auflösung der beruflichen Normalbiographie und daraus resultierende Statusängste (s. o.), führten zu einer *Suche nach Gewißheiten*. Vorurteilsvolle Ideologien, hierarchische Strukturen, die „Anbindung an scheinbar natürliche und damit unausweichliche, unabänderliche Prinzipien" (ders. 1989: 113) könnten diese Gewißheiten vermitteln. „Dazu gehört auch die Position 'Der Stärkere setzt sich durch' als klares Prinzip" (ebd.).
– *Ohnmachtserfahrungen*, verursacht durch „übermächtige Konkurrenzerfahrungen" (ebd.), die den sozialen Status des Einzelnen bedrohten, führten zu einer hohen Attraktivität von *Gewaltakzeptanz und -handeln*. Gewalt könne in diesem Zusammenhang

„zu einem subjektiv sinnhaften Mittel oder auch Selbstzweck werden, denn sie schafft Eindeutigkeit in unklaren, unübersichtlichen Situationen; sie ist eine zumindest augenblicklich wirkende (Selbst-)Demonstration der Überwindung von Ohnmacht; sie garantiert Fremdwahrnehmung ...; sie erweist sich aufgrund von Sozialisationserfahrungen als ein erfolgreiches Handlungsmodell" (ebd.: 113f.).

Vor diesem Hintergrund versteht Heitmeyer (1992b: 103) schließlich „nationalisierende Orientierungen, die in der Regel autoritär konturiert sind, als Einstiegsschleuse in rechtsextremistische Orientierungsmuster", von welchen dann zu sprechen sei, wenn mit den autoritär-nationalisierenden Sichtweisen „Gewaltakzeptanz als normales Regelungsmuster bei sozialen und politischen Konflikten" (ders. 1989: 117) verbunden werde.

1.2 „Rechtsextremistische Orientierungen bei Jugendlichen" – Ergebnisse der Querschnittstudie 1984

In einer 1984 durchgeführten Untersuchung mit 959 nordrhein-westfälischen Haupt- und Realschülern und -schülerinnen im Alter von 16-17 Jahren versuchte Heitmeyer (1992b: 116-119), seine oben skizzierte Individualisierungsthese mit empirischen

---

enthalten seien, mal von „Desintegrationstendenzen", die bei Jugendlichen „ausgeprägt" seien (ders. 1989: 110).

Daten zu belegen.[10] Dabei wurden den Schülern und Schülerinnen unter anderem jeweils mehrere Items umfassende Skalen zu den Bereichen „Selbstkonzept", „Anomie", „Zukunftsperspektiven" und „Autoritär-nationalisierende Sichtweisen" vorgelegt (ebd.: 246f.), zu denen die „Zustimmungs- oder Ablehnungsneigung" (ebd.: 115) anhand einer vierstufigen Antwortskala (ebd.: 246) gemessen wurde.[11]

Bei der Auswertung der entsprechenden Daten stieß Heitmeyer (ebd.: 156) jedoch nach eigenen Angaben auf „einige irritierende Hinweise": Es stellte sich heraus, daß Jugendliche „mit einem positiven Selbstkonzept und Zügen der Selbstüberschätzung", die also die geringsten Ausprägungen von Anomie und Orientierungslosigkeit erkennen ließen, zu 64,9% zu „autoritär-nationalisierenden Sichtweisen" neigten und damit die stärkste Affinität zu rechtsextremistischen Orientierungen vorwiesen (ebd.). Jugendliche „mit einem negativen Selbstkonzept und Zügen von Minderwertigkeitsgefühlen" hingegen lehnten autoritär-nationalisierende Sichtweisen zu 58,4% ab (ebd.).

Außerdem zeigte sich, daß die Mädchen der Untersuchungsgruppe durchschnittlich ein niedrigeres „Selbstwertgefühl" und stärkere „anomische" Tendenzen aufwiesen als die Jungen, jedoch gleichzeitig eine deutlich geringere Zustimmung zu autoritär-nationalisierenden Sichtweisen äußerten (ebd.: 124, 128-133, 142-146). Heitmeyer (ebd.: 156) selbst erkennt in diesen Resultaten „einige irritierende Hinweise ..., die sich an manchen Stellen den gängigen Annahmen entziehen, wenn man z. B. an den mancherorts postulierten Zusammenhang von Minderwertigkeitsgefühlen und rechtsextremistischen Gefolgschaften denkt."

Auswirkungen einer beruflichen Desintegration (die bei den Jugendlichen angenommen wurde, die entweder noch keinen Ausbildungsplatz hatten oder – z. T. deshalb – weiterhin die Schule besuchten; vgl. ebd.: 159f.) auf eine erhöhte Affinität zu autoritär-nationalisierenden Sichtweisen konnten nicht nachgewiesen werden, im Gegenteil: „In einigen Konstellationen[12] sind die Werte bei den Ausbildungs- und Arbeitsplatzinhabern höher" (ebd.: 161, 189).

Zusammenfassend läßt sich in Heitmeyers eigenen Worten feststellen, daß die Jugendlichen der Untersuchungsgruppe, die am stärksten zu autoritär-nationalisierenden Sichtweisen neigen, „in bemerkenswertem Maße ... über Lehrstellen und damit über Integrationschancen verfügen" (ebd.: 170), extrem selbstbewußt sind (ebd.: 163), sich in „für sie subjektiv befriedigenden Handlungsbedingungen und Interaktionskontexten" (ebd.) befinden und das Gefühl haben, „die Prozesse zu durch-

---

10 Insgesamt wurden 1.257 verwertbare Interviews durchgeführt. Die in dieser Zahl enthaltenen 298 Gymnasiasten der 10. Schulklasse wurden jedoch aus den zentralen Analysen der Studie ausgenommen, weil davon ausgegangen wurde, daß sie mit der Zielsetzung, das Abitur zu absolvieren, noch weitere drei Jahre auf der Schule bleiben würden und sich also „in einer ganz anderen Lage" befänden als die Haupt- und Realschüler, die mit den Schwierigkeiten des Überganges von der Schule in die Erwerbsarbeit konfrontiert waren. (Heitmeyer 1992b: 118f.).

11 Diese Skalen stellen Operationalisierungen eines „Identitätskonzeptes" dar, das Heitmeyer (vgl. 1992b: 63) als Zuspitzung seiner sozialisationstheoretischen Überlegungen begreift und als komplexen Analyserahmen seinen empirischen Studien zugrunde legt (ebd.: 77-99; ders. u. a. 1992: 26-35; ders. u. a. 1995: 45-49), dessen verständliche Darstellung jedoch den Rahmen des vorliegenden Aufsatzes sprengen würde und deshalb hier unterbleibt. Es sei zur Rechtfertigung dieser Vorgehensweise angemerkt, daß Heitmeyer selbst sein „Identitätskonzept" außerhalb seiner Untersuchungsberichte nicht in seine weit rezipierten Publikationen zum Thema Jugend und Rechtsradikalismus aufgenommen hat.

12 Die Werte für die Zustimmung zu autoritär-nationalisierenden Sichtweisen wurden korreliert mit der Integration der Befragten in Familie und Gleichaltrigengruppen (Heitmeyer 1992b: 160).

schauen und klare Orientierungen zu haben" (ebd.) – also weder erkennen lassen, besonders stark *Vereinzelungserfahrungen* ausgesetzt zu sein, noch sich als bemerkenswert *orientierungslos, ohnmächtig* oder *handlungsunsicher* erleben, wie es nach Heitmeyers theoretischem Konzept zu erwarten gewesen wäre. Heitmeyer (ebd.: 156-159) interpretiert dieses Resultat folgendermaßen:

„... die vorgestellten Ergebnisse rechtfertigen den Hinweis, daß es sich lohnt, auch in jenen Bereichen intensiver zu forschen, in denen sich keine subjektiv empfundenen Deprivationen abzeichnen oder zumindest nicht von Seiten der Jugendlichen präsentiert werden. Diese Diskrepanz von objektiv vorhandenen und subjektiv verschwiegenen Deprivationen, die sich dann in einem gleichsam konstruierten 'positiven' Selbstkonzept im Sinne eines Selbstschutzes ausdrücken kann und in der Tat sehr ernst zu nehmen ist – denn wer gibt schon gerne das eigene schwierige oder negative Selbstbild zu – verweist darauf, daß der Abwehr-bias unsere Ergebnisse eher verschönt, als daß sich die faktischen Problemlagen in ganzer Breite abbilden. (...)

Daher erscheint die 'Oberfläche' weitgehend glatt, unter der sich 'Risse' vermuten lassen, die als Indizien dafür gewertet werden können, daß manche Jugendliche durch die Situationen überbelastet sind."

1.3 „Integration" und „Instrumentalisierung" – die Bielefelder Längsschnittstudie und die Modifikationen der Individualisierungsthese nach Heitmeyer

Eines der zentralen Resultate der soeben skizzierten Querschnittuntersuchung war: Jugendliche, die eine Ausbildungsstelle erhalten hatten, wiesen z. T. ausgeprägtere autoritär-nationalisierende Orientierungen auf als andere. Dies wurde von Heitmeyer und seinen Mitarbeitern zum Anlaß genommen, in einer nachfolgenden qualitativen Langzeitstudie (Heitmeyer u. a. 1992) genauer „hinter die Fassaden 'formaler' Integration in ein Ausbildungsverhältnis bzw. in den Arbeitsmarkt zu sehen" und „die Rolle von familiären und Gleichaltrigen-Milieus" für die Distanz oder Affinität Jugendlicher zu rechtsextremistischen Orientierungen zu bestimmen (ebd.: 10). Dieses Forschungsinteresse gründete vor dem Hintergrund der Ergebnisse der Querschnittstudie auf der These, daß weder „die 'formale' Integration in den Arbeitsbereich" noch die „rein 'äußerliche' Integration" in Familie und Gleichaltrigen-Milieus „hinreichend für eine genügend stabile Distanz gegenüber wirkungsmächtigen Deutungen von Problemen durch rechtsextremistische Ansätze" sei (ebd.).

   Die Bielefelder Forscher knüpften damit an eine theoretische Überlegung an, die Heitmeyer bereits in der Konzeption zur quantitativen Studie formuliert, jedoch nicht weiter verfolgt hatte, und nach der auch eine „(scheinbar) stabile soziale und berufliche *Integration*" zu „rechtsextremistischen Tendenzen" bei Jugendlichen führen könne, weil sie sich „häufig im Selbstgefühl niederschlägt, es 'geschafft' zu haben, was nicht selten mit Zügen von Überlegenheit einhergehen kann" (Heitmeyer u. a. 1992: 10; Heitmeyer 1992b: 100).

   In der Längsschnittstudie – zwischen 1985 und 1990 wurden 31 männliche Jugendliche im Alter von 17 bis 21 Jahren nach dem Schulabschluß der 10. Klasse von den Bielefelder Forschern mit regelmäßigen Interviews und Gesprächskontakten begleitet (vgl. zum Untersuchungskonzept Heitmeyer u. a. 1992: 49-75) – fanden Heitmeyer u. a. ihre grundlegende These bestätigt. Sie berichten in ihrer Bilanz der Studie (ebd.: 471), daß im Hinblick auf die Bedeutung von „Arbeit" die Distanz zu rechtsextremistischen Orientierungen erst dann größere Chancen erhalte,

„wenn eine Konstellation von sicherer, kontinuierlicher, qualifizierender Arbeitsbiographie mit realisierbaren Entwicklungschancen bzw. Erfahrungsmöglichkeiten von vorrangig sachlich-inhaltlichen Arbeitsorientierungen gewährleistet ist, in der die Sinnhaftigkeit von Arbeitstätigkeiten, Bestätigung eigener Kompetenz, Erfahrung gesellschaftlichen 'Gebrauchtwerdens' sowie die soziale und kommunikative Akzeptanz enthalten sind."

„Instrumentalistische Arbeitsorientierungen" hingegen, die durch das Streben nach Geld, Aufstieg (Karriere), Zugehörigkeit zur Leistungselite und Sicherheit gekennzeichnet seien (vgl. ebd.: 66f.), trügen zu einer erhöhten Akzeptanz rechtsextremistischer Sichtweisen bei, und zwar sowohl dann, wenn Höherqualifikation und Aufstieg gelungen seien, als auch dann, wenn Desintegrationsgefähr-dungen erfahren würden (ebd.: 474). Heitmeyer u. a. konnten nach eigenen Angaben (ebd.: 574) eine „Korrespondenz" dieser Arbeitsorientierungen mit der Affinität zu rechtsextremistischen Orientierungen feststellen und führen dies darauf zurück, daß in beiden Einstellungsbereichen „Instrumentalisierung" als gleiches Prinzip bestimmend sei: „So wie im Arbeitsbereich die Tätig-keiten und sozialen Arbeitsbeziehungen instrumentalistisch betrachtet werden, so werden in rechts-extremistischen Orientierungen ... die jeweiligen Menschen instrumentalistisch betrachtet, ethnisch sortiert, politisch selektiert ..." (ebd.).

Vergleichbare Ergebnisse erhielten die Bielefelder Forscher bei der Betrachtung der „familiären Milieus" der Untersuchungsteilnehmer. Entscheidend für eine Distanz zu rechtsextremistischen Orientierungen seien diesbezüglich „stabile, verläßliche und eigenem Geborgenheitsempfinden entsprechende Beziehungen – und weniger die formale 'Normalkonstellation'" (Heitmeyer 1992b: 225). Als problematisch seien hingegen leistungsabhängige, willkürliche und inkonsistente, materialisierte, status- und zeitabhängige Familienunterstützungen anzusehen, die von den Forschern dem Begriff „instrumentalistische Milieuunterstützungen" subsumiert werden (Heitmeyer u. a. 1992: 579).

Als Fazit ihrer Langzeitstudie formulieren die Bielefelder Forscher (ebd.: 596) die „Instrumentalisierungs-These":

„Instrumentalisierung dient ... dem *Ziel* der eigenen Selbstdurchsetzung, um entweder Anschluß, Sicherung oder Aufstieg zu erreichen. Sie hat als *Mittel* die Verfügung über andere. Sie entwickelt sich auf dem *Hintergrund* der ambivalenten Individualisierungsbedingungen in der durchkapitali-sierten, hochindustrialisierten Gesellschaft. Die *subjektive Sinnhaftigkeit* wird gewährleistet durch Ideologien der Ungleichheit, in denen die *funktionalen Mechanismen* wie Verdinglichung, Entper-sönlichung etc. politisch aufgeladen werden. Sie sind die *zentralen Voraussetzungen* oder *Legiti-mationen für Gewalt* in unterschiedlichen Facetten, um diese entlang von Kosten-Nutzen-Kalkulationen *anwendbar* werden zu lassen."

Die individualisierungstheoretische Annahme, „daß es unter den heutigen Bedin-gungen fast unbegrenzte Biographisierungsspielräume geben soll", fanden Heit-meyer und seine Kollegen in ihrer Längsschnittstudie nicht bestätigt (ebd.: 470). Daß sie statt dessen auf „erhebliche strukturelle 'Entwicklungsschablonen'" stießen (ebd.), mag die Bielefelder Forscher veranlaßt haben, sich in ihren nachfolgenden Studien (Heitmeyer u. a. 1995; Möller und Heitmeyer 1996) insbesondere der Be-deutung der „sozialen Milieus" und der „jugendkulturellen Szenen" für die Ent-wicklung der politischen Orientierungen und der Gewaltbereitschaft Jugendlicher zuzuwenden. Während die „Instrumentalisierungs-These" allerdings noch einen engen Zusammenhang zur Grundstruktur der Individualisierungsthese nach Heit-meyer aufweist, indem „Instrumentalisierung" als ein Weg für Jugendliche gesehen wird, auf die theoretisch behaupteten Vereinzelungserfahrungen, Handlungsunsi-cherheiten und Ohnmachtsgefühle (s. o.) zu reagieren (Heitmeyer u. a. 1992: 597), entfernen die genannten jüngeren Studien der Bielefelder Forschungsgruppe um Heitmeyer sich durchaus von dessen ursprünglichem Erklärungsmodell und wenden sich – unter Beibehaltung der theoretischen Bezugnahme auf die Individualisierungsthese nach Beck (Heitmeyer u. a. 1995: 33-37; Möller und Heitmeyer 1996: 169-171) – Aspekten der Sozialstrukturanalyse und der Lebensstilforschung zu (Heitmeyer u. a. 1995: 37-39, 187-190; Möller und Heitmeyer 1996: 173f.).

2. Zur Kritik der Individualisierungsthese nach Heitmeyer

Ambivalente Individualisierungsprozesse bewirken gesellschaftliche Desintegration, die insbesondere Jugendliche in einen Zustand der Desorientierung versetzt, zu dessen Überwindung sich die Übernahme rechtsextremistischer Orientierungsmuster anbietet – in Form dieser Grundstruktur fand die Individualisierungsthese zu Beginn der neunziger Jahre vor dem Hintergrund des drastischen Anstiegs der Zahl rechtsradikaler Gewalttaten auch in den Medien, der Politik und in Kreisen der praktischen Jugendarbeit breite Beachtung und Akzeptanz. Innerhalb der einschlägigen sozialwissenschaftlichen Diskussion allerdings wuchs bei einigen Teilnehmern bald die Verwunderung über diese Popularität der Individualisierungsthese, weil bei näherer Betrachtung zahlreiche Anzeichen darauf hindeuteten, daß „ihr Erklärungswert in umgekehrtem Verhältnis zu dem Grad ihrer Akzeptanz und Verbreitung" steht (Huisken 1993: 496; vgl. auch Eckert, Willems und Würtz 1996: 155).

Welche Berechtigung dieser Einschätzung beizumessen ist, soll in der nachfolgenden Kritik des Heitmeyerschen Erklärungsmodells und seiner empirischen Studien zusammenfassend dargelegt werden. Einen ersten, analytischen Komplex im Rahmen dieser Kritik bilden theoretische Einwände, die sich insbesondere auf die Rechtsextremismuskonzeption, die Heitmeyer als Grundlage seiner Individualisierungsthese formuliert, beziehen (Pkt. 2.1).

Der Umstand, daß zahlreiche empirische Studien, die seit Beginn der neunziger Jahre zum Thema „Jugend und Rechtsradikalismus" durchgeführt wurden, eben aufgrund der Dominanz der Individualisierungsthese Heitmeyers im wissenschaftlichen Diskurs auch eine Auseinandersetzung mit dieser enthalten, soll in einem zweiten Schritt dazu genutzt werden, weitere empirische Resultate für eine Beurteilung der Stichhaltigkeit der Heitmeyerschen Thesen nutzbar zu machen (Pkt. 2.2). In diesem Zusammenhang gewinnen, insoweit die quantitativen Daten der allgemeinen Jugendforschung aufgrund methodischer Unzulänglichkeiten und mangelhafter theoretischer Grundlagen der entsprechenden Studien häufig nur als äußerst begrenzt aussagekräftig einzuschätzen sind (vgl. Schnabel 1993), vor allem diejenigen Untersuchungen besonderes Gewicht, die sich auch unter Zuhilfenahme qualitativer Methoden explizit der Auseinandersetzung mit dem Heitmeyerschen Erklärungsmodell widmen. Daß diese Studien, wie sich zeigen wird, mehrheitlich mit jugendlichen Arbeitnehmern und Arbeitnehmerinnen durchgeführt wurden und folglich keine repräsentative Gültigkeit für „*die* Jugendlichen" beanspruchen können, bedeutet zwar im Hinblick auf die Aussagekraft ihrer Ergebnisse eine Einschränkung, die jedoch für die im folgenden beabsichtigte Diskussion der Individualisierungsthese durchaus hinnehmbar erscheint: Denn erstens hat sich auch Heitmeyer in seinen empirischen Studien vergleichbaren Untersuchungsgruppen zugewandt, und zweitens zeigen die vorliegenden empirischen Daten zum jugendlichen Rechtsradikalismus, daß insbesondere die Subpopulation der Lehrlinge und Auszubildenden sowohl durch eine im Vergleich zu anderen Gruppen Jugendlicher extrem hohe Zustimmung zu rechtsextremistischen Aussagen auffällt, als auch einen bemerkenswert großen Anteil der rechtsradikalen Straf- und Gewalttäter stellt (Förster u. a. 1993: 103-124; Scherr 1996: 102f.; Schnabel 1993: 818; Willems 1993: 119f., 1996: 37).

Die innerhalb der sozialwissenschaftlichen Diskussion mitunter heftig diskutierte Frage, ob denn überhaupt Individualisierungsprozesse in der von Beck behaupteten Form stattfänden und ob also das gesellschaftstheoretische Fundament der Überlegungen Heitmeyers als tragfähig angesehen werden könne, reicht zu weit, als daß ihr in der nachfolgenden Kritik des Heitmeyerschen Ansatzes nachgegangen werden könnte. Statt dessen wird hier die Individualisierungsthese nach Heitmeyer als ein Beispiel für den Versuch betrachtet, aus Becks Überlegungen Folgen für das subjektive Empfinden und das Handeln der betroffenen Individuen abzuleiten und auf diese Weise Becks Thesen zur Erklärung eines spezifischen gesellschaftlichen Phänomens heranzuziehen.

2.1 Konzeptionelle Kritik und theoretische Einwände

Im Rahmen seines sozialisationstheoretischen Ansatzes untersucht Heitmeyer Bedingungsfaktoren, die Jugendliche zur Übernahme „rechtsextremistischer Orientierungsmuster" veranlassen. Indem er betont, daß Jugendliche „autoritär-nationalisierende Sichtweisen weder erfunden haben noch an ihrer Verbreitung wesentlich beteiligt sind", sondern diese lediglich „verarbeiten" (Heitmeyer 1992b: 168)[13], interessiert er sich für die *Anfälligkeit* Jugendlicher für rechtsextremistische Orientierungen.[14] Diese „Dispositionsanalyse" (Huisken 1993: 497) setzt allerdings den Rechtsextremismus der Erwachsenen – denn wo sonst sollten Jugendliche rechtsextremistische Orientierungen vorfinden – als gegeben voraus und eröffnet somit die Frage nach den Ursachen der Verbreitung rechtsradikaler Einstellungen innerhalb der erwachsenen Bevölkerung. Daß Heitmeyer diese Frage nicht einmal stellt, impliziert eine grundlegende Unterscheidung zwischen „jugendlichem" und „erwachsenem" Rechtsradikalismus, die willkürlich bleibt, solange ihr keine stichhaltige Begründung zugrundegelegt wird. Weil Heitmeyer jedoch eben diese Begründung schuldig bleibt, setzt er sich der Frage aus, wodurch denn der spezifische Bezug seines Erklärungsansatzes auf *Jugendliche* zu rechtfertigen ist.

Erstens können die von Heitmeyer für Jugendliche skizzierten Folgen des von Beck behaupteten Individualisierungsprozesses leicht und mit gleichem Recht auch für die betroffenen Erwachsenen vermutet werden: Sie ließen sich beispielsweise als Vereinzelungserfahrungen aufgrund steigender Scheidungsziffern, zunehmender geographischer Mobilität und dem Zerfall der sozial-moralischen Milieus, als Handlungsunsicherheiten aufgrund der um sich greifenden Auflösung der beruflichen

---

13 Wörtliche Zitate aus Heitmeyers Schriften werden im folgenden nur dann nachgewiesen, wenn sie nicht bereits in der zusammenfassenden Darstellung seines Erklärungsansatzes (Pkt. 1) zu finden und dort belegt sind.

14 Bereits an dieser Stelle wird ersichtlich, daß Heitmeyers Untersuchungsbericht zur qualitativen Längsschnittstudie, „Die Bielefelder Rechtsextremismus-Studie" (Heitmeyer u. a. 1992), einen irreführenden und anmaßenden Titel trägt. Heitmeyer interessiert sich für die Affinität Jugendlicher zu „rechtsextremistischen Orientierungen" – der „Rechtsextremismus" in all seinen Facetten, die die Rechtsextremismusforschung vor gravierende Probleme bei der Abgrenzung ihres Gegenstandsbereiches stellen, ist nicht sein Thema.

Normalbiographie durch Arbeitslosigkeit und als Ohnmachtserfahrungen aufgrund von übermächtigen Konkurrenzerfahrungen im Berufsleben und dem Verlust der klassenlagenbezogenen Solidarität beschreiben.

Zweitens zeigen auch Erwachsene in nicht geringer Zahl eine Affinität zu „rechtsextremistischen Orientierungsmustern" in der von Heitmeyer gegebenen Definition. Als durchaus jugendspezifisch kann auf der Grundlage dieser Definition in Anbetracht der Altersstruktur der rechtsradikalen Gewalttäter zwar die *persönliche* physische Gewaltanwendung zur Durchsetzung rechtsradikaler Ziele gelten, doch die „Billigung repressiver staatlicher Gewalt", die Heitmeyer gleichermaßen als Bestandteil des Definitionsmerkmales „Gewaltakzeptanz" benennt, läßt sich auch für die Mehrheit der erwachsenen Bevölkerung Deutschlands nachweisen. Denn wenn auch der Terminus „repressive staatliche Gewalt" bei Heitmeyer nicht näher bestimmt wird und somit weitreichende Interpretationsmöglichkeiten eröffnet, so ist doch mit einiger Berechtigung davon auszugehen, daß beispielsweise die Abschiebung nicht anerkannter Asylbewerber und die zu diesem Zweck betriebene Einrichtung von Abschiebegefängnissen ebenso wie die Ausweisung straffällig gewordener „Ausländer" auf der Grundlage des Ausländergesetzes diesem Begriff subsumiert werden kann. In gleicher Weise muß diesen – von Erwachsenen beschlossenen und betriebenen – staatlichen Maßnahmen attestiert werden, von einer „Ideologie der Ungleichheit" getragen zu sein.[15] Was also rechtfertigt – noch jenseits der auch bei Heitmeyer unbeantworteten Frage, wo denn in der Entwicklung eines Menschen die Grenze zwischen „Jugendlichem" und „Erwachsenem" zu ziehen wäre – die Eingrenzung der Individualisierungsthese auf Jugendliche?

Als Antwort auf diese Frage bietet sich Heitmeyers „Identitätskonzept" an, das im Rahmen seines „sozialisationstheoretischen Konzeptes" allen seiner empirischen Jugendstudien zugrunde liegt und von dem Heitmeyer (1992b: 78) behauptet, daß es „auf die zentralen Aufgaben der Jugendlichen und die gesellschaftlich zugewiesenen Funktionen des Jugendalters zugeschnitten ist". Demnach besteht in der Ausbildung einer „eigenständigen Identität" aus den „'Festlegungen' der persönlichen Identität und der sozialen Identität" eine zentrale Aufgabe des Jugendalters (ebd.: 80). Wenn Heitmeyer jedoch normativ die Entwicklung einer „autonomen Identität" als wünschenswertes Ziel der Identitätsentwicklung begreift (ebd.: 84-87) und gleichzeitig die Hinwendung zu rechtsextremistischen Orientierungsmustern als Zeichen für einen niedrigen Entwicklungsstand autonomie-orientierter Identität ansieht (ebd.: 104), dann läßt der Blick auf die oben skizzierte Zustimmung zur „Ideologie der Ungleichheit" und zur repressiven staatlichen Gewaltanwendung innerhalb der erwachsenen Bevölkerung nach Heitmeyers Identitätskonzept den Rückschluß zu, daß zahlreiche Erwachsene und unter ihnen nicht wenige Politiker, Journalisten und Intellektuelle offensichtlich die Entwicklung einer autonomen Identität noch nicht vollzogen haben.

Diese Schlußfolgerung zieht Heitmeyer allerdings nicht, und statt dessen entledigt er sich des Problems, indem er den Jugendlichen abspricht, was er den genannten erwachsenen Bevölkerungsgruppen nicht aberkennen kann: den *politischen*

---

15 Hinsichtlich dieser „Ideologie der Ungleichheit" ist ebenso zu konstatieren, daß auch im deutschen Staatsangehörigkeitsrecht „rassistische Sichtweisen" und die „Behauptung natürlicher Hierarchien" zum Ausdruck kommen, indem beispielsweise in Deutschland geborenen Nachkommen der Immigranten die deutsche Staatsangehörigkeit verweigert wird und sie auf diese Weise den restriktiven Bestimmungen des Ausländergesetzes ausgesetzt werden (vgl. dazu Tonn 1994: 26-30).

Willen, der in ihrem Handeln zum Ausdruck kommt. Nach Heitmeyer dienen rechtsextremistische Orientierungen und rechtsradikale Gewalt Jugendlicher dem Zweck, Vereinzelungserfahrungen, Handlungsunsicherheiten und Ohnmachtserfahrungen zu mildern. Die politische Tragweite rechtsradikalen Gewalthandelns wird durch diese Bestimmung zur Begleiterscheinung erklärt, zum unbeabsichtigten Nebeneffekt. Zugespitzt äußert sich diese Perspektive Heitmeyers in seinem Verständnis der Jugendgewalt als „Selbstzweck":

„Es heißt dann nicht mehr: ich wende Gewalt an, weil du mein Feind bist, sondern: ich wende Gewalt an, weil es schön ist, gewalttätig zu sein. Legitimationen werden überflüssig, Gewalt kann beliebig ausagiert werden, es ist gewissermaßen eine 'reflexive' Gewalt, weil das Agieren auf das Gefühl der Gewalt selbst bezogen ist. Dagegen wird das Opfer im Grunde nebensächlich und beliebig" (Heitmeyer 1994a: 384).[16]

Die Opfer rechtsradikaler Gewalt sind jedoch keineswegs beliebig, sondern fast ausschließlich „Ausländer", Obdachlose, Homosexuelle, Behinderte und politische Gegner („Linke") (Verfassungsschutzbericht 1992: 77-81; Verfassungsschutzbericht 1994: 83-91). Die jugendlichen Gewalttäter von Hoyerswerda und Rostock hatten ein eindeutiges politisches Ziel: die Vertreibung der Asylsuchenden aus ihrer Stadt, und sie konnten dieses Ziel erreichen. Im Verhalten rechtsradikaler Jugendlicher kommt also eine bestimmte Orientierung zum Ausdruck, eine „rechtsextremistische Orientierung" – von einer akuten „Orientierungslosigkeit", die Heitmeyer diesen Jugendlichen pauschal unterstellt, kann folglich in bezug auf den politischen Gehalt ihres Handelns keine Rede sein.[17]

In gleicher Weise ist bei der Betrachtung der „gemeinsam geteilten Wert- und Normvorstellungen", deren Auflösung Heitmeyer als Kriterium für die soziale Desintegration Jugendlicher nennt und auf eine „Pluralisierung von Wertvorstellungen" zurückführt (Heitmeyer 1993: 6), zu konstatieren, daß rechtsradikale Jugendliche zu Beginn der neunziger Jahre in Deutschland, als der genannte „Asylmißbrauchsdiskurs" die politische Debatte beherrschte, im Hinblick auf dieses Thema durchaus gemeinsam geteilte Wert- und Normvorstellungen sowohl vorfanden als auch für sich übernahmen – also keineswegs als *politisch* desintegriert gelten können.[18] Es ist eben diese *politische Integration*, die sich in der vielfach dokumentierten Äußerung jugendlicher rechtsradikaler Gewalttäter niederschlägt, sie hätten doch nur das getan, was die Erwachsenen zu tun sich nicht trauten (Ackermann 1993: 283; Bergmann und Leggewie 1993: 22f.; Verfassungsschutzbericht 1994: 81, Wahl 1993: 49). Huisken (1993: 499f.) weist außerdem darauf hin, daß im aktuellen politischen Kontext auch jenseits der Themen Einwanderung und Asyl von einer „Pluralisierung von Wertvorstellungen" nicht die Rede sein kann:

---

16 Ein Druckfehler des Originals – im ersten Satz steht dort „meine" statt „mein" – wurde hier korrigiert.

17 Es ist ebendiese Betonung der „Orientierungslosigkeit" Jugendlicher, die in ihrer Verbindung mit der, wie gezeigt wurde: unbegründeten Eingrenzung der Untersuchungsperspektive auf Jugendliche von einigen Autoren zum Anlaß genommen wurde, Heitmeyer vorzuwerfen, rechtsextremistische Einstellungen auf ein „Jugendproblem" zu reduzieren und gleichzeitig zu verharmlosen. (Vgl. dazu Hafeneger 1993: 123; Huisken 1993: 496f.; Neureiter 1996: 196f.; Radtke 1993: 489f.; Rommelspacher 1992: 83; Wasmuth 1997: 122f.)

18 Wahl (1993: 29f.) berichtet in diesem Zusammenhang über die auch in akademischen und intellektuellen Kreisen bestehende Einigkeit darüber, daß die zunehmende Einwanderung nach Deutschland ein *Problem* darstelle, das nur durch Einreisebeschränkungen zu mildern sei.

„Ausgerechnet in einer Zeit, in der geistiger Pluralismus zunehmend in Verruf gerät, in der – Kommunismus sowieso, aber auch – Sozialismus und immer offenkundiger auch sozialdemokratische Ideologie aus dem geduldeten geistigen Pluralismus aussortiert werden, sieht H. die Gefahr einer Entgrenzung des Pluralismus! Wo Grenzen mit dem allseits verkündeten weltweiten Sieg von Demokratie und Marktwirtschaft ohnehin immer enger gezogen werden, so daß selbst klassische Radikaldemokratismen, alte rechts- und sozialstaatliche Normen durch die aktuelle Politik an den Pranger gestellt werden, klagt H. über einen Mangel an gemeinsamen Werten."[19]

An diesem Punkt wird deutlich, als wie problematisch Heitmeyers Bestimmung der „Desintegration" gesehen werden muß, insofern Heitmeyer in ihr Aspekte der sozialen Integration (Familie und „Milieus") mit Aspekten der normativen Integration (Wert- und Normvorstellungen, Wahlteilnahme) vermengt (vgl. Creydt 1994: 412f.; Neureiter 1996: 195), ohne zu begründen, warum diese beiden Elemente seiner Begriffsfassung gleichgerichtet zu einer Affinität Jugendlicher zu rechtsextremistischen Orientierungen führen sollen.[20] Eckert, Willems und Würtz (1996: 155) machen hinsichtlich der sozialen Integration darauf aufmerksam, daß die Herauslösung aus „verpflichtenden Traditionen, nachbarschaftlichen Ordnungen und verwandtschaftlicher Beanspruchung" noch in den siebziger Jahren „eher als Emanzipation" gefeiert wurde, während sie bei Heitmeyer auf einmal als Desintegration bezeichnet und negativ besetzt wird.

Anhand dieser gegensätzlichen Interpretationsmöglichkeiten derselben gesellschaftlichen Veränderungen zeigt sich die Willkür, mit der Heitmeyer die Übernahme rechtsextremistischer Orientierungen durch Jugendliche als zwangsläufige Folge der „Individualisierung" darstellt: Warum sollte eine Desintegration aus familiären Milieus von Jugendlichen nicht vorrangig als Befreiung von familiären Zwängen erlebt werden? Warum sollte eine Auflösung der familiären und sozial-moralischen Milieus nicht gerade die Tradierung rechtsradikaler Ressentiments erschweren und somit einer Übernahme rechtsextremistischer Orientierungen durch Jugendliche entgegenwirken (Winkler 1996: 42)? Wäre es nicht mehr als berechtigt, eine Desintegration im Sinne von nicht gemeinsam geteilten, also individuellen Wertorientierungen und Normvorstellungen als Ausdruck einer eigenständigen Persönlichkeit, einer „autonomie-orientierten Identität" zu interpretieren, die für Heitmeyer (vgl. 1992b: 104) doch gerade mit der Akzeptanz rechtsradikaler Einstellungen unvereinbar ist? Warum werden die von Heitmeyer (ebd.: 65) genannten „Sonnenseiten" der „Individualisierung" (die Verfügung „über *eigenes* Geld, *eigene* Zeit, *eigenen* Wohnraum")[21] nicht als materielle Basis einer solchen autonomen Identität angesehen (vgl. auch Rommelspacher 1991: 79)? Warum sollten „die sich durch Individualisierungstendenzen ergebenden neuen Möglichkeiten nicht konstruktiv im demokratischen Sinne genutzt werden, etwa durch traditionelle oder neue Partizipationsformen" (Pfahl-Traughber 1993: 332)? Und warum sollten die behaupteten Vereinzelungserfahrungen, Handlungsunsicherheiten und Ohnmachtsgefühle Jugendli-

---

19   Huisken kürzt hier „Heitmeyer" mit „H." ab.
20   Neureiter (1996: 195) weist darauf hin, daß auch die Abgrenzung des Begriffs „Orientierungen" gegen die „verwandten Kategorien 'Meinungen', 'Einstellungen' und 'Werte'" bei Heitmeyer ungeklärt bleibt.
21   Heitmeyer gibt in seinen Ausführungen freilich nicht eindeutig zu verstehen, was er von diesen „Sonnenseiten" der Individualisierung tatsächlich hält. Mal spricht er von „scheinbaren 'Sonnenseiten'" (Heitmeyer 1992b: 65; Heitmeyer u. a. 1992: 19) und leugnet damit also ihre Realität, an anderer Stelle hingegen behauptet er, Individualisierungsprozesse hätten „nicht nur Sonnenseiten" (Heitmeyer 1993: 4).

cher nicht in drei spezifische „Verarbeitungswege" (Heitmeyer 1989: 11) münden, warum sollen sie gleichgerichtet zur Übernahme *eines* Orientierungsmusters führen?

Indem Heitmeyer ignoriert, daß Jugendlichen für jede der von ihm postulierten Individualisierungsfolgen auch ganz andere Umgehensweisen zur Verfügung stehen als die Hinwendung zu rechtsextremistischen Orientierungen, erscheint bei ihm „die rechtsextreme Politisierung von durch gesellschaftliche Modernisierungsprozesse zustande gekommenem Unmut – wie im Selbstverständnis der Rechtsextremisten – als natürlicher Prozeß" (Pfahl-Traughber 1993: 332).

Diese Eingrenzung der Perspektive steht bei Heitmeyer in engem Zusammenhang mit jener „kulturpessimistischeren Wendung" (Neureiter 1996: 195), die er in seinem sozialisationstheoretischen Konzept der Individualisierungsthese nach Beck verleiht und in deren Zentrum die Idealisierung der (durch Individualisierungsprozesse vermeintlich gefährdeten) „integrierten Familie" steht. Creydt (1994: 411) führt dagegen berechtigterweise an, daß der Verlust dieser formal integrierten Herkunftsfamilie für Jugendliche keineswegs zwangsläufig mit zusätzlichen Belastungen einhergehen muß, weil die „Diskrepanz zwischen dem oft nur mühsam bewahrten Selbstbild und der Praxis", die dann entstehe, wenn „eine zerrüttete Ehe beibehalten wird, nur um der Moral zu genügen", für Jugendliche eine zumindest ebenso große Belastung bedeute. In ähnlicher Weise betont Rommelspacher (1992: 84), daß die Zunahme der Scheidungsziffern von Frauen nicht generell so negativ bewertet werden könne, wie Heitmeyer dies tue; auch die betroffenen Frauen litten „unter Vereinsamung und Isolation. Sie wissen aber oft genug, welchen Preis sie für eine 'heile Familie' zu zahlen hatten."

Vor dem Hintergrund dieser Widersprüche und Unzulänglichkeiten in Heitmeyers Argumentation überrascht es schließlich nicht, daß Heitmeyer die Individualisierungsthese in seiner quantitativen Studie nicht bestätigt finden konnte.[22] Heitmeyers gleichsam tiefenpsychologische Interpretation seiner Resultate: die Jugendlichen, die stark zu autoritär-nationalisierenden Sichtweisen neigen, seien „durch die Situationen überbelastet", wollten deswegen das eigene negative Selbstbild nicht zugeben und dementsprechend habe der „Abwehr-bias" die Ergebnisse „eher verschönt", erscheint allerdings nicht nur als wenig überzeugender Versuch, gegen allen Anschein am ausgefeilten theoretischen Konzept der Individualisierungsthese festhalten zu können, sondern muß aus wissenschaftstheoretischer Sicht als höchst unbefriedigend bezeichnet werden. Heitmeyer immunisiert durch diese Auslegung der empirischen Daten sein theoretisches Modell gegen jede Möglichkeit der Falsifikation: Ob Jugendliche mit ausgeprägten autoritär-nationalisierenden Sichtweisen in empirischen Untersuchungen „Orientierungsprobleme" zeigen oder nicht – in jedem Falle findet Heitmeyer seine Individualisierungsthese bestätigt.

Ein weiteres zentrales Ergebnis der quantitativen Studie Heitmeyers offenbart schließlich schon für sich allein genommen die Unzulänglichkeit seiner Argumentation: die Orientierungsmuster der Mädchen der Untersuchungsgruppe. Wenn Orientierungslosigkeit und ein negatives Selbstkonzept die Affinität zu rechtsextremistischen Orientierungen angeblich erhöhen, ist die niedrige Zustimmung der Mädchen

---

22 Auf eine Kritik der methodischen Umsetzung der theoretischen Kategorien in dieser Studie und der Berechtigung der statistischen Auswertungsprozeduren auf der gegebenen Datengrundlage soll hier in Anbetracht der aufgezeigten Mängel des Theoriekonzeptes Heitmeyers verzichtet werden. Hinweise dazu finden sich in Huisken 1993: 503; Lichtenberger 1989; Neureiter 1996: 197f.; Pfahl-Traughber 1993: 332; Pinn 1990: 48f. Zur methodischen Kritik der qualitativen Längsschnittstudie siehe König 1996.

in Anbetracht ihres geringeren Selbstwertgefühls dringend erklärungsbedürftig. Heitmeyer jedoch enthält sich dazu im Untersuchungsbericht zu seiner Querschnittstudie jeder Aussage.

Statt dessen wendet er sich in der nachfolgenden Längsschnittstudie der ausführlicheren Untersuchung der Orientierungen *männlicher* Jugendlicher zu und zieht insoweit Konsequenzen aus den Ergebnissen der vorangegangenen Erhebung, als der Schwerpunkt des Forschungsinteresses in diesem Falle den Merkmalen der *Integration* in Beruf und Familie gilt. Vor dem Hintergrund der sozialisationstheoretischen Grundlagen des Untersuchungskonzeptes hält Heitmeyer jedoch weiterhin an der in seiner Individualisierungsthese festgeschriebenen Bedeutung der „sozialen Desintegration" fest: Die Situation Jugendlicher, die im Besitz eines Arbeits- oder Ausbildungsplatzes sind und in einer vollständigen Herkunftsfamilie aufwachsen, sei als „(scheinbar) stabile soziale und berufliche Integration" anzusehen. Die Klammersetzung in dieser Formulierung erlaubt nun zwei Lesarten: Entweder diese Jugendlichen sind sozial *integriert* – dann muß die Individualisierungsthese, die in ihrem Kern auf den Begriff der Desintegration abhebt, für die Erklärung rechtsextremistischer Orientierungen solcherart integrierter Jugendlicher als unbedeutend angesehen werden. Oder die genannten Jugendlichen sind sozial *desintegriert* – dann muß nach anderen Kriterien, die den Begriff der Integration mit Inhalt füllen, gesucht werden.

Heitmeyer präsentiert diese Kriterien im Rahmen seiner „Instrumentalisierungs-These" in Form von nicht-instrumentalistischen Arbeitsorientierungen und Milieuunterstützungen, die eine 'wahre' Integration in Abgrenzung zur bloß „formalen" in den Arbeitsbereich und zur bloß „äußeren" in das familiäre Milieu kennzeichnen sollen. Als *nicht sozial desintegriert* gilt demnach ein Jugendlicher, der einen übergeordneten Sinn in seiner Arbeitstätigkeit sieht und von seiten seiner Herkunftsfamilie eine Erziehung genießt, die dem Idealbild des akademischen Bildungsbürgertums entspricht – ob diese Ausweitung des Desintegrationsbegriffs noch einen Sinn macht und ob zur Beschreibung solcher „Integration" der Rückgriff auf individualisierungstheoretische Kategorien notwendig ist, sei hier dahingestellt.

Denn völlig ungeachtet dieser Frage erweist sich auch die von Heitmeyer in der „Instrumentalisierungs-These" behauptete „Korrespondenz" instrumentalistischer Arbeitsorientierungen mit rechtsextremistischem Instrumentalismus als unzureichend, einen Beitrag zur *Erklärung* des jugendlichen Rechtsradikalismus zu liefern: Indem die „Instrumentalisierungs-These" schlicht die Anfälligkeit von Instrumentalismus (in den Arbeitsorientierungen) für Instrumentalismus (in politischen Orientierungen) diagnostiziert, argumentiert sie zirkulär, weil die Entstehung instrumentalistischer Orientierungen *an sich* unerklärt bleibt (vgl. Huisken 1993: 500; Wahl 1993: 35-37; Pfahl-Traughber 1993: 335). Heitmeyers diesbezügliche Aussage, „Instrumentalisierung" folge der „industriegesellschaftlichen Verwertungslogik" (Heitmeyer u. a. 1993: 595) und basiere „auf den ökonomischen Verwertungsprozessen" der Industriegesellschaft (ebd.: 596), bestimmt letztlich *alle* lohnabhängig Beschäftigten als gleichermaßen anfällig für instrumentalistische Orientierungen und zeigt sich somit als völlig ungeeignet, eine spezifische gesellschaftliche Erscheinung wie den jugendlichen Rechtsradikalismus zu erklären (vgl. auch Eckert, Willems und Würtz 1996: 155).

Daß „Instrumentalisierung" zum Ziele der „Selbstdurchsetzung", wenn auch nicht als Erklärung, so doch als „Äußerungsform" (Wahl 1993: 35) des jugendlichen Rechtsradikalismus der neunziger Jahre in Deutschland angesehen werden kann, wird allerdings, wie im folgenden gezeigt werden soll, von den empirischen Resultaten anderer Forschungsprojekte zum jugendlichen Rechtsradikalismus ebenso bestätigt wie Heitmeyers Bilanz seiner Querschnittstudie.

2.2 Einschlägige empirische Befunde anderer Forschungsprojekte

1991 publizierten Held, Horn, Leiprecht und Marvakis (Held u.a. 1992) einen Erklärungsansatz zum jugendlichen Rechtsextremismus, der in den Sozialwissenschaften vor allem deshalb mit großem Interesse zur Kenntnis genommen wurde, weil seine Autoren ausdrücklich der seinerzeit vorherrschenden Individualisierungsthese Heitmeyers widersprachen und dies mit dem Hinweis auf die Ergebnisse ihrer an der Universität Tübingen durchgeführten Studie „Jugend 90" begründeten. In Übereinstimmung mit der Untersuchungsperspektive Heitmeyers interessierten sich Held u. a. (1992: 5) in dieser Studie nicht für den „organisierten politischen Rechtsextremismus bei Jugendlichen", sondern für „politische Orientierungen, die im politischen Spektrum 'rechts' verortet werden" und als rechtsextremistische Orientierungen bezeichnet werden können, wenn sie zu ihrer Durchsetzung mit Gewaltbereitschaft und -akzeptanz verbunden werden.

Unter Bezugnahme auf die Individualisierungsthese (ebd.: 8, 10) wählten die Tübinger Forscher Jugendliche aus zwei grob unterscheidbaren Gruppen aus: Von den insgesamt 314 befragten deutschen und „ausländischen" Jugendlichen[23] wurden „etwas mehr als die Hälfte" als „benachteiligte Jugendliche" eingestuft; diese Jugendlichen besuchten zum Untersuchungszeitpunkt berufsfördernde Maßnahmen. „Die andere Hälfte der Befragten waren 'nicht benachteiligte' Jugendliche aus prosperierenden Betrieben der Metallindustrie ('high-tech'-Betriebe), deren Ausbildung und deren spätere Übernahme gesichert schein" (ebd.: 9). Außerdem unterschieden sich die Untersuchungsgruppen darin, daß die 'Benachteiligten' über einen signifikant niedrigeren Schulabschluß verfügten, in allen Lebensabschnitten signifikant häufiger bei nur einem Elternteil, bei Verwandten oder in einem Heim aufgewachsen waren, die eigene Wohnsituation als weniger zufriedenstellend empfanden sowie „subjektiv und objektiv von der bestehenden Wohnungsnot stärker betroffen" waren als die 'nicht-benachteiligten' Jugendlichen (ebd.: 9f.).

Die untersuchungsleitende Hypothese, daß „die 'benachteiligten' Jugendlichen mehr zu politisch rechten Orientierungen neigen müßten als die 'nicht-benachteiligten' Jugendlichen" (ebd.: 10), fand in der Auswertung der Daten jedoch keine Bestätigung, im Gegenteil: „Zur Überraschung" und „entgegen allen Erwartungen" der Forscher (ebd.: 11) stellte sich heraus, daß der prozentuale Anteil der 'nicht-benachteiligten' Jugendlichen, die Aussagen zustimmten, die als Indikatoren für rechte Orientierungen interpretiert werden können, im Durchschnitt ca. *doppelt* so groß war wie der entsprechende Anteil der 'Benachteiligten' (ebd.: 11f.). Die Tübinger Forscher widersprechen vor dem Hintergrund dieser Resultate der Individualisierungsthese: „Wir können ... nicht erkennen, daß die Jugendlichen in den prosperierenden Großbetrieben von der gesellschaftlichen Tendenz zur 'Individualisierung' ... mehr betroffen sind als die benachteiligten Jugendlichen. Die Tendenz zur Indivi-

---

23 „In beiden Gruppen sind ca. 40% Frauen und 60% Männer. Der Altersschwerpunkt liegt zwischen 18 und 22 Jahren, in beiden Gruppen haben mehr als dreiviertel die deutsche Staatsbürgerschaft" (Held u. a. 1992: 9).

dualisierung scheint uns sogar für die Jugendlichen der Benachteiligtengruppe ein eher stärkeres Problem zu sein" (ebd.: 12f.).

Als Konsequenz dieser Ergebnisse präsentieren Held u. a. unter zusätzlichem Rückgriff auf Resultate qualitativer Studien, die im Rahmen eines größeren Jugendforschungsprojektes der Wissenschaftler durchgeführt worden waren (ebd.: 6, 15), ihren Erklärungsansatz zu rechten Orientierungen Jugendlicher. Darin sehen sie den Modernisierungsprozeß in der bundesdeutschen Gesellschaft vor allem durch einen „Prozeß der sozialen Segmentierung" (ebd.: 14) gekennzeichnet, der in einer Ausformung *neuer sozialer Ungleichheiten* bestehe, die *horizontale Differenzierungen* innerhalb der Gesellschaft vorantreibe (Held, Horn und Marvakis 1996: 28):

> „'Soziale Segmentierung' ist ein Parallelbegriff zu dem der 'Individualisierung' von Beck. Nach unserer Meinung vernachlässigt Beck die Entwicklung und Veränderung sozialer Gruppen. Es gibt in der neuen Gesellschaft nicht nur 'vereinzelte Einzelne', sondern für deutlich unterscheidbare Gruppen sind in der Gesellschaft Positionen auf dem Kontinuum von Zentrum-Peripherie vorgesehen. Die Menschen werden in vielfältiger Form aufgeteilt und gehen dabei kollektive Verhältnisse ein, z. B. als Migranten, als Ostdeutsche, als Benachteiligte usw."

Vor diesem Hintergrund halten die Tübinger Forscher es für notwendig und berechtigt, die politischen Orientierungen Jugendlicher mit unterschiedlichen Ansätzen in Entsprechung zu den durch Segmentierungslinien getrennten Lebenslagen zu erklären (vgl. Held u. a. 1992: 14f.). Die rechten Orientierungen bei 'benachteiligten Jugendlichen' verstehen sie demgemäß als *Verallgemeinerung der eigenen unmittelbaren Alltagserfahrung*, indem der „(unreflektierte) Augenschein" diesen Jugendlichen Recht zu geben und „entsprechende Deutungsangebote etwa der Massenmedien zu bestätigen" scheine: Rechte Orientierungen „können in dieser Situation subjektiv funktional für die Erklärung der eigenen Misere werden" (ebd.: 15).

Die rechten Orientierungen der 'nicht-benachteiligten Jugendlichen' erwachsen für Held u.a. vor allem aus der *Identifikation* der Jugendlichen mit dem marktwirtschaftlichen Wirtschaftssystem, das in der Öffentlichkeit nach dem Zusammenbruch des real existierenden Sozialismus als das eindeutig „überlegene" System dargestellt werde (ebd.: 24-28).[24] Diese Identifikation diene erstens „psychologisch der Selbstaufwertung" (ebd.: 25)[25] und zweitens – hier beziehen sich Held u. a. ausdrücklich auf die Ausführungen Rommelspachers zur Dominanzkultur (Rommelspacher 1992) – der Abwehr aller Eindrücke, die die eigene Lebensweise und das eigene positive Selbstbild in Zweifel ziehen könnten:

> „Die Flüchtlinge in unserem Land etwa zerstören den Mythos, daß wir eine christliche Gemeinschaft wären, die allen Notleidenden hilft. Ebenso zerstören sie den Mythos, daß wir unseren Reichtum allein mit unserer eigenen harten Arbeit errungen hätten. Sie zeigen, daß es sehr viel bittere Armut auf der Welt gibt und erinnern uns daran, daß wir einen Gutteil unseres Reichtums ihrer Armut verdanken." (Rommelspacher 1992: 93; vgl. auch dies. 1993a: 68-70.)

Die ungleiche Verteilung des materiellen Reichtums sowohl auf der Welt als auch innerhalb der bundesdeutschen Gesellschaft ließe außerdem Ungleichheitsideologi-

---

24   „Diese Überlegenheit muß umso plausibler erscheinen, je enger der Denkhorizont bezüglich gesellschaftlicher Zusammenhänge ist. Daß z.B. auch die meisten südamerikanischen Länder 'Marktwirtschaft' haben und trotzdem – oder besser noch formuliert: gerade deshalb – die Mehrheit im Elend lebt, fällt dabei unter den Tisch" (Held u. a. 1992: 24).

25   Held u. a. nehmen hier Bezug auf psychologische Prozesse, die von Theodor W. Adorno im Rahmen der Studien zum 'Autoritären Charakter' beschrieben worden sind (Held u. a. 1992: 23-25; Adorno 1973: 322-327).

en plausibel erscheinen und bestätige als alltägliche Lebenserfahrung die rechten Einstellungen der 'nicht-benachteiligten Jugendlichen' (Held u. a. 1992: 20f.). Die daraus resultierende Haltung, die vor allem durch eine sozialdarwinistische Ideologie gekennzeichnet sei und die Absicherung des eigenen Wohlstandes zum Ziel habe, bezeichnen Held u. a. als „Wohlstandschauvinismus" (ebd.: 22).

An dieser Stelle zeigen sich enge Parallelen zwischen den Untersuchungsergebnissen der Tübinger Forscher und der „Instrumentalisierungs-These" Heitmeyers. Auch Held u. a. (1992: 28f.) bezeichnen das „instrumentelle Nutzendenken" als „Grundlage unseres ökonomischen Systems"; indem sie jedoch die betonen, daß durch „die zunehmende Durchrationalisierung der Produktion ... sich diese Denk- und Handlungsform in den High-Tech-Betrieben auf einer qualitativ neuen Stufe zuzuspitzen" scheine (ebd.: 30), und die oben genannte Identifikation mit dem bestehenden kapitalistischen Wirtschaftssystem vor dem Hintergrund der konkreten internationalen Reichtumsverteilung und der damit einhergehenden „internationalen Risiken" interpretieren (ebd.: 35f.), gelingt es ihnen, präziser als Heitmeyer und ohne Rückgriff auf die abstrakten individualisierungstheoretischen Kategorien die zunehmende subjektive Funktionalität instrumenteller Einstellungen für Auszubildende aus deren konkreter Stellung innerhalb der modernen industriellen Produktion abzuleiten.

In einer nachfolgenden Untersuchung (Held, Horn und Marvakis 1996) mit insgesamt 977 deutschen und „ausländischen" Jugendlichen im Alter von 16 bis 22 Jahren aus den Regionen Leipzig und „mittlerer Neckarraum" widmeten sich die Tübinger Forscher unter anderem auch der Frage nach dem Zusammenhang von rechten Orientierungen und Gewaltbereitschaft. In der Auswertung der Daten zeigte sich ein „eindeutiger statistischer Zusammenhang" zwischen rassistischen und nationalistischen Orientierungen einerseits und der Bereitschaft zur Gewaltanwendung gegen „Ausländer" andererseits (ebd.: 63). Hinweise auf eine Korrelation zwischen beruflicher Desintegration/Integration und rechten Orientierungen ergaben sich nicht, doch es stellte sich heraus, daß ein „starkes Bedürfnis nach Integration, also ein *positiver Integrationswille*" (ebd.: 66), den die Forscher als *Konventionalismus* bezeichnen, einen signifikanten statistischen Zusammenhang mit allen abgefragten ausgrenzenden politischen Orientierungen aufwies (ebd.: 71). Weil jedoch schließlich unter den „konventionell Orientierten" die eindeutigen Gewaltbefürworter überproportional vertreten waren (vgl. Held, Horn und Marvakis 1994: 480), gewinnen für Held und seine Mitarbeiter politische Rahmenbedingungen für die Erklärung rechtsradikaler Gewalt erhebliches Gewicht:

„Wenn demnach in ökonomischen Krisensituationen vermehrte Integrationsbemühungen erforderlich sind, und die dominanten Einrichtungen der Gesellschaft wie Staat, Parteien und Medien Ausgrenzungstendenzen unterstützen und 'nationale Töne' anschlagen, dann wird das von konventionell orientierten Jugendlichen nicht nur reproduziert, sondern eventuell sogar auf die Spitze getrieben" (Held, Horn und Marvakis 1996: 70).

Im Hinblick auf eine Beurteilung der Individualisierungsthese nach Heitmeyer fanden die Tübinger Forscher sowohl die in der Studie „Jugend 90" sichtbar gewordenen Unterschiede zwischen „benachteiligten" und „nicht-benachteiligten" Jugendlichen – wenn auch in differenzierterer und abgemilderter Form – als auch die Unterschiede zwischen männlichen und weiblichen Jugendlichen hinsichtlich der Zustimmung zu rechten Orientierungen, auf die bereits Heitmeyer in seiner quantitativen Studie gestoßen war, bestätigt (ebd.: 202f., 236-240). Auch hinsichtlich weiterer

Aspekte der sozialen (Des-)Integration präsentieren Held, Horn und Marvakis Ergebnisse, die schwer mit der Individualisierungsthese nach Heitmeyer in Einklang zu bringen sind: Fast 90% der befragten Jugendlichen, die über 18 Jahre alt waren, in der Westregion und 78% dieser Altersstufe in der Ostregion lebten noch bei ihren Eltern (ebd.: 67). Überdies gaben 85% der Jugendlichen an, „daß sie zu politischen Fragen ganz ähnliche oder teilweise ähnliche Ansichten wie ihre Eltern haben" (ebd.). Im Hinblick auf die „Teilnahme an gesellschaftlichen Institutionen" als (Des-)Integrationsaspekt nach Heitmeyer stellte sich heraus, daß jugendliche Gewerkschaftsmitglieder – insgesamt betrachtet – signifikant *stärker* nationalistischen und rassistischen Positionen zustimmen als ihre nicht organisierten Kollegen und Kolleginnen (ebd.: 257). Eine nähere Untersuchung dieses Ergebnisses zeigt zwar, daß die Unterschiede zwischen organisierten und nicht organisierten Jugendlichen nur im Westen signifikant sind und sich vor allem darauf zurückführen lassen, daß die jugendlichen Gewerkschaftsmitglieder der Untersuchungsgruppe überwiegend in den großen Betrieben des industriellen Sektors beschäftigt sind, in dem jugendliche Arbeitnehmer insgesamt stärker nach rechts tendieren als im Handwerk oder anderen Bereichen (ebd.: 258-262). Doch selbst innerhalb des industriellen Sektors in der Westregion zeigt sich im Vergleich eine „allgemein weniger deutliche Ablehnung politisch rechter Orientierungen bei den Gewerkschaftsmitgliedern" (ebd.: 262).

Einen anderen Weg, zu einem Urteil über die Individualisierungsthese nach Heitmeyer zu gelangen, schlagen Leiprecht und Huber in einer vergleichenden Untersuchung niederländischer und deutscher Jugendlicher und ihrer politischen Orientierungen ein (Leiprecht und Huber 1995). Im Rahmen des Projektes „Internationales Lernen" (Leiprecht 1995), an dessen Durchführung die oben genannte Tübinger Forschergruppe maßgeblich beteiligt war, wurden im Winter 1992/93 niederländische Jugendliche im Alter von 16 bis 20 Jahren zu ihren „nationalen" und „internationalen" Orientierungen befragt und ihre Antworten mit entsprechenden Umfrageergebnissen aus West- und Ostdeutschland verglichen (Leiprecht und Huber 1995: 58f.). In der Auswertung der Daten zeigte sich, daß die niederländischen Jugendlichen im Durchschnitt „internationalen" Orientierungen stärker und „nationalen" Orientierungen schwächer zustimmten als die Jugendlichen der deutschen Vergleichsgruppen. „Die Mittelwertunterschiede werden jeweils als hochsignifikant ausgewiesen"[26] (ebd.: 61f.). Dieses Ergebnis läßt sich schwerlich mit der Individualisierungsthese vereinbaren, denn die niederländischen Jugendlichen waren nicht nur objektiv und subjektiv stärker von Arbeitslosigkeit bedroht als die deutschen (vgl. ebd.: 67f.), sondern auch im Hinblick auf allgemeine gesellschaftliche Strukturmerkmale und vermeintliche Auswirkungen von „Modernisierungsschüben" weitgehend den gleichen Belastungen ausgesetzt wie ihre deutschen Altersgenossen (ebd.: 70-72).

Leiprecht und Huber ziehen aus der vergleichenden Auswertung ihrer Daten den Schluß: „Das Erklärungsmodell 'Desintegration – Erosion sozialkultureller Milieus – Desorientierung – Attraktivität rechtsextremer Denkangebote' kann also in keinem Fall als ausreichend gelten, weder für Deutschland noch für die Niederlande" (ebd.: 73). Statt dessen halten sie es für gerechtfertigt, vor dem Hintergrund

---

26 Auch in dieser Vergleichsuntersuchung wurden die bereits referierten Unterschiede zwischen männlichen und weiblichen Jugendlichen im Hinblick auf die Zustimmung zu rechten Orientierungen bestätigt und erwiesen sich zum Teil als größer als die Unterschiede zwischen den nach Nationalität differenzierten Untersuchungsgruppen. (Leiprecht und Huber 1995: 84f.).

bisheriger diskursanalytischer Forschungsergebnisse eine Erklärung für die Unterschiede in den politischen Orientierungen Jugendlicher aus Deutschland und den Niederlanden auf der Grundlage der in diesen Ländern jeweils „dominanten politischen Diskurse" (ebd.) zu formulieren und stellen aus dieser Perspektive insbesondere fest, daß in Deutschland zu Beginn der neunziger Jahre eine Einwanderungs- und Asyldiskussion stattfand, in der sowohl von den Printmedien als auch von Politikern im Wahlkampf eine „aggressive Stilisierung von Einwanderern und Flüchtlingen als *das* gesellschaftliche Problem" betrieben wurde, wohingegen in den Niederlanden zu dieser Zeit die Einwanderungsfrage niemals eine Streitfrage der Politik bildete (ebd.: 77).

Leiprechts und Hubers These, daß solche „dominanten politischen Diskurse" von Jugendlichen wahrgenommen werden und ihnen als Grundlage für politische Diskussionen dienen (ebd.: 73), findet sich auf eigentümliche Weise in den Ergebnissen eines von Albert Scherr initiierten Forschungsprojektes an der Universität Karlsruhe bestätigt, das unter dem Titel „Subjektive Handlungskompetenzen und soziales Handeln Jugendlicher" mit Methoden qualitativer Sozialforschung untersuchte, wie sich sozial bedingte Konzipierungen eigener Kompetenzen bei Jugendlichen auf ihre Einschätzung ihrer Möglichkeiten, politische und berufliche Handlungsoptionen zu ergreifen, auswirken (Scherr 1995). Zu diesem Zweck wurden im Winter 1991/92 mit Auszubildenden in der Automobilindustrie und Studenten der Fachrichtung Maschinenbau insgesamt 44 Einzelinterviews und ein Gruppeninterview durchgeführt. Obwohl in der Konzeption dieser Studie weder Rechtsradikalismus noch Fremdenfeindlichkeit als Untersuchungsgegenstände vorgesehen waren (ebd.: 85), wurden die Forscher in einer Gruppendiskussion mit den Auszubildenden, die sich zuvor in den Einzelinterviews sämtlich als politisch desinteressiert und inkompetent dargestellt hatten (ebd.: 47-68), nach eigenen Angaben davon überrascht, daß die Jugendlichen sich „in einer mehr als zweistündigen regen Diskussion engagiert mit dem Thema Asyl" auseinandersetzten (Scherr 1994: 182). „Sie formulierten sämtliche Vorurteile, die im öffentlichen Diskurs zirkulierten als ihre eigene Meinung und ihre persönliche Erfahrung, wußten zahlreiche einschlägige Geschichten zu berichten und stellten sich als engagierte Gegner der sogenannten 'Scheinasylanten' dar" (ebd.; vgl. die ausführliche Darstellung in Scherr 1995: 61f., 90-95.).

Daß das Thema dieser Gruppendiskussion nicht von den Wissenschaftlern vorgegeben worden war, sondern von den Auszubildenden selbst angesprochen wurde, wertet Scherr (1995: 85) als einen wichtigen Hinweis darauf, „daß es sich nicht um eine durch die Untersuchung erzeugte thematische Relevanz handelt, sondern daß Asyl und Einwanderung für die Auszubildenden zum Zeitpunkt der Erhebung ... bedeutsame politische Themen waren." Vor dem Hintergrund des erhobenen Datenmaterials hält auch Scherr es nicht für möglich, die extrem fremdenfeindlichen Positionen der Auszubildenden mit der Individualisierungsthese zu erklären:

„Als Auszubildende in einem Großbetrieb der Automobilindustrie, der in einer relativ gering industrialisierten Region zum Zeitpunkt der Befragung als überaus sicher geltende Arbeitsplätze, weit überdurchschnittliche Löhne und innerbetriebliche Aufstiegschancen bot, können die Befragten ... nicht der Arbeitnehmergruppe zugerechnet werden, die sich von technisch-ökonomischen Modernisierungsprozessen bedroht sieht. Angst vor Arbeitslosigkeit spielt in den Interviews keine Rolle. Zudem erweisen sich die Jugendlichen als in soziale Zusammenhänge gut integriert, sind also nicht vereinzelt. Sie können sich aufgrund ihrer Auto- bzw. Technikfaszination mit ihrem Beruf identifizieren. Sie berichten konventionelle Berufsbiographien, keine komplexen Such- und Orientierungsprozesse ... . Sie sind deshalb auch nicht angemessen als 'Individualisierungsopfer' zu charakterisieren" (ebd.: 88f.; vgl. auch ebd.: 67).[27]

Weil vielmehr in der Argumentation der Auszubildenden ein „Ungerechtigkeitsempfinden" deutlich wird, das aus der Wahrnehmung entsteht, Asylsuchende und Flüchtlinge würden in Deutschland, ohne dafür arbeiten zu müssen, vom Staat materiell und finanziell besser versorgt als die einheimische berufstätige Bevölkerung (ebd.: 91f.)[28], weist für Scherr darauf hin, daß sich für „ganz normale Jugendliche" in der Übernahme des „Sozialparasitendiskurses", der auf der Basis der „massenmedialen Konstruktion der Feindbilder des Wirtschaftsflüchtlings und des Scheinasylanten" (ebd.) entstanden sei, eine Möglichkeit bietet, die Unzufriedenheit mit ihrer eigenen Lebenssituation als lohnabhängig Beschäftigte in einer Form zu artikulieren, die als „sozial legitim" gelten kann, weil sie sowohl an der juristisch festgeschriebenen Ungleichbehandlung von Deutschen und Nichtdeutschen als auch am gesellschaftlich akzeptierten Leistungsprinzip anknüpft (ebd.: 90-97).

Obwohl alle bisher skizzierten empirischen Ergebnisse Heitmeyers und anderer Jugendforscher sich im weitesten Sinne auf „rechtsextremistische Orientierungen" Jugendlicher beziehen und somit einer Kategorie zuzurechnen sind, die als Einstellungsforschung bezeichnet werden kann, wurden sie in der jüngeren deutschen Rechtsextremismusdebatte auch und vor allem als Anhaltspunkte für die Erklärung

---

27   Ein Vergleich zwischen den Studenten und den Auszubildenden der Untersuchungsgruppe hinsichtlich der von ihnen wahrgenommenen beruflichen Handlungsoptionen, also des „subjektiven Möglichkeitsraumes, in dessen Grenzen die Entwicklung von Berufswünschen stattfindet" (Scherr 1994: 179), läßt überdies die Gültigkeit der Behauptung Becks, Individualisierung führe zu „Bastelbiographien" oder „reflexiven Biographien", indem die einzelnen ihre Biographie selbst herstellen, inszenieren, zusammenschustern müssen, und zwar ohne die einige basale Fraglosigkeit sichernden, stabilen sozial-moralischen Milieus" (Beck/Beck-Gernsheim 1993: 179), für die Gruppe der Auszubildenden zweifelhaft erscheinen. (Scherr [vgl. 1995: 100-104] bezieht sich bei der Auswertung des Datenmaterials hier ausdrücklich auf diese seiner Ansicht nach „vergleichsweise präzise Begriffsbestimmung" des Individualisierungsbegriffs, die Beck und Beck-Gernsheim 1993 in einer Diskussion mit Burkart in der Zeitschrift für Soziologie formuliert haben [Beck/Beck-Gernsheim 1993; Burkart 1993a, 1993b].) In ihren Antworten auf die Frage nach den Gründen für ihre Berufswahl wird deutlich, daß die Auszubildenden sich diesbezüglich keineswegs als eigenständige und verantwortliche Akteure erleben, sondern nur einen engen Möglichkeitsraum für sie in Frage kommender Berufe wahrnehmen, in dessen Rahmen die Entscheidung für einen konkreten Beruf letztendlich nicht eigenständig von ihnen getroffen, sondern davon bestimmt wird, welche Ausbildungsstellen ihnen von seiten der Arbeitgeber überhaupt angeboten werden (vgl. Scherr 1995: 106-108): „Es hätte auch anders kommen können – nahezu alle hatten sich auch andernorts beworben – es ist aber so gekommen, wie es gekommen ist" (Scherr 1994: 180f.). Im Gegensatz dazu präsentierten einige der befragten Studenten ausführlich „jene komplexen Verläufe, alternativen Optionen, begründungspflichtigen Entscheidungen und biographischen Brüche, die im Sinne der Individualisierungsthese zu erwarten sind" (Scherr 1994: 181; vgl. ausführlich ders. 1995: 117-120).

28   Auf dasselbe „Ungerechtigkeitsempfinden", das anscheinend eine maßgebliche Triebfeder für die fremdenfeindlichen Einstellungen der Auszubildenden darstellt, stieß auch die Tübinger Forschergruppe um Josef Held in den Gruppendiskussionen ihrer bereits skizzierten Studie aus den Jahren 1993 und 1994: „Schon die grobe Durchsicht dieses Materials zeigt, daß *soziale Vergleichsprozesse* für die Begründung politischer Orientierungen eine große Rolle spielen. (...) Ausländer werden dabei im allgemeinen nicht als Konkurrenz gesehen, sondern als *bevorzugt* im Verteilungskampf" (Held, Horn und Marvakis 1996: 57; vgl. ausführlich ebd.: 37, 46f., 49-51, 57-62.). Auch Willems fand in seiner empirischen Analyse fremdenfeindlicher Straf- und Gewalttaten (s. u.) Hinweise darauf, daß „nicht eigene Deklassierungs- und Desintegrationserfahrungen, sondern eher Vorstellungen von Verteilungs-Ungerechtigkeiten und einer als illegitim wahrgenommenen 'Privilegierung' ausländischer Bevölkerungsgruppen" dem fremdenfeindlichen Ressentiment zu Beginn der neunziger Jahre in Deutschland zugrundelagen (Willems 1993: 251).

der gravierenden Zunahme der rechtsradikalen Gewalt zu Beginn der neunziger Jahre in Deutschland interpretiert. Dieser implizite Schluß von der Einstellungs- auf die Verhaltensebene erscheint vor dem Hintergrund zahlreicher sozialpsychologischer Studien nicht nur generell fragwürdig (Tonn 1994: 60f.), sondern bedarf insbesondere im Hinblick auf das diskutierte rechtsradikale Gewaltverhalten besonderer Rechtfertigung, insoweit einerseits vorliegende Längsschnittuntersuchungen aufzeigen, daß fremdenfeindliche Einstellungen in der deutschen Bevölkerung zwischen 1980 und 1992 eher *tendenziell abgenommen* haben (Hill 1993; Demirovic 1994), andererseits jedoch fremdenfeindliche Gewalttaten den *überwiegenden Anteil* an der drastisch angestiegenen Gesamtzahl rechtsradikaler Gewalttaten in den Jahren 1991 bis 1993 stellten (Verfassungsschutzbericht 1994: 83f.; Koopmans und Rucht 1996: 277).

In Anbetracht dieser Diskussionslage gewinnt ein Blick auf die vorliegenden Daten über rechtsradikale Gewalttäter auch zur Beurteilung der Individualisierungsthese nach Heitmeyer besonderes Gewicht. In der bislang ausführlichsten wissenschaftlichen Analyse rechtsradikaler Straf- und Gewalttaten, die erstmals 1993 von einer Trierer Forschergruppe um Roland Eckert und Helmut Willems vorgelegt wurde (Willems 1993)[29], fanden sich allerdings keine Hinweise auf den von Beck und Heitmeyer behaupteten Zusammenhang von Individualisierungsprozessen und rechtsradikaler Jugendgewalt: Willems (1993: 250) und seine Mitarbeiter konnten „nur für einen kleinen Teil" der Tatverdächtigen rechtsradikaler Gewalttaten persönliche Desintegrationserfahrungen – „also etwa Schulabbruch, Arbeitslosigkeit, defizitäre Familienstrukturen, Beziehungslosigkeit" – feststellen. „Es gibt auch keine Hinweise darauf, daß sie vornehmlich aus sich auflösenden Milieus stammen, die früher durch Gewerkschaften und Kirchen stabilisiert waren". Desintegrationserfahrungen der genannten Art wurden vor allem bei Tatverdächtigen sichtbar, die Willems in seiner Tätertypologie als 'kriminelle Jugendliche' oder 'Schlägertypen' bezeichnet und deren Biographie in der Regel bereits vor der Ermittlung wegen rechtsradikaler Gewaltdelikte durch „ausgeprägte kriminelle Karrieren" gekennzeichnet war (ebd.: 201f.). „Hier kann man also ohne Zweifel von Desintegration sprechen, auch wenn diese weniger mit neuerlichen Individualisierungsschüben zu tun hat, wie ein Blick in den Bereich der Jugenddelinquenz in den letzten 40 Jahren verdeutlicht" (Eckert, Willems und Würtz 1996: 161.; vgl. Willems 1993: 250f.).

Allgemeine Individualisierungstendenzen können für Willems die Zunahme rechtsradikaler Gewalt schon deshalb nicht erklären, weil sich für die möglicherweise entstehenden „Orientierungsprobleme und Anomieerfahrungen" eine Vielzahl anderer, gewaltloser Verarbeitungsformen anbiete, die von der überwältigenden Mehrheit der Jugendlichen auch ergriffen würden (Willems 1993: 253). Darüber hinaus ließen sich weder die Tatsache, daß rechtsradikale Gewalttaten in den Jahren

---

29 Empirische Grundlage dieser Studie bildete neben der Statistik des Bundeskriminalamtes über fremdenfeindliche Straf- und Gewalttaten und der Auswertung von 53 anonymisierten Urteilsschriften, die sich auf insgesamt 148 Täter bezogen, insbesondere die Auswertung 1.398 polizeilicher Ermittlungsakten aus neun Bundesländern für den Zeitraum 01.01.1991 bis 30.04.1992 (vgl. Willems 1993: 99f., 105, 148). (Die Fortführung der Untersuchung, die für den Zeitraum 01.05.1992 bis 31.12.1993 unter Beteiligung aller sechzehn Länder als Analyse der Ermittlungsakten aller 5232 im betreffenden Zeitraum ermittelten fremdenfeindlichen Tatverdächtigen realisiert werden konnte, zeigt im Vergleich zur Vorstudie lediglich hinsichtlich der Altersstruktur der Tatverdächtigen und der räumlichen Verteilung der Straf- und Gewalttaten nennenswerte Verschiebungen [vgl. Willems 1996: 36f.].)

1991 und 1992 überproportional häufig in Kleinstädten und ländlichen Gemeinden verübt wurden (ebd.: 138f., 253f.; Eckert, Willems und Würtz 1996: 156), noch „die Unterstützung fremdenfeindlicher Gewalttaten durch Nachbarn und Anwohner", die für Willems „gerade auf eine Integration in die Nachbarschaften" hinweist (Willems 1993: 253; ebd.: 225f.), mit der Individualisierungsthese vereinbaren.

Willems, der folglich weder Individualisierungs- noch Desintegrationserscheinungen als ausschlaggebend für den Anstieg der Zahl rechtsradikaler Gewalttaten anerkennt, versucht schließlich, diesen durch „Interaktions- und Eskalationsprozesse" zu erklären, und hält in diesem Zusammenhang die langanhaltende Debatte um die Änderung des Asylrechts, die Konstruktion von „Wirtschafts- bzw. Scheinasylanten" durch Politik und Medien, das mangelhafte polizeiliche Vorgehen gegen rechtsradikale Gewalttäter, die Unterstützung und Sympathie für diese in der Bevölkerung und nicht zuletzt Medienäußerungen und politische Stellungnahmen, die „als Negierung von Opfern und von Schädigungen ... interpretiert werden können", für konstitutive Faktoren der drastischen Zunahme rechtsradikaler Gewalt zu Beginn der neunziger Jahre in Deutschland (ebd.: 223-236). Er betont, daß diese Zunahme auf einer Reihe situativer Faktoren gründete und sich „*nicht* primär auf der Basis tradierter, im kollektiven Bewußtsein bereitgestellter gesellschaftlicher Feindbilder und Vorurteile des Rechtsradikalismus (Juden, Türken etc.)" entwickelte, sondern das kollektive Feindbild des „Scheinasylanten" zum spezifischen Kristalisationspunkt hatte (ebd.: 234): „Man konnte den 'Scheinasylanten' ablehnen und bekämpfen auch ohne in den Verdacht zu geraten, Rassist oder Rechtsradikaler zu sein: die Rechtsprechung, die großen Parteien, und nahezu alle bedeutenden gesellschaftlichen Institutionen und Organisationen waren sich in der Illegitimität und Ablehnung der 'Scheinasylanten' einig".

Die zentrale Bedeutung dieses im vorliegenden Beitrag bereits mehrmals angesprochenen „Asylmißbrauchsdiskurses" für den Anstieg der Zahl rechtsradikaler Gewalttaten in den Jahren 1991 und 1992 wird mittlerweile innerhalb der Rechtsextremismusforschung von zahlreichen Autoren betont (Ackermann 1993: 285; Alber 1995: 60, 64f.; Falter 1994: 159f.; Herz 1996: 496f.; Koopmans und Rucht 1996; Winkler 1996: 41f.); seine zeitliche Koinzidenz mit der Zunahme der Gewalt ist unübersehbar (vgl. Abbildung 1). Alles deutet darauf hin, daß die langanhaltende politische Debatte über steigende Asylbewerberzahlen, „Scheinasylanten" und die Änderung des Asylrechts den auch schon in den achtziger Jahren festzustellenden fremdenfeindlichen Einstellungen in Teilen der deutschen Bevölkerung eine *politische Gelegenheitsstruktur* bot, sich in gewalttätigem Verhalten zu äußern. Wurden insbesondere rechtsradikale Jugendliche in den achtziger Jahren noch „wegen ihrer Parolen gesellschaftlich ausgegrenzt und stigmatisiert", stießen sie zu Beginn der neunziger Jahre bei weiten Teilen der Bevölkerung auf Verständnis, Sympathie und Unterstützung (Willems 1993: 225), d. h. es fanden sich „kaum situative Hindernisse zur Unterdrückung diskriminierender Verhaltensweisen" (Winkler 1996: 42; vgl. auch Koopmans und Rucht 1996: 283f.; Herz 1996: 498; Willems 1993: 225-234, 1996: 44f.). Die entscheidende Frage lautet aus dieser Perspektive also nicht, welche gesellschaftlichen Veränderungen die Verbreitung fremdenfeindlicher Einstellungen und der Gewaltbereitschaft gegen „Ausländer" *gefördert* hätten, sondern welche gesellschaftliche Konstellation das Umschlagen vorhandener fremdenfeindlicher und gewaltbereiter Einstellungen in tatsächliches Verhalten *nicht mehr verhindert* hat.[30]

Der stetige Rückgang der Zahl rechtsradikaler Gewalttaten seit 1993 läßt sich aus diesem Blickwinkel vor allem auf die im Dezember 1992 von den etablierten politischen Parteien beschlossene Änderung des Asylrechts, das damit einhergehende sinkende Verständnis der Bevölkerung und der politischen Protagonisten für die Gewalttäter sowie auf konsequentere repressive Maßnahmen der Strafverfolgungsbehördern zurückführen (vgl. auch Willems 1993: 103f., 1996: 35f.; Verfassungsschutzbericht 1994: 81f.).

Abbildung 1: Anzahl registrierter rechtsradikaler Gewalttaten, 1985-1996

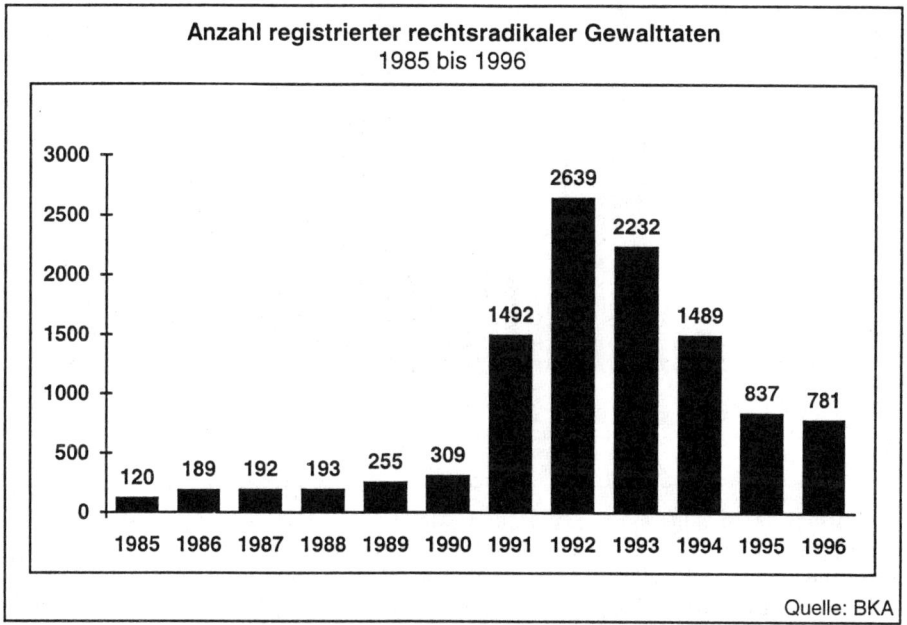

Anzahl registrierter rechtsradikaler Gewalttaten
1985 bis 1996

Quelle: BKA

---

30 Diese Einsicht in die Bedeutung der gesellschaftlich-politischen Rahmenbedingungen für den Ausbruch und die Eskalation kollektiver Gewalt ist freilich eine alles andere als neue Erkenntnis. Jene Dynamik, die die Pogrome von Hoyerswerda und Rostock ermöglichte, beschrieb Adorno (1973: 51) bereits in seinem Beitrag zu den Studien über den Autoritären Charakter: „Hat das Individuum erst einmal die Überzeugung gewonnen, daß es Menschen gibt, die bestraft werden sollten, hat es eine Bahn gefunden, in die es seine tiefsten aggressiven Triebe leiten und sich dennoch für durchaus moralisch halten kann. Spenden äußere Autoritäten oder die Masse solcher Aggression dann Beifall, vermag sie gewalttätige Formen anzunehmen und sich auch noch zu behaupten, wenn die konventionalisierten Werte, in deren Namen sie unternommen wurde, längst aus dem Blick geraten sind."

Abbildung 2:   Monatliche Verteilung registrierter fremdenfeindlicher Gewalttaten,
                Januar 1991 bis Dezember 1993

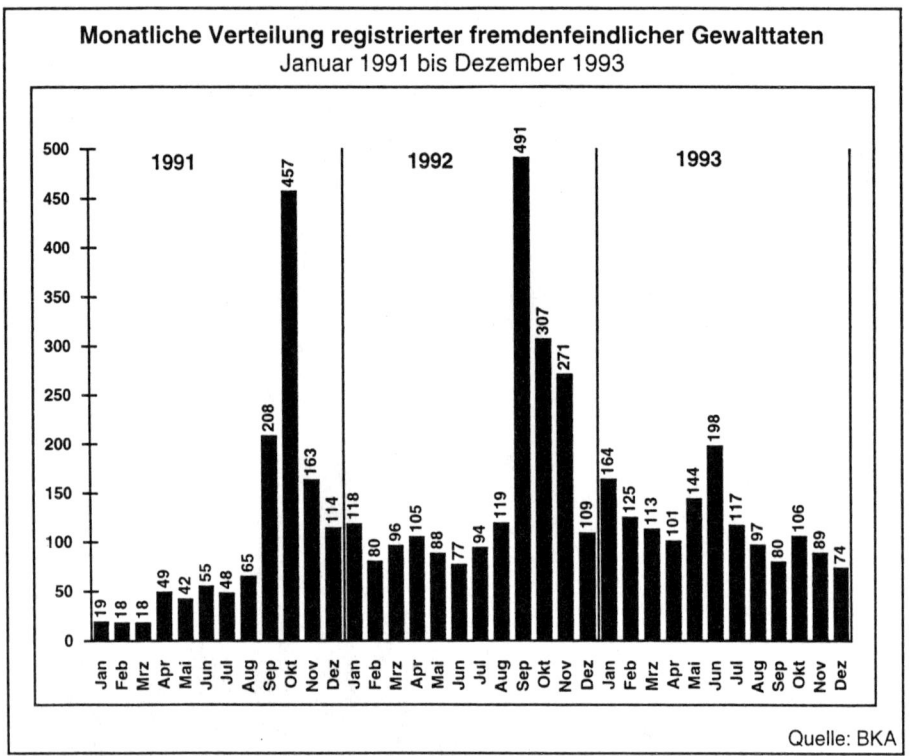

Ein Blick auf die monatliche Verteilung der fremdenfeindlichen Gewalttaten[31] in
den Jahren 1991 bis 1993 (vgl. Abbildung 2) zeigt außerdem, daß Anstieg und
Rückgang der Gewalt alles andere als gleichmäßig verliefen, sondern von deutlichen
Mobilisierungs- und Nachahmungseffekten gekennzeichnet sind. Daß sowohl den
Pogromen in Hoyerswerda (17. – 23. Sep. 1991) und Rostock (22. – 27. Aug. 1992),
als auch, wenngleich in wesentlich geringerem Ausmaße, dem Mordanschlag in
Solingen (29. Mai 1993) jeweils im darauffolgenden Monat ein deutlicher Anstieg
der Zahl fremdenfeindlicher Gewalttaten folgte, lenkt den Blick auf die Auswirkungen der Medienberichterstattung über spektakuläre fremdenfeindliche Verbrechen.
In einer empirischen Analyse der Berichterstattung zum Thema Ausländer und
Asylbewerber sowie des Verlaufs fremdenfeindlicher Straftaten konnten Brosius
und Esser einen eindeutigen Zusammenhang zwischen der Häufigkeit der Berichte
und der Zahl der Straftaten belegen (Brosius und Esser 1996), wobei allerdings
weder die Art der Berichterstattung einen Einfluß auf die Ausbreitung der Straftaten
zeigte, noch sich spezifische Nachahmungseffekte nachweisen ließen (in dem Sinne,

---

31   Die vom Bundeskriminalamt ausgewiesenen Zahlen über *fremdenfeindliche* Gewalttaten können als
     Indikator für den Verlauf der *rechtsradikalen* Gewalt interpretiert werden; ihr Anteil an den
     rechtsradikalen Gewalttaten betrug 1992 ca. 86% und 1993 ca. 75% (Verfassungsschutzbericht
     1994: 83f.).

daß z. B. Berichte über Brandanschläge vor allem weitere Brandanschläge ausgelöst hätten).

So schwierig sich also die belegte Wirkung der Medienberichterstattung im einzelnen erklären läßt (auch Brosius und Esser greifen zu diesem Zweck auf ein Eskalationsmodell zurück, das sich ähnlich wie der von Willems formulierte Erklärungsansatz auf die konkreten gesellschaftlichen Ereignisse im Kontext des Themas Asyl bezieht [ebd.: 215-217]) – mit der Individualisierungsthese nach Heitmeyer läßt sich der Verlauf der rechtsradikalen Gewalt in den neunziger Jahren in Deutschland schon gar nicht begründen: Selbst ihre überzeugtesten Verfechter werden nicht im Ernst behaupten, „Individualisierungs-Schübe" erfolgten so abrupt und plötzlich, daß die beschriebenen monatlichen Eskalationswellen der Gewalttaten oder auch nur deren wellenförmige Verteilung im Gesamtverlauf der neunziger Jahre in einem Zusammenhang mit Individualisierungsprozessen welcher Art auch immer stehen könnten.

3. Fazit

Die Individualisierungsthese nach Heitmeyer erweist sich bei näherer Betrachtung als ungeeignet, auch nur einen fruchtbaren Beitrag zur Erklärung rechtsextremistischer Einstellungen und rechtsradikalen Verhaltens Jugendlicher zu leisten. Ihr grundlegender theoretischer Mangel besteht darin, daß sie den von ihr behaupteten ursächlichen Zusammenhang zwischen den angeblichen gesellschaftlichen Individualisierungsprozessen und der Übernahme rechtsradikaler Einstellungen und Verhaltensweisen durch Jugendliche nicht schlüssig zu begründen vermag. Mit dieser Begründung jedoch steht und fällt das Heitmeyersche Erklärungsmodell als ganzes, weil sich auf die von Heitmeyer angenommenen subjektiven Individualisierungsfolgen („Vereinzelungserfahrungen", „Handlungsunsicherheiten", „Ohnmachtserfahrungen") prinzipiell eine Vielzahl möglicher Reaktionsweisen für die betroffenen Individuen anbietet. Welche Richtung diese Reaktion inhaltlich einschlägt, ist aus der „Individualisierung" selbst nicht zu deduzieren. Die Feststellung, daß die Menschen neuen Belastungen ausgesetzt seien, impliziert noch nicht Form und Inhalt ihrer Bewältigung. Diese abstrakte Allgemeinheit des Individualisierungstheorems ermöglicht schließlich, es nachträglich zur Erklärung unterschiedlichster gesellschaftlicher Phänomene heranzuziehen, und auf diese Weise wurde es tatsächlich von Teilen der Jugendforschung zu einer „Passepartout-Erklärung erhoben, die nacheinander auf Hooliganismus, Rechtsextremismus, Drogensucht, psychosoziale Störungen, Schulversagen, mit einem Wort auf alles angewendet wird, was an Abweichung bei Jugendlichen derzeit beobachtet werden kann" (Radtke 1993: 489).

Wie problematisch dieses Vorgehen angesehen werden muß, wurde auf den voranstehenden Seiten im Hinblick auf den jugendlichen Rechtsradikalismus durch die Erörterung der Individualisierungsthese Heitmeyers beispielhaft demonstriert. In Anbetracht der schlichten Tatsache, daß die Menschen sich unter gleichen gesellschaftlichen Bedingungen durchaus unterschiedlich verhalten, daß also ihr Verhalten als Resultat individueller Dispositionen und gesellschaftlicher Einflüsse – man mag diese allgemein als „kulturelles Klima" (Adorno 1973: 176), im speziellen als „politische Kultur" (Winkler 1996: 41; Herz 1996) oder „dominante politische Dis-

kurse" (Leiprecht und Huber 1995: 73) kennzeichnen – angesehen werden muß,
scheitert Heitmeyer mit seinem Erklärungsansatz gerade deshalb, weil er sich in ihm
auf „die *subjektive* Seite des Individualisierungsprozesses" konzentriert und diesbezüglich ausdrücklich *alle* Jugendlichen für gleichermaßen betroffen erklärt: Wenn
alle Jugendlichen von der „Individualisierung" betroffen sein sollen, läßt sich im
Rückgriff auf diese nicht erklären, warum nur eine kleine Anzahl von ihnen durch
rechtsradikale Gewalttaten auffällig wird. Die behauptete, angeblich durch langfristige Individualisierungsprozesse verursachte und sich allmählich vollziehende
Veränderung individueller Verhaltensdispositionen (als „subjektive Seite der Individualisierung") steht im Widerspruch zum explosionsartigen Charakter der Zunahme
rechtsradikaler Gewalt zu Beginn der neunziger Jahre in Deutschland.

Die Individualisierungsthese nach Heitmeyer bedarf somit einer solchen Vielzahl von Hilfsthesen und ergänzenden Annahmen, um das konkrete politische Phänomen „rechtsradikale Jugendgewalt" aus den abstrakten gesellschaftlichen Individualisierungsprozessen abzuleiten zu können, daß aus sozialwissenschaftlicher Sicht
kein Anlaß zu der Annahme besteht, subjektive Individualisierungsfolgen welcher
Art auch immer hätten einen ausschlaggebenden Einfluß auf die Attraktivität des
Rechtsradikalismus für Jugendliche – zumal Rassismus, Nationalismus und Autori-
tarismus, die (so sehr über Details auch gestritten wird) bis heute allgemein als zentrale Bestandteile des rechtsradikalen Syndroms anerkannt sind (vgl. Otto und Merten 1993), bekanntlich alles andere als Erscheinungen der Moderne sind und somit
gewichtige Argumente dafür erwartet werden müssen, die bisherigen Theorien der
Rechtsextremismusforschung für obsolet zu erachten und sich einem Erklärungsansatz zuzuwenden, der in seinem Kern auf gesellschaftliche Veränderungen der westlichen Industrienationen seit Mitte dieses Jahrhunderts abhebt.

Nun wäre Heitmeyers Erklärungsmodell innerhalb der Rechtsextremismusdebatte diskussionswürdig, wenn sich in empirischen Untersuchungen diejenigen Jugendlichen, die individuell in besonderem Umfang von „Desintegrationsprozessen"
oder „Orientierungslosigkeit" betroffen sind, außergewöhnlich anfällig für rechtsradikale Attitüden zeigten. Hinweise auf einen solchen Zusammenhang finden sich
jedoch weder in Heitmeyers eigenen Studien noch in den Untersuchungsergebnissen
anderer Forschungsprojekte. Die Individualisierungsthese erweist sich hingegen als
eine theoretische Konstruktion, die bislang in keiner empirischen Untersuchung zum
Thema „Jugend und Rechtsradikalismus", sei es im Hinblick auf rechtsextremistische Einstellungen oder rechtsradikales Verhalten, eine Entsprechung gefunden hat.
Dies betrifft jeden einzelnen Aspekt der Heitmeyerschen Überlegungen: Bei Jugendlichen mit „rechtsextremistischen Orientierungen" und bei rechtsradikalen
Gewalttätern konnten weder *Vereinzelungserfahrungen*, noch *Handlungsunsicherheiten, Ohnmachtserfahrungen, Orientierungslosigkeit* oder *Desintegrationserfahrungen* in bemerkenswertem Ausmaße festgestellt werden. Es gibt keinen Hinweis
darauf, daß sie in besonderem Umfang von einer *Auflösung der „sozialen Milieus"*
oder einer *Auflösung von gemeinsamen Wert- und Normvorstellungen* betroffen
wären. Einige Untersuchungsresultate weisen gar in die entgegengesetzte Richtung:
Mädchen und jüngere Frauen zeigen, obwohl in höherem Maße von anomischen
Tendenzen betroffen und verunsicherter, eine niedrigere Affinität zu rechtsextremistischen Einstellungen als Jungen und junge Männer; Jugendliche, die gute berufliche Integrationschancen besitzen, neigen stärker zu rechten Orientierungen als von
Deklassierung bedrohte; und diejenigen, die besonders stark gewillt sind, sich den
gegebenen Arbeitsmarktanforderungen anzupassen, zeigen eine relativ hohe Ge-

waltakzeptanz. *Inhaltlich* teilen rechtsradikale Jugendliche in bezug auf das Thema „Ausländer und Asylbewerber" weitestgehend die gesellschaftlich vorherrschenden Wert- und Normvorstellungen und verstoßen gegen diese allein durch die *Form* ihres Handelns, die persönliche körperliche Gewaltanwendung.

Vor dem Hintergrund dieser Forschungslage sind sowohl die Behauptung Ulrich Becks, die „Exzesse rechtsradikaler Gewalt" seien ein Ausdruck des von ihm geschilderten Individualisierungsprozesses (Beck 1994: 45), als auch Heitmeyers Annahme, „Desintegrationsprozesse" seien „*zentrale Ursachen* für die Entstehung von fremdenfeindlichen und gewaltakzeptierenden Orientierungen und Handlungsweisen" (Heitmeyer 1993: 5; Herv. M. T.), als unhaltbar zurückzuweisen. Auch Heitmeyers Versuch, aus der von Beck behaupteten gesellschaftlichen Entwicklung Konsequenzen für das handlungsrelevante subjektive Empfinden Jugendlicher abzuleiten, muß vorläufig als gescheitert angesehen werden; jene von Beck ausgeklammerte Frage, wie denn die Menschen „in ihrem Verhalten und Bewußtsein" mit der „Individualisierung" fertig würden (vgl. Beck 1986: 207), findet auch in den empirischen Studien zum Thema „Jugend und Rechtsradikalismus" keine befriedigende Antwort. Statt dessen deuten einige Ergebnisse der Jugendforschung darauf hin, daß im Hinblick auf das subjektive Empfinden Jugendlicher die „Individualisierung" in jeder ihrer von Beck genannten Bedeutungsdimensionen (ebd. 206) lediglich schichtspezifische Auswirkungen zeigt oder gar nur schichtspezifisch überhaupt wirksam ist (vgl. insbesondere Scherr 1994, 1995; Popp 1996), und stützen die These, in den Ausführungen Becks zur „Individualisierung" spiegelten sich lediglich das vorherrschende Lebensgefühl und einige Aspekte der „Lebenswelt" des akademischen Milieus in Deutschland (vgl. Popp und Tillmann 1990).

Diese These könnte schließlich – neben jenen Überlegungen, die bereits an anderen Stellen formuliert worden sind (Huisken 1993; Radtke 1993: 489-491; Rommelspacher 1991: 81-87, 1993a: 93; Tonn 1994: 101-104) – immerhin einen Beitrag zur Beantwortung der Frage leisten, warum die Individualisierungsthese Heitmeyers trotz ihrer gravierenden theoretischen Mängel und unzureichenden empirischen Verankerung in der deutschen Rechtsextremismusdebatte zu Beginn der neunziger Jahre überhaupt zur hauptsächlich diskutierten und einflußreichsten Theorie avancieren konnte. Die immense Diskrepanz zwischen ihrer Popularität und ihrer Erklärungskraft sollte freilich Anlaß geben, auch allen anderen wissenschaftlichen Ansätzen, die sich zur Erklärung konkreter gesellschaftlicher Phänomene auf die „Individualisierung" berufen, mit aufmerksamer und scharfsichtiger Skepsis zu begegnen.

Literatur

Ackermann, Heike, 1993: Im Grunde unpolitisch, nur verführt? Neue Praxis 23: 283-292.
Adorno, Theodor W., 1973: Studien zum autoritären Charakter. Frankfurt/M.: Suhrkamp.
Alber, Jens, 1995: Zur Erklärung von Ausländerfeindlichkeit in Deutschland. S 39-77 in: Ekkehard Mochmann und Uta Gerhardt (Hg.): Gewalt in Deutschland. Soziale Befunde und Deutungslinien. München: Oldenbourg.
Arbeitsgruppe Bielefelder Jugendforschung, 1990: Das Individualisierungs-Theorem – Bedeutung für die Vergesellschaftung von Jugendlichen (Redaktion: Wilhelm Heitmeyer, Thomas Olk). S. 11-34 in: Wilhelm Heitmeyer und Thomas Olk: Individualisierung von Jugend. Gesellschaftliche Prozesse, subjektive Verarbeitungsformen, jugendpolitische Konsequenzen. Weinheim-München: Juventa.

Beck, Ulrich, 1983: Jenseits von Stand und Klasse? S. 35-74 in: Reinhard Kreckel (Hg.): Soziale Ungleichheiten. (Soziale Welt, Sonderband 2). Göttingen: Schwartz.

Beck, Ulrich, 1986: Risikogesellschaft. Auf dem Weg in eine andere Moderne. Frankfurt/M.: Suhrkamp.

Beck, Ulrich, 1994: Jenseits von Stand und Klasse? S. 43-60 in: Ulrich Beck und Elisabeth Beck-Gernsheim (Hg.): Riskante Freiheiten. Frankfurt/M.: Suhrkamp.

Beck, Ulrich und Elisabeth Beck-Gernsheim, 1993: Nicht Autonomie, sondern Bastelbiographie. Anmerkungen zur Individualisierungsdiskussion am Beispiel des Aufsatzes von Günter Burkart. Zeitschrift für Soziologie 22: 178-187.

Beck, Ulrich und Elisabeth Beck-Gernsheim, 1994: Individualisierung in m odernen Gesellschaften – Perspektiven und Kontroversen einer subjektorientierten Soziologie. S. 10-39 in: dies. (Hg.): Riskante Freiheiten. Frankfurt/M.: Suhrkamp.

Bergmann, Jörg und Claus Leggewie, 1993: Die Täter sind unter uns. Beobachtungen aus der Mitte Deutschlands. Kursbuch 113: 7-37.

Bohn, Irina , Dieter Kreft, Gerd Stüwe, Georg Weigel, 1994: Das Aktionsprogramm gegen Aggression und Gewalt. S. 301-309 in: Hans-Uwe Otto und Roland Merten (Hg.): Rechtsradikale Gewalt im vereinigten Deutschland. Jugend im gesellschaftlichen U mbruch. Bonn: Bundeszentrale für politische Bildung.

Brosius, Hans-Bernd / Frank Esser, 1996: Massenmedien und fremdenfeindliche Gewalt. S. 204-218 in: Jürgen W. Falter, Hans-Gerd Jaschke und Jürgen R. Winkler (Hrsg.), Rechtsextremismus. Ergebnisse und Perspektiven der Forschung. Politische Vierteljahresschrift, Sonderheft 27.

Burkart, Günter, 1993a: Individualisierung und Elternschaft – Das Beispiel USA. Zeitschrift für Soziologie 22: 159-177.

Burkart, Günter, 1993b: Eine Gesellschaft von nicht-autonomen biographischen Bastlerinnen und Bastlern – Antwort auf Beck/Beck-Gernsheim. Zeitschrift für Soziologie 22: 188-191.

Creydt, Meinhard, 1994: „Individualisierung" als Ursache rassistischer Gewalt? Zu Heitmeyers Diagnose des Verfalls von Werten und Sozialintegration. Das Argument 36: 409-417.

Demirovic, Alex, 1994: Rechtsextremismus in der Bundesrepublik. S. 29-57 in: Institut für Sozialforschung (Hg.): Rechtsextremismus und Fremdenfeindlichkeit. Studien zur akt uellen Entwicklung. Frankfurt/M.-New York: Campus.

Eckert, Roland, Helmut Willems und Stefanie Würtz, 1996: Erklärungsmuster fremdenfeindlicher Gewalt im empirischen Test. S. 152-167 in: Jürgen W. Falter, Hans-Gerd Jaschke und Jürgen R. Winkler (Hg.): Rechtsextremismus. Ergebnisse und Perspektiven der Forschung. Opladen: Westdeutscher Verlag (Politische Vierteljahresschrift, Sonderheft 27.).

Falter, Jürgen W. (in Zusammenarbeit mit Markus Klein), 1994: Wer wählt rechts? Die Wähler und Anhänger rechtsextremistischer Parteien im vereinigten Deutschland. München: Beck.

Falter, Jürgen W., Hans-Gerd Jaschke und Jürgen R. Winkler, 1996: Rechtsextremismus. Ergebnisse und Perspektiven der Forschung. Opladen: Westdeutscher Verlag (Politische Vierteljahresschrift, Sonderheft 27).

Förster, Peter, Walter Friedrich, Harry Müller und Wilfried Schubarth, 1993: Jugend Ost: Zwischen Hoffnung und Gewalt. Opladen: Leske + Budrich.

Gellert, Claudius, 1996: Das Ende der Klassengesellschaft? Überlegungen zur Individualisie rung sozialer Strukturen. Leviathan 24: 573-586.

Hafeneger, Benno, 1993: Wider die (Sozial-) Pädagogisierung von Gewalt und Rechts - extremismus. Deutsche Jugend 41: 120-126.

Heil, Hubertus, Muzaffer Perik, Peter-Ulrich Wendt (Hg.), 1993: Jugend und Gewalt. Über den Umgang mit gewaltbereiten Jugendlichen. Marburg: Schüren Presseverlag.

Heiland, Hans-Günther und Christian Lüdemann, 1996: Soziologische Dimensionen des Rechtsextremismus. Opladen: Westdeutscher Verlag.

Heim, Gunda , Franz Josef Krafeld, Elke Lutzebäck, Gisela Schaar, Carola Storm, Wolfgang Welp (Hg.), 1992: Akzeptierende Jugendarbeit mit rechten Jugendcliquen. Bremen: Steintor.

Heitmeyer, Wilhelm, 1989: Jugend und Rechtsextremismus. Von ökonomisch-sozialen Alltagserfahrungen zur rechtsextremistisch motivierten Gewalt-Eskalation. S. 101-133 in: Gerhard Paul (Hg.): Hitlers Schatten verblaßt. Bonn: J. H. W. Dietz Nachf..

Heitmeyer, Wilhelm, 1991a: Individualisierungsprozesse und Folgen für die politische Sozialisation von Jugendlichen. Ein Zuwachs an politischer Paralysierung und Machiavellismus? S. 15-34 in: Wilhelm Heitmeyer und Juliane Jacobi (Hg.): Politische Sozialisation und Individualisierung. Perspektiven und Chancen politischer Bildung. Weinheim-München: Juventa.

Heitmeyer, Wilhelm, 1991b: Wenn der Alltag fremd wird. Modernisierungsschock und Fremdenfeindlichkeit. Blätter für deutsche und internationale Politik 36: 851-858.

Heitmeyer, Wilhelm, 1992a: Jugend, Staat und Gewalt in der politischen Risikogesellschaft. S. 11-46 in: Wilhelm Heitmeyer, Kurt Möller und Heinz Sünker (Hg.): Jugend – Staat – Gewalt. Politische Sozialisation von Jugendlichen, Jugendpolitik und politischer Bildung. 2. Aufl., Weinheim-München: Juventa.

Heitmeyer, Wilhelm, 1992b: Rechtsextremistische Orientierungen bei Jugendlichen. Empirische Ergebnisse und Erklärungsmuster einer Untersuchung zur politischen Sozialisation. 4., ergänzte Auflage, Weinheim-München: Juventa.

Heitmeyer, Wilhelm, 1993: Gesellschaftliche Desintegrationsprozesse als Ursachen von fremdenfeindlicher Gewalt und politischer Paralysierung. Aus Politik und Zeitgeschichte, B2-3: 3-13.

Heitmeyer, Wilhelm, 1994a: Entsicherungen. Desintegrationsprozesse und Gewalt. S. 376-401 in: Ulrich Beck, Elisabeth Beck-Gernsheim (Hg.), Riskante Freiheiten. Frankfurt/M.: Suhrkamp.

Heitmeyer, Wilhelm, 1994b: Freigesetzte Gewalt. Gewalt als Bearbeitungsform einer neuen Unübersichtlichkeit. Pädagogik 46: 35-40.

Heitmeyer, Wilhelm, 1994c: „Stärke" als „klärendes Prinzip" gegen Ohnmachtsgefühle und Unsicherheit. Das Parlament Nr. 15 vom 15. April 1994: 14.

Heitmeyer, Wilhelm / Heike Buhse, Joachim Liebefreund, Kurt Möller, Joachim Müller, Helmut Ritz, Gertrud Siller, Johannes Vossen, 1992: Die Bielefelder Rechtsextremismus-Studie. Erste Langzeituntersuchung zur politischen Sozialisation männlicher Jugendlicher. Weinheim-München: Juventa.

Heitmeyer, Wilhelm, Birgit Collmann, Jutta Conrads, Ingo Matuschek, Dietmar Kraul, Wolfgang Kühnel, Renate Möller, Matthias Ulbrich-Hermann, 1995: Gewalt. Schattenseiten der Individualisierung bei Jugendlichen aus unterschiedlichen Milieus. Weinheim-München: Juventa.

Held, Josef , Hans Horn, Rudolf Leiprecht, Athanasios Marvakis, 1992: „Du mußt so handeln, daß du Gewinn machst..." Empirische Untersuchungen und theoretische Überlegungen zu politisch rechten Orientierungen jugendlicher Arbeitnehmer. 2. Aufl., Duisburg: Duisburger Institut für Sprach- und Sozialforschung (DISS-Texte Nr. 18).

Held, Josef, Hans-Werner Horn, Athanasios Marvakis, 1994: Politische Orientierung und Gewaltbereitschaft von Jugendlichen in Deutschland – Folgerungen für die Jugendarbeit. Deutsche Jugend 42: 475-486.

Held, Josef , Hans-Werner Horn, Athanasios Marvakis, 1996: Gespaltene Jugend. Politische Orientierungen jugendlicher ArbeitnehmerInnen. Opladen: Leske + Budrich.

Herz, Thomas A., 1996: Rechtsradikalismus und die „Basiserzählung". Wandlungen in der politischen Kultur Deutschlands. S. 485-501 in: Jürgen W. Falter, Hans-Gerd Jaschke und Jürgen R. Winkler (Hg.), Rechtsextremismus. Ergebnisse und Perspektiven der Forschung. Opladen: Westdeutscher Verlag (Politische Vierteljahresschrift, Sonderheft 27)

Hill, Paul B., 1993: Die Entwicklung der Einstellungen zu unterschiedlichen Ausländergruppen zwischen 1980 und 1992. S. 25-67 in: Helmut Willems (zusammen mit Roland Ekkert, Stefanie Würtz, Linda Steinmetz), Fremdenfeindliche Gewalt. Einstellungen – Täter – Konflikteskalation. Opladen: Leske + Budrich.

Hoffmann-Lange, Ursula , Helmut Schneider, und Martina Gille, 1993: Politische Gewaltbe-
    reitschaft Jugendlicher. S. 97-126 in: Deutsches Jugendinstitut (Hg.), Gewalt gegen
    Fremde. Rechtsradikale, Skinheads und Mitläufer. München: Deutsches Jugendinstitut.
Huisken, Freerk, 1993: Zur Kritik von W. Heitmeyers Rechtsextremismustheorie – Theore-
    tisch desorientiert, politisch orientiert. Deutsche Jugend 41: 496-504.
Jäger, Siegfried, 1992: BrandSätze. Rassismus im Alltag. Duisburg: Duisburger Institut für
    Sprach- und Sozialforschung.
Jäger, Siegfried und Jürgen Link, Jürgen (Hg.), 1993: Die vierte Gewalt. Rassismus und die
    Medien. Duisburg: Duisburger Institut für Sprach- und Sozialforschung.
König, Hans Dieter, 1996: Arbeitslosigkeit, Adoleszenskrise und Rechtsextremismus. Eine
    Kritik der Heitmeyerschen Sozialisationstheorie aufgrund einer tiefenhermeneutischen
    Sekundäranalyse. Psychosozial 19: 77-102.
Koopmans, Ruud und Dieter Rucht, 1996: Rechtsradikalismus als soziale Bewegung? S. 265-
    287 in: Jürgen W. Falter, Hans-Gerd Jaschke und Jürgen R. Winkler (Hg.): Rechtsextre-
    mismus. Ergebnisse und Perspektiven der Forschung. Opladen: Westdeutscher Verlag,
    (Politische Vierteljahresschrift, Sonderheft 27)
Kowalsky, Wolfgang und Wolfgang Schroeder (Hg.), 1994: Rechtsextremismus. Einführung
    und Forschungsbilanz. Opladen: Westdeutscher Verlag.
Krafeld, Franz , Kurt Möller und Andrea Müller, 1993: Jugendarbeit in rechten Szenen. An-
    sätze – Erfahrungen – Perspektiven. Bremen: Edition Temmen.
Leiprecht, Rudolf, 1992: „... da baut sich ja in uns ein Haß auf ...": zur subjektiven Funktio-
    nalität von Rassismus und Ethnozentrismus bei abhängig beschäftigten Jugendlichen. Ei-
    ne empirische Untersuchung. 2. A., Hamburg-Berlin: Argument.
Leiprecht, Rudolf (Hg.), 1995: In Grenzen verstrickt. Jugendliche und Rassismus in Europa.
    Duisburg: Duisburger Institut für Sprach- und Sozialforschung.
Leiprecht, Rudolf und Christoph Huber, 1995: Erklärungsmodelle für 'nationale' Orientierun-
    gen bei deutschen und niederländischen Jugendlichen und der Nutzen eines vergleichen-
    den Blicks. S. 56-90 in: Rudolf Leiprecht, In Grenzen verstrickt. Jugendliche und Ras-
    sismus in Europa. Duisburg: Duisburger Institut für Sprach- und Sozialforschung.
Lichtenberger, Jürgen, 1989: Heitmeyer, Wilhelm: Rechtsextremistische Orientierungen bei
    Jugendlichen (Besprechungen Soziologie). Das Argument 31: 461-463.
Löchte, Anita und Oliver Sill, 1994: Rechtsextremismus bei westdeutschen Jugendlichen:
    Erklärungsansätze und Interventionsmöglichkeiten aus Sicht der Sozialarbeit. Münster-
    Hamburg: Lit.
Mecklenburg, Jens (Hg.), 1996: Handbuch Deutscher Rechtsextremismus. Berlin: Elefanten
    Press.
Merten, Roland und Hans-Uwe Otto, 1993: Rechtsradikale Gewalt im vereinigten Deutsch-
    land: Jugend im Kontext von Gewalt, Rassismus und Rechtsextremismus. In: Hans-Uwe
    Otto, Roland Merten (Hg.), Rechtsradikale Gewalt im vereinigten Deutschland. Jugend
    im gesellschaftlichen Umbruch. Bonn: Bundeszentrale für politische Bildung, S. 13-33.
Möller, Kurt, 1991: Bedürfnisorientierung statt „Abschreckungsdidaktik". Ansatzpunkte
    antifaschistischer Jugendarbeit. Deutsche Jugend 39: 311-321.
Möller, Kurt, 1993a: Rechte Jungs. Ungleichheitsideologien, Gewaltakzeptanz und männliche
    Sozialisation. Neue Praxis 23: 314-328.
Möller, Kurt, 1993b: Zusammenhänge der Modernisierung des Rechtsextremismus mit der
    Modernisierung der Gesellschaft. Aus Politik und Zeitgeschichte, B46-47: 3-9.
Möller, Renate, Wilhelm Heitmeyer, 1996: Rechtsextremistische Einstellungen und Gewalt in
    jugendkulturellen Szenen. S. 168-190 in: Jürgen W. Falter, Hans-Gerd Jaschke und Jür-
    gen R. Winkler (Hg.): Rechtsextremismus. Ergebnisse und Perspektiven der Forschung.
    Opladen: Westdeutscher Verlag (Politische Vierteljahresschrift, Sonderheft 27)
Neureiter, Marcus, 1996: Rechtsextremismus im vereinten Deutschland. Eine Untersuchung
    sozialwissenschaftlicher Deutungsmuster und Erklärungsansätze. Marburg: Tectum.

Otto, Hans-Uwe und Roland Merten (Hg.), 1993: Rechtsradikale Gewalt im vereinigten Deutschland. Jugend im gesellschaftlichen Umbruch. Bonn: Bundeszentrale für politische Bildung.

Pfahl-Traughber, Armin, 1993: Nur Modernisierungsopfer? Eine Kritik der Heitmeyer-Studien. Die Neue Gesellschaft/Frankfurter Hefte 40: 329-336.

Pfahl-Traughber, Armin, 1995: Rechtsextremismus in Deutschland. Bestandsaufnahme und Problemaufriß. S. 11-42 in: Konrad Schacht, Thomas Leif , Hannelore Janssen (Hg.): Hilflos gegen Rechtsextremismus? Ursachen – Handlungsfelder – Projekterfahrungen. Köln: Bund-Verlag.

Pinn, Irmgard, 1990: Kritische Anmerkungen zur Einschätzung rechtsextremistischer Orientierungen und Verhaltensweisen bei Jugendlichen. S. 30-54 in: Arbeitskreis „Jugendarbeit und Rechtsextremismus" Aachen (Hg.), Jugendliche auf dem Weg nach rechtsaußen? Duisburg: Duisburger Institut für Sprach- und Sozialforschung (DISS-Texte Nr. 11)

Popp, Ulrike, 1996: Individualisierung. Das „jugendtheoretische" Konzept auf dem Prüfstand. In: Pädagogik 48: 31-35.

Popp, Ulrike und Klaus-Jürgen Tillmann, 1990: Jugend und Familie – mehr Kontinuität als Wandel? Neue Sammlung 30: 564-572.

Radtke, Frank-Olaf, 1993: Jugend, Gewalt und Erziehung. Deutsche Jugend 41: 488-495.

Rommelspacher, Birgit, 1991: Rechtsextreme als Opfer der Risikogesellschaft. Zur Täterentlastung in den Sozialwissenschaften. 1999, Zeitschrift für Sozialgeschichte des 20. und 21. Jahrhunderts 6: 75-87.

Rommelspacher, Birgit, 1992: Rechtsextremismus und Dominanzkultur. S. 81-94 in: Andreas Foitzik, Rudolf Leiprecht, Anathanasios Marvakis, Uwe Seid (Hg.): „Ein Herrenvolk von Untertanen". Rassismus-Nationalismus-Sexismus. Duisburg: Duisburger Institut für Sprach- und Sozialforschung.

Rommelspacher, Birgit, 1993a: Männliche Jugendliche als Projektionsfiguren gesellschaftlicher Gewaltphantasien. Rassismus im Selbstverständnis der Mehrheitskultur. S. 65-82 in: Wilfried Breyvogel (Hg.): Lust auf Randale. Jugendliche Gewalt gegen Fremde. Bonn: J. H. W. Dietz Nachf..

Rommelspacher, Birgit, 1993b: Rassismus und Rechtsextremismus. Der Streit um die Ursachen. S. 9-29 in: Bündnis 90 Die Grünen (Hg.): Rechte Gewalt und der Extremismus der Mitte. Bonn: Bündnis 90 Die Grünen.

Rutschky, Katharina, 1992: Rechtsradikal oder irre? Eine Antwort auf die Studie von Wilhelm Heitmeyer. Pädextra 20: 9-13.

Scherr, Albert, 1994: Sind Jugendliche individualisiert? Gegenwartskunde 43: 173-184.

Scherr, Albert, 1995: Soziale Identitäten Jugendlicher. Politische und berufsbiographische Orientierungen von Auszubildenden und Studenten. Opladen: Leske + Budrich.

Scherr, Albert, 1996: Zum Stand der Debatte über Jugend und Rechtsextremismus. S. 97-120 in: Jürgen W. Falter, Hans-Gerd Jaschke und Jürgen R. Winkler (Hg.), Rechtsextremismus. Ergebnisse und Perspektiven der Forschung. Opladen: Westdeutscher Verlag, (Politische Vierteljahresschrift, Sonderheft 27)

Schnabel, Kai Uwe, 1993: Ausländerfeindlichkeit bei Jugendlichen in Deutschland. Eine Synopse empirischer Befunde seit 1990. Zeitschrift für Pädagogik 39: 799-821.

Siller, Gertrud, 1993: Das Verhältnis von Frauen zu Rechtsextremismus und Gewalt. Theoretische Vorüberlegungen für eine weiterführende Analyse. S. 219-226 in: Hans-Uwe Otto und Roland Merten (Hg.): Rechtsradikale Gewalt im vereinigten Deutschland. Jugend im gesellschaftlichen Umbruch. Bonn: Bundeszentrale für politische Bildung.

Stöss, Richard, 1994: Forschungs- und Erklärungsansätze – ein Überblick. S. 23-66 in: Wolfgang Kowalsky und Wolfgang Schroeder (Hg.): Rechtsextremismus. Einführung und Forschungsbilanz. Opladen: Westdeutscher Verlag.

Tonn, Michael, 1994: „Jugendarbeit mit rechten Jugendlichen" – Eine kritische Analyse. Diplomarbeit für die Staatliche Abschlußprüfung im Fachbereich Sozialwesen, Studienrichtung Sozialarbeit, an der Katholischen Fachhochschule Nordrhein-Westfalen / Abteilung Köln. Unveröff. Ms.

Verfassungsschutzbericht 1992, hrsg. vom Bundesministerium des Innern, Bonn 1993.

Verfassungsschutzbericht 1994, hrsg. vom Bundesministerium des Innern, Bonn 1995.

Verfassungsschutzbericht 1996, hrsg. vom Bundesministerium des Innern, Bonn 1997.

Wahl, Klaus, 1993: Fremdenfeindlichkeit, Rechtsextremismus, Gewalt. Eine Synopse wissenschaftlicher Untersuchungen und Erklärungsansätze. S. 11-67 in: Deutsches Jugendinstitut (Hg.): Gewalt gegen Fremde. Rechtsradikale, Skinheads und Mitläufer. München: Deutsches Jugendinstitut.

Willems, Helmut (zusammen mit Roland Eckert, Stefanie Würtz, Linda Steinmetz), 1993: Fremdenfeindliche Gewalt. Einstellungen – Täter – Konflikteskalation. Opladen: Leske + Budrich.

Willems, Helmut, 1996: Kollektive Gewalt gegen Fremde. Entwickelt sich eine soziale Bewegung von rechts? S. 27-56 in: Hans-Günther Heiland und Christian Lüdemann (Hg.): Soziologische Dimensionen des Rechtsextremismus. Opladen: Westdeutscher Verlag..

Winkler, Jürgen R., 1996: Bausteine einer allgemeinen Theorie des Rechtsextremismus. Zur Stellung und Integration von Persönlichkeits- und Umweltfaktoren. S. 25-48 in: Jürgen W. Falter, Hans-Gerd Jaschke und Jürgen R. Winkler (Hg.): Rechtsextremismus. Ergebnisse und Perspektiven der Forschung. Opladen: Westdeutscher Verlag (Politische Vierteljahresschrift, Sonderheft 27)

Über die Autoren

Günter Burkart, 1950, Dipl.-Soz., Prof. Dr., nach Studium in Frankfurt/M. Forschungs- und Lehrtätigkeiten an Universitäten in Klagenfurt, Berlin, Philadelphia und Mannheim. 1995 Professor für Soziologie an der Pädagogischen Hochschule Freiburg, seit 1998 Professor für Soziologie an der Universität Lüneburg. Derzeitige Arbeitsschwerpunkte: Familie und Paarbeziehungen, Geschlechterverhältnisse, Individualisierung, sozialstrukturelle Differenzierung. Jüngste Buchpublikationen: Lebensphasen – Liebesphasen, Opladen 1997; Liebe am Ende des 20. Jahrhunderts (Hg., zus. mit Kornelia Hahn), Opladen 1998.

Jürgen Friedrichs, 1938, Dr. phil, Prof. für Soziologie an der Universität zu Köln und Direktor des Forschungsinstituts für Soziologie. Mitherausgeber der „Kölner Zeitschrift für Soziologie und Sozialpsychologie". Arbeitsschwerpunkte: Methoden, Stadtforschung, Soziologische Theorie. Veröffentlichungen zahlreiche Aufsätze in deutschen und internationalen Fachzeitschriften und Sammelwerken. Zuletzt: Stadtsoziologie, Opladen 1995; Social Polarization in Post-Industrial Metropolises (Hg., zus. mit J. O'Loughlin), Berlin-New York 1996; Gentrification (Hg., zus. mit R. Kecskes), Opladen 1996; Die Städte in den 90er Jahren (Hg.), Opladen 1997.

Johannes Huinink, 1952, Dr., Professor für Soziologie mit Schwerpunkt „Vergleichende Analyse von Gegenwartsgesellschaften" an der Universität Leipzig. Forschungsgebiete: Bevölkerungs- und Familiensoziologie, Lebenverlaufs- und Sozialstrukturanalyse. Veröffentlichungen u.a.: Mehrebenensystem-Modelle in den Sozialwissenschaften, Wiesbaden 1989; Kollektiv und Eigensinn. Lebensverläufe in Ostdeutschland vor der Wende und danach, Berlin 1995 (mit K. U. Mayer u.a.); Warum noch Familie?, Frankfurt/M. 1995.

Wolfgang Jagodzinski, 1943, Dr. phil., Professor für Soziologie und Direktor des Zentralarchivs für empirische Sozialforschung an der Universität zu Köln. Forschungsgebiet: Politische Soziologie, Religionssoziologie. Veröffentlichungen u.a.: Religious Cognitions and Beliefs, in J. van Deth und E. Scarbrough (Hg.): The Impact of Values, Oxford 1995 (mit K. Dobbelaere); The Metamorphosis of Life Cycle Change in Longitudinal Studies on Postmaterialism, in: Ch. Haysi und E.K. Scheuch (Hg.): Quantitative Social Research in Germany and Japan, Opladen 1996.

Matthias Junge, 1960, Dr. rer. pol., derzeit Habilitationsstipendiat der Volkswagen-Stiftung an der TU Chemnitz. Arbeitsgebiete: Modernisierungstheorie, Soziologische Theorie, Theorie moderner Gesellschaften. Publikationen: Forever young? Junge Erwachsene in Ost- und Westdeutschland. Opladen; Zur Möglichkeit einer empirischen Kritik von Michael Walzers „Sphären der Gerechtigkeit". In: Hans-Peter Müller und Bernd Wegener (Hg.): Soziale Ungleichheit und Gerechtigkeit. Opladen; „Die Theorie gesellschaftlicher Modernisierung und das Problem gesellschaftlicher Integration" (mit Ditmar Brock), Zeitschrift für Soziologie, 1995; Individualisierungsprozesse und der Wandel von Institutionen. Ein Beitrag zur Theorie reflexiver Modernisierung, Kölner Zeitschrift für Soziologie und Sozialpsychologie, 1996; Georg Simmels Individualisierungstheorie. Eine systematische Rekonstruktion ihrer Argumentationsfiguren, Sociologia Internationalis, 1997; „Individualisierung, moralische Sozialisation in der Familie und die Moralökologie moderner Gesellschaften" (mit Tobias Krettenauer), Berliner Journal für Soziologie, 1998.

Markus Klein, 1969, Dipl.-Volkswirt, M.A., Zentralarchiv für Empirische Sozialforschung an der Universität zu Köln. Forschungsgebiet: Politische Soziologie. Veröffentlichungen u.a.: Die Rolle der Frau im geteilten Deutschland, in: Politische Vierteljahresschrift, 1993; Dimensionen des Wertewandels (mit W. Bürklin und A. Ruß), in: Politische Vierteljahresschrift, 1994; Wieviel Platz bleibt im Prokustesbett?, in: Kölner Zeitschrift für Soziologie und Sozialpsychologie, 1995; Rückwärtsgewandt in die Zukunft (mit C. Caballero), in: Politische Vierteljahresschrift 1996; Postmaterieller oder anthropozentrischer Wertewandel?, in: Politische Vierteljahresschrift 1996 (mit W. Bürklin und A. Ruß); Die dritte Welle rechtsextremer Wahlerfolge in der Bundesrepublik Deutschland (mit J. Falter), in: Politische Vierteljahresschrift, Sonderheft 27.

Ulrich Kohler, 1967, M.A., Universität Mannheim. Forschungsgebiete: Sozialstruktur, Regionalforschung, Umweltsoziologie. Veröffentlichungen: Zufriedenheit der Bürger mit Wohnung, Umwelt und Verkehr in Mannheim 1993, in: W. Bick und M. Bretschneider (Hg.): Lebensqualität und Dienstleistungen aus Bürgersicht, Berlin 1994 (mit R. Schneider); Sozialstruktur und Parteipräferenz: Zum Nutzen des Sozioökonomischen Panels für die Wahlsoziologie, in: Walter Müller (Hg.), Soziale Ungleichheit: Neue Befunde zu Strukturen, Bewußtsein und Politik, Opladen 1997.

Cornelia Koppetsch, 1967 in Werdohl (Westfalen), studierte Psychologie, Soziologie und Philosophie in Hamburg, Gießen und Berlin. 1996 Promotion für Soziologie an der Freien Universität Berlin. Seit 1995 Wissenschaftliche Mitarbeiterin in Freiburg. Arbeitsschwerpunkte: Wissenschaftssoziologie, Soziologie des Geschlechterverhältnisses, Soziologie des Körpers. Wichtigste Veröffentlichungen: Emotionen in Paarbeziehungen (zusammen mit M.S. Maier und G. Burkart), Zeitschrift für Frauenforschung, 1996; Die Illusion der Emanzipation (zusammen mit G. Burkart und M.S. Maier, im Druck); Liebe, Partnerschaft und Intimität: Gerechtigkeit in Paarbeziehungen, in: K. Hahn und G. Burkart (Hg.): Liebe am Ende des 20. Jahrhunderts (im Druck). Milieu, Geschlechterverhältnis und Individualität (zus. mit G. Burkart und M.S. Maier), in: Hans Leu und Lothar Krappmann (Hg.): Das Subjekt zwischen Autonomie und Verbundenheit. Frankfurt (im Druck).

Maja S. Maier, 1968 in Stuttgart, studierte Soziologie und Germanistik in Freiburg. Nach Tätigkeit in medizinsoziologischen Forschungsprojekten seit 1996 Wissenschaftliche Mitarbeiterin im DFG-Projekt „Geschlechtsnormen in Paarbeziehungen im Milieuvergleich". Wichtigste Veröffentlichungen: Emotionen in Paarbeziehungen (zus.mit G. Burkart und C. Koppetsch), Zeitschrift für Frauenforschung, 1996; Die Illusion der Emanzipation (zus. mit C. Koppetsch und G. Burkart, im Druck); „Ländliche Galanterie" oder „Biedermeierliebe"? Zur Milieuspezifik von Liebessemantiken, in: K. Hahn und G. Burkart (Hg.): Liebe am Ende des 20. Jahrhunderts (im Druck); Milieu, Geschlechterverhältnis und Individualität (zusammen mit G. Burkart und C. Koppetsch), in: Hans Leu und Lothar Krappmann (Hg.): Das Subjekt zwischen Autonomie und Verbundenheit. Frankfurt: Suhrkamp (im Druck).

Michael Mitterauer, 1937, Habilitation für Wirtschafts- und Sozialgeschichte, 1971 Professor für Sozialgeschichte an der Universität Wien. Buchpublikationen zum Thema: Vom Patriarchat zur Partnerschaft (mit Reinhard Sieder), München 1977; Sozialgeschichte der Jugend, Frankfurt/M. 1986; Historisch-anthropologische Familienforschung, Wien 1990.

Walter Müller, 1942, Professor für Methoden der empirischen Sozialforschung und angewandte Soziologie an der Fakultät für Sozialwissenschaften der Universität Mannheim. Forschungsgebiete u.a.: Sozialstruktur moderner Gesellschaften im Vergleich, insbesondere zum Verhältnis von Bildung, Beschäftigung und sozialer Ungleichheit. Veröffentlichungen u.a.: Soziale Ungleichheit (Hg.), Opladen 1997; From School to Work, Oxford 1997 (Hg. mit Y. Shavit); Class Origin, Class Destination and Education. A Cross-National Study of Ten Industrial Nations, American Journal of Sociology 1995 (mit H. Ishida und J.M. Ridge).

Lutz Leisering, Ph.D., Dipl. Math., Dipl. Soz., Privatdozent, Universität Bremen, Oberassistent am Sonderforschungsbereich 186. Forschungsgebiete: Wohlfahrtsstaat, Armut, Lebenslauf, Sozialstruktur, Wissenssoziologie, historische Soziologie. Veröffentlichungen: Sozialstaat und demographischer Wandel, Frankfurt/New York 1992; Zwischen Verdrängung und Dramatisierung, in: Soziale Welt 1993; Time, Life and Poverty, Cambridge 1998 (mit S. Leibfried).

Gunnar Otte, 1971, Diplomand im Studiengang Sozialwissenschaften an der Universität Mannheim. Forschungsgebiete: Lebensstilsoziologie, Sozialstrukturanalyse, soziale Ungleichheit. Veröffentlichungen: Lebensstile versus Klassen – welche Sozialstrukturkonzeption kann die individuelle Parteipräferenz besser erklären? in: W. Müller (Hg.): Soziale Ungleichheit. Neue Befunde zu Strukturen, Bewusstsein und Politik, Opladen 1997; Gesellschaftliche Wirkungen von Lebensstilen. Empirische Analysen zur Lebensstil- und Klassenstrukturierung von Parteipräferenzen und Mitgliedschaften in freiwilligen Vereinigungen. Diplomarbeit. Universität Mannheim, 1998.

Matthias Sacher, 1963, M. A., Soziologe, wissenschaftlicher Angestellter am Lehrstuhl für Sozialpolitik der Universität Konstanz. Forschungsgebiete: Arbeitsmarkt und soziale Sicherungssysteme. Veröffentlichungen: Strukturen und Mechanismen totaler Herrschaft bei Hannah Arendt und Zygmunt Bauman im Vergleich, Konstanz 1995 (Magisterarbeit).

Rainer Schnell, 1957, Dr. rer. pol., Professor für Methoden der empirischen Politik- und Verwaltungsforschung an der Universität Konstanz. Forschungsgebiete: Quantitative Methoden, Stichprobenprobleme, Computersimulation, Rational-Choice-Theorien, Kriminalitätsfurcht. Neuere Veröffentlichungen: Graphisch gestützte Datenanalyse, München 1994; Methoden empirischer Sozialforschung, München 1995 (mit E. Esser und P.B. Hill); Nonresponse in Bevölkerungsumfragen, Opladen 1997.

Tonn, Michael, 1969, Dipl.-Sozialarbeiter, studiert Soziologie und Philosophie an der Universität zu Köln.

Michael Wagner, 1955, Dr. phil., Professor für Soziologie an der Universität zu Köln. Forschungsgebiete: Familiensoziologie, Alters- und Lebensverlaufsforschung, Migrationsforschung. Veröffentlichungen u.a.: Socio-Economic Resources and Differential Ageing, Ageing and Society (Special Issue „The Berlin Ageing Study") 13, 1993 (mit Karl Ulrich Mayer); Räumliche Mobilität im Lebensverlauf. Eine empirische Untersuchung sozialer Bedingungen der Migration, Stuttgart 1989; Soziale Bedingungen des Ehescheidungsrisikos aus der Perspektive des Lebensverlaufs, in: Andreas Diekmann und Stefan Weick (Hg.): Der Familienzyklus als sozialer Prozeß, Berlin 1993.